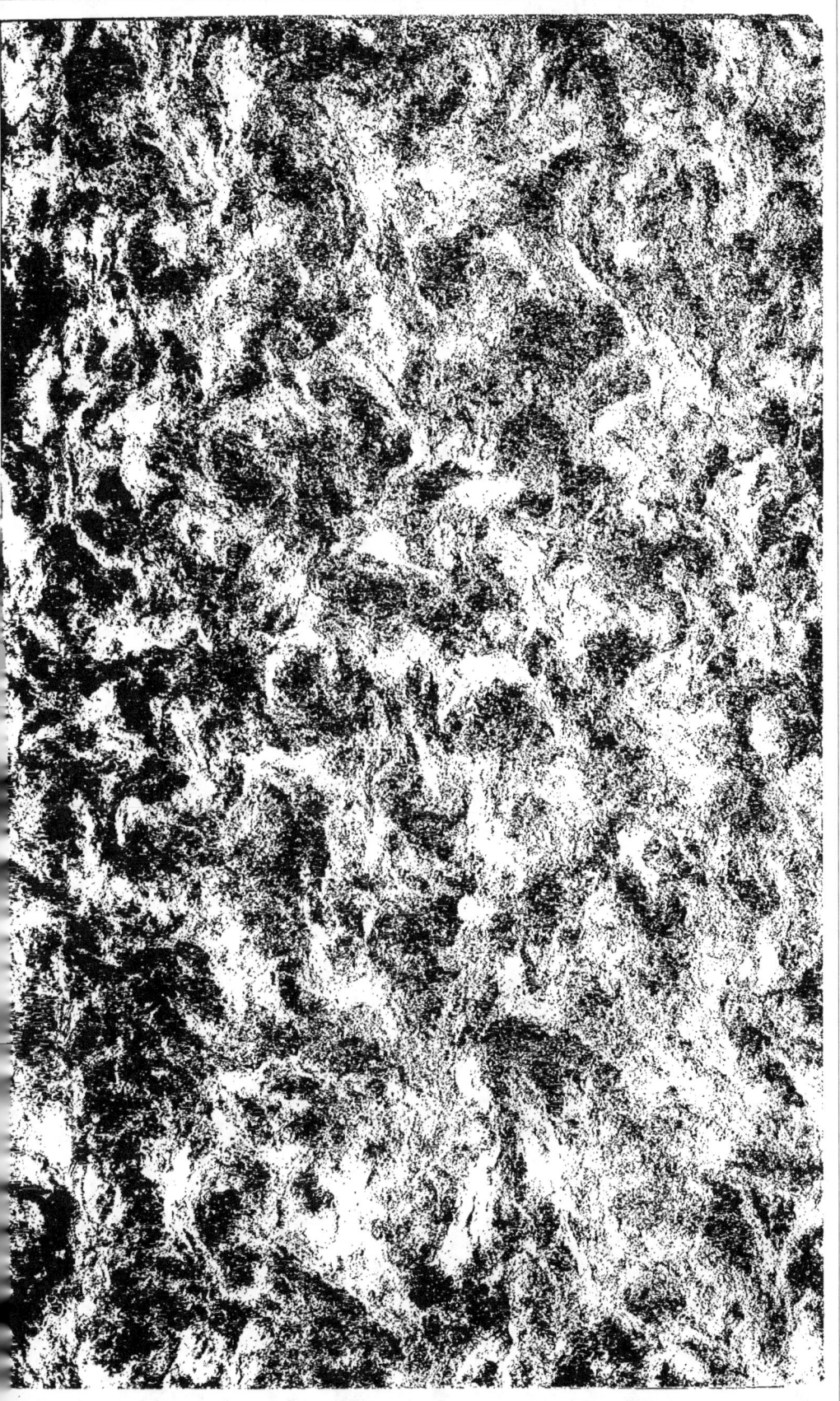

M. BODRI 1982

LES ÉGLISES DU REFUGE

EN ANGLETERRE

LIBRAIRIE FISCHBACHER
SOCIÉTÉ ANONYME

33, RUE DE SEINE, 33
PARIS

Les Ministres Anciens et Diacres de l'Eglise
françoise de Londres, estans assemblez au nom de
Dieu apres lecture faicte de rechef entre eux des
articles cy dessus escrits de la Discipline d'icelle
ont de rechef entierement approuvez, et pour tesmoignage
de ceste leur approbation et union en l'observation
et entretenement d'icelle ils ont trouvé bon si
soubzescrire et soubs signer admonestans et priant
leurs successeurs de voulloir faire le semblable
pour le bien et utilité de l'eglise. faict a Londres
le Ve d'Aoust 1578. R. Le Macon ministre

Anciens

[signatures]

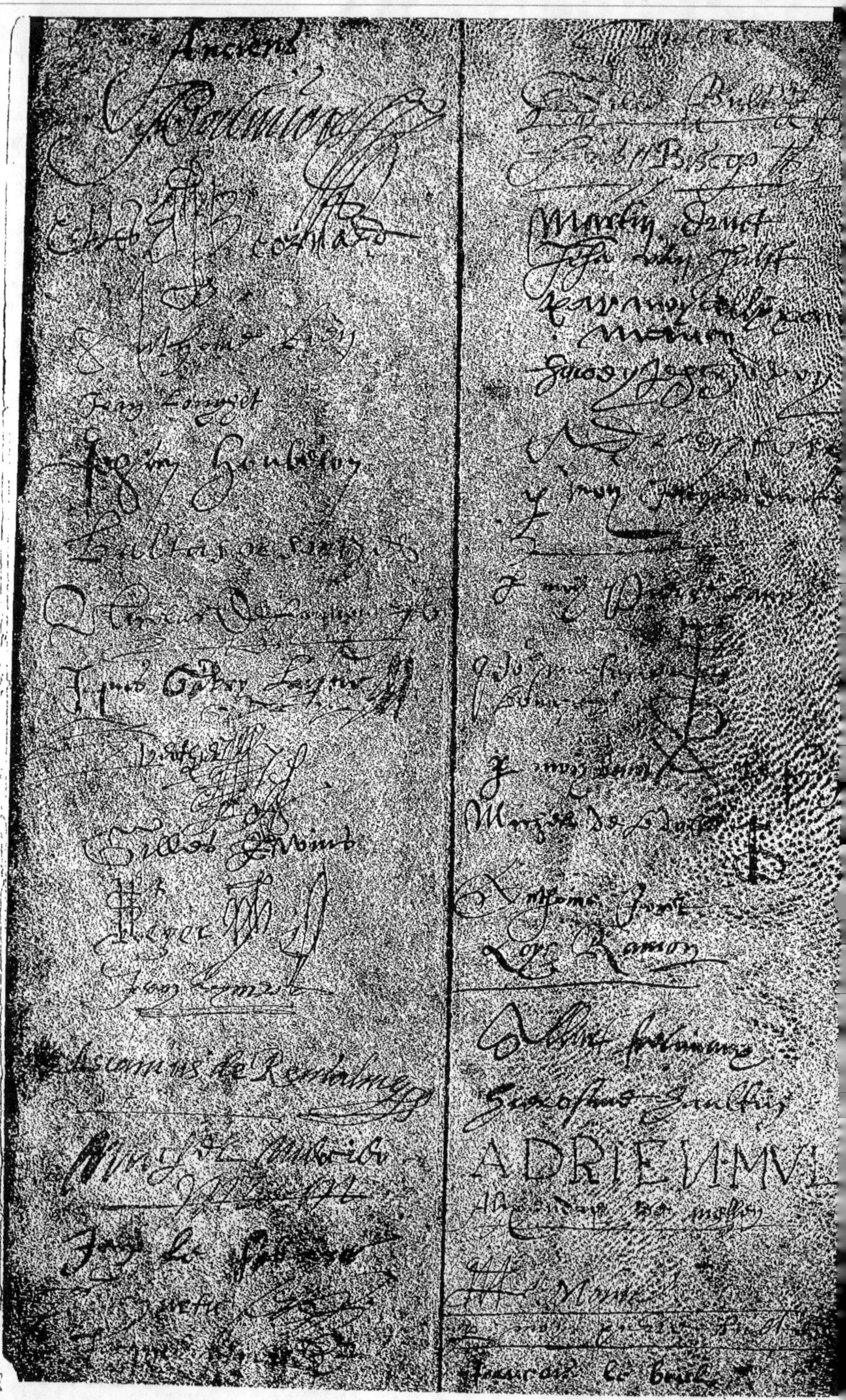
Anciens
ADRIEN MVL

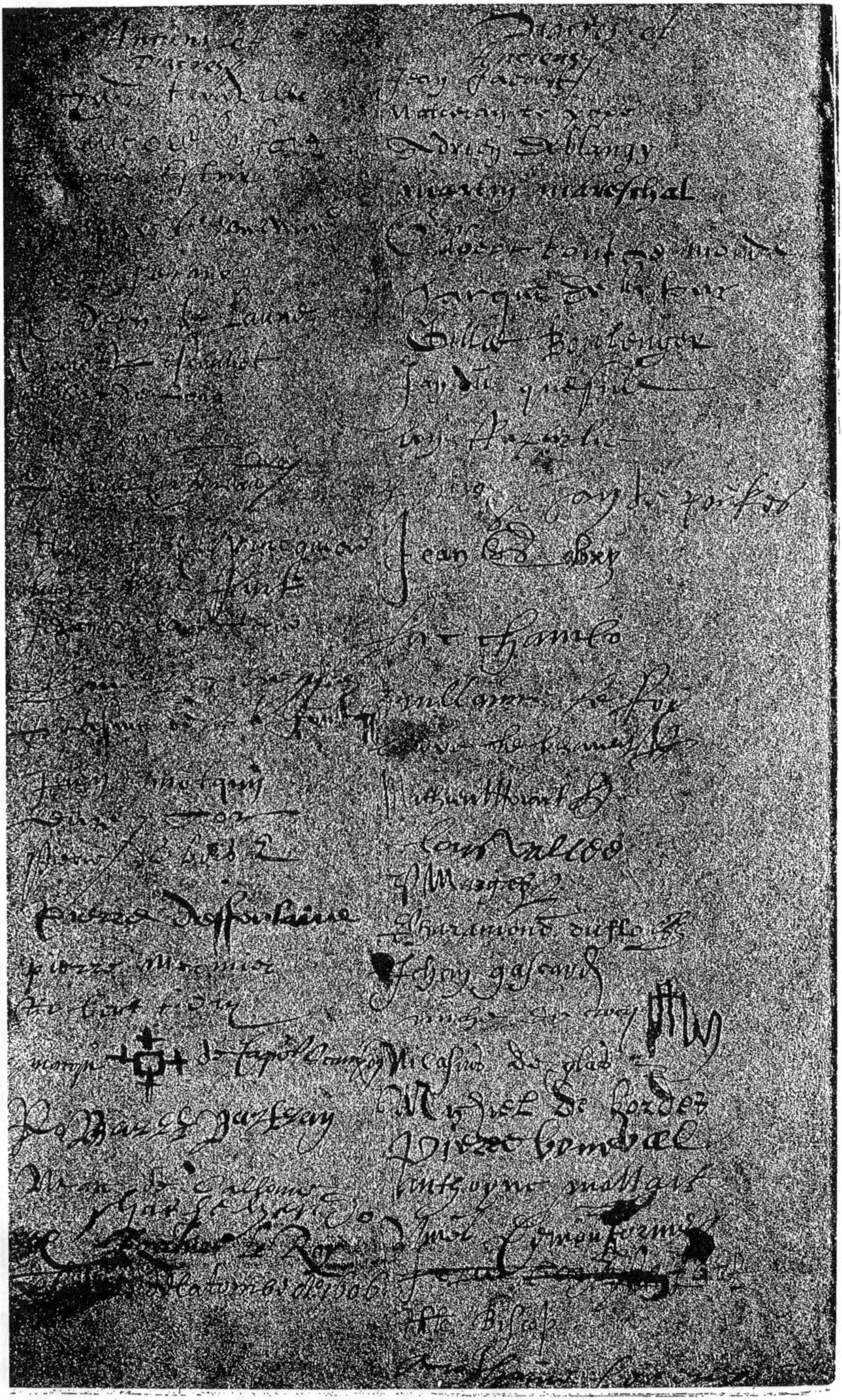
Anciens et Diacres
Diacres et Anciens
Adrien de Blangy
Martin Marescal

LES
ÉGLISES DU REFUGE
EN ANGLETERRE

PAR

LE BARON F. DE SCHICKLER

TOME TROISIÈME
APPENDICE ET TABLE

PARIS
LIBRAIRIE FISCHBACHER
(Société anonyme)
33, RUE DE SEINE, 33
1892

Tous droits réservés

AVANT-PROPOS.

Ce recueil contient non seulement des pièces à l'appui des deux volumes précédents, mais aussi les détails complémentaires qui eussent trop allongé le récit, — comme la Biographie de Véron, l'Affaire Montescot de la Tour, les Jugements de Basnage et de Painsec, — *ou ceux qui ne nous ont été connus qu'au moment de l'impression. Dans ces derniers nous signalerons les renseignements contenus dans la portion non encore publiée des Archives d'Austin Friars, sur les* Divisions intérieures des Églises de Londres, de Norwich et de Canterbury (de La Marche-Cisner, de Laune-d'Assigny, Poujade, Crespin, Cisner-Delmé, *n*ᵒˢ *XLIII à XLVI*), ainsi que les Actes du XXXIᵉ Colloque, *documents qui jettent un grand jour sur ces débats et sur l'action du Cœtus trop ignorée jusqu'ici.*

La pièce inédite la plus importante, empruntée ainsi que plusieurs autres, aux collections du Record Office, est sans doute la Liste des membres de l'Église française de Londres en 1564 (n° *XII*), *un des premiers relevés qui existent d'une communauté du Refuge. Viennent ensuite une* Lettre de Nicolas des Gallars à Calvin *que les savants éditeurs des* Opera *avaient regretté de ne pouvoir se procurer, et les nombreux documents provenant de Genève : de ceux-ci, les uns augmentent le dossier formé sur Corranus par feu le* Dr *Sepp, les autres donnent de curieux reflets de la vie des Églises de Londres sous Élisabeth et ses successeurs* (Lettres de Cousin *XVI*, de Castol *XXIX*, de la Fontaine *XXVII*, de Tolosan *XXXIX*, de l'Église de Westminster *LI*). *Oxford a fourni les dénonciations et propositions de Hérault contre l'Église dont il était membre* (*LIV*); *Cambridge, dans les* Actes des Colloques de Jersey, *les* Procédures contre l'hérétique Jean Belin (*LXIX*).

A Paris M. Weiss a reconstitué, par ses recherches aux Archives étrangères, la Liste des pasteurs qui obtinrent de Louis XIV l'autorisation de se retirer en Angleterre (*LXIV*), *liste capitale qui, reçue plus tôt, eût été insérée de préférence dans le texte même du tome second. La Bibliothèque de l'Arsenal possède une copie intégrale de la première* Discipline des Iles de la Manche, *dont le seul exemplaire que l'on connût, celui du British Museum, a été mutilé par le feu : malgré sa longueur nous n'avons pas hésité à l'imprimer* in extenso, *cette Discipline différant sur plusieurs points d'avec la seconde imprimée par le*

Rev. Lee, et se distinguant par sa rédaction, nous dirions volontiers plus explicative, des autres formes contemporaines.

A la même Bibliothèque ont été conservées de curieuses Règles pour la prédication *(XX), qui, rédigées en 1573, n'ont pas encore aujourd'hui perdu toute leur valeur pratique, ainsi que la* Forme de Prophétie *observée dans l'Église de Londres; rapprochée de celle composée en 1585 par les pasteurs réfugiés à Guernesey (LXVI), elle nous semble mériter une mention particulière* [1].

Les pièces non inédites sont, ou des traductions de textes latins et anglais (Lettres de Cranmer, de Calvin, de Baron, fragments de Jewel), *ou des extraits d'ouvrages difficiles à rencontrer* (Le Temporisateur, Le Consolateur, Le Devoir de Persévérance, La Main chrestienne aux tombés, La Muse chrestienne d'Ad. de Rocquigny, Les Considérations en faveur des Étrangers), *ou enfin des morceaux choisis des divers orateurs du Refuge. Vinet, dans son* Histoire de la Prédication parmi les Réformés de France au XVIIe siècle *(où il a omis Marmet) insiste sur la « nécessité pour un siècle d'extraire ou de résumer ses devanciers qui s'en vont oubliés ». C'est dans le même sentiment que nous insérons des passages de la remarquable* Liturgie d'à Lasco.

Il a semblé utile d'analyser et de reproduire en partie les débats parlementaires au sujet des étrangers, vers la fin du règne

---

[1] *Pour l'impression des documents secondaires on a cru pouvoir suppléer au manque d'accents ou de ponctuation. Dans la Table un astérisque indique les pièces inédites.*

d'Élisabeth (XXVII), comme un préambule à ceux sur la naturalisation près d'un siècle plus tard.

La reproduction en fac-simile des signatures inscrites de 1578 à 1606 au bas de la Police et Discipline ecclésiastique observée en l'Église de la Langue françoise à Londres, a été insérée en tête de ce volume.

Le sceau qui figure sur les titres, le seul que nous ayons rencontré, est apposé sur une lettre des pasteurs et anciens de l'Église française de Londres, du 9 septembre 1623, conservée à la Bibliothèque de Genève. Bien qu'il soit très fruste, on y distingue encore, sur un navire à trois mâts, une figure d'homme jetant son ancre dans le ciel, — emblème bien approprié à un troupeau dont les membres avaient affronté les tempêtes pour servir Dieu selon leur conscience, — avec la devise

SIC TUTA TENEMUS.

TABLE DE L'APPENDICE.

PIÈCES JUSTIFICATIVES ET COMPLÉMENTAIRES DU TOME PREMIER.

 |Pages.
---|---
Reproduction des signatures de la Police et Discipline. Trois planches formant Frontispice. |
Nos I. Lettres patentes d'Édouard VI (1550). | 3
*II. Lettre du protecteur Somerset a Calvin (1551). | 6
III. « Le Temporiseur ». | 7
    Préface. | 7
    Les éditions du Temporiseur. | 12
IV. Liturgie d'a Lasco | 18
    Service du Dimanche. | 18
    La Pénitence publique. | 25
    L'Excommunication. | 32
    La Réconciliation | 35
V. Lettre de Cranmer a Édouard VI (1552). | 38
VI. « Le Triomphe de Vérité » | 39
    * « Vérité a l'Église françoise qui est a Londres » | 40
VII. Exorde du « Consolateur ». | 40
VIII. Jean Véron. | 41
IX. Lettre de l'Église française de Londres a celle de Genève (1560) | 44
X. Lettre de Calvin a Grindal (1560). | 47
*XI. Requête de des Gallars a la reine Élisabeth | 49
*XII. Liste des membres de l'Église française de Londres en 1564. | 50
XIII. Dédicace par des Gallars de « La Forme de la Police Ecclésiastique ». | 62
*XIV. Lettre de des Gallars a Calvin (1563/4). | 64

		Pages.
Nos XV.	L'Évêque Jewel.	66
	Sur la bulle du Pape (1569).	66
	Fragment d'un Sermon (1571)	68
*XVI.	Lettre de Cousin a la Ven. Compagnie (1568) . . .	69
XVII.	Corranus	73
	Attestation de l'évêque Grindal (1567)	73
	*Lettre contenant certains articles (1568).	74
	*Capita quæ Eccl. Gallicana proponit.	77
XVIII.	A Common Counsell holden before the Lord Mayor (1574)	86
*XIX.	Réponses des pasteurs français aux Écossais (1574)	87
*XX.	Règles pour la prédication (1573)	88
XXI.	« Du Devoir de Persévérance », fragments (1573) . .	96
XXII.	Deux sonnets de Marin le Saulx (1577)	99
XXIII.	Lettre de Baron a de Laune (1580)	100
*XXIV.	Lettre des Églises étrangères d'Angleterre a la Ven. Compagnie (1583)	102
XXV.	Affaire Montescot de la Tour (1586).	103
XXVI.	« La main Chrestienne aux Tombez » (1587) . . .	110
XXVII.	Débats parlementaires (1593).	117
XXVIII.	Le Maçon de la Fontaine	124
	*Lettre politique à la Reine Élisabeth (1597). . .	124
	Le Catéchisme, méditation et prière	128
	Sermon sur l'hospitalité de Lot	137
*XXIX.	Lettres de Jean Castol a Théodore de Bèze (1584-1599)	138
*XXX.	Promesse des Étudiants (1583)	151
XXXI.	Jugement du Colloque sur l'Église de Norwich et son pasteur Basnage (1594)	152
*XXXII.	Lettre de le Maçon de la Fontaine aux pasteurs de Genève (1603)	157
*XXXIII.	Lettre de Casaubon a de Thou (1611)	159
XXXIV.	Plaintes et propositions contre les étrangers (1621-1622)	160
XXXV.	Péroraison d'un sermon de Primerose	163
XXXVI.	« La Muse chrestienne du sieur Adrian de Rocquigny »	166

TABLE DE L'APPENDICE. VII

PIÈCES JUSTIFICATIVES ET COMPLÉMENTAIRES DU TOME DEUXIÈME.

	Pages.
Nos XXXVII. Fragments des sermons de Marmet.	185
*XXXVIII. Requête des Églises Étrangères au roi Charles Ier (1634)	189
*XXXIX. Lettres de Tolosan et de Richier a la Vén. Compagnie (1638-1639).	191
XL. Hérault	197
Fragments du sermon d'entrée en fonctions (1643).	197
*Lettre au Cœtus (1645)	202
Sermon après la mort de Charles Ier (1649).	204
*XLI. Articles des Synodes wallons sur J. d'Espagne.	207
XLII. Commencements de l'Église de Douvres (1644)	208
XLIII. Église de Londres. La Marche et Cisner devant le Cœtus	210
*Actes du Cœtus (1645-1644)	210
*Annulation des Actes (1648).	220
*XLIV. Église de Norwich. De Laune, d'Assigny	222
*XLV. Église de Canterbury	235
Poujade (1640-1649).	235
Crespin; ordination par d'Espagne (1650)	251
Intervention du Cœtus (1653).	255
*XLVI. Église de Londres : Cisner. Delmé (1656-1659)	264
*XLVII. Actes du XXXe Colloque (1658).	268
*XLVIII. Église de Londres : Élection de Felles (1660)	273
*XLIX. Pétition a Charles II de l'Église française de Londres (1661).	275
*L. Pétition a Charles II de l'Église française de Somerset House (1661)	277
*LI. Lettre de l'Église de Westminster a la Ven. Compagnie (1662).	278
*LII. Raisons du ministre Jannon de Canterbury contre le ministre Le Keux (1661)	279
*LIII. Lettre du maire de Canterbury (1661)	281
*LIV. « Advis pour l'Establissement d'un bon gouvernement dans les Églises Estrangères ».	282
LV. « Considérations en faveur des Estrangers qui sont en Angleterre et des Anglais qui sont hors de leur propre pais » (1662)	288
LVI. Péroraison d'un sermon de D. de Breval (1670)	293

		Pages.
Nos LVII. Prière de J. de la Motte a la Savoye le soir après son abjuration (1675)		294
* LVIII. Lettre du consistoire de la Savoye a l'évêque de Londres (1679)		297
LIX. Harangue (de Lombard) au Roy d'Angleterre; exorde (1681)		298
* LX. Collecte dans les Diocèses (1682-1683)		300
* LXI. Lettre circulaire de l'évêque Sancroft (1683) . .		302
* LXII. Ipswich. Lettre de Carbonnel a l'évêque de Londres (1685)		303
* LXIII. Rye. Adresse des pescheurs françois a l'évêque de Londres (1680)		304
* LXIV. Permissions accordées par Louis XIV a des Ministres ou Professeurs de la R. P. R. de se rendre en Angleterre (1682-1685)		305

ILES DE LA MANCHE.

* LXV. Police et Discipline Ecclésiastique de 1576 . . .		311
* LXVI. L'Exercice de Prophétie		357
* *Propheticæ forma Londini observata*		360
* LXVII. Du Magistrat et du Ministère ecclésiastique. . .		362
LXVIII. Sermons de Merlin sur le livre d'Esther		366
* LXIX. Les Ministres de La Forest et L'Houmeau, Documents biographiques		370
* LXX. Procédure a Jersey contre l'hérétique Belin (1606)		374
* LXXI. Procédure du Colloque de Guernesey contre Painsec (1605-1606)		376
LXXII. Lettre du Conseil privé au gouverneur de Guernesey		379
LXXIII. Reconnaissances et abjurations après la Révocation		381

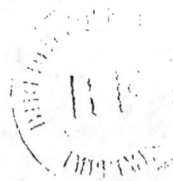

APPENDICE

PIÈCES JUSTIFICATIVES

ET COMPLÉMENTAIRES

DU TOME PREMIER

Nº I.

LETTRES PATENTES D'ÉDOUARD VI.

24 juillet 1550.

Édouard sixiesme, par la grâce de Dieu, Roy d'Angleterre, de France, et Hirlande : défenseur de la foy, et suprême chef en terre soubz Christ de l'Eglise d'Angleterre et d'Hirlande. A tous ceux auxquelz ces présentes lettres parviendront Salut. Comme ainsy soit que grandes et graves considérations nous ayent induys spécialement à présent, et aussy pensans ce, de quelle affection et charité il convient que les Princes chrestiens soyent promptz et bien affectionnez envers le sainct et sacré Évangile de Dieu, et à la religion Apostolique, encommencée, instituée, et donnée de Christ mesme, sans laquelle la police et le gouvernement civil ne peut longuement durer, ne garder son honneur, sinon que les princes et autres hommes puissans, lesquelz Dieu a voulu estre assis aux gouvernemens des Royaumes, taschent devant toutes choses que par tout le corps de la république la religion chaste et entière soit espandue ; et que l'Église instituée et augmentée aux opinions et façons vrayment chrestiennes et Apostoliques, soit conservée par les sainctz ministres, mortz à la chair et au monde : pour autant que nous arrestons, que c'est l'office d'un Prince chrestien, entre autres très-grandes cogitations, pour bien et noblement administrer son Royaume, de pourveoir à la religion et aux calamiteux affligez bannis à cause de la religion. Sachez que considérans non seulement les choses predictes, et désirans de garder de la tyrannie du Pape l'Église restituée par nous en sa première liberté ; mais aussy ayans pitié de la condition des bannis et estrangers, qui ja assez longtemps y a ont demourez en nostre Royaume d'Angleterre, estans condamnez à bannissement volontaire à cause de la religion et de l'Église : car nous n'avons point estimé que cela fut digne d'un homme chrestien ne de la magnificence d'un Prince, duquel la libéralité doive estre estraincte ou fermée à povres gens estrangers, profligez et chassez de leurs pays, et se retyrans en nostre Royaume à refuge, ayans besoing d'aides nécessaires à la vie en tel estat. Et pourtant que plusieurs des Alemans et autres estrangers, qui sont venus et viennent journellement en nostre Royaume, tant d'Alemaigne que d'autres pays loingtains, auxquels la liberté de l'Évangile, soubz la domination de la Papauté, a commencé d'estre tachée et opprimée, n'ont point de lieu certain ne place où ilz puissent en nostre Royaume faire leurs assemblées, où ilz puissent entre les hommes de leur nation et de leur langue traicter intelligiblement les affaires de la religion, et les choses Ecclesiastiques, selon la coustume et manière de leurs pays. Parquoy de nostre grâce speciale, et de nostre certaine science et plein mouvement, et aussy par l'advisement de nostre Conseil, nous voulons, concédons et ordonnons, que dorénavant il y ait un temple ou maison dediée en nostre cité de Londres, lequel ou laquelle on appellera le temple du Seigneur Jésus : où la Congrégation et assemblée des Alemans et autres estrangers puisse estre faicte et célébrée, à ceste intention et propos, que par les ministres de l'Eglise des Allemans et des autres Estrangers, le sainct et sacré Évangile soit interpreté purement, et les Sacremens administrez selon la parolle de Dieu, et ordonnance Apostolique. Et par les présentes, dressons, créons, ordonnons, et fondons ce temple ou maison dédiée, d'un Superintendant, et de quatre Ministres de la parolle. Et que lesdictz Superintendant et Ministres soyent et seront de fait, et de nom, un corps incorporé et politique de soy, par le nom du Superintendant et des Ministres de l'Église des Alemans et des autres estrangers, par la fondation du Roy Édouard sixiesme : nous les incorporons par les présentes en la cité de Londres, et créons, dressons, ordonnons, faisons, et constituons réalement, et de fait, par ces présentes un corps incorporé, et politique par le mesme nom, et qu'ilz ayent succession.

Et en outre, de nostre grâce speciale, et de nostre certaine science et pur mouvement, et de l'advisement de nostre Conseil, nous avons donné, et concedé, donnons et concédons aus-ditz Superintendant et Ministres de l'Eglise des Alemans et autres estrangers en la cité de Londres, tout ce temple ou église des Augustins, qui furent par cy devant en nostre cité de Londres, et toute la terre, le fond et le sol de ladicte église, excepté tout le cœur de ladicte église, et la terre, fond et sol d'yceluy. Lesdicts Superintendant et Ministres et leurs successeurs auront et jouyront dudit temple ou église, et des choses susdictes, fors des choses exceptées, pour le tenir de nous, et noz hérétiers et successeurs, en pure et franche aumosne.

En outre nous donnons de l'avisement predict et de nostre certaine science, et noz mouvemens predictz, par ces présentes nous concédons ausdictz Superintendant et Ministres, et à leurs successeurs, pleine faculté, puissance, et autorité d'augmenter, et faire plus grandz nombres de Ministres, de les nommer, et appunctuer de temps en temps telz et semblables Ministres, pour servir audict temple, qu'il semblera estre nécessaires ausdictz Superintendant et Ministres. Et seront toutes ces choses selon le bon plaisir du Roy. D'avantage nous voulons que Jean a Lasco Polonnois de nation, homme fort honorable, à cause de son intégrité et innocence de vie et de mœurs, et de sa singulière érudition, soit le premier et moderne superintendant de ladicte Église, et que Galterus Delœnus, Martin de Flandre, François de la Riviere, Richard François, soyent les quattre premiers et modernes Ministres. Nous donnons d'avantage, et concédons ausdictz Superindant et Ministres, et à leurs successeurs, faculté, autorité et puissance, après la mort ou vacation d'aucuns desdictz Ministres, de temps en temps d'en choisir, nommer, surroguer un autre en son lieu, personne able et idoine; tellement toutesfois que la personne ainsy nommée, et esleue, soit présentée et amenée devant nous, noz hérétiers et successeurs, et qu'ilz soyent ordonnez audict Ministère, par nous ou nos hérétiers et successeurs. Nous donnons aussy et concédons ausdictz Superintendant, Ministres, et à leurs successeurs, faculté, autorité et licence, après la mort et vacation du Superintendant, de temps en temps d'en eslire, nommer et surroguer un autre en sa place, qui soit personne docte et grave. En sorte toutes fois, que la personne ainsy nommée et eslue soit présentée et amenée devant nous, et noz hérétiers ou successeurs, et soit instituée par nous ou noz hérétiers ou successeurs, à l'office susdict de Superintendant.

Nous mandons et fermement enjoignons, nous commandons au Maire, Conseillers, Eschevins, de nostre ville de Londres, à l'Évesque de Londres et à ses successeurs, avec tous autres Archevesques, Évesques, Justiciers, Officiers, et à tous noz autres Ministres, qu'ilz permettent ausdictz Superintendant et Ministres de franchement et en repos, jouyr, user, et exercer aux leurs, leurs manières et cérémonies propres, et la discipline Ecclesiastique propre et particulière, nonobstant qu'ilz ne conviennent avec noz manières et cérémonies usitées en nostre Royaume, sans empeschement, trouble, ou inquiétation d'eux, ou d'aucun d'eux, par aucun statut, acte, proclamation, injonction, restriction, ou usage qu'ilz ont eus auparavant au contraire : nonobstant quelques fais, édictz, ou proclamations au contraire. Pour tant que mention expresse aucune n'y a de vraye valeur annuelle, ou de la certitude des choses prédictes, ou d'aucunes d'ycelles, ou des autres dons, et concessions faictes aux présentes devant ces temps par nous, ausdicts Superintendant, Ministres, et à leurs successeurs. Ou par aucun statut, acte, ordonnance, provision, ou restriction faictes, publiées, ordonnées, ou proveues au contraire. Ou nonobstant quel conque autre chose, cause ou matière que ce soit.

En tesmoignage de laquelle chose, nous avons fait faire ces nostres lettres patentes. Tesmoing moy mesme à Leighes, le vingtquatriesme jour de Juillet, l'an quatriesme de nostre règne : Par le brief du privé Scel, et des choses données, par l'autorité du parlement.

J. Southwell.   W. Harrys.

Extrait de *Toute la forme et manière du Ministère ecclésiastique en l'Église des Estrangers . . . par M. Jean a Lasco, baron de Polonie, traduit du latin en françois, et imprimé par Giles Clematius* (Francfort 1556).

N° II.

LETTRE DU PROTECTEUR SOMERSET A CALVIN.

(7 Avril 1551.)

Ex litteris tuis ad me perlatis, una cum duabus tuis lucubrationibus, in Esaiam Prophetam et Canonicas epistolas Regiæ Maiestati dicatis intelligo (Calvine) pium tuum et sincerum in me amorem, idemque esse videris mihi, privatis tuis litteris et consiliis, qualem omnes boni, te judicant, ex publicis scriptis, rebusque gestis, nimirum, sedulus Minister, et operarius, in vinea Domini, qui nullum, non moves lapidem, ut culta sit, et frugifera. Quod vero tam prudenter, seduloque, præceptis, institutisque christianæ vitæ, me velis admonitum; consilium hoc tuum gratissime amplector, eoque me esse animo existimes, ut nihil magis, ad meam dignitatem pertinere sciam, quam ut rectis consiliis, obtemperem, fiamque pro ea, quam dedit deus facultate, ecclesiæ suæ tutor ac adjutor, neque ullo modo desini, si qua in re, aut authoritas aut opera mea, prodesse illit possit. Nam, in eum usum, constitutum esse me scio ministrum, ut rationem sim daturus eorum quæ acceperim. Interim, singulare tuum studium, ita agnosco, ut dici non potest, quantam apud me gratiam merearis, verum familiaritatem tuam sit amplector. Ut si quid gratia aut authoritas mea studia juvare tua possit, eam totam tibi polliceor, sine exceptione ulla, neque præcor, tuis præcibus commendes Deo.

Londini, Ex Domo mea Somersetensi VII° die Aprilis, anno 1551.

Tuorum studiorum semper amicus
E. Somerset.

Viro integerrimo Joanni Calvino Ecclesiæ Genevensis primario Ecclesiastæ.

(Orig. autog. des Archives de M. le comte de Sarrau de Boynet, à Bordeaux).

N° III.

LE TEMPORISEUR.

PRÉFACE.

AVX FI- || DELES ESPARS || *au monde detenuz en la captivité Papistic-* || *que, grace et paix par Dieu le Père* || *et nostre Sauueur* || IESVS || CHRIST.

Au commencement, mes frères, que j'entreprins à translater ce petit livre, je ne pensoie riens moins que qu'il deut estre ainsi publié : ains seulement communicqué à aucuns bons amis. Car comme j'estoie quelque jour de Dimence avecq ma femme, pour faire prières, et communicquer des Escriptures (ainsi qu'avons de coustume en cest exile nous consoler et entretenir la foy de Christ en nous) je luy exposoie aussi ce petit devis du Temporiseur, qui est nouvellement faict en Latin par Wolfgangus Musculus, homme très docte et très fidèle serviteur de Jésus Christ. Alors nous revint davantage en mémoire la captivité, de laquelle le Seigneur par sa grâce nous a delivré, en laquelle sont encore détenus plusieurs de noz amis : dont le souvenir certes nous cause souvent grans regretz et pitié, qui nous incite à les secourir, si en avions le pouvoir. Et ne pouvans pour le présent autre chose, par oraisons et prières continues, nous les recommandons à Dieu, qu'il leur face aussi quelque jour miséricorde, comme il a faict à nous et plusieurs autres.

Ce pendant, combien que plusieurs bons serviteurs de Dieu aient souvent par leurs escripts advisé tous fidèles de leur misère, et du danger spirituel au quel ilz sont : néantmoins considérant le naturel de nostre chair plus curieuse que religieuse : et qu'après avoir leu quelque livre nous le jettons en quelque coing, ou si luy faisons cest honneur de le garder, est (le plus souvent) pour le mettre sus quelque aes de nostre cabinet, et le laissons là sans plus y regarder, parquoy souvent advient que nous oublions, et le livre, et les doctrines salutaires qu'il contient. Ainsi est cette chair perpétuelle ennemie de l'Esprit pour empescher nostre salut. Il est doncq besoing que continuelement nous soient refreschies les bonnes doctrines et admonitions de nostre salut, pour relever et fortifier nostre Esprit à l'encontre une tele ennemie, qui ne cerche que sa ruine. Et pourtant vous ne contemnerez cest escript, comme ne vous apportant rien de nouveau. Mais tant plus attentifz seres vous, quand verrez encore ung serviteur de Dieu conferrer les advis qui vous ont esté donnez par autres. Cognoissans en ce la miséricorde et bonté de Dieu, quand il vous envoye tant de ses serviteurs Prophètes vous admonester de vostre salut. Sachez doncq qu'il est bien près de vous, quand il parle tant souvent à vous. Reste que ne fermez vos yeulx, et voz oreilles, ne voulans veoir les signes, ny ouyr les advertissemens que le Seigneur vous envoie en ces temps derniers. Mais que dis je des yeulx, et des oreilles? Certes ses signes, et ses paroles sont tant claires, et manifestes, qu'il n'y a si aveugle, ne si sourd qui ne les voye, et oye. Parquoy est maintenant le monde inexcusable. Reste que chascun entende et croye, afin qu'il craigne, aime, et obéisse à la volunté du Seigneur. Nul doncq de vous n'endurcisse son cueur, comme nous lisons des Israelites au desert, afin que ne soyez pareillement comme eulx, forcloz de l'entrée au repos éternel. Mais retournons à nostre premier propos.

Considérant doncq la curiosité et négligence qui est en nous, je n'ay voulu faillir à mes bons amis, en ce que j'estimoye estre mon debvoir. Et ay tant plus voluntiers prins ceste peine de translation, pource que l'auteur selon son accoustumé en tous ses escripts, garde icy une grande modestie sans broquart ou farferie, que certes ne doibt avoir lieu, quand il est question du salut, ou de la damnation éternelle. Et puis il y a icy vne manière d'enseigner par dialogues, qui me semble vng petit plus vertueuse, que n'est point d'une oraison continuele : singulièrement quand les persones sont propres, et ce que leur est aussi propre, et convenable (que les latins appellent decorum) est bien observé. Comme tu vois icy quatre persones bien propres à ceste dispute. Il y a premièrement Eusèbe, lequel nom avons voleu retenir, pour ce qu'il est assez commun, comme celuy d'Irénée. Le premier selon sa signification tient le lieu d'un vray fidèle chrestien, tousjours persévérant en la crainte du Seigneur, et se soustenant par vne vraie et vive foy, sans jamais fleschir pour chose que le monde, la chair, ou le diable peust faire. L'autre, ainsi que son nom porte, est tout paisible aimant la paix : et par tant il persévère en sa manière de vie, sans s'empescher des troubles qui s'eslèvent, en ce différent des autres deux, qu'il ne contemne point la Religion comme le Mondain, et n'est tant variable comme le Temporiseur. Mais il est toutes fois dissemblable du vray Chrestien, en ce que la paix et tranquillité de la Répub. luy est plus chère que la gloire de Dieu et son salut. Vray est qu'aussi doibt bien ceste paix et tranquillité estre recommandée au Chrestien, et plus tost que la troubler il doibt tout perdre comme la riègle de charité l'enseigne. Mais toutes fois non plus avant que la gloire de Dieu porte, scachant que les infidèles n'ont point de paix : et qu'il n'y a point de bénédiction ne paix, quand Dieu n'est pas honoré. Ceulx là doncq péchent grandement, qui pour peu de chose troublent les polices. Mais aussi bien ceulx qui par vne folle opinion qu'ilz ont de ceste paix quictent quelque chose de la gloire de Dieu, de la quele l'homme Chrestien ne doibt jamais concéder à l'adversaire vng seul brin, s'il ne veult estre traistre contre Dieu, et contre soy mesmes.

Les deux autres sont nommez de l'autheur Proscærus et Asebius; lesquelz j'ay changé par interprétation, pource qu'ilz ne sont encores usitez. Proscærus proprement signifie celuy qui n'a point de durée, sinon pour quelque peu de temps : toutesfois je l'ay icy nommé, Temporiseur. Pource que nos simulateurs sont vraiement telz, servans plus au temps que à Dieu et à leur salut. Asebius est vng infidèle, qui n'a ny Dieu ny religion aucune en révérence. Je l'ay pourtant translaté Mondain : pource que c'est le propre des Mondains estre Athéistes, ou manifestes comme Lucian, ou occultes, desquels David parle, disant : « Le fol, maling en son cueur a dict que Dieu n'est point. » Tu trouveras donc en ces dialogues ce qui est propre et décent à ces persones telement bien observé, qu'il te semblera souvent que tu oyes parler de faict iiij telz personages. Or qui m'a esmeu à l'imprimer a esté vng gentil homme bien mon amy, Jehan Utenhove, la foy de qui est assez cogneue par les Églises réformées, lequel mesmes a icy translaté l'advis de Jehan a Lasco, de Cœlius Secundus et de U. Zwingle. Iceluy m'a remonstré que l'utilité de plusieurs debvoit estre preférée à celle d'aucuns particuliers : veu mesmes qu'iceulx pour lesquelz j'avoie premièrement entreprins ce labeur ne seroient frustrez de leur portion, si je le feisse imprimer.

Parquoy ne désirant autre chose en ce monde après la vie éternelle, que faire quelque service à l'Église de Christ ; je me suis laissé persuader d'un tant bon amy, en vne chose très honeste : sans avoir esgard à honneur, ou proffit quelconque, sinon de la gloire de Dieu, et du salut de ses esleuz.

J'avons davantage adjousté plusieurs bons advis des principaulx pasteurs des Églises, que vous cognoissez : dont les aucuns estoient desja imprimez en Latin, les aultres ne sont encore esté publiez. Néantmoins aians leurs advis escripts, et signez de leurs propres mains, ne vous avons voulu cacher ce bien, ny espargner nostre peine à translater aussi ces bons conseilz et advis. Afin que voyans et entendans vng tel consentement de tous les serviteurs de Dieu, que le monde cognoit, et vous tous avecq toute l'Église scavez estre très fidèles, les infirmes d'entre vous puissent estre plus asseurez, et corroborez ; les rebelles aussi soient convaincuz en leurs consciences, et, s'il est possible, constrainctz de venir aux nopces du filz de Dieu, sans plus cercher excuse quelconque. Car en verité ces excuses sont argumens manifestes d'un mespris du filz de Dieu et de son Règne, ainsi que le nous monstre la parabole des invitez aux nopces.

Je vous prie doncq frères, au nom du Seigneur Jésus Christ, vouloir prendre ce petit présent de tel courage que voyez qu'il a esté faict et vous est presenté, et le lisez si attentivement que vous désirez au dernier jour ouyr la doulce voix de vostre Dieu disant : « Venez mes bien aimez, je vous ay envoié mes serviteurs Prophètes, qui ne vous ont rien celé de ma volonté : et les avez escouté. Bien heureux qui avez ouy la parolle de vie, et gardé icelle en voz cueurs sans vous amuser aux mensonges des hommes. Bien heureux qui avez receu ma discipline plus tost que suyvy les plaisirs de vostre chair. Bien heureux qui avez tenu ferme l'espérance des biens du ciel, plus que la présence des biens de la terre, qui avez mieulx aimé ma gloire que celle des hommes, et la vie éternele que la mondaine. Bien heureux qui avez gardé mes ordonnances et n'avez esté honteus de mes marques, et n'avez point suyvy mon ennemy ne gardé ses statuz, ny porté ses marques ny au front, ny en la main dextre. Bien heureux qui avez mieulx aimé suivre l'aigneau à la mort, que vivre avecq le dragon et paillarde. Maintenant estes vous cogneux estre les enfans de l'Éternel, et trouverez que celuy à qui avez receu vos ames est fidèle, pour vous rendre les biens et gloire de la vie éternele, pour ces terrestres et mondains de la vie mortelle, que vous avez contemné pour soustenir ma gloire Venez et vous assiez avec moy et avec mon filz Jésus Christ en gloire, et joye immortele ». Je vous prie, frères, n'estimez ces paroles estre vng songe : et pensez quele joye vous sera de les ouyr en ce jour là. Parquoy si le marchand hazarde sa vie en mille dangers pour vng peu de gaignage incertain, et le souldard pour vng peu d'argent, ou de gloire vaine, je vous prie et obteste au nom du Seigneur Jésus Christ ne craignez d'estre fidèles à celuy qui par sa mort vous a rachettez, et est maintenant assis à la dextre de Dieu en gloire. Si nul de vous ne veult ouyr le reproche de lascheté envers son prince terrien, je vous prie n'estimez pas plus vng homme terrien paovre pécheur comme vous, ne l'estimez (dis je) plus que nostre Dieu. Les signes de son advènement sont desja apparus, et le filz de perdition révélé. Je vous prie doncques leves voz testes pour vous consoler et esjouir de vostre rédemption prochaine, et pour faire bonne diligence à vous tenir prestz, afin que l'espoux venant, puissez entrer avecq luy aux nopces. La vie de ce monde, que tant nous estimons, est moult briefve et encores la moitié se passe en figure de la mort en dormant, la reste ne scay comment. Pensons doncq tous à l'éternele, en la quele n'y a mutation ny tristesse, mais une joye en constance perpetuele. Le Seigneur Jésus seul sauveur de noz ames nous donne à tous son Esprit, à ce qu'entendans ces choses nous soions joyeulx de porter en noz corps la mortification du Seigneur Jésus, afin que la vie de Jésus soit aussi manifestée en noz corps. Sa grâce, et sa paix demeure avecq vous tous, Amen.

De Londres en Engleterre ce 4. d'Octob. an. M. D. L. qui est 2019 après que Zacharias Prophète envoié de Dieu, ramassa le peuple d'Israel, et l'incita pour aller en Jérusalem réédifier le temple du Seigneur. Ils furent 40 ans empeschez à ce faire. Aussi peu s'en fault que ce mesme nombre d'années ne soit accomply en nostre temps, depuis que à certes les serviteurs de Dieu ont commencé à prescher l'Évangile par tout le monde. Chascun doncq soit sur sa garde sans s'amuser aux biens ny aux honneurs de ce monde comme du temps de Zacharie. Car le Seigneur viendra, et ne fera plus long séjour. Sa bénédiction soit suz vous tous. Vostre très humble et fidèle serviteur en Christ

V. Poullain.

LES ÉDITIONS DU TEMPORISEUR.

A. L'œuvre primitive de Wolfgang Musculus, imprimée à Bâle «*per Jac. Parcum*» a pour titre :

PROSCÆRUS || Liceat ne homini Christiano, evan || gelicæ doctrinæ gnaro, papisti || cis superstionibus ac falsis || cultibus externa Societate || communicare || Dialogi quatuor : || *Eutychio Myone* || *Autore* || anno 1549. — 104 pages p. in-8° non numérotées [1].

L'épitre dédicatoire et analytique, de 4 pages, est inscrite «Clarissimo Viro Joanni Butleri Solhileno, *Anglo*»; le livre en a dû être d'autant plus tôt connu à Londres. Les quatre Dialogues occupent le reste du volume : dès les premières lignes le sujet est nettement posé. «Je ne scai qu'il sera finalement de ce siècle tant pervers et corrompu. Qu'il est estrange, mauvais et inconvénient au Chrestien de ne trouver lieu, mesmes entre ceulx qui ont ou semblent avoir la cognoissance de Dieu. Par plusieurs années l'on a esté en débat pour cognoistre la vérité et le mensonge qui pouvoit estre tant en la doctrine qu'ès cérémonies de l'église chrestienne desja longtemps usité. Et n'a ce débat esté petit, mais a cousté beaucoup de sang chrestien...»

Quelques fragments feront envisager la portée de cet écrit. Le Temporiseur revient d'assister au culte catholique, non sans inquiétude d'esprit ; il rencontre successivement le Mondain qui l'approuve et Eusèbe, le vrai fidèle, qui lui montre où est le devoir :

---

[1] *Bibl. du Prot. fr. à Paris.* R. 8120.

«Le T. Si j'avoye encore la liberté du temps passé, je ne hanterois ces services desquels ma conscience a grand horreur. Mais je suis contraint de faire autrement que de coutume si je ne veuil tomber en grands dangers. Voilà le temps qui court. — Le M. Tu fais sagement à mon advis. Car qu'avons-nous à faire de ces estrifs qui de nostre temps se sont élevez entre les sages oisifs? Obéissons à ceux qui dominent et ont l'autorité d'ordonner de ces choses et de nous faire bien ou mal. — Le T. Aussi fay-je et m'en trouve bien selon le monde, mais je trouble cependant ma conscience. — Le M. Pourquoy je te prie? — Le T. Le demandes-tu?... — Le M. Dieu n'a cure quelconque de ces choses qu'il a mis en la puissance de ceux qu'il a ordonné monarques au monde afin qu'ils puissent ordonner à leur plaisir de l'état de la Religion selon qu'il est expédient à l'ordre et régime des humains. Davantage tu as femme et enfans dont la charge t'est singulièrement recommandée de Dieu. En quelle conscience je te prie (puisque tu m'allègues tant ceste conscience) les pourras-tu abandonner quand ils ont besoin de toy?... Voys comment tu es pris de tous costez? pardessus toy est la puissance du Magistrat à qui tu scais et confesses qu'il faut obéir : en dessous-toy tes domestiques qui à bon droict crient après ton ayde; auprès de toy sont tes voisins ausquels tu dois estre fermement lié et conjoint comme un membre à l'autre... Je laisse ce que tu doys à toy-mesmes. Pourquoi donc t'affliges-tu sans propos en une chose manifeste pour une follie de ta conscience? Use plus tost de mon conseil. Range-toi au plaisir de tes Princes, non seulement par une simulation externe, comme je voy que tu fais, ains de bon cœur : et laisse ces disputes aux théologiens et aux sages. Changent-ils les choses anciennes, bien, obéys. Restablissent-ils les anciennes coustumes et réédifient-ils ce qu'ils ont autrefois ruiné? Contente-toi semblablement... par ce moyen tu plairas à tous et seras réputé prudent, discret et bien advisé, et seront tes affaires et ton bien en paix et en repos. Car quelle folie est-ce faire à regret ce que tu peux faire volontairement et ores que tu le ne le veuilles tu y seras contraint? — Le T. Certes tu conseilles bien au gré de la chair : cependant tu n'as pas guéri la playe de ma conscience...»

Eusèbe tient un langage différent :

«Que je sache premièrement comment te gouvernes-tu icy? — Le T. Comment je me gouverne? J'obéys aux ordonnances du Magistrat, je me trouve à leurs services ainsi qu'ils le commandent. — E. Est-il vray? Tu fais donc premier ce qu'ils commandent et puis tu demandes si c'est bien fait. Que ne t'enquiers-tu en premier lieu que doit faire l'homme craignant Dieu, et puis, quand tu le cognoistras, fais-le... Consulter appartient à ceux qui délibèrent et ont encore en leur entier le choix des choses... tu as perdu cette liberté par toy-mesme... Si tu es Chrestien tu ne peux estre contrainct de faire illicite. — Le T. Comment je ne puis estre contrainct? — E. En commandant ils ont une condition adjointe, assavoir : si quelqu'un ne veut obéir qu'il soit puny. Tu peux donc choisir... ou de faire ce qui est commandé ou d'endurer ce que la condition adjointe et annexée menace .. Vu donc que tu peux choisir ce qu'il te plaist, comment dis-tu que tu sois contrainct? Il n'y a point de contraincte où il y a élection. — Le T. Je ne le puis nier, mais il fait dangereux tomber ès mains de ceux qui me peuvent opprimer. Craignant ce point, je fais ce qu'ils veulent. — E. Mais il fait plus dangereux tomber ès mains du Dieu vivant qui peut, non seulement occir et tuer le corps, ains jetter aussi l'âme en la géhenne du feu d'Enfer. — Le M. Ces gens icy craignent bien les ombres! Ils jasent du feu que nul jamais ne vit, et cependant ils trébuchent ès flammes par lesquelles ils sont vraiment et de tout consumez. — E. Je sais que l'esprit est prompt et que la chair est faible... Nous nous devrions complaindre de cette infirmité, non pas chercher de la couvrir et excuser. Confessons purement nostre vice et ne le couvrons point. Mais passons outre. Je te demande mon amy, Temporiseur, qu'est-ce que tu penses en ton cœur quand tu te trouves aux services Papistiques. Tu me demandes s'il est licite; mais que répond ta conscience à ma question, tu ne le peux ignorer...»

(*Traduction de V. Poullain.*)

B. LE TEMPORISEVR. || *Par Eutichius Myonius.* || AVEC PLV- || *sieurs bons conseilz & aduis sus la* || *mesme matere. Sauoir est comment* || *chascun fidele se doibt main* || *tenir entre les Papistes.* || *Dont les noms des* || *Autheurs sen* || *suiuent en la* || *page pro* || *chaine.* || *2. Corinth. 6.* || *Ne nous accoplez point auec* || *les infideles.* || *Cum Priuilegio ad Quinquennium.* || *1550.*

La page du titre et son verso, les deux du Catalogue des Auteurs et les huit de la Préface ne sont point numérotées.

Le Temporiseur, composé nouvellement, translaté en françois par V. P. Dialogue premier. Les personnes Eusèbe, le Temporiseur, le Mondain, fol. 1 recto à XII r.

Dial. II. Le Temporiseur, Irénée, Eusèbe, XII verso à XXIIII r.

Dial. III. Eusèbe, Le Temp., Irénée. XXIIII v. à XXXV r.

Dial. IV. Le Temp., Eusèbe, Irénée, XXXV r. à LII r.

« S'ensuivent les Consaulz et advis de *plusieurs grandz et doctes personnages sur la mesme matière.* Et en premier lieu de Jehan Oecolampade» escript de Basle le xiii d'oct. 1530, 3ᵉ epistre du 1ᵉʳ livre des Epistres d'Oecolampade à Zwingle, fol. lii r. à lv r.

 Advis de Philippe Mélanthon, lv à lx r. [1]
 Advis de Martin Bucer, lv r. à lxiii r.
 Advis de Pierre Martyr «et puis estoit escript : Ces choses me plaisent pareillement très bien, M. Bucerus» lxiii r. à lxiii r.
 Advis et conclusion de Jehan Calvin, lxiiii r. à lxvi v.
 Advis de Simon Sultzer, jadis ministre de Berne, lxvii r.
 Advis de Jehan a Lasco, Baron de Poloingne, Superintendant des Eglises Estrangères qui sont à Londres, S'il est licite à l'homme Chrestien aucunement assister aux services Papisticques et principalement aux Messes : après avoir cogneu par la parolle de Dieu l'impiété du Papisme, lxvii v. à lxxxiiii r [2].
 Une sentence de Bernardino Ochine adjoustée de sa propre main à l'advis de Jehan a Lasco, lxxxv r.
 L'advis de L'Église de Zurich, S'il est licite à l'homme chrestien de faire semblant de s'accorder à la faulse doctrine et aux superstitions qu'il condamne en son cœur? Ainsi soubscript Henry Bullinger, Rodolphe Gualter, Otho Wermuller, ministres de l'Église de Zurich. Conrad Pellican, Théodore Bibliander, Lecteurs en théologie, lxxxv v. à xc r.
 L'Advis de Celius Secundus Curio, de fuir les superstiticux et impieux services Papisticques, xc v. à xcvi v.
 Advis de Pierre Viret, Extraict de son Epistre envoyée aux fidèles qui conversent entre les Papistes, xcvii r. à cix r. [3]
 Advis de Martin Borrahus, Lecteur en Théologie à Basle (signé aussi de Sebastianus Munsterus), cix v. à cx v.
 Advis de Oswald Mycone, Superintendant de l'Eglise de Basle (signé aussi de Michiel Dillerus), cxi r. à cxi v.
 Advis de Huldrich Zwingle, Extraict de l'histoire de l'Ascension de Jésu Christ, cxii r. à cxiii v.
 Epistre de Jehan Calvin à amy, cxiii r. à cxix v.

---

[1] *Judicium* dans *Opera*, ed. Bretschneider v. 735-739, et dans l'*Appendice* au traité de Calvin *de vitandis superstionibus* où figurent les avis de Bucer, de Martyr, de Calvin lui-même et des pasteurs de Zurich. *Calvini Opera* VI.
[2] Ecrit composé exprès pour le recueil sur la demande d'Utenhove.
[3] Publié en 1543.

Aultre Epistre de Calvin à *Valerand Poullain*, cxx r. cxxiii r. [1]
« Imprimé à Londres par moy, Estienne Mierdman 1550 [2]. »

C. Nous avons vu citée, sans pouvoir la trouver, une édition de Genève 1556 in-12; elle doit se rapprocher beaucoup de la suivante :

D. *Conseils* || *et advis de plu-* || *sieurs excellens personnages, sur* || *le procès des Temporiseurs. Et* || *comment les fidèles se doivent* || *maintenir demourans en terre de* || *servitude.* || *Seconde édition, aug* || *gmentée et diligemment reveue* || Crespin 1558. 224 p. in-12.

La préface de V. Poullain et les quatre dialogues de Musculus n'y figurent plus. Après une épître « Aux Lecteurs qui désirent l'avancement du pur service de Dieu », signée Crespin, p. 3-5, « Les noms des personnages dont les advis sont cy escrits », p. 6-7, et une « Préface extraite de certaine lettre escrite par feu M. Abel Poupin », p. 8-9, les Avis suivent dans un ordre un peu différent, en commençant par un de Martin Luther; viennent ensuite ceux d'Oecolampade, Zwingle, Philippe Melancthon, Bucer, Martyr, Calvin, accompagnés de ses deux lettres, celle à V. Poullain, intitulée seulement « Autre épistre de M. Jean Calvin à autre sien ami », l'Avis des ministres de Zurich, de Sultzer, d'a Lasco, Curio, Viret, Borrhaus, Mycone. Musculus n'est plus représenté que par trois pages, « Advis de Wolfgang Musculus » et « Conclusion » [3]. Le recueil se termine par la reproduction de la « Response aux Nicodémites, contenant vraye solution des objections que font les Temporiseurs », par un « Advis responsif d'un Docteur d'Allemaigne sur les demandes à luy faites par gens cognoissans la vérité et la voulans dissimuler », p. 195-214, et par l' « Exhortation aux frères estrangers, par P. Alexandre », 214-224 [4].

Cette édition, qu'on pourrait peut-être attribuer à P. Alexandre pendant son séjour en Suisse pendant le règne de Marie, diffère donc essentiellement de la première : Calvin y occupe la place prépondérante, le

---

[1] Les deux lettres sont dans l'*Appendice* du *De Vitandis sup.* mais la seconde n'y porte pas le nom du destinataire.
[2] *Bibl. Nationale*, Paris D² 9631. — *British Museum*. Londres 3905, a, 78 p. in-8°, car. gothiques.
[3] Empruntées à un autre ouvrage de lui.
[4] Exemplaire de la *Bibl. du Protestantisme français à Paris*. R. 7993.

Temporiseur de Musculus n'est plus qu'un titre et toute mention de V. Poullain a disparu, même de la lettre à lui adressée.

E. La troisième, au contraire, l'édition anglaise, a pris l'ouvrage de Musculus, en n'y ajoutant qu'un seul des Avis, celui de Curione. Ce choix porterait à désigner comme lieu d'impression une des villes suisses, et de préférence Bâle. Un des réfugiés anglais qui s'y étaient groupés après la mort d'Édouard VI, Robert Pownal, aura éprouvé le désir de faire entendre à leur tour à ceux de ses compatriotes restés en Angleterre, et succombant sous les menaces de la reine Marie, les enseignements adressés jadis aux « infirmes » d'Allemagne et de France.

The Tem || porysour (that is to saye: the observer of tyme || or he that chaungeth with the tyme) Compy || led in Latyn by the excellent Clarke Wolfgan || gus Musculus, and translated into Frenche || by M. Vallerain Pullain. And out of || Frenche into Inglische, by R. P. || III Regum XVIII. How long will ye hault on both sydes, yff the Lord be God folowe him, But if Baal be he, then go after him. Imp. 1555 July [1].

Les quatre dialogues (personnages : Eusebius, The Temporisour, Mondayne et Ireneus) sont précédés d'une Épître du traducteur anonyme, 7 pages, commençant : « Grace, mercye and peace from God our everlastinge father in the bloude of J. C. by the communication of his holy spyryte be multiplied unto thee (O Ingland) unto the imbrasinge of the true honour of God in his word and the forsaking of al Idolatrye and Ypocresie... » Les dernières pages sont occupées par « An excellent admonicion and resolucion of the godly and famous learned man Celius Secundus Curio... transl. out of Frenche by R. P., commençant : « The brethern being as yet in Babylon ».

Watt, *Bibiotheca Britannica*, signale une seconde édition anglaise Edimbourg 1590.

F. Mais dans l'intervalle une édition française entièrement conforme, sauf pour l'impression, à la toute première, avait paru en France même. Elle forme deux petits volumes, avec pagination et titres distincts, dont le premier contient les Dialogues et le second les Avis des théologiens, avec cette particularité curieuse que l'auteur du Proscœrus porte à la fois un de ses noms et un de ses pseudonymes.

---

[1] Exemplaire du *British Museum*, 3905 a, impression gothique.

1. *Le Tempo* || *riseur en For* || *me de Dialogue* || *par Eutichius* || *Musculus* || *où* || *sont décidées et réfutées toutes les* || *difficultez, excuses et couvertes* || *que peuvent mettre en avant ceux* || *qui temporisent sur le faict de la* || *Religion vrayment Chrestienne,* || *après qu'ils ont cogneu la vérité* || *Evangelique.* Pseaume 26. Je hay la congrégation des malins et ne seray assis avec les meschans. 2 Cor. 6. Ne vous accouplez point avec les infidèles. — A Lyon, par Jean Saugrain 1565 [1].

2. *Conseilz* || *Et advis de* || *Plusieurs grands* || *et doctes personnages sus* || *la mesme matière con* || *tenue au précé* || *dent Livre* || *du Tempori* || *seur. Les autheurs du présent traitté sont con* || *tenus en la page suivante.* (Marque de l'imprimeur.) A Lyon par Jean Saugrain 1565 [2].

L'ordre suivi est identique à celui de l'édition de Londres, une seule adjonction, celle au titre de l'avis de Curione des mots « pleins de superstition et impiété ».

N° IV.

LITURGIE D'A LASCO.

Service du Dimanche (Fragments).

Prières après le sermon.   Seigneur Dieu nostre père céleste, puisque ton filz enseigne ceux là estre bien heureux qui non seulement escoutent ta parolle, mais aussy la gardent et l'observent ; or nul de nous ne la peut garder sinon qu'elle soit imprimée en noz cœurs par ton sainct Esprit : nous te prions humblement de chasser Sathan de nous, qu'il ne nous oste aucunement la doctrine de ta parolle divine que nous avons ouye : amolly aussi nostre cœur pierreux, et l'arrouse bénignement de l'eau de ton sainct Esprit, à fin que les fruictz de ta parolle divine, bourjonnant en noz cœurs par ton bénéfice, ne seichent incontinent. Oste aussy de noz cœurs les soingz et solicitudes de ce siècle, qui de leur nature estoufent en nous comme les espines, ta parolle : et nous fais ceste terre bonne et fructueuse, en laquelle ta parolle estant semée, face les fruits dignes de toy, à la gloire immortelle de ton nom. Nous te demandons ces choses, Père très-bénin, au nom de ton filz unique Jésus Christ nostre Seigneur.

---

[1] Pet. in-8° de 83 pages. *Bibl. nat.* D² 6239.
[2] Pet. in-8° de 107 pages. *Bibl. nat.*

Dieu tout puissant Père éternel et miséricordieux, nous nous prosternons humblement devant ta Majesté divine, contre laquelle nous confessons ouvertement, et sans hypocrisie, que nous avons grièvement offensé et offensons de jour en jour ; tellement que nous ne sommes pas dignes de nous présenter devant ta Majesté, encor moins de nous dire tes enfans : car outre ce, que nous sommes conceuz et naiz en peché, inutiles à tout bien, nous sommes pleins d'iniquité, et contrevenons journellement en mille sortes à tes commandemens, quant nous ne te servons point comme nous devons, selon l'excellence de ta divine Majesté, et ta bénéficence paternelle envers nous ; et contre ton commandement, nous avons frustré nostre prochain du devoir que nous luy devons : et ainsy nous sommes convaincus, que par ton juste jugement, nous sommes coulpables de damnation éternelle, et que ce seroit fait de nous, sinon que contre la sévérité de ton juste jugement, la grandeur de ta miséricorde infinie emportant le triomphe, digne de ta clémence, en ton filz unique, auquel il t'a pleu nous accepter, tellement que d'un très grand signe de ta bénignité divine, et vraymant paternelle, tu viens volontairement au devant de tous penitens, ores qu'ilz soyent encor loing, et ne veux plus la mort du pécheur, mais plustost qu'il se convertisse et vive : mesme tu accours pour nous baiser, tu nous donnes la robbe longue, et l'anneau par le mariage de nous avecque toy, en ton filz, et les simboles de nostre justice en iceluy. Nous confians donc en ta benignité, nous nous prosternons devant le throsne de ta grâce, ô Père miséricordieux, et là deplorons nostre misère, et implorons humblement ton ayde divine, par le mérite de ton filz bien aymé, que tu nous vueilles regarder, non pas en nous, qui ne sommes que serfs de mort et de péché, ains en ton filz aymé, qui est nostre justice. Et nous donne ton sainct Esprit qui par son inspiration divine, amollisse nos cœurs pierreux, et les face tellement de chair, que ta loy saincte y puisse estre engravée : et par son bénéfice nous la fassions toute nostre vie ; cheminans comme Enfans de lumière, en nouveauté de vie, à ta gloire, et celle de ton filz, et de ton sainct Esprit, et édification de ton Église : Ainsy soit-il.

Ceste prière estant achevée, le Ministre propose à toute l'Église la rémission de tous ses péchez, et l'absolution pour l'amour de Christ, et la dénonce publiquement en ceste manière :

Nous avons la promesse certaine, et indubitable de la volonté immuable et éternelle de Dieu, qui pardonne et efface entièrement, à tous vrays penitens, tous leurs péchez : à savoir à ceux qui recognoissans leurs péchez, en s'accusans eux-mesmes, implorent sa grâce par le nom du Seigneur Jésus Christ, et jamais n'en veut avoir souvenance. Au contraire nous avons la sentence horrible du jugement de Dieu, à tous ceux qui, aymans plus les ténèbres que la lumière, contemnent et mesprisent la grâce qui leur est offerte en Christ : à ceux, dis-je, la damnation éternelle leur est ordonnée.

Vous tous donc, qui selon la prière qu'avez faicte, vous repentez et vous desplait devant Dieu de vos péchez : tellement que vous accusans, demandez humblement pardon d'yceux à nostre Dieu et Père celeste : et ne doubtez que tous ne vous soyent pleinement et gratuitement pardonnez, pour l'amour de Jésus Christ et le mérite de sa mort : et que proposez en vos cœurs, que désormais vous voulez mortifier en vous le vieil homme, avec ses concupiscences, a fin que, selon vostre infirmité, cheminiez en nouveauté de vie : à vous tous (dis-je) qui estes ainsy affectionez, je vous dénonce par la fiance des promesses de Christ, que tous vos péchez sont entièrement pardonnez, au ciel, de Dieu nostre père, pour l'amour de Jésus Christ nostre Seigneur et Sauveur qui est beneit éternellement.

Mais ceux qui se plaisent en leurs péchez, tellement qu'en iceux ilz ne s'accusent point tant eux-mesmes que la sevérité de Dieu, avec leur excuse : ou qui recognoissent bien aucunement leurs péchez, mais mesprisans le bénéfice du Seigneur Jésus Christ, se forgent d'ailleurs remède de leur salut ; à tous telz, je leur dénonce par la parolle de Dieu, que tous leurs péchez sont liez au ciel, s'ilz ne s'amendent.

Or comme nous avons tousjours manifestement tesmoigné par nostre prière, que nous ne sommes point telz, encore plus amplement le tesmoignerons-nous par le sommaire de la confession de nostre foy, en ceste manière : *Je croy en Dieu*, etc.

Père tout puissant et miséricordieux, qui as daigné selon ta miséricorde infinie, nous délivrer des ténèbres de nostre ignorance et de l'abisme de l'ydolatrie Romaine, en nous révélant merveilleusement en l'Evangile la lumière salutaire de ton filz, de quoy nous te rendons grâces ; ô Père très bening, te prions humblement, qu'il te plaise nous fortifier, et munir par ton sainct Esprit, pour l'amour d'iceluy ton filz bien aymé, tellement que nous puissions par son bénéfice, retenir le don de nostre foy jusques à la fin, et l'exprimer aucunement par la nouveauté de nostre vie.

Nous te prions aussy, ô père très sainct, pour l'Église vniverselle de ton filz, espandue par tout le monde, laquelle rejectant l'abomination et ydolatrie de l'Antechrist Romain, garde et enseigne la vraye et salutaire doctrine de ton filz : nous te prions de chasser d'ycelle tous faux Pasteurs et Docteurs, ces bestes cruelles qui dévorent et foulent ta vigne, et metz en elle des bons, fidelles et diligens ouvriers, songneux dispensiers de tes mistères, qui ne cerchent leur gloire, ains la tienne seule, et l'édification de ton Église, rachetée du sang très innocent de ton filz.

Spécialement nous te prions, ô père très doux, pour les Églises de ce Royaume, et tous les Ministres d'ycelle, et principalement pour nostre noble Roy E. sixiesme, lequel comme jusques à present tu as défendu par ta puissante main de tous ses adversaires et les tiens, pareillement il te plaise doresenavant le défendre et garder, et par ton Esprit sainct le régir et gouverner : a fin que ta grâce divine croissant en luy journellement et de plus en plus, avec son âge, il puisse à la fin gouverner son peuple, soubz le chef de nous tous Jésus Christ : a fin que nous puissions par ton bénéfice, vivre soubz luy paisiblement, et en repos, en toute pieté et honnesteté, selon ta parolle.

D'avantage nous te prions, ô père très sainct, pour toute la maison et famille du Roy, pour tous les nobles et Magistratz de son Royaume, et de tous autres : et spécialement pour tout son noble Conseil : qu'il te plaise leur donner selon ta divine bénéficence l'Esprit de conseil, l'Esprit de force et persévérance : a fin qu'ilz poursuivent constamment, et d'un courage invincible, ce que pieça ilz ont commencé, en abolissant la tyrannie de l'Antechrist, et avançant la vraye religion en ce noble Royaume, et ce jusques à la fin. Donne leur, Seigneur, l'Esprit d'unité et de paix : afin qu'ilz suyvent d'un bon accord ce qui est bon, avancent et conservent la tranquilité et paix en la république.

Nous te prions aussy, ô Père tout puissant, pour le peuple vniversel de tout ce Royaume, a fin qu'ilz recoivent volontiers la doctrine de ton filz, déclarée aux escritures des Prophètes et Apostres : et que de plus en plus ilz proffitent en icelle, et persévèrent continuellement en l'obéissance légitime du Roy, et des autres Magistratz, au proffit de toute la république et édification de l'Église.

Outre plus, nous prions ta bonté divine pour ceste Cité de Londres, qu'il te plaise en chasser les playes publiques, que nous desservons journellement, et la garder en l'affection de vraye pieté, en paix et tranquilité publique. Et gouverne tellement par ton sainct Esprit son Magistrat, qu'il s'employe en son ministère fidèlement, et prudemment en ta crainte.

Mais spécialement nous te prions, ô Père très débonnaire, pour noz Églises estrangères, qui sont icy : que comme il t'a pleu par ta bonté admirable, les planter icy, pareillement tu les vueilles entretenir désormais, en ta faveur divine, a fin qu'elles soyent préservées par ta puissance et miséricorde ineffable, de toute la tyrannie de ce monde et toutes faulses doctrines. Nous recognoissons ton bénéfice inénarrable, en ce que tu les a plantées : et pourtant nous t'en rendons grâces immortelles. Mais pour autant que nous savons que tout cela doit estre coupé, qui ne fait point de fruict, et que telle est la corruption de nous tous, que nous ne pouvons rien penser de bon, encor moins faire fruictz dignes de toy : nous te prions humblement, ô Père tout puissant, qu'il te plaise toy mesme produyre en nous par ton S. Esprit, les fruictz bons et dignes de ceste plantation admirable de ces tiennes Églises : à savoir qu'ycelles noz Églises plantées icy, par ton bénéfice, augmentent assiduellement en toute pieté, en vraye union des cœurs, à la gloire de ton nom vénérable, et consolation des membres de ton filz icy chassez : et à l'édification de l'Église universelle.

Nous prions aussi ta Majesté divine, pour tous autres Roys, Princes, Magistrats et peuples qui estans opprimés de la tyrannie de l'Antechrist, n'ont encore peu ouyr la voix de ton filz nostre Seigneur, et mesmes qui, par ignorance, persécutent odieusement les membres vifz de ton filz qu'ilz n'ont point cogneu : qu'il te plaise bénignement les ramener, et tous autres en quelque part qu'ilz soyent, cheminans aux ténèbres d'ignorance, ou séduis par quelque infirmité, à la vraye lumière de ton filz : a fin que tous assemblez en sa seule bergerie, par ta miséricorde gratuite, nous te puissions louer, comme nostre vray Dieu, et ployer les genoulz à toi, en ton mesme filz.

Finalement nous te prions, ô Père tout puissant et miséricordieux, pour tous noz frères espars, par ton Église universelle, qui pour l'amour de la vraye confession de ta doctrine et de ton filz, sont aucunement oppressez, soubz sa croix, par la tyrannie de l'Antechrist : console les Seigneur, par ton sainct Esprit, autheur de toute vraye consolation, en leurs afflictions et croix : et confirmé d'en hault par ta vertu divine, leurs cœurs en la vraye foy, tellement qu'ilz puissent endurer patiemment, constamment et avec action de grâces, tout ce que tu leur envoye; et qu'ilz puissent d'un bon cœur, sans nulle crainte, glorifier en ton Église, ton nom et celuy de ton filz, tant par vie que par mort : ou qu'il te plaise les délivrer par ta grace, de leurs misères et afflictions et modérer leur croix, si tu cognois que cela puisse aucunement servir à la gloire de ton nom sainct, et édification de ton Église universelle.

Mais spécialement nous te prions, ô Père très sainct, pour les frères de cestes noz Eglises, tant présens qu'absens, lesquelz il t'a pleu visiter et exercer par ton juste jugement, de maladies, ou de prisons, de povretez, ou bannissementz, ou d'ennuy quelconque, soit de l'esprit ou du corps : ne les laisse point en leurs afflictions, ou selon ta misericorde et paternelle bonté, adoucy leurs croix : ou donne leur force et patience, a fin qu'ilz endurent d'un bon courage tout ce qu'il te plait leur envoyer : a fin qu'ilz entendent que tu les esprouves, comme Père très béning, en leurs afflictions, pour l'amour que tu leur portes. Car ceux que tu aymes, aussy tu les corriges et exerces par afflictions, en ceste vie : a fin que désormais ilz apparoissent plus purs, et mieux esprouvez, estans fais conformes en leurs afflictions, à ton filz, lequel par ton conseil éternel et admirable tu as consacré par afflictions, prince du salut de nous tous. Nous nous fions que nous obtiendrons cela de toy, ô nostre Père céleste, selon ta pitié et misericorde envers nous : et en ceste espérance nous invoquons humblement ton nom sainct, par ton filz seul et bien aymé, selon la prière qu'il nous a ordonnée. *Nostre Père* etc.

SERVICE DE LA SAINTE CÈNE.

Extraits.

..Puis le ministre invite l'Église, à rendre grâces par ceste petite préface : Je pense qu'il n'y a personne de vous qui en soymesme ne sente par le tesmoignage de ceste Cène, la force et le fruict de nostre communion avec le Seigneur Christ, en son corps et sang, à savoir le repos et paix de vostre conscience, à cause de l'innocence, justice, mérite, et victoire du Seigneur Christ : toutes lesquelles choses sont aussy certainement nostres, par l'usage de ceste Cène, comme nous avons tesmoigné, par l'institution d'iceluy Christ, que nous savons pour certain avoir par- *Après la Communion.*

ticipé de noz mains et de nostre bouche à ce pain et vin de la Cène. J'espère aussy que vous tous, en vostre assiète a ceste Cène, avez regardé des yeux de vostre foy, ceste assiète bienheureuse une fois au Royaume de Dieu, avec Abraham, Isaac et Jacob. Et que tous en estes autant certains, par la fiance de la justice, mérite, et victoire du Seigneur Christ, en la communion desquelles choses nous sommes maintenant scellez, comme certainement nous nous sommes maintenant assis ensemble tous à ceste table du Seigneur. D'avantage je ne doubte point, que vous semblablement n'ayez senti en voz cœurs, par le S. Esprit, un mouvement pour rendre grâces à la bénignité divine, pour ces tant grandz bénéfices qu'il nous a donnés au Seigneur Christ : et qu'il nous faut monstrer tous devoirs selon nostre pouvoir, de nostre gratitude, à savoir que nous taschions en toutes manières d'exprimer la justice, mérite, et victoire du Seigneur Christ, qui nous est ja donnée : et que de rechef nous ne souillons par nos péchez si excellens dons de Dieu en nous, et que ne les repoussions de nous par nostre impiété. Je croy certes que vous sentez toutes ces choses en voz cœurs, par le bénéfice du sainct Esprit, et pourtant c'est bien raison que pour l'amour de tous ces dons, en nous prosternans, nous rendions graces à nostre Dieu et Père : et le prions humblement, que soyons confirmez en iceux de jour en jour, et de plus en plus durant toute nostre vie.

Seigneur Dieu, nostre Père céleste nous rendons grâces à ta majesté divine, par ton filz Jésus Christ, nostre Seigneur et rédempteur, de ce qu'il t'a pleu nous rappeler en iceluy ton filz, de la mort éternelle soubz laquelle nous estions enclos ; par la purgation de tous noz péchez, en sa mort, et par la communion qui nous est donnée libéralement de toute sa justice, mérite, et victoire, laquelle seule regardant en ta providence éternelle, tu nous as esleuz à la vie éternelle, estans enclos au corps d'iceluy ton filz, devant la constitution du monde. Et de ce qu'il t'a pleu nous le donner pour nostre viande et réfection, à cause de nostre infirmité naturelle, laquelle a besoing de remèdes continuelz, soubz le ministère institué par luy de ta parolle divine, et des Sacremens en son Église : ce que maintenant par ta grâce nous avons mis en effect. Nous recognoissons toutes ces choses estre certes dons libéraux de ta bonté ineffable, et miséricorde divine, que tu nous as donnés sans notre mérite : mais aussy nous recognoissons, en nous mesmes, nostre infirmité et misère ; c'est que de nous mesmes nous ne pouvons retenir ces tiens dons, ne tesmoigner notre gratitude envers toy comme nous devons. Ainsy donc estans prosternez à tes piedz, nous te rendons grâces, o père très béning, pour ces tiens bénéfices. Pareillement nous te prions humblement, par iceluy ton filz, qu'il te plaise conserver en nous, jusques à la fin, ceste nostre conjonction en un corps avec le Seigneur Christ ; laquelle dès longtemps tu as bénignement commencée en ta providence éternelle, et nous confirmer en ceste foy par ton Sainct Esprit, journellement et de plus en plus : afin que, ores que de nous mesmes nous ne puissions rien, toutesfois qu'au dedans nous puissions sentir en nos cœurs les fruictz de nostre foy, par le renouvellement de nostre esprit et de noz affections, et la déclarer aussy aucunement devant ton Église, par les devoirs de charité : si que ton nom vénérable soit entre nous réputé vraymant sainct et sainctement honnoré en toute la terre. Qui sans cela es bény sur toutes choses, toy seul, unique, vray et éternel Dieu, en ta trinité divine. Ainsy soit-il.

LA PÉNITENCE PUBLIQUE.

Hommes frères, voicy nous avons mis au mylieu de vostre assemblée, selon le devoir de nostre Ministère, cestuy nostre frère délinquant, lequel pour testifier envers vous sa vraye et chrestienne repentance, ne refuse point de recognoistre publiquement la faute de son péché, par lequel il a offencé le Seigneur Dieu et son Église, à sa vergongne comme vous voyez ; mais à la gloire du Seigneur nostre Dieu, et édification de ceste nostre Église. Et désire de rechef d'estre, en la présence de Dieu, réconcilié à vous tous, et estre désormais aussy retenu en vostre fraternité Ecclesiastique. Parquoy je vous veux admonnester un peu, par la parolle de Dieu, en cest endroit de vostre devoir et office envers luy : afin que vous sachiez ce que devez tous estimer des péchez de ce frère délinquant, des vostres, et de nous tous. *Admonition à l'Église.*

Les Escritures donc nous monstrent deux choses du péché. La première que nous sommes tous enclos soubz péché. La seconde que sommes bien enclos, mais afin que tous soyons sauvez quant à Dieu, par la miséricorde gratuite d'yceluy en Christ : et que ne périssions en nostre péché, sinon que mesprisant le bénéfice de Dieu en Christ envers nous, nous nous délections en nostre péché, et finalement, par le juste jugement de Dieu, nous nous endurcissions en iceluy. De là aussy nous sommes apprins de ce que nous devons penser de noz péchez propres, et aussy de ceux des autres : et comment nous devons estre affectionnez les vns envers les autres, principalement en cest endroit : car quand nous oyons, que tous, sans nul excepter, sommes enclos soubz péché, nous entendons facilement que de nostre nature nous sommes tousjours enclins à tous genres de vices. Et pourtant nous n'admirerons la cheute des autres, et beaucoup moins l'accuserons nous, ou mespriserons noz frères délinquans : ains penserons que c'est nostre devoir et office, de réputer comme nostres toutes les fautes des autres, quelques grandes ou detestables qu'elles soyent : et ne regarderons point tant à noz frères délinquans, se repentans en leur cheute, qu'à nous mesmes en iceux. Et ne les accuserons devant le Seigneur nostre Dieu plus que nous tous ensemble avec eux. Car si nous croyons tous vrayment, et de bon cœur, que sommes tous enclos soubz péché, nous ne pourrons faire que nous ne confessions aussy les autres n'avoir rien commis que nous mesmes n'eussions bien fait, si Dieu ne nous eust préservé par son bénéfice singulier. Et rendrons graces immortelles au Seigneur nostre Dieu, s'il ne nous permet tomber aux mesmes péchez, voire plus énormes, auxquelz nous oyons les autres estre tombez.

Finalement nous le prirons continuellement, qu'il ne souffre que cy après nous tombions : mais quand nous réputons en nous mesmes, que tous ensemble sommes enclos et vendus soubz péché, nous entendons qu'il nous faut recognoistre par charité mutuelle, entre nous, tous noz péchez, et qu'il nous les faut supporter et endurer, quand nous nous repentons. Autrement nous nous aggravons nous mesmes en la faute de noz péchez, en tant que nous accusons et condamnons les autres par dessus nous, pour les choses lesquelles nous confessons avoir communes avec eux.

De rechef quand nous oyons que sommes enclos soubz péché, non a fin que nous périssions, car Dieu n'ayme point nostre ruine, mais afin que soyons sauvez, par sa seule et gratuite miséricorde en Christ, et non par aucune nostre dignité, ne de nos œuvres, à la louange et gloire d'iceluy ; nous devons penser qu'il ne nous faut attacher en noz péchez, auxquelz nous nous voyons estre cheuz. Mais recognoissans incontinent nostre faute, nous devons recourir à la miséricorde de Dieu, par laquelle il nous a tellement embrassez en son seul filz, qu'il veut transporter la faute de tous noz péchez en luy, et luy imputer toute ; pourveu que vrayment, et de bon cœur, nous nous desplaisions en nous mesme et en noz péchez ; et que nous nous accusions en nostre corruption, et non point luy en sa loy, qui est saincte et salutaire, n'en son juste jugement. Et finalement nous confians en sa seule divine bonté, en deffiance de nous mesmes, nous implorions tous ensemble d'un accord sa grâce salutaire : car le Seigneur nostre Dieu n'est point en cest endroit tant sévère, ne fascheux, qu'il requière de nous vne grande pompe et apparence de parolles, pour implorer sa grâce et miséricorde. Il regarde le cœur, et non la splendeur, ou appareil de parolles. Et si nous nous desplaisons véritablement en nostre cœur, et que nous implorions humblement sa grâce, en certaine fiance par Christ, et nous accusant nous mesmes d'un bon cœur ; pour certain il nous exauce, voire devant que nous commencions crier à luy : et accourt volontairement pour nous embrasser, devant mesme que nous nous soyons accusez. Voire luy mesme nous donne que nous nous repentions véritablement et de bon cœur. Et nous repentant il nous charge sur ses espaules, pour nous r'amener de rechef à sa bergerie. Et finalement il fait démener joye en son Royaume, plus grande sur un pécheur faisant pénitence, que sus nonante neuf justes, lesquelz il avoit ja pour compagnons de son Royaume.

Puis donc, ô frères bien aimez, qu'il est ainsy à la verité, et vous avez maintenant devant vous cestuy nostre frère délinquant, qui comme nous espérons, en vraye desplaisance de soy mesme, et accusation de la faute de son péché, a déliberé de le recognoistre publiquement, et en demander pardon à Dieu, et à vous tous, comme à l'Église de Dieu ; et désire de rechef estre réconcilié à vous, par ceste sienne pénitence, et estre retenu comme frère en vostre société Ecclésiastique, joignez vous maintenant, mais joignons tous noz péchez avec le sien, et considérons que sa cheute est la cheute de nous tous. Prenons exemple de ce nostre frère délinquant, afin que comme il monstre qu'il se desplait en son péché, par ceste sienne pénitence publique, que aussy nous nous déplaisions aux nostres, et que nous nous accusions avec cestuy nostre frère, devant nostre Seigneur Dieu. Joignons noz prières avec les siennes, noz larmes avec les siennes, et invoquons humblement Dieu, tous ensemble, à ce que cestuy nostre frère recognoisse vrayment, et de bon cœur, la faute de son péché, et en demande pardon, à la gloire du nom de Dieu, à son salut, et à l'édification de toute nostre Église.

Prière.   Nostre Père céleste, tout puissant et miséricordieux, qui par la bouche de tes Prophètes et Apostres, as disertement testifié, que tu ne veux point la mort du pécheur, ains qu'il se repente et qu'il vive ; et qui as voulu que ton filz unique soit mort, non pour les justes mais pour les pécheurs, afin que ceux qui se sentans accablez de la charge de péché, et qui se deffians entièrement d'eux mesmes, par la fiance de ton filz allent humblement au throne de ta grâce, avec certaine asseurance d'estre exaucez de toy. Voicy nous sommes assemblez, au nom d'iceluy ton filz Jésus Christ nostre Seigneur, pour nous accuser de noz péchez envers toy, et estans prosternez à tes piedz, pour te demander pardon d'iceux, par le nom d'iceluy ton filz. Nous te prions donc humblement, ô Père très béning, premièrement que tu excites par ton sainct Esprit les cœurs de nous tous à vraye et salutaire cognoissance de noz péchez : mais principalement le cœur de nostre frère délinquant entre nous, qui comme par son péché, naguère commis, a offencé toute ceste nostre Église, pareillement qu'il recognoisse aussy publiquement la faute d'iceluy, et en demande pardon, à la gloire de ton nom sainct, et édification de ceste tienne Église. Et puis que tu pardonne bénignement, par les entrailles de ton filz bien aymé, la faute recogneue de cestuy nostre frère, de son péché, et de tous les nostres, tant à luy qu'à nous : et nous gouverne et munis pour l'advenir de ton sainct Esprit : que ores que nous ne puissions estre totalement sans péché, toutesfois que nous ne tombions en telz péchez, par lesquelz ton nom adorable soit diffamé, la cause de l'Évangile de ton filz blasmé, le ministère de ta parolle soit deshonnoré, et que ton Église amassée en ton nom très sainct en soit dissipée. Nous te prions ô Seigneur nostre Dieu, par ton filz, que tu nous délivres de telz crimes, et desploye et déclare ta vertu divine en nostre infirmité, à l'encontre de la tyrannie de Sathan, et de nostre péché contre nous : a fin qu'en saincteté et justice, nous avancions le Royaume de ton filz en son Église, auquel avecque toy et le Sainct Esprit, en trinité et unité divine, soit louange, honneur, et gloire éternellement. Ainsy soit-il.

Admonition au frère.   Vous avez ouy, frère bien aymé, quel est vostre office envers l'Église par vous offencée, à savoir que volontairement vous recognoissiez la faute de vostre péché, et en demandiez pardon à icelle en la présence de Dieu : et que finalement vous vous réconciliez à elle offencée. Vous avez aussy entendu, quel est pareillement le devoir d'ycelle envers vous son frère délinquant, et pénitent : c'est qu'elle joigne son péché ensemble avec le vostre, et estime vostre cheute la sienne. Qu'elle joigne ses prières avec les vostres, et qu'elle s'accuse avecques vous, et demande la grâce de Dieu avecques vous. Vous voyez desja toutes ces choses avoir esté faictes, en ceste nostre Église, par sa prière publique. Maintenant de vostre part il faut que faciez ce que vous avez entendu estre de vostre office. C'est que vous recognoissiez volontairement et de bon gré, la faute de vostre péché, et en demandiez pardon, non point pour l'amour de nous, ou de quelque homme, ains à la gloire de Dieu, et tesmoignage de vostre pénitence vraye.

Or sus donc (mon frère) entrez en vous mesme, et considérez et esprouvez vostre cœur devant Dieu, auquel toutes choses sont cogneues. Pensez que vous estes devant Dieu, et non seulement devant les hommes. Pensez que ce n'est point à nous seulement que vous avez à faire; mais à Dieu mesme, en nostre Ministère, et que comme hommes, nous pouvons estre déceuz de vous : mais Dieu ne peut estre aucunement déceu, ne par vous ne par autre. Voyez donc mon frère, que ne vous moquiez de Dieu, et du S. Esprit en nostre Ministère. Nous tesmoignons bien seulement des choses que nous voyons par dehors, mais Dieu regarde mesme le plus profond de nostre cœur : et s'est monstré souvent juge sévère de ceux qui ont voulu se moquer de luy en son Ministère Ecclésiastique. Pourtant maintenant donnez gloire au Seigneur vostre Dieu en vostre vraye desplaisance et accusation du péché : donnez devant ceste Église de Dieu argument de vostre vraye et chrestienne repentance, par la cognoissance volontaire de vostre faute, et requeste du pardon. Car ceste est la gloire de Dieu, que tous nous implorions sa miséricorde gratuite humblement, en faveur de son filz unique, en nous accusant de noz péchez : et que finalement nous soyons sauvez par sa bonté divine, laquelle chose vous vueille octroyer, et à nous tous, ce Dieu seul en trois personnes, le Père, le Filz et le S. Esprit qui est bénoit éternellement. Ainsy soit-il.

Nous avons ouy vostre confession, mon frère, au moyen de quoy nous sommes tous grandement joyeux : et rendons grâces au Seigneur nostre Dieu, de ceste vostre repentance, en laquelle vous ne vous estes point fait tant grande honte, ne à vostre infirmité, comme à Sathan, par la victoire qu'avez obtenue par Jésus Christ, à l'encontre de luy et de vostre péché, en recognoissant et demandant pardon publiquement de vostre faute : car véritablement nous vainquons et confondons Sathan, et toute sa tyrannie, et foulons aucunement sa teste de nos piedz, mais le

Admonition au frère après sa confession.

Seigneur Christ le vainq, confond, et foule en nous, autant de fois que par son bénéfice nous accusons nos péchez, et l'autheur d'yceux Sathan, avec l'imploration de la grâce de Dieu, et espérance certaine de rémission, pour l'amour du mesme Seigneur Christ. Recognoissez donc, mon frère, le singulier bénéfice de Christ, en l'accusation que vous avez maintenant faite de vostre péché, et de Sathan mesme. Car ce n'est point vostre œuvre, ne d'aucun homme ; qui de nous mesme ne pouvons, non pas penser quelque chose bonne ; ains sans doubte c'est l'œuvre du Seigneur Christ mesme qui seul fait ceste œuvre par son Esprit, à la gloire de son divin nom, et à nostre salut, et édification de son Église. Recognoissez cecy (dis je) et gardez bien de ne point abuser désormais d'un si grand bénéfice, vous abandonnant à péché (que Dieu ne vueille) à vostre condamnation. Considérez que Sathan a eu grand despit de la confusion qu'il a receue, en ceste vostre pénitence, et pourtant qu'il essayera en toute sorte comment de rechef il vous tiendra en ses lacz. Gardez vous donc autant qu'il vous sera possible de ne luy donner entrée par voz péchez, de peur que les choses dernières ne soyent pires que les premières. Continuez en prières envers le Seigneur vostre Dieu : et joignez aussy les prières des fidèles avec les vostres, afin qu'il vous gouverne et deffende par son Sainct Esprit, et qu'il vous équippe de ceste armeure que Sainct Paul nous monstre, à ce que ne soyez opprimé par les effortz et ruses de Sathan. Or Dieu est fidèle pour ce faire, pourveu que véritablement et de bon cœur nous l'invoquions par le nom de son filz unique. Recommandez vous donc entièrement à luy, mon frère, invoquez le, donnez vous du tout à luy, espérez en luy de tout vostre cœur. Il n'y aura point de faute, que comme Sathan n'a plus que cercher au Seigneur Christ nostre chef, pareillement aussy il ne pourra rien avoir en vous n'en nous tous.

Admonition à l'Église. Or vous, mes frères, prenez tous exemple à cestuy vostre frère délinquant, et pénitent. Premièrement que vous ayez en vostre cœur desplaisance de voz péchez : puis que vous vous accusiez en yceux devant Dieu, avec cestuy vostre frère pénitent, et que tous ensemble imploriez humblement la miséricorde de Dieu. Finalement s'il advient qu'aucun de vous tombe quelquefois publiquement, comme il luy est advenu, que ne refusiez point de recognoistre la faute de vostre péché, à l'exemple de ce frère, et en demander pardon, et vous réconcilier à l'Église. Et quant au reste pardonnez maintenant de bon cœur devant le Seigneur toute l'offence de cestuy vostre frère, ainsy que vous désirez tous voz péchez vous estre pardonnez du Seigneur vostre Dieu. Recevez le dorénavant pour frère de nous tous, et désormais laissans toutes reproches, aymons le tous d'un amour fraternel en nostre Seigneur. Et afin qu'il puisse avoir certain signe et tesmoignage de sa réconciliation avecques vous, prosternez vous tous en terre, et rendez grâces à Dieu nostre Père, avecques moy, pour ceste repentance et réconciliation, de cestuy nostre frère, en ceste manière :

Nostre Père céleste, fontaine de toute miséricorde et consolation non espuisable : nous tous certes ne sommes pas dignes que tu nous regardes, et moins que tu nous exauces ; mais beaucoup moins que tu nous nombres entre tes enfans, et que tu nous embrasses de ta bonté paternelle. Mais quand nous contemplons, par le bénéfice de ton filz unique nostre Seigneur, ta bonté et miséricorde ineffable envers nous, par luy, de laquelle nous ayans pieça desservy la mort éternelle, et que mesme de plus en plus nous la desservons, néantmoins tu ne veux pas que nous périssions, ains gratieusement tu nous r'appelles à repentance : et nous ayant pardonné gratuitement toute la faute de noz péchez, tu nous reçois de rechef vraymant en ta grâce paternelle, pour l'amour de ton filz tant aymé, et son mérite salutaire. Nous recognoissons de nostre pouvoir ce tien tant excellent bénéfice, et pour l'amour d'iceluy nous te servons et adorons : et estans prosternez à tes piedz, nous te rendons très grandes grâces. Maintenant donc, à ceste cause nous te louons, ô Père très sainct, avec ton filz et le sainct Esprit. Nous t'adorons, et tous ensemble te rendons grâces. Et principalement quand nous voyons le tesmoignage de ceste tienne bonté, en cestuy nostre frère, en sa pénitence publique, nous te prions humblement, ô Père très miséricordieux, qu'il te plaise nous donner à tous vng cœur pénitent de nos péchez, à savoir que nous nous desplaisions en iceux, sans jamais avoir honte de nous accuser en iceux, ains par la vergongne de nous mesmes, nous magnifions, en nostre infirmité, ta vertu et gloire, à la louange de ton nom adorable, et le salut de nous tous, et édification de ton Église universelle, par Jésus Christ ton filz nostre Seigneur. Ainsy soit-il.

Action de grâces.

L'EXCOMMUNICATION.

Prière.   Père éternel tout puissant et miséricordieux, qui selon ta miséricorde gratuite et bonne volonté envers nous en Christ, ne veux point la mort du pécheur, ains plus tost que par l'inspiration de ton sainct Esprit, il se convertisse et vive; et tesmoignes que telle est la force de ta divine parolle, que comme un marteau elle diminue et brise puissamment les pierres mesmes : voicy qu'estans prosternez humblement devant tes yeux, nous te prions par le nom de ton filz bien aymé, qu'il te plaise amollir à pénitence, par la vertu de ta parolle, moyennant ton S. Esprit, le cœur et l'esprit de cestuy nostre frère N. jusqu'à présent endurcy comme une pierre, et chasser par la lumière de ta grâce divine les ténèbres de son esprit : afin que finalement il sente en son cœur qu'il a grièvement offencé, premièrement contre toi, ô Père très bénin, et puis contre ton Église; et qu'il accuse ce sien péché devant toy et ceste Église, et qu'il le déplore avecques nous : afin que malgré nous ne soyons contrains par son impénitence, de l'exclure avec nostre pleur, de ton corps mystique, ains que plustost nous le retenions avec joye et liesse, comme membre vif de ton filz, en ceste sienne Église. Exauce nous, ô Père miséricordieux, crians à toy au nom de ton filz bien aymé : et r'appelle de rechef cestuy nostre frère impénitent, et ja prochain de ruyne, à la voye par la parolle de ta vertu, afin que nous tous qui plorons devant toy, à cause de son obstination, nous puissions nous resjouyr, et luy faire feste pour sa repentance, et célébrer avec joye en ceste nostre assemblée ton nom vénérable. Vray est que sommes indignes d'estre exaucez de toy, ô Père très sainct, veu que nous t'irritons par nos péchez continuelz : mais ne nous regardes pas en nous, ains en ton filz bien aymé, lequel tu as ordonné selon ta miséricorde pour nostre Chef, Advocat, Évesque, Médiateur et Propitiateur. Nous te prions que tu regardes miséricordieusement à luy, et au mérite de sa mort pour nous, et à nostre acceptation en son sang : et ne souffre que le sang très innocent de ton filz, respandu pour cestuy nostre frère impénitent, et pour nous tous, soit prophané par les ruses et tyrannies de Sathan. Encline les oreilles de ta miséricorde, ô Père très libéral, aux prières de ce tien peuple, invoquant ton nom sainct avec pleur, pour ce frère impénitent, afin que par ton bénéfice il soit plustost guary que d'estre retranché de ton corps, en ruyne perpétuelle. Ces choses te demandons-nous par la fiance de nostre Chef et Médiateur Jésus Christ, selon la manière qu'il nous a ordonnée : Nostre Père etc.

Après ceste prière le ministre observe si le frère impénitent ne viendra point en avant pour donner quelque signe de repentance. ...

Hommes frères, puisque vous voyez que nostre frère N. impénitent, a péché en tant de manières, contre le Seigneur, et ceste sienne Église, comme vous avez ouy : et qu'on ne l'a peu aucunement induire à repentance, et qu'il appert par le tesmoignage de la parolle de Dieu qu'il est décheu du Royaume des cieux, et de la société heureuse du Seigneur Christ : et qu'il nous faut faire, combien qu'enuy, avec dueil publique de nous tous, ce que nous savons estre nostre devoir et office, selon le commandement du Seigneur Christ, et l'observation Apostolique. C'est que nous sommes instruis par le tesmoignage de la parolle de nostre Seigneur Christ, ceux là n'estre de sa compagnie, lesquelz aussy nous testifions et déclarons par l'excommunication qu'il a instituée, n'estre de la nostre en luy. Or afin que nous ne le fassions seulement en nostre nom, ains en celuy du Seigneur Christ avec sa vertu et puissance, nous prosternans à genoux, nous invoquerons le mesme Seigneur Christ, devant lequel tout genoil doit fléchir, en ceste manière : *Admonition à l'Église.*

O Seigneur Jésus Christ, Roy unique et éternel de ton Église, qui as commandé par la parolle de ta bouche divine, que ceux qui estans admonnestez de leur péché, mespriseroyent toutes les admonitions que tu as instituées, soyent rejettez de la communion de ton Église, et estimez comme payens et ethniques, obéissans donc à ceste tienne institution que tes Apostres aussy nous ont recommandée : voicy nous sommes assemblez en ton nom, pour exclure N. nostre frère obstiné et impénitent en son péché et mespris de ceste tienne Église, avec ta vertu et puissance, de l'assemblée de nostre corps, à la gloire de ton nom très sacré, et aussy à la conservation et édification de ceste nostre Église, et pour le dernier remède de la rébellion et obstination de nostre dit frère impénitent. Et pourtant que tu nous as promis d'estre tousjours avecques nous, estans assemblez en ton nom, et principalement au Ministère de ton Église ; et aussy de nous gouverner par ton sainct Esprit, nous te prions humblement qu'il te plaise gouverner par la vertu de ton sainct Esprit, et rendre puissant ce nostre Ministère, et estre avecques nous par ta vertu, pour séparer nostre frere impénitent de nostre compagnie : et ja nous confians en *Invocation avec l'excommunication.*

tes parolles, et estans instruis par la vertu de ton Esprit vénérable, ô Seigneur nostre Roy, Docteur et Évesque éternel, nous séparons et retranchons publiquement en ton nom, puissance et autorité, cestuy nostre frère impénitent N. jusques à present contempteur obstiné de toutes les admonitions Ecclesiastiques, comme membre nuisible à nostre corps, en la présence de ta majesté divine, et de toute ceste tienne Église, de nostre compagnie et de sa société salutaire : ayans cependant compassion de son mal, selon la charge de nostre Ministère, et prononçons qu'il est aussy lié au ciel, selon la doctrine de ta parolle : et le déclarons à tous fidèles pour rejetté dehors, et qu'il le faut estimer comme homme ethnique et publiquain : et en regret, suyvant ton Apostre Paul, nous le livrons à Sathan, à la destruction de sa chair, s'il ce peut faire aucunement, qu'estant morte par les afflictions que Sathan lui fera, il puisse encor à la fin par ton bénéfice estre sauvé, et comme ressuscité en son esprit : car tu es venu sauver ce qui estoit péry, et pour faire cesser la tyrannie de celuy qui avoit l'empire de mort sur nous, à cause de nostre péché, qui vis et règne avec Dieu ton père, et le Sainct Esprit, un Dieu en trois personnes éternellement. Ainsy soit-il.

Prière. Père céleste et tout puissant, qui as en ta main les cœurs de tous à leur salut : nous te prions humblement, par ton filz Jésus Christ, qu'il te plaise de toucher par ta vertu le cœur obstiné de cest excommunié, et le fléchir par l'inspiration de ton S. Esprit : Afin qu'il sente en son cœur, la severité de ton jugement, à l'encontre de son péché, qu'il recognoisse en iceluy sa faute, qu'il l'accuse devant toy, et qu'en ycelle il se desplaise de tout son cœur, et qu'il en demande pardon, premièrement devant toy, par le nom de ton filz bien aymé, et à ceste tienne Église, laquelle il a offencée. Et à la fin estant ainsy converty, et de rechef receu en ta grâce, il puisse estre délivré de la puissance de Sathan, en laquelle il est détenu : et qu'il nous r'apporte plus de joye par sa repentance, qu'il ne nous a causé de tristesse en ceste excommunication présente, par l'obstination de son péché et de son contemnement : et que sa repentance nous soit à tous pour exemple, si que nous n'ayons point de honte de recognoistre la faute de noz péchez et en demander pardon, tant en privé qu'en public s'il est besoing. N'oste point totalement, ô Père misericordieux, ton Sainct Esprit de ce membre retranché de nostre corps, ores qu'il soit livré à Sathan à la destruction de la chair ; assiste nous de ta grâce, qui de nostre nature sommes aussy enclins à tout mal, afin que nous puissions journellement et de plus en plus réprimer en nous les façons du vieil Adam, et estre renouvellez en l'homme nouveau, qui selon Dieu, a tousjours ses accroissemens en saincteté de verité, et sa justice. Et si quelque fois il advient que nous, estans circonvenus par les ruses de Sathan, nous tombions en quelque péché, (car nous sommes tous, autant qu'en nous est, esclaves de péché) ne permetz que soyons endurcis en noz péchez aucunement, et qu'à la fin nous périssions en iceux : mais excite tousjours aucuns, qui nous tiennent en office par l'admonition de ta parolle divine, et qui chassent de nous ceste mortelle asseurance en nos péchez, qui est comme un sommeil. Que le Seigneur Christ ne nous soit voilé en noz péchez, à nostre condamnation. Ains plustost qu'il reluise en noz cœurs, à nostre correction. Donne nous, que non seulement ne mesprisions les admonitions, et que ne soyons offencez d'ycelles, ains que nous les soubhaitions, nous les aymions de bon cœur, et que nous les oyons tousjours et embrassions volontiers, voire avec remerciement. Ainsy adviendra que selon nostre infirmité, cheminans en tes voyes, et nous fians en la doctrine de ton filz, comme membres vifz de son corps, et branches vives, en luy nous produysions fruicts en abondance, en tous offices de piété à la gloire de ta majesté divine, en laquelle avec iceluy ton filz, et le Sainct Esprit, tu règnes, et vis ung et éternel Dieu, béneit éternellement. Ainsy soit-il.

LA RÉCONCILIATION.

Exhortation à l'Église, qu'elle s'esjouysse de la repentance de cest excommunié, après qu'il a recogneu sa faute, et demandé pardon de son péché.

Hommes frères, puis que vous voyez que cestuy N. a ja faict ce que si longtemps nous tous avons prié le Seigneur nostre Dieu en son nom, et ce que d'un grand desir soubhaictions de luy ; vous voyez par signes évidens que, ainsy comme Dieu est contraire et punit l'impénitence des meschans, pareillement il est prest de recevoir tous en grâce, et de pardonner tous leurs péchez ; pourveu qu'ilz recognoissent la faute d'yceux, et en demandent pardon, et invoquent humblement sa grâce. Parquoy vous vous devez tous surtout consoler, par l'exemple de cestuy, et réputer en vous pour certain, que comme vous voyez que le Seigneur Dieu l'a receu en grace par le tesmoignage de ceste sienne pénitence, (car ce n'est pas son œuvre propre, mais plustost l'œuvre de Dieu en luy :) que pareillement vous, en la cognoissance de tous voz péchez, et en l'appellant à vostre ayde, comme ses enfans bien aymez en Christ, ne doubtiez qu'il vous exaucera bénignement pour vostre salut, et recevra en grâce. Et puis aussy vous vous devez esjouyr de tout vostre cœur de cestuy N. d'autant que vous l'avez ouy maintenant recognoissant au milieu de vostre assemblée la faute de son péché, à la gloire de Dieu, et confusion de Sathan ; vous requérant que le receviez de rechef en vostre fraternité, et tesmoignant sa foy des bénéfices du Seigneur Christ envers luy, et par la rémission indubitable de son péché par luy. Car ce sont là les enseignes par lesquelles Dieu a ainsy manifesté sa miséricorde envers luy : en sorte que luy ne nous, ne devons plus doubter en aucune manière d'ycelle. Afin donc que déclariez que tous le faictes de bon cœur pour la consolation d'yceluy, mettez vous tous à genoux, en sorte que comme malgré nous, nous l'avons excommunié selon l'ordonnance de la parolle divine, en nostre dueil publique, à cause de son impénitence ; pareillement nous le recevions maintenant, à la joye publique de nous tous, en la société fraternelle de notre congrégation Ecclésiastique, en la présence de nostre Christ, invoquans son nom pour cela, lequel nous prirons tous d'un consentement, ainsy :

Prière contenant la restitution. Seigneur Jésus Christ nostre Roy, Docteur et Évesque éternel, qui pour tesmoigner la sévérité de ton jugement à l'encontre des obstinez et rebelles, tant contre toy que contre ta parolle, et le mespris des admonitions prinses d'ycelle, tu as donné la puissance à ton Église pour les livrer en ton nom, et par ton autorité divine (leurs péchez estans liez) à Sathan, pour la destruction de la chair, si aucunement peuvent estre sauvez en esprit, ceux qui par contemnement mespriseroyent les admonitions que tu as ordonnées en ton Église, et le Ministère aussy de toute l'Église, et finalement toute ton Église en ses prières. Mais tu as aussy voulu que ceste tienne Église eust aussy pleine puissance et autorité de deslier, en ton nom, les péchez de tous ceux qui recognoistroyent la faute d'yceux, et en demanderoyent pardon, et imploreroyent par ton nom l'aide et grâce de ton Père céleste. Nous recognoissons, ô Sauveur très bénin, de tous les deux costez, le conseil de ta providence divine, à savoir qui as voulu cercher nostre salut en deux manières, proposant les enseignes de ta sevérité, et déclarant les tesmoignages de ta bénéficence et miséricorde. Nous rendons grâces immortelles à ta bonté pour ung tel soing que tu as de nous : et afin qu'en cest endroit nous tesmoignions tant nostre obéissance que gratitude envers toy, voicy nous sommes assemblez en ta présence, et ne doubtons point que tu ne sois au milieu de nous par ton Esprit. Or nous sommes assemblez, afin que par pénitence et réconciliation publique, nous recevions de rechef en ta bergerie, en nostre société Ecclésiastique, la brebis laquelle estoit perdue, et que nous avions rejettée de nostre compagnie, pour son impénitence. Nous te prions donc humblement qu'il te plaise regarder des yeux de ta miséricorde, ceste tienne brebis réduite laquelle estoit perdue, et nous tous avec elle, et cestuy nostre Ministère, à recevoir de rechef cest excomunié N. à nostre société Ecclésiastique. Car tu nous as monstré que tu es tel Pasteur qui avecques joye r'apportes à la bergerie tes brebis esgarées, les mettant sur tes espaules, pourveu qu'elles ne contredisent ou fuyent la voix salutaire de ta parolle : nous pensons que c'est nostre devoir, qu'en cest endroit, suyvans ton exemple, nous recevions de rechef en nostre société Ecclésiastique de ton corps ceste tienne brebis errante, et vagabonde hors les hayes de ta bergerie, mais ce pendant qui ne nous contredit plus, n'a ta voix, ains plustost t'invoquant et cerchant de retourner à ta bergerie, par ceste sienne pénitence publique. Nous faisons donc ce mesme, ô nostre Sauveur très bénin, et recevons selon l'effect de nostre Ministère, en ton nom et puissance, ceste brebis esgarée, de rechef en la société Ecclésiastique de ton sacré corps, et tesmoignons à sa consolation, et de nous tous, que tous ses péchez luy sont pardonnez ès cieux, ne plus ne moins qu'icy maintenant ilz luy sont remis en la présence de ton Église. Et croyons que par ton bénéfice il n'est pas moins receu de rechef en la société de ton Royaume céleste, qu'icy maintenant par nous en nostre compagnie Ecclésiastique : et ce à cause du mérite de ta mort vivifiante, qui vis et règnes avec ton Père, et le S. Esprit, un Dieu en trois personnes bénéit éternellement. Ainsy soit il.

 Voicy maintenant que de rechef par nostre Ministère vous estes receu en ceste Église, en la société de nostre assemblée : par laquelle réception nous vous tesmoignons au nom et en vertu de nostre Seigneur Jésus Christ, que de rechef vous qui aviez commencé estre membre de Sathan, este maintenant membre du sainct et sacré corps de Christ, de rechef este adopté en filz de Dieu vivant, vous qui estant livré à Sathan, vous vous *Admonition au frère.*

precipitiez à vostre perdition et damnation éternelle. Finalement que de rechef vous este frère de nostre Seigneur Jésus Christ, et pareillement de nous tous en luy, et par ainsy héritier de Dieu, et héritier avec Christ, qui este receu ensemble avec nous, par sa grâce, au sort des sainctz : afin que la richesse de sa grâce et miséricorde, par ceste vostre repentance et réconciliation, soit célèbrée en son Église. Recognoissez donc, mon frere, la grandeur de ce bénéfice de Dieu envers vous. Recognoissez le, dis je, et prenez garde, etc.

(*Toute la Forme et manière du ministère ecclésiastique en l'esglise des estrangers dressée à Londres* . . Francfort 1556)[1].

N° V.

LETTRE DE CRANMER A ÉDOUARD VI.

Thomas, archevêque de Canterbury, à Édouard VI, roi, la grâce et la paix de Dieu le Père et de Notre Seigneur Jésus-Christ[2].

Très illustre prince, bien qu'Horace nous donne le sage avertissement : « Examine encore et encore celui que tu veux recommander, de crainte d'avoir bientôt à rougir des fautes d'autrui », néanmoins quand Maître Rodolphe Chevalier, un français, m'a prié de lui ouvrir par ma recommandation quelque accès à votre faveur, je n'ai pu refuser ce service à cet excellent jeune homme : tant parce qu'il avait été recommandé jadis par un homme de pieuse mémoire, Maître Bucer, que parce que sa rare modestie et son savoir le méritent : j'ai pu les connaître et les apprécier dans nos relations particulières. Il a en effet vécu une année entière, ou plus, dans ma maison, où il a donné de nombreux témoignages d'une piété singulière et d'un esprit distingué. Parti ensuite pour Cambridge, il y a enseigné gratuitement les lettres hébraïques, non sans grande louange de ses auditeurs et profit pour eux ; il n'a cependant d'autres ressources qu'une pension annuelle que moi et le Chancelier seigneur d'Ely lui allouons selon nos moyens. Mais maintenant que le malheur des temps double le

---

[1] Le Prof. Mitchell, de l'univ. de St-Andrew, montre par la comparaison des textes combien Knox s'est inspiré pour la liturgie écossaise, dans l'esprit et même dans la forme, de celle d'a Lasco. *The Wedderburns and their work*. Edimbourg 1867.

[2] Dans cet *Appendice* nous donnons plutôt en traduction française les pièces déjà imprimées ailleurs dans l'original latin ou anglais.

prix de toutes choses, la nécessité le force d'avoir recours à V. M., refuge de tous les hommes pieux et savants, et de solliciter un subside de votre libéralité. Il m'est inutile d'en écrire davantage, car je sais l'extrême bienveillance de V. M. à l'égard des gens pieux et doctes. J'ai seulement voulu suggérer que Maître Rodolphe doit être mis au rang de ces personnes, suppliant qu'à l'intérêt qu'il inspirera naturellement à V. M. à cause de ses brillantes qualités, s'ajoute quelque surcroît de ce qu'il est étranger ; c'est, en effet, d'hommes comme lui que Moïse dit éloquemment : « Dieu aime l'étranger, il lui donne la nourriture et le vêtement; vous donc aimez les étrangers ». En vérité avant tous les autres ceux que l'Écriture appelle des dieux, doivent imiter Dieu dans ce genre de piété et lui ressembler le plus possible à cet égard. Si V. M. remplit ce devoir, N. S. J. C. (qui regarde comme reçu par lui-même ce qui est donné aux hôtes) non seulement vous dirigera dans cette vie et fera chez vous sa demeure, mais quand vous aurez quitté cette vie, il vous introduira dans ses tabernacles éternels, et en échange d'un règne qui n'a qu'un temps vous en donnera un qui ne finira point.

De Votre Sérénissime Majesté le serviteur,
T. C. (1552).

(*Miscellaneous Writings and Letters of Thomas Cranmer. Parker Society*, Cambridge, 1846).

N° VI.

LE TRIOMPHE DE VÉRITÉ.

Fragments de la Dédicace.

Pierre du Val à l'Eglise francoyse
Servante à Dieu à Londre en Angleterre
Par la faveur et grace très-courtoise
D'un chrestien roy, désire paix en terre.

En mon esprit quand je voy et contemple
Le petit don qu'offrit la vefve au temple
Estre accepté, combien qu'il fust petit
A son exemple il me prend appétit
Te présenter, ô Eglise de Dieu
Ce mien labeur, que tu prendras au lieu

De deux deniers, n'estant en mon pouvoir
De plus donner pour le petit avoir
Que je possède . . .
Tu t'esjouys en ta simplicité
D'ouyr compter propos de vérité
Que font souvent les ministres veillans,
Leur assistantz tes loyaulz surveillans
Et autres promptz à loyaulz ministère
Pour de l'escrit t'enseigner le mistère.
Glainant après, ce peu d'épis je t'offre...[1]

---

[1] Preuve que Pierre du Val n'a exercé le ministère qu'après avoir quitté Londres.

Joyeux seray si, en terre estrangère
Cause te suis de quelque réfrigère,
En tes travaux te procurant nausée
Des aulx puantz, des oignons et porrée,
Et potz de chair qu'as laissé en Egipte
Te retirant en ce pays d'eslite
Où ton Seigneur, meu vers toy de pitié
Te donne lieu de paix et d'amitié...
Donc heureuse es, à Dieu fort obligée
Te confortant, ô povrette affligée

Soubz la conduite et seure sauvegarde
D'un prince tel qui t'a prinse en sa garde,
Te défendant et t'estant comme un heaulme
Contre tout mal en son chrestien royaulme,
Et qui plus est, te donnant place et lieu
De purement servir à ton sainct Dieu,
Auquel priras pour le bien d'un tel prince
Et bon estat de toute sa province... »

(*Le Triomphe de Vérité.* — Épître (80 vers) reproduite par M. Émile Picot dans la bibliographie du *Théâtre Mystique de Pierre du Val*. — Paris, 1882).

VÉRITÉ A L'ÉGLISE FRANÇOISE QUI EST A LONDRES
par H. L.

Troupeau chrestien, te voyant désireux
De mes sentiers ensuivre, et me cognoistre :
Mise me suis nue devant tes yeux,
M'ostant le fard dont Sathan (pour accroistre
Sa tirannie et me faire apparoistre
Estre des siens) si bien painte m'avoit
Que par tel masque un chascun décevoit ;
Donc mon troupeau me voyant pure et nue,
Fais-moy recueil tel qu'à tous soit cognue
En ton endroict la sentence estre vaine,
Laquelle dit, qu'en tous ma venue
Engendre ennui, desdain, courroux et hayne.

(Douzain imprimé à la fin du Triomphe de Vérité, copié par M. Aguiléra sur l'exemplaire de la Bibliothèque Méjanes, à Aix).

N° VII.

LE CONSOLATEUR.
Exorde.

Aux Fidèles.

« Veu que de tous temps le Seigneur Dieu, par un sien secret et juste jugement, et par quelques raisons qui nous sont monstrées en l'Écriture saincte, a tousjours exposé les siens à l'affection desvoyée et rigueur violente des meschans : en sorte que la prudence charnelle aveuglée estime le party et estat des fidèles malheureux, estantz subjectz à une condition tant misérable, mespriz des hommes, destituez de biens, affligez par povreté, assaillis des tyrans, bannis de leurs propres pays, leurs biens saccagez, et parfois détenuz captifz, meurtris souvent, noyez, vifz enterrez, décapitez, bruslez et non plus estimez que l'ordure de ce monde. Et qui plus est, on voit les meschans adonnez à tous maux, prospérer, devenir riches, avoir le comble de leurs soubhaictz, sains, bien dispos, eslargis, tellement que leur condition, au regard de celle des autres est désirable : si que ceste tentation esbranle beaucoup les simples esprits ne considerants que ce qu'ils voyent devant leurs yeux. Pour donc aller au devant d'un tel estourdissement, et redresser aucunement leurs esprits abbattus, il m'a semblé bon de remédier à cela par quelque consolation : laquelle entre les offices de charité n'obtient le dernier lieu, et ne doit estre jamais esloignée des fidèles compagnies : car comme les calamitez et maux ne leur défaudront en ce monde, aussi leur convient-il tousjours avoir en main, en la bouche et au cœur la consolation, qui est pour le présent nécessaire aux enfans de Dieu si oncques elle le fut; veu que les tribulations abondent plus que jamais. Et en quelque part que vivent et se tournent les fidèles : ou les feux sont allumez pour les mettre dedans, ou les prisons et fosses ouvertes pour les recevoir, ou leurs maisons et biens scellez de sceaux de justices injustes, où s'enfuyans çà et là comme povres esclaves et vagabondz, destituez de biens et d'amys, souffrant infinies povretés et misères, et leur faut avaller mille injures et opprobres comme gens abandonnez et indignes de tout bien... »

(*Petit Dialogue d'un Consolateur*, par Pierre du Val, s. d. 1555.)

No VIII.

JEAN VÉRON.

On ne sait de Jean Véron ni la date de sa naissance ni celle de son expatriation. Aucun biographe ne le mentionne, sauf Bayle, qui lui consacre trois lignes à peine : le protestantisme a laissé dans une complète obscurité l'un de ses champions les plus vaillants. Par le titre d'un de ses ouvrages on apprend qu'il était de Sens. L'excellence, et surtout la facilité et la variété de son style dans une langue qui n'était pas la sienne, indiquent une résidence prolongée en Angleterre ; il a dû y venir dans les tout premiers réfugiés ; peut-être a-t-il déjà occupé sous Henri VIII.

quelque poste ecclésiastique. Ses débuts dans la polémique religieuse suivent de près l'avènement d'Édouard VI ; il commence en 1548 par une virulente attaque contre la messe, par des traductions de Bullinger et de Zwingle, et de petits traités pour « le peuple simple et ignorant ». Le 3 janvier 1552 il est nommé au rectorat de St-Alphage à Londres qu'il résigne à la mort du jeune roi. Sous Marie on le retrouve captif à la tour de Londres avec Bradford et Becon, (16 août 1553, Biographie de Becon), et l'évêque-martyr Ridley, peu de jours avant de monter sur le bûcher, le mentionne au nombre des membres éminents de l'Église persécutée dont le sort lui cause les plus douloureuses préoccupations (août 1554, l. de Ridley, *Actes* de Foxe). Mais quand Élisabeth rétablit le protestantisme, Jean Véron est aussitôt sur la brèche ; pendant trois années il poursuit, au centre même de la cité de Londres, son œuvre de vulgarisation évangélique. Les auditeurs se pressent en plein air autour de la chaire dite de la Croix de Saint-Paul, d'où il attaque l'un après l'autre les dogmes romains, l'invocation des saints, les prières pour les morts, le purgatoire, le mérite des œuvres, et s'efforce d'imposer à la conviction de la foule la justification par la foi au seul rédempteur ou la prédestination dans sa rigueur extrême.

Sa méthode est singulièrement mouvementée et tient plus de la conférence que du sermon. Ce sont des dialogues à quatre interlocuteurs : Albion représente l'Angleterre qui s'est laissée entraîner de nouveau dans le papisme et que Philalèthes, le prédicateur de la vérité, et son auxiliaire Eutrapel aspirent à ramener dans le droit chemin, en présence de l'indifférent Didyme qui, lui aussi, apporte sa part d'objections et de textes scripturaires qui paraissent contredire les principes réformateurs. Souvent la discussion se prolonge, la résistance reprend alors qu'on la croyait vaincue : c'est que le controversiste tient à ne laisser sans réponse aucun argument de l'adversaire et à ne s'appuyer, pour le réfuter, que sur la Bible dont il montre une connaissance approfondie, et sur les Pères des premiers temps de l'Église. Étranger de naissance, il a grand soin de ne point heurter les préjugés nationaux en évoquant les témoignages de contemporains non anglais, fussent-ils des plus illustres ; on trouvera souvent sur ses lèvres les paroles et le nom d'Augustin ; celui de Calvin jamais.

Néanmoins on n'accepta pas son enseignement sans luttes : il les avait prévues et annoncées. Elles s'accentuèrent après ses conférences sur la prédestination et les échos en vinrent jusqu'à la reine. Élisabeth voulut entendre le prédicateur populaire acclamé par les uns, accusé, surtout par un certain Champeney, de blasphème et d'hérésie. « Le 8 octobre 1561 Véron, homme courageux et éloquent, prêcha à Whitehall devant la reine » (Strype, *Annals*). Il eût gain de cause, car « le 2 novembre un jeune homme fut condamné à faire amende honorable » pour l'avoir diffamé (Strype). Il avait reçu en 1559 la prébende de Mora à la cathédrale de Saint-Paul, et en 1560 le vicariat du St-Sépulcre à Londres (*Repert. Newcourt*). Il les occupait encore lors de son décès, le 9 avril 1563 (Strype). Véron avait livré à la presse « mot à mot comme il les exposa dans ses lectures à Saint-Paul », les principales séries de ses conférences, ce qui forme avec ses autres travaux un ensemble considérable d'écrits, devenus tous aujourd'hui presque introuvables. En voici, d'après Watt et Lowndes, une liste sans doute encore incomplète :

The Five Abominable Blasphemies contayned in the Masse. Londres 1548. — *An holsome Antidotus or counterpoyson against the pestilent heresye and sect of anabaptists*, by Bullinger, newly translated from Latin in English. L. 1548. — *Certayne Litel Treatises, set forth for the Erudition and Learning of the Simple and Ignorant People*, trois traités : *The Bible is the word of god, No humane lymnes the father hath, The Masse is an Idol*, L. 1548. — *The godly sayings of the Ancient Fathers upon the Sacrament of the Bodye and Bloud of Christ*. Worcester 1550. — *Zwinglius Ymage of both Pastoures*. L. 1550. — *Zwinglius. A short Pathway to the Right Understanding of the Holy Scriptures*. Worcester 1550. — *Bullinger's three Dialogues between the Libertin or Anabaptist and the Obedient Christian*. Worcester 1551. — *Bullinger's Defence of the Baptism of Children*. W. 1551. — *The Huntynge of Purgatory to Death, made Dialogue wise*. L. 1561. — *A Fruteful Treatise of Predestination and of the Divine Providence of God*, avec deux petits traités à la suite sur l'élection et la damnation. L. s. d. — *A most necessary Treatise of Freewill*. L. s. d. — *The Overthrow of the Justification of works and of the vain doctrine of the merits of men with the true assertion of the justification of faith*. L. 1561. — *An apology or defence of the doctrine of Predestination*. L. s. d. — *A strong Battery against the Idolatrous Invocation of Dead Saintes, and against the having or setting up of Images in the House of Prayer or in any other place where there is any peril of Idolatrye*. L. 1562. — *A strong defence of the Mariage* of *Pryestes, agaynste the Pope, Eustachians and Tatanites of our time; made dialogue wise betwixte Robin Papyste and the true Christian*, L. s. d., mais peut-être très antérieur aux précédents. Tous ces ouvrages sont petit in-8°. De son Dictionnaire Latin-Anglais on ne cite que les éditions postérieures, dites corrigées et augmentées. L. 1575-1584, in-4°. (Pour une analyse détaillée et des extraits, voir *Bulletin du Protestantisme français*, XXXIX 437 et 481).

N° IX.

LETTRE DE L'ÉGLISE FRANÇAISE DE LONDRES A CELLE DE GENÈVE.

L'Église française de Londres à Calvin et à ses collègues, les très fidèles pasteurs de l'Église de Genève.

La grâce et la paix, de Dieu le Père et du Seigneur Jésus-Christ, par la communion du Saint-Esprit.

Telle est toujours, entre toutes les Églises du Christ, la sainte communion de toutes choses, très révérends pères et frères en Christ, que leur éloignement les unes des autres ne peut en rien empêcher leur admirable sympathie. C'est pourquoi, ne doutant pas que vous n'ayez tous ressenti une grande joie de notre rétablissement ici comme dans une seconde patrie, et que vous n'ayez un égal souci de notre conservation, nous n'avons pas craint de solliciter votre concours. Quand il s'agit de rétablir, de garder et d'édifier peu à peu une Église, il est surtout nécessaire, comme bien vous savez, que des hommes sérieux, fidèles, doctes, irrépréhensibles, et, s'il se peut, ayant une longue expérience des affaires ecclésiastiques soient régulièrement choisis comme ministres de la Parole, pour tenir le gouvernail de l'Église entière, à eux confiée comme un navire, et que, avec l'aide d'autres anciens, ils emploient l'autorité, la sagesse, la vigilance et la modération que Dieu leur a départies, à maintenir un chacun dans le devoir. Or cela n'a pu encore être opéré dans cette Église de langue française, pour certains motifs, et notamment à cause de la rareté d'hommes doctes et aptes à une telle charge. D'où il résulte que de grandes discussions (comme il arrive dans les familles nombreuses où un bon économe fait défaut) pourraient, à notre grand chagrin, survenir, et non seulement elles donneraient un grand scandale aux Anglais, nos très excellents hôtes, mais nous exposeraient aisément à perdre la liberté qui est accordée aux étrangers. Or quelle profonde blessure infligerait à notre Église la suppression de cette liberté, votre prudence vous permet facilement de vous le représenter ! En ces temps de dures épreuves, les fidèles qui sont partout traqués et exilés par les tyrans, errants sans feu ni lieu, tenus pour plus vils que l'algue, et repoussés par le monde ingrat, trouvent en ce royaume-ci un asile sûr et une charitable hospitalité, à eux aménagés par la Providence; et, non seulement ce bienfait serait ravi aux nombreux confesseurs de l'Évangile, si la divine clémence n'apaisait les dissensions intestines, mais cet affreux désordre (Dieu veuille nous l'épargner) occasionnerait pour tous les fidèles un spectacle non moins affligeant qu'agréable à leurs adversaires.

Aussi, voulant suivre la louable coutume des anciennes Églises qui recouraient aux conseils éminents des hommes doctes, chaque fois qu'elles souffraient de la pénurie d'hommes aptes au ministère de la Parole, nous vous supplions autant qu'il est en nous, très spectables pères en Christ, de nous envoyer un homme que recommandent l'intégrité de sa vie, son savoir et son expérience, afin que, lorsqu'il se serait fait connaître du troupeau par quelques prédications, une élection régulière ait lieu, à moins que d'ores et déjà il se trouvât désigné aux suffrages de tous par ses écrits ou par sa réputation. Nous vous avons écrit précédemment au sujet de trois notables prédicateurs, très dignes pères et frères en Christ, et nous comptions que l'un d'eux pourrait venir à nous, ainsi qu'on nous l'avait fait espérer. Mais si nous devons ainsi avoir souci des besoins et nécessités de nos Églises, vous restez entièrement libres de les apprécier, afin que par là nous ne fassions pas tort aux autres, et quant à notre supplique procédant du désir de voir Dieu glorifié et notre Église édifiée, nous vous prions uniquement de l'approuver. Quel honneur, en effet, non pas seulement pour les Églises étrangères, mais aussi pour celles d'Angleterre, si un Viret, un Théodore de Bèze, un Nicolas des Gallars, un Macar, un Colonges, s'unissait à nous ! Quelle consolation et utilité à la fois, tous ces étrangers chassés de leur pays et tous les fidèles Anglais recevraient de la présence, de la piété, du savoir et des avis d'un homme si éminent! C'est ce que nous vous prions de considérer. Ce serait, en tout cas, le meilleur moyen, comme nous l'espérons tous, de calmer les violentes agitations qui trop souvent viennent troubler les

Églises les mieux constituées. Désireux de voir amené vers nous, de façon honorable et sûre celui que vous nous enverrez, nous avons député vers vous deux frères, hommes importants et spectables en Christ, choisis par les suffrages des Églises, et nous vous prions de leur réserver, comme à une lettre vivante de nous, un accueil favorable. Ils ont une connaissance approfondie des besoins de nos Églises. Soyez-leur en aide par vos conseils, par les hommes, par les prières: nous vous le demandons au nom de Christ, le vrai et unique chef de l'Église, le Médiateur et Sauveur, en faisant des vœux ardents afin qu'il vous conserve tous le plus longtemps possible pour la très heureuse direction et consolation de son Église.

Londres, 18 mars 1560.

PIERRE CHASTELAIN, *diacre élutz ancien.*
ANTHOINE DU PONCHEL, *ancien.*
NICOLAS BUHOT, *diacre.*
JACQUES FICHET, *antian.*
JACQUES DE LA FOREST, DE CHALON, *ancien.*
NYCOLAS LE ROY, *diacre,*
ANTHOINE CAPPEL, *au nom de M. Jaque Marabaut, ancien.*
ANTHOINE CAPPEL, *ancien.*
JAN HETTE, *ancien.*
JOANNES DUMASIUS.

Nous ministres et anciens de l'Église belge, nous recommandons le plus chaudement possible cette demande, à vous nos très illustres et éminents frères, et vous faisons cette recommandation au nom de Jésus-Christ, le suppliant de vous diriger par son esprit pour la vie éternelle. Ainsi signé :

ADRIANUS HÆMSTEDIUS, *ministre de la parole de Dieu.*
PETRUS DELENUS, *ministre de la parole de Dieu.*
FRANCISCO MARQUINO, *ancien.*
JOANNES UTENHOVIUS, *ancien.*
LUDOVICUS THYRY.
JOHANNES JNGHELRAM, *ancien.*
JACOBUS NICOLAI, *ancien.*

Et moi aussi, très illustre seigneur Calvin, je recommande cette pétition de l'Église française à votre piété. Satan se déchaîne toujours contre les Églises qui confessent sincèrement le Christ, et il use de merveilleux moyens pour semer les contentions et les discordes, afin de détruire l'unité et de démolir ainsi l'Église elle-même. Car, si elle ne possède la paix et si elle n'est une, l'Église ne peut subsister. A ce péril dont les hommes pieux et sages pressentent en quelque sorte la menace, il faut opposer la présence de quelque ministre pieux et expérimenté. Je recommande à vos prières et à celles de tous les autres frères l'état de nos Églises, non encore suffisamment constituées selon notre gré. Adieu en Christ, de tout cœur. Votre tout dévoué dans le Seigneur

EDMOND GRINDALL,
évêque de Londres.

(Orig. lat. Coll. *Du Puy* à Paris, t. 102, fol. 137. — *Opera Cal. Corr.* n° 3170).

N° X.

LETTRE DE CALVIN A GRINDAL.

Bien que vous ne comptiez pas, très illustre et honoré seigneur, être remercié du bon service que vous avez rendu à l'Église du Christ, en daignant prendre soin de nos compatriotes qui habitent la ville de votre diocèse, afin que, non seulement ils obtinssent de la bienveillance de la reine la liberté d'invoquer Dieu purement, mais encore qu'ils appelassent d'ici un pasteur fidèle, je n'en serais pas moins coupable de grossièreté et d'impolitesse si pour tout cela je ne me déclarais votre obligé. Comme vous n'avez pas craint de me prier et exhorter de leur choisir un pasteur approprié à leurs besoins, il n'y a pas lieu de recommander à votre protection et à votre patronage ceux du salut desquels je vous vois si soucieux. Et, en vérité, après avoir fait preuve d'une sollicitude aussi rare que singulière en les aidant si libéralement, vous aurez maintenant le mérite de les soutenir jusqu'au bout.

En ce qui nous regarde, comme les circonstances semblaient réclamer un homme exceptionnellement doué, et que vos hôtes désiraient surtout quelqu'un de notre Compagnie, nous avons préféré nous dépouiller que de ne pas nous prêter à leur saint désir. Nous leur avons donc accordé notre frère Nicolas Des Gallars, l'un des trois qu'ils avaient désignés au début. Bien qu'il eût beaucoup de peine à se séparer de nous dont il se savait peu communément aimé et ne quittât qu'à regret ce lieu où il a longtemps servi avec autant de fruit que de fidélité, néanmoins, vaincu par nos supplications, il a accepté cette charge parce qu'il espérait qu'elle ne contribuerait pas peu à l'avancement du règne de Christ. Certes la nécessité seule a pu nous arracher son congé : nous avons craint, en effet, que l'Église encore jeune et sans cohésion ne pût être honnêtement servie que par son arrivée. Son départ ne sera pas un léger sacrifice pour ce lieu où il était apprécié et où il s'est conduit comme un digne serviteur de Christ. Moi-même, à qui il était particulièrement cher et accoutumé, je n'ai consenti qu'avec une vive douleur à ce qu'il me fût arraché. Mais il valait mieux supporter n'importe quoi que de refuser à des frères abandonnés et dans la détresse le secours qu'ils réclamaient avec insistance. J'en suis d'autant plus touché qu'il trouvera là un accueil reconnaissant qui atténuera et adoucira la tristesse de l'éloignement. Lorsque, grâce à votre bienveillance, comme je m'assure, honoré seigneur, vous le connaîtrez de plus près, vous n'aurez pas besoin de la recommandation d'autrui pour le trouver digne d'affection. Maintenant, si je jouis auprès de vous de quelque crédit, je vous prie encore et encore d'entourer de sympathie et de bonté celui auquel vous me voyez uni par des liens si puissants.

Je déplore vivement que les Églises de tout le royaume ne soient pas organisées comme tous les gens de bien le désireraient et l'avaient espéré à l'origine. Mais il faut des efforts infatigables pour triompher des obstacles. Il serait utile et même nécessaire que la Reine sût que vous abandonnez ainsi volontiers et même rejetez tout ce qui sent le pouvoir temporel, afin que l'autorité requise pour ces fonctions spirituelles apparaisse comme légitime et conférée par Dieu lui-même. C'est en cela que consistera sa grandeur et son excellence : alors elle tiendra le rang le plus élevé de la dignité, sous Christ le chef, si elle tend la main aux pasteurs légitimes pour remplir le rôle qui vous incombe. Mais votre prudence n'ayant pas plus besoin de conseils que votre grandeur d'âme de stimulant, je me bornerai aux vœux et prierai Dieu, illustre et honoré seigneur, qu'il vous gouverne par son esprit, vous soutienne par sa force, vous tienne sous sa garde et bénisse vos saints travaux. A Genève. Mes collègues saluent très respectueusement votre excellence (15 mai 1560).

(Aut. latin *Cod. Genev.* 107ᵃ fol. 207. — *Opera Corr.* n° 3199).

Nº XI.

REQUÊTE DE DES GALLARS A LA REINE ÉLISABETH.

Serenissima Regina,

Extorres patria et miseri homines procul suis finibus ejecti odio religionis, regiam ac benignam opem tuam implorare coguntur, qualam erga se et pios omnes jampridem experti sunt : primum huc profugi tanquam in placido portu benigne et humaniter excepti plena invocandi et colendi Dei libertate, atque etiam templo ubi congregantur beneficentia et liberalitate tua donati sunt.

Postea admoniti de legibus hujus civitatis, quarum prius ignari erant, per quas nemini extero licet proprias sibi ædes habere, aut etiam alienas conducere, supplices petierunt a majestate tua, ut ipsis aut jus municipii obtinere, aut aliqua alia via libera hic habitatione frui : artesque suas exercere liceret. Neutrum hactenus, quamvis importunis precibus et assidua flagitatione, impetrare potuerunt, forsitan quia regni et civitatis jura non sinunt, quæ ipsi sua causa nullo modo violari aut minui vellent. Sed quoniam interea dum sic tenentur suspensi, variis afficiuntur molestiis, atque nunc in iis trahuntur, nunc mulctantur pecunia, nunc in vincula conjiciuntur, nec solum vexantur ipsi, sed etiam indigenæ et cives qui regiam beneficentiam tuam incitati, exteros comiter exceperunt, iterum ad te supplices confugiunt, ut ipsorum misereri, iisque auxiliarem manum praebere velis.

Hoc igitur unum abs te postulant, ut per clementiam tuam de severitate legum nonnihil remittatur : ut tum ipsi tum indigenæ lenentur molestia. Atque si jura municipatus obtinere non possint, saltem istic sub presidio tuo respirare et ea quam concessisti libertate frui liceat, quantulo tempore et qua conditione visum fuerit majestati tuæ. Ne post diuturnam expectationem multis laboribus frustra consumptis et exhaustis facultatibus, hostium prædæ et luporum faucibus exponantur. Ita pios omnes nec tantum eos qui sub ditione tua degunt, sed ubique omnes tibi obstringes, ac dejunctos tenebis : ut pro incolumitate tua et regni tui fœlicititate solliciti sint, quæ in dies augeri magisque ac magis promoveri assiduis precibus ac votis a Deo exoptamus (Sans date).

(*Record office. State papers. Domestic Elizabeth* XLVIII 47).

N° XII.

LISTE DES MEMBRES DE L'ÉGLISE FRANÇAISE EN 1564.

Catalogus Municipum Gallorum qui nomen dederunt ecclesiæ Gallicæ quæ hic collecta est Londini.

Indications d'après la liste de 1571.

Qui habitant ad Martini [1].

1. NICOLAUS BINET, textor fimbriarius (*frangier* ou *dentelier* [2]) et uxor ejus angla.
2. GERARDUS CLERGÉ, crumenarius (*fabricant de sacs*) et uxor ejus angla. — de Trochampy (Troyes en Champagne), venu en 1521.
3. JACOBUS DU TUY, et uxor ejus. — de Rouen, venu 1541.
4. PETRUS DORENGE, mercator et uxor ejus angla. — peut-être Pierre Devangia, venu 1531.
5. BONAVENTURA, aurifex (*orfèvre*) et uxor ejus angla. — Bonaventure Leney, de Paris, venu 1541.
6. CAROLUS DURAND, et uxor ejus angla, faber ferrarius (*serrurier*). — de Paris, venu 1535.
7. THEODORICUS THOMAS, aurifaber (*orfèvre*) et uxor ejus angla.
8. JOHANNES COSERET, tornarius (*tourneur*) et uxor ejus.
9. JOHANNES LOUBEAUX.
10. GUILLELMUS MARCHANT, textor fimbriarius et uxor ejus angla.
11. GUILLELMUS LURIER, aurifex, uxorque et mater ejus.
12. RICHARDUS BECHET, caligarius (*cordonnier*) et uxor ejus angla.
13. NICOLAUS PORTIER, coriarius (*corroyeur*) et uxor ejus angla. — Nicolas de Porte, venu 1534.
14. SIMO OUVERT, coriarius et uxor ejus angla [3].
15. GUILLELMUS NOURRY, textor fimbriarius et uxor ejus. — de Montdidier, venu 1553.

---

[1] St Martin in the Fields.
[2] Les intercalations entre parenthèses sont de nous.
[3] Naturalisé sous Henri VIII, 1535.

16. PETRUS FOCAULT, textor fimbriarius et uxor ejus angla. — du diocèse de Chartres, venu 1544.
17. ADRIANUS BOTTELER, textor fimbriarius et uxor ejus angla. — de Tournay, venu 1535.
18. THOMAS DE LISLE, aurifex et uxor ejus.
19. PETRUS COULDRAY, sutor calcearius (*cordonnier*) et uxor ejus.

Qui habitant ad Catharinæam[1].

1. JACOBUS FRIGUEN.
2. DIONYSIUS CHEROUVRIER.
3. NICOLAUS WANCHEL.
4. JACOBUS LUCAS.
5. JOANNES CANCEL.
6. JACOBUS CORDIER.
7. DIONYSIUS NOEL.
8. LUDOVICUS PASQUIER.
9. JACOBUS MARGOT.
10. MICHAEL HEBERT.
11. JOANNES DE DEHORS.
12. JOANNES CAPPON.
13. JOANNES LE LONG.
14. PETRUS PAVENEL.
15. PETRUS LAMBERT.
16. ALANUS FLAMEN.
17. GUILLELMUS HULBERT.
18. JOANNES CHELOS.
19. VINCENT FLAMEN.
20. NICOLAUS LANCRE.
21. JOANNES LANGLOIS.
22. GUARINUS LANGLOIS.
23. MARTINUS LEBOURG

Omnes hi causias et petasos (*des chapeaux*) conficiunt et majore ex parte uxores anglas duxerunt [2].

(Les nos 2, 11, venu en 1550, 13, 15, 19, sont marqués sur la liste de 1571 comme denizens habitant dans les fauxbourgs).

Qui habitant circa Corn. dictu Blanchapton[3].   *Liste de* 1571.

1. JACOBUS FICHET. — venu 1541.
2. JOANNES VERY. — de Rouen, venu 1551.
3. ROBERTUS TULLIER, mercatores. — de Bourgogne, 1560.
4. GUILLELMUS TROCHE, anledus.
5. NICOLAUS BUHOT, sutor calcearius.
6. JOANNES DES CAMPS.
7. RIOLLUS CARCE, vestiarius (*tailleur*).
8. STEPHANUS LEGRAS, caligarius.

[1] Paroisse de Ste Catherine.
[2] Orthographes fantaisistes, Dionice Shriverie, Jean de Longe, Vyncart Flamyn.
[3] Whitechapel.

9. Thomas Haguet, bibliopola (*libraire*).   de St Nicolas en Normandie.
10. Petrus Egit, vestiarius.
11. Jacobus Huar, acupictor (*brodeur*).
12. Robertus Mollier.
13. Egidius Bigot, tornarius.
14. Nicolaus Picot.   N. Pigot, venu 1556.
15. Galeotus Asur, miles regius.
16. Richardus Vaillant, vestiarius.
17. Nicolaus Hallencourt, pilearius (*bon-   venu 1543.
     netier*).
18. Richardus Touren, candelarius (*fabricant
     de chandelles*).
19. Mathurinus de la Fontaine, acupictor.
20. Vidua Michaelis Lovel [1].
21. Vidua Nicolai Rossillon.

S. Bartholom. et S. Johan.

1. Joannes Carpentier, faber ferrarius.
2. Guillelmus Séjourné, pectinarius (*f. de
    peignes*).
3. Robertus Chapelain, tornarius.
4. Guillelmus Tierry, chirotecarius (*gantier*).
5. Petrus La Guache, alutarius (*mégissier*).
6. Hugo Betren, tornarius.   H. Bertrand, boutonnier,
                                                      venu 1536.
7. Richardus Fortin.
8. Pasquetus Du Chesne.
9. Ludovicus Huchon.
10. Joannes Toveneau.   du Hainaut, venu 1562.
11. Rollinus Bellemare.   En Angleterre, pour cause
                                           de religion, depuis 1541.
12. Michael Guarinus.
13. Godofredus de Lespine.
14. Joannes Mesquignon.   Faiseur de piques, venu
                                                   1546.
15. Marcus Bezemer.   Tisserand, venu 1531.
16. Thomas Beguin.   Faiseur de couvertures, de
                                             Rouen, venu 1561.
17. Joannes Roc, diaconus.

[1] Veuve d'un naturalisé sous Henri VIII.

In suburbio Swdwar [1].

1. Joannes d'Ambresy, ferrarius. — peut-être Jean Dambrun. venu 1564.
2. Jacobus Bontemps, faber lignarius (*ouvrier en bois*). — de Normandie, venu 1531, diacre.
3. Guillelmus Maubert, coriarius.
4. Léonardus du Tertre, faber ferrarius.
5. Nicolaus Le Sage, caligarius.
6. Nicolaus Lance, petasarius.
7. Philippus Denoz, faber graerarius (*chaudronnier*) [2]. — Denoize, de Paris, venu 1531.
8. Simon Persy, faber graerarius. — de Normandie, venu 1519.
9. Artus Lardenois, textor ambriarius.
10. Joannes Coppin, faber scrinarius (*f. de portefeuilles*).
11. Isaac de Burges. — de Bruges, relieur, venu 1561.
12. Nicolaus Leonard, vestiarius.
13. Antonius du Poncel, senior (*ancien*) [3]. — négociant, venu 1541.

Temple Barre.

1. Jacobus Marrabon, pectinarius, senior [4].
2. Thomas Quenachon, fimbriarius, diaconus.
3. Johannes Le Clerck, pectinarius.
4. Johannes Seroz et Petrus Seroz, tornarii.
5. Stephanus Bourduville, pectinarius.
6. Johannes Guillot, balistarius.
7. Nicolaus Girardet, balistarius.
8. Hervé Petroz, faber scrinarius.
9. Halinus Baudichonus, balistarius.
10. Carolus de Bernay, fimbriarius.
11. Martinus de la Mare, pectinarius.

---

[1] «*Swdwar*», Sir William Drury, qui demeurait jadis où est aujourd'hui Drury-Lane, qui tire son nom de lui.

[2] Il est dit *fondeur*, dans l'acte d'apprentissage de son fils Jacques 1577. *Stationers Register*.

[3] Ou plus correctement du Ponchel, c'est le secrétaire du consistoire.

[4] C'est le Marabaut de la lettre à Calvin, *Appendice* IX.

Le Flet [1].

1. Johannes Boissel, loquetier. de Normandie, venu 1541.
2. Guillelmus Danois, loquetier.
3. Johannes Lager.
4. Nicolaus Grex, caligarius.
5. Robertus Hérault, fimbriarius.
6. Petrus de Dessus, orloger.
7. Guillelmus Forestarius, faber scrinarius. Guillaume Forest, venu 1536.
8. Gillius Barre, fibularius (*f. d'agrafes*). venu 1551.
9. Petrus Paris, petasarius.
10. Lodoicus Texier, petasarius.
11. Honoré Seneschal, textor. de Valenciennes, venu 1551.

Choux Lasne [2].

1. Johannes Ledun, loquetier.
2. Paulus Testelette, fimbriarius.
3. Gervasius Soyer, loquetier. venu 1551.
4. Johannes Petiot, botonnier. de Coutances, venu 1551.

Blacfrières [3].

5. Petrus Bonneval. plumassier, venu 1551.
6. Petrus Caillou, aurifex.
7. Johannes Signon, cornetier.
8. Petrus Forest, bateur d'or. venu 1552.
9. Gabriel Martel, auri faber.
10. Johannes de Dehors, petasarius.
11. Jacobus de Bra, aurifex.
12. Gillius Godet, typographus.
13. Jacobus Gaste, mercator.
14. Carolus Mortuus, mercator.
15. Gautier Dare, typographus.
16. Robertus Magister, } aurifices.
17. Petrus Timier,
18. Petrus Danoquis, coquus (*cuisinier*).
19. Nicolaus Gosselin, ephipiarius (*sellier*).
20. Richardus Bostier, prancier.
21. Hubertus Danvillier, fondeur de lettres. Français, venu 1551.

---

[1] Voisinage de la prison *The Fleet*, où est aujourd'hui Fleet Street.
[2] Près du Record office.
[3] Blackfriars.

Numerus municipandorum in Ecclesia Gallica.

Swduari.

FRANCISCUS BERIO, faber scriniarius.
ROBERT BERIO, Hannonii.
JACOBUS WYAR, Hannonois, faiseur de cordons.
ARNAULDUS DE BOULOGNE, de S‍t Omer, fibularius.
ANTONIUS TYPERY, funarius (*cordier*) Betuniensis.
JOHANNIS JUVENIS, alvearius, Flander. Insulae (*Lille*) natus.
GUILLELMUS SANTEMA, mercator, natus Valentianus.
PETRUS A RESFINEAU, Flander, fimbularius.
ADRIANUS MATHAEUS, Hannonius.
PAULUS DOULCET, fibularius, Brabantinus.
JOHANNES CAULIER.
NICOLAUS HOMBRETEUIL.
HENRICUS LECOQ, Tornacensis, faiseur de cordon.   venu 1564.
JACOBUS HANGOBART, Valentianus, faiseur de cordon.
AUGUSTINUS ROGERUS, Atrebas.
GUILLELMUS FICHERUS, causiarius, Cenomanus.

Blanchapton.

JOHANNES GARTIÉ, senior, fimbriarius, de Beaumont sur Oise.
THOMAS FONTAINE, fibularius, Flander.   de Lille, venu 1561.
JOHANNES DE LA VAL, fimbriarius, de Landrecy.
JACOBUS MORT, faber ferrarius, Hannonius.   venu 1541, pour cause de religion, naturalisé.
GUILLELMUS DE LA MARE, caligarius, Normannus.   venu 1551, naturalisé.
GUILLELMUS BIGOT, tornarius.
GUILLELMUS BRUNEAU, acupictor, Blesensis.   venu 1559 à cause des persécutions de France.
GUILLIUS CORNARD, acupictor, Peronnensis.   venu 1561.

Ad Catharinam.

PETRUS CASTELANUS, lanifex Artesius.   Chatelein, venu 1559.
JOHANNES A VINEA, fimbriarius Hannonius.

Martinus Castel, victor cupparius (*traiteur*)
   Flander Insulae natus.
Johannes Liévin, coriarius, Insulae natus.
Lievynus a Cotta, sutor vestiarius, Insulae
   natus.
Nicolaus Gosset, fimbriarius, Atrebatensis.
Balduinus Eschevin, fimbriarius, Valentianae
   natus.
Gerardus Scotta, tornacensis.
Robertus de Fremin, causiarius, Normannus.
Remy Clericus, fimbriarius, Hannons.   venu 1561.
Johannes a Cruce, causiarius, Normannus.
Nicolaus Gruet, causiarius, Normannus.
Jacobus Funimarius, Rotomagensis, causiarius.
Joannes Beunet, fibularius, d'Armentières in
   Flandria.
Nicolaus Pasquet, causiarius, Valentianae
   natus.
Maturinus Cherouvrier, causiarius.
Henricus Malonne, causiarius.
Antonius Lebras, Flander.
Johannes Lescuyer, causiarius.
Guarinus Anglus, causiarius.
Joannes de La Sale, causiarius.

Temple Barre.

Petrus Morille, cultrorum faber (*coutelier*)
   Brabantinus.
Jacobus Poulain, tornarius, Normannus.
Hubert Couldray, balistarius de Horbais en
   Brie.
Jacobus Gosse, famulus Petri Seros, Rhotoma-
   gensis.
Johannes Selme, famulus Hervi, Perron.
Johannes Ruffe, balistarius, Arras.
Johannes de Millan, balistarius, Atrebas.
Deodatus Labbé, sutor calcearius, Verdunensis
   e Lotharingia.

Chou laine.

JOHANNES DE BAYONE, sutor caligarius, Bayonensis.
TOUSSANETUS HETTIER, fibularius.
NICOLAUS PERIER.

Le flet.

JACOBUS PASQUIER, ephippiarius, Vandomensis.
ROGER HERSEN, mercator.
GUILLELMUS LE HONGRE, aurifaber, Normannus.
CLAUDIUS PHARMACOPOLA, Sabaudia.
MARTIN NOÉ, coriarius.
ANTONIUS LEPUS, mercator.

Newe kentes [1].

CAROLUS D'ARRAS, lud. magister Atrebas.
NOE GOBART, colletier, Normanus.   Noel Gobart, venu 1559, naturalisé.
VALENTINUS ALBERTUS, cornetier.
ROBERTUS BAHERE, typographus.

Blacfrères.

LODOICUS DELESTRE, causiarius.
ANTONIUS D'ANVILLIER, fusor typographus.
GAULTIER DARE, typographus.
THOMAS BOURCHAR, fibularius.
JACOBUS VIGNON } acuum opifices (*fabri-*   de Paris, venu 1558.
ANTONIUS BELHOMME } *cants d'aiguilles*).
PIERRE POULCET, causiarius.
PIERRE THYMER, aurifex.

Bene castel [2].

PETRUS DOULCET, forbisseur.   venu 1559.
LODOVICUS TRONGUER, faber lignarius.

S. Martini.

ANTONIUS filius MAG. CAPPEL, Flander, fimbriarius.
JOHANNES DU MOULIN, faber lignarius, Hannonius.

[1] New Kent's Court.
[2] Peut-être Bernard Castle.

Robertus le Chaleux, faber lignarius, Rhoto-   venu 1554, naturalisé.
magensis.
Adrianus Tressel, lud. magister, Flander.
Franciscus Courtois, Hispanus, fimbriarius.
Jacobus Tonpere, fimbriarius, Valentianae natus.
Petrus Tellier, fimbriarius, Rhotomagensis.
Johannes de Genete, fibularius, Tornacensis.
Martinus de Lione, Valentianae natus, fimbriarius.
Petrus Filiastre, fimbriarius, Rhotomagensis.   venu 1559 à cause des persécutions de France.

Pasquier Rufus, fimbriarius, Normannus.
Robertus Homfre, aurifex, Rhotomagensis.
Gerard Wandrevale, aurifex, Brabantinus.
Nicolaus Gallasius, minister Ecclesiæ Gallicæ.

S. Bartholomei.

Lambert Gasteman, fimbriarius, Flander.
Franciscus Poirée, fimbriarius.
Petrus Maillard, fimbriarius.
Aegidius Mellican, Flander.
Georgius Baolin, Clevensis.
Johannes Osanne, Normannus, faber scrinarius.   1559, venu pour religion.
Jacobus Desideratus, Normannus, famulus Guil. Thierry.
Georgius a Landis (*Deslandes*), famulus Richardi Fortin, Normannus.
Guillelmus Angelus, fimbriarius, Rothomagensis.
Guillelmus Mequignon.
Raulnius de Beauvais.
Robertus du Val.

Hic centum et unus sunt numero, partim conjungati, partim cœlibes et adolescentes, inter quos sunt circiter quadraginta nationis francicæ et normanicæ, cœteri sunt Burgundiones. Atque hi supersunt ex iis qui huc confugerant religionis causa, eandemque nobiscum religionem professi ecclesiæ nostræ nomen dederunt.

Signé Nicolaus Gallasius.
Anthoine Cappel.

Absunt etiam nonnulli quorum si reversi fuerint, rationem quoque haberi cupimus, ac præsertim eorum qui familias hic suas reliquerunt.

Au dos : The whole number off the frenchmen thatt are no denizens is one hundreth and one, whereoff diverse are younge men and unmarried, Summa 101, of the dutche cuntry two hundreth twenty three, Summa 223.

Summa platis utriusque nationis 324.

(*State Papers : Domestic Series, Elizabeth* XLVIII — n° 47, côté 1568 par erreur).

Dans la liste présentée par des Gallars ne figurent pas un certain nombre de réfugiés français et wallons établis pourtant à Londres dès cette époque, selon les dates de leur arrivée portées au recensement de 1571. Il n'est que juste de les relever ici avec les premiers, soit qu'on les ait indiqués particulièrement comme « venus pour religion », ou comme membres de l'Église française, soit que la désignation religieuse ayant été omise, la naissance en pays de langue française soit néanmoins constatée. A l'exception des plus anciens immigrants, familiarisés avec la langue anglaise, ils ont dû tous se joindre à l'Église de Threadneedle Street, l'abstention absolue en question ecclésiastique n'étant pas tolérée sous Élisabeth.

A. *Venus pour Religion :*

Venus en 1551 ROBERT LE CLERC, courtier, né en Artois.
       1551 RICHARD LOCYE, apprêteur de lettres.
       1551 MATHURIN RENISON, chapelier.
       1554 JACQUES REMY.
       1558 RENULA DE DA COURTE, bourguigonne, fabricant de rubans pour chapeaux.
       1558 VICTOR COLIN, de Rouen, tisserand.
       1559 JEAN MILLOM, bourguignon, tisserand.
       1559 NIC. REMY, du Hainaut.
       1560 GUILL. YOLLONE, menuisier.
       1560 GYLLAIN CHASTEBRAY, gantier, sa femme et quatre enfants, Paul, Mardochée, Susanne, Judith.
       1560 TERRÉ DE LA HAY, de Tournay.
       1560 PIERRE DEROSNE, de Tournay, tisserand.

Venus en 1560 GILES DE MYLCAM, de Flandres.
       1560 MARGUERITE DELAVAIS, dentelière.
       1561 JEAN MAHEUR, de Bourgogne.
       1561 NICOLAS LARDENOIS, bourguignon, serrurier.
       1561 AMMON MOLTON, bourguignon, tisserand.
       1561 JEAN BARBE, de Tournay.
       1562 JEAN DE LA MYER.
       1562 LANCELOT LARDYE.
       1564 JACQUES CLARIS.
       1564 DENIS DE MASTER, bourguignon, cordonnier.
       1564 THOMAS VAUTROLLIER, relieur [1].
       1564? JACQUES DE LA FOREST.

B. *De l'Église française.*

1511 NICOLAS LYON.
1521 MARTIN FONTAINE.
1521 ANDRÉ MORELL.
1523 PIERRE DELAMARE, horloger.
1526 THOMAS PARCHMENT, de Normandie, tanneur.
1531 MATHIEU PRELIAUT, d'Angers, chapelier.
1531 NICOLAS KINGE, de Rouen, tailleur.
1531 JEAN DELAMARE, fabricant de bas.
1533 GILLAIN BARGER, de Tancarville, chaudronnier.
1535 JEAN DUBOIS, fabricant de peignes.
1535 ROLAND GRUCHET, de Normandie f. d'étuis.
1538 SIMON CHEVALIER.
1538 JASPRE HALLIARD.
1538 JEAN LAUNCE, de Normandie.
1541 DEVICKE, de Rouen.
1541 JEAN PENNOIVE, relieur.
1546 STERING RACE.
1546 ROBERT LE MASTERS, orfèvre.
1547 NICOLAS BUNMAREY.
1549 ANTOINE RAULLIN.
1550 JEAN COWTRIE, de Gascogne.

---

[1] Admis comme membre de la Compagnie des Libraires le 2 octobre 1564, il établit en 1570 son imprimerie à Blackfriars. Après son décès la Compagnie décida, le 4 mars 1588, que sa veuve ne la continuerait pas. — *Annals of Scottish Printing.*

Venus en 1551 Nicolas Heblen.
    1551 Terré de la Cour, de Valence, marchand.
    1551 Philippe Cuttier, relieur.
    1552 Maurice Mable.
    1553 Louis Delamore, bourguignon, orfèvre, « venu pour voir le pays ».
    1554 Michel Arte, flament.
    1554 Pierre Crosse, d'Arras.
    1555 Michel Chere, né près Paris, f. de balances.
    1555 Gilles Ceres.
    1555 Robert Howell.
    1558 Jacques Duiron, de Paris.
    1558 Jean Hanoque (*Enoch*), plumassier.
    1559 Pierre Barizar, plumassier.
    1559 Thomas Cherouvrier, de Mantes, coutelier.
    1559 Jacques Sarmois, coutelier.
    1559 Garret Falke.
    1560 Louis Douset, de Mézières, domestique.
    1560 Jean Poukes, de Valenciennes.
    1560 Thomas de Champoyse, de Béthune, coutelier.
    1561 Armand Polley.
    1561 Gabriel Hemman.
    1561 Nicolas Formoyse, de Lisieux, coutelier.
    1562 Jean Hue, relieur.
    1562 Marion de Laune, forgeron.
    1563 Thomas Strange.
    1565 Louis Seigneur.
    ? Thomas Forseville, d'Armentières, serrurier.
    ? Jean Noischer, de Paris.
    ? Nicolas Blanc, de Valenciennes.

C. *Français sans désignation d'Église.*

Venus en
1513 Christophe Rialle de Normandie.
1521 Denis Durland, français.
1521 Jean Nicolle, de Paris, f. de bas.
1521 Gillain Poulain, de Paris.
1523 Jean Gardioque, français.
1525 Jean Pinel, de Normandie.
1531 Jacques Labour, tailleur.

Venus en
1531 Roland Michel, de Normandie.
1533 Olivier Détrymont, postier, fr^s.
1533 Jean Milner, français.
1541 Laurence Farran, français.
1541 Pierre Wood (*Bois*), nég. franç.
1545 Thomas Gartain, de Rouen, f. de peignes.
1547 Jean de Sotlatt.

Venus en
1551 Jacques le Forsey.
1553 Bastien Bonnefoy, plumassier.
1554 Michel Binard, de Rouen, teinturier.
1559 Charles Charte, de Dieppe.
1559 Jean Scharf, de Rouen.
1559 Giles Wier.
1560 Jean Bellefold (*Bellefeuille*).
1560 Renaud Coq.
1560 Pierre Demoubre.
1560 Romain Mainmorey.
1560 Denis Veille, normand.
1561 Gaillard Tasson, soldat.
1561 Toussaint Viot.
1561 Guill. Barnes, de Béthune, tisserand.
1562 Pierre Bennet, français.

Venus en
1562 Ant. Bornal, français.
1562 Mich. Barret, de Flandres, coutelier.
1563 Pierre Bezon, de Valenciennes, domestique.
1563 Martin Ford, de Rouen.
1563 Jean de Meray, d'Artois, tonnelier.
1563 Nicolas Olter, français.
1563 Jacques Tabey, de Valenciennes, tisserand.
1564 Denis de Bonnige, de Bourgogne, dentelier.
1564 Louis de Guie, de Paris, fabricant de peignes.
1565 J. Lambert, des Flandres, savetier.

Les trois suivants « vont à l'église anglaise », Samson Lever, de Rouen, venu 1535, Paul Tutill de 1547 et Math. Bowes de 1551.

(*Searche for Straungers* 1571. — *State Papers, Domestic Elizabeth*).

No XIII.

DÉDICACE PAR N. DES GALLARS DE LA FORME DE POLICE ECCLÉSIASTIQUE.

A l'Église françoise assemblée à Londres, N. des Gallars
Salut de par notre Seigneur Jésu Christ.

Comme ainsi soit qu'il n'y eut jamais ordonnance qui ne fust par succession de temps mise en oubly, ou à non chaloir, si elle n'estoit diligemment observée, j'ay bien voulu obvier à ce danger, réduisant par escrit les poincts et articles qui ont esté naguères concluz et arrestez entre nous : afin qu'ils puissent estre maintenuz, non seulement à présent, mais aussi bien à l'advenir.

Et puisque Dieu, pour vous rassembler et redresser en quelque bonne forme vous a donné ce zèle de chercher pasteurs qui vous fussent propres, et que vous n'avez rien espargné pour en envoyer quérir bien loing : aussi qu'en ceste solitude que vous avez eue, il a pleu à Dieu jetter le sort sur moy : je me suis efforcé de ma part de satisfaire à vostre sainct désir, et chercher tous moyens par lesquelz vostre estat puisse estre longuement conservé. Or je n'en ai point trouvé de meilleurs, que ceux que j'ay apprins en la ville de laquelle vous m'avez appellé : où j'en ay veu l'exercice, et les ay mesme pratiquez par longtemps avec assez bonne yssue. Ce qui me faict espérer qu'ils vous seront aussi propices, et que les suyvant n'en recevrez pour vostre esgard moins d'utilité. Pourtant je les ay voulu suyvre de près, y changeant seulement ou adjoustant ce qui m'a semblé convenable pour la diversité des lieux, des temps, et des personnes. En quoy j'ay principalement regardé ce qui concernait l'office d'un chacun, et surtout de ceux qui sont constitués à vostre gouvernement. Car quand aux cérémonies, comme elles doivent estre en liberté à tous, pourvu qu'elles servent à édification, je n'y ay voulu toucher : me contentant de l'usage que vous en avez eu par cy devant tel qui a esté receu entre vous. Aussi j'ay voulu estre brief m'arrestant seulement à ce qui est le plus nécessaire, sans m'amuser beaucoup aux accessoires, qui vous sont assez cogneuz.

Or vous avez receu avec toute joye ce que je vous en ay escrit, l'approuvant et louant, comme estant fondé sur la parolle de Dieu que vous avez embrassée. Vous en avez aussi veu en partie l'expérience et l'usage, qui vous peut faire aisément juger de ceste à l'advenir. Pourtant si vous avez eu prompt vouloir à la recevoir, il ne vous le faut avoir moindre à le maintenir ; afin que l'ordre que Dieu a estably entre vous soit conservé, et de plus en plus augmenté. Souviene vous que Dieu vous a délivrez d'une merveilleuse servitude, où vous avez esté rudement traictez : et qu'il vous faut user de ceste liberté où il vous a mis, avec toute cognoissance de ses grâces, luy rendant honneur et louange, pour n'estre trouvez ingrats, et privez d'un si grand bien. Il vous a icy rassemblez de divers quartiers en païs estrange, où le pouvez franchement invoquer et jouyr de la vraye pasture et nourriture de voz âmes. Soyez donc unis et conjoincts soubs la conduicte de ce souverain pasteur, et vous laissez mener par sa main. Vous estes estrangers et voyagers. Recognoissez donc vostre condition : et comme tels ensuyvés l'admonition de Sainct Pierre, qui nous exhorte à estre estrangers de ce monde et nous abstenir des désirs charnels qui bataillent contre l'âme. Ayez vostre conversation honneste, afin que ceux qui détractent de vous, comme de malfaicteurs, glorifient Dieu au jour de la visitation, vous estimans par bonnes œuvres. Ce faisant vous ne profiterez pas seulement à vous mesmes, mais à voz voisins : lesquels voyans vostre bon exemple seront contrainctz de vous aimer, et maintenir vostre cause contre tous adversaires.

Or d'autant que cette forme de police ou discipline que vous avez volontiers receu à ma venue, tend à ce mesme but, pour vous entretenir et fortifier en vostre vocation, je ne l'ay peu mieux dédier qu'à vous, à qui elle attouche le plus. Et comme je ay presenté la mesme coppie à nostre évesque à qui appartient la superintendance, pour nous maintenir en telle reigle : aussi vous l'ay-je voulu offrir en nostre vulgaire : à vous dy-je, à qui il appartient de la suyvre. Par ce moyen vous en aurez plus aysée communication, et serez délivrez de peine de la faire transcrire pour en avoir copies. Ce sera aussi pour fermer la bouche aux calomniateurs qui taschent à me mordre, et se pleignent de moy comme si je ne vouloy communiquer ces choses qu'aux scavantz, sans en faire part au commun : tout ainsi que si j'ensuyvoye la façon des Pontifes tant anciens que nouveaux en leurs mystères, ou bien que quelque deffiance me gardast de les mettre en nostre vulgaire. Je veuil bien qu'ils les voyent, et que tous en jugent : afin que leur impudence en ce qu'ils cuident reprendre soit de tous cogneue. Tous ceux qui seront quelque peu exercez ès sainctes escritures, comme aux livres des anciens, et mesme ceux qui auront conversé ès églises qui sont aujourd'huy réformées, appercevront assez quelle reigle j'ay suyvie, et à qui j'ay prins patron : de sorte que la honte que tels orgueilleux cuident faire à ceux qui servent Dieu retombera dessus leurs faces. Dieu vous munisse contre leur mespris, et vous préserve de leur venin : et puis qu'il luy a pleu vous donner ce vouloir de le suyvre, je le supplie qu'il vous doint aussi le parfaire : afin que croissant et, multipliant en ses grâces, et estant en édification à tous, vous puissiez en ce grand jour recevoir la couronne de gloire. Escrit à Londres, Le premier jour de May MDLXI.

(*Forme de Police ecclésiastique instituée à Londres en l'Église des François*).

N° XIV.

LETTRE DE DES GALLARS A CALVIN.

Speraveram me sub diem Paschalis vos visere posse. Delecto enim successore et rebus ita constitutis in ecclesia nostra, ut eam nunc regere et conservare facile sit, nihil animadvertebam quod reditum ad vos meum impedire posset. Valetudo mea et debilitas corporis omnibus satis notæ sunt. Propter frequentes defluxiones quas mihi aëris humiditas parit, non solum in periculum veni podagræ quæ graviter superioribus annis cruri meo comminata est, sed ischiadis et paralysis. Jam brachia mihi torpebant; ac vix integrum eorum motum recuperassem, nisi remedium in tempore adhibitum fuisset. Itaque tertia fere anni parte decubui : eoque potissimum tempore que gravia ecclesiæ nostræ pericula intendebantur. Ab iis Deo beneficio erepti sumus. Quod presens efficere non poteram, per literas curavi. Nec inutilis fuit opera mea. Hic nunc habentur comitia quæ parlamentum vocant, quibus adsunt episcopi totius regionis. Hi quoque seorsim habent suos cœtus pro statu religionis. Multum de iis speratum est. Utinam vero spem meam superent. Plerique, adeo sibi placent ut meliorem statum excogitari aut optari non posse putent. Pauci aliter sentiunt. Hinc facile colligo quisnam exitus sit futurus. Paulo ante hæc concilia abierat P. Al[1]. Quod si convaluisset novas haud dubie tragœdias experturi eramus. Donec finiantur comitia mihi non grave est hic manere : ne quid turbarum ab adversariis et factiosis hominibus adversum nos oriatur. Minus enim audent ac minus poterunt me præsente. Occasione vero horum cœtuum sublata nihil moliri aut tentare possunt : nec dubito post hac irritos fore omnes ipsarum conatur. Hoc satis perspiciunt nostri : nec tamen ægre dimittunt. Vix assentitur episcopus. De Comiti Bedfordiesi grave esse videtur. Ut omnibus satisfaciam, sedulo curabo.

Quod expectam dum censent dum tumultus Gallici sedentur, longum est : nec vero noxis humore imbutis nervis ac debilitatis et prostratis viribus integumerit eas recuperare. Uxor mea jam a quadraginta et eo plus diebus febre prostrata jacet, que te plurimum salutat. De epis. Lond. plurimum tibi salutem reddit. Alii etiam episcopi quos hic, salutavi tuo nomine. Pars eorum multo maxima te et tuos labores amice et studiose amplectuntur. Plerique institutionem tuam in singules parochiis Anglice conversam haberi jubent, et a ministris emi et legi, ut ex ea populum instituant. In tanta messe desiunt operarii et messores : nec video nisi magis idoneos maioremque numerum excitavit Dominus, quomodo religionis status conservari possit.

Est hic quidem valde insignis numerus piorum et doctorum hominum et bene cordatorum, sed qui secum genere et talem miseriam deflere

---

[1] Pierre Alexandre.

coguntur. Qui conciones habent libere et audacter admonent ac vehementer reprehundunt quidquid est vitii, etiam ob os procerum. Sed virtus laudatur et alget. Velsius hic negocia nobis exhibere conatur. Nec desunt ipsi fautores, et renovatores Pelagianismi quo totus scatat. Legatus Galliæ Fuxius[1] ei imprimis favet, eumque habet pro doctore in explicandis hierarchiis Dionysii quem pro altero Paulo haberi vult, imo suprà Paulum effert. Vocatus est ab episcopis quos sæpius admonui, et graviter reprehensus, nescio adhuc quo fructu. Scriptum ejus aliquod mihi communicatum est, vafrè involutum et perplexum, cui respondi, et detraxi larvam quantum potui. Pestilens homo est et multa alit portenta. Jam vero fortasse nimis multa pro tuis occupationibus, mi pater, sed pauciora quam vellem. Reliqua alias, aut cum libere scribere, aut coram agere, quod utinam det Dominus, mihi licebit. Dominus te diu nobis et ecclesiæ suæ incolumem conservet, atque suorum causa efficiat ut reliqua opera quæ in sacras literas meditatus es præstare, atque etiam videre pacatam Galliam et ecclesias in eam constitutas, et in turbis quas intus quoque exorituras vides, consilium ex Deo præbere possis. Uxor mea et liberi atque amici omnes te plurimum salutant. Londini 7 Martii 1563.

Tui observantissimus,
Nicolaus Gallasius.

Fratres et collegas atque etiam amicos omnes salvere cupio. Uthenovius qui strenuam operam ecclesiæ navavit nosque plurimum adjuvit, te perofficiose salutat. An postremæ litteræ meæ quibus tuis respondi tibi fuerint redditæ, scire aveo, ut intelligam quibus potiosimum tabellariis fidendem sit.

Clarissimo viro D. Carolo Posselio, patri et symmystæ mihi in Christo observandissimo — Genevæ.

(Orig. aut. inédite. *Archives de M. le comte de Sarrau de Boynet*, Bordeaux).

N° XV.

L'ÉVÊQUE JEWEL.

Sur la Bulle du Pape.

« ...Un prétexte encore est mis en avant contre Sa Majesté : « *Ad quam velut ad asylum omnium infestissimi perfugium invenerunt.* »

[1] Renard.

La reine n'a-t-elle pas le droit de recueillir des étrangers sans une autorisation du pape? C'est des pauvres exilés des Flandres, de France et d'autres contrées qu'il parle ainsi, de ceux qui ont ou perdu ou abandonné tout ce qu'ils possédaient, des biens, des terres, des maisons, non pour cause d'adultère, de vol, ou de trahison, mais pour la profession de l'Évangile. Il a plu à Dieu de les jeter sur nos rivages : la reine, dans sa gracieuse compassion, leur a accordé un port de refuge. Est-ce donc maintenant chose si haïssable que de faire acte de miséricorde? Dieu commandait aux enfants d'Israël de chérir l'étranger, parce qu'ils avaient été étrangers au pays d'Égypte. Les miséricordieux obtiendront miséricorde. Si Dieu détournait sa main, tu pourrais bien être pauvre et exilé tout comme eux. Je ne suis ni prophète, ni fils de prophète, mais je crains bien qu'il ne vienne un temps où les hommes regarderont vers le Pape à Rome, et où ils ne le trouveront pas. Son lieu sera déplacé; il n'y sera plus. Il saura alors ce que c'est que d'être étranger. Celui qui dévore sera dévoré.

« Mais quel est le nombre de ceux qui sont ainsi venus chez nous? Sont-ils trois ou quatre mille? Grâces à Dieu, ce Royaume est en état de les recevoir, et quand le nombre en serait encore plus considérable. Vous pouvez bien vous souvenir quels autres étrangers arrivèrent naguères en ces régions[1]. Ceux-ci sont peu de gens, ceux-là étaient beaucoup ; ceux-ci sont pauvres et misérables, ceux-là étaient arrogants et superbes; ceux-ci sont nus, ceux-là étaient armés : ceux-ci sont dépouillés par autrui, ceux-là venaient nous dépouiller nous-mêmes; ceux-ci sont chassés de leur pays, ceux-là venaient nous expulser du nôtre; ceux-ci viennent pour sauver leurs vies, ceux-là venaient pour prendre nos vies. Entre ces étrangers la différence est grande. Et nous nous sommes résignés alors à endurer ceux-là, ne nous affligeons pas de supporter maintenant ceux-ci. C'est le commandement de Dieu d'aimer l'étranger. Et pourtant un prince qui le fait subira le frein papal! Cependant le pape lui-même leur fait du bien, et c'est à bon nombre d'étrangers de la pire sorte qu'il accorde les libertés de sa cité...

« S'il est loisible au pape de soutenir tant de milliers d'adultères, de prostituées, de Juifs et d'ennemis de la croix de Christ, la reine Élisabeth ne peut-elle accueillir un petit nombre de membres affligés de Christ, qui sont contraints de porter sa croix? S'il n'est pas en faute lorsqu'il

---

[1] Allusions aux Espagnols sous Philippe II et Marie.

reçoit tant de serviteurs du diable, pourquoi la reine Élisabeth ne recevrait-elle pas quelques serviteurs de Dieu? Quand Dieu a trouvé bon de les conduire en sûreté à travers les périls de la mer, et de les déposer dans nos ports, aurons-nous la cruauté de les repousser de nouveau, de les noyer, de les pendre ou de les laisser mourir de faim? Le vicaire de Christ nous donnerait-il ce conseil? Si un roi les accueille et les assiste, la conséquence en doit-elle être sa déposition?

« Ce sont nos frères : ils ne vivent pas dans l'oisiveté. S'ils ont de nos maisons, ils en payent le loyer; ils n'occupent pas nos terres sans en rendre un juste dédommagement. Ils ne mendient pas dans nos rues et ne réclament de nous rien, si ce n'est de respirer notre air et de voir notre soleil. Ils travaillent loyalement, ils vivent avec économie. Ils sont de bons exemples de vertu, de labeur, de foi et de patience. Les villes où ils résident sont heureuses, car Dieu les suit de ses bénédictions. »

(*A view of a seditious Bull sent in England from Pius Quintus, Bishop of Rome*, 1569, réimp. dans *Work of Jewel, Parker Soc.* 1850).

Extrait d'un sermon.

« ...Il ne nous suffit pas d'être attentifs aux exemples domestiques, nous devons aussi considérer avec soin ceux des autres Églises à l'étranger. Dieu a allumé un feu : il veut qu'il brûle. Oh! quels tourments nos frères ne souffrent-ils pas chaque jour! Quelles cruautés n'invente-t-on pas contre eux! Je ne parle pas seulement de la mort, je parle de tortures et d'extrémités extraordinaires plus douloureuses que la mort. Pourquoi leur fait-on ces choses? Parce qu'ils se tournent vers le Dieu vivant et vrai et qu'ils croient au nom de Jésus-Christ. On pend les uns par les mains, les hissant avec une poulie et leur attachant aux talons de lourds poids en plomb pour déchirer en deux leurs corps. On en attache d'autres à de grands morceaux de bois et on leur met le feu à la plante des pieds. On leur ouvre la bouche, on y introduit du chanvre, acte des plus cruels et qu'on a cependant exécuté de la manière suivante. On le place si en arrière dans la bouche que la respiration d'un homme l'entraîne aisément dans son corps et le fait pénétrer jusqu'à l'estomac. Quand il y est bien entré, le bourreau vient, prend le chanvre par l'autre bout et l'arrache soudainement avec une force telle qu'il semble enlever le cœur et les entrailles; une cruauté aussi étrange et aussi rare n'a jamais été mise en usage envers les rebelles et les traîtres les plus avérés. Quant à la mort, quarante ou cinquante à la fois ont été empilés ensemble et brûlés sur un même bûcher. Les adversaires se sont bandés contre les serviteurs de Dieu, ils ont entouré l'église où ils étaient assemblés à prier et les ont égorgés dans leur innocence, tandis qu'ils élevaient à Dieu des mains pures. Le roi de France, par le conseil de ceux qui haïssent l'Évangile de Christ, envoya ses cruels soldats massacrer ses sujets à Valois. Il renversa leurs maisons, brûla leur ville, détruisit hommes, femmes et enfants et replanta leurs arbres la tête en bas. Il dévasta, détruisit et dépeupla, non point parce qu'ils étaient des voleurs et des rebelles, mais parce qu'ils croyaient au nom de Christ. Considérez combien on en égorge dans les Flandres et dans le royaume de France. Ils ne sont pas aussi loin de nous que la Judée l'était de Thessalonique, ils confinent à nous. Dieu est béni dans ses saints, et il est saint dans toutes ses œuvres. Il n'y a pas de cruauté qui puisse éteindre sa vérité. Il n'y a pas de conseil qui prévale contre le Seigneur, il donne l'accroissement et il établit les enfants dans le lieu de leurs pères. Plus les ennemis en tuent, plus il en rejaillit par l'action de l'Esprit. Plus on en abat, plus ils se multiplient. Nous ne pouvons pas rester étrangers à cette cause. Il nous convient de considérer l'affliction de nos frères. Ils nous appartiennent : nous devons prier Dieu pour eux, afin qu'il mette un terme à leurs misères : sans cela nous n'avons pas en nous l'Esprit de Dieu, et nous ne portons à sa maison ni amour ni sollicitude. »

(Sermon prononcé à Salisbury en 1571, publié à Londres 1583 et réédité par la *Parker Society*).

N° XVI.

LETTRE DE COUSIN A LA VÉNÉRABLE COMPAGNIE.

A mes honnorés pères et frères.

Aux ministres de l'Église de Jésus-Christ à Genève.

Messieurs et très honnorés frères, dautant que le but principal de nostre ministère après l'honneur de Dieu est de procurer le salut de nos prochains, un chacun de nous veillant sur le troupeau qui luy est commis. Ainsy de ma part comme le Seigneur m'a donné matière de le remercier pour la prospérité qu'il a donnée à nostre église françoise de Londres depuis lespace de six ans : aussi souvent depuis trois ou quatre ans je l'ay prié de faire miséricorde à la povre église des Flandres nos voisins, qu'il luy pleust les délivrer de certains troubles suscités parmi eux. Or est-il ainsy que le Seigneur après avoir esprouvé le corps de l'église par une affliction bien grande, maintenant il commence à luy donner délivrance, car au lieu que pour un temps ceux de la nation venus des Pais-bas avoyent ceste église en horreur, à l'occasion des détractions et blasmes que servoyent ordinairement çà et là ceux qui s'en estoyent retirés, comme les mensonges ne peuvent tousjours obscurcir la Verité, aussi telles bruines s'esclarcissent et de jour en jour plusieurs s'adjoingnent en grand nombre, de sorte que l'espérance est grande que le Seigneur la veut remettre en son entier. Il ny a doubte que certaines ordonnances de Monsieur l'évesque de Londres nostre Superintendant n'ayent beaucoup prouffité en ceste affaire, pour maintenir l'équité de la cause ; et sur tout la dernière résolution qu'il en a faite, qui contient certains pointz dont ceux qui estoyent venus du Pais-bas pour les persécutions, ont eu matière suffisante pour s'adjoindre, comme ils font tous les jours. Mais il seroit expedient de trouver quelque bon remède pour pourvoir aux églises de Flandres, posé le cas que le Seigneur les remette un jour en la liberté de son évangille, afin que les contentions qui peu a peu s'amortissent par deça ne se renouvellent outre la mer : car il y en a plusieurs qui ne se peuvent résoudre pour s'accorder en quelque bonne forme de discipline. Ils se choquent en plusieurs articles comme pour exemple, si on traite de la liberté chrestienne, de la conscience, des choses indifferentes, de plusieurs constitutions ecclésiastiques qui servent à édification et bon ordre, ils n'en veulent prendre, sinon par où bon leur semble, et à tout propos se couvrent de leur conscience pour suyvre leurs fantasies à bride avallée. Voilà proprement la source de tous ces troubles que nous avons veu icy en l'eglise Flamenque depuis trois ou 4 ans.

Il y a eu encore ce mal outre le reste, que quand un grand nombre de ces povres estourdis, de 50 ou 60 personnes pour le moins, sans compter les femmes, se sont ligués ensemble pour se retirer de la communion de l'église et, s'attribuans le nom de l'église pour leur grand nombre, ont tasché de déposer pour leur plaisir et ministres et anciens, pour faire des élections par la pluralité des voix, s'asseurant que par leurs conspirations ils auroyent la pluralité de leur costé, pour forger ministres, anciens et diacres à leur poste, et déposer par ce moyen avec blasme tous ceux qui

leur avoyent resisté, ils ont trouvé des suppos pour les nourrir en leurs insolences; mesmement aucuns ministres qui avoyent devant ces troubles de Flandres acquis biens et authorité parmi les églises du Païs-bas, s'y sont fourés si avant qu'ils ont bientost prononcés avec d'autres sentences d'excommunication contre le corps de l'église en faveur de ceux qui s'estoyent aliénés de la communion de l'église. Ceste belle prononciation étoit couverte sous un manteau d'arbitrage; mais monseigneur l'évesque voyant qu'ils avoient excédé leur commission, non seulement au préjudice de l'église, mais aussi de son authorité, il a révoqué leur prononciation comme impertinente et frauduleusement faite, et par sa dernière ordonnance l'a totalement abolie. Or si ministres et autres ont osé en une terre estrange excommunier l'église de leur nation pour un an qu'ils n'eussent à faire la Cène, quel espoir y aura il de paix et d'union si l'ouverture estoit faite pour retourner au pais? Parquoy nous qui voyons icy les empeschemens à ladite qui peuvent retarder le cours de l'évangille ès Pais-bas, encore que la liberté y fust donnée, nous sommes en peine de trouver quelques remèdes propres contre tels malheurs. Les horribles persécutions d'aujourd'hui devroyent bien servir de quelque chose pour épurger ce venin de contentions, mais tous n'appréhendent les calamités si [1]
pour estre bravement humiliés en leurs cœurs, et vivre en paix auec leurs frères sous une bonne réformation de l'évangille. Il y a certains articles qui ont esté recueillis pour cest effect, et ont été communiqués à plusieurs ministres et à certains consistoires. Ceux qui desirent la paix des Églises les approuvent volontiers, mais la difficulté est de les persuader à ceux qui sont de contraire advis, d'autant que leurs opinions en les approuvant seroyent condamnées et on n'a point d'authorité sur eux, comme pourroit avoir un synode. Cependant nous ne doutons point que vous n'ayez grans moyens, pour les grâces singulières que Dieu vous a faites, de donner en cest endroit un bon conseil à ceux qui le vous requièrent. Or j'entens que d'un costé et d'autre vous en serez requis, dont vous aurez comme j'espère plus grand moyen de faire une bonne exhortation à tous, de cercher en toute crainte de Dieu l'édification des églises, et de leur dire librement vostre advis. De mon costé je say bien que je suis aucunement odieux à ceux qui sont aliénés de la communion de l'église flamenque parce que je ne puis approuver leur schisme qui n'a (à mon

---

[1] Trou au papier.

advis) aucun légitime fondement. Nous avons tasché par le moyen de nostre Consistoire de les réconcilier avec leur église, mais y a esté pour néant comme vous pouvez veoir par une copie de la procédure que nous avons tenue envers eux. Cependant je désire le repos des églises en général et le salut de ceux qui se sont povrement retranchés d'eux mesmes de l'église flamenque de Londres, dont je les vous recommande pour les admonester comme verrez bien estre ; cest de là que le mal prend sa source, et s'il estoit repurgé, il y auroit espérance que tout iroit bien.

Touchant les articles dont il a esté parlé, et lesquels on vous porte pour en avoir vostre conseil, j'eusse de ma part adjousté volontiers quelque chose de la manière de faire les élections des ministres, anciens, et diacres des églises qui professent la réformation de l'évangille. Il y a eu un ordre par cy devant pratiqué icy en nos églises estrangieres touchant les élections. On dénonce au peuple la necessité qu'on a ou d'anciens ou de diacres, on en communique avec l'évesque, après on vient aux prières ; cela fait, on recueille simplement la pluralité des voix, chacun donne son intention par escrit en un petit billet, voilà l'ordre. Mais maintenant que ces brigues sont survenues et que le peuple est subject à faire des factions, comme l'expérience l'a monstré en ceux qui se sont icy revoltés de leur église, car ils ont tasché d'introduire une élection annuelle, pour déposer, conserver, ou élire de nouveau ceux qu'ils vouldroyent, cela estoit extraordinaire de le faire tous les ans, l'ordinaire est par la pluralité des voix ; on s'est opposé à l'extraordinaire pour beaucoup de raisons, mais quant à la pluralité des voix nous y voyons des grans dangers, s'il vous plait, vous nous en direz vostre advis. Nous savons bien ce que les églises de France tiennent de ce point, selon que par un livre imprimé de leur discipline, mais la chose venant aussi de vostre costé aura plus grand prix. En somme honnorés freres je vous supplie d'avoir esgard au repos des églises du Pais-bas, pour nous donner vostre bon conseil. Je vous recommande aussi la mienne à vos prières. Qui sera l'endroit très honnorés frères où je prieray nostre bon dieu de vous augmenter ses graces et vous conserver sous sa protection.

Ayant achevé mes lettres, comme porte ce que dessus est escrit, je les ay voulu communiquer à monseigneur l'evesque de Londres (la lecture fut faite à monseigneur l'evesque le 17 d'Avril), lequel les a approuvées et je l'ay prié de vous escripre un mot en tesmoignage de vérité, et aussi pour vous recommander l'estat des églises, ce qu'il a promis, bien qu'il s'excusoit à raison d'un certain mal des yeux dont il est fort travaillé. Il m'a baillé ses lettres lesquelles je vous envoye. Il y a encore un point à vous dire touchant les articles: on m'avoit prié de les communiquer à nostre consistoire, mais par ce qu'ils estoyent prolixes à les translater et n'ayant guère de loisir, cela a esté differé, cependant estans venus en lumière par d'autres, aucuns ont voulu blasmer le ministre et les anciens des Flandres d'avoir escrit des mensonges, parce qu'ils disent en leurs lettres les avoir communiqués a nostre église et n'avoyent point esté communiqués. La faute n'estoit point de leur costé, si faute y a, mais du mien. J'en ay fait par après la déclaration et mes excuses, mais je vous ay voulu dire ce mot a fin que ceux qui cerchent occasion de mesdire ne s'insinuent par lettres ou autrement envers vous par ceste occasion.

Il y a icy plusieurs lettres du père monseigneur Calvin qui ont esté trouvées après le décès du bon personnage Jean Abraham. Il y en a aussi aucunes de Bucer, de Martir, de J. Alasco et de monseigneur Bullinger; si d'aventure vous en faisiez quelque recueil, celles cy vous pourront estre envoyées. Les matières ne sont point de grande importance, toutesfois aucunes ne paroyssent inutiles. De Londres ce premier de May 1568.

Vostre humble serviteur
Jean Cousin.

(*Bibl. de Genève*, mss. fr. 197 ª, feuillets 244, 245).

N° XVII.

CORRANUS.

A. *Attestation de l'évêque Grindal.*

D'autant que le bruict (comme nous avons entendu) est parvenu à plusieurs, que aucuns (prenans occasion de quelques lettres escriptes en particulier) auroient prins suspicion de Monsieur Anthoine de Bellerive Corran Espagnol, lequel naguères estoit Ministre de l'Église érigée à Montargis en France, et depuis fust appellé à l'Église d'Anvers, et que mesme depuis sa venue par deça les dictes suspicions, estans mises en avant par les propos de plusieurs, auroient esté aucunement augmentées, tant en nos Églises qu'en celles qui sont de delà la mer : Nous, aians singulier soing à la conservation de la concorde et paix des Églises, et à la renommée du dit Seigneur Anthoine Corran, l'avons appellé, et aiant avec nous plusieurs personnages ornez de doctrine et piété, avons conféré diligemment avec luy les matières de nostre Religion Chrestienne, desquels aucunement on avoit prins soupçon. Et de ceste conférence eüe avec luy nous avons pleinement entendu, que le dit Seigneur Corran estre esloigné de toutes doctrines d'impiété, et qu'il a bon sentiment accompaigné de piété de la Religion chrestienne, mesme qu'il embrasse de tout son cœur la pure doctrine de l'Evangille, de laquelle nos Églises et les autres réformées font profession. Et pour ce qu'il nous a suffisamment satisfait, soubhaitons pareillement qu'il soit satisfait à tous autres, et qu'au Seigneur Corran sa renommée demeure entière, et que les suspicions qu'on avoit de luy soient ostées du cœur d'un chascun. Nous avons voulu par cest escript testifier des choses susdites envers tous ceux qui le liront ou oiront lire. Lequel escript a esté donné le cinquiesme jour du mois de juing mil cinq cens soixante sept, et du règne de la sereniss. Elizabethe, Royne d'Angleterre, France, et Irlande, la neufiesme année.

Edm. Lond.

(Avec le sceau pendant, image de St-Paul, cire rouge. *Bibl. de Genève. Lettres et pièces diverses*, n° 2).

B. *Lettre contenant certains articles que M^r. Corran dit Bellerive, ministre pour le présent de l'Église Espaignolle de Londres, présenta à Monsieur l'Évesque de ladite cité contre les faussetez et calomnies de Jean Cousin, ministre wallon et aultres ses adhérens, lesquelz d'authorité privée prindrent hardiesse de ce faire inquisiteurs de la doctrine et personne dudit Corran, l'infamant très impudemment par leurs lettres et faulx rapports en plusieurs endroits de l'Europe*: fut présenté cest escrit audit sr. Evesque le 15 de Juillet 1568.

L'an 1567 mourut à Paris ung ministre espaignol nommé Jean Pierius, lequel avoit recueilli ausmosnes de diverses personnes jusques à la somme de mil escuz ou environ, pour faire imprimer quelques livres en espagnol. Et à l'heure de sa mort, il pria M. Corran de mettre soing et diligence que lesdits fussent imprimez, disant que ces deux escoliers avoient les copies et toutes aultres choses nécessaires pour parfaire ladicte impression. Et après que le défunt fut ensevely, M. Corran dict aux escoliers qu'il estoit tres content qu'ils maniassent le faict de l'impression, et prinsent entre les mains tout l'argent et aultres choses appartenantes au défunct. Mais que d'autant que le tout estoient biens dont les povres de l'église espaignolle debvoient jouyr suyvant l'intention des contributeurs dudit argent et du défunct qui le demandoit à telle fin, il estoit nécessaire qu'ils fissent inventaire de tout ce qu'ilz tenoient entre les mains, afin de le recevoir pour compte, et rendre compte après l'impression, et qu'en ceste manière il leur feroit bailler trois cens escuz qu'un marchant de Francfort tenoit appartenants aux dictes aumosnes, pour faire l'impression, veu principallement que telz deniers amassez d'aumosnes de gens de bien appartenoient à toute l'église de la nation espaignole que le Seigneur pourroit redresser quelque jour.

Or les escoliers, ou bien qu'ilz vouluissent user librement de ceste somme d'argent ou pour quelque aultre occasion que Dieu monstrera avec le temps, ne vouloient aulcunement descouvrir ne inventorizer la somme de deniers que le défunct avoit laissé entre leurs mains : ains plutost ilz sollicitoient avec grandes importunités ledit Corran, afin qu'il escrivist à Ma Dame (lacune déchirure) deniers, et à Genève, et à Francfort, pour pouvoir retirer quelque autre somme qui estoit èsdits lieux : cachens toutesfoys ce qu'ilz tenoient en leurs bourses. Or voyant Mr. Corran ceste façon de faire indigne de ceulx qui manient argent de l'église et des povres, il advertit le Consistoire de Paris, qui les appella : et voyant sa juste requeste, ordonna par le jugement de quelques députez : que lesdits escoliers manifesteroient et prendroient par inventaire tous les deniers et aultres choses appartenantes au défunct pour rendre compte de tout après l'impression à l'église Espaignole réformée qui seroit dressée en quelque part. Et que de son costé M. Corran escriroit à Madame de Ferrare, et à Genève, et à quelque marchant de Francfort, pour faire délivrer lesdits trois cens escuz.

Le jour suyvant, de grand matin, Mr Corran ayant escrit à Madame de Ferrare sur ledit affaire en faveur desdits escoliers, se partit de Paris, pour aller à Anvers, et les escoliers luy promirent que deux vingt jours premiers venans (ayant rassemblé toutes les choses appartenantes au défunct) ilz luy envoyeroient l'inventaire et obligation de rendition de compte signé et authorisé par le consistoire de Paris. *Ce qu'ilz ne firent jamais ne vueillans point perdre une si bonne lippée.* Et après ils craignirent fort que ledit M. Corran dressant église espaignole à Londres eust l'authorité de leur demander rendition de compte. *Et pour ceste cause ilz firent conspiration avec le ministre et consistoire francoys par le moyen de Baltazar qui de sa part les sollicita par lettres, d'accuser en quelque chose ledit M. Corran.* De sorte que le Ministre et consistoire de Londres, ayans entendu par ledit Baltazar leur confédéré, la bonne commodité qui se presentoit de faire quelque chose de nouveau contre ledit M. Corran, ils interposèrent leur autorité escrivans et prians aux ministres de Paris qu'ilz fissent enqueste de la doctrine et personne dudit Corran, ce que les aultres firent. En quelle autorité et avec quelle prudence, le Seigneur jugera quelque jour. Mais M. Corran demande à ceulx cy, qui les a constitué en tel degré et autorité de faire enqueste de leur prochain, et nommément d'ung ministre qui a son église oultre la mer, et qui n'est nullement subject à censure ne correction d'aucun consistoire particulier, mais des Synodes (déchirure) . . . aulx. Ceulx-cy pardonneront ung peu à M. Corran s'il dict un mot librement, c'est qu'il p. qu'amplifier leur dignité et grandeur, et estendre leur bras deçà et delà la mer, comme firent les Papes de Rome sur les Eglises africaines, qui ne leur appartenaient non plus qu'à ceulx-ci l'église d'Anvers, de laquelle ledit Corran est ministre.

Oultre les choses dites, pour comble de toute iniquité et manifestation de l'esprit de Cain qui gouverne le cueur de cestuy cy (ministre wallon) il suborna par ses lettres Monsr. Saules, ministre d'Orléans, et aultres prescheurs de la France, afin qu'ilz luy servissent de sergens et bouteſeuz en une compaignie synodalle, ou concile national de la France assemblé en Angomois là où, par les lettres et sollicitations de cestuy ci et de ses suppos, fut traitté de la personne de M. Corran en son absence contre toute loy divine et humaine, chose que les inquisiteurs mesmes d'Espaigne avec toute leur cruaulté et tyrannie ne firent jamais contre personne, ains plutost quand ilz voulurent traicter la cause dudit Corran, sachant bien toutesfoys qu'il estoit à Genève ou en Allemaigne pour fuir de la Papauté, et qu'il estoit hérétique luthérien (comme ilz disoient) ce neantmoings pour garder formalité du droict et loix divines et humaines, ils le firent proclamer à son de trompe et publicqs placards par l'espace de 18 moys avant qu'ilz receussent accusation aucune contre luy, afin qu'il vint à respondre en personne ou par procureur. Que l'église de Dieu considère si *la tyrannie que cestuy cy veult introduire* surmonte celle des inquisiteurs ou non, et qu'on prévoye quel estat de l'église nous pourrons attendre là où ung tel tas de gens auront l'authorité et superintendence.

M. Corran supplie le Seigneur qu'il veuille délivrer son église *de toute tyrannie et la gouverner par gens accompaignez de l'Esprit de Christ*, afin qu'icelluy Christ et rédempteur soit le seul Roy, le seul dominateur des consciences des fidèles, et que les ministres de l'Évangile recognoissent estre hommes aussy bien que leurs frères et se despouillent de jour en jour de l'*ambition, superbité, arrogance et orgueil dont quelques ungs sont revestuz maintenant*, et veuillent mettre les aultres soubz leurs pieds : comme ainsy soit que le seul Seigneur Jésus doibve avoir l'honneur et domination en son église. Auquel soit gloire éternellement.

Calumnia insanire facit sapientem.

Antoine du Corran dict Bellerive[1].

(Copie du temps. *Bibl. de Geneve*, ms. f. 197ᵃᵃ, portef. 2).

C. *Capita quæ Ecclesia Gallicana proponit contra Anthonum Corranum, hispanum, ut per Reverendiss. Dominum Episcopum jus illis administretur juxta causæ meritum; ac imposterum coercetur ipsius Corrani ambitio, audacia effrænisque maledicentia, sicque tollantur scandala quæ huc usque Ecclesias læserunt.*

Proponit.

Ambitio.

Caput primum.

Corranus sine legitima vocatione Ecclesiæ ministerium ambivit.

Calumniae.

Caput 2º

Corranus nimium sibi indulsit in confingendis calumniis, criminationibus et maledicentiis quibus ministri et seniorum authoritas elevabatur, et quibus viam sibi sternebat factio se ad ministerium ecclesiasticum, cum aliter id se consequi posse diffideret.

Mendacia.

Caput 3º

Corrani mendacia æque nota sunt atque ipsius calumniæ. Illum non puduit ex adverso literarum R. Domini Episcopi (quas, non impetrata

---

[1] Les mots soulignés paraissent l'avoir été par les accusateurs pour en faire ressortir la violence.

venia et contra leges regnii, excudi curavit) scribere dictum dominum damnasse Ecclesias iniquitatis, ut inde Corrani innocentia clarius omnibus pateret. Inspiciatur litera A. Quod autem quam sit verum D. Episcopus satis abunde declaravit et declaraturum speramus ubi opus erit.

Caput 4º   *Scommata.*

Quam autem ficte gravitatem gestibus, verbis atque adeo motu totius corporis præse ferat, Corranus detegere dicteriis et scommatibus quibus impetit ac infamat modo seniores, modo ministrum magno cum dedecore ecclesiæ.

Ambitio.   *Confirmatio primi capitis.*

Corranus sæpissime obsequium suum Consistorio obtulit, rogans an illi liceret in Gallias trajicere hic victus inopia coactus. Legantur ipsius literæ 16 Aprilis datæ, litera D., quibus jactat sese ministrum acceptum fuisse in Ecclesia Antverpiensi, palamque profitebatur in Consistorio ita se illi Ecclesiæ obligatum, ut non solum in ipsa urbe, sed si ob persecutiones fratres aliquem in locum tutum se reciperent, in illo etiam cœtu ministerium exercere se debere: at quod nobis testimonium ab Antverpiensibus obtulit nihil tale continet. Imo, paucis post diebus Consistorium Antverpiense eum ministerii onere liberat. Quod significatur literis a ministro illius Ecclesiæ scriptis, ita fuit illi liberum quocumque vellet discedendi. Legatur litera F.

Corranus, non receptus ex voto ab ecclesia nostra, conatus est authoritate D. Episcopi ministerium adipisci, eum enim sæpius per suos emissarios ad hanc rem sollicitavit, quorum petitioni nunquam assentiri voluit, ut docetur ex ipsius D. Episcopi literis ad Consistorium datis, quibus compescit quorumdam imprudentes voces qui Corranum expetebant. Legatur litera C. Ut tamen apud vulgus in existimatione esset, gloriabatur Dominum Episcopum id ipsum indulturum fuisse nisi obstitisset Consistorium et ideo consensisse Dominum Episcopum ut hispanice concionaretur. Litera B. articulo 43.

Jactat etiam futurum fuisse ut a Consistorio reciperetur, modo culpam agnoscere aliquam voluisset ob literas ad Cassiodorum scriptas. Litera B. art. 46.

Sæpe meminit Corranus factionum vulgi, quod verbis aggrederetur seniores in vico mercatorio, ex eo quod non rem conaretur ipse. Hujusmodi autem factiones laudat in suo codicillo famoso, unde conjici potest non nisi ipso suadente fuisse factas. Litera B. art. 50.

Cum se alicujus Consistorii censuræ subjici negat, attamen Synodorum, Litera B. art. 59, sic fiet ut, cum gradum unum adhuc ascenderit, illi assideat, qui jactat se omnes judicare, se vero a nemine judicandum.

Multa alia sunt quæ brevitatis causa omittimus, quibus facile ambitio et fastus Corrani intolerandus communicatur, ut cum se præsse jactat Ecclesiæ hispanicæ et Antverpiensi, cum novo more sermonem habet ad dopulum ambulans, nunc hac, nunc illa lingua utens idem cum lapides clamaturos dicit nisi gallice concionetur. Litera E.

Confirmatio secundi capitis. Calumniae.

Corranus ministrum et seniores vocat inhumanos, inhospitales et pietatis expertes, et amplificationis gratia addit Turcas et Paganos cum humanius accepturos quam hic fuerit acceptus. Sed quid est quod conqueritur? profitetur se tum liberalem vultum desiderasse. Sic vero inhumanus est judicio Corrani qui vultum aulicum illi denegat. Negare tamen num poterit quin honorifice fuerit acceptus et quin hospicium illi concesserit unus ex senioribus? Legatur litera B. art. 24.

Corranus objicit Consistorio multas literarum Consistori opera furto interceptas sarcinulas. Litera B. art. 1 et 41. Res autem sic se habet. Posteaquam Cassiodorus turpiter ex hoc regno evasisset, literarum fasciculus Corrani opera cujusdem mercatoris Burdegalensis ad Jacobum Fichet seniorem ecclesiæ missus est, quem Cassiodoro redderet: omnes autem ignorabant quonam recessiset Cassiodorus. Ipsa autem compacti fasciculi opertura inscriptum præferebat literas eo contineri quæ magnopere ad Ecclesias pertinerent. Fasciculus Consistorio præbitus fuit 12. Martii 1564. Omnes ad eam sententiam ierunt ob multas graves causas, ut fasciculus aperiretur, quod non sine summa Dei providentia factum agnovimus. Ita enim summa mysteriorum in religionem capita horum hominum qui ex eodem monachorum claustro egressi erant aperiebantur, atque adeo tanta animorum conjunctio ut alter alterius absentiam sustinere non posset, ita ut Corranus iter fecisse 30 leucarum ut suo sodali jungeretur affirmet, cum tamen nescius esset ubinam ille ageret. At, cum fratres cum inconstantiæ et levitatis damnarent, coactus fuit pedem sistere. Dignæ sunt literæ quæ legantur, ex his cognoscent omnes quænam sit Corrani et tam fidi sodalis theologia. Litera G. Probet nunc

Corranus plures fasciculos, eosque furto interceptos, aut se calumniatorem fateatur. Iterum calumniatur Corranus, nomine Consistorii unum ex senioribus missum cum literis ad Antverpenses in hunc finem ut Corranus illis traduceretur. Litera B, art. 5. Respondemus a nobis missum unum ex senioribus ad Synodum quæ paulo post cogebatur in inferiori Germania, ut unus, si fieri potuisset, ad nos mitteretur Evangelii minister, at de Corrano ne verbum quidem. Ex litera H. Corranum nos immerito calumniari liquebit. Alia calumnia. Corranus affirmat Consistorium flabellum fuisse quo exarserunt dissentiones inter fratres Ecclesiæ Flandrensis. Litera B, art. 26. Respondemus nos diligenter procurasse ut pax componeretur. Ejus rei idonei sunt testes Dominus Episcopus et ipsæ partes dissentientes. Proinde manebit Corranus calumniæ convictus si inquisitio fiat.

Alia calumnia. Corranus affirmat Consistorium conspirasse cum quibusdam scholasticis Parisiensibus et ejus loci ministris quo multis criminationibus inique gravaretur. Litera B. art. 58. 59. Respondemus nihil tam iniquum unquam nobis in mentem venisse, at literæ Ecclesiæ Parisiensis satis probabunt quam impudenter se gerat Corranus. Neque nunc primum illum bonorum famæ invidere et illam mosdere scimus, nam ne suis quidem Hispanis in hoc maledicendi genere repercit. Litera J.

In multis Joannem Cognatum nominatim calumniatur, inter cætera illum accusat prophanati verbi Dei, quod illo sit abusus ad traducendam Corrani famam. Ille vero respondet se in scola Dei didicisse quam reverenter verbum sit ecclesiæ proponendum. Idem se a materia non discessisse, ac multo minus nomen Corrani perstrinxisse. Mirum quidem est Corranum ausum fuisse dicere ac scripto manifestasse quod inique animo conceperat. Hoc etiam magis damnandum est, cum sese ita efferre cum sensisset conscientiam proprio scelere coargui Litera B, art. 14. 19. Idem est judicium de eo quod ministrum dicit authoritate Consistorii abusum in sui perniciem. Litera B. Respondet minister nihil unquam a se tentatum sine Consistorii arbitrio. Testes advocat seniores. Demum Corranus dicit scribam esse qui veneno literas inficiat. Litera B. art. 29. Eum vocat filium Sathanæ, quod testati sunt qui videre et audiere ejus scriptum. Cognatus autem postulat ut Dominus Episcopus cogat Corranum hanc probare calumniam, sin minus ut pro calumniatore habeatur.

Confirmatio capitis tertii.   Mendacia.

Difficile quidem esset, quæcumque mendaciter suis libellis affixit Corranus, ea sigillatim persequi : quæ quidem si de scripto expungantur, tabula rasa restaret. Quædam tamen brevi attingerimus. Corranus jactat se procurasse ministerio quorundam fratrum Gallorum, qui hyeme præterita Londini erant, ut pax componeretur illi cum Consistorio, atque addit tam feros et asperos judicatos fuisse ministrum et seniores, ut illi consultum fuerit commodius expectare tempus sub silencio. Litera B in præfactione. Cognatus et seniores petunt ut ministri audiantur, unde elucescet veritas.

Corranus passim gloriatur in eo quod caverit ne arma ipse adversariis subministraret, nimirum si fateretur se imprudentius ad Cassiodorum aliquid scripsisse. Litera B. art. 35. 36. 38. 39. Respondemus Corranum in hoc audiendum, qui ultro fatetur se suis opinionibus fuisse addictum. Rogamus etiam D. Episcopum ut de æquo dijudicet, et, si bonum videbit, ut, quantum ad eas literas pertinet, audiat Dominum Cardinalem Castilioneum et ministros Ecclesiarum Gallicarum ut tandem serio his disceptationibus finis imponatur, cum harum contentionum fundamentum fuit ipsæ literæ. Literæ autem sunt penes D. Episcopum.

Corranus dicit exhiberi non posse operturam illius fasciculi literarum. Litera B. art. 3. Sed res ipsa judicabit. Litera H.

Affirmat item Corranus se nunquam commonitum fuisse. Litera B. art. 8. Admonitiones eludere conatur dum omnes criminationes vocat, sed videantur commonefactiones. Litera L., et ibi retegetur Corrani mendacium.

Confirmatio capitis quarti.   Scommata.

Scommata Corrani sunt multa et varia, in quo ostendit se mirabilem artificem in arte scurrili, nunc personas, nunc totum ordinem Ecclesiæ insectatur, ut ex his quæ secuntur videre est. Vocat ministrum et seniores spiritus evangelicos reformatos. Litera B. art. 52. Aliis reformatiores. Litera B. art. 44. Bonos fidei zelatores, examinatores, art. 69. Doctos homines, qui libros parochiæ tantum versant, art. 66. Ministrum dicit tantum linguam sui pagi tenere, art. 51. Seniores et diaconos dicteriis impetit, hunc sartorem caligarium diaconum vocans, alterum seniorem veterinarium, art. 79. Nec ordini ecclesiastico parcit : cum enim seniores coeunt, illud vocat sacrosanctum consistorium, sanctissimam collationem, art. 32 et 30. Quædam etiam de sacra passionis historia prophane assumit, ut illud : Blasphemavit, art. 29. Item : Si non esset hic malefactor, art. 33. Adhæc, si in cathalogum referantur eorum nomina qui sese Ecclesiæ subjiciunt, (quod nobis a Domino Episcopo injunctum est), Corranus, ut omnem ordinem in odium vocet, dicit homines censeri ut eorum crumenæ exhauriantur Litera E. Multa alia scommata ejus scriptis sunt aspersa, quæ inter legendum cuivis occurrent.

Hæc in summa sunt quibus ostenditur qualis in vita omni sit Corranus. Ambitio, calumniæ, mendacia et scurrilitas, vitia quidem quovis christiano indigna, tantum abest ut qui in eo sunt felle amaritardinis ad ministerium admitti queant, et ob quorum etiam minim, si furtim aliquem in Ecclesia gradum adepti essent, ex eo tamen dejici oporteret præscriptis canonibus Apostoli ad Timotheum et Titum : Oportet Episcopum etc... Quare hæc Ecclesia Gallicana a te nostra reverendissime domine, impense petit ut tua authoritate et pietate fiat ut hæc tam inphanda scelera et tam manifeste comprobata per ejus codicillos, literas et quæ ipse coram Consistorio professus est, ab eo damnentur, et sic fiat ut quos offendit et a nobis alienavit (tales autem sunt plurimi) rursum ædificentur, et illis satisfiat. Ipse autem Corranus prudentius sese gerere discat, nec tentet gradum in Ecclesia ambire, sed modeste vocationem legitimam expectet, nec sumat honorem cum fratrum contumelia, ut Jacobus docet. Ne sitis multi : Hoc etiam notatu dignum est in causa Corrani magistri eum non nunc primum ad eumdem scopum impingere. Legantur D. Bezæ testimonium, literæ D. Sauli, et quæ ab Ecclesia Parisiens ad nos sunt missæ. Qui autem huc convenere Gallicanarum Ecclesiaum ministri plus minus viginti audiantur, nec dubium est quin convincatur Corranus seditiosum se præbuisse in Ecclesijs. Et non ut ministrum Evangelii decebat, at tanquam erronem huc illuc cursitasse, quod comprobatur ex his scedulis quas undique concusas ubique ostentat. Ejusque criminis insimulatus et notatus fuit in postrema synodo Pictaviensi 1567 mense septembri.

Nec desunt hic ministri qui synodo aderant, a qua in mandatis habuerunt ut Ecclesias admonerent quo sibi ab illo caverent in posterum.

Atque, ut Corranus non conqueratur sibi aliorum testimoniis æjudicium adferri, evoluantur ejus scripta, quæ nemini non obtrudit. Illis tantus in homine fastus deprehendetur ut cum Ecclesias opinionibus distractas ad unitatem fidei et charitatis reducere velle præse fert, contra omnem tamen fidei et charitatis regulam, quæ præstantissima nostris diebus excitavit Dominus organa (quibus et doctrinæ et sacramentorum puritate restituit e tenebris et catholica dissipatione sibi sanctam Ecclesiam collegit) temerarie condemnat.

His scriptis Corranus viam aperuit cuidam monacho adversus nos scribendi, ministros mordendi, atque adeo totam religionem insectandi, a quo etiam ipse Corranus titulo Calvinelli archipræedicantis insignitur. Si uno verbo Martinum, Zwinglium, Calvinum, Osiandrum cæterosque neotericos doctores, tamquam cæcos, inscios, sibi deditos, propriam gloriam captantes, quinti evangelii authores, condemnat, et qui proponant cathecismos, commentarios, et institutiones tanquam articulos fidej, qui sibj et non Christo discipulos comparant, et qui ut idola coli velint. Hæc enim omnia in libello ejus videre est sectionibus 6. 8. 56. 82. Adhæc si veram et nativam mysterii cænæ interpretationem convelli, dum impudenter et Copernaiticam et spiritualem exæquo rejicit, de subtilitatum aut phantasmatum nomine notans quæcumque de dextera Dei dicuntur, et de Christi ubiquitate. Idem quæ de Christo pane concluso, aut a nobis absente quatuordecim aut quindecim mille dierum Spaciis. Eodem libro sect. 24. Sicque et veras et falsas opiniones susque deque exagitat.

Si hæc vera sunt ut sunt, petimus a te, R. domine, ut eum roges quamnam profitetur religionem fidem et doctrinam, et si probet communionem Christi carnalem, aut illam essentialem, quæ ubiquitatem inducit et Christum humanitate sua spoliat. Quod videtur his verbis innuere : Qui Christum extra hominem fidelem quærit operam perdit. Ubi videtur eos damnare qui manducationem spiritualem recipiunt, ipse in iis literis quas ad Cassiodorum dedit asserit Osiandrum in suis libris talem communicationem confirmasse. Interim Osiandrum et cæteros ejusdem criminis alligat. Sic hic scrupus omnes pios semper torquebit, cum dubium illis erit quam religionem sectetur is qui omnes neotericos condemnat nulla addita exceptione.

Legantur etiam libelli famosi quos Corranus scripsit contra nostras ecclesias, sic palam fiet quo pede incessi ut nostrum ædificium pessum daret, quod sartum tectum hic reperit, et quibus cuniculis funditus evertere nostras ecclesias tentavit. Sciunt autem omnes qua pœna civiles leges famosorum libellorum authores plectant, multo magis autem tales pestes ab ecclesiis reformatis abigi necessum est. Et si in hoc negocio homines officio suo desunt, at Dominus non deerit qui severissime vindicabit.

Velit autem Dominus ecclesias ab hujusmodj erroribus et interturbatoribus præservare : a quo petimus, R. Domine, ut dona spiritus in te augeat, ut spiritu prudentiæ et zeli ductus, tandem has nostras justas querelas audias, et ita his turbis viam omnem obstruas, quas alias Corrani licentia et iniquitate nobis imminere prævidemus.

Procédure et sentence contre Corranus.

Quatuor articulos super scriptos D. Episcopus exhibuit Corrano, exceptis probationibus ; Corranus dedit responsum gallice, data autem replica ex parte Ecclesiæ, Dominus Episcopus vocavit commissarios reginæ majestatis et sex ministros gallos, quorum nomina sequuntur : Petrus Loiseleur, Anth. Rodolph. Chevalerius, Anthonius a Faya, Anthonius Robertus vulgo Plezy, Laurentius Burgonius et Guillelmus Feuguereus. Post longam disputationem sententia fuit lata adversus Corranum verbis sequentibus :

Quoniam ex dilucidis probationibus manifeste liquet Anthonium Corranum ecclesiastem hispanum gravi maledicientiæ crimine lapsum fuisse, idque in injuriam et infamiam ministrorum et seniorum Ecclesiæ Londino-Gallicæ : atque ea ratione graviter quietem et tranquillitatem status illius Ecclesiæ commovisse, non solum in injuriam et contumeliam dictorum ministrorum et seniorum, sed etiam in aliorum exemplum perniciosum. Et nihilominus eumdem Corranum invenimus adeo pertinacem ut ad resipiscentiam et peccati sui hujusmodi ea quam christianum decet humilitate agnitionem et confessionem hactenus adduci non potuerit licet ad hoc sæpius monitus rogatus et requisitus fuerit. Nos igitur censentes nostri esse officii tam effrenem et perniciosam linguæ petulationem aliqua ratione pro authoritate et potestate nobis commissa coercere, et simul verentes ne sacrum ministerium, si verbum Dei a tali fuerit dispensatum, male audiat, eidem Anth. Corrano ne posthac infra regnum Angliæ concionetur aut verbum Dei publice legat seu interpretetur interdicendum duximus, nec non ab omni ecclesiastica functione donec aliud nobis statuendum videbitur suspendendum decervimus et eisdem sic interdicimus ac eumdem sic suspendimus in his scriptis.

Et paulo infra additur in exemplari nobis exhibito a notario publico :

Lecta fuit ejusmodi sententia 17, die mensis martii anno Domini 1568, in palatio episcopali Londinensi per Reverendum principem Dominum Edmundum Londinensem Episcopum, una cum assensu magistrorum Gabrielis Goodman Decani Ecclesiæ collegiatæ Westmonasterii et Thomæ

Huick legum doctoris commissarium Regiæ Majestatis pro causis ecclesiasticis. In præsentia magistri Willelmi Bedell, notarii publici registrarii

Concordat cum decreto et registro

Wi. Bedell registrarius.

(*Bibl. de Genève*. Ms. fs. 197 ªª).

Les *Archives* de l'Égl. holl. de Londres ont la minute française des *Capita*, écrite par Cousin : « *Les Articles que l'Égl. fr. met en avant contre Ant. Corran espagnol*, 28 nov. 1568 », avec signatures des ministres Cousin, Desroches, Mermier, anciens Chastelain, Cappel, du Ponchel, Fichet, diacres Doucet, Le Roy, Léonard, de Boulogne et Maubert, ainsi que la lettre suivante :

> « A Monsieur Monsieur Leuesque de Londres nostre superintendant.

Remonstrent humblement les ministres, anciens et diacres de léglise Francoise, Comme ainsy soit que lannée passée préuoyans certains troubles et scandales menacer le troupeau qui nous est commis, nous ayons requis vostre authorité et suyui vostre conseil, dont nous auons depuis perséuéré à glorifier Dieu auec édification de tous, au moyen que que vous auez tousiours tenu la main à lordre et discipline de nostre église. Maintenant il est question de vous exposer comme un certain libelle diffamatoire est diuulgué par toute la ville de Londres au grand préiudice non seulement de nos renommées, mais principalement du repos public de toute nostre église. Et combien que de long temps le bruit en fust paruenu a nos oreilles, si est ce que le cas se conduisoit si secrètement pour alliener petit à petit les courages de plusieurs deuant qu'y pouuoir appliquer le remède, que nous nauons peu descouurir telles pratiques clandestines iusques à ce que lautheur mesme du libelle la presenté à lun de nos ministres le 21 de ce présent mois de juillet et signé de sa propre main. Or dautant que telles diffamations ne seroyent nullement souffertes mesmes entre les Payens, et que telz libelles sont odieux, et ne peuuent seruir que d'allumettes pour enflamber les cœurs des hommes en piques et dissentions, à plus forte raison ne doyuent estre tolérés entre les Chrestiens, et sur tout en vn pais ou nous faisons tous ensemble profession de la réformation de léuangile. Que si nous sommes trouués coulpables, cest raison que les loix ayent leur authorité sur nous comme sur tous autres : que si au contraire il est licite à vn particulier de conspirer contre tout le corps dune église et semer parmi vn peuple des libelles diffamatoires, dequoy seruira au monde le magistrat? quel sera lusage des Loix? que deuiendra la paix publique, et le repos des églises? que seruira vn superintendant establie par sa Majesté pour les affaires ecclesiastiques? Mais il ne nous semble nécessaire dexagerer plus outre lindignité dune entreprise si audacieuse, voire en vne ville si célèbre et populeuse, et par vn personnage de telle qualité qui selon sa profession se deuroit donner en exemple de toute modestie et patience, attendu qu'vne fois vostre Seigneurie a imposé silence sur ce fait dune part et dautre. Ce nonobstant au lieu de se contenir en ses limites il se glorifie dun certain escrit qui luy auroit esté octroyé en faueur de son innocence, comme il dit pour renuerser nostre renommée, allegant que vous auez consideré nostre iniquité, et auez manifesté nostre malice. Ce que ne pouvons aucunement dissimuler sans douléance, dautant que iusques icy vostre authorité a esté en tel honneur et réuérence au milieu de nous, voire accompagnée dune si bonne et si sincère affection que nous ne pouuons nous persuader tant soit peu quen nous monstrant vn visage de père vous nous teniez pour iniques et malicieux, voire iusques à nous declarer pour telz comme porte le dict libelle. A ces causes nous vos humbles seruiteurs vous supplions (Monsieur) très affectueusement de donner ordre selon vostre authorité et prudence pour mettre fin à cest affaire à lhonneur et gloire de Dieu, et paix de son église.

Vos humbles seruiteurs les Ministres, Anciens et Diacres que dessus:
JEAN COUSIN, J. DESROCHES, ESTIENNE MERMIER, ARNOULT DE BOULOINGNE, ANTHOINE DU PONCHEL, JACQUES FICHET. »

(Au dos, de la main de Jean Cousin: « Une remonstrance à M. Leuesque touchant le Libelle d'Anth. Corran. »)

N° XVIII.

A COMMON COUNSELL HOLDEN BEFORE THE LORD MAYOR.

26 octobre 1574.

« ...Be it enacted by the aucthority of this Common Councill assembled, that from henceforth no citizen of this Citie of what qualitie soever he be, shall take as apprentice any person, whose father, being not the childe of an Englishman borne, is not or shall not be borne within the Queen's dominions, or whose father hath beene, is or shall be of the allegiance of any foreign Prince or state. And that no Chamberlen of this Citie, Master

Warden of any company of this Citie shall admitt or receive any such apprentice to be enrolled, presented or made free of this Citie or of any Company thereof. And that all such taking of apprentices, presentation, enrolling and admitting into the liberties of this Citie or of any Comp. thereof, contrary to the true meaning of this act, shall be utterly voyde. And that every free man that shall receive any apprentice, or present or offer any such apprentice to be admitted, enrolled or made free, shall for such first offence forfaite 10 pounds to the use of the Maior and communaltie of this Citie, to be recovered by action of debt to be brought by the Chamber of this C.

« And for every second offence, every such person... shall be utterly disfraunchised and excluded from enjoying the liberties of the Citie for ever... one third part of the summes of money to be recovered, above the charges of the sute, shall be given in reward to him that shall present the offence, and with effect proceede in the proof thereof. And be it enacted that over and above the forfaitures aforesayd, if any person do take an apprentice against the meaning of this acte, and do keepe such apprentice above the space of one year, that then every such offender shall for every month that he shall keepe such apprentice above the space of one year forfaite! VI L. XIII s. IIII d. to be recovered and employed as aforesaid... »

(Placard imprimé, *Arch. de l'Égl. holl. de Londres.*)

No XIX.

RÉPONSES DES PASTEURS FRANÇAIS AUX ÉCOSSAIS.

Résolution prinse et advis donné aux frères d'Escosse, touchant quelques questions proposées aux frères Ministres, estans reffugiez à Londres pour la persécution advenue l'an 1572 et durant encor l'an 1574.

La puissance de l'Église consiste en l'administration de la Parole, des Sacrements, et de la discipline ecclésiastique. Matth. 28, vers. 19 et 20. Le Ministre par l'Exécution de sa charge fera obéir le peuple à Dieu et au Magistrat. Le Magistrat par son authorité fera assujettir le peuple à la Parole de Dieu et la discipline Ecclésiastique, cela s'entend estant fidelle. — La différence entre la discipline Ecclésiastique et la police civile gist en ce que le Ministre par la Parole règle la conscience, la Police règle par les Loix l'Extérieur seulement, et tient l'Église en paix. — La cognoissance de tous péchez de droit appartient à l'Église : en sorte que la correction civile ne peut ni ne doit empescher l'Ecclésiastique. — La publication appartient proprement aux Ministres d'autant qu'elle est de la Police ecclesiastique. Toutesfois où le Magistrat est fidelle, le Ministre ne doit rien attenter sans son advis, et en cas de deffence ne doit passer outre. — Les dismes ne sont point de leur nature de droit divin : mais d'autant qu'ils ont été employez à la subvention et entretenement des Ministres, ce qui est commandé.

(*Bibl. de l'Arsenal*, à Paris, ms. 3847.)

N° XX.
RÈGLES POUR LA PRÉDICATION.

Le stile et manière de traiter la Parole de Dieu devant le peuple avec édification.

CAP. 1. — *De l'Exorde.*

Fait à Londres par les ministres y estans l'an 1573.

1. Pour faire l'entrée qu'on ne prenne rien de trop loin, rien qui soit hors des propos de l'autheur : mais ce qui sera de la matière, et propre pour donner ouverture à l'intelligence du texte, ou pour le recommander ce quy y est enseigné, et pour esveiller l'attention de l'auditeur.

2. Si on commence par une thèse génералle, qu'elle soit propre au passage et tendante au but principal de l'autheur et soit deduite sommairement.

3. L'entrée se prend le plus communément par la répétition de ce qui aura esté déduit auparavant, mais il faut que ceste répétition soit briefve, et non prise de trop haut : mais seulement de qui sera nécessaire pour faire la liaison des deux passages, et donner l'ouverture.

4. Reprendre ou les doctrines, ou les admonitions ou consolations qui auront esté suffisamment déduites sur le texte précédent n'est pas bon, n'y mesmes d'en tirer de nouvelles, si ledit texte est demeuré expédié.

5. Si on passe d'un lieu commun à un autre au texte de l'autheur comme en l'Ép. aux Rom. et en celle des Galat. on pourra bien représenter sommairement en la mémoire des auditeurs toute la déduction de la matière précédente en ses principalles parties.

CAP. 2. — *De l'Exposition du Sens du texte qui aura esté lu.*

1. Quand on viendra à son texte qu'on en propose sommairement le contenu et qu'on monstre quelle liaison il aura avec le texte précédent.

2. Si on entre en une nouvelle matière généralle, afin de préparer l'auditeur à l'intelligence du tout, qu'on luy représente sommairement toute ladite matière, avec la procédure générale de l'autheur.

3. Le sens du texte qui aura esté leu estant sommairement exposé : en général, on pourra distribuer sa matière en certaines parties, si le texte le peut porter.

4. Qu'on se propose tousjours un ordre convenable pour bien faire entendre le passage : mais que cest ordre soit simple, et le plus naturel et connu.

5. Si ce texte a plusieurs parties, qu'une chacune soit déduite en son ordre et soit la procédure telle qu'en une chacune partie le sens soit premièrement exposé.

6. S'il se trouve diversité de leçons, ou expositions dedans les commentaires sur le passage, il n'est expédient d'en brouiller l'entendement des auditeurs. Et suffira des leçons de proposer celle qu'est le plus communément receue entre le peuple, des expositions pareillement celle qui est la plus convenable, à la suite du texte, à l'intention principalle de l'autheur, et à l'analogie de la foy.

7. S'il y a quelque difficulté en l'exposition qu'on donne, il la faudra vérifier et esclaircir, devant que passer plus outre.

Ce qui se doibt faire par le fil du texte, l'intention principalle de l'autheur, l'exposition des mots qui en auront besoin, et la conférence de passages semblables.

8. En exposant les mots, il est mal séant devant un peuple d'alléguer le grec ou l'hébrieu, mesme de vouloir recercher curieusement devant un peuple les préceptes de Rhétorique ou de Dialectique en son texte avec les termes de ces arts, qui luy sont incognus, n'apporte édification aucune, et est esloigné de la simplicité.

Cap. 3. — *De la déduction des matières.*

1. En la déduction et amplification des matières, qu'on se propose ces règles pour y bien procéder.

2. Premièrement que ce fondement soit tousjours devant, de bien exposer le sens de son texte, et monstrer l'intention de l'autheur (comme il a esté dit) afin que là dessus tout l'édifice soit basty. Car de passer aux amplifications, de primesaut sans s'estre fait telle ouverture, est une grande faute.

3. Qu'on n'advance n'y doctrines n'y consolations n'y autres choses semblables, que l'auditeur ne puisse cognoistre qu'elles ont leur notoire

fondement au passage. Car c'est de là qu'elles ont leur force, et est ostée toute occasion à l'adversaire de rien reprocher.

4. Qu'on se souvienne que l'estat des temps est tel aujourd'huy, qu'on ne peut pas retenir les auditeurs long temps : afin qu'on advise de bien employer ce qu'on a de loisir en choses nécessaires pour l'édification.

5. Qu'on n'insiste point sur des choses qu'on pourra traiter plus commodément ailleurs. Mais en ceste grande abondance de matières que l'escriture sainte nous fournit par tout qu'on use de prudence et discrétion, à choisir ce qui sera le plus exprès au passage, et sera plus requis selon la circonstance des temps, des lieux et des personnes.

6. Si en un passage qu'on aura à traiter, il se trouve plusieurs versets conjoints, tendans à un mesme but, il faudra premièrement les exposer et vuider tout d'un train la matière, devant que recueillir les fruits, ou de doctrine, ou consolation ou admonition.

7. Que si les versets traitans une mesme chose sont entrelacez parmy d'autres matières, qu'on advise de suyvre ce qui sera le plus utile à faciliter l'Exposition.

8. Discourir et filer de propos en propos en s'esloignant peu à peu de l'intention de l'autheur est un grand vice. Et pourtant on donne conseil à ceulx qui sont subjects de s'emporter ainsi, de se mettre des bornes, et plustot prendre beaucoup de texte pour se contenir.

9. L'amas de plusieurs passages de l'Escrit. en chose claire, et hors de difficulté, n'est point nécessaire.

10. En l'allégation des passages qu'on choisisse les plus clairs, et les plus exprès. Et si, par occasion, on confronte un autre passage avec celuy qu'on a en main, pour esclarcir l'autre, que ce soit briefvement et sans rompre beaucoup son propos.

11. Si on cite quelque passage des Pseaumes, ou autres Cantiques de la Bible, il est beaucoup plus seur de le faire selon la prose qu'en récitant la rithme.

12. Et combien qu'il soit mal aisé de citer tousjours les passages de mot à mot, toutesfois qu'on rapporte fidèlement le contenu, et qu'on se donne garde d'y rien adjouster, pour faire preuve de ce qui ne s'y trouve point.

13. Il n'est nullement convenable à la Majesté, et vérité de la Parole de Dieu (laquelle nous annonçons) d'alléguer les noms des autheurs Profanes, et faire preuve de leur tesmoignage. Car la Parole de Dieu n'a que

faire de prendre confirmation, clarté et exposition, ou aucun ornement de leur nom, et ne voit-on point que ceulx qui ont proposé la Parole de Dieu en sa simplicité l'ayent fait. Il y auroit aussi crainte que telles allégations si esloignées ne semblassent plustot procéder d'une affection d'estre en apparence et admiration, comme on en voit des exemples aux Prescheurs de la Papauté. Et n'y a doubte que ce ne soit contrevenir ouvertement à ce qu'enseigne l'Apost. 1 Cor. 1er et 2e chap.

Si donc on allègue quelque chose de ces autheurs là, que ce soit le plus rarement : comme pour faire honte et convaincre ceulx qui leur défèrent, et en telles occasions. Et encore qu'on ne face point estat de les nommer, de peur qu'il ne semble qu'on vueille aucunement prendre authorité de leur nom. Mais sur tout qu'on s'abstienne des noms de ceulx qui ont esté du tout prophanes, villains et impudiques, comme Martial, Tibulle, Horace, et autres semblables. En somme qu'il apparoisse tousjours que nous voulons seulement scavoir Christ et iceluy crucifié. Que nous parlons les parolles de Dieu, que nous puissions tousjours protester, que ce que nous enseignons, nous l'avons receu du Seigneur.

14. Quant à nommer ces docteurs de l'Église, l'authorité, certitude et clarté de la Parole de Dieu n'en a point de besoin, et sont plus à craindre les inconvénients qui en sont advenus, de faire penser qu'on vueille donner authorité à la doctrine chrestienne de leur nom, ou les mettre au rang des premiers Docteurs de l'Église ascavoir les Prophètes et Apostres desquels le tesmoignage n'est subject à reproche et contradiction. Qu'on ne le face donc point, si les personnes ou quelque autre circonstance n'impose nécessité.

15. Les comparaisons et similitudes servent beaucoup à l'esclarcissement d'un propos. Mais il faut mettre peine qu'elles soyent dextrement proposées : et prinse des choses cogneues et communes, non de chose de risée, ou salles et deshonnestes.

16. Que si on a besoin d'exemples, puisque l'Escriture Sainte nous en fournit assez, et que ce sont exemples domestiques aux Chrestiens, et plus certeins, qu'on s'en contente. Des autres si on en use, que ce soit rarement et avec discrétion, principalement des histoires payennes.

17. Si on use de similitudes ou d'exemples, il n'est ja de besoin de desduire par paroles, ou représenter par gestes les particularitez si au long. Mais ce serait bien assez de toucher simplement ce qui sera nécessaire pour le propos.

18. Prendre du commun des brocards, mots et proverbes esmouvans à rire, et autres choses semblables, est indigne à ceulx qui font estat de parler au nom de Dieu.

19. Que le nom de celuy qui exhorte par nous, la Majesté de sa parole sacrée, la simplicité de parler de l'Esprit de Dieu, aux Prophètes et Apostres, l'Édification de l'Église, nous soyent autant de règles pour gouverner tous nos propos et procédures.

20. Si on passe d'un point à un autre, que ce soit avec une forme de transition, qui soit telle, que l'auditeur scache tousjours, s'il est possible, là où on tend, et ce qui aura esté vuidé.

Cap. 4. — *De la Doctrine.*

1. Si le passage qu'on expose donne à déduire ensemble des points de doctrine, des consolations, ou admonitions, il fault commencer par la Doctrine : en traitant laquelle, qu'on s'accommode à la capacité des auditeurs. Et qu'on regarde d'en traiter autant que le passage en donne, la matière et l'occasion.

2. Qu'on n'entre point en la déduction entière des lieux communs, sinon là où on trouvera que l'autheur y aura voulu entrer, ou que quelque circonstance nous y convie, pour l'Édification de l'Église.

3. C'est faire faulte, quand sur chacun mot de son texte on se jette aux lieux communs, et pourtant plustot que de ce faire le meilleur est de prendre plus de texte : afin que s'il est possible rien ne se traite, que le peuple n'en ait le fondement au passage qu'il a devant ses yeux.

4. En traitant les Doctrines, qu'on use de termes accoustumez à l'Escripture Sainte, ou bien receus en l'Église, d'intelligence aysée, non ambigue, et qui puissent donner en quelque sorte occasion d'erreur, principallement aux plus difficiles matières, comme de la Trinité, de la Providence de Dieu, de l'élection éternelle et Réprobation.

5. Qu'on se donne bien garde de faire aucune ouverture à la curiosité. Mais qu'on se contienne tousjours dedans les bornes de la Parole de Dieu et simplicité d'icelle.

6. Comme il est bien nécessaire (selon que le passage sera à propos) de confuter les erreurs et hérésies, qui auroyent esté semées par le Païs, tellement qu'il y eust crainte que quelcun en peut recevoir dommage : aussi n'est-il pas expédient de parler de celles qui ne seroyent aucune-

ment cogneues : de peur de donner occasion à la curiosité de ruminer et se forger des disputes et nouveautez.

7. Il faut se donner garde de mettre en avant des difficultez sur un passage : ou d'assaillir quelque erreur qu'on ne mette bien la chose au net : afin que les entendements en soyent bien résolus et esclarcis.

8. Qu'on se souvienne que plusieurs choses se peuvent traiter aux Escholles lesquelles il n'est point propre de tirer devant un peuple, devant lequel il faut traiter les matières plus simplement et selon que la nécessité de son instruction, et son édification le requerra.

9. On doit aussi apprendre de ne former point beaucoup d'objections et difficultez sur un passage, comme il se pourroit bien faire aux Escholles.

10. Qu'on s'abstienne des Allégories, quoyquelles ayent pour autheurs les anciens, si elles n'ont fondement en la Parole de Dieu.

CAP. 5. — *Des admonitions et repréhensions.*

1. Il faut pareillement procéder aux admonitions, selon que l'occasion s'en présente au passage.

2. Qu'on n'applique point les admonitions, que premièrement la Doctrine ne soit exposée, pour en estre le fondement.

3. S'il y a des vices plus communs et ordinaires parmy le peuple, qu'on y insiste davantaige selon les occasions.

4. Qu'on observe la différence qui est entre les vices, afin de procéder aux admonitions, selon le mérite des uns et des autres.

5. Qu'on face distinction des choses qui sont expressément commandées, ou deffendues, d'avec celles qui sont purement indifférentes.

6. Si on use de plus grande véhémence selon le besoin, qu'elle soit saincte, accompagnée de la Majesté de la Parole de Dieu : et non procédant d'aucune affection de cholère particulière : qu'on se garde d'y mêler aucunes paroles d'outrage.

7. Qu'on se souvienne d'appliquer les remonstrances et admonitions comme remèdes et médecines, pour guérir, et non pour ulcérer les consciences et d'y procéder prudemment selon les circonstances.

8. Qu'il apparoisse tousjours qu'on s'attache non tant aux personnes qu'aux vices.

9. Qu'on monstre aussi par tous moyens qu'on ne cerche rien que la repréhension du vice, et non par la condamnation d'autruy se mettre en réputation et gaigner authorité.

10. Qu'on n'entame point la repréhension avec véhémence pour nommer seulement le vice, et crier de paroles à l'encontre. Mais qu'on employe les raisons pour convaincre les consciences et les esmouvoir. Surtout s'il est possible que le pécheur se trouve par paroles expresses condamné au texte : afin que la Parole de Dieu le force, et qu'il n'ait de quoy tergiverser.

11. Qu'on n'en vienne jamais aux admonitions publiques, pour dépeindre et descrire tellement les personnes qu'elles puissent estre cogneues, qu'au préalable les admonitions particulières n'ayent précédé, et qu'on n'ait prins conseil d'y procéder ainsi avec cognoissance de cause, sinon que les scandales fussent tellement publics, cognus et de telle importance, qu'il fût nécessaire d'en faire la repréhension sur le champ, sans autre délay.

12. Qu'il n'advienne point qu'on nous face reproche de crier contre les choses légères, et de dissimuler sur les plus grandes corruptions.

13. Qu'on se garde de donner soupçon qu'on supporte aucunes personnes, cependant qu'on s'attache aux autres.

14. Si un mal a prins telle racine au milieu d'un peuple et soit tellement commun qu'on soit contraint de le tolérer pour un temps et suspendre les censures Ecclésiastiques de peur de trouble et ruine ; que là cependant les admonitions soyent principallement employées : mais qu'on use de la douceur et de la véhémence selon que l'édification le requerra, avec toute prudence.

Cap. 5. — *Des Consolations.*

1. Les consolations et confirmations qu'on donne aux consciences doyvent aussi avoir tousjours le fondement au passage, afin que de là elles ayent leur force et vertu.

2. Combien que les consolations soyent un champ, auquel on s'estend coustumièrement beaucoup : qu'on y tienne toutesfois telle modération, que requerront les circonstances des temps et des personnes.

3. Qu'on se donne garde d'endormir les consciences de vaines confiances; et de plastrer le dessus de la paroy. Mais qu'on sonde les playes pour appliquer les remèdes convenables par la Parole de Dieu.

4. Qu'on regarde d'appliquer prudemment les promesses qui se trouvent aux Prophètes. Ce qui sera des choses spirituelles soit appliqué

avec toute asseurance et certitude de sa vérité et accomplissement en ceulx qui croyent.

Mais ce qui sera des choses temporelles, qu'on se souvienne que l'exécution en a esté particulière au Peuple d'Israel, ou réservée à la providence et volonté de Dieu, pour les accomplir selon qu'il void bon et nécessaire pour le salut des siens.

5. Là où la nonchalance, stupidité et hypocrisie aura plus de besoin d'estre picquée et réveillée par admonitions plus aspres et sévères, les consolations ne sont pas si propres : toutesfois qu'on n'effraye jamais les consciences, que la consolation ne soit adjoustée, afin que le pêcheur ne perde courage.

CAP. 7. — *De la Conclusion.*

1. Il est bon de fermer son propos par une forme d'Épilogue et récapitulation : afin d'ayder la mémoire des auditeurs.

2. Si ce propos a besoin d'une plus ample déduction, ou ne demeure vuidé que le texte suyvant ne soit exposé, de peur que l'auditeur ne demeure en suspends, on peut avant que de conclure sommairement, luy faire entendre ce qu'il faudra traiter après plus amplement.

3. Il faut que la récapitulation soit sommaire et représente en brief l'intention de l'autheur avec les principalles matières qui auront esté déduites.

4. Si de toute la déduction du propos se présente quelque noble consolation ou admonition, on pourra bien la laisser pour la fin.

5. Si après avoir conclud, on rentre en nouvelle matière ou en celles qui auront esté touchées pour amplifier, ce sera vice.

CAP. 8. — *Des Paroles et de l'Oraison.*

1. Qu'on prenne peine de bien régler son parler et son action.

2. Qu'on se garde de mots tirez de choses salles et deshonnestes, et en quelque sortes mal séantes aux chrestiens.

3. Qu'on se donne garde de toute affectation de langage et d'artifice, qu'on cognoisse estre trop curieusement recerché.

4. Toute l'oraison soit simple et modeste, et néantmoins conjointe avec la gravité convenable à la Parole de Dieu.

5. Qu'il apparoisse tousjours qu'on s'estudie plus à la matière qu'aux enrichissements de l'oraison.

6. Qu'on n'use point de beaucoup de paroles là où il n'en est point de besoin, comme d'un amas de synonimes ou choses claires.

CAP. 9. — *De l'action.*

1. Que l'action soit aussi simple, honneste, non affectée et qui puisse donner aucun soupçon qu'on vueille paroistre et se mettre en réputation. Neantmoins qu'elle soit grave et convenable à la Majesté de la Parole de Dieu.

2. Que chacun regarde que porte son aage : pource que quelques choses sont plus séantes aux vieux qu'aux jeunes.

3. Que le zèle ne paroisse pas par affectation, en la bouche et en tous les mouvements : mais qu'en effect on cognoisse que de l'abondance du cœur la bouche parle, et que de là toute l'action est conduite.

4. Qu'on accommode l'oraison à la voix, et les gestes aux matières qu'on traite, pour user de la douceur ou de la véhémence selon qu'il en sera besoin. Car user de la véhémence hors de son lieu, sera vicieux.

5. Se haster, et præcipiter son propos, fait qu'on l'emporte en beaucoup de vices, de répétitions, confusions et corruptions de langage, et avec cela trouble l'intelligence de l'auditeur.

6. Si on soulage quelquesfois la mémoire en faisant des poses et relaschant la contention du propos, ce sera avec profit. Mais qu'on le face en son lieu et sans rompre les matières.

7. Avoir la **pronunciation** toute d'une sorte, et l'action sans aucunes gestes, oste au propos ses aydes, à esveiller, esmouvoir et faire comprendre les matières aux auditeurs.

(*Bibl. de l'Arsenal*, ms 3847).

N° XXI.

DU DEVOIR DE PERSÉVÉRANCE.

(Fragments.)

«...Que si nous voulons considérer où et pourquoi, et en quel temps Dieu les a retirez : nous trouverons toute matière de les estimer très-heureux d'estre partis de ceste façon. Car ils scavoyent bien que leur demeure n'estoit pas en ce monde : ils avoyent avec nous les promesses d'une vie meilleure : et n'y a doute que là ne tendissent toutes leurs affections. Quand donc Dieu les a retirez, ç'a esté les faire parvenir au but désiré de leur foy et espérance. Or en cela que trouvons-nous pour regretter leur condition? Les voilà aujourd'huy délivrez des misères et travaux de ceste vie : ils se reposent heureusement devant la face de Dieu, en quoy gist la vraye félicité : ils ne sont plus absens du Seigneur, mais conjoints à luy, jouissent de sa gloire, ayans despouillé leur loge corruptible et caduque, ils sont revestus d'un meilleur tabernacle et pour tousjours. N'est-ce pas avoir obtenu heureusement cela pourquoy nous croyons, pourquoy nous souffrons, et à quoy nos souhaits et affections s'adressent? Et regardons bien le temps auquel il luy a pleu les retirer d'icy. Si l'estat de ce monde eust esté en rien souhaitable, ne doutons point que Dieu (qui a mis entre ses bénédictions la longueur de la vie) ne les y eust conservez. Mais quand desja les corruptions estoient si grandes par tout et que Dieu estoit prest d'espandre ses vengeances sur la face de la terre, vouloit descouvrir l'hypocrisie de la plus part en ceste révolte, et lascher la bride aux meschans pour manifester les effets de leurs inimitiez contre son Église : n'estoit-il pas temps qu'ils partissent, et fussent retirez arrière de telles confusions? Car voilà le soin que Dieu a accoustumé d'avoir des siens, que délibérant de desployer ses indignations sur les peuples, il met les siens à l'escart...

« Considérons donc toutes ces calamitez qui ont passé depuis leur décez : pensons quel a esté et est encore l'estat tant de nous qui sommes demeurez fermes jusques aujourd'huy par la grâce de Dieu, que des autres qui ont esté asservis par les menaces aux idolatries et impiétez des ennemis. Quelles ont esté nos misères à la plus part en ceste licence effrenée qui estoit donnée au peuple de courir sus, de piller et saccager ceux qui auroient esté cognus avoir fait profession de l'Évangile : quand les uns avoyent leur retraitte dedans les bois et montagnes, les autres voyoyent leurs proches cruellement mis à mort, et leurs biens estre la proye des brigans : que noz vies par édicts estoyent proscriptes et abandonnées à tout le voisinage : qu'il nous falloit mourir cent fois le jour en ces craintes? Qui n'eust estimé lors en comparaison ceux là très heureux que Dieu si à point avoit dès le premier jour délivrez tout ensemble, et de ceste vie, et de tant de périls et misères? Et encor quel est nostre estat aujourd'huy, soit que nous soyons cachez par le pays ennemi, soit que nous soyons dispersez parmi les peuples estranges? Il est vray que Dieu nous console et nous soustient : car aussi fera-t-il tousjours paroistre sa dilection aux siens, à quelque estat qu'il les réduise : mais s'il faut faire conférence, combien est-il mieux à ceux que nous voyons, comme d'un prim-sault avoir passé toutes ces misères, pour estre recueillis au port heureux et séjour où nous espérons aussi avoir la fin de toutes noz peines? Que si l'estat des autres, qui sont aujourd'huy esclaves des abominations est considéré : ne leur estoit-il point plus à désirer de partir dès le premier jour, que d'estre contraints à ceste servitude? Car on scait que la liberté a toujours esté tellement chère, et la servitude si en horreur, que les citez et les peuples entiers ont plustost choisi de mourir, et quelquefois par leur propre glaive, que de se voir assujettir au joug de leurs ennemis : et toutesfois ce n'estoit que servitude corporelle. Mais quand tout ensemble la rage de l'ennemi entreprenoit d'asservir non seulement le corps à estranges conditions, ains l'âme aussi à un renoncement de Christ et de toutes ses grâces, pour la faire esclave de Satan et de la mort éternelle : ne confesserons-nous pas que ç'a esté par une singulière grâce de Dieu qu'ils ont esté desveloppez de ce péril où sont tombez la pluspart des autres? Et quand bien ils eussent esté hors de tous ces dangers-là, de quel regret et ennuy pensons-nous que ces courages désireux de la gloire de Dieu, ausquels l'advancement de l'Évangile avoit esté plus précieux que leurs biens, leurs estats, leur propre vie, eussent peu voir ce que nous voyons : assavoir l'ennemi faisant ses degasts en l'Église de Dieu : le ministère de l'Évangile comme estaint, pour lequel ils avoyent pris tant de peine : les trouppeaux de Christ en une si pitoyable désolation : la pluspart des hommes misérablement desvoyez après les idoles, les blasphèmes et triomphes des meschans, ayans l'honneur de Dieu dessous leurs pieds? Ils ont donc esté recueillis au séjour de leur espérance, et recueillis à l'instant que le département de ce monde estoit plus désirable que la vie. Là haut ils ont le triomphe de leurs travaux, de là haut ils se mocquent des fières menaces de leurs ennemis, et s'esjouissent de voir desjà entre les mains de Dieu ses vengeances appareillées, pour en foudroyer les meschans. C'estoyent enfans du père céleste, il faloit donc qu'ils obtinssent l'héritage ; c'estoyent membres de Christ, ils n'en pouvoient donc estre absens plus longtemps : ils avoyent creu et participé aux souffrances, il ne restoit donc plus que d'estre ainsi honnorez de la couronne de victoire. Certes s'il faut faire regret des personnes, c'est plustost de nous qui tracassons ainsi, et sommes encore remuez et agitez parmi les troubles et confusions de ce monde : mais nous serons aussi recueillis en nostre temps. Tant y a que la félicité est desja à ceux qui y sont parvenus les premiers. Et le monde pour bien dire estoit indigne d'avoir au milieu de soy ces lumières et ces excellences, comme disoit de leurs semblables l'Apostre aux Hébrieux. Car que peut-on plus espérer de ce mespris de l'Évangile, de ceste haine de la vérité de Dieu, de ces infidélitez, desloyautez, desbordemens et désordres qui couvrent toute la terre : sinon une prochaine et dernière ruine? Or Dieu a commencé de mettre ainsi hors et retirer en arrière ceux qu'il a marquez, afin qu'ils ne soyent enveloppez en la confusion. Voilà comment Esaie entend que Dieu retire les siens arrière du mal, pour les faire reposer en paix... Il est vray qu'il semble que ces façons estoyent indignes de l'innocence et intégrité de tant de gens de bien : mais Dieu l'a voulu ainsi... Dieu non-seulement les a voulu espargner les faisant passer en un instant, sans les appeler par les langueurs de longue maladie : mais les a honorez du martyre, qui est le principal honneur qu'il fait aux siens en ce monde : et les a mis au rang de ceux qui luy ont esté les plus favoris et renduz glorieux de l'image de son Fils notre Seigneur Jésus-Christ : bref, richement leur a fait teindre leurs vestemens au sang de l'Agneau. »

(*Instruction du Devoir de Persévérance en la Persécution* .. s. l. 1573).

N° XXII.

DEUX SONNETS DE MARIN LE SAULX.

La Tempeste et l'horreur d'un combat effroyable
Agite par dedans mon cœur diversement,
Car la crainte et la foy se heurent fièrement
Et la vie et la mort d'un effort tout semblable.

La chair assault l'esprit d'une force incroyable,
Qui cause dedans moy un tel estonnement,
Qu'il agite les sens de ma chair tellement,
Qu'il est à toute chair fors qu'à moy importable.

La Foy va poursuyvant ce que la crainte fuit,
La vie aussi fuyant ce que la mort poursuit,
Et la chair craint la mort que mon esprit souhaitte.

L'Amour force la chair et la crainte et la mort,
Lors la vie, et la Foy, et l'esprit le plus fort
Chantent à l'Éternel ta volonté soit faite.

———

Qui peut en son esprit comprendre entièrement
Cette variété de tant et tant de choses,
Au sein de la nature estroittement encloses,
Et cognoistre leur force et vertu pleinement :

Qui peut nombrer les feux de tout le firmament,
Et les champestres fleurs sur un Printemps descloses,
Qui des lis, des œillets, des romarins, des roses
Peut le nombre nombrer dès le commencement :

Qui peut nombrer encor dans la mer orgueilleuse
Des peuples escaillez ceste troupe nombreuse,
Et sonder de son doy les abysmes profonds

Un tel peut le secret de ce secret comprendre,
Qui joint la Déité à nostre chair de cendre,
Et à l'homme fini l'Éternité sans fons.

Sonnets 8 et 27 de la *Théanthropogamie*.
(Londres 1577.)

N° XXIII.

LETTRE DE BARON A DE LAUNE.

(Fragment.)

« ...Quant à Travers, puisque tu le nommes, voici ce qu'il en est. Bien qu'il eût commencé à m'écrire avec assez d'aigreur, je lui ai répondu néanmoins aussi amicalement que possible, sans profit d'ailleurs, puisqu'il a pris prétexte d'un seul passage au commencement de ma lettre pour m'en adresser une seconde bien plus acerbe. Il y dit que j'enseigne que les hommes peuvent être sauvés sans Christ, d'où suit que chacun peut être sauvé dans sa religion ; que, rejetant la foi orthodoxe, j'adopte l'explication romaine de la foi formée par l'amour ; que j'entends notre

union avec Christ comme notre affection et notre bienveillance les uns pour les autres, et autres choses de ce genre fort éloignées de mes opinions que ses paroles exagèrent infiniment. J'ai répondu que si j'avais su qu'il prendrait occasion de mes lettres pour m'écrire ainsi, je n'aurais pas écrit, et que s'il continue je ne répondrai plus. Quant aux faits, je suis si éloigné de l'impiété qu'il m'attribue, qu'à propos des Ninivites (dont Jonas dit qu'ils crurent et reçurent Christ) j'avais déclaré qu'ils avaient nécessairement dû croire implicitement en Christ puisqu'il n'y a pas de salut en dehors de lui. Je n'ai jamais dit que l'amour est la forme de la foi : mais, d'après P. Martyr, l'âme, de sorte que sans l'amour la foi est morte. Ainsi on dit que Christ est l'âme de la loi, que la foi est l'âme du sacrement, parce que la loi sans Christ et le sacrement sans la foi sont morts. Or Christ n'est pas pour cela la forme de la loi, ni la foi la forme du sacrement. Et jamais, ni dans mes leçons, ni dans mes sermons je n'ai dit que l'amour est la forme, j'ai seulement dit l'âme de la foi. Or, qui ne sait que je n'ai pas réellement attribué d'âme à la foi, non plus qu'à la loi et qu'au sacrement, si ce n'est comme comparaison. Enfin ce mot de forme n'est pas de moi, il est de ceux qui veulent me susciter de l'hostilité. Quant à notre union avec Christ, j'ai dit qu'il me paraissait surprenant que Travers, que j'avais repris un jour parce qu'il l'entendait trop grossièrement, m'attribuât maintenant une opinion étrangère à la mienne qu'il a bien connue : puisqu'il dit que j'entends par notre union avec Christ notre affection mutuelle, comme si je ne pensais pas que notre affection pour Christ est autre que celle que nous nous portons les uns aux autres. J'ai dit enfin que, même si j'errais sur ce point, je ne devrais pas être traité de la sorte, surtout par celui que j'avais un jour exhorté humainement et amicalement, parce qu'il errait sur la Trinité, en niant que le fils ait été engendré de l'essence du père : lorsque pourtant cette opinion fortifierait l'arianisme. Car si le fils n'est pas engendré de l'essence du père il a été nécessairement engendré ou de rien ou d'une créature... »
14 sept. 1580.

(Lettre latine, *Ecclesiæ Lond. Bat. Archivum*, vol. II, 183.)

N° XXIV.

LETTRE DES ÉGLISES ÉTRANGÈRES D'ANGLETERRE A LA VÉN. COMP^e.

A nos tres chers et tres honorés frères
Les ministres et professeurs de l'église de Genève

A Genève.

Messieurs et tres honorés frères ayans entendu par Monsieur Maillet, député de vostre seigneurie, l'estat de vostre église et républicque, nous nous sommes trouvez en perplexité de ce qui se pouvait fayre pour nos églises, car l'importance de vostre ville, les bénéfices que nous en avons receus et recevons continuellement, la mauvaise volunté et puissance de vos ennemis, requieroient bien un secours avantageux selon nostre désir, mays d'aultre part nous voyons nostre peuple estranger en ce pais surchargé de tant de collectes pour les églises et dedans et dehors le Royaume, et pour l'entretènement d'une infinité de pouvres familles que nous n'espérions pas recueillir chose qui fust pour rapporter à nostre devoir et volunté ; si est ce que nous avons plus tost choisi en faisant pour essayer de nous acquiter aucunement de nostre devoir, qu'en craingnant de ne fayre pas asses défaillir du tout en ce besoing. Nous faisons quelques excuses de cela à messeigneurs de vostre républicque à quoy aussy vous nous ayderez. Cependant nous nous conjoindrons avec vous en prières à Dieu affin qu'il bénice votre ministère, qu'il vous conserve tous à son église, qu'il confonde les conseils de vos adversaires et les nostres et nous face la grâce,

Très chers et honorés frères, que nous parachevions en saincte union nostre course pour l'avancement de sa gloire, vous saluans humblement de nos plus affectionnées recommandations.

A Londres ce 5 septembre 1583.

Vos frères de Londres
en Jésus-Christ
des églises estrangères d'Angleterre.

Gottfridus Wingius in Ecclesia
Belgio-Germanica Londinensi
verbi minister.
Jean Baptiste Aurele.

R. Lemaçon de la Fonteine
Jean Castol.

(*Bibl. de Genève*, man. fr. 197^{aa}, portef. 2).

N° XXV.

AFFAIRE MONTESCOT DE LA TOUR.

Dès son arrivée à Londres, 1586, Michel Montescot, sieur de la Tour, ministre de l'Église de Rouen, avait cherché à se maintenir vis-à-vis du consistoire dans une indépendance que celui-ci, jaloux de ses droits et de son unité, était résolu à ne pas admettre : aux yeux de la Compagnie, bien que pasteur, il était membre du troupeau dans les mêmes conditions que tous les autres réfugiés, tandis que Montescot, continuant à grouper autour de lui quelques-uns des fidèles de sa congrégation normande, se prétendait affranchi, par son caractère sacerdotal, du contrôle des ministres de Threadneedle Street et surtout de celui des anciens. Le dissentiment s'aigrit pendant trois années jusqu'à l'éclat final provoqué par la rumeur, rapportée au consistoire, de l'association de Montescot avec un réfugié de Rye, pour frêter un bateau de partisans, « lequel bruict on trouvoit étrange vu la qualité de sa personne ». Les procès-verbaux permettent d'assister aux phases successives du débat.

On lui envoie d'abord Castol, auquel on adjoint de la Faye et de la Plante « comme étant personnages de qualités, anciens ministres, ses aînés ». Il répond qu'il veut être ouï lui-même au consistoire et se plaint de ce que son nom ait été « rapporté aux anciens ». Dans la séance du 17 octobre il renouvelle ces plaintes : lui qui depuis vingt-cinq ans a gouverné une Église, il est cité comme criminel ; le consistoire en ce faisant a grandement failli contre la parole de Dieu et contre la charité ; il a été « méchamment déféré » ; son fait n'est pas consistorial ; il n'a agi qu'avec l'approbation de « ses anciens » ; il récuse Castol, il récuse Fontaine « qui le hait depuis trois ans », il en récuse deux autres encore et trouve que l'on est alors en nombre insuffisant pour le juger.

Le 24 il se présente de nouveau, — « non comme appelé, mais pour se plaindre » — accuse le consistoire de tyrannie ; « son fait n'est pas faute ; il mérite louange et recommandation ; quand bien même ce seroit faute, la connaissance n'en appartient pas aux consistoires mais à tous les ministres réunis ».

La Compagnie de Threadneedle Street, tout en déclarant qu'elle ne peut se dessaisir de son droit et ne reconnaît que soi pour juger ès matières ecclésiastiques, consent néanmoins à la consultation « des frères ministres ». Ils se réunissent avec elle à l'issue du sermon. Deux opinions se produisent. De la Faye, Fougeray et de la Plante estiment que les ministres sont sujets à la Discipline, et partant, qu'ils doivent répondre au consistoire du lieu où ils sont. Despoir au contraire « se prit à dire avec véhémence qu'il s'étonnoit de ce qu'on les eût assemblés et proposé le fait de M. de la Tour en son absence : qu'on leur a fait tort à tous; on a fait un scandale en ce en quoi il n'y en avoit point, d'une chose secrète on l'avoit rendue publique, que c'étoit aux ministres à en juger; que là où ceux qui sont comme eux réfugiés ne suffisoient pas, qu'on en appelât d'autres ès autres Églises; qu'il ne pourroit ni ne voudroit conseiller à M. de la Tour de s'assujettir au jugement du consistoire, que les anciens sont souvent mal exercés pour manier avec un tel égard qu'il appartient l'affaire d'un ministre; que lui et ses compagnons avoient bien reconnu que le consistoire étoit bondé contre eux; nonobstant les protestations qu'ils avoient faites devant Dieu d'aimer le frère de la Tour, qu'ils le haïssoient ».

Au lieu de la pacification espérée, la consultation des ministres avait eu pour unique résultat l'entrée en scène d'un second insoumis.

Le Dimanche suivant en devait être un de communion : le Jeudi on envoie les anciens chez les deux pasteurs leur rappeler leur violence et les engager à « aviser eux-mêmes s'ils sont disposés à faire la Cène, d'autant que M. Despoir avoit, sans aucun respect injurié quelques particuliers, condamné ouvertement les anciens du consistoire, impugné l'autorité d'iceluy et donné son manifeste consentement à M. de la Tour de se soustraire à l'obéissance de l'ordre et de l'Église : le consistoire trouve ces procédures étranges... »

De la Tour répond qu'il s'étonne et s'offense de la demande : il chemine en bonne conscience, ne se souvient pas de paroles de haine qu'il aurait prononcées; il eût été plus convenable d'adresser la demande qu'on lui fait, non à lui, mais aux membres du consistoire, et, comme saint Paul à César, il en appelle au Cœtus ou au Colloque. Le 12 novembre on lui renvoie deux anciens l'avertir du danger qu'il attirera sur lui s'il poursuit son appellation, que pour la paix de l'Église on recevra s'il y persiste.

Quelques semaines s'écoulent : le 5 décembre on rapporte à la Compagnie que de la Tour continue à « communiquer à la Cène et à prescher » : on charge les anciens de calmer les fidèles qui s'en offensent, en les assurant que l'Église veille sur la Tour aussi bien que sur les autres.

Despoir cependant a réuni ses autres collègues réfugiés et s'est plaint à eux de l'avertissement qui lui a été donné à l'occasion de la Cène de novembre : les anciens, pour se justifier, reproduisent devant eux les termes dont ils se sont servis :

« Monsieur, nous sommes ici envoyés devers vous de la part du consistoire, pour savoir de vous si vous êtes disposé à faire la Cène, et nous a-t-on baillé la charge de vous avertir que vous pensiez à ce que, ces jours passés, étant appelé en notre Compagnie, vous n'y avez pas apporté la modestie qui est requise en toute personne, mais principalement en un ministre, que vous pensiez aussi que vous y avez montré avoir envie et affection de rejeter la discipline ecclésiastique et ne vouloir vous y assujettir. Pensez à ces deux fautes et articles, et si vous êtes disposé à la communion nous avons charge de vous bailler le méreau. »

Au consistoire qui lui fait dire qu'on s'étonne de la manière dont il a rapporté ces paroles, et d'une aigreur qui se prolonge pendant un mois entier, Despoir réplique qu'il n'a pu prendre la censure en bonne part : « elle l'a contristé et affligé merveilleusement. Les ministres devroient avoir leur avis libre pour dire ce qu'ils pensent être propre à maintenir la paix... mais il consent à prendre les choses en meilleure part ». Aussi l'appelle-t-on à la séance du 26 décembre. Après avoir essayé de le persuader, on le prie de sortir, et l'on délibère : à sa rentrée on l'engage à reconnaître « que le consistoire est un ordre établi de Dieu pour pourvoir aux affaires de l'Église et réprimer les scandales de *toutes personnes et de quelques qualités qu'elles soient* », et on conclut que « selon sa conduite, on avisera à garder ou non la mémoire de ces faits. »

« Jamais nul serviteur de Dieu n'a été traité si iniquement », s'écrie Despoir ; il appelle Dieu à témoin contre ceux qui sont juges et parties et sort en disant : « c'est pour gens scandaleux qu'il faut garder des mémoires, mais c'est de tout temps que le mal est dans cette Église ! »

Le scandale s'accentuait. Avant la Cène de Janvier on député de nouveau chez lui des membres de la Compagnie ; on lui représente ses torts, on lui demande s'il veut se réconcilier, comme le consistoire y est tout disposé, et communier. Mais « puisqu'il continuait d'abuser de la douceur et patience dont nous avions usé envers lui et que, supportant longtemps ses injures, nous en avions appelé de nouvelles, nous lui faisions savoir que dorénavant nous ne prétendions pas tenir pour ministre de la parole de Dieu et membre de l'Église celui qui foule aux pieds l'autorité du consistoire, et favorise contre lui la rébellion de Michel de Montescot. A quoi notre Compagnie pourvoiroit selon l'autorisation qui lui a été donnée, gardant lesdits extraits de ses papiers, pour les présenter, non seulement au Colloque des Églises de ce pays, mais aussi, si besoin étoit, aux Synodes de France. Pourtant s'il avoit envie de prendre le marreau pour la communion, il le pouvoit venir demander Dimanche matin en notre Compagnie, où nous désirions qu'il apportât un cœur humilié et cherchant la paix et union, et réconciliation, à quoi toujours le consistoire l'invitoit à se vouloir ranger ».

Devant cet ultimatum le pasteur s'y décide, et après avoir subi de longues remontrances, assure qu'il les a toujours respectés et aimés, priant Dieu pour eux. On se contente, après délibération, de cette réponse, mais par un dernier mouvement, Despoir reprend qu'il n'est point venu sur leur sommation, mais de par son propre désir de paix. Cette revendication de la liberté de son acte risque de tout perdre. Toutefois, « pour ne pas recommencer, par support de son naturel contentieux, on lui coupa broche à ce propos » : on se donne la main de réconciliation et *son* ancien (celui de son quartier) lui remet le marreau.

Aussi le Colloque, auquel il en avait appelé de même que son collègue, refusa-t-il le 19 janvier de donner suite à sa protestation, et lui fit-il solennellement et publiquement ratifier sa réconciliation.

Quant à l'affaire de Montescot lui-même, sur laquelle s'était greffé ce second dissentiment, elle entrait dans une phase nouvelle. Portée devant le VIIIe Colloque, elle avait fourni aux représentants des Églises de langue française en Angleterre l'occasion de formuler des règlements positifs, dont le consistoire de Threadneedle Street désirait s'armer à l'encontre des prétentions ou des velléités d'indépendance des ministres réfugiés de passage à Londres.

« Art. 1. Il est loisible à un ministre ou ancien de mettre en avant au consistoire un fait notoire dont plusieurs se scandalisent, à cette fin d'obvier au scandale; et au consistoire de l'écouter pour y pourvoir.

« Art. 2. Quelqu'un récusant les ministres et quelques anciens du consistoire, les blâmant et accusant, est tenu de proposer les causes de récusation audit consistoire et les y venir déduire, étant appelé à cette fin ; car il n'y a autre conseil en l'Église où se doivent décider les affaires Ecclésiastiques que le consistoire.

« Art. 3. Les ministres réfugiés en une Église ne doivent avoir juridiction à part, ni pour eux ni pour les autres, ains se doivent ranger à l'obéissance du consistoire de l'Église en laquelle ils sont incorporés.

« Art. 4. Celui qui auroit appelé du consistoire au Colloque sur un certain fait, ne laisse pas en autre cas d'être assujetti aux remontrances et censures qui lui écherraient. »

Ces quatre articles, dont le premier justifiait les accusateurs de Montescot, et le second visait expressément ses récusations sans preuves à l'appui, devait nécessairement aboutir à un

« Art. 5. Sur l'appel interjeté par M. Michel de Montescot, dit de la Tour, la Compagnie ayant entendu et fidèlement examiné..., a jugé que ledit consistoire a procédé légitimement. Partant ledit M. de Montescot aura à se réconcilier avec ledit consistoire, reconnaissant de s'être grandement oublié, tant de paroles que de fait, en se soustrayant à l'obéissance dudit consistoire, lequel il sera exhorté de reconnaître pour s'y ranger paisiblement. »

La *sentence* prononcée le 20 janvier fut signifiée le lendemain au condamné par le pasteur Marie de Norwich, et l'ancien Latelais de Southampton. Loin de l'amener à soumission, ils en reçurent la réponse : *Par in parem non habet imperium*. Le 22, Morel de Rye et La Touche de Winchelsea obtinrent de lui sa comparution devant le Colloque, bien qu'il dit « que jamais il ne se soumettroit au consistoire, ains plutôt sortiroit du royaume ». Aussi, tout en regrettant en présence de l'assemblée ce que ses paroles avaient eu d'excessif, il répéta son axiome latin et refusa de se soumettre. Le 23, ce furent ses collègues La Faye, Feugeray et Despoir lui-même qui essayèrent de le persuader. N'ayant réussi, « ni par prières, ni par remontrances, à l'amener à son devoir, le Colloque décida que s'il ne se concilioit et reconnoissoit l'autorité du consistoire, avant la prochaine Cène, il seroit procédé contre lui comme mutin et infracteur de la Discipline ecclésiastique, voire jusques à le suspendre de la communion et de son ministère », ce qui lui fut notifié par les pasteurs Lescaillet et de la Mothe, auxquels « il ne donna non plus d'espérance qu'il avoit fait aux autres ». L'Église de Norwich demeura saisie des procédures et instructions de son fait, « pour les exhiber quand besoin seroit ».

Sur l'acte même de course maritime, fondement de l'accusation première, le Colloque décida : « qu'attendu les grandes et injustes déprédations qui se font dès longtemps sous ce prétexte, par lesquelles même plusieurs de ceux qui font profession de la Religion ont été grandement endommagés ; Et que l'honneur du ministère doit être soigneusement conservé de toute apparence de difame, soit d'avarice ou gain deshonnête, et mécontentement du troupeau ; Il n'est nullement convenable ès Églises réfugiées en ce Païs, composées pour la plupart de Marchands et Artisans, que les frères qui ont charge en l'Église, et notamment du Ministère, s'entremettent en tels equipages de navires de guerre, ni prendre part au butin qui en serait provenu ; et partant que les dits frères s'en doivent du tout abstenir ».

Débouté et condamné par le Colloque, de la Tour résistait encore, répondant aux injonctions de l'ancien de son quartier, le sieur St Léger, « qu'il ne le reconnaissoit pas pour son ancien, n'en ayant pas besoin comme ministre », maintenant qu'à Londres même il continuait à être pasteur, « y avait son Église qu'il visitoit, consoloit et reprenoit ; qu'il assembloit quelquefois ses anciens et les assembleroit encore de bref. »

Aux yeux du consistoire l'excuse, absolument inadmissible, aggravait la rébellion. Les autres ministres réfugiés tentèrent pourtant un suprême effort : après avoir d'une part invoqué les circonstances atténuantes en faveur d'un collègue à caractère naturellement chagrin, ils parvinrent de l'autre, par une longue négociation, à l'amener à résipiscence. C'est « en pleurant à grosses larmes et en gémissant amèrement » que Montescot de la Tour lut la déclaration suivante :

« Messieurs, quoique je sois en doute et irrésolu des points contenus au jugement que le Colloque des Églises de la langue françoise recueillies en ce Royaume a donné contre moi, néanmoins sachant que c'est mon devoir d'entretenir la paix avec tous, et nommément avec le corps du consistoire de cette Église, et afin de délivrer mon ministère de tout blâme suivant l'avis et jugement dudit Colloque, je désirerais avoir comparu au consistoire quand j'y ai été appelé et y avoir déduit mes raisons et ouy la réponse d'icelui, et j'ai regret de ne l'avoir pas fait. Ensemble aussi j'ai regret d'avoir usé de paroles et injures aigres contre le dit consistoire, et aucuns membres d'icelui, tant ministres qu'anciens. Je prie ledit consistoire et tous ceux qui se tiendront offensés de ne me imputer telles fautes, et je supplie Dieu me les pardonner. Je déclare et reconnais en général que chacun membre des Églises doit être assujetti à la Discipline ecclésiastique et de ma part je m'y soumets selon l'ordre qui est établi en cette Église tant que je y suis rangé. Et afin que toutes divisions et contentions soient bannies, je prie tout le consistoire et chacun d'icelui en particulier me tenir pour frère, leur offrant amitié et sainte union avec promesse que je leur fais de m'étudier en tout à la paix et concorde mutuelle ».

Après avoir donné à la hâte la main aux deux pasteurs et à quelques anciens, il se retire. La confession était complète, sinon sincère. Peu de jours s'étaient écoulés depuis, et la Tour prenait déjà ouvertement le parti d'un réfugié parisien, Archambault, censuré par le consistoire, et refusait de venir s'en expliquer devant ce corps, « tout en continuant à proposer à son tour comme les autres ministres ».

Cette fois c'est au Cœtus qu'il prétendait en appeler. La Compagnie, à bout de toute patience, résolut d'en finir. Malgré les conseils de modération du ministre Dubois en faveur « d'un pauvre homme à l'esprit malade et mal disposé », le consistoire le suspend, le 30 mai, de la communion et le cite à comparaître le 5 juin en séance solennelle, en présence de tous ses collègues du Refuge. Loin de se défendre, Montescot reprend ses arguments du passé; il déclare avoir communié à l'église italienne. Insensible aux supplications des autres ministres qui, l'un après l'autre, essayent de le fléchir, il répète qu'il n'a failli en rien, que le Colloque l'a condamné à tort. Enfin, quand les pasteurs, ayant épuisé raisonnements et menaces, déclarent qu'il est «indigne d'être ministre, acariâtre, obstiné, rebelle à Dieu et à son Église, et qu'ils ont honte de lui», pressé de toutes parts, il profère ces paroles: «Messieurs, j'acquiesce au jugement de mes frères ministres, puisqu'ils disent que j'ai failli; je prie à Dieu me le pardonner, mais *je ne pense* avoir offensé ni failli ».

On s'écrie que l'aveu est insuffisant, il doit dire franchement «qu'il a failli». Montescot se tait. La nuit est venue: le modérateur Castol « ne sait qu'y faire ». Selon l'expression naïve du secrétaire en ses procès-verbaux, « ils prennent cela comme paiement d'une mauvaise dette, craignant de tout perdre, et tous s'en vont, après avoir serré la main du président».

Trois mois plus tard, le 14 septembre, alors que les pasteurs réfugiés se chargent, à tour de rôle, «des prières exceptionnelles pour les affaires de France», M. de St Léger, comme ancien de Montescot de la Tour, le prie d'en faire de même : «son refus fera paraître le peu d'envie qu'il a que les affaires de l'Église et du roi de France et de tout son État aille bien ». Seul en effet il n'y consent point : «on l'avise que puisqu'il l'a toujours refusé, il se montre indigne des grâces que Dieu départira à ses Églises ». Depuis, les Actes ne le mentionnent plus : il sera retourné à Rouen au rétablissement de la paix.

N° XXVI.

La main || chrestienne || aux || tombez. || *Qui est une charitable admonition faicte || aux chrestiens infirmes, qui pour craincte || de la persécution dressée par la || ligue Antechrestienne, contre les || Églises réformées de France || sont retournez aux Ido- || latries et supersti- || tions Romaines.*

Contreregardez-vous les uns les autres en la dilection de Dieu, Attendans la miséricorde de N. S. J. C. à vie éternelle. Et aiez pitié des uns en usant de discrétion et sauvez les autres par fraïeur, les arrachans hors du feu, haissans mesme la robbe tachée par la chair—Jude ver. 22. — Imprimé à Londres par Thomas Vautroullier, demeurant au Blackfrières, 1587, 118 pages, p. in-8°.

Le livre s'ouvre (page 3) par un poème en cinquante vers : « L'Intention de l'autheur de ceste remonstrance, envers les tombez :

> « Le Seigneur Dieu jadis en sa loy commandoit,
> Que si le bœuf d'autruy ou brebis on trouvoit
> En la voie tombez, ou d'icelle eslongnez
> Ils fussent promptement levez et ramenez
> A leur vrai possesseur . . »

suivi d'un sonnet : « A ceux qui persévèrent en la profession de la vraie Religion. »

Le traité même commence à la page 6 en ces termes :

« Aux chrestiens par ci-devans profes et rangez aux Églises réformées de France qui maintenant se captivent et souillent soubs la tirannie de l'Ante Christ aux Idolâtries et superstitions romaines, Grâce vous soit et paix de par Dieu nostre Père et de par N. S. J. C. Ainsi soit-il.

« Très chers frères, le désir et l'expérience que j'ai de vostre conversion et retour à l'Église et au pur service de Dieu, fait que je ne vous repute pas encores comme estrangers : ains vous recougnoi pour membres (quoique maleficiez et languissans) du corps de N. Seig. J. C. Pour ceste cause la tristesse que j'ai conceüe, et la grande douleur que je sen en mon cœur de vostre cheute et révolte, a enfanté et produit ceste charitable admonition que je vous addresse, pour vous inciter et induire à repentance, et comme vous tendant la main, aider à vous relever et ramener à la bergerie du Fils Éternel de Dieu, grand et bon Pasteur et Évesque de nos âmes.

« Or ce qui plus m'a incité à ce faire, a esté la considération de la cause dont est procédée la faute que vous faites, vous souillant aux Idolâtries et superstitions Romaines : qui n'est pas ignorance, qui soit en vous, ou malice délibérée et haine résolue que vous portiez à la doctrine de l'Évangile par vous cougnue, mais l'infirmité et craincte que vous avez de participer aux persécutions et afflictions que souffrent ceulx qui en font une droicte et constante profession...

« Partant, mes frères, mon intention n'est pas de vous proposer maintenant les arguments et preuves qui peuvent servir à la confirmation de la doctrine de l'Évangile, et réfutation des erreurs et fausses traditions de l'Église Romaine, présupposant que vous estes pleinement persuadez de la vérité de celle qui vous a esté enseignée et confirmée par les tesmoignages des Saintes-Écritures.

« Mais je fay estat de vous représenter en cest escrit votre misérable condition, la grandeur de vostre maladie spirituelle, le très certain et apparent danger de mort éternelle auquel vous estes, les causes et occasions qui vous y ont fait tomber, la perversité et nullité des considérations que vous avez eues, et par lesquelles vous avez esté séduits et induits à retourner aux superstitions et Idolâtries que vous aviez laissées, et la vanité des excuses et subterfuges lesquels Satan vous a dressez et sur lesquels vous vous reposez comme sur des coussins, pour doreloter et endormir vos consciences, continuer en ce mauvais train et finalement vous précipiter en perdition éternelle. Affin que cognoissans la grandeur de vostre mal, les ruzes et cauteles du Diable, ennemi capital de vostre salut, le mortel venin qui est caché soubz ces apasts, les allèchements de ce monde, et les flatteries et trahisons de vostre chair délicate et mignarde, vous rejetiez désormais leurs mauvaises suggestions et conseils, laissiez le mensonge et suiviez vérité, vous détournans du mal pour faire le bien, et quittans l'Idolâtrie pour vous addonner du tout au pur service de Dieu, selon la cognoissance qu'il vous en a donné par sa grâce...

« Vous avez (comme j'estime) réputé à honneur d'avoir esté persécutez aux troubles passez pour le Nom de N. S. J. C. et à bon droict. Maintenant donc comment estes-vous devenus si lasches, qu'aians commencé à combattre le bon combat de la foy, vous tourniez le dos et reculiez en arière le renonçant? Vous avez bien souffert en vain. Avez-vous si bien commencé par l'esprit, pour si mal poursuivre et finir par la chair?...»

Décrivant alors la punition éternelle dont ils sont menacés, l'auteur anonyme les exhorte à l'abandon de leur pays et de leurs biens par un exode immédiat et volontaire. Il examine leurs excuses et en dévoile la faiblesse : il prouve que, convaincus en leur esprit du mal qu'ils font en feignant de se convertir afin de rester en France, ils n'en sont que plus coupables, car ils donnent aveu et approbation apparente à ce qu'en eux-mêmes ils ne sauraient croire, et anéantissent ainsi leur propre foi. La différence entre la vraie religion et la fausse en est une, non de forme, mais de fond : au service et à l'adoration extérieurs correspondent le culte intérieur et spirituel; il en donne pour exemple la messe et la Sainte-Cène[1]. Il ne faut point obéir aux rois et aux puissances terrestres quand leur commandement est en opposition à celui prescrit par Dieu dans sa loi; il n'est que temps de se repentir et de ne plus abuser de sa miséricorde et de sa patience. Comment pourraient-ils hésiter?

« Considérez, je vous prie, combien est odieux et misérable la servitude en laquelle vous estes maintenant détenus, et combien vostre demeure en France vous est cher vendue. Sortez, je vous prie, hors de vostre effroi, et jugez vous-mesmes de sens rassis, des choses que vous estes contraints de faire, ouïr, veoir et dire : je m'asseure que vous aurez horreur seulement d'y penser. Ne sentez-vous point que vous estes comme pauvres et chétifs esclaves, mis à la cadène? Que vos maisons vous sont données pour prisons infâmes et qu'en ceste qualité qu'on vous donne de recatholiquez et reünis on vous faict à la mode d'Espagne porter le sambenist pour marque d'ignominie? Hé! quelz liens plus cruels et honteux sçauroit-on imaginer, que ces abominables et horribles abju-

---

[1] Après avoir comparé la transsubstantiation de la messe avec le sacrement du pain et du vin de la sainte cène ordonné « afin de nous servir seulement de vrai guide et addresse pour aller à lui »; il poursuit : « C'est là le principal poinct de nostre différent, le subject des persécutions si cruelles et fréquentes qu'on dresse contre nous, le motif de tant de guerres civiles, funestes et sanglantes, qui ont esté suscitées par le passé en Allemaigne, Angleterre, ès païs-bas et en nostre France, et le prétexte de celle qu'a maintenant entreprise la ligue ante chrestienne. »

rations qu'on vous faict faire? Comment pouvez-vous invoquer Dieu, regarder le Ciel, cheminer sur la Terre, user des créatures de Dieu, prendre vostre repas et repos et vivre : en renonçant et abjurant ainsi vilainement la vérité par vous cougnuë, et advouant des impiétéz et blasphèmes si exécrables? Ne craignez-vous point que le feu du ciel tombe sur vous? Que la terre s'ouvre pour vous engloutir? Que toutes les créatures se bandent pour vous destruire, et que l'horrible vengeance de Dieu, Créateur et Souverain dominateur du Ciel et de la Terre vous consome, blasphémans ainsi et déshonorans méchamment son Sainct Nom?

« Partant, (mes Frères), en vous réveillant de ce profond sommeil, en l'oubliance duquel vous avez, par une vilaine ingratitude et stupidité, enseveli tout ensemble la souvenance des bénéfices de Dieu, de vostre debvoir envers lui, et de vos péchez, et vous ressentans à bon essient du misérable estat auquel vous estes, gémissez et criez comme povres captifs, disans avec le Prophète: Seigneur, qui es nostre Dieu, d'autres seigneurs que toi nous ont maîtrisez, mais nous serons recors seulement de ton Nom pour l'amour de toi. Et comme le juste Lot jadis habitans la Sodome terrestre, ainsi vous demeurans maintenant en la grande Cité qui est appelée spirituellement Sodome, au lieu de consentir aux abominations qui s'y commettent, soiez en oppressez, et croians et voyans, affligez de jour en jour vos justes et tristes cœurs, à cause des œuvres injustes de ces méchans qui veulent dominer sur vostre Foy. Ne désirans rien plus que d'estre bientost délivrez de ce joug cruel, auquel vous vous estes submis, en vous départans du milieu d'eulx et vous en séparans sans vous souiller avec eux, selon que Dieu le vous commande, affin qu'il vous reçoive, vous estant pour Père, et que lui soiez pour Fils et Filles…

« Quant à ce que vous dictes (mes Frères), que vous ne pouvez vivre hors de vostre païs et de vos maisons, j'entens bien, vous avez peur qu'en vous retirant, terre vous faille. Ne scavez-vous pas bien que la terre est au Seigneur et le contenu d'icelle? Qu'il faict au Ciel et en terre tout ce qu'il veult en somme, et que sa puissance et bonté ne sont point attachées à certains lieux et moiens? Quelcun des anciens a dit qu'à l'homme magnanime et constant la terre est pour païs, comme la mer aux poissons, et un autre, que le païs est partout où on est bien. Et où scauriezvous mieux estre qu'avec vos Frères en l'Église de Dieu? Voulez-vous avoir aultre demeure qu'en sa maison? Pouvez-vous réputer vostre païs et maisons, les lieux d'où J. C., sa doctrine et son Église sont bannis? Et où toute impiété et injustice règne? Je croy que non,

> « Car trop mieux vaut en toutes sortes
> Un jour chez lui que mille ailleurs :
> Et sont les estats trop meilleurs
> Des simples gardes de ses portes,
> Qu'avoir un logis de beauté
> Entre les meschants arresté.

« Sortez donc, mes Frères, avec le Père fidèle Abraham de la maison de vostre parentage, avec le juste Loth de Sodome, avec Moïse et les Israélites de la terre d'Égypte, de la maison de servitude. Ne regretez point aulx et oignons que vous y laissez, mais à l'exemple des bons et saincts personnages eslisez plus tost d'estre affligez avec le peuple de Dieu que d'avoir pour un peu de temps les délices du péché . . . Sortez donc de Babylone avec le peuple de Dieu, car il vous le commande, affin que ne soiez participans de ses péchez, et que ne receviez de ses plaies; allez en la terre que le Seigneur vous monstre, et où il vous veult mesme guider et conduire comme par la main, pour le servir sans craincte en pureté, justice et saincteté . . Pourquoi retivez et marchandez vous tant? Soiez certain que Dieu qui a nourri son peuple traversant les désertz vous nourrira bien aussi et pourvoiera aux nécessitez de vostre vie parmi les estrangers, de quoy vous avez eu par le passé, et avez encores en ceste dernière persécution, tant d'exemples en voz frères qui y sont reffugiez...

« Quant à vous povres Femmes, enfants et serviteurs qui estes soubs la puissance de vos Maris, Pères, Mères et Maistres contraires à la vraie religion, et rigoreux, je vous conseille de demander à Dieu l'assistance et force de son esprit, par prières ardentes et continuelles, et recercher et emploier premièrement tous les moyens doux et paisibles par lésquels vous puissiez avec leur bon gré vous séparer d'avec eulx et faire vostre retraitte ès lieux où vous vous pourrez maintenir en la pureté et liberté de vos consciences, délivrez de la main et puissance plus haute des magistrats. Mais s'ils ne peuvent estre fléchis par vos prières, larmes et remonstrances, et que vous sentiez vostre infirmité estre telle que vous ne puissiez, demourans avec eulx, résister aux assaus et tentations qui vous seroient livrées pour vous induire à offenser Dieu; si vous avez moien d'eschapper et vous soustraire de leur main et puissance en quelque sorte que ce soit, faictes-le au nom de Dieu; car vous avez première et plus grande obligation au Seigneur J. C., vrai espoux de vos âmes, et à Dieu, vostre Père, Seigneur et Maistre céleste qu'à vos Maris, Pères, Mères et Maistres charnels : et en tel cas, et où aussi l'infidèle se départeroit, vous n'estes point asservis. Car Dieu nous a appelez à paix.

« Mais où par force et violence vous seriez retenus, et tous moiens d'évader vous seroient ostez : Et vous aussi qui estes emprisonnés à cause de la profession de l'Évangile, proposez-vous que Dieu vous appelle au sainct martire. Partant avec grande confiance de sa grâce, et asseurance de son assistance, priez-le ardemment et assiduellement, qu'il vous fortifie par son esprit, et doue d'une constance invincible pour confesser son nom et le nom de N. S. J. C. devant les hommes et le glorifier jusques au dernier souspir de vos vies. A quoi aussi je vous prie et exhorte tous en son nom (mes Frères) vous disposer et consacrer. Car tout homme qui le confessera devant les hommes il le confessera aussi : mais qui le reniera devant les hommes il le reniera aussi devant son Père qui est ès Cieux . . Si en le confessant nous souffrons et mourons avec lui, et pour lui, nous vivrons aussi et régnerons avec lui. N'aiez donc point de honte du tesmoignage de l'Évangile, car c'est la puissance de Dieu à vostre salut et à tous les croians. Et quiconque aura eu honte de lui et de ses paroles en ceste nation adultère et pécheresse, il aura aussi honte de lui, quand il viendra en la gloire de son père, avec ses saints anges. Mais qui persévérera jusques à la fin, celui-là sera sauvé. Or je prie ce grand Dieu tout puissant et tout bon qu'il vous en face à tous la grâce et vous conferme à ceste fin par son St Esprit . . »

L'ouvrage se termine (pages 105 à 115) par quatre poésies, trois sonnets :

« A CHACUN *fidèle chrestien pour l'exhorter à persévérance en la vraie Religion*

  « Puisqu'au travers entier de la course mondaine
  Je t'enseigne un sentier de bonne et seure addresse .. »

« *Sur ce même sujet :*

  Tant plus que grande et vaine est l'humaine inconstance . .

« EXHORTATION *aux fidèles à patience, et espérance certaine de la Délivrance de Dieu*

  L'Éternel tout puissant à jamais régnera . . »

et une ode :

Aux Tombez, Présages de la Certaine et Prochaine Délivrance de l'Église de Dieu, 31 strophes commençant par :

« Dedans la mer haulte et profonde... »

et dont voici les quatre meilleures :

« Lors verrons Jésus-Christ régner	Nous verrons à la vérité
Et tant de malheurs s'eslongner	Le faux céder, et l'équité
De nostre France, où de retour	Du tort triompher, et la France
Le sainct nom de Dieu tesmoigner	Bien remise en tranquilité,
Pourrons, et à bastir songner	En sa splendeur et dignité,
Nos Églises, à nostre tour.	Estre des bons la demeurance.
Nous pourrons librement ouïr	Allors d'un effect tant estrange
De Dieu la Parole, et jouïr	A Dieu nous chanterons louange,
De ses grâces en nos Églises :	Magnifians sa grand'bonté :
Chantans son los nous esjouïr,	De nos pleurs en Joie une eschange
Et par la Paix nous resjouïr,	Nous fairons, et un sainct meslange
De les voir en repos remises.	De sa force et fidélité. »

A qui attribuer ce livre ? Ainsi que le propose M. le pasteur Bernus, à un ministre de Paris, réfugié à Londres pendant la Ligue, Antoine de la Faye, sieur de la Maisonneuve dont le nom se retrouve en anagramme à la fin d'une des poésies : ATEN AIDE EN LA FOY. En 1586 avait paru à La Rochelle un écrit qui semble identique à celui-ci, portant comme titre non *La Main chrestienne*, mais son sous-titre : « *Aux chrestiens par cy-devant profès*, etc. P. D. M. » (« **P**ar **D**e la **M**aisonneuve »). Le nouvel en-tête aura eu pour but de faciliter l'entrée en France d'un ouvrage condamné, et dont bien peu d'exemplaires, même de cette seconde édition, ont échappé aux recherches des destructeurs. Nous nous sommes servi de celui de la coll. Le Tellier, *Bibl. Sainte-Geneviève* à Paris (Z. 1114, pièce 10).

La même année et chez le même éditeur, Jean de l'Épine publiait à Londres une traduction anglaise de son *Traité de l'Apostasie;* ni ce traité ni celui *des Temporiseurs* qui lui fait suite, ne peuvent être confondus avec la Main chrestienne ; le style et le sujet diffèrent.

N° XXVII.

DÉBATS PARLEMENTAIRES.

Le 1ᵉʳ mars 159 ²/₃ présentation à la Chambre des Communes, en première lecture, d'un Bill contre la vente au détail par des étrangers-nés, de denrées étrangères apportées dans le royaume. Le 6 mars, sur la seconde lecture, nomination d'une commission. Le 20 mars, la commission n'ayant pu s'accorder, décision de la Chambre d'entendre les deux parties. Le 21 mars comparution et plaidoyers de ces deux parties.

M. Francis Moore, du Middle-Temple, se présentant à la barre comme conseil de la Cité de Londres et chargé par elle de parler en faveur de la nouvelle loi projetée, prit en premier la parole, par ordre de la Chambre, et exposa les inconvénients croissants causés à la nation et aux commerçants anglais par l'autorisation aux étrangers de vendre au détail : — « Premièrement parce que les denrées étrangères étant supérieures aux nôtres, nos vendeurs au détail n'ont pas le débit des leurs. Les étrangers vendent meilleur marché bien que leurs denrées soient aussi bonnes. La raison en est qu'ils ont au-delà des mers comme agents leurs amis et parents, en sorte qu'ils économisent leur commission, ce qui est à noter. Et partout où ils sont, nos débitants indigènes mendient. Ils reçoivent comme apprentis des fils de « *gentlemen* » et de « *yeomen* », eux-mêmes étant marchands au détail, et ce n'est pas un tel métier qui donnera plus tard à ces jeunes gens de quoi vivre : voilà donc autant de mendiants pour l'avenir qui perdent leur temps sous leur dépendance.

« Cette vente au détail en réduisant nos détaillants à l'indigence cause une diminution dans les revenus de la reine. Leurs richesses et leur multitude appauvrit et affaiblit notre État, car ils nous prennent cela sur notre bien et l'emportent à l'étranger. Dans le statut de Richard 3, chapitre 9, apparaît la même plainte qu'aujourd'hui ; on l'adressa au roi et il y fut porté remède ainsi qu'il apparaît par ce statut. Et quant aux objections : — Premièrement qu'il serait contre la charité de priver des moyens de gagner leur vie des étrangers fuyant ici pour cause de religion et afin d'obtenir secours ; 2° que leur vente au détail diminue les prix de nos denrées et augmente le nombre des acheteurs ; 3° que ce serait violer leur privilège, le privilège de Sᵗ Martin ayant toujours été accordé et ne pouvant être dénié maintenant; — pour répondre par ordre : 1° on ne doit point mêler la charité avec la politique, car donner par charité jusqu'à nous réduire nous-mêmes à la mendicité, ne serait que prodigalité, et telle est la charité dont nous usons; car nous leur permettons tous les métiers dans la pratique desquels ils ont été élevés, mais la vente au détail est chose en laquelle ils n'ont jamais été élevés dans leurs propres pays; donc il n'y a aucune raison de la leur accorder ici. En second lieu ils achètent de nous et vendent comme s'ils avaient importé d'au delà les mers, et sur cette fausse opinion vendent plus cher que nous ne le pouvons nos propres denrées. Leur privilège de denization ne doit pas primer celui de la naissance, et nos nationaux ne sont pas autorisés à vendre au détail et à négocier comme ils le font. Et l'on peut reconnaître par un précédent statut, que nonobstant leur denization ils étaient liés par le statut 34 Henri VIII. Et bien que les négociants étrangers paient de doubles subsides, néanmoins les détaillants étrangers ne les paient pas, mais sont taxés à la place, et cela audessous de la valeur parce que leurs biens et leur fortune sont secrets : empêchez le détail, ils deviendront tous négociants, et les subsides en seront doublés. St Martin avait été d'abord traité comme sanctuaire, d'où son privilège, mais non pour devenir mauvais voisin de la Cité au point de la voler comme il le fait : du reste il apparaît par le statut 21 Henri VIII que par les précédents St Martin avait été privé de son droit, c'est le statut 14 Henri VIII qui seul l'avait exempté. »

M. Proud de Lincoln Inn, se présentant à la barre comme Conseil et au nom des Estrangers, répondit aux objections de M. Moore, offrant, si l'on accordait aux étrangers mêmes libertés qu'aux nationaux, de ne rien rechercher de plus, car leur unique désir était de pouvoir commercer dans toutes les parties du royaume.

M. Hill, de Lincoln's Hill (aussi Conseil des étrangers), dit : « Si vous décrétez par une loi qu'ils ne doivent point vendre au détail, les marchands exigeront ensuite une loi pour qu'ils n'emploient pas de marchandises : ainsi le cordonnier, le tailleur et autres demanderont qu'ils n'exercent pas leurs métiers; en leur en déniant un vous les leur enlevez tous. » (A ce moment le Président produisit un Bill qui demandait qu'on les empêchât d'exercer des métiers tels que celui de cordonnier et autres semblables. Mais on crut que ce Bill avait été introduit, par stratégie, par les étrangers eux-mêmes. Je l'ai cru aussi). « De plus ces détaillants eux-mêmes ne sont pas des *Aliens* (sujets d'autres États) mais des étrangers venus de loin qui ont abandonné leurs propres pays et libertés pour vivre ici dans les nôtres, et qui n'osent retourner chez eux. Nous n'avons ici en Angleterre, pour ce qui regarde les objets qu'ils vendent au détail, ni corporations, ni métiers; il serait donc déraisonnable de les en empêcher. »

Les discours suivants paraissent avoir été tous prononcés non par les conseils des parties, mais par des membres de la Chambre.

Sir J. Wolley (pour les étrangers) : « Ce Bill serait préjudiciable à Londres, car les richesses et la réputation d'une cité proviennent de ce qu'on y entretient les étrangers et qu'on leur accorde la liberté. Anvers et Venise n'auraient jamais pu devenir aussi riches et fameuses sinon par l'entretien des étrangers qui leur ont acquis le commerce du monde entier. »

M. Fuller (contre) : « L'excitation de la cité contre ces étrangers est extrêmement lamentable et grande ; en vérité, si ces derniers temps, paisibles dans leur pays et troublés chez nous, n'en avaient fait repartir un grand nombre, les citoyens se seraient soulevés contre eux (*would have been in uproar against them*), et si le gouvernement ne les réprime pas, ils en sont encore capables. Ce n'est pas charité que d'avoir à leur égard une pitié qui mène à notre entière destruction ; car on ne devrait jamais faire prêter à aucun d'eux le serment de Denizen, qu'il n'ait juré d'abord qu'il ne possède pas cinq livres. Il est à noter dans ces étrangers qu'ils ne veulent pas converser avec nous, qu'ils ne veulent pas se marier avec nous, qu'ils ne veulent rien acheter à nos compatriotes. Leur vente au détail est cause du renchérissement de toutes choses. Car ils fabriquent des linons, des velours, des satins, des taffetas, des toiles, des draps et ils nous les vendent. Or quiconque fait une chose et vend cette chose, en surélève le prix. L'étranger détaillant n'achète aucune denrée du pays ; tout ce qu'il dépense passe en achats au-delà des mers. Les enquêteurs ont quelquefois prélevé sur eux en une seule fois sept mille livres. »

Sir Ed. Dymock (pour) : « L'indigence (*Beggary*) de nos détaillants provient non des détaillants étrangers, mais de nos propres vendeurs en gros ; si nos détaillants pouvaient s'approvisionner de première main, ils vendraient aussi bon marché que les étrangers. Mais ce Bill est introduit devant la Chambre par nos vendeurs en gros ; c'est une tactique pour faire imputer aux étrangers la misère des nôtres. Les étrangers achètent ici fort cher, et au-delà des mers la complète liberté de trafic est légalement accordée aux étrangers dans les places de commerce les meilleures. A Venise tout étranger peut acheter, vendre, acquérir maison ou terres et en disposer par son testament ou autrement, à son gré, aussi librement que tout citoyen. Nous aussi pouvons donc le faire en quelque sorte. Ce ne sont pas les étrangers qui emportent notre numéraire, ce sont nos négociants. Car on peut voir que dans tous les Pays-Bas, où S. M. envoie de grosses sommes, il est impossible de se procurer autant de monnaie anglaise que dans les villes où les négociants trafiquent. Par ma propre expérience je sais une ville des Pays-Bas où un contrat de 20 L. st. a été passé par un négociant anglais avec la condition de le payer tout entier en angelots d'Angleterre. »

M. Dalton (contre) imputa l'indigence de la Cité aux étrangers ; « dans une seule paroisse un millier vivent par la mendicité.. »

M. Finch (pour) : « Nous ne devrions point manquer de charité, mais voici quelle doit être la règle : Nul ne doit secourir les étrangers au point de se réduire lui-même à la mendicité. Quant à leurs richesses, c'est surtout par leur économie qu'elles s'accroissent ; dans les autres lieux qu'ils habitent je ne vois pas que les nationaux soient aussi excités contre eux qu'ici à Londres, car ils contribuent comme nous le faisons à toutes les impositions et charges communales. Quoiqu'ils soient une Église par eux-mêmes, leur exemple est profitable au milieu de nous, car leurs enfants ne sont pas plus tôt en état de marcher qu'on leur enseigne à servir Dieu et à fuir l'oisiveté ; le moindre d'entre eux gagne sa nourriture par son travail. Notre nation est assurément plus bénie à cause d'eux. C'est pourquoi, comme le dit l'Écriture, ne contristons pas l'âme des étrangers. Si cet étranger est à la fois négociant et détaillant, il existe une loi contre lui, 15 Élis. c 2. Mais de ce que je suis pour les étrangers faisant partie de l'Église, de même je ne suis pas opposé à toute loi qui serait faite à l'encontre d'étrangers, non de l'Église, mais séjournant ici seulement pour le commerce ; ceux qui sont venus uniquement par raison de conscience pourront (le feu étant éteint) retourner en sécurité dans leurs propres pays. Dans 6 Richard 2 un acte fixa les denrées que les étrangers pourraient ou non vendre au détail, mais j'ignore ce qu'on entend par ce mot détail et jusqu'où on l'étend. L'étendre à la vente de ce qu'ils fabriquent ici aussi bien que de ce qu'ils importent d'au-delà des mers, serait en outrer l'application. Aux jours de la reine Marie, quand notre cause était telle qu'est actuellement la leur, ces pays nous ont accordé cette liberté que nous cherchons maintenant à leur dénier. Ils sont étrangers aujourd'hui, nous pourrons être étrangers ci-après. Faisons donc ainsi que nous voudrions qu'il nous fût fait. ».

L'avocat Drew : « Il n'y a pas de raisons pour que nos manquions d'égards envers les étrangers, néanmoins notre charité doit s'exercer avec un sentiment des griefs de nos compatriotes ; et quoique je ne croie pas qu'il soit convenable pour la loi de regarder rétrospectivement, d'obliger des vieillards résidant depuis longtemps ici à devenir apprentis, cependant il ne serait pas bienséant que les étrangers eussent pleine liberté pour toutes choses, comme cela est présentement. C'est pourquoi je désirerais qu'il pût y avoir une loi pour ceux-là seulement qui viendront à l'avenir, et que les étrangers qui y sont actuellement soient restreints, pour le détail, à quelques denrées spéciales. Ma proposition est donc : Que la Chambre continue les pouvoirs de la commission du Bill et l'ajourne à une date ultérieure, afin qu'elle avise d'après la délibération. »

Le renvoi à la commission est prononcé.

Séance du 23 mars :

M. Palmer député de Londres, présenta le Bill sur la vente au détail ; les commissaires ne pouvant se mettre d'accord, il désirait que la Chambre prît en considération ce qu'elle trouverait convenable de faire. (Mais ledit M. Palmer n'était pas du nombre des commissaires).

Le président était prêt à mettre aux voix l'adoption du Bill, mais la Chambre ne voulut pas trancher la question aussi promptement. M. Palmer reprenant, dit : « Les étrangers ont tellement augmenté dans ces derniers temps que n'étant que quarante détaillants publics, ils ont ruiné depuis le dernier Parlement au moins soixante de nos détaillants anglais ; il y en a autant qui maintenant mendient et qui jadis représentaient au livre de la reine un subside de 40 L. st. Leur vente au détail a surenchéri toutes les denrées dans lesquelles ils trafiquent ; quand les Anglais seuls avaient la vente des beaux linons, des toiles de Hollande et des batistes, le prix était de quinze pour cent meilleur marché. Les détaillants ne sont que les agents des négociants d'outremer, en sorte qu'ils sont à la fois marchands et commissionnaires ; si nous faisions de même au delà des mers la loi serait ardente à notre égard, ou le feu serait notre lot si nous résistions.... On peut prouver qu'il y avait à Londres vingt détaillants dont chacun dépassait par an dix à douze mille livres, et ces marchands emportent du royaume au moins vingt mille livres par an, car ils ne font aucun cas de nos denrées. On a dit l'autre jour que nos négociants font sortir le numéraire ; on y a mis maintenant empêchement et on peut montrer qu'ils portent chaque semaine 12 à 1500 livres, et quelquefois 2000 livres pesant de numéraire étranger. Comme on allègue si fortement que ce serait contre la charité que Moïse nous commande envers l'étranger ; à Moïse de nous dire quel est cet étranger ; c'est l'orphelin et c'est la veuve. En conséquence ce sont eux que nous ne devons pas tondre de trop près, c'est pour eux que nous devons répandre à terre quelques poignées d'épis pour qu'ils les relèvent ; quand nous récoltons notre raisin ou notre blé nous ne devons pas tout recueillir trop complètement. Mais est-ce nous qui devons en être réduits à glâner en leur abandonnant à eux nos champs ? Ce serait plus que de la charité. Que Moïse soit interprété dans ce même esprit. L'apôtre dit : Celui qui n'a pas soin de sa famille est pire qu'un infidèle. Ayons alors un regard pour notre pays et pour nos pauvres compatriotes. Vous êtes ici comme Patres Patriæ, vous êtes ici comme chez les Romains Patres Conscripti, je vous supplie d'avoir de la considération pour cette ville de la prospérité de laquelle le royaume tout entier dépend. »

Sir Walter Raleigh : « On prétend, en faveur des étrangers, que de les expulser est contre la charité, contre l'honneur et contre le profit. Dans mon opinion, de les secourir n'est point matière de charité. Car en premier lieu ceux qui s'enfuient ici ont abandonné leur propre roi ; et la religion n'est qu'un prétexte pour eux, puisque nous n'avons d'ici d'autres Hollandais que ceux venus de chez ces princes où l'évangile est prêché, et ici ils vivent en n'aimant point notre Église. Quant à ce qui est de l'honneur, l'honneur consiste à traiter les étrangers comme nous sommes traités chez eux ; et c'est un acte de légèreté pour un Etat, oui de bassesse pour une nation, que de donner à une autre nation une liberté que nous ne pouvons recevoir en réciprocité. A Anvers, où nos relations sont les plus nombreuses, on n'a jamais souffert à résidence un de nos tailleurs ou de nos cordonniers. Non, à Milan où il y a trois cents Anglais, ils ne peuvent même pas avoir un barbier, Et quant au profit, ils sont tous de la maison d'Almaigne, qui ne paie rien, mais mangent nos bénéfices et supplantent notre propre nation. Certes ils paient des droits, 15 pence quand nous en payons 12, mais ils sont exemptés des subsides. Le naturel du Flamand est de ne se tourner vers personne que dans son propre intérêt; ils n'obéissent à personne longtemps, tantôt sous l'Espagne, tantôt sous Monfort, maintenant sous le prince d'Orange. Le flamand par sa tactique a su accaparer le commerce du monde entier; il entre maintenant dans le commerce de la pêche de Scarborough et de Terre-Neuve qui est le soutien des pays occidentaux. C'est ce peuple qui maintient le roi d'Espagne en sa grandeur; jamais sans eux il ne serait en état de former de telles armées et de telles flottes; ce pays a coûté à Sa Majesté seize mille livres par an, et néanmoins ils arment ses ennemis contre elle. Je ne vois donc aucune raison pour leur accorder de tels égards, et, comme conclusion je ne vois à les secourir ni matière d'honneur, ni matière de charité, ni profit. »

Sir Robert Cecil : « Quand pour la première fois j'entendis lire ce Bill, je me promis de garder le silence, car il parle d'industries dans lesquelles je suis tout à fait incompétent. Mais après la grande discussion qu'il a soulevée des deux côtés, et si à fond et avec tant de sagesse, ma compréhension s'est éclairée, et maintenant je vois ce que je ne voyais pas auparavant. Ce que signifiait ce mot *détailler*, je ne le comprenais pas; maintenant on en fait matière de charité, d'aide pour les étrangers et particulièrement pour ceux qui n'offusquent pas nos regards. Ceci a porté grand honneur à notre royaume, car on le considère comme le refuge des nations en détresse; nos bras se sont ouverts pour qu'ils se jettent sur notre sein. Mais pourtant la charité envers eux ne doit ni nous entraver ni nous léser nous-mêmes. Pour répondre à cette intention le Bill, tel qu'il est présenté, est insuffisant. Si on le met aux voix il faut ou qu'on le repousse ou qu'on lui donne force de loi. Pour ce qu'il en est de ma propre conscience, si on le met actuellement aux voix, je ne suis pas résolu à lui donner la mienne. Le rejeter brusquement ne serait ni de la dignité de la Chambre, ni au crédit des commissaires; et, tel qu'il est, à mon sentiment il n'est pas propre à être accepté. Je vois que les bourgeois eux-mêmes consentiraient à des modifications, car M. le Recorder, parlant hier avec zèle pour la Cité, pensait cependant, avec une juste considération, que le Bill pouvait être grandement adouci. »

Là-dessus la Chambre consentit à renvoyer le Bill aux commissaires auxquels on adjoignit sir Robert Cecil, sir Walter Raleigh, sir Henry Knivet et d'autres.

24 mars. — Sir Walter Raleigh, l'un des commissaires, rendit compte des travaux et présenta le Bill avec un *Proviso* (clause conditionnelle).

Et le Proviso ayant été lu deux fois, le Bill avec le Proviso mis aux voix furent de nouveaux renvoyés aux commissaires.

27 mars. — Le Bill fut lu pour la troisième fois et après de longs discours pour et contre, mis aux voix ; il passa à la majorité de 80 voix, 162 oui, 82 non.

Chambre des Lords : 31 mars. Le Bill interdisant aux étrangers la vente au détail des denrées étrangères apportées dans le royaume, fut lu pour la seconde et la troisième fois et rejeté.

(*Journals of all the Parliaments during the Reign of Queen Elizabeth*, collected by Sir Simonds d'Ewes, Londres 1682).

N° XXVIII.

LE MAÇON DE LA FONTAINE.

A.

LETTRE POLITIQUE A LA REINE ÉLISABETH.

(Les Espagnols ont enlevé Calais le 25 avril 1596. Livré à ses seules ressources Henri IV ne peut songer à les en expulser : les foyers ligueurs ne sont pas entièrement éteints ; il lui faut disséminer ses forces pour contenir certaines provinces à peine apaisées ; l'aide de l'Angleterre lui est indispensable. Déjà de Loménie et de Sancy ont entamé de longues et stériles négociations. La Fontaine les poursuit et croit les voir aboutir, quand la reine évoque de nouveau les vieilles prétentions anglaises sur la ville même qu'il s'agit de reconquérir en commun et de rendre définitivement à la France. Pénétré de la gravité de la situation, de l'urgence d'une action énergique et combinée, Le Maçon, au lendemain de l'audience du 13 janvier 1597, réunit tous les arguments de nature à convaincre Élisabeth qu'elle ne saurait exiger de son allié un sacrifice incompatible avec l'honneur du roi).

« Madame,

Selon votre commandement je vous envoie l'extraict des lettres que j'ay receues de Sa Majesté, lequel informant la vostre tant de l'Estat de ses affaires que des préparatifz de vos ennemis communs, se résoult à l'ouverture qui a esté faicte d'une entreprise de place, et à une entreveue de quelques ungs de vos seigneurs avec sadᵉ Majesté.

Pour le premier poinct j'apprins par l'audience bénigne qu'hier Mad° il vous pleut me donner que vos Majestéz conviennent au faict de l'entreprise et en jugement quelle soit à present faisable. Mais je me crein bien fort, cependant qu'on sera en controverse de la main qui la doibt garder, que l'opportunité s'escoulera de la sauver, l'ennemy s'y fortifiant de sorte qu'à peine se pourra elle jamais recouvrer. Et cependant il se bastira là ung des nids de son ambitieuse tyrannie des plus dangereux et nuisibles qui puissent estre pour la France, l'Angleterre et les païs bas tout ensemble. Lieu le plus propre pour accommoder tant ces pais et villes qui vous sont ennemis, que ce qu'il y vouldra faire couler d'Espagne et l'y recueillir comme en ung magazin approprié à ses desseings.

Or, Madame, je ne suis pas si téméraire de pénétrer en la sage modération de vos conseils. Et quant à ceux du Roy vostre bon frère et à sa résolution vostre Majesté sérénissime les pourra mieux juger que moy par ses lettres. Mais cela posé qui y est couché en termes bien exprès, que l'Intention de votre Majesté estoit, la place estant reprise, qu'elle luy demeureroit comme elle luy appartient, ce luy sera une proposition et condition nouvelle et estrange si on luy tient maintenant ung aultre langage, joinct que sad° Majesté ne peult avoir oublié ce que par votre commandement à moy signifié, Mad°, je lui manday sur la première nouvelle du siege de Calais, Ascavoir que votre Majesté prenoit en mauvaise part ce qu'on entroit en jalouzie d'elle comme si soubz prétexte d'aider la place de ses forces, elle pensast de s'en emparer, ce qu'elle ne prétendoit aucunement, mais seulement d'y porter son secours tant et si devant utile à l'Angleterre quand elle avoit des guerres et des affaires à demesler avec la France. Mais l'estat présent estant tel qu'il est, quand bien ou alors ou en aultre temps on s'en pourroit saisir, que ceux qui plus ont de prudense ne le jugeroient estre faisable pour le bien de l'Angleterre.

Mais sur tout Madame, comme hier je vous touchay, représentez vous, je vous supplie, le Roy votre bon frère, quelque affectionné qu'il soit à ce qui vous est agréable, vous priant qu'après tant daffection et de bien faictz pour le restablissement de son Estat vous ne le jectiez en nouveaux dangers et de troubles et de réputation. Madame vostre règne est voirement heureux, Messrs. vos Conseillers sages, vostre aucthorité vraiement roialle, et suivie de obéissance pour ce que vos Conseils sont bons, salutaires, au bien de votre Estat et de vos subjects. Mais vous scavez, Madame, comment le Roy règne, qui l'environne, qui, comment, et à quelle condition on le suit, on le sert, on luy obéit. La plaie est toute fresche : les cœurs de plusieurs exulcérez, mal affectez, regardans l'espagnol qui d'affection qui de creinte. Notamment ès villes de Picardie. Le Roy sans doubte vous prie Mad° de n'avoir poinct si libéralement contribué au bien de son Estat pour puis après le précipiter en nouveaux dangers, ce qui adviendroit sans doubte. Je dy Mad°. des dangers. Car oultre celuy des mescontentemens et de son peuple et de sa noblesse qui est son vray bras dextre, il y a celui de la réputation. Car qu'est ce que pourroient conclurre et les subjectz et les estrangers, sinon que le Roy est en tel désespoir et de sa puissance et du restablissement de son Roiaume qu'il n'a pas jugé pouvoir recouvrer et rejoindre à son Estat ceste place sans aider à la recouvrer pour la perdre.

Au contraire l'œil de votre prudense peult bien veoir, Madame, qu'en cas que par votre faveur et assistance le Roy votre frère puisse recouvrer ceste place, votre Majesté et votre Estat en peuvent recevoir sans aucun danger des utilités notables. Ceste entreprise rompue, il vous fault avoir ou le Roy votre frère ou l'Espagnol pour voisins et voisins très prochains. Or Calais a esté francois 38 ans. Ni votre Majesté ni vos subjectz n'en avez receu qu'amitié, nomplus que de toute la France. A présent vous avez ung Roy vraiement frère, aimé, aimant, constamment fidelle, chargé de bien faictz, obligé avec la France d'aliance et de contractz. Tout cela Mad° vous présente une seureté trèsseure. L'Espagnol y aura il pris pied ferme ? Ce qu'il n'y peult pas ou ce qu'il y peult et quelle commodité ceste place luy présente de mal faire, c'est à votre sage prévoiance d'en juger. Tant y a que l'ambition, la haine, la vengeance luy suggèreront de la résolution à quelque prix que ce soit de s'en servir pour mal fayre. Or Mad° l'utilité n'est pas petite à votre Majesté déslongner ung trèspuissant et mauvais voisin pour en approcher ung trèsami. A laquellé utilité vous conjoindrez celle de Messrs. des Estats vos serviteurs et amis, lesquels ceste place demeurant asseurée entre les mains de votre ennemi commun, n'en peuvent recevoir que beaucoup d'incommodité et dommage, duquel ils vous ont faict paroistre désirer grandement d'estre délivrez.

Il y a plus, Mad°, qu'accommodant le Roy votre bon frère pour peu de temps de vos forces en ceste entreprise, il ne vous déniera la conjonction et l'aide des siennes en ce qui vous sera agréable et que vous jugerez vous estre utile.

Vous me sembliez hier creindre, Mad^e, qu'en cas que la place reprise demeurast en main francoise, la perte en seroit aussi apparente et la garde mal asseurée que naguères elle a esté. Mais votre Majesté se souviendra s'il luy plaist, que le Roy n'est poinct engagé en aucun siège et qu'en toutes sortes il a ses couldées plus franches. Et que la place seroit mise en la main de tel gouverneur et de si bon choix qu'il délivreroit votre Majesté de ce doubte.

Et quant aux forces que le Roy faict offre de contribuer à ceste entreprise, votre Majesté ne les trouvera petites si elle se souvient de ce que je luy ay représenté de l'estat de Bretagne, Baionne, Languedoc et Provence, le Daulphinné et la Bresse. Et qu'il fault que le Roy tienne aux champs ung aultre camp pour les raisons portées par ses lettres. Et si vostre Majesté requiert en cela quelque chose de plus ou aultrement, cela se pourroit esclaircir et asseurer par la Conférence.

Or ceste Conférence, Madame, est le second poinct que je vous ay proposé du désir du Roy vostre bon frère. Sur quoy la réplique de vostre Majesté est bien de considération, Ascavoir que la bienséance de vos Majestez ne porte pas de faire passer de vos principaux Seigneurs sans apparence de résouldre chose d'importance. Mais vostre prudence voit bien, Madame, que ce desseing ne requiert pas délais de divers messages et passages de la mer, et que la Conférence de vos grands, bien instruicts de vostre volonté, pourroit avec sa Majesté desnouër beaucoup de nœuds et de difficultés. Et quant rien pour ce desseing ne se pourroit conclurre, il y a deux articles, portez par vostre aliance et vos contracts, qui requièrent résolution : l'ung d'adviser ce qui par vos forces communes se peult et doibt entreprendre sur l'ennemy commun, l'aultre quels princes et Estats on doibt convier pour entrer en Confédération et alliance. Ce que les serviteurs du Roy qui sont en Allemagne disent estre attendu par-dela avec bonne espérance. Oultre l'ordre qui doibt estre mis pour empescher les déprédations et le dommage qui en revient aux subjectz de vos Majestez. Sur lesquelles choses sa Majesté me commande, Madame, de tirer promptement et lui faire scavoir votre responce, afin sur cela de faire jugement et donner pied au cours de ses affaires. Dequoy pour ceste cause,

Madame, je fay trèshumble requeste à vostre Majesté que je prie Dieu conserver en toute heureuse prospérité.

Ce 14ᵉ jour de janvier 1596. (24 janvier 1597.)

Vostre trèshumble fidelle et affectionné
serviteur

R. LAFONTAINE. »

(*State papers. Record office. France. Vol. 118.*)

B.

LE CATÉCHISME.

Catéchisme et Instruction familière pour les Enfans qui se prae-
parent à communiquer à la Sainte Cène : en rendant raison publi-
quement de leur Foy, selon la forme de l'Église françois recueillie à
Londres. — La Loy de l'Éternel est entière restaurant l'âme : le tesmoignage de l'Éternel est fidelle, donnant sapience à l'ignorant. Pseau.
19, 8. Soiez tousjours appareillez à respondre avec douceur et révérence
à chacun qui vous demande raison de l'espérance qui est en vous.
1 Pier. 3, 13. Londres, Richard Field. 1602. — 88 pages p. in-8°[1].

Le livre s'ouvre par une préface de six pages. « Aux fidelles de diverses nations recueillis et faisans profession de l'Évangile, en l'Église
de la langue Françoise à Londres »[2], suivie d'une Méditation et prière

---

[1] *British Museum* $\frac{1018 \text{ h. } 12.}{2}$ Nous n'avons pu trouver d'exemplaire de
l'édition première, qui doit remonter au moins à 1579, la version anglaise étant
du 24 février 1580. *British Museum* $3505 \frac{5}{52}$.

[2] « S'il était commandé anciennement aux Pères de faire entendre soigneusement à leurs enfans les délivrances du peuple hors d'Égypte et de Babylone,
combien plus nous faut-il travailler, et que la grâce de J. C. ne soit obscurcie
et que notre race jouisse après nous d'un si excellent bénéfice. C'est à cette
fin qu'outre plusieurs saints exercices qui se pratiquent entre nous, nous avons
ramené en usage (si je ne me trompe) avec quelque fruit ce qui s'est observé en
l'Église ancienne : à savoir que les enfans qui sont nourris au milieu du peuple
de Dieu, devant qu'être reçus à la cène, se présentent au pasteur en la sainte
assemblée pour rendre raison de leur foy et être recommandés à Dieu par les
prières communes et confirmés en la profession de piété. C'est donc le devoir
des pères et mères de travailler soigneusement, tant par eux-mêmes que par
les maîtres d'école, en l'instruction de leurs enfans : Et aux enfans qui sont
héritiers des promesses et de l'alliance, de s'acquérir cette science de salut,

pour « s'employer avec profict en l'estude de piété [1] ». Elle se termine par des citations de Saint-Augustin et de Bucer. Vient alors le Catéchisme [2] où sont développés successivement, le symbole, le sommaire de la loi, les dix commandements, et posées des questions, suivies de leurs réponses, sur l'usage de la loi, la prière, l'oraison dominicale, l'écriture sainte, le baptême, la sainte cène et sa préparation (p. 13-48).

comme un fondement assuré de toute leur vie et actions futures. En quoi, afin de vous aider de plus en plus, j'ai dressé ce formulaire d'instruction, comme un extrait du catéchisme ordinaire, l'accomodant en telle sorte à l'usage des enfans que les pères de famille instruisant les petits y puissent aussi profiter eux-mêmes. J'y ai marqué les passages de l'Ecriture qui est la règle, tant de ce qu'il nous faut croire que de ce qu'il nous faut faire, afin que les enfans apprennent de bonne heure à croire de cœur ce qu'ils confesseront de bouche, et selon la doctrine de St-Pierre, qu'ils soient appareillez de rendre à tous raison de leur Foy par la parole de Dieu . . . »

[1] « O Seigneur, que ta bonté est grande et admirable envers nous, qui nous as prévus et prévenus en tant de sortes par ta bonté infinie. O Dieu, tu nous as prévenus d'amour et dilection en ton éternité glorieuse, devant que tu eusses posé les fondemens du monde : Tu nous as prévenus au temps de ton bon plaisir, pour nous donner être entre tes créatures : voire un être excellent, capable de raison et d'intelligence, pour aspirer à l'immortalité bienheureuse . . . Tu nous avais déjà prévenus nous préparant ce grand palais du monde pour domicile et toute la plénitude des biens qu'il contient pour notre usage et contentement. Or tu ne nous as pas là placés pour nous y abandonner. Cette sainte main tutrice nous a conduits, nous a nourris, nous a préservés de mille et mille inconvénients desquels est assiégée cette vie présente. Ton grand nom, ô Dieu, en soit loué éternellement . . . »

[2] « Le Ministre : Puisque nous sommes ici assemblés, au nom de Dieu, pour vous spécialement, dites-moi, enfants, pourquoi vous présentez-vous maintenant et que demandez-vous à l'Église? — L'Enfant : Nous requérons d'être avoués et reçus pour enfants et domestiques de l'Église, et comme tels être admis à la communion de la cène de N. S. J. C. — Le M. : Mais à quel titre vous réclamez-vous enfants de Dieu, vu que de nature nous sommes tous enfants d'ire? — L'E. : Pour ce qu'étans nés par la miséricorde de Dieu, au milieu de son Église, les promesses de l'alliance de salut nous appartiennent, lesquelles aussi ont été scellées en nous par le baptême. Puis il nous a sanctifiés et régénérés par sa parole qui est la semence incorruptible de vie. — Le M. : Qu'est-ce que nous enseigne cette parole? — L'E. : De connaître un seul vrai Dieu et celui qu'il a envoyé, J. C. — Le M. : En quoi gît cette connaissance? — L'E. : Que nous le connaissions premièrement créateur de tout le monde : puis aussi rédempteur en la personne de son fils. — Le M. : Récite donc le sommaire de ta croyance . . . »

La seconde partie concerne exclusivement la communion.

« *Au lecteur*. Pour ce que la Chrétienté gît principalement en pratique, et que plusieurs excusent leurs fautes sous prétexte d'ignorance de leur devoir, il m'a semblé bon d'ajouter à l'instruction præcédente (qui tend à nous donner la science du salut) cet avertissement plus particulier pour le règlement de la conscience; afin que les enfans entendent et que les autres remémorent, approchans de la cène, ce qu'ils promettent et que Dieu requiert de nous par cette saincte action, ascavoir que Christ vive en nous et nous en luy à la gloire de son nom. Amen. Prov. 3. 7. Ne sois point sage en toy-mesme, mais crains l'Éternel et te destourne du mal. »

Les « Advertissemens qu'on a accoustumé de donner le samedi précédent la cène aux prières afin qu'un chacun se prépare comme il doit à la communion d'icelle [1] », et qui faisaient donc partie du service mensuel de préparation, occupent dix pages (50-59) de cette liturgie, s'achevant par la « Prière qui se fait en l'Église après l'avertissement précédent [2] » et par le Psaume 16.

Le Maçon a terminé son œuvre, au moins dans la seconde édition, car à la version anglaise de la première manque cette dernière partie, par une Méditation de préparation (p. 62-77), une Prière avant la cène (p. 78-83), des « Actions de grâces contenant le but et le sens du psaume 23 » (p. 83-86), et une « Prière pour la fin de l'action ». Tous ces morceaux sont empreints d'une ardente piété et d'une véritable élévation ; il nous semble que Dan. de Superville a dû les connaître et s'en être inspiré pour son *Vrai Communiant* ou *Traité de la Sainte Cène et des moyens d'y bien participer* où Gonthier, a, de son côté, puisé les principaux éléments des *Exercices de piété pour la Communion* encore d'un fréquent usage dans les Églises réformées.

En voici quelques fragments :

---

[1] « D'autant que la Sainte Cène est un banquet spirituel que N. S. a ordonné pour tous ceux qui sont enfans de Dieu... A cette fin nous admonestons, au nom de Dieu, tous fidèles selon notre charge et devoir, de se comporter comme il est bien séant à vrais enfans de Dieu, tant ès assemblées publiques qu'en leur conversation domestique et particulière... »

[2] « Seigneur, notre grand Dieu et Père, nous te rendons grâces et louanges immortelles de ce que, non seulement, etc. »

« *Méditation sur le mistère de nostre redemption et salut pour nous disposer à la Communion de la Sainte Cène.*

O, combien a esté grande l'excellence de l'homme, en sa première origine! Mais ô que grande aussi est sa misère, en sa chute et ruine! Et toutes-fois c'est merveille qu'on peult dire aucunement heureux ce malheur, par lequel luy est occasionnée une felicité accomplie. En la première création, Dieu a voulu voir et aimer un rien et donner un estre à ce qui n'estoit point, pour le constituer Roy de tout ce qui est au monde; un estre voirement tiré de la fange et de la bouë pour le regard du corps, mais auquel reluist tant mieux la gloire du facteur, qui d'une si vile matière a basti une tant belle et admirable structure, que tous les esprits du monde n'y pourroyent rien adjouster ny diminuer, pour sa perfection entière. Si n'a esté ce corps que la loge et domicile de l'âme; âme de cœleste origine, pure, simple, vivante; âme comprenant par son discours et raison et le ciel et la terre, ce qui est visible et invisible, voire en quelques sorte, estant finie, celuy qui est infini; âme conjointe à Dieu par charité, bonté, saincteté et justice, et en ceste conjonction immortellement heureuse. Nous pouvons donc à bon droict avec admiration nous escrier avec le Prophète :

> *Tu l'as faict tel que plus il ne luy reste*
> *Fors qu'estre Dieu, etc.*

Mais, ô Dieu quel malheur, quelle ruine, quelle misère par la rage et astuce de cest esprit dès le commencement meurtrier; ou plustost par l'ingratitude vilaine et desloyaulté meschante de ceux que tu avois comblez et de biens et de gloire excellente! Povre misérable créature, cognoy toy toy-mesme, et tu verras la source de ton mal en l'ingratitude, au mespris, en l'incrédulité, en l'orgueil, en la désobéissance et rébellion de tes premiers parens contre leur Créateur. Entrant au monde, ta première voix est la voix de cris et de gémissemens, vray prognosticq de ta condition future, en labeur, en douleur, en soing et en misère : les dangers te menacent de toutes parts, toutes créatures te sont ennemies, tes plus délectables plaisirs sont meslez et suivis de longue suite d'ennuis : En ton miel il y a tant et plus de fiel, ta force et ta beauté sont tantost fenées : Tu t'avances de toy-mesme vers la maison de la mort. Et oultre tant et tant de maladies, mille accidens divers t'y poussent et præcipitent.

Job 14, 1.

O mort que ta face est laide et hideuse, ta main large et longue, tes dards aigus et acérez et ta puissance indomptable : qui démolis un si bel édifice, qui divorcies un si beau mariage, et renfermes en cinq pieds de poudre, le dominateur de la terre. Mais encores n'est-ce pas là le comble de tes mal-heurs : Si telle est la misère du corps, qui n'est au mal que l'instrument de l'âme, quelle peult estre celle de l'âme mesme ?

Derechef, ô homme, cognoy toy-mesme et prens en main un miroir pur et net, pour remarquer les taches de ton ame : Voy-tu pas en ta lumière les ténèbres? en ta cognoissance l'ignorance : et en ta raison la folie, notamment és choses divines et cœlestes, pour lesquelles tu as esté créé ? Et si telle est la maistresse, que sera-ce des servantes ? Combien grans sont les desréglemens en la volonté, és affections et diverses passions de l'âme? Et quelle harmonie peult produire un si grand discord ? Quelle paix au milieu de tant de bestes furieuses, d'avarice, d'orgueil, d'ambition, d'envie, de haine, de vengeance, d'intempérance, et de toutes sortes de concupiscence? Et derechef qu'est-ce que peuvent produire des racines si pourries d'un arbre si corrumpu? Combien de sortes d'impiétez, superstitions et blasphèmes, contre la piété? de vilenies, contre la saincteté? d'extorcions et larcins, contre la justice, et d'injures contre la charité? O âme donc cent fois morte, âme cent fois perdue et plus que cent fois misérable, tu es decheute du ciel aux enfers, de félicité en misère, de liberté en servitude, de lumière en ténèbres, de vie en mort, et pour dire en un mot, de la faveur et protection de ton Dieu, és pattes et en la tyrannie du diable. Il reste voirement en toy des ruines d'un si bel œdifice, mais seulement ruines et qui servent à te ruiner d'avantage. Tu vois et lis et comprens tout au livre de la nature, excepté l'aucteur de la nature. Sa sagesse t'est folie : sa providence, fortune : sa droicture tortüe, et son remède poison. Tu veux, eslis et choisis, mais le mal et le vice, et pour le Ciel, la terre : et au lieu de la vie, la mort, à fin que ta perdition soit de toy, sans que tu t'en puisses prendre qu'à toy-mesme. Si donc ta lumière est ainsi ténébreuse, combien obscures sont tes ténèbres mesmes? Et si ta liberté n'est que captivitié, combien plus ta servitude ? Il est donc vray et très vray, ô homme, que ta cheute est effroyable, et ton præcipice estrange : t'abismant au gouffre de l'ire de Dieu et en la perdition æternelle.

1 Cor. 1, 23.
Job 13, 9.
Math. 6, 23.
Rom. 6, 7.

Mais quoy donc, en nostre cheute, n'y a plus de resource? nostre malheur est-il du tout mal-heureux, et nostre mal sans remède? Que n'appellons-nous donc le désespoir? que les montagnes approchent et nous couvrent, que les abismes s'ouvrent et nous engloutissent, et périssons du tout puisque nous sommes perdus. Ha, ja n'advienne que nous nous jettions sur ce banc : evitons cest escueil, et fuyons ce rocher infâme : là sont les profondeurs de satan, là est la victoire du diable et le vray nau- 2 *Cor. 2, 11.* frage des âmes. Aux hommes voirement, et aux Anges, et à tout ce qui est fini, l'infinité de nostre mal ne trouveroit point de remède; mais quant à Dieu nostre infini est borné et toutes choses luy sont possibles.

Et de faict, pour évader ce malheur, quels peuvent estre tes souhaits et désirs? Jugerois-tu qu'il te seroit meilleur de n'estre point du tout, où d'avoir un estre périssable, comme celuy des animaux, des plantes? *Psal. 49, 21.* Mais cela seroit du tout contre nature ; tu ne peux que tu ne désires d'estre : encores seroit cela du tout en vain; car Dieu t'a créé pour estre, et pour estre æternellement. O que je fusse donc restabli en ce premier degré d'honneur et en l'excellence de la première nature ! Ains plustost, que dirois-tu si la main libérale de ce grand Dieu, non seulement te veut eslargir ce grand bien, mais une félicité de toutes parts accomplie ? L'homme premier a esté créé entier, mais lequel se pouvoit corrompre : *1 Cor. 15, 45.* debout, mais qui pouvoit tomber : vivant, mais qui pouvoit mourir. Ce sera beaucoup d'avantage, si Dieu te délivre de tous tes mal-heurs sans que tu y puisses retomber, et te restablist en une telle perfection, qui ne se puisse rendre imparfaicte.

Cela te semble il incroyable? sus retirons-nous de la fange du monde, tirons-nous du bourbier des superstitions humaines. Montons ensemble en la montagne du Seigneur : Entendons-là et de Dieu et de nous, ce qu'il nous dict, et de soy et de nous. Celuy qui a faict sortir d'un rien tout c'est univers, peult bien encores appeler les choses qui ne sont *Rom. 4, 18.* point comme si elles estoient, pour leur donner estre : Et comme il a faict resplendir la lumière du milieu des ténèbres, il peult bien esclairer 2 *Cor. 4, 6.* nostre nuict, de sa clarté cœleste. Il est en la main de celuy qui nous a *Psal. 36, 10.* créés, de nous régénérer, puisqu'il est la source de vie.

Encores n'est-il pas seulement puissant et juste, car ceste puissance juste, seroit nostre juste et seure misère : mais encores qu'en nous, nous ne soyons rien, au cœur de Dieu nous sommes quelque chose : Car en luy aussi est miséricorde; or miséricorde præsuppose misère : il ne seroit donc pas miséricordieux, si nous n'estions misérables, il ne peult donc pas seulement, mais il veult abolir nos misères.

Encores voy-je en l'infinité de sa sapience un aultre appuy de nostre espérance : Sa justice est exacte, entière, parfaicte. Il fault donc qu'elle punisse parfaictement le péché : elle ne peut aymer qu'une parfaite justice : Et l'homme est vuide de bien, il est comblé de mal : comment consistera il devant ces ardeurs æternelles ? D'autre part la miséricorde en Dieu est tout autant infinie, qui veult secourir gratuitement les misérables, vivifier ce qui est mort, et sauver ce qui est perdu : Entre ces deux montagnes, voilà de profons abismes, qui les remplira ? Il y a une grande distance, qui les conjoindra ? mais Dieu est l'unité des unités, et en sa sapience il trouve le lien et l'accord de justice et de miséricorde. Il n'y a donc montagne qu'elle n'abaisse, ny gouffre qu'elle ne remplisse, ny distance qu'elle ne conjoingne : à ce que Dieu demourant parfaictement juste, soit infiniment miséricordieux : Que nos péchez nous soyent pardonnez et néantmoins sevèrement punis, qu'estans en nous-mesmes injustes, polus, morts, nous soyons justifiez, sanctifiez, vivifiez : et pour estre immuablement heureux, conjoincts à celuy qui de soy est immuable.

O haultesse, ô profondeur, ô largeur incompréhensible, si toy, Seigneur, ne nous la faisois comprendre ! Mais ce secret n'est plus enclos en l'obscurité de ton conseil : il nous est manifesté, il nous est acquis, il nous est offert, pour en avoir la jouissance. Pour nostre réconciliation avec Dieu, nous avons besoin d'un Médiateur . . . »

Prière devant la Communion.

« O Dieu æternel, ô Père de nostre Seigneur Jésus-Christ, sois moy maintenant Père et Sauveur, sois toy-mesme ma force, ma joye et ma vie. Je croy voirement, mais ayde mon incrédulité. Je croy, car estant

Math. 22, 1. créé, adopté, régénéré par l'Esprit de ta grâce, je contemple en ta maison ta face benigne, au banquet solemnel du grand Roy et en l'appareil de tes viandes si délicieuses. Mais d'autre part je crein, car j'y enten

Isa. 55, 1. aussi ta voix terrible et l'effroy de tes menaces très sévères. Tu convies les lassez, les famélicques et ceux qui ont soif de ton salut : Je suis de ce

Psal. 42, 1. nombre là, Seigneur : Et comme le cerf brâme après les eaux, mon âme

Psal. 23, 1. ravie crie à toy, ô Dieu : mon âme a soif de Dieu, du Dieu fort et vivant.

Psal. 78, 24. J'orray tantost la voix de ce grand pasteur menant ses brebis aux gras

Ian. 1, 33. pasturages, vers les eaux coies et saines, à la table cœleste, au pain des Anges, au fleuve de tes délices, et le pain du ciel vif et vivifiant que tu

nous præsentes, c'est un homme, mais divin, remply de dons en perfec- *Ian. 6, 16.*
tion, pour nous en faire participans. Qui plus est, en luy habite toute *Col. 2, 9.*
plénitude de Deité corporellement; c'est ta parole æternelle, c'est donc *Ian. 2, 1.*
la source de vie approchée de nous en nostre nature, comme en une
pure fontaine. Et ce froment pour nous estre pain, nous a esté moulu
par la meule de la croix, cuit au four d'affliction et brisé par le glaive de
douleurs. Or ce pain luy mesme parlant, tantost me dira : prenez, mangez, prenez, beuvez, c'est donc à moy d'obéir : Il y adjoustera ses promesses, cecy est mon corps, cecy est mon sang, qui mange ma chair et
boit mon sang, il a la vie æternelle : La douceur de ces promesses me *Ian. 6, 54*
ravit. Il prononcera derechef, si vous ne mangez ma chair et ne beuvez *et 53.*
mon sang, vous n'aurez point la vie æternelle : Ja n'advienne que je
demeure en ma mort, que je ne prenne la vie. Je croy donc, ô mon
Dieu, et pourtant j'approcheray, je prendray, je mangeray, je vivray.

Mais Seigneur Dieu æternel, je ne puis ici m'esjouir qu'en tremblant,
et ne puis approcher de ceste vie, sinon avec frayeur de la mort. Icy est *Gen. 28, 12.*
l'eschelle de Jacob, conjoingnant le ciel et la terre, par laquelle les
Anges montent et descendent, estonnez eux-mesmes de ces sacrez mystères. Pour vray l'æternel est icy, ô que ce lieu cy est espouvantable : ce
n'est icy que la maison de Dieu, et c'est icy la porte des cieux. Or comment pourroit porter un rien, la présence d'une majesté infinie ? Qui
plus est la mesme voix de douceur qui m'appelle tant benignement,
semble me repousser effroyablement. Qui mange et boit (dict ton *1 Cor. 1, 27*
Apostre) indignement, est coulpable du corps et du sang du Seigneur, il *et 19.*
mange et boit son jugement. O povre misérable pécheur que je suis,
quels foudres, quels tonnerres ! comment approcheras tu de ce feu, sans
en estre consumé, et de ceste vie sans mourir ? Je m'esprouve, Seigneur,
et quant et quant je me réprouve : car je trouve mon indignité ; mon
esprit est encores embrouillé d'ignorance, mon cœur agité de défiance,
enveloppé ès vanitez du monde, refroidi en charité, glacé au zèle de ta
gloire, vain et paresseux en la prière, bruslant de convoitises. La racine
est corrompue, l'arbre vermoulu, les fruicts nuls ou sauvages : en mes
pensées, en mes paroles, en mes actions, mes péchez surmontent le
nombre des cheveux de ma teste : Péchez d'autant plus graves et
énormes, qu'à cause de tes grâces infinies, ils sont tachez et noircis d'une
ingratitude détestable. Voylà ce que me faict veoir et cognoistre de moy
ceste espreuve : et qu'est-ce qu'y recognoistra le scrutateur des cœurs ?

Quoy donc, que me reste-il? Fuiray-je, comme confus, la présence de mon Dieu disant avec le Centenier, Seigneur, je ne suis pas digne que tu entres soubs mon toict? Sera-ce pour serrer les mains, clorre ma bouche et fermer mon cœur? Voire, mais ailleurs, il ne se trouve point de vie : partout ailleurs sont les ténèbres de mort. C'est icy le Père qui commande, qui promet; il ne veut pas perdre ses enfans; leur offrant du pain, il ne leur donnera pas des pierres : leur présentant un poisson, il ne leur baillera jamais un serpent. C'est sa voye qui parle, sa conduicte est donc asseurée : lui-mesme est la verité, il accomplira donc ses promesses : il est aussi la vie æternelle, il veult donc tuer le reste de ma mort, pour me vivifier entièrement de sa vie. Ceux donc Seigneur, que tu convies, tu ne les chasses pas, mais bien les pourceaux et les chiens, les profanes et infideles. Ceste espreuve donc que je fay en moy et de moy, ô mon Dieu, en m'affligeant me console, et en m'abatant me relève. En ceste multitude et enormité de péchez je voy mon indignité, je sen mon incrédulité, je calcule le nombre infini de mes péchez, je gémi soubs le fardeau de mon infirmité. Mais se recognoistre indigne devant toy, c'est le vray commencement d'estre digne : car à qui as tu esgard sinon au cœur contrit et humilié? Mais qui plus est, je déteste ces péchez, je les hay, et par ta grâce, je les fuiray, si ce n'est pour leur faire la guerre. Et qu'est-ce, ô mon Dieu, que je desire plus que de vivre en toy, et par toy et à toy! Or ce que tu m'as donné de vouloir, tu le feras : ce que tu as commencé, tu le parferas. Que je sois ce péager, Seigneur sois propice à moy povre pecheur : que je sois ce filz desbouché, tu es le père qui me recevras en grand joye retournant à toy : Car à quelle fin un si grand Sauveur et un si grand salut? N'a-ce pas esté pour sauver ce qui estoit damné, pour trouver ce qui estoit perdu, et pour appeller les pécheurs à repentance?

Et en ceste table, que dict ta parole, et que me tesmoignent tes sacremens, sinon qu'en la mort de ce grand Sauveur est la mort de ma mort et la source de ma vie? Car aussi ta grâce est pour les coulpables, ta miséricorde pour les misérables : ta force pour les infirmes, tes richesses pour les povres, ta justice pour les pécheurs, et ta vie pour ceux qui se sentent morts. Retourne donc en ton repos mon Ame. Si tu es malade, le medecin se présente : voire quand tu serois morte, celuy qui est la résurrection et la vie. Parquoy ô Pere cœleste, je contempleray au ministère de ton Église Jésus Christ mon chef et mon Sauveur, mort et crucifié pour moy; je verray son sang, comme tout frais, coulant de ses costés : je chercheray là, ma sagesse, justice, sanctification et rédemption accomplie. Voyant en ceste table ton serviteur parlant et promettant en ton nom, les aisles de la foy m'eslèvent jusques aux tabernacles cœlestes. Là je voy le grand sacrificateur et médiateur avec sa table et ses viandes cœlestes, qui m'est le vray donateur de soy-mesme pour engloutir finalement ma mort en victoire. C'est donc en ceste confiance, ô mon Dieu, mon Père et mon Sauveur, que j'ose approcher de ceste table vénérable, et te supply humblement, selon tes grandes compassions et miséricordes, que toy-mesme ouvres la bouche de ma foy bien grand, pour la remplir de tes viandes cœlestes : aboli la corruption de mon vieil Adam : parfay ceste union sacrée du chef avec tous ses membres : serre toutes les jointures et liaisons, et vivifie tout le corps mystique de sa vie. Et nous donnant ton Esprit de creinte, de sapience, de charité, de saincteté et justice, fay que le reste de nos jours nous servions de tout nostre cœur à ta gloire, en l'union de ta saincte Église. Amen.

Prière pour la fin de l'action.

«Seigneur, mon Dieu, comme je viens maintenant d'un banquet et d'une action cœleste, aussi suis-je comme ravi hors de moi et aucunement élevé, comme bourgeois des cieux, en cette gloire æternelle. En moi je sens un autre esprit, un cœur nouveau, des concupiscences amorties, tous mes désirs cœlestes, joie indicible en mon esprit et grande paix en ma conscience...»

C.

SERMON SUR L'HOSPITALITÉ DE LOT.

«.. Ni la constance des nations, ny la nature et multitude des voiagers, ni l'ordre des familles ne permettans pas que ce devoir se puisse rendre envers tous et en tous lieux, l'hospitalité toutesfois ne doit pas estre estimée périe au monde. Car pour exemple qu'a esté l'Angleterre depuis cinquante ans, outre le recueil et traictement qui y est de tout temps ordinaire et accoustumé, sinon une grande et universelle hostellerie, d'un monde de pauvres personnes et familles, bannies, affligées, persécutées pour le tesmoignage de l'Évangile; receues, secouruës, privilégiées avec une saincte liberté de servir et invoquer Dieu en esprit et verité! Donc entre les belles pierreries de beaucoup de vertus exquises dont Dieu a orné ceste belle âme de la grande Roine Elizabet, de ses Seigneurs et de son peuple, ce n'est pas la moindre perle et ornement que ceste hospitalité digne de perpétuelle mémoire. Et quant à nous, afin que nous ne nous lassions poinct en ce charitable exercice, sachons que quand, tout estrangers que nous sommes icy, nous-mesmes, pourvoions, Dieu en soit loué, à la nécessité de tant de pauvres âmes et familles desolées que la tempeste des guerres et persécutions transporte de province en province et les fait passer les mers ; sachons di-je que l'establissement du bureau des pauvres, tel qu'il est entre nous, a esté, est et sera moyennant la grâce de Dieu, un sainct et sacré autel rempli de charité et d'une hospitalité très-louable. Pour cet effect donc chacun jugeant en charité Chrestienne de ce qu'il doibt et peut faire pour le soulagement des estrangers, oyons et recevons ceste semonce de l'Apostre : Ne mettez point en oubli l'hospitalité. »

(*Les Funérailles de Sodome.* Sermon VIe, page 112).

No XXIX.

LETTRES DE JEAN CASTOL A THÉODORE DE BÈZE.

I.

(Londres, 26 août 1584.)

« Monsieur, vos lettres du 28 de Juilliet m'ont esté envoyées par Monsr de la Fontaine passant par Rouan. Il m'a escrit puisqu'il les a leu, qu'il vous fairoit responce pour ce qui concerne nos Églises. Dieu soit loué, nous ne sommes pas encore recerchez, nous oyons seulement que ceux qui nous sont ouvertement contraires comme ung Corranus est en crédit tant envers la Roine que l'Archevesque, dont l'on nous donne à penser que quelque chose se brasse, mesmes nous dit-on, que Sa Majesté est entrée en des grands soubçons et mescontentement de nous par les faux rapports de quelques flatteurs. Quand ceux d'auctorité qui jusques icy nous ont favorisé viendroyent à fleschir, comme nous avons occasion de craindre, encores ne perdrons nous pas courage ; car nous ne sommes pas fondez sur les hommes, mais sur l'Eternel, duquel les promesses sont fermes et véritables. C'est à nous seulement d'adviser que nous ne rompions pas le cours de sa miséricorde par nostre lascheté, mais que nous nous tenions continuellement sur nos gardes avec toute modestie et sobriété. Je vous remets à ce que nostre frère vous en aura informé et comme je pense, assez amplement. Depuis son départ d'icy nous n'avons rien descouvert, sinon quelques reproches qui continuent en la bouche de plusieurs à l'encontre des estrangers, mais nous avalons cela doucement, et pense que le tout ira en fumée : d'aultant que, quand ilz ne considèreroyent que leur estat, ilz trouveront qu'ilz doivent avoir soing de nostre prix et asseurance.

Il y a quelques quinze jours que vous escrivis expressément de ce recueil qu'auriez intention de faire *de triplici episcopatu*. J'ay obtenu une responce qu'en donnastes au Chancelier Glamius ; je jugerois quant à moy qu'il seroit profitable pour plusieurs égards ; il y en a, en l'un et l'autre Royaume, qui ayans bonne conscience n'entendent rien en cest argument, je vous le puis tesmoigner, de sorte que cela serviroit pour confirmer ceux qui aultrement doubtent ou ignorent du fait. Les ennemis aussi de tout bon ordre en sont venus jusques là, qu'ilz se vantent ouvertement de maintenir ce qui est convenable à la parole de Dieu, à raison et honesteté, et ne avoir aucun qui fût si hardi que de leur contredire, s'arrestans sur ce que du temps du Roy Edouard, soubs lequel il y avoit ung mesme gouvernement, grands personnages principalement d'Allemagne ont approuvé (comme ils parlent) leur réformation. Je me suis trouvé ès sermons de quelques Evesques devant la Roine où cela est débatu usque ad Ravim. Je passeray les blasmes et brocards sur nostre ville, car nous y avons nostre part. Ainsi je souhaiterois, pour domter leur orgueil, qu'on leur montrast au doit leur obstinée malice et perversité. Nous avons aussi à pourvoir à la postérité, affin que, n'estant privée de nos labeurs par lesquels elle entendra la vérité, elle ne se laisse emporter aux mauvaises et anciennes coustumes. Ces trois raisons me feroyent condescendre à ce que vous nous proposez, voire en sorte que le tout fût soubs vostre nom ; il est bien vray que plusieurs ne vous en sçauront point gré, mais aussi vous faites estat en cela de ne plaire qu'aux bons. Ce qui me fait vous remarquer cecy particulièrement, est que vostre authorité est grande surtout entre les Escossois, et vostre nom y peut beaucoup. Pour l'épistre liminaire, si délibérez en faire une, peut-estre qu'il ne seroit pas hors de propos qu'elle portast l'inscription de toutes les Églises réformées en quelque endroit qu'elles soyent, ou, si vous voulez choisir quelque particulier, il me semble que ne sçauriez avoir homme plus propre que George Keyt, conte Mareschal d'Escosse (c'est son tiltre), lequel pour sa piété et constance est en grande réputation envers les gens de bien, et pour ces causes a eu commandement de se retirer de la Cour. Voilà les raisons pour lesquelles je serois induit, non pas moy seulement, mais plusieurs bons personnages, de vous prier mettre la main à cest affaire, et, en cas que le fissiez, de l'adresser à ceux desquels j'ay parlé.

Maintenant au contraire je vous proposeray les choses qui m'en divertiroyent : premièrement le caractère revesche des hommes avec qui nous avons affaire, qui au lieu de s'adoucir et amender, si Dieu ne les tousche, s'en aigriront et endurciront, et là où ils vont assez lentement, joueront au quitte ou double ; puis de ceste cuilliète qui a esté faite pour Genève la mémoire est trop fraîche, davantage il y a quelques demeurans desquels nous ne pouvons avoir aucune expédition. Pour nos personnes je ne craindrois aucunement, mais pour nostre charge et office que nous avons en l'Église ce seroit plustost là où il y auroit à craindre, à sçavoir à la conséquence. Je vous propose ce qui se présente d'un costé et d'aultre, laissant néantmoins l'entière résolution à vostre jugement et discrétion ; seulement je vous mettray en avant soubs correction que vous obtinsiez que ceux de Zurich soubscrivissent à ce discours, et y fût fait expresse mention d'eux.

Dès naguères on a imprimé ung livre en anglois touchant ung paisible gouvernement qui pourroit estre en l'Église anglicane fondé par les actes des États tenus en divers temps, tiré des injunctions de la Roine, des constitutions et canons des Synodes provinciaux au païs, le tout contre les procédures de l'Archevesque ; l'argument est tel : Il a esté advisé aux États soubs le Roy Henry 8. que tous canons, constitutions, ordonnances, articles synodaux, desjà passez auparavant, qui ne seront pas contraires aux lois, coustumes, status de ce Royaume, ni aussi au dommage du Roy, seront observez, gardez et mis en exécution. Ce mesme acte a esté establi et confermé le premier an de la Roine Elisabeth. Donc tous canons, constitutions et cæt. qui requirent que les ministres soyent propres à enseigner, qui défendent la pluralité des bénéfices, ne permettent aucune jurisdiction civile aux Ecclésiastiques, interdisent qu'ung homme seul excommunie ; tous ces canons, di-je, qui ne peuvent en rien diminuer l'authorité de la Roine, doivent aujourd'huy avoir leur force et vigueur.

J'ay communiqué vostre letre avec les frères d'Escosse ; nous eussions désiré de cognoistre le nom du gentilhomme qui vous vouloit persuader que rien ne se faisoit contre la religion : vous aurez recueilli le contraire par les letres qu'on vous a escrit. Monsr Melvin pour cest effect, après avoir esté longtemps pressé de moy a mis la main à la plume, oultre Monsieur Lauson qui a esté fort joyeux d'avoir trouvé ceste occasion. La qualité des personnes qui gouvernent le Roy et les affaires, ensemble, la condition de ceux qui les envoyent comme du pape, du Roy d'Espagne et du duc de Guise ne nous en asseurent que trop à nostre grand regret. Le comte de Bothwel chancèle, et semble que courage luy deffault. Nous attendons l'ambassadeur que la Roine y a envoyé, mais nous n'obtiendrons rien de toute la négociation. L'on dit qu'il y a 3000 Escossois qui ont couru sur l'Irlande; ce seroit mauvais commencement pour l'Angleterre. Au païs bas Dermonde est pris; l'ennemy fait son debvoir à boucher le passage de la Rivière d'Anvers, et le faira si Dieu n'y besogne extraordinairement. Car le cœur et l'entendement des hommes est esvanouy. Après vous avoir salué et toute votre compagnie je prieray le Seigneur,

Monsieur, qu'il vous ait en sa garde et protection.

Le tout vostre

J. Castol.

De Londres, ce 26 d'Aoust 1584. »

Au dos : A Monsieur Monsieur de Besze. A Genève.

(Bibl. de Mr Henri Tronchin, à Bessinge près Genève, ms n° 6, volume intitulé : *Lettres de divers à Théodore de Bèze, et de lui à divers,* fol. 61, 62).

II.

(22 juillet 1590.)

« Monsieur, nous avons receu vostre response aux lettres d'Éraste. Durant la foire passée on a mis en lumière par deçà le livre lequel je vous envoye par le sire Croppet. Vous y verrez en deux des questions quelque forme évidente de refutation. Car par le moyen de Caste... vostre copie escrite au desfunct est tombée ès mains de certains chappelains tant de l'Archevêque que du Chancellier. Iceux par le conseil de leurs maistres, ennemis de la Réformation, ont basti là dessus ce traitté avec ung Saravia, fils d'Espagnol, flamand de nation, complice de trois ou quatre capitaines qui ont eu la teste tranchée pour avoir voulu livrer la ville de Leiden à l'Anglois et lequel a esté contraint de quitter la profession de théologie et vuider de ladite Université pour la mesme entreprise. Attendu qu'il est estranger et est employé quelques fois ès exercices publics de l'Église flamande, on a pensé qu'on se serviroit de luy fort à propos comme d'un bouclier pour l'opposer aux gens de bien qui souspirent après quelque restablissement et que par iceluy avec le temps on auroit moyen d'esbranler nostre gouvernement et discipline, de nous di-je, sur lesquels les uns et les autres regardent mais à diverses fins. Jaçois que nous nous tenions cois nous souvenans de nostre condition et que nous ne sonnions mot de toutes ces contentions, Dieu nous espargnera encor s'il luy plaist comme il a fait jusqu'à maintenant. Mais considérant les menées des hommes, la disposition de plusieurs, je crains de deux choses l'une, ou bien que l'Évesque de Londres venant à mourir nos Églises estrangères ne soyent séparées de sa juridiction et que le flatteur susdit n'obtienne la superintendance d'icelles, pour renverser peu à peu nos Consistoires, ou bien que Messieurs les flamens luy refusans doresnavant la chaire pour dissentir d'avec nous en ce point là, l'Archevesque et Chancelier ne nous prennent pour partics et troublent nostre repos, si bien que nous qui vivons icy attendons d'heure à aultre que nous soyons assaillis. A la vérité il seroit quasi expédient que le Seigneur nous voulust ung peu esveiller. Car je ne vous dissimuleray pas qu'il y a de l'homme par trop en nous, depuis naguères cela se descouvre manifestement. Au lieu de nous inciter de faire de bien en mieux et cheminer en sa crainte pour les victoires et prospérité qu'il donne au Roy, nous en abusons et devenons Insolens, de sorte que ne doubtant pas que nous ne soyons hors de danger de périr, je ne laisse pas toutes fois d'avoir peur que ce sera comme si ung pasteur délivroit de la geule du lion deux jarrets ou le bout d'une oreille et que nous n'avons en ceste vie navigation qui ne soit périlleuse entre beaucoup de rochers et agitée de plusieurs tempestes.

Quant est des livres profanes et remplis de blasphèmes qu'on imprime et fait imprimer en ceste ville, il est impossible d'y remédier. J'ai horreur quand je pense aux énormitez publiées soubs les titres de la Cena dei cinere, del Munero binario, del' Asino et aultres composées par ung Athée Jordano Nolanus et crois qu'il n'en sortiroit point d'enfer de plus exécrables. De ceste impunité vous pouvez aisément juger que la corruption est grande. De fait où les parties nobles sont mal faites, il ne faut pas penser que les aultres membres soyent guères sains. Je vous ay escrit à la sollicitation et permission de qui on a déterré du sépulchre Éraste et ses escrits, affin que vous ne pensiez pas qu'on y puisse donner ordre. L'Archevesque escrit à vous et à Mons. de Champdieu. Peut estre que cela vous donnera quelque ouverture, à nous jusques à maintenant incognue, pour pourvoir aux scandales susdits. J'estime qu'il est expédient pour la gloire de Dieu et le repos des Églises que vous entreteniez son amitié sans luy donner aucun argument duquel il abuse, de peur que soubs le prétexte de vostre authorité il ne nuise encore davantage à ceux qui désirent la réformation. Ces povres gens sont fort molestez à présent. Une bonne partie est en piteux estat. Je n'ay garde de les excuser entièrement, mais on exige ung serment vague qu'ilz respondront de tout ce qu'ils seront enquis[1], et se sert-on de la puissance que le droit civil donne aux Magistrats et de l'exemple de Genève. Comme ainsi soit qu'ils estiment que ceste vigueur se doit exercer seulement contre ceux qui sont accusez de crime, qu'ils craignent qu'on les pourra interroguer de choses qui ne valent pas qu'on interpose le nom de Dieu si ce n'est en vain, qu'ils s'appuyent sur les loix fondamentales du païs qui ne permettent que le serment soit déféré à personne pour s'accuser soymesme, qu'ils sont persuadez qu'ils ne seront interroguez de rien d'aultre que de l'opinion qu'ils ont de la primauté des Évesques et des cérémonies receues en ceste Église et là-dessus préssez de soubscrire à certains articles contre leur Conscience, ils refusent tout à fait de le prester, endurent d'estre démis de leurs charges et serrez en des prisons estroittes et obscures. Il y a des marchands et bourgeois de Londres qui sont en peine pour avoir esté descouverts contribuer à leurs nécessitez.

Mais vous entendrez plus amplement combien grandes sont les povretez et contentions de part et d'aultre en ce Royaume par Mons. Lect, lequel se prépare maintenant pour son partement. Iceluy a esté contraint de dévorer beaucoup d'ennuis et fascheries, et s'estant porté en sa charge fidèlement a acquis envers ceste nation grande louange de dextérité et diligence. J'eusse désiré qu'il fut demeuré encor quelque temps pour recueillir ce qui proviendra de la libéralité des Églises d'Écosse et le

---

[1] Il s'agit du serment *ex officio* imposé à ceux soupçonnés de Puritanisme, voir *suprà*. Tome 1, p 243.

demeurant de la collecte de ces provinces. Néantmoins veu l'espérance qu'on luy donne de Hollande et Zélande, lesquelles méritent bien sa présence pour quelques septmaines, veu le temps de la foire qui approche et la commodité des marchans qui se présente, veu le long séjour et le peu de fruit qui ne respond point à son attente, il a trouvé bon de se retirer, et m'a prié de suppléer à son desfault, et a adverti ceux qui amassent le reste de la subvention de s'addresser à moy et m'apporter les deniers. Je vous puis asseurer que j'ay regret d'estre séparé de celuy que j'aime et honore, que je me fusse bien passé pour l'égard de ma personne de ceste commission pécuniaire. Cependant comme il n'est pas raisonnable que la République demeure si longtemps destituée d'un de ses Conseillers, et qu'il fault préférer le bien public à son particulier, je lui ay promis de solliciter et faire tout ce qui me sera possible. La piété m'y oblige. Partant je délibère pour m'acquitter de mon debvoir, ne me feindre point à semondre, rechercher et faire tenir promptement et seurement tout ce qui me sera délivré. Madame Baron a donné à Mons. de la font. 100 L. pour vous envoyer, d'autant qu'il y en a $33\frac{2}{3}$ qui sont destinés à vous, que le reste se doit distribuer entre les frères Ministres qui sont de vostre corps selon que vous les cognoistrez plus nécessiteux, qu'il n'y a eu moyen de les bailler au Sr Croppet, que nous avons jugé que la somme courroit grandes risques avec Mons. Lect et qu'elle n'arriveroit pas plus tost, qu'il n'estoit pas mesme expédient que luy ne nul aultre le cogneut, nous avons délibéré de nous servir de la voye de Hambourg et joindre ces deniers avec d'aultres que nous attendons de la Rochelle pour vos povres selon l'advis qu'on nous en donne.

Quant aux affaires de la France certes nous ne pouvons dissimuler que Dieu ne nous donne de très beaux commencemens. Néantmoins les papistes qui suivent le parti du Roy prennent des conseils qui pourront donner de grands empeschemens tant pour l'establissement du Roy que celuy des Églises. Le prétexte est qu'il est abandonné de ceux de sa religion et d'Allemagne et d'Angleterre, combien qu'on descouvre qu'ilz font des menées à ce que nuls estrangers entrent au Royaume, craignans qu'avec une telle armée la loy leur seroit faite, et demandans d'estre toujours les plus forts pour avoir les nostres inférieurs à eux. Ce bon prince nous a fait advertir que nous eussions à prier pour luy, affin que Dieu le fortifie, qu'il est pressé pour les causes susdittes de satisfaire à trois choses qu'on requiert de luy, assavoir d'escrire au pape et employer les princes d'Italie qui s'offrent pour moyenner quelque accord. Ca où cela ne pourroit avoir lieu, consentir à ce qu'ung primat soit establi en la France. Et qu'en bref ung Concile national soit assemblé auquel se vuident les controverses des deux religions. Le danger est évident en tous ces points, parquoy il fait ce qui luy est possible pour l'éviter. Les traverses qu'on luy donne sont grandes et a bon besoing de l'assistance de Dieu pour les surmonter; sur ces difficultez il a fait scavoir aux Églises de Dieppe et Caen molestées pour l'exercice de la religion et ayans leurs recours à luy, que pour ce temps il ne veut ni ne peut donner permission de s'assembler en la ville jusques à vint personnes ni empescher que recerche ne se face de ceux qui s'assembleront. Au reste Mons. de Beauvoir semble prendre de mauvaise part que vous ne luy ayez point escrit. Il est advenu que Mons. de la font. luy a fait voir toutes les lettres communes que nous avons receu de vous; là dessus il est entré en ceste jalousie. J'eusse désiré que cela n'eut pas été fait, comme aussi il n'estoit pas grandement nécessaire, n'estoit une très grande et très estroitte familiarité et communication qui est entr'eux. Vous cognoissez le personnage et avez plus grande expérience de luy que nous. Quand vous daignerez luy mander quelque mot de letre, cela fera fermer la bouche et ne nuira point, en sorte toutesfois que je remets le tout à vostre prudence et discrétion. Or après vous avoir salué bien humblement et toute vostre sainte Compagnie, je prie le Seigneur, Monsieur, qu'il vous ait en sa sainte garde et protection.

De Londres ce 22 de Juilliet 1590, vostre à vous servir et obéir.

J. CASTOL.

Mons. Lect à nostre requeste s'est entremis de retirer vos livres, après plusieurs voyages et poursuites il les a obtenu et les emporte avec soy.

A Monsieur, Monsieur de Besze, A Genève.

(*Lettres de Théodore de Besze, originaux et copies. Lettres escrites audict de Besze.* — *Collection Dupuy*, 104 feuillets 113, 114. Bibl. nationale de Paris.)

III.

(12 août 1591.)

« Monsieur, j'ay receu les vostres du 24 de may par lesquelles m'exposez d'un costé vostre délibération de respondre au livre de Saravia et de la manière en laquelle cela se doit faire. D'aultre part l'adversité extrême en laquelle vous estes réduits et qui devroit avoir assez de force pour esmouvoir ceux qui se disent chrestiens s'il y avoit quelques entrailles de compassion en eux. Pour le premier, j'espère que le livre que je vous ay envoyé par la voye de Nuremberg [1] ne vous aura pas donné nouveau conseil, mais bien aura peu avancer vostre résolution et exécution d'icelle. Vous vous pouvez hardiment asseurer que ces choses ne se font pas du mouvement d'un particulier, ains par l'authorité de ceux qui gouvernent l'Église. Je ne m'en suis point teu et en ay fait des plaintes où il falloit, et, comme ainsi soit qu'on ne tienne conte de supprimer cest opprobre et vitupère lequel on attire sur la doctrine de vous et de Mons. Calvin, je crois qu'il est temps de se mettre en debvoir pour la défense de ce point de vérité, que nous ostions toutes opinions sinistres de l'esprit des ignorans et infirmes, que nous consolions et resjouissions ceux qui sont abbatus par rigueur et menaces et que nous ne permettions pas que les adversaires triomphent à l'encontre de l'équité de nostre cause. Je vous ay desja escrit et le fais encor, que l'exemplaire Anglois est bien plus atroce et injurieux que le latin parce qu'on ne demande rien d'aultre, sinon que le peuple mesprise les bons serviteurs de Dieu ; or je ne suis pas celuy qui présume vous donner advis de ce qui est expédient que vous fassiez, je le prendray tousjours de vous. Cependant, si la chose étoit déduite avec ses parties, comme je la vous faisois entendre par mes dernières (car je vous exprimois les fondemens de la controverse), sans faire mention des personnes et avec une déclaration du tort qu'on vous fait d'estimer que vous entreprenez de faire la loy à toutes les Églises au fait du régime et gouvernement d'icelles, je crois que Dieu béniroit merveilleusement vostre travail, et que ce seroit une œuvre digne de vostre aage, de l'expérience que vous avez et utile à la postérité. Quand vous prendriez occasion d'insérer en la préface du traitté l'epistre que vous avez envoyée à l'Archevesque il y a cinq mois, et qui est sainte

[1] Il y a environ quelque dix septmaines. (Renvoi en marge).

et convenable au degré que tenez, il me semble que cela ne seroit pas hors de propos pour faire honte à ceux qui sciemment vous accusent faulcement. A cest effect je vous envoye la copie pour y adviser.

La raison qui m'induit à presser cest affaire est l'advertissement trop certain que nous avons de tous costez que le mal se respand quasi partout. Les gentilshommes de la religion qui sont près du Roy et en France ne font estat d'aultre livre que de celuy d'Eraste. Peucerus et aultres ministres d'Allemagne l'ont fait valoir d'avantage par leur approbation, adjoustans qu'il estoit impossible d'y respondre. Ainsi, pour éviter tous désordres à venir, je désirerois qu'on mît la main à cest argument une bonne fois pour toutes. Du second, qui est la povreté et misère du public et des particuliers, certes je frémis tout en moy quand j'y pense, et notamment en ce temps auquel on tient que l'armée d'Italie passe les monts, et, pour aultant que, sans aucun soupçon je me puis librement descharger envers vous, je ne vous dissimuleray point ce que j'apprins et cognois. Jusques icy on a regardé entre aultres aides la France et l'Angleterre; d'espérance en ce païs il n'y en a plus et est une chose incroyable de voir l'altération et changement des volontez; il n'y a point de doubte que les charges qu'on soustient sont insupportables et que cela ne peut durer longtemps, les moyens défaillant à toutes sortes de personnes, cependant le pis est que les affections sont entièrement aliénées, l'ancienne piété et charité sont presques toutes esteintes. Quant à la France, je tiens pour tout certain que le Roy très chrétien a grand soing de la conservation de vostre ville, aussi à la vérité il y est obligé; néantmoins son impuissance et foiblesse ne vous est pas incognue : je parle de la saison en laquelle nous sommes, et nous nous trompons de nous promettre secours de celuy qui ne l'a pas pour recouvrer ce dont il est despouillé et qui luy apartient. Considéré l'endurcissement du peuple et des ennemis, considéré le peu d'union qu'il y a entre ceux qui se disent estre de la religion, il est aisé de prévoir selon le jugement humain que nos troubles et afflictions ne finiront pas en nos jours, et que ce bon prince aura une continuelle résistance pour ne se voir jamais paisible en son Royaume. Je veux qu'il ait et faculté et argent, tant y a que je crains que son Conseil qui est très malsain ne permette pas qu'il l'employe comme nous vouldrions; partant je vouldrois qu'on pensast à prendre quelque bon conseil et pourvoir ceste République de quelque aultre appuy subsidiaire par le moyen duquel elle continuast estre retraitte des gens de bien, un bien petit nid de l'Église, la pépinière de plusieurs provinces pour l'advancement de la piété, et une bride aux ducs de Savoye pour arrester leur ambition violente...

«... Les affaires de la Bretagne ne vont guères bien; les François et les Anglois qui y sont ne peuvent accorder; l'infanterie françoise est toute desbandée. On nous a fait peur de la mort de Mons. de la Noue, tout ainsi que s'il eût esté tué devant le chasteau de Calande, mais nous ne le pouvons croire; les yeux de tous sont fichez au succès que le Roy aura du siège de Noyon; s'il est contraint de s'en retirer, cela descouragera plusieurs qui le suivent, et diminuera beaucoup de sa réputation; si Dieu met la ville en sa puissance, nonobstant les grandes forces de l'ennemi qui n'en sont guères loing, nous attendons que son dessein soit contre Rouan à cause des grands appareils qui se font. Ceux qui sont dedans n'en pensent pas moins et s'y préparent. La Roine a envoyé en France le conte d'Essex avec 3000 hommes de pied et 300 chevaux. Mons. l'Ambassadeur et Mons. de la Fontaine vous escrivent plus amplement de ces choses, et pourtant je feray fin, priant l'Eternel, après vous avoir humblement salué avec toute vostre sainte compagnie, qu'il luy plaise,

Monsieur, vous vouloir conserver en bonne et longue vie pour sa gloire,

De Londres, ce 12 d'Aoust 1591.

Vostre à vous servir

JEAN CASTOL.

«Après avoir achevé de vous escrire, Mons. l'Ambassadeur m'a envoyé les lettres qu'il a receu de Mons. Téligny, par lesquelles il lui signifie que son père estoit mort le jour devant qu'il vînt au lieu auquel il estoit; Dieu veuille que le décès de ce personnage ne nous soit quelque présage de maux! Nous avons fait ceste année deux pertes notables, l'une de Mons. de Champdieu, l'aultre de Mons. de la Noue: le Seigneur nous espargnera ceux qui restent, s'il luy plaist. J'avois oublié de vous dire que nous sommes très aises d'ouïr que vous mettez en lumière vos sermons de la Passion, il y a longtemps que nous les désirons. J'ay aultresfois veu entre les mains d'un messer qui fait à ceste heure profession de la médecine un sermon vostre du péché contre le Saint-Esprit. Ceste doctrine est un peu enveloppée ; s'il vous plaisoit de le donner aussi à l'Eglise, il n'y a point de doubte qu'il ne luy fût utile et profitable.[1] »

(Bibliothèque de M. Henri Tronchin, à Bessinge près Genève, ms. n° 6, fol. 69, 70).

IV.

(29 févr. 1593.)

« Monsieur, nous avons receu vos letres et exemplaires lesquels vous nous avez envoyé la foire passée. Du depuis nous n'avons eu que matière de plus grande crainte et tristesse ; on a mis en lumière une Lamentation de l'Église Anglicane en latin où vous êtes indignement traitté. Souclivius a fait imprimer une certaine response en anglois à une supplication qui devoit estre présentée à Sa Majesté qu'il luy pleust donner ordre que tant de contentions prissent fin ; mais en icelle il jette son poison au long et au large, et ce avec authorité publique ; il n'a que feu et sang en la bouche, il accuse les gens de bien d'abolir les principaultez et seigneuries, destruire l'Église, introduire en cest Estat une ignorance brutale, establir une primaulté au lieu où vous estes, dont ils tirent leurs offices et ordonnances. Ce seroit peu de chose que tout cecy, mais il se prend à vos Églises et gouvernement, abbaye contre les morts et vivans. Et combien que pour nostre esgard nous ayons usé de nostre liberté avec toute la modération qui nous a esté possible tant à ce que ceux qui demandent la réformation ne portassent pas envie à icelle, qu'aussi pour faire qu'elle ne fût point griefve et fascheuse à ceux qui nous l'ont donnée, néantmoins il nous condamne de sédition et rébellion d'avoir en ce Royaume une aultre forme de discipline que celle des Évesques. J'ay prié celuy qui est au plus hault degré de vouloir espargner vostre nom, celuy de feu M. Calvin, avoir pitié des playes de l'Église qui ne sont desja que trop grandes, considérer que nous nous exposons en risée aux ennemis de l'Évangile. Je luy ay remonstré qu'on changeoit de subject, qu'on ne suivoit pas l'équité qu'il avoit tenue, qu'il y avoit danger d'un scisme manifeste, que les Églises delà la mer ne permettroyent pas que la cause commune fût ainsi renversée, que l'exemple de ceux d'Allemagne nous menaçait d'un mal trop proche et manifeste. Mais je n'ai de rien profité,

---

[1] Le passage sur le médecin Auger et ses tendances chiliastes, reproduit au Tome 1, p. 276, est extrait de cette lettre.

et vois que ces gens-cy ont délibéré de dénoncer la guerre ouvertement, non pas à quelques personnages en particulier, ains à l'ordre qui est receu et establi en France, par delà, en Escosse, et ailleurs. Je vous eusse envoyé le livre susdit en latin, mais il n'eût fait que vous apporter plus grand ennuy et fascherie, et crois qu'il n'est pas besoin qu'aucun prenne la peine d'y respondre; je me suis contenté de vous faire tenir et à Mons. Lect une copie d'une petite préface qu'on a mis au commencement de la traduction de la Bible par M. Junius et vous, et nouvellement imprimée en ceste ville, pour vous faire voir l'estat auquel nous sommes et que c'est que vous vous pouvez promettre de ceux *quorum Deus* VENTER; j'ay aussi adjousté quelques thèses de M. Rotan et les procédures tenues au Synode de la Rochelle, non pas pour affection que j'aye de publier les infirmitez de mes frères, car je n'ay jamais escrit ni estimé de luy qu'honorablement, mais bien du désir que j'ay qu'il soit en bonne opinion et réputation entre les gens de bien.

Au reste Saravia a entrepris une œuvre odieuse, car il escrit contre le livre de *Vindiciæ contra tyrannos* et le petit traitté *de jure magistratus in subditos et subditorum in magistratum*[1], lesquels deux vous sont attribuez comme estant l'autheur principal, et au petit discours de Buchanan *de jure regni Scotici*. Son but est de vous descrier et rendre vostre doctrine, notamment de la discipline, suspecte et désaggréable à tous à quelque prix que ce soit, et les temps sont si fascheux que nous n'y sçaurions donner empeschement. Un seul en toute la cour fait quelque semblant de nous favoriser, cependant nous sommes certains qu'il a l'âme renversée, qu'il s'entretient avec les aultres, et craignons de nuire à la justice de vostre cause qui est la nostre par la turpitude de sa vie. Souclifius se propose de répliquer à vostre dernière œuvre, n'ayant point de honte en ses escris anglois de chanter le triomphe devant la victoire. Le Seigneur confondra, s'il luy plaist, ceux qui troublent les siens, et sa paix sera sur son Israël à jamais. En Escosse les affaires vont fort mal, le Roy n'estant ni aimé n'y honoré de ses subjets, ceux-cy ne demandent pas mieux, pensans que la condition présente durera à jamais. Je mande les mêmes choses à Mons. Lect, partant je vous prieray que les miennes soyent communes à tous deux. Après avoir

---

[1] Titre altéré du *De Jure magistratuum in subditos et officio subditorum erga magistratus*.

bien humblement salué vous et toute vostre sainte compagnie, je prieray le Seigneur,

Monsieur, qu'il vous ait en sa sainte garde et protection.

De Londres, ce 29 de feb. 1593.

Vostre à vous obéir
JEAN CASTOL.

« Les estats se tiennent, en l'entrée desquels la Roine fit défense de toucher à la succession, Église et estat des Évesques, qui est la cause que trois bons personnages ont esté constituez prisonniers avant-hier pour avoir mis en avant quelques propos tendans à la suppression des livres et volumes entiers diffamatoires contre vos Églises et à la réformation, que l'Évangile soit presché, le peuple pourveu de pasteurs, d'aultant que les deux tiers d'Angleterre sont sans doctrine »

(Bibl. de M. Henri Tronchin, à Bessinge, près Genève, ms. n° 6. *Lettres de divers à Théodore de Bèze et de lui à divers*, fol. 71).

N° XXX.

PROMESSE DES ÉTUDIANTS.

«Nous soubsignez promettons à la Compagnie des Ministres, anciens et diacres de l'Église de la langue francoise recueillie en Londres que, reconnaissans la faveur que nous recevons de Dieu par le Ministère d'icelle d'estre entretenus en l'Estude des bonnes Lettres pour nous préparer au Ministère du Sainct Évangile, nous nous emploierons en toute diligence et fidélité à vaquer à l'exercice de nos dictes estudes, nous gouvernans par le Conseil de ladite Compagnie et de ceux auxquels par Icelle nous serons adressez, promettans aussi comme devant Dieu d'employer le fruict de nos labeurs et des dons que Dieu nous aura communiquez, à l'Édification de l'Église, selon le Conseil et advis de ladicte Compagnie à laquelle pour cest effect nous nous submettons. Fait et signé en tesmoignage de vérité au consistoire de la dicte Église. A Londres ce 25ᵉ de Juillet 1583. Matthieu Scarron, Samuel Le Chevalier, Aaron Cappel.»

(*Bibl. de Genève.* M. f. 197 ᵃᵃ, portef. 2.)

N° XXXI.

JUGEMENT DU COLLOQUE SUR L'ÉGLISE DE NORWICH ET SON PASTEUR BASNAGE.

« . . Sur les Raisons qu'auroyent eu les Anciens de l'Eglise de Norwich de procurer la convocation du Colloque et M. Basnage de la refuser, avec plusieurs autres griefs et plaintes proposées de toutes parts, les Frères députez des autres Églises leur ont demandé s'ils vouloyent se soumettre à leur jugement et acquiescer à la sentence qu'ils en donneroyent en la crainte de Dieu, pour ôter les causes du mal et établir un bon ordre en leur gouvernement : Or comme ainsi soit qu'ils l'ont tous acordé et Ministre et Surveillans avec protestation, Nous avons prononcé de tous les faits et diferents de la manière qui s'ensuit.

« D'autant que de toute ancieneté les Synodes et les Colloques ont été les Liens et apuys de l'union et concorde des Églises, contre les Schismes, Hérésies et autre inconvéniens ; Et que le cors du Consistoire de Norwich est divisé, le ministre contre les Anciens, les Anciens contre le Ministre, non pour la Doctrine (loué soit Dieu) ains pour quelques devoirs prétendus d'une part et d'autre avoir defailli, pour la droite administration de la Discipline, et sur lesquels ils ne se pouvoyent acorder ensemble, ni vuider leurs diférens : Après avoir ouï paisiblement les demandes et réponses, et examiné en la crainte de Dieu les alégations et preuves, Nous trouvons que les Surveillans ont eu juste ocasion de procurer la convocation du Colloque, Et que les frères de Londres avec un grand zèle et prudence l'ont dénoncé, pour être tenu en cette ville, afin qu'on sache qu'il n'y a rien qui empêche que selon les ocasions on ne s'assemble diverses fois en un même lieu. Nous interprétons avec charité les Raisons pour lesquelles Mr Basnage n'a pas voulu se joindre avec son Consistoire. Néantmoins nous eussions désiré qu'il eût condescendu au désir d'iceluy puisqu'il avoit demandé son congé, quelque conditionnel qu'il fût, sans plaindre les frais et labeurs des autres Églises, veu qu'elles ne les plaignent pas pour le désir de la pais et conservation du Saint Ministère. Si bien que nous ne pouvons aprouver la soumission qu'il a faite, nous n'entendons pas aux Diacres pourveu qu'il y eût moyen de les accompagner de quelque nombre d'Anciens, ains à quelques-uns du Peuple ; Et ne peut ignorer que de tout tems les diferens Ecclésiastiques (et celuy-cy est de cette espèce) ne se peuvent vuider par ceux qui n'ont point de charge en l'Église; Actes des Faits particuliers, art. 2 du Syn. nat. de France, Lyon 1563; Et toutes les ouvertures sont pernicieuses, ne tendant qu'à une Anarchie populaire, éloignée de la gravité et l'ordre qui doit paroître au Gouvernement de l'Église.

« Or nous ne dissimulerons pas que trop juste matière de tristesses et doléances nous est donnée à cause des désordres survenus depuis quelques dix mois, pour avoir méprisé le règlement qu'on avoit donné au dernier Colloque pour l'exécution des charges du Ministre et Anciens au Consistoire, lesquels ont été répandus comme par contagion sur le général de l'Église : De sorte que nous, ministres de Christ et coadjuteurs en l'œuvre du Seigneur, adjurons au nom de Dieu, et par l'authorité qu'il nous donne, Ceus qui cette année ont eu la conduite du Troupeau, et Pasteur et Surveillans, d'aviser comment ils pourront devant le trône du Dieu vivant décharger leurs consciences d'ignorance, légèreté et malice. Nous désirons que quelques uns des Anciens ayent meilleure opinion de M. Basnage qui travaille pour leurs âmes; le préviennent par honneur; ne soyent point contentieux, et commandent à leurs afections, pour ne résister point au mal avec violence, ains le surmonter par douceur et clémence. Nous requérons que M. Basnage enseigne l'Évangile sans artifice humain par trop curieus, et éloigné de la Simplicité Apostolique; qu'il ne soit point Soupçonneus; que nulle parole de risée qui est sans édification et profit ne sorte point de sa bouche; Qu'il ne soit point adonné à son sens; Qu'il préside tellement au Consistoire qu'il soit miroir de modestie; Qu'il ne domine point sur ceus lesquels l'Esprit de Dieu luy a ajoint pour entretenir l'Église, afin qu'il n'en fasse pas des Idoles (Ilotes?); Qu'il soit amateur des bons et entier en toutes ses actions; Bref que tous conversent comme en la maison de Dieu; sans ressembler à ce serviteur lequel voyant son Maître tarder longtems est outrageus et dissolu envers ses compagnons. Que si après avoir fait tant de devoirs, les brebis du Seigneur viennent à se dissiper, par l'orgueil et outrecuidance de quelques-uns, Nous promettons que nos Eglises ne se lasseront point de bien faire, et employeront ce que Dieu leur donnera pour découvrir ceus qui gâtent tout : Mais dez maintenant nous apelons ciel et terre en témoignage, que nous sommes inocens du sang de ceus qui voudront se perdre, et envelloper les autres en leurs crimes. Et afin que (de) nos délibérations sorte plus grand efet, Nous ordonnons que toutes choses demeureront du tout ensevelies; Et qu'en signe de réconciliation on donne les mains les uns aus autres. Que Monsr Basnage le premier, comme celuy qui doit servir de lumière, demande l'amitié de ses Anciens, avec promesse de conformer ses Actions et paroles à la règle de charité : Que les Anciens témoignent de l'embrasser de tout leur cœur et luy vouloir porter la révérence qui luy apartient; Qu'en chaque censure et en la présence des Diacres lecture soit faite des Articles du devoir réciproque du Ministre et Anciens faits en la dernière convocation, et couchez par écrit aus Registres de leur consistoire; Que les Anciens qui entreront de tems en tems soyent tenus avec le Pasteur de s'y assujettir, Et les Diacres tiénent soigneusement la main en telles Assemblées qui se font quatre fois l'année, à ce qu'ils découvrent si quelcun soit Ministre ou Ancien contrevient à l'observation d'iceus pour le réprimer[1]; Que Monsr Basnage déclare au sermon Dimanche prochain, auquel la Cène sera administrée en signe d'union, que ce Colloque a eu juste occasion de s'assembler, afin que le peuple désiste de blâmer personne, que plutôt il loue Dieu de l'amour que luy portent les autres Églises de notre langue recueillies en ce Royaume : Qu'il donne avertissement que ses Anciens sont d'accord avec luy, et luy avec les Anciens, Lesquels n'ont demandé et ne demandent rien d'autre sinon que son Ministère soit utile et profitable; Requérant qu'on ne les aye point en mauvaise odeur, mais qu'on les reconnoisse serviteurs de Dieu, afin qu'ils poursuivent leur vocation avec alégresse; Finalement qu'il promette de ne controller point les actions de ces derniers Colloques, de fermer la bouche à ceus qui en voudront médire, de ne consentir point; ains empêcher de tout son pouvoir toutes factions et menées populaires, conventicules, Assemblées secrètes et clandestines, faites au desceu de ceus qui ont la conduite de l'Église, quelque couverture qu'on leur donne. Et en aprobation de ce que dessus, signent tous avec les Députez des autres Églises deus exemplaires de cette Sentence, dont l'un demeurera aus Actes du Consistoire de Norwich, l'autre sera gardé avec les autres papiers par les Frères de Londres.

[1] Le Colloque conférait ici aux Diacres une autorité inaccoutumée et accentuée encore dans l'article suivant, celle de juger de la conduite du Ministre et des Anciens et en cas de contravention de « donner soit au ministre, soit aux anciens, délinquants, censures convenables à leur mépris. »

Déclaration faite, le Dimanche 21ᵉ d'Avril par Monsʳ Basnage pour donner quelque contentement au Peuple, et témoigner de la réconciliation mutuelle entre luy et ses Anciens.

« Le Diable qui est un énemi fin et caut, ne cherche qu'à jeter de la mauvaise semence au champ du Seigneur, afin d'étoufer la bonne, tandis que le maître fait semblant de n'y prendre pas garde : Et pleût à Dieu que nous fussions allez au-devant de luy, ou bien que nous eussions soutenu son assaut, non pas avec tintamarres et crieries pleines de menées et contentions, ains avec un esprit contrit et désolé ; d'autant que cet adversaire ne quite pas la place, et ne se rend point sinon par jûnes et oraisons. Or Dieu nous a prévenus en nos maus, et ces deus dernières années mis au cœur des autres Églises de notre langue en ce Royaume d'acourir hâtivement à notre secours, et aporter de l'eau en nos embrasemens. En la précédente année notre état n'étoit guère bon, car déja les mécontentemens et désordres prenoyent racine : Et les Frères du Colloque terminèrent nos diferens avec une grande équité et droiture, et comme la gloire de Dieu et l'édification de l'Église le requéroit. Les fondemens de ce jugement ont été légitimes, combien qu'ils soyent cachez à plusieurs : il n'est pas raisonnable que pour cela personne gronde. Les Pères ne sont pas toujours tenus de rendre raison de leurs faits à leurs enfans ; Il sufit qu'ils conoissent qu'iceus raportent tous leurs soins à leur bien. Que s'il y a quelques-uns qui murmurent comme Coré, Datam et Abiram, nous dénonçons que l'Église de Dieu n'a point telle coûtume. En la présente notre condition n'a pas été trouvée meilleure, plutôt pire, pour les aigreurs et distractions violentes par lesquelles nous savons quelles mauvaises influences sont épandues au large, et sans y penser mettent en pièces le cors de Christ : Dieu ayant voulu nous humilier avec l'expérience de notre corruption et impuissance, à ce que grands et petits, hommes et femmes, jeunes et vieus, riches et pauvres, aprenions désormais de prendre soigneusement garde à nous, et parachever notre salut avec crainte et tremblement.

Pour ces causes donc nous vous déclarons, que par une singulière providence du Seigneur, et fort à propos, la convocation a été faite en ce lieu ; et avons tous argument de nous réjouir de la présence et assistance d'icelle, en laquelle les autres Églises ont donné un bel efet de la sainte et étroite union qu'elles ont avec nous : Et parce qu'il y en a plusieurs, lesquels jetans les yeus sur nous qui avons la conduite du

Troupeau du Seigneur, s'atendent d'avoir quelque témoignage du bien et profit que leur auroit produit cette Assemblée, et qu'il n'est pas séant que nous cachions la lumière, mais que les premiers fassions paroître la faveur de Dieu envers nous, pour mettre en votre cœur matière de liesse, et en votre bouche sujet d'action de graces au Seigneur; Je vous signifie maintenant, que toutes ofenses étant ôtées au cors du Consistoire, les Anciens sont de bon acord avec moy, qui suis votre Pasteur, et moy avec les Anciens; et qu'iceus n'ont cherché et ne cherchent encore rien d'autre sinon que tous nos comportemens et en public et en particulier soyent réglez selon la parole de Dieu et Discipline Eclésiastique, pour rendre notre Ministère utile et profitable. A raison de quoy, comme de leur part ils ont protesté de m'élargir le cœur de leur amitié, et tâcher de décharger ma vocation de blâme, je requiers aussi de mon côté que tous fidèles les ayent en bonne odeur, et les reconnoissent pour serviteurs du Seigneur, afin que tous puissions travailler en l'œuvre de Dieu pour votre salut avec alégresse. Vous n'ignorez pas, qu'en ce saint et sacré collége de Christ, les Disciples ont combatu de la primauté entre eus avec scandales; et qu'en ce couple de grands et excellens personnages, et apôtres, assavoir Paul et Barnabas, il y a eu de l'irritation, avec laquelle ils se sont séparez, quand l'un a voulu laisser l'autre retenir Jean Marc. Le Seigneur veut qu'il y ait une écharde en notre chair, un ange de Satan pour nous bufeter, à ce que nous ne nous élevions outre mesure. Cependant pour ce qu'il nous fait cet honneur de tenir le premier degré en son Église, et que nous pouvons être aucunement acomparez à la Tête du cors, pour les fonctions extérieures qui apartiennent au gouvernement Ecclésiastique, laquelle, quand elle est bonne, elle digère facilement beaucoup d'humeurs et exhalaisons mauvaises, quand elle est malfaite, elle ne peut les repousser, et étant infirme gâte tout le reste du cors; Bref que nous avons tant et tant d'ocasions de nous défier de nous-mêmes, au lieu auquel nous sommes, nous vous exhortons au nom de Dieu, que vous aidiez de vos prières, à ce que nous soyons ornez de dons et de vertus avec lesquelles nous soyons jalous de vous, et qui soyent propres à vous aproprier à un Mari, et vous présenter comme une Vierge chaste à Jésus-Christ; c'est à dire embellir l'Église sur laquelle l'Esprit de Dieu nous a constituez Évêques, et l'orner en toutes sortes, qu'il n'y ait ni tache ni ride qui viole l'honnêteté digne d'un peuple entier et sans coruption, purifié par la foy en la prédication de l'Évangile. »

« ... Sur la demande que M. Basnage a faite, que les Frères se voulussent employer à ce qu'il fust renvoyé en France, et que l'Église de Norwich ne demeurât destituée de Pasteur par son absence, les Frères ont trouvé bon luy signifier, que veu l'état auquel est encore la France ; veu la condition de sa personne ; veu la disposition de l'Église, laquelle au tems de sa nécessité auroit montré et montroit encore toujours grands témoignages d'amour en son endroit ; Il n'est pas expédient qu'il pense à son partement ; Que ce seroit une chose dangereuse si nous procurions envers les Eglises de Normandie qu'il fût rapelé ; Que nous ne voyons aucunes raisons pour lesquelles il doive le faire luy-même. Si Dieu a ordonné de le rétablir au païs il doit atendre sa vocation, laquelle il saura bien manifester en son tems, sans qu'il préviene la Providence du Seigneur ; et quand bien il seroit requis par sa providence (*province?*) d'aler en France, les Frères entendent que selon la promesse faite au Colloque précédent, il le doit faire paroître aux autres Églises de notre langue en ce Royaume, trois mois auparavant qu'il se retire, à ce qu'elles aient moyen de pourvoir au bien et conservation de ce Troupeau. »

(*Actes du XI*ᵉ *Colloque*. — 1594. — Articles 1, 2, 4 et 9).

N° XXXII.

LETTRE DE LE MAÇON DE LA FONTAINE AUX PASTEURS DE GENÈVE.

[Londres, 1ᵉʳ mars 1603.]

(*Suscription :*) A Messieurs et très honorez frères, Messieurs les pasteurs et ministres de l'Église de Genève, à Genève.

Messieurs et très honorez frères, le bruict du perfide attentat contre vostre ville et Église parvint incontinent jusques à nous, tant par lettres d'amis que par celles des ambassadeurs de Leurs majestez ce qui nous donna juste occasion d'en rendre dès lors action de grâces publiquement en nos Églises et d'en faire publier le discours en anglois, pour exciter les cœurs des gens de bien de la nation à louer Dieu avec nous d'une si notable et miraculeuse délivrance. Cela a esté suivi de vos lectres du XVIIIᵉ de janvier, receues de nous le XXIᵉ de février et lesquelles promptement je communiquay à mes frères de l'une et de l'aultre langue. Ne doubtez poinct, s'il vous plaist, très chers frères, qu'avec touz soing et diligense nous ne nous acquittions tres volontairement de ce devoir. Ce sera à vos seigneurs et à vous, messieurs, d'accepter ce que nous pourrons faire, bien que, peult estre, il ne satisfera à vostre attente et au prix d'ung si grand affaire. Le siège d'York est maintenant vacant. Mes^{srs} l'archevesque et évesque de Londres promettent faire ce qu'ilz pourront : je ne vous puis pas promettre de quelle franchise, ni avec quel effect, pour leur esgard, veu entr'aultres causes les charges très grandes du clergé. Toutesfois, ni là, ni en tous aultres moiens, nous ne manquerons, s'il plaist à Dieu, de diligense. J'escry à vos seigneurs ce que j'ay eu pour responce de Monsr Cecylle, lequel estant celui qui plus peult en ceste Cour, se pleint que l'on n'a envoié quelqu'ung avec les lettres, qui fust authorizé pour ceste collecte et instruict des poinctz qui concernent le publicq des affaires. Je croy bien que vos seigneurs, veu leurs grandes charges, regardent avec grande raison à l'espargne, spécialement estans incertains de ce qui se pourra obtenir. Mais nul ne peult prendre la charge ou avoir créance de recevoir entre les Anglois sans estre aucthorisé. Moins encores respondre, à ce qui concerne les affaires politiques et l'utilité qu'on peult icy attendre de ceste guerre, qu'ilz constituent pour leur regard en l'empeschement du passage des forces d'Italie pour les Pais Bas, de quoi s'ilz pouvoient concevoir asseurance, à ce qu'ilz se disent, i[ls] s'emploieroient en ce qu'on demande beaucoup plus libéralement. Et je le croy en vérité, ne fust-ce sinon ce quilz jugent que cela pourroit rattacher nostre France à la guerre contre l'Espagnol. De moy, je n'ay que leur respondre sur cest affaire, mais bien à presser le secours particulier et la défence de ceste pouvre ville et Église. On me respond qu'il ne fault pas creindre que le Roy et vos voisins vous vueillent laisser perdre, pour l'intérest qu'ilz y ont, et je presse qu'en laissant ce que pourront faire les Estats et princes intéressez au dehors, nous avons à procurer que ceste pouvre petite cité, veue sa pouvreté, au milieu de tant de pattes, soit secourue pour sa défence au dedans, aux fortifications, munitions de guerre, provision de vivres, entretènement de quelques garnisons et soulagement des pouvres. Je vous représente ces discours plus particulièrement, afin que par là vous jugiez tant mieux de ce qu'on peult icy espérer, et que vous en parliez selon vostre prudense. Pour le regard de nos Églises estrangères, j'espère que nostre contribution sera les prémices de la moisson de ce païs. Mais, sur tout, voians et reconoissans l'importance de ce faict, avec actions de grâces pour le passé, nous renjoingnons pour l'advenir nos prières avec les vostres à ce qu'en frustrant l'attente sanguinaire des ennemis, il nous ouvre de plus en plus l'esprit et la bouche pour, en vostre delivrance, célébrer ses œuvres admirables. Luy mesme vueille bénir vostre saintz ministère, Messieurs et très honorez frères, à sa gloire et au bien de son Église.

A Londres, ce premier de mars 1603.

Vostre très affectionné frère, serviteur et amy

R. Lemaçon de la Fontaine.

(*Bibl. de Genève*, Mss. fr. 197ᵃᵃ, portef. 5, original autographe.)

N° XXXIII.

(23 sept. 1611.)

Illustrissime vir,[1]

Heri longas literas misi de variis rebus. Haec scriptio ut repentina, ita et brevis erit. Opto te valere cum tua et tuis omnibus. Ego miserrimam vivo vitam, sine libris, sine studiis et fere Regem sequens. Mora diuturnior meorum me enecat. Plane ὁ ἐμός βίος ἀβίωτος. Studia funditus perierunt. Neque est aliquid τῶν ἀντίων ὑπωτερπνον ut es oblecter. Narro autem tibi, sed κρυφα και μωνω. Liber noster κατατῶν Λωϊολιτῶν brevi isthuc mittetur. Sed typis expressus, non voluntate mea, verum Regis iussione

---

[1] Très illustre Seigneur, Je t'ai écrit hier longuement sur divers sujets. La présente, imprévue, sera courte. Je souhaite que tu ailles bien, ainsi que ta (femme) et tous les tiens. Pour moi je vis de la vie la plus malheureuse sans livres, sans études, et suivant d'ordinaire le Roi. Le long retardement des miens me tue. C'est une existence absolument insupportable pour moi, c'en est fait de mes études. Et dans ces choses contraires il n'y a rien d'assez agréable pour que j'en jouisse. Je te raconte cela à toi, mais secrètement et à toi seul. Mon livre contre les Loyolistes [2] sera bientôt mis au jour (ou te sera bientôt envoyé). Or ce n'est pas par ma volonté mais par le commandement du roi plusieurs fois répété qu'il a été imprimé. Le sort en est donc jeté. J'en ai été très affligé. Puis j'ai fini par en prendre mon parti. Car j'ai en moi un Dieu qui aime la vérité et hait les parricides. Pour le moment garde tout cela pour toi. Adieu très honoré seigneur et pardonne mon retard.

[2] Voy. *Fr. Prot.*, 2ᵉ éd., n° XXV (III, 820).

sæpe repetita. Jacta est alea. Dolui valde. Postea collegi me. Habeo enim
θεον ἐν ἐμοί et qui veritatem amat et parricidia odit. Hoc tibi uni volo esse
adhuc notum. Vale, amplissime vir, et festinationi ignosce.

Londini, IX Kal. oct CIƆIƆCXI.

Tuæ illustris dignitatis observantissimus
Js. Casaubon.

A Monsieur, Monsieur le Président de Thou, conseillier de Sa M{té} en
ses Conseils d'Estat et privé, etc. A Paris.

(Orig. aut. signée, inédite. *Bibl. du Protestantisme français.* Paris.)

N° XXXIV.

PLAINTES ET PROPOSITIONS CONTRE LES ÉTRANGERS.

Londres 1621-1622.

1621 — (Juin). Lettre au roi, demandant qu'un relevé soit fait, deux
fois par an, de tous les étrangers dans le royaume. — Exposé des inconvénients résultant de l'extraordinaire affluence d'étrangers, et proposition de nommer un officier pour les enregistrer et leur faire prêter serment. — Résumé des statuts de Richard III et de Henri VIII contre les marchands étrangers employant plus de deux ouvriers ou de quatre domestiques non sujets du roi. — Pétition de la Cité de Londres au roi se plaignant des pertes causées par des «aliens» vivant sous des conditions plus favorables que ses propres sujets : prière d'instituer une commission d'enquête sur les lois et constitutions les regardant, et de suggérer des règlements pour leur futur gouvernement. — Exposé, après enquête, de ce que les étrangers ont excédé les limites de la loi, et étant affranchis des charges publiques, s'enrichissent au détriment des sujets. Proposition d'instituer une commission pour étudier le meilleur moyen de les réprimer. — Exposé semblable, développé; les principaux points à redresser sont l'usurpation de la vente au détail et de la main d'œuvre, et leur non-soumission aux lois anglaises sur les apprentis. — Propositions de faire enregistrer chaque année, par les principaux officiers de chaque ville, le nombre des étrangers, leurs familles, serviteurs et apprentis, et de faire agir de même par les officiers des douanes à leur

arrivée ou à leur départ, avec paiement par les étrangers d'un certain droit. — Proposition d'établir un officier pour enregistrer tous les étrangers en Angleterre, les contraindre à prendre des apprentis, à ne vendre ni au détail ni aux foires, à prêter le serment d'allégeance, etc. — Memoranda (par sir Robert Heath) sur la manière de traiter avec les étrangers, vendeurs au détail, marchands en gros, tisserands et manufacturiers, et sur les droits à payer par eux, en empêchant la fraude. — Lettre à « Votre Honneur », exposant l'impossibilité où l'on se trouve de lever une taxe à la pièce sur les tissus fabriqués par les étrangers, et proposition de les soumettre plutôt, eux et leurs ouvriers, à un impôt mobilier trimestriel : « on désire aussi la destruction de cette invention diabolique des métiers, introduite par les étrangers, et qui mettant en œuvre de douze à vingt-quatre navettes à la fois, ruine beaucoup de pauvres gens. » — Exposé des privilèges usurpés par les étrangers contrairement aux lois du royaume, et proposition de légaliser quelques-uns de leurs privilèges, contre le paiement au roi d'une petite redevance. — Memorandum des matières à traiter dans le Conseil concernant les étrangers, et des règles à suivre à l'égard de ceux qu'on autorisera à rester. — Proposition d'instituer une commission pour exiger la prestation du serment d'allégeance et pour imposer aux étrangers certaines taxes annuelles, de façon à en décourager l'accroissement trop rapide, leur nombre rien qu'à Londres s'élevant à dix mille. — Motifs pour décider le roi à accorder une patente restrictive du commerce des étrangers. — Suggestions pour la réglementation des marchands étrangers : qu'on tienne un registre, révisé chaque année, de leurs noms, demeures et métiers, et que, malgré les interdictions des anciennes lois, on leur accorde des licences de trafiquer, mais à de certaines conditions. — Conditions et règlements proposés pour l'octroi de l'incorporation aux congrégations Hollandaises et Françaises d'étrangers en Angleterre : qu'ils ne vendront pas au détail, auront des apprentis, paieront une taxe de 12 d. par livre sur leurs bénéfices ; on devra favoriser les Français récemment immigrés à cause des troubles. — Proposition d'accorder l'incorporation aux congrégations Française et Hollandaise de marchands étrangers, à condition du paiement annuel de certaines sommes et de la soumission de leurs « *ordinances* » à l'approbation de l'archevêque de Canterbury et du Lord Chancelier. — Compte rendu (par sir Rob. Heath) : les étrangers dans Londres se répartissent en cent professions, et dans toutes les Anglais se plaignent qu'ils leur font perdre leur travail. Propositions d'y remédier par un enregistrement annuel des étrangers, un impôt trimestriel proportionné à leur situation, et l'interdiction de la vente au détail et dans les foires et marchés ; règles à adopter de même à Norwich, Canterbury, Colchester, Sandwich et Douvres. — Réglementation proposée, taxe trimestrielle, soumission aux lois d'apprentissage, défense de la vente au détail, taxe pour les ouvriers autorisés à travailler par eux-mêmes. — Règlements (dans le même sens) : approuvés par les Anglais et par les étrangers. — Extraits de certaines ordonnances proposées (au même effet). — Instructions par le roi sur la proportion d'impôt à payer par les ouvriers étrangers, 12 d. par livre.

1622 — (Janvier). Liste de 183 joailliers étrangers résidant à Londres, envoyée par les Directeurs de la Compagnie des orfèvres, avec l'exposé de leurs griefs sur la contrefaçon des bijoux, la vente au détail et par suite l'appauvrissement des orfèvres nationaux : demande de les obliger à ne travailler que pour des orfèvres anglais et à se soumettre aux ordonnances de la Compagnie. — Relevé des ordonnances de la Compagnie des orfèvres, d'Edouard III à Henri VIII, concernant les étrangers, extrait des livres de la Compagnie. — Liste des tonneliers étrangers employés dans les brasseries de Londres au détriment des pauvres anglais, envoyée par la Compagnie des tonneliers. — Exposé des griefs des horlogers de Londres, nombre et duperies des étrangers : requête qu'on ne les autorise à travailler que sous des patrons anglais et qu'on interdise l'importation d'horloges, avec liste de tous les horlogers de Londres. — Liste des brocanteurs étrangers. — Liste des étrangers marchands en gros, à Londres. — Pétition des corroyeurs de Southwark contre les Hollandais. — Liste des 27 couteliers Français et Hollandais, exerçant leur industrie dans ou près Londres et Westminster. — Rapport de la Compagnie des menuisiers, plafonniers et sculpteurs sur bois de Londres, sur les étrangers qui exercent ces métiers à leur détriment, avec liste annexée. — Juin : Requête au roi afin qu'il révoque son autorisation aux congrégations Hollandaises et Françaises d'exercer des industries dans les villes et prohibe l'importation des soieries étroites. — Sept. : Pétition au roi, contre les étrangers, des teinturiers de Londres, avec propositions de restrictions et de droits à leur imposer. Restrictions ordonnées par les Commissaires, d'accord avec la requête ; les teinturiers étrangers n'ayant pas fait leur apprentissage anglais, paieront des droits proportionnels, la

Compagnie des teinturiers de Londres marquant leurs produits, les enregistrant et recevant pour ce «une récompense».

(*Calendar of State Papers. Dom. James I*, vol. CXXI, 145 à 168. CXXVII, 12 à 21, CXXVIII, 46, 47, 60, CXXXI, 11, CXXXIII, 2 à 9).

(On a vu que Sir Rob. Heath répartissait en 1621 entre cent professions diverses les ouvriers étrangers domiciliés à Londres. Une enquête de 1616 trouvait dans la Cité cent vingt-et-une occupant 1343 de ces étrangers : il est vrai que dans quarante-sept métiers, il n'y a qu'un seul ouvrier étranger, dans dix-sept que deux, dans neuf que trois. La majorité est formée par les tisserands au nombre de 349, tailleurs 148, faiseurs de manches 64, cordonniers 43, teinturiers 39, brasseurs 37, bijoutiers 35 et orfèvres 20[1], lapidaires 25, couteliers 22, menuisiers 20, horlogers 17, faiseurs de fil 11, vitriers 10, armuriers 5. Il y a aussi 183 négociants, 16 maîtres d'école, onze peintres, dix médecins. *State Papers Dom.* Jac. I. vol. XCVIII, 113 et Durrant Cooper, *Lists of Foreign Protestants and Aliens*, p. V.)

N° XXXV.

PÉRORAISON DU SERMON DE PRIMEROSE SUR LA PAIX FAITE ENTRE L'HOMME ET DIEU.

«... Que les calamitez esquelles la discorde et partialitez ont plongé et presque noyé les Églises de là la mer nous soient des apprentissages de nostre devoir : Et pour vivre en paix entre nous, pratiquons en toutes les parties de nostre vie l'excellente exhortation de l'Apostre : *Cheminons dignement comme il est séant à la vocation à laquelle nous sommes appellez, avec toute humilité,* ainsi nous ne serons point faciles à nous courroucer, comme font les orgueilleux : *avec douceur,* et nous ne nourrirons point nostre cholère, encore que nous en ayons le subject : *avec un esprit patient, supportans l'un l'autre en charité,* estimans que comme nous avons nos infirmitez esquelles nous désirons estre supportez, nos frères ont aussi les leurs et nous demandent le support que nous demandons pour nous. C'est ainsi que suivant l'exhortation de l'Apostre, *nous pourchasserons les choses qui sont de paix et d'édification mutuelle.* Que si quelqu'un veut estre querelleux et contentieux entre nous, qu'il apprenne que nostre Dieu est le *Dieu de paix, qu'il nous a appellez à paix* et qu'*il hayt celuy qui met débat entre les*

---

[1] En 1622 la Compagnie énumérant 183 joailliers, l'augmentation rapide était très sensible et justifiait les craintes pour l'avenir.

frères, et cesse de riotter, pour ne troubler la paix de l'Église et de l'Estat de laquelle nous jouissons.

« Et n'est-elle pas admirable? Contemplez l'estat politique, Ecclésiastique, œconomique en ce Royaume : partout il y a paix, au lieu qu'ailleurs il n'y a que désordre et guerre : admirons que tout va bien entre nostre bon, sage et pacifique Roy et ses subjects; entre les graves, doctes et vigilans Pasteurs et leurs auditeurs; entre les parents religieux et leurs enfans obéissans; entre les maistres et leurs serviteurs. Hommes, femmes et filles peuvent aller par les rües de ceste grande, riche et populeuse ville de nuict sans escorte, sans compagnie, en aussi grande seureté que de jour. Parmy la presse et le tabut des allans et venans de jour, il n'y a autre bruit que celuy que font les chevaux, les charrettes et le nombre infiny de carrosses; ceux qui les conduisent, passans leur chemin en paix, et tous faisans leurs affaires en silence, sans faire ouïr leurs voix en rüe, bien qu'ils soient en rüe. Il ne se voit rien de semblable en autre ville quelconque hors de ce Royaume au reste du monde. Nous qui craignons Dieu, quand nous avons meurement considéré ces choses, trouvons assez de matière de quoi nous resjouir, de quoy nous escrier avec David, *Voicy ô que c'est chose bonne, et que c'est chose plaisante, que frères s'entretiennent mesmes ensemble.*

« Après que j'y ay bien pensé, il me semble que ceste concorde en vos familles, en l'Église, et en l'estat est un avant goût de la plaisance de la vie à venir, est un Paradis en la terre, au lieu que la discorde est un enfer, et convertit toutes délices en amertume.. Quand je voy que par la concorde des Docteurs, Dieu est invoqué en pureté, les affligez sont consolez, tout le peuple est endoctriné, l'Église est instruite en la saine doctrine, les vices sont ou bannis, ou tellement réprimez qu'ils n'osent montrer le nez, le règne de J. C. est advancé, et l'Antechrist contraint de se cacher, les subjects sont maintenus en leur devoir envers les puissances supérieures, au lieu que la Discorde entre les Doctrines des Pays-Bas a mis l'Église en telle combustion que le feu ne s'en peut esteindre.... je m'escrie de rechef: *Voici ô que c'est chose bonne*, etc. Car tant d'heurs, tant de félicitez sont les fruicts de la paix : C'est *là* où se voit une telle paix que *l'Éternel a ordonné bénédiction et vie à tousjours.*

« Frères, recognoissons avec action de grâces cest heur, ceste félicité : car d'où vient que l'Église du Seigneur habite en asseurance par tout ce

Royaume sans murailles, et se lève pour prier Dieu au son des cloches, au lieu que les Églises de là la mer vivent en alarme dans leurs murailles, et se resveillent en sursaut au son des trompettes et des tambours? De ce que l'*Éternel luy est une muraille de feu à l'environ et est pour gloire au milieu d'icelle.* Y a-t-il parmy toutes les Églises reformées aucune que celle de la grande Bretagne qui puisse dire aujourd'huy ce que disoit l'Église ancienne au temps de Salomon, *Je suis comme une muraille et mes mammelles sont comme des tours: lors j'ay esté tant favorisée de luy que j'ay trouvé la paix.* Ceux qui ont senty les malheurs de la guerre bénissent Dieu de cest heur dont vous jouissez: Et vous, serez-vous si souches que de ne le considérer point, si ingrats que de ne le recognoistre point?

« Et ne prierons-nous pas tous d'une mesme voix le Dieu de paix pour la continuation de cest heur en l'Église, en l'estat, en nos maisons? Dieu dit à son peuple transporté en Babylone, *Cerchez la paix de la ville en laquelle je vous ay fait transporter et requérez l'Éternel pour elle. Car en la paix d'icelle vous aurez paix.* Quoy? devoient-ils prier pour la paix de la ville, qui estoit le triste séjour de leur lamentable exil, la cause de leurs pleurs, la mère des paillardises et abominations de la terre, où *leurs violons estoient pendus aux saules* et où il ne leur estoit licite *de chanter les cantiques de l'Éternel?* Et ne prierons-nous pas pour la paix et prospérité de tout ce pays, et particulièrement de ceste ville, qui nous a esté une retraitte et asyle contre les persécutions de nos propres frères, et nous est un sanctuaire auquel nous servons à Dieu, et luy entonnons des cantiques de louanges en paix soubs le règne pacifique du plus sage et religieux des Roys?

« Prions aussi Dieu de rendre une semblable paix aux Églises d'Allemagne, de France, du pays-bas, qui sont diversement vexées par schismes, par hérésies, par persécutions sanglantes. *Priez pour la paix de Jérusalem. O Jérusalem, que ceux qui t'ayment ayent prospérité en tes palais; pour l'amour de mes frères et de mes amis, je prieray maintenant pour ta paix: A cause de la maison de l'Éternel nostre Dieu, je procureray ton bien.* C'estoit jadis le vœu de *David:* Que ce soit aussi le vostre, joignez ensemble vos prières à Dieu pour demander d'en haut, et vos forces pour procurer icy-bas, la paix de l'Église, et suivant l'exhortation de l'apostre: *Soyez tous d'un consentement, Vivez en paix, et le Dieu de dilection et de paix sera avec vous.*

« Je vous ay proposé la nature, les conditions, les espèces, les effets et fruicts de la paix de Dieu. J'adjouste, que *tous ceux qui marcheront selon ceste règle, paix sera sur eux et sur l'Israël de Dieu*. Et achèveray mon discours par la prière que l'Église ancienne faisoit : *Éternel, tu nous dresseras la paix : Car aussi tu nous as fait tous nos affaires*, et par celle de laquelle le S. Apostre clost la seconde Épistre aux Thessaloniciens, *le Seigneur de paix vous doint tousjours paix en toute manière. Le Seigneur soit avec vous tous. Amen*.

(*Six Sermons de la Réconciliation de l'homme avec Dieu*. — Sermon V).

N° XXXVI.

LA MUSE CHRESTIENNE DU SIEUR ADRIAN DE ROCQUIGNY.

« A Messieurs et très chers frères les Pasteurs, Anciens et Diacres de l'Église françoise recueillie en la ville de Londres.

> « Vous maison de Jacob, que Dieu par le tourment
> A fait sortir du joug de l'Égypte rebelle ;
> Et qui loin des Pharons, sous un Prince fidelle,
> Paissez, d'un don divers, vos troupeaux seurement.
>   Puisque pour estre instruit dans ce grand bastiment
> Au travail qui du lieu fait paroistre le zèle,
> J'ay servy parmy vous... »

Ainsi débute le Sonnet-dédicace de la *Muse chrestienne*, précédé de vers à la louange de l'auteur par P. Béraud, J. Brovært, D. med., P. du Moulin et J. Signard, ministres du S. Év., Eng. des Mons, secrétaire du comte Mansfeld, Ph. Serrurier, E. Primerose, N. Gougenod, Blanchard, médecin, et J. C. advocat.

Le *Triomphe de Charité*, rêve où la Charité s'offre au poète comme sa muse et son guide, forme une introduction de 652 alexandrins, suivie d'un *Chant Pastoral* de 540, dédié aux Diacres; l'Église de Londres y est décrite sous l'allégorie d'un champ « tout parsemé de roses et de lis », où les bergers font paître leurs troupeaux le long de la Tamise :

> « La brigade d'oyseaux nichant sous ses fabriques
> Sont autant de bannis distincts de nation,
> Qui pour exalter Dieu, sauvez d'affliction,
> Chantent, d'aise ravis, ses œuvres magnifiques.

> Le troupeau visité par ordre véritable
> Sont les pauvres du lieu tant de fois récité,
> Leurs maisons au cartier font un parc limité
> D'où n'approche jamais l'injure insupportable.
>   Ainsi des Agnelets la longue parabole
> Comprend les orphelins que l'on élève aux champs ;
> Tant qu'estans parvenus à l'âge de sept ans,
> On les tire de là pour les mettre à l'Escole. »

Après avoir consacré à chacun des diacres (Bruneau, Dobi, Du Bourg, Lanois, Lourdel, Desquiens) quelques vers dont les allusions ont perdu la transparence qu'elles eurent pour leurs contemporains, de Rocquigny rappelle sa propre entrée en charge : c'est le Christ lui-même qui l'exhorte à en bien remplir les devoirs :

> « Vous doncques qui voüez par vos fermes promesses
> De paistre mon troupeau, rassasiez sa faim ;
> Faites que l'orphelin bénisse vostre main,
> Et que les affligez exaltent vos caresses.
>   Que la vefve en tout temps par vous soit secourüe,
> Crainte que le défaut n'aggrave sa clameur :
> Supportez l'étranger, crainte que sa rumeur
> N'allume contre vous mon ire plus aigüe.
>   Car icy je vous dis, voire je vous le jure,
> Que si quelcun des miens périt entre vos mains,
> Les traits de ma fureur, violens et soudains
> Redoubleront sur vous pour venger son injure... »

Quelques stances « Sur les Charges du Diaconat — A celuy qui préside — Aux assistans — A l'escrivain — Au Boursier — A celuy qui reçoit les aumosnes [1], » terminent ces préambules.

Le poëme, pourvu encore d'un second Sonnet-dédicace, et intitulé : *Les Misères*, se divise en six chants, comprenant 1664 alexandrins. Il a le tort d'être venu après *les Tragiques*. Mais à travers beaucoup de longueurs, d'incorrections, même de jeux de mots, il renferme des vers qui ne manquent pas d'énergie, et ont quelquefois de la grâce ; il est pénétré d'un sentiment très-religieux et mérite qu'on y glane quelques passages instructifs ou curieux.

[1] « C'est chose qui duit bien, de tenir à la porte
Les plats pour recevoir l'Aumosne qu'on y porte.
Mais, comme le passant est prompt à s'oublier,
L'offrande pour cela requiert qu'on la demande ;
Partant fais ce devoir... »

« Le premier chant », dit le Sommaire, « traite du banissement, fuite et persécution des Fidèles, sous le règne déplorable de Henry III : De l'arrivée et bonne réception des bannis au pays d'Angleterre... »

> L'insupportable joug qui captive l'Église,
> Les fers, le feu, la haine et la crainte d'erreur,
> M'avoient si vivement accablé de terreur,
> Qu'en fuiant le danger, je trouvay la franchise. »

Après la prière qui s'élève vers Dieu pendant la périlleuse traversée

> « Tout-puissant, tout-voyant, Pilote qui sans voile
> Fendis jadis les flots pour ton peuple passer,
> Gouverne ta Navire et me veuille adresser
> Au port où le Sauveur fait luire son estoille... »

c'est, dès l'heureuse arrivée, l'entrée dans le temple de Threadneedle street,

> « à l'Auditoire
> « Où prioit l'estranger ; que l'oracle du lieu
> Nous embrasse et nous dit : Soyez bénits de Dieu,
> Qui vous a préservez pour en avoir la gloire.
> Ce qu'ayant veu les siens, bien dignes de louange
> Nous bénirent de mesme et de cœur et main,
> Demandant les raisons du changement soudain
> Qui causoit nostre fuitte en une terre estrange... »

A cette interrogation pleine d'une tendre sollicitude, répond le récit des récentes douleurs :

> « La France est aux abois, nos maisons sont en cendre,
> Nos Saints lieux démolis, nos Prophètes tuez ;
> Ou s'il en reste aucuns, ils sont destituez
> De tout secours humain qui puisse les défendre.
> Ha ! respond un vieillard, la France est ma patrie,
> Où naguères l'Edict avoit si bien pourveu ;
> La France est un païs qui frappe à despourveu :
> Partant ne cèle rien du mal qui la décrie.
> Cette voix lui repart, ceux qui estoient les pères
> Du troupeau domestique avant l'affliction,
> Sont aujourd'huy les Loups race de Lycaon,
> Qui déchirent les parcs des plus dolentes mères.
> Ce n'est plus au Reistre à qui l'on fait la guerre,
> Moins aux Ducs qui liguez frappaient comme ennemis ;
> Ce n'est plus au Voleur qu'un Roy par ses commis
> En veut d'un juste bras pour en purger la terre.

> Non c'est le bon subjet, c'est l'amy, c'est le frère
> Qui courbent maintenant sous l'étendart de Mars :
> Ce sont les vrais François, qui tombent sous les dars
> Des François qui les vont accablant de misère...»

Les descriptions du carnage ont l'atrocité, mais non le souffle de celles d'Agrippa d'Aubigné :

> « Cette horreur m'a fait voir, passant par les campagnes,
> Que naguères le Ciel couvroit de vives fleurs,
> Les champs blanchir des os de ceux que nos voleurs
> Avoient assassinez au sortir des montagnes.
> Nos ruisseaux sont de sang, de sang sont nos rivières...»

Le récit est long ; enfin le vieillard l'arrête,

> « Le ciel fait ainsi choix de ceux qu'il veut sauver »,

et le conduit à l'audience royale.

> « Dans ce Palais luisant d'estoilles brillonnantes
> Où seoit en conseil la prudente Pallas,
> Nous trouvons sa noblesse assez proche du pas
> Où l'attendoit la Vierge et d'autres peu distantes :
> A qui n'eûmes plustost raconté nos détresses
> Que la Reyne les sceut et nous respond à tous :
> Possédez ma faveur, hébergez entre nous,
> Vostre Dieu soit mon Dieu, vos ennuis mes tristesses.
> Un Roy, mon devancier, bien digne de mémoire,
> M'a tracé le chemin, vos temples en font foy :
> C'est pour ce seul objet qu'on trama contre moy,
> Et pour vous secourir, que Dieu m'eslève en gloire.
> Il est vray que le Droict que mon peuple révère
> Vous pourroit pour un temps donner empeschement ;
> Mais soyez asseurez que mon grand Parlement
> Par moy dispensera de l'acte plus sévère.
> Le bras qui me sauva de la main desloyalle
> Qui signa ma prison, et du sanglant couteau
> Soit tesmoin ce matin, et vous sacré troupeau
> Si ferme je ne tiens ma promesse Royalle...»

Il y a évidemment là un écho des paroles mêmes qu'Élisabeth fit entendre aux Réfugiés ; aussi le poète ne peut-il assez chanter la louange de l'Isle enviée, où l'on ne voit Autel, Palais, Maison, Boutique,

> « Où ne sonne aujourd'huy d'un accent tout divers
> Du grand Dieu d'Israël la gloire magnifique.»

Et cependant, il lui faut avouer — le second chant s'ouvre par cette confession —, que parvenu à l'adolescence il s'en est éloigné, poussé par « le désir de connoistre la façon et les mœurs des autres nations, » et n'est revenu que plus de sept ans après implorer « dans le Temple avec les pénitents » le pardon de cette boutade folle,

« Qui dévoioit mes pas des tentes de Sion »

N'était-ce qu'une boutade, ou avait-il pactisé avec l'erreur dans

« Babel, la grand'Cité meurtrière de tes Saints ? »

On hésite à le penser, puisqu'il est bientôt successivement admis aux charges de diacre et d'ancien.

Ici se place une description qui nous paraît s'appliquer, non au Temple de Threadneedle street, mais à la salle du Consistoire :

« Le lieu qui me receut a bien peu de verrière...
Il a pour ornement une riche peinture,
Diversement esparse en des divers tableaux ..
Justement au milieu, du costé de la vue
Le premier qui paroist, dépeint la Piété ;
Devant elle est ouvert le livre où Vérité
Monstre que sa lueur en nous doit estre veüe.
 Un autre tout joignant, la Foy nous représente,
Son corps est parsemé d'yeux clairs et transparans,
Yeux qui font discerner, voire aux plus ignorans,
Les secrets à venir comme chose présente.
 Au tiers nous est pourtrait Charité qui préfère
Le bien de son prochain à son utilité ;
Indice très certain que c'est en charité
Qu'on doit vuider l'estrif lorsqu'un rapport diffère [1].
 Le quart, par une main tenant une balance
Démonstre la Justice et son bel ornement ;
Tant pour nous enseigner à rendre esgallement
Le droict à qui le droict, qu'à chastier l'offence.
 Au quint est un serpent qu'une main eslevée
Tient avec le Pigeon, le signe est évident :
Car comme il est requis que chacun soit prudent,
En nous simplicité doit estre aussi trouvée.

[1] Cette strophe et la suivante se rapportant aux devoirs des membres du consistoire prouvent qu'il s'agit de leur lieu de réunion.

> Bref chaque autre Vertu, soit divine ou morale,
> Trouve autour de l'enclos sa place et son tableau,
> Les uns représentant nos devoirs au troupeau,
> Les autres au troupeau la règle Pastorale.
>   Plus haut me fut monstré par voye d'entremise,
> Une Bibliothèque où sont divers Escrits,
> Et tout au bas, un Livre entre les Manuscrits,
> Tiltré la Discipline en la forme requise... »

De cette Discipline Rocquigny résume, assez habilement, les points essentiels :

> « Ce Livre donc nous dit, commençant par l'indice
> Que pour bien se résoudre à servir l'Immortel,
> Chaque Fidelle doit, où que soit son autel,
> Obéir à sa voix par ordre et par police.
>   [1] Que celuy qui prétend d'exposer la doctrine
> Doit bien estre approuvé devant que d'estre admis :
> Il nous doit prescher Dieu, comme estant son Commis,
> Par les mesmes leçons dont sa voix l'endoctrine.
>   Il doit chanter de Christ la grâce salutaire,
> Et ce qu'il a souffert pour nos transgressions ;
> Il doit aux affligez ses consolations,
> Et se monstrer vers tous un pasteur volontaire.
>   Il doit pour bien instruire, avoir de Dieu la crainte,
> Sans recercher des mots pour plaire aux curieux ;
> Il doit laisser la Fable aux chantres ocieux,
> Et non pas la mêler avec la chose Saincte.
>   Il doit admonester, exhorter et reprendre,
> Aussi bien en public comme en particulier ;
> Il doit administrer par un soin singulier
> Chacun des Sacrements suivant qu'on les doit prendre.
>   [2] C'est un devoir pressant d'instruire la jeunesse
> Et de leur mettre au cœur la crainte du vray Dieu,
> Or comme il nous enjoinct d'avoir égard au lieu,
> Il veut qu'on aye l'œil sur celuy qui la dresse.
>   Il doit estre esprouvé par la mesme doctrine
> Qui sert à confirmer ceux qu'on admet Pasteurs :
> On doit luy proposer par quels divers autheurs,
> On veut qu'ès temps prescrits, sa voix les endoctrine.

[1] Des Ministres.
[2] Des maîtres d'École.

Car, comme les enfants, selon qu'on les façonne,
Sont Pigeons ou Corbeaux, dans l'Arche du Seigneur :
Celuy qui les conduit au chemin du bonheur,
Ne doit leur enseigner leçon qui ne soit bonne.
    [1] Il veut que l'Ancien, pour bien servir l'Église,
Soit homme craignant Dieu, vénérable et prudent :
Il veut qu'il soit receu, suivant qu'au précédent
On receut les premiers, comme chose requise :
    Veu qu'aux occasions où son devoir l'appelle,
Il doit admonester ceux qui sont en discord ;
Il doit avoir le soin de les mettre d'accord,
Crainte que le délay n'empire leur querelle.
    S'il avient toutefois que l'estrif soit si sale,
Que quelqu'un s'en offense à cause de l'esclat,
Il veut que le rapport en soit fait au Sénat [2],
Et les tesmoins ouïs pour purger le scandale.
    [3] La charge du Diacre est d'autant plus fascheuse,
De ce que l'indigent n'a jamais qu'une voix :
Partant son avis est, pour s'asseurer du choix,
Qu'il soit homme fidelle et d'humeur courageuse...
    [4] Le Baptesme est un Sceau très-saint et vénérable,
Que Christ ordonne à tous, mais pour en bien user :
Qui donc a des enfants, et les veut baptizer,
S'il ne le fait par ordre, il le tient censurable :
    De mesme cestuy-là qui tant et tant désire
De repaistre son âme au banquet du Seigneur,
Et ne veut toutefois, bien qu'il en ait l'honneur,
Suivre l'ordre prescript quoy qu'on lui puisse dire.
    Car Dieu n'approuve point la cause du désordre,
Non plus que du pervers l'imparfaite raison :
Il est un Dieu paisible et veut que sa maison,
Pour y trouver la paix, se gouverne par ordre.
    Et quand aux jeunes gens tendans au mariage,
Comme il est à propos de voir et puis traitter,
Il leur enjoint à tous, avant de contracter,
De suivre le conseil du plus proche lignage :
    Remonstrant qu'il est dit, que quiconque révère
D'honneur et d'amitié ceux par qui nous vivons,
Ses jours les moins luisans seront heureux et longs ;
Ou faillant à ce point, cours et pleins de misère.

---

[1] Les Anciens. — [2] Le Consistoire. — [3] Les Diacres. — [4] Les Sacrements.

[1] Le malade souvent, d'une erreur trop suivie,
Néglige son salut pour soulager le corps :
Car l'un, quand tout est dit, n'est rien que le dehors,
Et l'autre du dedans est l'esprit et la vie.

Partant où que ce soit qu'il fasse sa demeure,
Et devant que son mal lasse les spectateurs,
Il luy donne conseil d'appeler les Pasteurs,
Qui le consoleront, soit qu'il vive ou qu'il meure.

Et comme nos corps sont de Dieu la vive image,
Et de l'Esprit divin les dignes monuments,
Il veut, tant qu'en nous est, que nos enterremens
Reçoivent de l'honneur quelque bon tesmoignage... »

Mais le poëte fatigué s'endort, et voit alors apparaître devant lui tous les pasteurs qui ont desservi l'Église française de Londres, liste précieuse, car elle est un des seuls documents où mention soit faite de Janvier, d'Erail (Ebrard) de La Roche et de Mermier.

« Celuy qui le premier eût l'heur d'ouvrir la porte,
Estoit un de Vauville, autrement dit François ;
Son prochain Perucel, d'Orléans autrefois ;
Et l'autre du Janvier, surnommé de la Porte.

« Là m'apparut Erail, et ce grand Alesandre
Qui fut tiltré des siens la merveille d'Arras ;
J'entrevis puis après Nicolas des Gallars,
Assisté d'un Cusin natif de l'Isle en Flandre.

J'y discernay la Roche au doux bruit de sa veine,
Suivy du bon Mermier et du docte Villiers :
Puis je vis le Maçon, ce grand surgeon d'Illiers,
Qui n'aguères fameux fut dit de la Fontaine.

J'y reconnus Castol digne aussi de mémoire,
Et son compatriot le vaillant Chevalier :
J'y reconnus de Laune admis à l'attelier,
Pour avoir tant de fois instruit à l'auditoire [2].

Je pensois estre au bout de la troupe fidelle,
Lorsqu'une voix d'en haut me dit ne sois lassé ;
Car tu dois observer que ceux qui t'ont passé,
Sont desjà couronnez d'une gloire immortelle.

Mais tu verras de plus ceux desquels la doctrine
Te dira pour leçon la Loy de l'Éternel ;
Par eux tu comprendras en face de l'Autel,
L'œuvre du Rédempteur et sa vertu divine.

[1] La visitation des malades. — [2] Allusion à l'admission de G. de Laune par le Collège des Physiciens de Londres.

> Lors m'apparut Cappel, Marie, et puis Aureille,
> Suivi du bon de l'Angle, au milieu du chemin,
> J'aperceu Primerose et l'aisné du Moulin,
> Tous si bien préparez, que je prestay l'oreille.
> De sorte que depuis autre soin ne me ronge,
> Qu'à me trouver au Temple entre leurs auditeurs...»

C'est dans ce Temple que nous conduit le troisième chant. Le culte s'ouvre par la lecture des dix commandements, rendus en vers par de Rocquigny, mais dont les rigoureux préceptes réveillent en lui les terreurs du Sinaï :

> « Me trouvant donc saisi d'une crainte effroyable,
> Pour n'estre consolé des rigueurs de la Loy,
> Triste pour mes péchez, je m'escrie à par moi
> Qui me délivrera de l'ire espouvantable ?
> A ces mots entrevint le père de Marie...»

et le pasteur insiste sur les transgressions de la loi divine :

> « Disant il est certain, telle est notre misère
> Que nous sommes conceus en nostre iniquité ;
> Et qu'ayant tous failli, pas un seul excepté
> Rien ne nous peut sauver qu'en criant, Abba-Père.
> Nous avons relevé, pour affermir l'Idole
> Les Haux-lieux qu'autrefois nos pères mettoient bas :
> Nous avons blasphémé, transgressé les sabats,
> Et de nos chers parens négligé la parole.
> Nos pieds courent au sang, nos mains cerchent l'outrage,
> Nos yeux par faux regards, les lascives amours ;
> Nos langues du prochain tiennent de faux discours,
> Et nos cœurs de Nabot convoitent l'héritage...
> Si bien que le salut ne dépend plus de l'œuvre
> Mais de la seule Foy qui nous unit à Christ...»

A Marie, qui se rappelle tout à coup qu'il a « passé l'heure » succède Aurelius ; celui-ci ajoute :

> « qu'avant le monde mesme
> L'Éternel nous aimoit au regard de son Fils,
> Lequel pour nos péchez a fait qu'au temps prefix
> Il a souffert la mort du tourment plus extrême.
> Que c'est luy qu'on a veu, pour appaiser le Père,
> Endurer sur le bois nos cuisantes langueurs,
> Langueurs qui le forçaient de dire en ses douleurs,
> Mon âme est en angoisse et ta main trop sévère,

> Réitérant trois fois, Père, s'il est possible,
> Permets que cette coupe aille arrière de moy.
> Tu m'as abandonné, je le sens et pourquoy.
> Mais ton vouloir me plaist, bien que dur et pénible...
> Tesmoignage certain que quiconque veut vivre,
> Doit mourir à péché, pour jamais ne mourir ;
> Et que vivre en la chair, est du tout encourir
> Ce que nous dit la Loy qui condamne ou délivre.
> Demeurant pour cela, que comme Dieu tout sage,
> Voulut nous adopter en son Fils Éternel,
> Et n'a pas épargné l'Olivier naturel ;
> Qu'il n'en fera pas moins à la branche sauvage.
> Mais tandis, des enfants le brayement extrême
> Qui pressoient l'attendant, pour estre Baptisez,
> Luy fut tant ennuieux, et les cris si forcez,
> Qu'il rompt importuné pour leur donner Baptesme. »

Sur ce tableau d'une vérité naïve s'arrête le troisième chant.

Le quatrième n'existait peut-être pas dans l'édition première ; il traite « des remuements arrivez depuis peu de temps en France dont s'est ensuivi un autre exil à plusieurs des Fidelles. » Il s'agit des troubles des dernières guerres de religion sous Louis XIII et de l'expatriation de 1621.

> « Où suis-je maintenant ? quel Démon, quel orage
> D'un foudre rougissant interrompt mon discours ?
> Où suis-je transporté ? Hé ! Dieu comme le cours
> Des misères du temps bigarre mon ouvrage !...
> C'est répéter pourtant nos insignes querelles... »

Et les répétitions sont, il faut l'avouer, un peu diffuses. Effrayés par les ordres de désarmement, les fugitifs arrivent en Angleterre où leurs devanciers les accueillent ; on peut « s'imaginer

> Quels furent nos devoirs envers les réfugiez
> Quels furent nos conseils envers les assiégez,
> Sans négliger la Cour d'où l'aide vint subite. »

Aussi c'est au roi Jacques que le poète exprime maintenant sa reconnaissance.

Parmi les ministres qui « souffraient dans l'exil », le Consistoire s'était adjoint Max. de l'Angle. Rocquigny analyse un de ses sermons sur la Résurrection :

> « Car c'est luy qui nous dit, bien que Christ pour l'Église,
> En vertu de sa mort, ayt accomply la Loy ;
> Que l'appuy le plus seur du salut par la Foy,
> Est Christ ressuscité, la chose bien comprise.
> Que par là Lucifer vit perdre sa victoire,
> Christ ayant surmonté les peines de l'Enfer ;
> Et qu'en ressuscitant il veut pour triompher,
> Que nous ressuscitions des ores à sa gloire... »

et il rappelle la prière du pasteur au moment d'aller rejoindre son troupeau de France :

> « Disant, Toy qui retiens du haut Ciel Empirée
> La bride quand tu veux, aux hommes violens,
> Nous louons ta bonté qui ordonne en ces temps
> La paix à tes troupeaux tant de fois désirée.
> Mais comme tu requiers qu'elle soit ensuivie
> D'un sainct amendement, par nous qui t'irritons ;
> Donne-nous en à tous le vouloir et les dons,
> Et de la conserver en pureté de vie :...
> Afin que ta faveur sur les tiens avancée,
> Par la mort de ton Fils pour nous ressuscité,
> Nous face apprehender des ores ta bonté
> Pour trouver dans le Ciel ta grâce prononcée. »

De l'Angle a pour successeur Primerose « duquel le nom, décore nos printemps comme une rose en fleur. » L'esprit encore tout rempli du souvenir des luttes civiles,

> « Il nous représentoit les misères du temps...
> C'est toy donc qui nous dis que Dieu planta sa vigne
> A l'entour d'un Pressoir qui faisoit teste aux ans ;
> Que pour ses mauvais fruicts, il permet aux passans
> D'en couper les sarmens qui la rendoient indigne.
> Que ce sont nos péchez qui causent que l'orage
> Lance de toutes pars son foudre contre nous,
> Voire hélas ! nos péchez qui font que le courroux
> De Dieu tombe en rigueur dessus son héritage.
> Nous avons mesprisé cette aimable rosée
> Que le Ciel distilloit sur nos riches costaux ;
> On nous preschoit la loy pour prévenir ces maux,
> Mais nous parlions de Christ, tournant tout en risée ;
> Si bien que maintenant la tempeste venue
> Nous souffrons sous le joug des glaives plus tranchans :
> Chacun est en douleur ; et de plus les meschans
> Font gloire de nos pleurs où la force est connue. »

La longue allocution de Primerose est le tableau des désordres auxquels la France était en proie, et des épreuves particulières des Réformés : carnage, démantellement des places protestantes, constructions de forts royaux, désertions, apostasies, méconnaissance des Édits, entreprises des Jésuites, désolation de l'Église.

« Si est-ce, ô Tout-Puissant que c'est encor ta fille
Qui du bas des rochers te présente sa voix :
C'est ta Jérusalem qui dit à cette fois
Que ton courroux est grand et son pouvoir débile... »

Il la termine en faisant espérer à ses auditeurs un juste retour des compassions de Dieu, et cède la parole à du Moulin, dont nous reproduisons en entier l'exhortation, parce qu'elle est l'unique souvenir que nous possédions de son ministère dans l'Église de Threadneedle street.

« Frères, l'on vous a dit l'estat de nos froisseures.
Pourtant se tiendra coy l'homme prudent et sage,
Tandis (nous dit Amos) que les jours sont mauvais ;
Et que pour endurer des misères le faiz,
Il nous convient à tous de noter ce passage.
Veu que s'il y eut peuple à qui cette prudence
Fut digne d'observer, c'est bien aux estrangers,
Qui durant leur exil encourent les dangers
De ceux-là que Satan porte à la violence.
Car c'est ce qu'il entend, puisqu'il faut que l'Église
Soit estrangère au monde et pleine de débats,
Que nous nous préparions au milieu des combats,
A suivre le chemin qui mène à la franchise :
Qui est que nul de vous marchant en cette guerre
N'aye à se surcharger d'inutiles fardeaux,
Moins à s'entortiller au dedans des cordeaux
Du soin qui nous attache aux choses de la terre.
Mais bien prendre l'avis de Joseph à ses frères,
Lorsqu'en les r'envoyant il leur tint ce discours,
Allez sans quereller, sans suivre les détours
Du chemin qui pourroit accroistre vos misères.
C'est aussi du Seigneur l'ordonnance arrestée
En faveur des esleuz, leur adressant ces mots,
Qui veut trouver le Père et jouir du repos,
Il doit porter la Croix que le Fils a portée.
Croix qui nous dit souvent, que plus on nous outrage
Et plus il est requis que nous soyons constans ;
Que c'est en endurant que nous vaincrons prudens
Le Monde, le Péché, Satan et son ouvrage.

> Mais comme il est certain que toute la prudence
> Qui rend l'homme constant est un pur don de Dieu ;
> Prions-le d'une voix qu'il luy plaise en ce lieu
> Nous la donner à tous, avec persévérance.
> Afin qu'ayant passé le temps de la tristesse
> En ce siècle où Babel fait son dernier effort,
> Nous puissions voir les jours de joye et de comfort,
> Où règne Jésus-Christ, et le louër sans cesse. »

Dans les deux derniers chants le poète revient à la vie intérieure de l'Église de Londres. Il montre les Anciens

> « dispersez où la vigne est plantée,
> Visitant les troupeaux qui leur sont imposez,
> Pour voir et scavoir d'eux s'ils sont bien disposez
> A venir au banquet où l'Ame est sustentée :
> Les exhortant sur tout, si par quelque rancune
> A l'endroit du prochain, ils n'estoient bien d'accord,
> De s'entre pardonner, afin qu'avec comfort,
> Chacun d'eux vienne à Christ, tandis qu'il importune :
> Et si de ce conseil l'un ou l'autre décline,
> Voulant comme rebelle au Sainct banquet venir,
> Luy dire avec respect qu'il doit s'en abstenir
> Tant qu'il se soit soubmis au lieu de Discipline :
> Où se trouvant mandé, tout après la prière,
> Que l'on adresse au Père en faveur du troupeau,
> Son mal on luy remonstre, on luy dit le nouveau
> Lorsqu'au lieu d'avancer il recule en arrière.
> Cela fait, et qu'après il résiste à l'Église,
> Mesprisant son salut par trois diverses fois,
> C'est alors qu'en public il oit la mesme voix,
> L'induire à s'amender, par l'oraison requise.
> Enfin, si rien ne sert, comme Dieu par la Vigne,
> Veut que chaque sarment, qui ne porte son fruict,
> En soit jeté dehors, aussitôt on poursuit
> A l'esbrancher du Sep, comme du tout indigne. »

Il nous conduit au consistoire dont il décrit l'action multiple, et ajoute :

> « Ce que je prise aussi, c'est qu'on y catéchise
> Ceux qui quittent Babel pour loger en Sion, »

ce qui lui est une occasion d'exposer les principaux enseignements du catéchisme. Venant alors aux censures trimestrielles :

« Là rien n'est oublié, chacun est censurable,
Qui n'exerce envers tous sa charge exactement :
Ses mœurs, sa prud'hommie et son comportement
Sont mis au trébuchet par ordre véritable.
 Les premiers en degré, pour monstrer bon exemple,
S'absentent de la place, où l'un des conducteurs
Tandis va demandant, scavoir si les Pasteurs
N'auroient point négligé l'Éternel et son Temple.
 L'examen est exact ; mais si nul ne les charge
De chose que ce soit qui les touche au devoir,
Le second rang les suit avec un plein pouvoir
De les faire rentrer pour vaquer à leur charge.
 Le mesme leur est fait, le mesme au dernier ordre,
Si qu'estans rassemblez, le Pasteur aussitost
Prononce devant tous : Bien que nostre depost
Soit tel que maintenant on n'y trouve que mordre;
 Si est-ce que Dieu void la moindre des pensées
Qui se forme au dedans des cœurs moins attendris ;
Dieu pénètre au travers des plus sombres esprits,
Pour descouvrir au jour les fautes dispensées.
 Partant il est requis que chacun songe au pire
De ce qu'il tient caché pour vouloir l'amender ;
Crainte que l'Éternel, au lieu de nous aider,
Ne nous fasse sentir les restes de son ire.[1] »

Il retrace ensuite les devoirs des Anciens envers les Pasteurs, leurs veuves et leurs enfants. Enfin il assiste au Colloque qui ne fait « qu'un seul corps de diverses Églises » et au Jeûne :

« Non, il me semble encor les voir tous dans le temple
Du matin jusqu'au soir prosternez à genoux,
Et dire : O Tout-Puissant, tourne ailleurs ce courroux
Qui menace ta Vigne, et ses larmes contemple.
 Car las ! nous confessons aux yeux de ta colère,
Que nous nous oublions, oublions tes autels :
Que nous nous prévalons de nos biens temporels,
En les cachant du pauvre, au fort de sa misère.
 Que nous nous oublions, oubliant les traverses
Que nos pères souffroient, pour nous sauver des feux ;
Voire hélas ! oublions le temps calamiteux
Qui les combloit d'exil, de pleurs et de tristesses.

---

[1] Il semblerait d'après ce passage que les censures ne se faisaient pas individuellement, mais que chaque fois les membres de deux des corps censuraient ceux du troisième, ainsi anciens et diacres censuraient les pasteurs, etc.

> Que nous disons tout haut, Qui craindra la malice
> Des gens ? Le Ciel nous rid loin des adversitez ;
> De sorte qu'abusant de nos prospéritez,
> Nous nous endurcissons en palliant le vice
>   Tant que nous qui restions à ceux de la patrie
> En toute bonne example au fort du chastiment,
> Les forçons maintenant à dire ouvertement
> Que nous sommes si gras que le trop nous descrie.
>   Nos Tresses, nos Brillans et nos Perles de compte,
> Pour surpasser toute autre en pompe et vanité,
> Leur ont fait demander qui nous avons esté,
> Et qui plus est le dire, aux despens de la honte.
>   Mesme de nos banquets la despense excessive,
> Les jeux, le ris, la danse, et nos chars triomphans,
> Leur ont fait publier, que nous et nos enfans
> N'avons plus du vray don que l'apparence oysive
>   Si bien que convaincus au pied de ta Justice,
> Nous ne pouvons plaider nulle cause d'erreur ;
> Mais plus tost nous jugeans dignes de ta fureur,
> Nous te supplions tous de nous estre propice...
>   Afin que repurgez de toute chose indigne,
> Qui puisse, t'offensant accroistre nos ennuis,
> Nous puissions désormais porter de si bons fruicts,
> Que tu sois nostre Sep, et nous tousjours ta Vigne.. »

Malgré sa discipline réglementée dans ses moindres détails, l'Église française de Londres n'était donc pas encore parvenue à la perfection. De Rocquigny, avec une sincérité qui lui fait honneur, a cru devoir terminer son poème par des paroles de blâme et de sévère avertissement. Sa muse ne saurait oublier les défections au sein même du troupeau, les critiques formulées par les uns contre leurs pasteurs, le manque de charité des autres ne contrastant que trop avec leurs largesses « aux jours de parades », quand il s'agit de dresser « un arc pompeux » pour une entrée royale ou d'offrir « par routine aux grands nos sénateurs, du lin la plaisante tissure. »

Les derniers mots en seront d'actions de grâces :

> « Je chante que c'est toy, qui du plus chaud des flames
> Nous as fait échapper, pour habiter ce lieu :
> Je chante que ton bras, voire ton bras, ô Dieu,
> A fait qu'en longue paix nous possédons nos âmes... »

La seconde partie de la *Muse chrestienne* est de tous points inférieure à la première et ne s'y rapporte en rien. Il suffira de donner les titres des pièces diverses qui composent ce recueil de 2410 vers et de citer quelques strophes de la quatrième pièce, la seule vraiment frappante : «Du Petun (le tabac) ; Du Vin ; La sauce du Melon ; sur le Luxe des Femmes ; De la Flatterie et de la Calomnie ; Plainte sur l'Ingratitude des Hommes ; Contre la Solitude ; La Rencontre inopinée de l'Autheur avec un sien Amy ; les Pénitenciers ; Plainte sur la mauvaiseté des Hommes ; l'Enfer et ses Tourmens ; l'Arrest du Ciel sur les médisans de ce siècle ou les Marmitous ; la Jérusalem céleste. »

« Dames...
Je vous avois déduit l'angoisse que vos pères
Souffroient pour nous sauver du joug des cruautez,
Je vous avois dépeint l'estat de nos misères,
Pensant vous divertir de vos mondanitez.

Mais vous n'avez point d'yeux, point de nez, moins d'oreilles,
Pour pouvoir discerner ce qui deust esmouvoir ;
Vos sens perdent le sens, quand nos pleurs et nos veilles,
Vous monstrent que le Ciel se fait ramentevoir.

Or redoublez cent fois l'Orient de vos tresses,
Pour cent fois agraver les maux que j'ay cottez ;
Et cent fois montrez-nous que vous estes maistresses,
Par dessus le mary serf de vos volontez ;

Si est-ce que ce corps, cette posture hommasse,
Qui se pare d'atours en haine de mes Vers.
Un jour sera réduit en sa première masse,
Pour servir de curée à l'engeance des vers.

Car le terme est prochain, si mon jugement n'erre,
Que vos membres vieillis, perclus et tourmentez.
En se disant à dieu, perdront leurs facultez,
Et qu'un chétif Curé les couvrira de terre :

Bien qu'avant le trespas, vous sentirez la peine
Des tourments à venir, par un eschantillon: :
Le corps s'affligera, lors que l'âme malsaine
Ne pourra de la mort repousser l'aiguillon.

Vous direz en douleur aux maris de vos filles.
L'abus de ces excez pour les en divertir ;
Voire vous leur peindrez aux yeux de vos familles,
Ce que vaut le tourment, par un tard repentir.

Dieu demande nos pleurs, sa voix se fait entendre,
Par les coups redoublez qui nous font reculer,
Dieu veut que nous prenions le linceul et la cendre,
Pour affliger ce corps et non pas l'emperler.
 Hé! quoi? pourroit-on voir sous la rigueur des armes,
Tant d'autels desmolis sans se voiler de deuil?
Quoy pourroit-on nombrer dans nos tristes vacarmes
Tant d'âmes sous la croix, sans arroser son œil?
 Non Dames, il est temps que tout cœur s'humilie,
Et de crier, Seigneur appaise ton courroux :
Il est temps de quitter le monde et sa folie,
Pour détourner le bras qui s'arme contre nous...
 Mais vous y penserez... »

On voit que de Rocquigny prenait au sérieux son ministère d'Ancien. Son poème, oublié aujourd'hui, a certainement eu son heure de succès, alors que plus d'une de ses strophes devait être familière aux membres de la congrégation de Threadneedle street. A deux siècles et demi de distance elle la fait revivre par ces côtés intimes que les annales ne songent guère à enregistrer, et l'on y perçoit, bien qu'affaiblis, quelques échos encore des grandes voix du passé. N'est-ce point assez pour justifier ces extraits d'un livre devenu rare, et dont Pierre du Moulin écrivait :

« L'Apollon de ces vers, est la dévotion,
Leur règle, le devoir de toute âme fidelle;
Ils ont la Foy pour Muse et pour fougue le zèle,
Et leur mont de Parnasse est le mont de Sion. »

(Extraits pris sur l'exemplaire donné à la *Bibl. du Protestantisme*, Paris, par M⁰ la baronne de Neuflize).

APPENDICE

PIÈCES JUSTIFICATIVES

ET COMPLÉMENTAIRES

DU TOME SECOND

N° XXXVII.

FRAGMENTS DES SERMONS DE MARMET SUR JOB.

« . . . Mais nous parmi lesquels l'Éternel a relevé le flambeau de sa vérité, qui sommes en Gossen esclairez, tandis que l'Égypte est couverte de palpables ténèbres, *Exod.* 10-22, 23, sommes-nous excusables pour avoir de meilleurs sentiments? en ce poinct ici avons-nous de meilleurs désirs? En apparence nous blasmons la doctrine de l'Église Romaine, mais nous la pratiquons en effet. Nous détestons ceste tyrannie de conscience, mais nous n'usons pas mieux de nostre liberté : ainsi il semble que la commodité d'apprendre nous fait mespriser le sçavoir. Lorsqu'on brusloit nos pères pour avoir oüy un presche, ou avoir leu dans la bible, ils brusloyent de désir d'apprendre, et alors suivoyent-ils la verité avec plus de zèle quand elle estoit comme logée parmy les dangers et la mort. Aujourd'huy qu'elle est au milieu de nous, et qu'elle parle à nous tous les jours, sa voix nous importune, et sa clarté nous éblouït. Nous venons à l'eschole de Christ, mais, mauvais disciples, nous apprenons tousjours, et ne profitons point. Tous les matins la sapience crie au milieu de nos portes, afin que nous recevions instruction, tous les jours elle estend ses mains vers nous et estalle devant nos yeux les riches thrésors de la science : mais la crasse et barbare ignorance qui est parmy la plus part de nous, tesmoigne assez le prophane mespris que nous faisons de ses enseignements : car au lieu que nous deussions estre maistres, veu le temps qu'il y a que l'instruction ne nous manque point, nous avons encore besoin qu'on nous enseigne quels sont les rudiments du commencement des paroles de Dieu. Combien y en a il qui seroyent bien empeschez, ès principaux poincts de leur croyance, de dire avec Job : *Je sçay* ! Et se faut il estonner, si le vice règne au milieu de nous avec obstination? Si nous voyons parmy nous esteinte la charité, et la foy défaillante. Si nous sommes une nation perverse, un peuple agravé d'iniquité, une engeance de gens malins, enfans qui ne font que se dépraver? *Isaïe* I. 3. Nous n'avons point d'intelligence, nous n'avons point de cognoissance : toutes nos affections sont en la terre, tous nos désirs sont recourbez vers cette périssable masse du corps. Nous ne pensons pas avoir un esprit immortel, il ne nous souvient pas de luy, tant nous sommes occupez après ceste chair périssable : il nous semble que nous sommes fort heureux et contens, quand nous avons rempli nos greniers de bled et nos bourses d'argent, et nos coffres de meubles; et nous n'avons pas pitié de nostre âme, qui comme une maison abandonnée, vuide des célestes thrésors, se va ruynant et remplissant d'iniquité. Nous sommes fort satisfaits de nous mesmes quand nous voyons l'embonpoinct sur nos faces, l'or et la soye reluire dessus nos corps : et nous n'avons pas honte que dessous ce satin, et ces ornemens, nostre âme pourrit dans l'ordure, nuë, deschirée et trainant des haillons d'ignorance.... »

(*Sermon II.*)

«.... Tout ainsi que les injures que nous recevons de ceux que nous estimions nos amis, et qui pour estre nos domestiques estoyent obligez au contraire, nous sont beaucoup plus sensibles : ainsi, sans doute les pointures de nos propres passions nous sont beaucoup plus douloureuses. Nous sentons bien plus avant les frissons d'une fièvre, que les vents ou les glaçons d'un froid hyver, et les ardeurs qu'allume dans nos veines la corruption du sang, nous donne bien d'autres inquiétudes que ne font les plus véhémentes chaleurs de la canicule, et les guerres civiles sont plus cruelles et causent des plus grandes et plus promptes désolations que celles-là qu'on va porter dedans un pays estranger. De mesme est-il certain que les maux qui nous viennent du trouble et du desreiglement intérieur des désirs et des passions de nos âmes sont beaucoup plus grands, plus dangereux, et plus sensibles que ceux qui nous arrivent du dehors. Que si c'est une chose pitoyable de voir ce Saint homme, au milieu de tant de tourmens et misères qui luy estoyent tout-à-coup survenuës au plus fort de sa peine et du desconfort de son âme, estre mocqué par sa femme, abandonné de ses serviteurs, et harcellé en toutes sortes par ses amis ; c'est bien encor un spectacle plus piteux que de voir une âme qui dans la nuit de l'ignorance, l'intelligence aveuglée, la foy perduë, l'espérance abandonnée, la volonté captive, est battuë encor et misérablement agitée par ses propres passions : des désirs qui la poussent, des craintes qui l'arrestent, de l'ambition qui l'enfle, de l'avarice qui la resserre, de la colère qui la transporte, de la stupidité qui l'endort, de l'envie qui la ronge, du luxe qui la dissoult, de l'orgueil qui l'eslève, et de la tristesse qui l abat.

«Mais le pis est en tout cecy, que comme Job se plaint que ténèbres l'enveloppent de toutes parts, et luy vont fermans ses sentiers, aussi nous couvrent-elles tellement et les sens et la veuë, que nous ne conoissons point nostre mal. Dans les puantes cloaques du péché, nous ne sentons point de mauvaise odeur. Et, frénétiques que nous sommes, nous pensons notre manie estre une parfaicte sagesse, nous nous glorifions en nos liens, et nous esgayons en notre captivité. Destituez de la gloire de Dieu, nous nous estimons riches. Malades, mourans, morts, nous exaltons les qualitez de nostre vie : d'autant plus désespérez de guarir que nous pensons n'avoir point besoin du remède : semblables à certains malades dont parle Hypocrate, qui en leurs maladies ne sentent point de mal, se joüent en la couverture, en arrachent le poil, et en ramassent les festus, desquels il dit qu'il n'y a point d'espérance qu'ils vivent. Car en fin, dans cette insensibilité de nostre mal, qu'est-ce de toute notre vie qu'un travail inutile? joindre une pièce à l'autre, champ à champ, denier à denier, désir à désir, ramasser et accumuler des festus, sans jamais entrer en la considération, ni du mal, ni du remède de nos âmes. Mesme bien souvent le trouble et le tintamarre que nos passions font au dedans est si fort, qu'il nous empesche d'entendre les advertissemens que nous donne et la conscience au dedans, et la parole de l'Éternel au dehors. Car tout ainsi que parmy le bruit d'un orage, les fracas des ondes, et le sifflement des vents mutinez, lors que toute la chiorme esmeuë trépigne et tempeste sur le tillac, remuant les voiles et les cordages, il est malaisé d'entendre les commandemens du Pylote : ainsi parmi cette confusion et tumulte qui souslèvent les passions esmeuës au dedans de nos cœurs, quand bien la raison seroit demeurée libre, il n'y a pas moyen d'entendre ses préceptes. Et comme en une maison où les uns chantent, les autres dansent, les uns boivent, les autres crient, les uns servent, les autres mangent, on a beau heurter à la porte, on ne sçauroit estre oüy : ainsi parmi le bruict que meinent dans l'âme les mortelles cupiditez, il est fort malaisé qu'on entende la voix de Christ qui heurte à nostre porte et nous convie à repentance.

«Les sacrificateurs de Moloch sonnoyent les tambours en Topheth, à fin que les pères ne peussent ouïr les cris, et les gemissemens de leurs petits enfans, que ces bourreaux faisoyent consumer dans les flammes : ainsi le diable esmeut ce tumulte des passions, et meine parmi le bruit des tambours et des esjouyssances du monde les pécheurs à la mort, à fin qu'ils ne puissent entendre les derniers soupirs de leur conscience mourante. Toutefois cela ne dure pas longtemps. Car Job se plaint que parmi cette nuict que le courroux de Dieu a espessi à l'entour de son âme, il sent des mortelles frayeurs qui l'assaillent et le tourmentent : les frayeurs de Dieu, dit-il, se dressent en bataille contre moy. Ainsi quelque aveuglement qu'il y ait en nos entendemens, si est-ce qu'autant qu'ils ont esté insensibles aux efforts du péché, autant les consciences resveillées de leur sommeil, se trouvent exposées au sentiment de la peine, et le péché que nous n'avons pas voulu voir pour le fuir, se manifeste enfin, pour nous persécuter : et son cry estant monté jusques au ciel, il redescent pour entonner horriblement ce cry de frayeur, qui retentissant aux aureilles des meschants les fait fuyr sans qu'on les poursuive, les fait transir au milieu de leurs délices, et trembler au seul mouvement d'une feuille. Le jugement de Dieu se présente, désespoir et ombre de mort environnent l'âme coupable, et l'enfer s'ouvre devant ses yeux, où dans les flammes et les ténèbres, en la compagnie du diable et de ses anges, luy est préparé un tourment, où sans fin et sans espérance, elle versera à jamais des larmes sans profit. Car, enfin, comme Job conclud de la grandeur de son mal qu'il est incurable, et que pourtant les années de son conte arrivent, qu'il entre dans un sentier dont il ne retournera plus, que ses esprits se dissipent, ses jours s'en sont allez, les sépulchres l'attendent : ainsi après tant de péchez et de maux, que peut attendre le pécheur qu'une juste punition, le gage du péché qui est la mort, le dernier ennemi qui tousjours est à nos trousses, qui nous assaut par mille endroits, et nous aterre en mille sortes? Heureux encore parmy tant de malheur, si elle apportoit la fin et de la coulpe et de la peine, avec la fin de l'estre! Mais icy est le comble du mal, que n'ayant cessé d'offenser Dieu, sinon en cessant de vivre, aussi alors commence-on de ressentir les infinis tourmens de sa juste vengeance, ne servant à l'âme son immortalité que pour rendre immortelle sa peine.

«Parmi tant de maux où te tourneras-tu, pauvre âme? A Dieu? tu l'as pour ennemy : au monde? il est armé pour la vengeance : aux anges ou aux hommes? tes amis t'ont failly, et ceux qui te connaissoyent t'ont mis en oubly : à toy mesmes? perdu, il ne te reste rien d'entier? tout ce quoy tu pensais trouver de support, s'est débauché de ton obéyssance. Lié, subject, captif, et du diable et de tes propres convoitises, quelle entreprise feras-tu pour ta délivrance ? quel effort pour surmonter, et tant d'ennemis et toy-mesme ? . . . »

(*Sermon VIII.*)

N° XXXVIII.

REQUÊTE DES ÉGLISES ÉTRANGÈRES AU ROI CHARLES Ier.

(1634.)

« Sire

Les Églises estrangères qui soubs la grâce et support de vos devanciers dont la mémoire est en bénédiction ont esté establies, et par la mesme faveur de vostre Majesté subsistent dans vostre Roiaume : Aiant veu le prejugé de leur dissipation dans une injonction adressée de la part de Monseigneur l'Archevesque de Canterbery à celles qui résident en son Diocoese, sont icy par leurs députez aux pieds de V. Majesté pour la suplier très humblement, qu'avec la mesme affection et parolle Roialle avec laquelle il luy pleut à son heureux advènement à la couronne leur confirmer les privilèges ottroiez par ses prédécesseurs, il luy plaise aussi maintenant prévenir leurs trop justes apréhensions et arrester le coup de leur ruine.

Lad. injunction contient deux chefs dont l'un est adressé à touts ceux qui sont nais en ce pais, leur commandant de se séparer et se rendre un chascun en sa propre paroisse, l'autre regarde les estrangers à ce que quittants leur liturgies ordinaires, ilz aient à se ranger à celle d'Angleterre. Le premier commandement, Sire, sape entièrement et renverse tout d'un coup les fondements de la subsistence desd. Églises. Car, quoy que les natifs facent en quelques endroits la plus grande et en d'autres la plus petite partie, si est ce que par tout ilz font la plus considérable, parce qu'eux seuls possèdent quelque bien et c'est par leurs subventions libérales que le ministère est entretenu, et nourrie une grande quantité de poures dont elles sont chargées, tellement que ceux là se retirant les ministres demeurent sans entretien, les Églises sans exercice, les povres sans assistance. Le reste n'estant composé pour la plus part que de pauvres artisants ignorants la langue du pais, et desquels la demeure est autant incertaine qu'indifférente, sera contraint de cercher party autre part, et si tout est dissipé par le premier commandement, le second demeurera fort inutille.

La piété singulière de V. Majesté, Sire, est trop cognue de touts, et nous avons veu de noz ieux trop de signalez effects de son bon et pitoiable naturel à l'endroit de ceux qui proffessent avec elle une mesme pureté de doctrine, pour pouvoir jamais croire qu'elle veuille souffrir soubs son règne, ou puisse voir de ses ieux une telle désolation.

Que ces povres troupeaux, qui fuiants les feux, les massacres et persécutions se sont retirez icy comme en l'asyle d'un saint temple, soient maintenant dispersez et contraints d'aller cercher ailleurs une habitation asseurée. Que ces plantes estrangères si soigneusement recueillies et plantées par le bon Roy Edouard VI, si chèrement arrousées par ceste vertueuse Princesse, la Reine Elisabet, qui soubs le règne autant heureux que paisible de ce grand et sage Roi Jacques, père de V. Majesté, sont venues à quelque perfection, à ceste heure florissantes autant que jamais soubs vostre domination gracieuse, soient arrachées comme au blasme et mespris de la prudence et bonté de touts ceux qui cy devant ont regardé de bon œil et favorisé leurs acroissements ; que ces vifs monuments érigés à la glorieuse mémoire de touts ces bons princes et qui si hautement publient la louange de leur piété, charité et hospitalité envers les povres membres de Christ soient mis bas et réduits en poussière, Et que ces gages et tesmoignages si exprez de l'union de ce Roiaume avec les églises refformées de la haute et basse Allemaigne et de France, jusques icy si religieusement conservez, soient maintenant rompus et rendus signe d'une triste et totale séparation, sont choses auxquelles nous ne pensons pas que V. Majesté se veuille entièrement résoudre. Nommément en ce temps où les églises d'Allemaigne nageant dedans leur propre sang, celles de France dans leurs larmes, toutes du milieu de leurs ruines et dans les apréhensions d'une désolation plus grande, n'ont que V. Majesté sur qui elles puissent tourner et arrester leurs ieux et leurs Éspérances. Quels trances et quels desespoirs espandra sur ses poures cœurs affligez la renommée, qui faisant tousiours les choses pires quelles ne sont, ira publiant par tout qu'il ny a plus d'églises estrangères en Angleterre, qu'il ny a là plus ni retraite ni suport pour ceux qui sont persecutés à cause de la religion ! Angoisses qui seront encor augmentées par les reproches des Ennemis qui leur monstreront leur condamnation en la nostre et leur diront que c'est avec trop de raison que les princes Papistes les persécutent, puis quilz ne peuvent estre suportez par ceux là mesme qui sont de leur proffession.

Nous supplions très humblement Vostre Majesté, Sire, de faire bonne considération sur ces choses, et comme noz consciences nous rendent cest asseuré tesmoignage, que par nos déportements, qui iusques à present par la grâce de Dieu ont evité l'atteinte mesme de la calomnie, nous ne nous sommes jamais rendus indignes de la continuation de ses faveurs, il luy plaise en cest occurrence nous en faire sentir les effects, et recevant treshumble requeste que nous luy présentons, la respondre aussi favorablement que gratieusement il luy a pleu nous promettre autrefois que nostre traitement ne seroit jamais pire soubs son règne qu'il a esté soubs celuy de ses prédecesseurs. Et ainsi plains de joie et de consolation, nous continuerons noz prières ardentes à Dieu pour la santé, longue et heureuse vie de V. Majesté, le bien de son estat, l'acroissement, la gloire et la prospérité de sa Roialle et trèsflorissante famille.»

Au dos : «Ministers strangers to his Mty.»

(*State papers, Domestic*, Charles I, Vol. 279, n° 5).

N° XXXIX.

LETTRES DE TOLOSAN ET DE RICHIER A LA VÉNÉRABLE COMPAGNIE.

I.

«A Messieurs les pasteurs de l'Église de Genève.

Messieurs et très honorés pères,

Puis que le devoir de chasque Chrestien est de ne mespriser aucune occasion, par laquelle il juge pouvoir apporter quelque advancement à la gloire de Dieu, et au bien de son Église, j'ay estimé que peut estre il ne seroit pas hors de propos de vous escrire cette lettre, en laquelle vous pourrez appercevoir divers manquemens et foiblesses de pensées, qui toutes fois pourront tirer leur excuse de la bonne intention. Vous sçaurez donc (comme je fay sçavoir le mesme à Messieurs les pasteurs de Paris) qu'estant arrivé à Londres j'ay rencontré Messieurs de Cursol et Sabouroux, qui estoyent à Genève il y a environ un an; Monsieur de Cursol est placé en une Église Wallone du costé de Lincolne, où il donne beaucoup de contentement à ses auditeurs, l'ayant appris par quelqu'un de leurs Anciens. J'ay esté fort estonné d'apprendre que lors qu'ils arrivèrent en cette ville monstrans leurs attestations de France et de Genève aux principaux des Églises d'Angleterre, on avoit peine de les croire, estans généralement imbus de très fausses impressions, que vous les condamniez absolument en leur Liturgie, et que vous les teniez pires que papistes, et partant furent fort estonnés de voir que ces Messieurs avoyent des lettres de recommandation de vostre part vers eux; ce qu'ayants confirmé, la chose estant venüe aux oreilles de Monseigneur l'Archevesque de Cantorbery (comme on parloit de donner quelque place à M. de Cursol) dit ces paroles, In gratiam protestantium Gallorum et Genevensium illud faciam. M. de Cursol devant qu'accepter la charge escrivit à Paris, s'il pouvoit consciencieusement recevoir la Liturgie d'Angleterre, auquel il fust respondu par M. Mestrezat au nom de la Compagnie qu'il n'en devoit faire aucune difficulté, l'Église de France et d'Angleterre n'estans que deux sœurs germaines habillées un peu diversement, et que pour Monseigneur l'Archevesque de Cantorbery ils scavoyent bien qu'il avoit beaucoup d'envieux, qui mesdisoyent de luy, et quils estoyent asseurés de sa piété. M. de Cursol ayant receu cette lettre la feit voir à M. le Chancelier et parvint mesme jusqu'aux mains de Monseigneur l'Archevesque, laquelle leüe ils furent fort esbahis, et avoyent peine de croire que cette lettre vint de Paris; ce qui toutesfois estant avéré, ils dirent que donc les réformés de France n'estoyent pas de mesmes religion que quelques puritains et autres, qui ne peuvent parler de la religion des Anglois qu'avec abomination, disans que tout s'en va au papisme; quoy que Dieu merci cela soit faux, car ils protestent qu'ils sont d'accord avec nous en la doctrine, comme j'ay appris des principaux d'entreux; pour ce qui est des cérémonies (Dieu les gardant de conséquence dangereuse) ils les tiennent à present sans superstition. Ayant donc oüi tout ce que dessus et désirant d'en estre pleinement et plus véritablement informé, j'ay trouvé moyen de parler au Chancelier de Monseigneur l'Archevesque, qui le void tous les jours. Je n'eusse iamais creu quils eussent de telles impressions de nos sentimens touchant leur religion, si je ne l'eusse oüy moy mesme, partant je le désabusay, et luy dis que vous seriez marris que l'on eust telles opinions de vous. Quand à luy aussi il me protesta que pour la doctrine ils estoyent entièrement d'accord avec nous, mais qu'il ne voyoit pas comme on pouvoit de droit condamner leurs cérémonies, par lesquelles ils estiment mieux gouverner leur peuple que par une Liturgie simple, et qu'il desireroit infiniment avec tous les autres et particulièrement Monseigneur l'Archevesque d'estre en bonne Intelligence avec nos Églises. Peut estre, Messieurs, que je ne vous dis rien de nouveau, ces Messieurs de Cursol et Sabouroux m'ayans dit qu'ils vous ont escrit souvent et amplement sur ce sujet mesmes par Mr Mestrezat et sont estonnés de n'avoir eu aucune response. Je ne scay si par prudence vous avez tenu la chose dans le silence, j'ay toutesfois peine de croire que vous ayez receu de leurs lettres, car je m'en suis souvent informé et ne sçay pourquoy on me l'eust caché. Que si vous ne les avez pas receues, il me semble, selon mon petit sens et sauf meilleur advis, ne pouvant si bien juger des choses que vous, qu'on ne feroit pas mal de remercier Monseigneur l'Archevesque de Cantorbery de ce qu'à vostre recommandation il a advancé M. de Cursol, et en mesme temps luy déclarer vos sentimens touchant leur liturgie, car je scay de la bouche de M. le Chancelier que Monseigneur l'Archevesque desireroit avoir lettres de remerciement, et qu'elles luy seront comme à tous les autres très agréables, et de grande édification, très propres pour fermer la bouche à ces esprits estranges qui se targuent de vos sentimens, comme s'ils estoyent conformes aux leurs, et pourront beaucoup servir pour l'advancement plus grand de Messieurs de Cursol et Sabouroux, comme aussi de tous les autres qui viendront recommandés de vostre part ; ce qui servira de mesme pour arrester le plaisir de ceux qui se sjouyroyent beaucoup de voir nos Églises dans la desunion. Que si ces cérémonies venoyent en abus, cela est clair que vos sentimens changeroyent alors selon leur changement. Vous dispenserez de tout ceci selon vostre prudence, qui est sans comparaison plus grande que la mienne, n'ayant escrit ceci que pour le désir que j'ai à la gloire de Dieu, et à l'union de ses Églises, qui ne sont desja que trop divisées et désolées. Sy en ce point je fay peut estre du téméraire et de l'imprudent, mon peu d'expérience poussée néantmoins par des bonnes intentions me le fait faire, puisque je ne croiray jamais avoir contentement si grand que lors que je pourray contribuer quelque chose au bien de l'Église de Dieu, selon le debvoir d'un Chrestien, qui m'oblige de prier le Seigneur de tout mon cœur qu'il comble vostre Église de ses plus sainctes bénédictions, et la tienne en une très inviolable union avec les orthodoxes, qui est le sincère souhait de celuy qui sera tousjours très véritablement

Messieurs et très honnorés pères

                Vostre tres humble et très affectionné serviteur,

De Londres ce 3 Juillet 1638.   H. Tolosan.

(*Bibl. de Genève, man. fr.* 197[aa], portef. 9).

II

A Messieurs les professeurs en Théologie à Genève.

Messieurs et très honorés pères,

Bien que je n'aye pas fait long séjour en vostre Académie et que je n'aye jamais mérité par mes services l'honneur de vostre bienveillance, néantmoins la cognoissance que j'ay de vostre bonté et courtoisie me persuade que vous pardonnerés à la hardiesse que je prens de vous divertir par ces lignes pour vous consulter sur une affaire qui m'importe beaucoup. Dieu m'a fait la grace d'aquérir l'affection de quelques personnes de qualité qui désirent m'arrester en ce pays et me donner le moyen d'y exercer mon Ministère, mais d'autres (dont je depens en quelque sorte) s'y opposent, estimans qu'en bonne conscience je ne puis souscrire à la discipline de cette Église, que ses cérémonies sont superstitieuses, et qu'il est mesmes à craindre que sa doctrine ne soit pas exempte de corruption. Qu'ils scavent de bonne part que les premiers prélats de cette Église sont infestés de papisme, et que M[r] L'archevesque de Cantorbéry, ayant embrassé la créance de l'Église Romaine, favorise les papistes et a en haine toutes les Églises protestantes et principalement celles de France. Mais je crois que s'ils estoient informés de la verité aussi bien que je suis, ils concevroient une opinion toute contraire et rejettroient bien loin ces calomnies avec ceux qui les ont forgées; puis qu'il ne se rencontre en ce Royaume aucun prélat qui mérite le nom de papiste et que les Actions et les Discours de M[r] L'Archevesque (soit en public, soit en particulier) le justifient assez, témoignans tout le contraire de ce dont on l'accuse. Je scay que ses prédications sont très excellentes et fort orthodoxes et qu'il a souvent protesté (mesmes dans la chambre du Conseil devant les premiers du Royaume) qu'il abhorre le papisme, et qu'après avoir exactement respondu (bien qu'il ny fust pas obligé) à tout ce que ses ennemis lui imposoient, il s'en est mesmes volontairement purgé par serment. Lui mesme a depuis peu fait réimprimer une très docte conférence qu'il a autrefois eue avec un des principaux Jésuites Anglois appellé Fisher, et l'a enrichie de quantité de très belles remarques pour le soustien et l'avancement de la Religion réformée et la destruction de la Romaine, à laquelle il a plus d'intérest que personne au monde. Car entre tous les pasteurs protestans c'est lui qui est élevé au degré le plus haut et le plus éminent, si bien que toutes sortes de considérations l'obligent à estre ennemi du pape : Et quand il n'auroit pas (comme grâces à Dieu il a) la crainte du Seigneur devant les yeux, les maximes d'estat et la police du monde ne lui permettroient jamais d'oublier ce qu'il est pour se rendre esclave de l'Évesque de Rome.

Je scay que ce prélat ayant remarqué que la chapelle de la Reine estoit fort frequentée par les sujets du Roi d'Angleterre, il l'a obligé à leur faire défence très expresse de se trouver en la ditte chapelle sur peine de punition corporelle ; qu'il a fait condamner au feu un livre pour ce qu'il sentoit le papisme, et que quelques ministres ayans esté si osés que de prescher quelques erreurs de l'Église Romaine ont receu par son commandement le chastiment qu'ils meritoient. Je scay qu'il n'a pas en haine (comme ils pensent) mais qu'il chérit et estime toutes les Églises réformées, principalement celles de France et entr'autres la vostre, que lors qu'il en parle c'est tousjours en termes d'honneur et de charité, et qu'il a beaucoup de soin de ceux que nos Églises envoyent en ce pays pour y trouver un refuge et le moyen de subsister après avoir abjuré la papauté. Je vous donneroy pour exemple un homme qui ne vous est pas incognen. C'est ce Docteur en Théologie appellé Mr Cursol, qui sortit du Couvent de la grande Observance de Toulouze, il y a environ 2 ans, et fit profession de nostre religion en vostre Église. Il s'en vint ici avec son compagnon, et M^r L'Archevesque, à vostre recommandation, lui a donné un fort bon bénéfice de 1200 livres de revenu. Et maintenant son grand Vicaire a encores charge de lui, de pourveoir deux autres que la cognoissance de la verité et le conseil de quelques unes de nos Églises ont pareillement fait venir en ce pays. Que si quelque fois il a fait chastier quelques factieux qui fouloient aux pieds la discipline de cette Église et s'efforçoient d'introduire en sa place celle de France, il me semble qu'ils le meritoient bien et qu'ils n'estoient pas moins coupables que seroient ceux qui voudroient en France abolir notre Discipline pour y establir celle d'Angleterre. J'estime que Mr l'Archevesque seroit le premier à condemner ces gens là, car il ne désaprouve pas nostre Discipline en France puis que mesmes il la permet en ce pays aux Églises Françoises et Flamandes ; tellement que ce qu'il en a fait n'a pas esté en haine de la nostre mais pour conserver la leur et remédier au schisme qui se formoit.

J'ay apris, Messieurs, que ce n'est pas la différence des cérémonies et de la police de l'Église qui empesche la communion des fidèles, puis que ce n'est qu'une chose externe et non essentiele, et que l'Apostre en ayant laissé la disposition à l'Église, disant seulement en general πάντα εὐσχημόνως καὶ κατὰ τάξιν γινέσθω, c'est à bon droit que les Théologiens sans controverse tiennent que chaque Église a pouvoir de faire sa Discipline et de déterminer des cérémonies, lesquelles par conséquent doivent estre différentes selon la diversité des circonstances. On ne doit pas donc trouver estrange si la police de l'Église d'Angleterre est autre que celle de France. Car celle là estant une Église comme triomphante et celle ci ne subsistant et ne respirant qu'avec peine, leur gouvernement ne doit pas estre semblable. De plus la disposition, les humeurs et les facultés des Anglois estans différentes de celles des François, ce qui convient aux uns n'est pas propre aux autres; et il n'y a point de doute que ceux qui prirent le soin de la réformation de cette Église n'en fussent jamais venus à bout s'ils n'eussent conservé la plus part des cérémonies, pour ce que le peuple (qui est assez difficile à mesnager et qui ne regarde guères que l'extérieur) n'eust jamais souffert un si grand changement. Jésus Christ N. S. nous exhorte à joindre la prudence du serpent à la simplicité de la colombe, et suivant cela les Apostres s'accomodoient au temps en leur Concile, mesmes en des choses qui sembloient ne pas estre deffendues puis que Dieu les avoit auparavant permises. Mais en ces cérémonies il n'y a rien qui répugne à la parole de Dieu et qui ne se raporte à son honneur et à sa gloire, et entre tous ceux qui ont veu la Liturgie de cette Église, je n'ay encore rencontré personne qui n'avoue qu'elle est très excellente, toute puisée des Sainctes Escritures et fort propre pour nourrir et augmenter nostre dévotion et piété.

Ces considérations me semblent fortes, mais je ne veux pas en estre le juge, m'en rapportant entièrement à vostre bon et charitable avis que je vous suplie tres humblement et de toutes mes affections de me donner sur toutes ces choses. Et bien que je ne mérite pas que vous preniés tant de peine, j'ay toutefois une telle confiance en vostre bonté et courtoisie que de croire que vous ne denierés pas cette faveur et cette charité à celui qui chérit et honore, comme il doit, vostre Doctrine et pieté et toutes ces belles vertus qui lient à vostre service tous ceux qui en ont cognoissance, et moi particulièrement qui suis plus que tout autre,

Messieurs
Vostre très humble et très obéissant serviteur
P. Richier.

De Londres le 27° Juin 1639.
(*Bibl. de Genève*, man. fr. 197ᵃᵃ, portef. 9),

N° XL.
HÉRAULT.

Fragments du Sermon d'entrée en fonctions à Londres.

« Jésus vint, et fut là au milieu d'eux et leur dit, Paix vous soit.
Frères bien-aymez en Nostre Seigneur Jésus,
Puis qu'il est question de vous saluër aujourdhuy tous en corps, comme nous avons desja fait quelques-uns de vous en particulier, nous avons estimé ne le pouvoir mieux faire que par ces paroles de nostre souverain Docteur et Maistre J. C. N. S., lors que se trouvant la première fois après sa Résurrection au milieu de ses Apostres, comme ils estoyent assemblés, il leur dit, *Paix vous soit.*

Et de fait quelle salutation scaurions nous vous adresser qui fust plus convenable que celle-là, soit à la charge que nous avons cy après à exercer au milieu de vous, si Dieu le permet, puisque nous y venons pour y estre *Anges de paix,* et pour vous annoncer la paix : soit à la qualité tant de celuy au nom et en l'authorité duquel, si telle est sa volonté, nous avons à vous parler, qui est un *Dieu de Paix,* que de la doctrine que nous aurons à vous annoncer qui est une *Doctrine de Paix* : soit aussi à l'Estat présent de ce Royaume troublé de guerres et de divisions où tous les gens de bien, et les vrais *enfans de Paix,* aspirent à la Paix, souspirent après elle, et la souhaitent de toutes leurs affections.

Mais comme nous vous adressons aujourd'huy cette salutation du meilleur et du plus intime de nostre cœur, aussi nous supplions l'Éternel nostre Dieu, au Nom duquel nous la vous adressons, que comme nous lisons que le petit Enfant d'Élisabeth tressaillit en son ventre à la Salutation de la bienheureuse Vierge, Mère de notre Seigneur Jésus, il luy plaise pareillement accompagner envers vous celle-cy d'une telle vertu, puissance et efficace de son Esprit, qu'elle puisse produire au dedans de vos cœurs des saincts tressaillemens de joye et de liesse, par les sentimens intérieurs de sa grâce et de sa faveur : afin que vous monstrans véritablement *Enfans de Paix*, nostre Paix puisse aussi reposer sur vous en benediction.

Paix vous soit donc, très chers frères, et afin que vous puissiez bien comprendre comme il appartient l'importance d'un tel souhait, considérez le tellement en la bouche de N. S. J. comme addressé particulièrement à ses Apostres, que vous le considériez aussi en la nostre comme vous estant aujourdhuy addressé par nous plus particulièrement, selon qu'il peut estre addressé par qui que ce soit à toutes sortes de fidèles.

Icy donc le Seigneur Jésus se trouvant au milieu de ses disciples les saluë de ce doux mot, *Paix Vous soit*. Ainsi avoit-il accoustumé de saluër ceux au milieu desquels il se trouvoit, et c'estoit la forme de saluer qu'il avoit prescrite à ses disciples lorsqu'il les envoya par les contrées d'Israël annoncer le Royaume de Dieu...

« ... Et combien estimez-vous que fust agréable cette douce parole du Fils de Dieu aux oreilles et aux cœurs de ses Disciples, en l'estat auquel ils estoyent, remplis de crainte, de frayeur et d'épouvantement, comme Aigneaux sans Pasteur, Soldats sans Capitaine, Voyageurs sans Guide, Navigateurs sans Estoile, pour calmer leurs Esprits, restaurer leurs cœurs, rasseurer leurs courages et relever leurs espérances ? Car si la joye de Noé fut grande, quand il vid revenir la colombe qui apportoit en son bec une feuille d'olive qu'elle avoit arrachée, qui estoit une preuve évidente que les eaux estoyent allégées de dessus la terre, combien plus sans comparaison croyez-vous que fut grande celle de ces Apostres, quand ils virent le fils de Dieu, et qu'ils l'ouïrent leur disant *Paix vous soit*, et leur ratifiant par là la parole qu'il leur avoit addressée dès auparavant sa Passion, quand il leur avoit dit, *Je vous laisse la paix, je vous donne Ma paix*. Et c'est aussi chers Frères le souhait que nous faisons. Et quand nous vous souhaitons la paix, scachez que sous ce petit mot, nous comprenons tous les biens que vous vous scauriez imaginer, et que nous vous souhaitons le plus excellent bien de tous, puisqu'il emporte quant et soy tous les autres, et que c'est celuy seul qui donne prix à tous les autres...

«...Mais comme nous vous souhaitons cette paix, aussi faut-il que vous vous la souhaitiez à vous-mêmes. Que vous la recherchiez de tout vostre possible, comme un singulier don de Dieu ; que vous contribuiez de vos moyens, de vos vœux, de vos souhaits pour l'obtenir : que pour cela vous sollicitiez continuellement le Ciel par vos prières ardentes et assiduelles. *Priez donc, priez très chers frères, pour la paix de Jérusalem.* Mais surtout priez toujours le Seigneur qu'il conserve la prunelle, quoy qu'il arrive à l'œil. Priez pour la Paix de l'Estat, et pour la Paix de l'Église en l'Estat. *Rendez à César les choses qui sont à César et à Dieu les choses qui sont à Dieu. Rendez à tous ce qui leur est deu : à qui tribut, le tribut : à qui péage, le péage : à qui crainte, la crainte : à qui honneur, l'honneur. Rendez vous sujets à tout ordre humain pour l'amour de Dieu ; soit au Roy, comme à celuy qui est pardessus les autres... Ainsi les montagnes porteront la Paix pour le peuple.* Et de tant de faveurs que vous avez reçues par cy-devant de la bonté de Dieu, vous pourrez prendre confiance du mesme pour l'advenir pour dire comme ces fidèles au 26 d'Esaye : *Eternel, tu nous dresseras la Paix ; car aussi tu nous as fait toutes nos affaires...*

«...*Redressez donc vos voyes, les faisans droites en la présence de l'Éternel,* afin par ce moyen dissiper, en tant qu'en vous est, tous ces nuages épais de tant de calamitez qui se sont eslevez sur vostre contrée, et de rappeler ce beau Soleil de la paix qui s'en est escarté, pour reluire derechef sur vous en joye et en salut. Et ayez pour jamais en horreur et exécration ceux qui voudront entreprendre de rallumer ce feu qui court aujourdhuy toute l'Angleterre et toute l'Irlande ; si une fois vous obtenez de luy cette faveur de l'y voir esteint par sa grâce et sa miséricorde, *Maudit soit l'homme devant l'Eternel qui se mettra à rebastir cette Jéricho.* Que si d'autre costé pour la juste punition de vos péchez et pour d'autres raisons qui sont cognuës à la sagesse de Dieu, il vous continüe plus longtemps ce fléau de la guerre, alors faites comme le Disciple que Jésus aymoit, lequel se trouvant plongé en un profond ennuy se reposoit au sein de son bon Maistre. Reposez vous sur la providence de ce bon Maistre, lequel parmi les désolations de l'Estat scaura bien toujours garentir son Église : et mesme parmi les afflictions de son Église aura un soin particulier de ceux de son Eslection...

«... Surtout, frères bien aymez, ostez du milieu de vous toutes factions et partialitez : *Levez vos mains pures* à Dieu sans *ire et sans question*. Souvenez-vous que, comme Dieu est *un Dieu de paix*, sa maison est aussi une *Maison de paix*. Qu'il n'en est pas de sa maison comme d'une Ruche d'Abeilles, en laquelle si on n'entend point de murmure et de bourdonnement, c'est signe qu'elle est perduë : Au contraire s'il y a rumeur en l'Église, c'est signe qu'elle tend et s'achemine à sa perdiction.

«...Autrement appréhendez que les troubles que vous voyez aujourdhuy ne soient que *commencement de douleurs*. Car si en tous Estats il n'y a rien de plus ruineux que les factions et partialitez, cela a lieu principalement en l'Église, en laquelle quand la discorde se fourre une fois, quels troubles, quelles confusions n'y voyez-vous point ? Si une fois les pièces de ce vaisseau viennent à se desjoindre, tellement qu'il y ait des trous, des fentes, et des ouvertures, que peut-on attendre de là sinon que faisant eaux de tous costez, il périsse malheureusement et face un déplorable naufrage ? Les naturalistes parlent d'une pierre qui a cette propriété, qu'estant entière elle flotte sur l'eau, mais enfonce si tost qu'elle est mise en pièces. L'Église est comme cette pierre... De toutes les maladies les intestines sont les plus dangereuses... Et certes si la confusion et division des langues fut cause de la ruine de la Tour de Babel, combien plus la division des cœurs, des volontez et des affections sera-t-elle cause de la ruine, non-seulement des Estats, des Républiques et des familles, mais aussi de l'Église...

«... Mais surtout redoublez du meilleur de vos cœurs, vos vœux et vos prières à celuy *qui donne délivrance aux Roys et qui les recoust de l'espée dangereuse*. Pour celuy qu'il a constitué sur vous, à ce qu'il luy plaise prendre sa personne sacrée en sa sauvegarde et protection, camper à l'entour de luy l'armée de ses saincts Anges, *Envelopper son âme au faisceau de vie par devers luy et jetter celle de ses ennemis au loing, comme au milieu du creux d'une fronde*. Qu'il luy plaise donner à son oinct des pensées de paix, et luy inspirer de plus en plus des sainctes et salutaires affections pour le bien de ses pauvres sujets, qui après l'obéissance deue à Dieu ne respirent qu'à la sienne ; priez ce grand Dieu *qui convertit les cœurs des pères envers les enfans, et des enfans envers leurs pères*, qu'il luy plaise donner à nostre Roy des affections vrayement paternelles envers ses sujets et à ses sujets des affections vrayement filiales envers luy, si que tous ensemble conjoinctement, le Roy et les sujets, conspirent à ce seul but d'establir et affermir de plus en plus le Règne de J. C. en la terre. Qu'il lui plaise pour cet effet approcher continuellement de sa personne des fidèles Conseillers qui n'ayent pour but que le bien, le repos, la paix et la tranquillité de son Estat, et la conservation de l'Église de Dieu en son Estat. Afin qu'ainsi voyans toutes choses bien et heureusement restablies, vous puissiez posséder un longtemps icy bas en la terre, et par une éternité là haut dedans les cieux, la lumière après les ténèbres, le calme après la tempeste, le repos après le travail. Amen. »

(Sermon I du *Pacifique*, prononcé à Londres le $^{12}/_{22}$ Février 1643).

Hérault constate la rude persécution que ces deux premiers sermons lui attirèrent, pour avoir rencontré contre son attente « des esprits dont la faction et la rébellion s'étoient déjà emparés et qui par conséquent étoient incapables dès lors de recevoir les bonnes impressions de paix, d'obéissance et de fidélité envers le prince que je m'efforçois de leur donner à mon arrivée au milieu d'eux. Au sortir de la mer, sitôt que je pris terre je me vis assailli par une vipère qui me fit regarder d'un œil malin par ces meurtriers... je me vis hanté par certains esprits, qui étoient comme autant d'écueils et de rochers contre lesquels il s'en fallut bien peu que mon vaisseau se brisât. Là s'éleva aussitôt contre moi une furieuse tempête laquelle, de jour en jour, alloit se renforçant par le moyen d'un certain vent de tourbillon qui souffloit particulièrement en la plage en laquelle je voguois... et ce mauvais vent pensa tellement entortiller à diverses fois les voiles de mon vaisseau que je l'ai vu souvent sur le point de périr et de couler à fond, tant qu'enfin, après diverses bourrasques et agitations, vint un grain pire que les autres qui m'alloit perdre absolument, sans la résolution que je pris de céder à l'orage et à la rage tout ensemble et de pourvoir à ma sureté contre les diverses embûches qui m'étoient dressées, en reprenant le chemin du lieu duquel j'avois été tiré par toutes sortes d'instances et de recherches très pressantes. »

Le Consistoire d'Alençon prit son parti.

Extrait des livres du Consistoire du dimanche 17 juillet 1644 :

« Ce Jourd'huy a esté présenté à la compagnie par M. Hérauld pasteur une Lettre escripte au nom du synode des Églises françoises dangleterre assemblé à Londres dattée du XXIe de may dernier et signée pour tous Poujade pasteur, daniel sauvage scribe et pierre le gay ancien, laquelle lui avoit esté mise entre mains par Monsieur de la barre ancien, après la lecture de laquelle la Compagnie considérant quil ny a aulcun qui prenne la qualité de Modérateur et quelle ne contient que des Invectives génóralles contre ledict sieur Hérauld contraires à la Cognoissance particulière que nous avons de luy et aux tesmoignages honorables et autentiques quil a produict tant du Cœtus des trois Églises estrangères de Londres que de divers Pasteurs gens de nom et de réputacion par lesquels ses comportemens en l'église francoise de Londres, parmy les bourasques dont il y a esté agité, sont loués et approuvés : considérant de plus que le synode au nom duquel ladite lettre a esté escripte n'est plus sur pied, elle n'a pas estimé à propos d'y faire aulcune Résponse et a Remis ladite Lettre entre les Mains dudit sieur Hérauld pour s'en servir aux fins auxquelles il advisera bon estre. »

(*Archives de l'Église hollandaise de Londres.*)

Lettre de Hérault au Cœtus.

« Messieurs et tres honorés freres,

La crainte que j'ay que ces Messieurs de l'église françoise ne prenent mon si long silence pour une renonciation tacite, et un abandon de mes droicts et prétentions sur eulx, j'ay creu que je ne me pouvois mieulx addresser qu'à vostre Compagnie pour leur faire scavoir mes intentions, afin qu'ils n'en prétendent cause d'ignorance. Je leur ay escript par ci devant à diverses fois depuis mon départ de Londres, sans qu'ils ayent daigné me faire aulcune response. Mais depuis ayant escript au Synode des Églises estrangères d'Angleterre assemblé à Londres l'année passée, par ce que l'inscription de la lettre estoit aux deputés des Eglises françoises assemblés en Synode, ils ont supprimé la lettre dans leur Colloque, au lieu de la produire dans l'assemblée des deux Colloques, puis qu'elle estoit addressée aux deputés des Églises Françoises à la verité, mais assemblés en Synode, et qu'ils ne sont point assemblés en Synode que quand les deux Colloques sont joincts. Et au lieu de me rescrire ils se sont advisés d'escrire au nom du Synode au Consistoire de cette Église une lettre toute remplie d'injures et calomnies contre moy pour me diffamer. Cette lettre est escripte de la main d'un homme tout propre à cela ; qui est le Sieur Sauvage de Hampton, assez cognu dans la Hollande et ailleurs où il a vescu, pour n'oser jamais y espérer employ, tant il y est descrié et en mauvaise odeur pour sa mauvaise vie et scandaleuse, comme vous le pouvés veoir par cet extrait d'une lettre de Monsieur Rivet Ministre et Professeur en Théologie que je vous envoye quant et la présente. Cette lettre escripte de la main du sieur Sauvage et signée de lui, est en oultre signée du Sieur Poujade aultre aussi homme de bien que lui à peu près, comme il paroist par deux actes de nos deux derniers Synodes nationaux lesquels aussi je vous envoye, le premier desquels authorise le Consistoire de Nîmes de procéder contre lui jusques à déposition, et cependant le déclare suspendu de son ministère : et le dernier interdit à toutes les Églises de ce royaume la recerche de son ministère. Ce sont là, Messieurs et tres honorés frères, les personnes desquelles le sieur de la Marche et ses adhérens se sont servis pour prescher ses louanges et me charger de calomnies, c'est à sçavoir des personnes couvertes de vergogne, et flestries de jugemens honteux et infamans : aussi lui faloit-il de tels ouvriers pour un tel ouvrage. Aprés cela jugés, je vous prie, Messieurs, de quelle grace telles gens, qui ont tout subject de baisser la teste le reste de leurs jours, peuvent s'estendre en calomnies contre un homme de bien, et qui vault mieux qu'eux en toutes sortes. Aussi cette lettre ainsi escripte de la main de Sauvage et signée de lui et de Poujade a esté receue du Consistoire de cette Église comme elle méritoit, ainsi que vous verrés aussi par la copie de l'acte que je vous en envoye. Graces à Dieu, je suis trop bien cognu ici, et ailleurs en ce royaume pour craindre que telles calomnies y puissent faire impression sur les esprits à mon préjudice. Les blasmes de telles gens au contraire me tourneront tousjours à louange, au lieu que leurs louanges ne peuvent que tourner à blasme. Le but de la présente donc, Messieurs, apres vous avoir donné la cognoissance de ce que dessus, est de renouveller à ces Messieurs de l'Église françoise, à ce qu'ils n'en pretendent cause d'ignorance, la déclaration que je leur ay desja faicte à diverses fois, et que je leur fais encor présentement, de persister en mes prétentions à lencontre d'eulx, de m'opposer à l'establissement de qui que ce soit en leur Église à mon préjudice et de recercher par toutes voyes justes et légitimes, lors que Dieu par sa bonté en aura amené le temps propre, la réparation des torts, injures, oultrages, et griefs qu'ils m'ont faicts. Aussi je vous supplie de la garder entre les papiers du Cœtus avec les aultres pieces que j'y joins. Cela ne m'empesche pas pourtant d'aimer et d'affectionner le général de cette Église-là, et quantité de bonnes ames que j'y ay recognues, en la considération des quelles je n'aurai jamais d'aultre disposition qu'à souhaiter toute prospérité à tout le troupeau : comme je fais aussi aux deux aultres Églises estrangères que vostre Compagnie représente, de laquelle, quelque esloigné que je sois, j'ai tousjours l'honneur d'estre membre, et laquelle aussi je salue en cette qualité, comme estant

Messieurs et très-honorés frères,
Le vostre très-humble, et très-affectionné serviteur
HERAULD.

D'Alençon ce $\frac{30\ \text{juin}}{10\ \text{juillet}}$ 1645. »

(Ibidem.)

Le Cœtus communiqua ces pièces à Poujade et à Sauvage. Tous deux répondirent le 18 août en se justifiant ; le premier ajoute qu'Hérault « a un grand appétit de vengeance ». Il ne cessait en effet de suivre de loin, avec un intérêt passionné, les luttes civiles de la Grande-Bretagne. Six ans après avoir pris hautement parti dans la chaire de Threadneedle street pour Charles Ier contre le Parlement, il eut à cœur de protester contre le meurtre juridique du Roi d'Angleterre, et de dégager les Églises Réformées de France de toute complicité avec les Indépendants.

Sermon après la mort de Charles Ier.

« ... Vous jugez bien, mes frères, à quoy tend ce discours, c'est à scavoir, à détester un maudit et malheureux parricide commis tout fraichement contre un grand Roy, et un des plus puissants Monarques de la Chrétienté par ses propres sujets (qui devoient avoir sa vie plus chère et plus précieuse que la leur) par une desloyauté et perfidie diabolique, après un accord et un traité de paix solennellement arresté et conclu avec luy, et par un attentat sans exemple dans tous les siècles passez ; . . . . . et encor, pour comble d'horreur, ayant voulu faire passer pour action de justice la plus injuste, la plus lasche, la plus infâme, la plus noire et la plus damnable qui se puisse jamais concevoir de la pensée, et pour laquelle despeindre selon son mérite il faudroit de nouvelles paroles. Action si horrible qu'il n'y a conscience, pour indifférente qu'elle puisse estre, ou mesme si déterminée au mal, qui ne soit contrainte de la détester plus que les portes de l'enfer, si elle n'est aussi perdue que celle de ceux-la mesmes qui l'ont commise : d'avoir entrepris, non point clandestinement, mais tout à descouvert, hautement et à main eslevée, et sous couleur de justice, de mettre la main sur l'oinct du Seigneur, et de lui oster la vie. O que soit à jamais exécrable aux bonnes âmes cette maudite et malheureuse engeance de l'enfer! Que leur mémoire soit pour jamais maudite et en exécration? Que mon âme n'entre point en leur conseil secret etc. Gen. 49, 6. 7. Un acte si extraordinaire, mes frères, requiert aussi des mouvemens et des paroles tout à fait extraordinaires et est plus que suffisant pour les justifier. Et encor après tout, quelques véhémentes que puissent estre nos paroles, et en leur ton, et en leur signification, et avec quelque chaleur qu'elles puissent estre poussées, il ne se peut qu'elles ne soient tousjours beaucoup audessous de ce que mérite un acte si énorme.

O Dieu, si tu as résolu de t'en monstrer le vengeur par l'exécution de tes jugemens sévères et rigoureux sur ceux qui l'ont commis, faisant venir sur eux toutes les malédictions dont tu menaces, en ton ire, par tes Prophètes, les pécheurs les plus meschants et les plus endurcis en leur iniquité, si déjà tu leur as *formé leur procez* pour *les payer selon la mauvaiseté de leurs exploits et selon l'ouvrage de leurs mains*, Toy, juste juge, ne compren point l'innocent parmi les coupables. N'impute point à toute une nation, et à quantité de bonnes âmes qui gémissent et qui souspirent sous une oppressante tyrannie, un crime particulier à deux tyrans et à un tas de canailles et factieux, qui poussez, animez, inspirez et possédez d'un esprit infernal, après avoir esté un longtemps du rang de ces *injustes murmurateurs et querelleux qui se séparent eux-mesmes*, et de ces *gens sensuels* dont parlent les Apostres, *mesprisans les Seigneuries, audacieux, adonnez à leur sens, qui n'ont point horreur de blasmer les dignitez*, enfin en sont venus jusques à cet excez espouvantable de rage et de forcenerie, que tous les supplices imaginables ne sont pas capables d'expier, de prononcer condamnation de mort et d'exécuter ensuite ce jugement abominable contre celuy duquel ils estoyent les justiciables, et qui ne l'estoit que de toy seul, et n'ont point eu horreur d'ensanglanter un échaffaut du sang de leur Prince. Prince que nous pouvons bien dire, et avec vérité, avoir esté un des meilleurs, des plus Chrestiens, des plus pieux et religieux qui jamais ait porté couronne. Arreste, ô Dieu, les effets de ton ire sur les autheurs et les fauteurs d'un attentat si exécrable et si abominable; arreste les, dis-je, sur eux, à *la destruction de la chair,* non seulement pour la manifestation de ta justice et *afin qu'on cognoiosse que toy seul, qui as nom l'Éternel, es souverain sur toute la terre,* mais aussi afin que ces malheureux, estans amenez par ce moyen à une sérieuse recognoissance d'un tel crime, touchez d'une saincte componction de cœur, navrez et époinçonnez vivement en leurs consciences par le ressentiment et l'horreur d'un tel forfait, en puissent enfin obtenir pardon et miséricorde, pour éviter les peines éternelles, tellement que *leur esprit soit sauvé au jour du Seigneur.*

Quant à nous, frères bien aimez, qu'il n'y ait aucun si malheureux de prester le moindre ombre de consentement, et moindre support du monde dans le secret de son cœur, je ne diray point à une action si meschante et si diabolique, capable de remplir les oreilles d'estourdissement, les esprits d'estonnement et les cœurs de frayeur et d'espouvantement, mais seulement aux procédures précédentes de ces abominables parricides. Que ceux qui par un excez de charité, mal conduite et en la simplicité de leur cœur, comme plusieurs de ceux qui suivirent le party d'Absçalom et plus faute de cognoissance que de conscience, auroient eu quelque pensée favorable pour ces scélérats, et auroient tasché d'exténuer ou pallier leurs extravagances, apprennent aujourd'huy, en considérant la chose de plus près, et voyant jusqu'à quel excez elles les ont portez, à en penser et parler autrement : de peur qu'ayans part à leur crime en ne portant pas leur indignation et détestation contre ceux qui l'ont commis, jusques au point que la chose requiert, ils eussent aussi part aux jugemens sévères et rigoureux qui leur sont réservez, et que la justice de Dieu vengeresse, tost ou tard, scaura faire fondre sur eux en son temps pour foudroyer leurs testes criminelles. Que de l'abondance d'un cœur justement indigné et irrité la bouche prononce des paroles d'indignation et d'irritation . . . . .

«Surtout, autant qu'une telle action semble estre capable d'attirer un grand blasme sur la doctrine de l'Évangile, et sur ceux qui la professent, envers ceux qui estans mal intentionnez envers nous, et tout ensemble mal informez, n'ont point une bonne cognoissance de la conduite et des desportemens de ceux qui l'ont commise, ni de leur disposition au fait de Religion, autant faut-il que par une haute et publique détestation nous nous efforcions de lever un tel scandale, pour mettre cette saincte et salutaire doctrine, et ceux qui la professent, à couvert des reproches dont ces malheureux monstres transmarins, qui ne craignent ni Dieu ni les hommes, n'ont point fait de conscience de la charger en tant qu'en eux est.

Mais, ô que loüé soit le nom de Dieu de ce que, dès il y a déjà plus de quatre ans, il a tellement conduit par son esprit celuy de ses serviteurs qui estoient assemblés en Synode National de toutes les provinces de ce Royaume, que par un acte solennel ils ont condamné dès lors les procédures et les maximes de ces fanatiques, qui ayans commencé par vouloir estre *Indépendans* ès choses qui concernent la Religion et le gouvernement Ecclésiastique, ont fini par le vouloir estre en celles qui concernent l'Estat et le gouvernement civil et politique, les ont, dis-je, condamnez dès lors comme très damnables, et très préjudiciables à l'Estat et à l'Église, sans penser néantmoins que jamais ils eussent deub se porter à un tel excez de meschanceté, et les ont dèslors rejettez comme excrémens de nostre corps : et de ce qu'eux-mesmes aussi par ces mesmes maximes et procédures pernicieuses s'en sont retrenchez et séparez : la bonne et sage providence de ce grand Dieu, qui voyoit jusqu'où Satan avoit déjà rempli leurs cœurs, ayant par ce moyen pourveu à descharger nos Églises des reproches qui eussent peu nous estre faites avec plus de couleur, et dont il semble que nous n'eussions peu éviter quelques atteintes, s'ils fussent demeurés en nostre communion, ayant permis que de bonne heure, *ils soyent sortis d'entre nous pource qu'ils n'estoient point d'entre nous,* afin que, n'ayans plus avec eux aucune communion, non plus que nous n'en voulons avoir avec celuy qui les a mis en œuvre, aucune de leurs maudites et damnables actions ne nous peust estre injustement imputée.... »

(Sermon 1 du *Pacifique en deuil,* prononcé à Alençon le 21 février 1649. — *Le Pacifique Rogal en deuil.* Saumur 1649, in-8º).

Nº XLI.

ARTICLES DES SYNODES WALLONS SUR J. D'ESPAGNE.

(1629.)

« Ayant bien mùrement examiné en la crainte de Dieu tout ce qui a été produit par notre frère Jean d'Espagne touchant l'adultère dont il a été accusé, nous n'avons pas trouvé pour vrai en son procédé matière suffisante pour le déposer de son ministère, mais bien de lui déclarer qu'il ne pourra point servir à édification, ni en l'Église de la Haye ni en aucunes de nos Églises. »

Syn. d'Amsterdam, art. 25.

« Attestation ayant été demandée par notre frère Jean d'Espagne, la Compagnie a trouvé bon de lui en accorder une en vérité et charité et signée tant du Président et du Scribe que des députés de la Haye au nom de l'Église. Laquelle attestation lui sera donnée par l'Église synodale quand il voudra se retirer de ce pays et de laquelle la copie sera insérée au livre des Actes. »

Même Synode, art 44.

(1645.)

« L'Église de Londres ayant demandé copie des pièces qui regardent M. Despaigne, la Compagnie ordonne de leur donner celles qui reposent entre les mains de M. Dupré. »

Synode d'Amsterdam, art. 11.

N° XLII.

COMMENCEMENTS DE L'ÉGLISE DE DOUVRES.

Liure des Baptesmes.

« Le père devant aller le jour précédent au logis de l'ancien lui faire escrire le billet du iour de naissance auec les noms des père et mère, parains et maraines, lesquels parains et maraines ne doivent estre admis s'ils ne sont de la Cene ou prests d'en estre.

Du 6 may 1644.

Jean, filz de François Isaac et de Marie L'Agneau. Parains Nicholas, Henry et Pierre Jean. Maraines Jeanne Guilgré et Judith Sauuage. Nasquit le j^r dito.

Liure pour l'Examen de 3 en 3 mois.

Du 10° juillet 1644.

Jean Nicolas. Pierre François. Jean Estienne.

Lesquels désirans estre de l'examen doiuent en aduertir leur ancien le iour que les méreaux se portent et lorsqu'ils vont par les maisons pour estre enregistrez comme ci-dessus.

Liure des Mariages.

Les parties deuant aller premier q. se presenter au temple au moings le jeune homme chez son ancien lui donner son nom par escrit auec celui de son espouse pour estre présenté au pasteur.

Du 13ᵉ de may 1644.

François Estienne, filz de Robert et Suzanne Isaac fille de François.

Du 20ᵉ dito.

Henri Nicolas vef. et Sara Pierre, vefue de N.

Registre des Tesmoignages donnez.

Robert Estienne a leué son tesmoignage pour lui sa femme et son filz le 13ᵉ d'octobre 1644.

Nicolas Pierre filz de Jean a leué son tesmoignage le 9ᵉ de Decembre 1644.

Registre des Tesmoignages receus.

Jean de Longueville et sa femme ont esté receus auec leur tesmoignage le 2ᵉ 9b. 1644.

Pierre de Bourbon filz de Jean ieune compagnon a esté receu avec son tesmoignage le 9ᵉ dito.

Registre des Mortz.

Isaac François mourut le 15ᵉ de 9b. 1644.

Le 30ᵉ de Decemb. 1644 mourut un enfant à Henry Nicolas nommé Jaques. »

(Feuillet détaché, tout d'une même écriture mais non signé, trouvé parmi les documents de la troisième Église de Douvres et reproduit par M. Overend, *Huguenot Society Proceedings* III. 312).

C'est le 5 janvier $164\frac{5}{6}$ que les fidèles sollicitaient pour la première fois l'intervention du Cœtus :

« Nous les françois et flamands qui entendons la langue, habitans de Douvres, nous trouvans quelque nombre considérable de personnes étrangères réfugiées de France et ailleurs establies en ce lieu, mais estant destituez du saint ministère de la parole et sacremens, qui est bien le principal pour l'entretien de la vie spirituelle de nos âmes, avons délibéré ensemble pour pourvoir à ce grand défaut, non sans l'instinct, comme nous

nous persuadons, de l'Esprit de Dieu, duquel nous recepvons et auquel nous rapportons tous nos bons mouvements et saintes résolutions. »

Le Cœtus, par la main de Calandrin, leur répondait le 14, louant Dieu de leur avoir mis au cœur « ce bon zèle de dresser une nouvelle Église pour la propagation du Saint Évangile et consolation de ses réfugiez en ce port principal d'Angleterre », et de leur avoir « par sa providence fourni les oportunitez et advantages en la faveur du magistrat et présente assistance d'un jeune homme, théologien de bons dons pour édification, le sieux Philippe le Keux », duquel ils n'entendent que bon rapport. Il leur conseillait maintenant de s'adresser par le Comité de Kent au Parlement pour en obtenir l'autorisation officielle : la pétition de l'Église, envoyée à correction, fut amendée en diverses parties par le Cœtus dans sa séance du 26 février 1646.

(*Archives de l'Église hollandaise de Londres.*)

No XLIII.

ÉGLISE DE LONDRES.

LA MARCHE ET CISNER DEVANT LE CŒTUS.

A.

Actes du Cœtus[1].

1645-1646.

« *Vera copia* de l'acte fait 1645, 18 mai, dans le Cœtus :

« Le Cœtus étant assemblé à la requête des frères de la congrégation flamande, lesd. frères ont remontré que l'occasion de cette réunion était le bruit général des grandes divisions et conflagrations dans la congrégation française à propos du choix d'un ministre, lesquelles ils craignaient être de nature à entraîner la ruine et la dissolution de la susd. congrégation, si elles n'étaient pas arrêtées à temps. En conséquence ils se considéraient tenus en conscience d'apporter leurs meilleurs efforts pour l'apaisement des présentes discussions par leurs avis et conseils fraternels. Ce à quoi les français répondirent qu'ils prendraient la matière en plus ample considération à la prochaine séance de leur consistoire.

[1] Ces Actes sont en anglais.

« *Verà copia* de l'acte du 3 décembre 1645 :

« Le Cœtus des trois Églises étant réuni à la requête des frères flamands, on expose que d'après la rumeur publique M. de La Marche aurait dit dans ses sermons certaines choses préjudiciables à la personne du roi, et qui pourraient en conséquence rejaillir sur toutes les Églises étrangères, au péril d'icelles ; et que les mêmes auraient été récemment plus répandues encore par un livre imprimé, notamment « que nous aurions besoin d'un Phinées », et qu'il aurait fait une explication dangereuse de la pendaison du roi d'Aï.

« M. de La Marche et les frères du consistoire français furent suppliés, pour la satisfaction des Églises, de déclarer si ces faits étaient vrais ou non. M. de La M. refusa d'y répondre, à moins qu'on ne présentât d'abord l'auteur du livre. A la pluralité des voix fut résolu que M. de La M. se retirerait comme étant la personne dont on traitait : sur quoi il se retira mais protesta contre cette résolution. En son absence les frères français, interrogés sur les détails ci-dessus, sollicitèrent, pour la plupart, un délai afin d'évoquer leurs souvenirs, ce à quoi l'assemblée acquiesça volontiers. Trois d'entre eux se rappelèrent qu'il avait comparé le peuple d'Aï à notre roi. M. de La M. comparaissant on le pria de nouveau de donner une réponse catégorique, afin de délivrer d'un coup nos Églises de ce souci : il se refusa de donner actuellement aucune réponse, et prétendit que cette assemblée n'avait aucune autorité pour le lui imposer. Comme il se faisait tard, il reçut l'autorisation de retourner chez lui, et prétendit que tout acte subséquent de cette assemblée sur cette affaire conclu en son absence serait nul : sur quoi, après son départ, on recueillit les voix de l'assemblée sur la validité des Actes de cette présente assemblée et sur la protestation d'icelui : fut conclu à la majorité des voix que les Actes demeurent, et que ni son absence ni sa protestation ne peuvent les annuler. — L'Église flamande a présidé.

« *Copia vera* de l'acte du 24 janvier 1646 :

« Le Cœtus des trois Églises étant convoqué par les frères flamands sur l'information et requête de quatre des frères anciens de l'Église française, à l'occasion d'un tumulte qui s'est produit dans l'Église française le mercredi 21 janvier : quelques centaines des leurs ont assiégé le Consistoire, demandant d'une façon violente que la cause de M. Cisner soit décidée, ou au moins qu'il puisse prêcher jusqu'à ce qu'elle soit décidée, menaçant, si M. La Place prêchait Dimanche prochain de l'arracher de la chaire : ce pour quoi le Consistoire a été forcé de faire quérir le Constable et les officiers de Mylord Maire, et eux-mêmes, tout le Consistoire des anciens et des diacres de comparaître devant lui, de promettre d'envoyer à S. S. six de leurs députés Lundi pour enquête sur l'affaire, et de prier en attendant les officiers de S. S. d'empêcher le désordre Dimanche prochain dans et aux alentours de leur Église.

« Fut avancé par les frères flamands que le moyen de prévenir le danger ultérieur de ce tumulte serait d'en supprimer les causes, et de donner quelque satisfaction à leur peuple plutôt que d'employer le pouvoir des magistrats, comme par exemple de laisser M. Cisner prêcher une ou deux fois jusqu'à ce qu'il puisse y avoir décision sur son élection contestée, d'autant plus qu'on assure qu'il y a grandement lieu d'en agir ainsi, puisque M. de La M. et le consistoire, lorsqu'ils proposèrent de soumettre l'affaire à leur Colloque convoqué extraordinairement à ce sujet, avaient promis de le laisser prêcher s'il se soumettait au Colloque, et pourtant, quand il y eut consenti, non seulement ils refusèrent de le laisser prêcher mais ils supprimèrent même son traitement. M. de La M., en réponse, confessa avoir donné une telle promesse, mais comme de lui-même et non d'après les votes du consistoire. Fut résolu que les anciens français feraient bien d'aller chez autant de leurs membres mécontents qu'ils le pourraient, s'efforçant de les apaiser par la promesse d'une prochaine satisfaction : et aussi chez Mylord Maire, afin que s'il était besoin le lendemain de la présence de ses officiers, cela puisse se faire de la manière la plus secrète et la moins apparente. Les frères flamands donnèrent aussi un Caveat aux frères de l'Église française, s'ils comparaissent de nouveau devant Mylord Maire, d'être prudents dans leur façon de faire intervenir l'autorité de S. S. dans la décision de leurs difficultés ecclésiastiques, de peur qu'elle ne compromette toute la liberté et discipline non de leur Église seule, mais de toutes nos Églises étrangères. Ils promirent d'avoir soin de montrer que c'était seulement par suite du tumulte populaire qu'ils avaient été forcés de recourir au pouvoir du magistrat, et qu'ils comptaient n'en plus faire usage à l'avenir.

« *Vera copia* de l'acte du 5 février 1646 :

« Le Cœtus fut convoqué à la requête de deux des frères anciens du consistoire français au nom de plusieurs. Quand, en conséquence, il fut proposé par le président que ces frères français exposent l'occasion pour laquelle ils ont désiré cette réunion, M. de La Marche objecta qu'il était contre le bon ordre d'exposer dans le Cœtus chose quelconque non discutée d'abord dans leur propre consistoire particulier. Mais eux répondirent « Certes, ils l'ont exposé dans leur consistoire et n'ont pu être ouïs et ont protesté qu'ils prendraient leurs recours ailleurs ». La pluralité des voix exigea que cette assemblée écoute la proposition des frères et juge ensuite si l'affaire devait être ou non tranchée en ce lieu.

« Là-dessus M. de La M. sortit brusquement avec quelques-uns de ses anciens : Barthélemy Caulier, Jean Houblon, Jean Lillars, Jacques Dambrin, Jean Beauverlet, Jean de Quesne, Isaac de Lillars, disant qu'il ne voulait pas adhérer à la majorité dans ce cas, et qu'il ne nous y reconnaissait pas la qualité de juges. L'assemblée vota que le départ et la protestation de M. de La M. et de la majorité et de son côté étaient illégaux et déréglés. En leur absence les frères français David Bouquet et Jacques Forterie exposèrent leurs griefs sur les procédés de M. de La M. et de la majorité de leur consistoire, sollicitant l'avis et l'aide du Cœtus, comme :

1º En ce qui touche à ce qu'il prêche des doctrines nouvelles et séditieuses, se mêlant des affaires de l'État, on ajoute un exemple de plus à ceux allégués déjà le 3 décembre, que dans ses prières il ne nomme jamais le roi « notre roi », mais « le roi que tu as établi sur ton peuple ».

2º Pour le tort causé à M. Cisner qui fut légalement élu ministre de cette Église, qu'ils ont imposé silence à sa parole, et enlevé son salaire. Et quand la question fut référée à treize arbitres, que M. Palmer empêcha l'effet de l'arbitrage, que tout le peuple attendait avec empressement, consistoire et peuple s'y étant tous deux soumis. Que M. de La M. et son côté avaient repoussé les diverses ouvertures faites par eux en vue de hâter la solution ; comme, par exemple, que douze puissent se réunir et en faire une fin, ou qu'ils prissent qui ils voudraient et que onze en décident, ou qu'ils réunissent les chefs de famille pour trouver un moyen d'apaisement propre à satisfaire le peuple, ou qu'ils en réfèrent au Colloque et laissent, dans l'entretemps, M. Cisner prêcher. L'arbitrage étant ainsi arrêté de ce côté, la volonté d'un seul homme empêchant ces treize de se réunir, bien que la matière soit mûre pour une décision, ils demandèrent avis au Cœtus s'il ne leur serait pas maintenant loisible de recueillir (si faisable) par signatures, le plus de voix possibles pour décider, dans un sens ou dans un autre, de l'élection de M. Cisner ? Ne serait-ce pas la vraie décision désirée de tous, puisque le décret du consistoire portait que cette décision ne devait pas dépendre d'un seul homme, mais de la majorité des treize délégués, ce pourquoi on avait choisi un treizième, afin de rendre le nombre inégal et la majorité évidente.

3º Qu'au lieu de donner satisfaction aux membres de l'Église sur leurs justes plaintes, il menaça de les poursuivre par la loi et d'inviter le magistrat à procéder contre eux par voie criminelle.

4º Qu'il n'observe aucune des règles de notre Discipline, mais gouverne tout selon son bon plaisir, ayant de son côté six ou sept anciens : il déclare d'abord son jugement sur la matière en question, et ses anciens suivent sans donner de raisons, ou sans écouter toutes celles qui peuvent être alléguées à l'encontre, en sorte que les autres anciens sont uniquement comme le zéro dans un chiffre. Il suspend de la communion tous ceux qui ne veulent pas se soumettre sur-le-champ à ses ordres, sans leur donner de délai ou d'avertissement, et souvent de son chef sans demander aucun vote au Consistoire. Et quand ils sont suspendus ainsi, qu'ils tombent malades et qu'ils meurent, il ne cherchera pas à les réconcilier ou à leur offrir des consolations, quand même on l'en requiert et qu'il en est temps encore! Jamais il n'a voulu se laisser fléchir et accorder une entrevue à quelques anabaptistes, pour essayer de satisfaire leurs doutes, avant de les excommunier. Il n'observe pas pour le consistoire des jours fixes, de manière à que ce peuple sache quand et où s'y référer. Lorsqu'on proposa d'accomplir un acte de culte dans le consistoire, il était parti et s'y refusa, en sorte que les membres de l'Église française ont été forcés de recourir à la paroisse anglaise, au préjudice de l'Église et en violation de nos règlements. Les Actes du consistoire sont altérés après coup sur sa suggestion, et quelques-uns ne sont pas du tout couchés sur le Registre.

Plusieurs membres de l'Église se présentèrent, suppliant le Cœtus, pour l'amour de Dieu, de tendre des mains secourables à leur Église misérablement déchirée et au moment de périr. Jacques Le Sage et Pierre Rousseau témoignèrent avoir entendu M. de La M. prêcher ces séditieuses allusions de Haï et de Phinées; Pierre de La Roche dit qu'il l'avait entendu comparer notre Roi à Zimri et notre Reine à Cozbi; Pierre de Lorié, qu'il l'avait entendu prêcher que bientôt tous les pouvoirs supérieurs, monarchiques ou hiérarchiques, seraient abrogés, et que les

Saints du Très-Haut règneront dans cette Sainte Réformation générale que Dieu a commencée en Angleterre. Et que Christ viendra régner ici... Le capitaine Pierre Belon ajouta que lors du dernier Jeûne, le 28 janvier, il prêcha très violemment contre le traité de paix, disant qu'il vaudrait mieux et qu'il préfèrerait que toute une bataille fût perdue du côté du Parlement que de voir se formuler des propositions de paix. Plusieurs autres se plaignirent des procédés illégaux du Consistoire, dont Pierre Barre, Isaac Maubert, de Vanné, Paul Dobri, Pierre Vigné, Jaspre Tempé.

« Le Cœtus trouvant que ces dépositions et les plaintes précédentes des Anciens apportent à l'enquête ouverte sur sa prédication séditieuse des preuves précises et montrent qu'il continue encore sa façon séditieuse de prêcher et de se mêler d'affaires d'État, à l'encontre de sa promesse lors de son admission dans l'Église ainsi qu'il fut déclaré au Cœtus par les frères du consistoire français le 7 mai 1643, a décidé de prendre le loisir d'étudier sérieusement toute cette affaire dans sa prochaine réunion.

« L'Église italienne a présidé. »

(Nous insérons ici l'une des dépositions collectives, — elle est en français : les annotations entre parenthèses sont de la main de Calandrin.)

« Demandons Raison de cette H : Compagnye pour divers mespris que le dit De La Marche avec son consistoire nous a faict, Lorsque à diverses fois nous avons réclamé le droit du peuple et privilege des Consistoires que Le présent consistoire tasche à violler, ayant annullé par acte L'ellection Juste et Legitime qu'un Consistoire Légitime a faict, sur quoy leurs avons offert divers fois à remettre La ditte affaire en décision, ou à tous ceux quy ont porté charge en l'église, ou aux principaux pères de familles, 3ᵉ au Cestus, et en 4ᵉ lieu au Consistoire flamend seul, ce quy nont Jamais voullu accepter ains continuans à le detenir de prescher luy ayant aussy détenu ces gages le destituant du moyen de vivre et privent le peuple de son ministère tant requeru pour sa doctrine ortodoxe.

Les Abrégés ou sommaire des Points que l'on a remonstrés au Cetus.

1 Premierement : que le sieur J. de La Marche preschant sur le 8ᵉ Chap. de Josué a dit que les habitans de Hay furent mis au trenchant de l'espée et son Roy pendu, Ainsy seront les Rois et Princes quy sopposent à la reformation, disant ces mots, vous m'entendez bien de qui je veux Parler et vous savez qui je veux dire.

2 secondement: En la comparaison de l'exemple du Zelle de Phinée quy transperça Zimry et Cosby prince d'Israel et Princesse de Madian disant que nous avons besoing dautre Phinée.

(Jaq. de Belleau a tesmoigné d'avoir ouï ces deux premiers articles et le 5me privatim mihi dixit, Calandrino.)

3 tiercement : a dit que toutte Puissance supérieure tant Monarchique que hiérarchique sen vont estre abollies par les S^{ts} du souverain qui doibvent reigner par cette s^{te} réformation généralle que dieu a commencée en Angleterre, avec ses expressions que les fidelles quy ont esté icy ruinés et pillez doibvent passer la mer pour piller les autres, et amena pour cette effect le 7e chapitre de Daniel v. 21 et Apocal. 19 : 18:

(tesmoign. Pierre de Lorié)

4 quatrièmement : A dit et apliqué au Parlement particullierement ce quy est dit au chapitre 24 v. 14 etc., que Celuy quy est assis sur cette nuée blanche estoit le Parlement, celuy au v. 15 estoit le sinode quy crient à ceux du Parlement de jetter leurs faucille pour moissonner la moisson de la terre affin dexterminer tous leurs ennemis quy s'opposent à cette sainte réformation.

5 Cinquièmement, Exposant le 13e Chapitre de St Luc sur l'exposition et application du figuier dit que le Roy est le figuier, non seullement ne porte fruict innutille mais nuisible, ayant desja 3 Ans que Dieu l'attent à repentance, mais que voicy la 4e année et que sil ne porte de bon fruict Il sera couppé.

(Est nommé pour tesmoign de ceci Pierre Blanchart le Consolateur.

Jaq. de Belleau item.)

6 sixièmement. Est qu'il a dit en consistoire que le Roy ne viendra plus à Reigner ny luy ny sa postérité.

Touchant la doctrine que Monsr de Lamarche nous a preschée à divers fois et de divers passages de lescriture saincte qu'il tord et pervertit, seroit trop long pour le présent ; seullement nous prierons considérer ce quy sensuit : quil a dit souvent que c'est à présent que Jesus Crist vient reigner icy temporellement sur la terre, commençant à abollir la beste ou l'antécrist quy tombera bas selon son calcul l'an 1650, et a venu jusques à là de dire que c'est vne article de foy de croire que l'église de Dieu aura repos en la terre pour ce que la parolle de Dieu le dit.

Touchant la detencion de nos méreaux quy nous retiennent à aucuns depuis 7 à 8 mois sans nous donner justes raisons pourquoy ils le font.

(M. Coet. Jaq. Le Sage, 5 febr. 1646.)

« *Copia vera* de l'acte du 11 février 1646.

« Touchant l'Église française, puisque M. de La Marche, à la dernière réunion a pris pour excuse qu'il ignorait les règlements et le pouvoir du Cœtus, les frères flamands lui remirent un extrait recueilli à cette intention des Livres du Cœtus, qu'il emporta pour l'étudier. Fut proposé de lire l'acte de notre dernière réunion, mais M. de La M. ne voulut pas le souffrir, et ne voulut pas non plus consulter les voix de l'assemblée (lui étant président), et prétendit avoir protesté contre la validité de ce qui serait fait dans cette réunion après son départ, et spécialement de ce que les anciens offraient d'y exposer, par la raison, disait-il, qu'ils ne l'avaient pas exposé d'abord dans leur propre consistoire : ce à quoi les anciens ont répliqué qu'ils l'avaient souvent exposé dans leur consistoire, mais n'avaient jamais reçu aucune satisfaction, et avaient protesté l'apporter à une autre assemblée plus impartiale.

« Fut répondu que le Cœtus ne pouvait refuser d'ouïr aucun membre de l'Église et n'estimait pas qu'il fût juste de condamner leurs propositions à l'avance sans savoir quelles elles étaient : si on ne les trouvait pas ressortissantes de cette assemblée ils les renverraient au consistoire français. Et après avoir entendu les griefs exposés par les anciens, et la confirmation d'iceux par plusieurs témoins, membres de l'Église française, le Cœtus les jugeait ressortir d'autant plus de ce lieu, que c'étaient pour la plupart réponses précises et vérification des doutes soulevés auparavant dans le Cœtus, par les frères flamands, sur la dangereuse intervention dans les affaires de l'État de M. de La M. en ses sermons, sur quoi la plupart des frères français n'avaient pas donné de réponses et avaient pris du répit pour évoquer leurs souvenirs.

« M. de La M. condamna derechef les agissements de ce Cœtus, et menaça de les en faire répondre en Parlement et dans l'Assemblée de Westminster. On lui répliqua qu'il ne pouvait siéger comme membre d'un Cœtus, s'il voulait de la sorte protester contre ses actes et s'y opposer. L'assemblée exprimant son désir d'entendre les réponses de M. de La M. aux susdites plaintes, il ne voulut entrer dans aucune discussion à ce sujet, prétextant d'une part qu'il était trop tard, et d'autre part qu'ils sont maintenant en train de terminer l'affaire entre eux.

« Finalement l'assemblée consentit à se séparer, à condition de fixer un jour pour notre prochaine réunion et d'y examiner ces matières, ce que M. de La M. accepta, mais il dit ne pouvoir fixer de jour avant d'en avoir traité Dimanche dans leur consistoire : il promit de choisir un jour de la semaine prochaine et d'en prévenir les frères flamands. — L'Église française a présidé.

« *Copia vera* de l'acte du 23 février 1646.

« On rapporta que M. de La Marche, au lieu de donner rendez-vous au Cœtus comme il avait été promis, envoya Jeudi deux anciens au consistoire flamand signifier que depuis ces derniers temps les choses étaient menées dans le Cœtus d'une façon désordonnée; qu'il ne fallait donc point s'attendre à ce qu'ils lui donnent rendez-vous : sur quoi réponse fut faite que les Églises y comptaient par ce que M. de La M. lui-même l'avait promis avant la levée de la dernière séance, et que s'il avait quelques exceptions à soulever contre les agissements du Cœtus, elles ne sont pas de nature à être avancées ou examinées dans une autre assemblée que dans celle du Cœtus lui-même. Dans l'entretemps M. Le Keux ayant recouvré l'original de la pétition de Douvres, comme le Cœtus l'en avait prié, demanda avec instances qu'elle fut étudiée et corrigée dans le Cœtus, en sorte que les deux Églises flamande et italienne résolurent de convoquer cette réunion et envoyèrent deux anciens signifier au consistoire français leur résolution de se réunir aujourd'hui, en représenter la nécessité, vu qu'on ne pouvait la retarder davantage sans dommages pour la congrégation de Douvres, et exprimer leur désir de la co-opération des frères français. M. de La M. avec la majorité de ses anciens la refusa absolument : en conséquence ils étaient absents de la réunion de ce Cœtus : comparurent seulement des anciens français Jean Edelyn, David Bouquet, Guillaume Martele, Samuel Vincent et Jacob Forterie; Jacques de Maistres serait venu si la goutte ne l'eût empêché de marcher.

« La pétition de Douvres étant lue, le Cœtus conseilla à M. Le Keux d'en corriger quelques détails. M. Cisner se présenta à cette assemblée comme en appelant du jugement inique du consistoire français qui, dit-il, annula son élection, lui interdit de prêcher, arrêta son salaire, repoussa tous moyens impartiaux de terminer leur différend, viola leur promesse de le laisser prêcher de nouveau s'il se soumettait au Colloque, et falsifia l'Acte y relatif dans le livre du consistoire, empêchant encore la décision des treize arbitres à qui d'un commun consentement le consistoire et

M. Cisner en avaient référé, de même que le peuple consulté de maison en maison. Il prétend que les anciens et les diacres qui étaient en charge lors de son élection maintiennent qu'elle est légale, et que plus de 200 membres considérables et donateurs de l'Église ont désiré qu'il puisse prêcher, en sorte qu'il ne lui reste d'autre voie que l'appel à cette impartiale assemblée.

« Les anciens français présents dirent au Cœtus qu'en consistoire la majorité a voté que son appel était nul et sans valeur, par la raison que M. Cisner n'est pas membre du Cœtus. Le modérateur consulta d'abord sur la légalité de l'appel, et du consentement unanime de tous les frères on décida que le refus de ceux-là qu'il prétend lui avoir causé le tort dont il se plaint ne pouvait annuler son appel, mais que, selon l'intention fondamentale de la première institution et de l'usage constant du Cœtus depuis plus de quatre-vingts ans, tout membre de ces Églises étrangères se trouvant molesté par les agissements de son consistoire particulier, doit trouver le remède dans le jugement de cette Assemblée, ce qui fut signifié à M. Cisner : on députa trois frères, M. Crosse de l'Église flamande, M. Bouquet de la française et M. Mainet de l'italienne pour le signifier pareillement au nom du Cœtus au consistoire français Mercredi prochain, et solliciter leur présence au Cœtus le Lundi suivant, en apportant les raisons, s'ils en ont, qui s'opposeraient à ce que le dit appel soit accueilli par cette assemblée. L'Église flamande a présidé.

« *Vera copia* de l'Acte du 2 mars 1646.

« Les frères députés par le dernier Cœtus rapportèrent que, s'étant acquittés de leur commission auprès du consistoire français, M. de La Marche répondit qu'il était décidé à ne pas se rendre au Cœtus et que ceux de son consistoire n'y viendraient pas non plus avec son assentiment; que le Cœtus n'avait rien à voir ni à s'immiscer dans leurs affaires, et que l'appel de M. Cisner n'était pas valable. En conséquence, le Cœtus s'étant réuni, M. de la M. et les autres demeurèrent absents comme lors de l'acte précédent, et de même il n'y avait, des anciens français, que cinq de présents. Ceux-ci exposèrent que hier M. de La M. avec la majorité des anciens et des diacres leur avaient fait défense expresse de paraître au Cœtus, et qu'ils en avaient appelé de cette défense au jugement du Cœtus. Sur quoi les voix étant recueillies (les cinq frères français s'étant retirés), fut résolu à l'unanimité par tous les frères des Églises flamande et italienne que cette protestation est désordonnée et schismatique, et que ces anciens ne font que leur devoir en venant au Cœtus lorsqu'ils y sont convoqués, et que les autres anciens qui s'en absentent avec M. de La M. sont coupables de rupture de l'union des Églises et de toutes les conséquences dangereuses qu'on peut en redouter dans la suite. L'assemblée fixa à quinzaine la prochaine réunion, et députa M. Prost de l'Église flamande et M. Oltramare de l'italienne pour signifier au consistoire français, au nom du Cœtus, que les Églises sont très marries que M. de La M. avec quelques-uns des anciens se séparent de leur union, et que non seulement ils refusent pour la seconde fois de paraître au Cœtus après en avoir été avisés, bien que toutes ces dernières fois ils aient su qu'en plus de la controverse de leur propre Église il y avait à délibérer sur d'autres affaires qui les intéressent toutes, mais aussi que récemment ils ont défendu à ces cinq anciens de garder l'union avec le Cœtus : que le Cœtus a jugé cette défense absolument illégale et tendante à rompre l'union des Églises. Qu'il a fixé une réunion à quinzaine pour traiter des affaires qu'on trouvera avantageuses aux Églises et qu'ils supplient lui et ses anciens de les y assister. Et avant que le Cœtus entre en plus ample débat sur aucune controverse intéressant l'Église française, il a jugé bon d'envoyer cette fois encore supplier instamment et persuader les frères du Consistoire français, selon leur promesse, de voir à terminer leurs affaires intestines de la manière la meilleure et la plus impartiale dont ils puissent convenir, pour l'établissement effectif de la paix et la satisfaction de leur Église en sang : sinon, à la prochaine réunion le Cœtus sera contraint, malgré leur absence, de procéder ainsi qu'il l'estimera nécessaire. L'Église italienne a présidé.

« Les copies de ces sept Actes du Cœtus ont été comparées par nous avec l'original et trouvées véritables. 8 nov. 1648.

CESAR CALANDRIN. »

(*Archives de l'Église hollandaise de Londres.*)

B.

ANNULATION DES ACTES.

1648.

Quand la paix fut rétablie dans l'Église française de Londres, par le XXVIIIe Colloque, une centaine de membres persistant seuls à refuser à de La Marche la soumission désormais consentie par Cisner lui-même, le consistoire eut à cœur de supprimer toutes les traces des accusations confirmées par d'irrécusables témoignages, et qui leur avaient valu le blâme formel du Cœtus. Il fit de cette annulation de procès-verbaux comme la condition du rétablissement de l'union, violemment rompue depuis trois ans. Désireux de leur côté de voir se renouer et se raffermir les anciens liens, n'ayant plus à faire rendre justice à Cisner, sentant aussi, on peut le penser, à quel point les circonstances politiques appuyaient Jean de La Marche, les Flamands à la majorité, sinon à l'unanimité, consentirent à étudier la question.

Le 17 août 1648 les frères français « demandent la radiation de certains Actes du Cœtus qui concernent le consistoire français et spécialement M. de La Marche, un des ministres... Le modérateur propose, en leur nom, que tous actes semblables soient entièrement anéantis, de peur qu'en les examinant ou en s'y référant, occasion ne soit fournie par eux à de futures divisions entre les deux Églises. » Ce ne fut qu'après trois séances plénières et quatre mois de pourparlers qu'ils acceptèrent d'annuler six actes, maintenant le premier malgré le désir formel des Français. De plus Calandrin eut soin de garder dans les archives la copie des délibérations invalidées. Le projet de radiation voté par le Cœtus, le troisième proposé, est en ces termes :

Acte que les ministres et anciens de l'Église française considèrent qu'il est nécessaire d'entrer dans le livre du Cœtus pour la préservation et le maintien de l'union des Églises flamande et française.

« Un Cœtus étant tenu le 28ᵉ jour d'Aout 1648, sur le desir des ministres et anciens de l'Église française, il fut unanimement décidé par les frères des Églises flamande et française que les six Actes suivants : le 1ᵉʳ du 3 dec. 1645, le second du 24 janv. 1646, le 3ᵉ du 5 fev., le 4ᵉ du 11 fev, le 5ᵉ du 23 fev., le 6ᵉ du 2 mars 1646 seront considérés comme nuls et non valables, pour deux raisons : d'abord parce qu'ils furent écrits au temps de la division qui se produisit dans l'Église française au sujet de l'élection de M. Cisner, un de leurs pasteurs actuels, élection qui divisa en deux parties la dite Église : laquelle division engendra diverses animosités entre eux, d'où procédèrent beaucoup de discours impertinents et d'informations fausses et passionnées contre M. de La Marche et plusieurs anciens français des deux côtés, y dénommés : lesquelles après sérieuse considération sont regardées par cette vénérable assemblée comme scandaleuses et préjudiciables, non seulement à l'Église française, mais aussi aux Églises flamande et italienne ; secondement parce que ces débats et contentions entre les pasteurs et une partie des anciens de l'Église française ont été depuis apaisés par deux Actes d'Amnistie ou d'Oblivion, l'un du 24 Aout et l'autre du 29 Aout, ainsi qu'il appert du livre des Actes du consistoire français. Et en conséquence, afin de couper court pour l'avenir à tous débats et contestations qui pourraient s'élever entre les consistoires flamand et français au sujet de ces Actes ou de choses y contenues, et afin de poursuivre d'autant mieux l'affection et l'union entre les deux Églises, et afin que les Actes du Cœtus puissent dorénavant être enregistrés dans l'ordre décent et la forme usitée d'habitude, nous déclarons ici que ces six actes ci-dessus nommés sont nuls et non valables. »

(*Archives de l'Église hollandaise de Londres.*)

N° XLIV.

ÉGLISE DE NORWICH. DE LAUNE. D'ASSIGNY.

Bien que le volume qui nous reste des Actes du consistoire de Norwich ne commence qu'en 1628, alors que de Laune était déjà en fonctions depuis près de trente ans, il suffit pour montrer la sévérité de sa direction. Les séances hebdomadaires du consistoire sont presque uniquement consacrées à des comparutions de délinquants : il y en a soixante d'Avril à Décembre 1628, soixante-dix en 1629, souvent les mêmes inculpés sont cités à plusieurs reprises.

« Tous les batailleurs seront appelés au prochain consistoire... Les Hommes politiques apporteront le catalogue de tous ceux qui ont été trouvés ès cabarets.. etc. » Mais dans les comparants il y a aussi « ceux qui sont négligens de hanter les presches », « qui ont médit du pasteur » comme Jacques le Grain « disant que si M. Delmé était ici il nous prêcheroit davantage », et surtout ceux qui « ne donnent point volontairement leurs contributions aux anciens et diacres ».

Trois de ces affaires se prolongent. Jean des Bonnets comparait le 20 janvier 1631 « à cause de ses paroles scandaleuses contre l'écriture, le mariage et les autres points de la Religion.. Après plusieurs discours a été amené à ce point de reconnoitre la doctrine de la prédestination comme elle est prêchée en nos Églises. Item qu'il croit les écrits de St Paul et de l'Écriture en général comme nos Églises.. Item que le ministre ne s'est point contredit en chaire . . Item que le mariage a été ordonné de Dieu. Item qu'il reconnoît avoir trop juré Dieu, mais qu'il s'en donnera de garde à l'avenir. Finalement il a été exhorté de ne croiser l'Église comme il a dit et fait. Il a promis de se soumettre au gouvernement reçu en cette Église. » Le 24 oct. 1633 on lui « a derechef représenté la faute qu'il commit en parlant ès compagnies des points de la prédestination lesquels il n'entend pas bien lui-même, et aussi de quelques passages de St Paul lesquel il ne peut croire. Il a été exhorté de se soumettre à la parole de Dieu et de ne s'entremêler plus des points de la théologie lesquels sont pardessus sa portée. Il a été aussi averti de ranger ses enfants de cette Église : les anciens lui rafraîchiront ces choses en portant les méreaux. »

Pierre Dauvin, après avoir reconnu à la paroisse anglicane une faute commise, refuse d'assister de nouveau à la satisfaction publique dans l'Église wallonne et demande son témoignage pour en sortir. On le lui refuse parce qu'il ne quitte point la ville, et on le fait comparaître devant l'évêque qui l'exhorte « à céder volontairement au cours de la discipline ». Il résiste « avec beaucoup de hardiesse » et de vives plaintes contre le ministre, et ne cède qu'au bout de trois mois. Trois ans après il refuse de payer sa contribution. Appelé devant l'évêque il est contraint « sous peine de l'ordre du Conseil » de promettre de payer ses arrérages, « et reconnoître qu'il avait mal fait de bailler la fille de Jean Martière à mariage à David Lance, pour ce que led. mariage a été fait sans le consentement des parents . . nonobstant la licence anglaise qu'ils avoient de se marier » : ce détail significatif prouve que les exigences de la Discipline étaient maintenues à l'encontre d'une autorisation anglicane.

Les contributions ecclésiastiques soulevaient des oppositions d'autant plus fréquentes que, si le consistoire « faisoit avertir les maîtres qui mettent des ouvriers en œuvre de les exhorter de contribuer à l'Église et aux pauvres *selon leurs petits moyens* », il prétendait fixer lui-même « l'assiette » des dons de chacun des fidèles plus aisés. Le 27 fév. 1634 on cite Isaac Décelé devant l'évêque qui le menace du Conseil. Sur ces refus répétés on lui prononce la suspension de la cène et on l'exhorte à prier Dieu « de lui donner un cœur plus humble et docile ». Il ne se soumet qu'à la séance du 12 juin, reconnaissant sa faute et promettant de payer paisiblement 21 d. par mois pour le ministre et 18 d. par mois pour les pauvres. (En 1669 un Isaac Décelé refusera de payer plus de

30 s. par an, au lieu des 60 demandés et auxquels le condamneront ensuite l'évêque, le maire et les justiciers, mis en demeure par le consistoire et assemblés à cet effet.)

Quand le consistoire a été mécontent d'un ancien ou d'un diacre, lors de sa décharge on décide d'omettre dans la formule « la clause de louange ».

Lorsque éclate le conflit de Laune et d'Assigny, on retrouve au Colloque, comme délégué des partisans de ce dernier, Isaac Décelé, le réfractaire d'autrefois. Des commencements du débat rien n'est demeuré dans le registre du consistoire, d'où il semblerait, par la lacune qui se présente de 1636 au 25 janvier 1644 qu'on a dû en arracher des pages. Les Actes des années suivantes confirment ce qui en est rapporté dans ceux des Colloques analysés plus haut (Tome II, p. 124 et suivantes). Nous ajouterons ici quelques détails plus circonstanciés.

Le XXVIIe Colloque, mai 1646, ayant refusé, après le départ d'Assigny, d'ouvrir la lettre de Norwich, à cause de l'en-tête qui ne portait pas le mot Colloque, le consistoire prit dans sa séance du 2 août la délibération suivante :

« Sur le renvoi des lettres adressées à Londres à la rencontre de quelques frères des Églises sœurs, le consistoire des Anciens et diacres de notre Église étant assemblé avec M. d'Assigny, ministre, a jugé, par la pluralité des voix, que quant à la lettre de lad. rencontre à nous adressée datée du 27 de Juillet 1646, par laquelle lad. rencontre nous requiert d'envoyer nos députés : pour réponse finale nous n'avons autre chose à dire que de renvoyer la déclaration ici présentée de l'Église et adressée à lad. rencontre datée du 19 de juillet, maintenant augmentée des signatures de Jean Douneau junior et de Cornille du Mollin, en qualité d'anciens. Et quant à la lettre adressée à M. d'Assigny, pour réponse dernière led. d'Assigny conjointement avec nous, comme étant notre cause, n'a autre chose à dire que ce qui est contenu en la lettre de sa main à M. Delmé et à M. Sauvage. Ledit M. d'Assigny ne pouvant reconnaître lad. rencontre en qualité de Colloque, non plus que notre Église, pour les raisons que lui et nous sommes prêts de produire devant juges légitimes. Et quant à ce que lad. rencontre écrit aud. M. d'Assigny qu'on n'a pas daigné ouvrir ses lettres, mais qu'on les a renvoyées sans en faire ouverture à leur auteur, les lettres de notre Église y étant cependant encloses, pourtant notre présent consistoire a ordonné que si les messieurs de lad. rencontre refusent désormais lettre aucune ou écrit quelconque à eux adressée, soit de notre part, soit de la part de M. d'Assigny avec notre approbation, que notre consistoire et notre Église conjointement, refusera tout papier venant de leur part et les renverra sans en faire ouverture à leurs auteurs.

Isaac Décelé, scribe. »

Le 30 août « a été arrêté au consistoire par anciens et diacres que ci-après les anciens iront recueillir chaque mois jusques à nouvel avis la bienveillance pour M. Pierre d'Assignie d'un chacun du peuple. »

C'est le 7 mars 1647 que le consistoire voulut imposer à de Laune une déclaration contre l'autorité des Colloques, à laquelle on ajoutait la promesse de se contenter « de la contribution volontaire de l'Église, ni de ne plus maintenir l'interdiction du Colloque contre M. d'Assigny ». Se présentant le 18 mars et le 3 juin, le pasteur en titre refusa les deux fois de la signer. Il dit à d'Assigny « je proteste à l'encontre de vous et s'en alla sans rendre l'action de grâces, étant le modérateur pour lors ».

Le Comité pour les ministres dépouillés avait été saisi de l'affaire à plusieurs reprises. Le 12 novembre 1646 il s'était refusé à intervenir ; le 29 juin 1647 il ordonnait au maire de maintenir la paix dans l'Église, mais affaiblissait singulièrement sa décision par l'acte du 24 juillet suivant :

« Vu que, sur complète audition, le 12 novembre dernier, de toute la cause entre le Dr Delaune, pasteur et la congrégation française de Norwich et M. Pierre d'Assigny, en présence des pasteurs et conseils des deux parties, et après examen de la Charte constitutive des congrégations françaises dans ce royaume, et de la sentence du Colloque desd. congrégations interdisant audit M. d'Assigny d'exercer les fonctions de Pasteur dans aucune de leursd. Églises ; ce Comité ne jugea pas à propos de s'y immiscer, mais les laissa à leurs propres procédures et disciplines. — Toutefois quant à ce que led. Dr Delaune avait déjà auparavant été accusé dans ce royaume de scandale et autres matières dont il avait été pleinement acquitté par ce Comité, et pourtant, *pendente lite*, avait été mis hors de sa charge de ministre par quelques-uns des gens de cette cong., ce que led. Colloque avait jugé illégal et contraire à la Discipline de leurs Églises, ce Comité ordonna que led. Dr Delaune serait de nouveau restauré dans sad. place et charge de ministre de lad. cong. — Depuis ce temps, sur une pétition de divers membres de la cong. le Comité la renvoya au Maire et aux justices de lad. cité de Norwich, les priant de prendre quelques mesures effectives pour maintenir la paix dans cette cong. et établir la tranquillité et affermir lesd. Dr et cong. dans leur gouvernement et discipline, selon leurs constitutions et lad. sentence dud. Colloque et l'ordre de ce Comité. — *Et maintenant* est présentée par les Anciens et diacres de lad. cong. au nom de leur Église une pétition demandant que lesd. Maire et Justices ne se mêlent en aucune manière de leur discipline, sous prétexte dud. ordre du 29 juin, le dit ordre précédant les laissant à leurs propres procédures et discipline. — En conséquence ce Comité ordonne que led. Maire et Justices fassent et les prie de faire usage de telles voies et moyens qui seront propres à amener la paix dans lad. ville, pour calmer et prévenir tous troubles en icelle par lad. cong. ou aucun de ses membres, mais il ordonne qu'ils ne s'immiscent pas dans la discipline et le gouvernement de lad. cong. jusqu'à ce que les deux parties soient entendues.

Ro. Harley.

Vera copia teste me Petro d'Assigny [1]. »

Apprenant la convocation du XXVIIIe Colloque, le Consistoire s'empressait d'en décliner d'avance la compétence dans une lettre adressée aux Flamands, sans doute pour être transmise aux Français avec lesquels il ne voulait plus entretenir de rapports directs :

« Messieurs et Très Honorés frères,

L'occasion de la présente est un rapport crédible que vos églises doibvent s'assembler la sepmaine prochaine en Colloque pour décider le différent de nostre église ; or nous ne pouvons nous persuader que vous estimiés que vostre Colloque aye quelque authorité sur nostre église ; vos Députés de l'An passé peuvent bien se souvenir jusqu'à quel poinct nous nous soubmimes en la rencontre que nous eusmes avec vostre Colloque, et néantmoins fusmes rejettés : Dieu par vous comme par Instruments a préservé vos églises des troubles et différents de ce siècle ; elles sont en paix, mais si vous prenés authorité sur nostre église et vous meslés de nos differents, vous vous trouverés à vostre grand regret et au nostre finalement en trouble ; Il eust mieux valu dès le commencement

---

[1] *Arch. de l'Égl. hollandaise de Londres*, de même que les pièces suivantes.

ne point procéder par voie de domination et d'authorité mais en égalité de frères et par esprit de douceur, au lieu de coupper, retrancher et interdire sans avoir puissance, sans avoir fondement; plus on remuera ces différents par voie de Contention, plus mettra on en évidence choses que l'estat de vos églises et des nostres exige qu'elles demeurent ensevelies en perpétuel oubli. Les cinq hommes l'An passé assemblés soubs le prétexte d'un Colloque françois nous ont menés au Parlement; là nous demeurons et ne souffrirons point d'estre jugés autre part, nous vous envoyons le dernier ordre donné à cet effet, sur lequel nous nous arrestons et par lequel nous ne sommes point renvoyés à un Colloque, et aussi par voie de fraternité nous vous envoyons une déclaration des poincts de nostre droit taisans pour maintenant choses plus grandes que nous avons à alléguer. Nous vous déclarons donc que nous ne prendrons aucune cognoissance de vostre rencontre par voie de Colloque, qu'aucun de nostre part ne comparoistra ny par nostre ordre et envoy, que vostre Colloque n'a rien à voir par voie d'authorité sur nostre église, vous priant pour le maintien de la charité, du droit et de l'équité, comme aussi les Deputés de vos églises de ne vous point mesler de l'interdiction de M. D'Assigny, ni d'aucun poinct qui regarde et concerne nostre église, mais laisser le tout au Comitee du Parlement comme estant nos Juges légitimes, et nuls autres que le Roy et le Parlement: nous vous prions de n'apparoir ni pour les uns ni pour les autres, attendant de vous ceste charitable indifférence et vous presentans nos humbles baisemains, priant dieu de vous conserver à sa gloire et le troupeau qu'il vous à commis nous restons à tousjours.

   Messieurs et Très Honorés frères

    Vos plus Obéissants et Affectionnés frères et serviteurs au Seigneur, les Anciens et Diacres de l'église wallonne de Norwich au nom dicelle église.

De Norwich ce 30 d'Aoust 1647.

Elders.	Diacres.
Noe Hadeleu,	Pierre Douin,
John Dehague,	Jaques Desmares,
John Geneau,	Pierre Casteau,
Isaac Décelé,	Samuell Delseu,
Cornille Du moullien.	Jan Lempereur,
	Jean le Martin. »

Au dos : « A Messieurs et Très Honorés frères, les Pasteurs, Anciens et Diacres de l'église flamande de Londres. »

A la lettre est annexée (en langue anglaise) la

« *Déclaration de l'Église wallonne de Norwich concernant leurs troubles et résolutions pour le maintien de leur droit.*

« Nous attestons à tous ceux que cela peut regarder, que nous maintenons et sommes résolus, sous Dieu, de maintenir :

1º La pure parole de Dieu ainsi qu'elle est contenue dans les écrits des prophètes et apôtres et que, d'accord avec cette parole, nous sommes résolus à maintenir la Confession de foi autorisée dans nos Églises par notre ancienne Discipline, qui est la Confession de Foi identique des Églises Réformées en France, disposée à la fin de notre psautier en 40 articles, laquelle confession de foi doit être souscrite (selon notre ancienne discipline, chap. des Pasteurs art. 10) par tout homme reçu dans le ministère parmi nous, qui doit promettre de s'y tenir : tandis que (au grand préjudice, trouble et peine de nos consciences), notre Colloque tenu en 1641 a rejeté de nos Églises la dite confession de foi par la nouvelle discipline qu'ils ont faite, et cependant ils n'en ont présenté ou introduit en son lieu aucune autre.

« 2º Nous déclarons que nous sommes résolus à maintenir l'ancienne discipline de nos Églises, comme elle a été faite et approuvée par les Ministres, Anciens et Diacres de nos Églises ici en Angleterre, au commencement et à la naissance de nos Églises en ce royaume, et comme la même discipline a été maintenue dans toutes nos Églises jusqu'à l'année 1641, dans laq. année notre Colloque a renversé cette discipline (sans notre connaissance et consentement) par leurs innovations dans notre gouvernement ecclésiastique, et par leurs radiations des articles principaux, substantiels et essentiels de notre gouvernement ecclésiastique, et par leurs étranges altérations dans presque chacun article de cette même discipline, lesquels renversement et changement de notre discipline nous ont été dissimulés jusqu'à l'année 1645 : A cette ancienne discipline nous adhérons comme étant autorisée par nos Chartes et étant celle à laquelle nos Chartes ont rapport et à nulle autre, et comme ne contenant rien contre la parole de Dieu, et étant la Discipline que tous les Pasteurs, Anciens et Diacres, qui ont été reçus de temps en temps dans notre Église, ont promis devant Dieu dans nos assemblées solennelles de maintenir et de gouverner selon icelle notre Église, et ainsi y ont mis leurs mains, et chaque membre de notre Église a également promis de la maintenir. Si maintenant on nous demande d'en recevoir une nouvelle (ainsi que notre Colloque veut nous y contraindre), qu'on nous persuade avant tout, par la parole de Dieu, des erreurs de l'ancienne ; autrement nous sommes tenus en conscience d'adhérer à nos promesses envers Dieu.

« 3° Nous déclarons que nous sommes résolus à maintenir et conserver notre Église et nous-mêmes dans les limites des Chartes et Patentes gracieusement accordées à notre Église par la reine Élisabeth dans la 1re année de son règne, et ratifiées par notre feu souverain le Roi Jacques, et par notre présent souverain le Roi Charles : nous déclarons de même nous tenir aux articles convenus lors de la première arrivée à Norwich des étrangers, ainsi qu'ils sont enregistrés dans un grand livre déposé sous la garde du maire et des aldermen de la dite cité, lesquelles chartes, patentes et articles ne donnent aucune autorité à notre Colloque, ni ne leur attribuent aucune espèce de juridiction sur nous : ils ne mentionnent même pas le nom de Colloque, Classe ou Synode, mais donnent toute la juridiction ecclésiastique sur notre Église à l'Évêque et son ordinaire, aux ministres et consistoire de notre propre compagnie : en sorte que nous forfaitons à nos chartes en obéissant à un Colloque qui exerce la juridiction comme le fait le nôtre en vertu de leur discipline nouvelle.

« 4° Nous déclarons que nous adhérons, et sommes résolus à adhérer et à nous tenir aux lois de ce royaume, lesquelles lois défendent, sous peine d'un præmunire et d'autres punitions, à toutes personnes et assemblées quelconques, d'exercer une juridiction ecclésiastique, si ce n'est par commission expresse du Roi ou de son Conseil suprême : la Juridiction ecclésiastique (ainsi que le porte jusqu'ici la loi du pays) étant une partie de la prérogative royale et un droit encore réclamé et exercé par les Rois d'Angleterre. Or notre Colloque n'a aucune commission pour exercer une Juridiction eccl. et cependant ils l'exercent, et nous contraignent par tous moyens à nous soumettre à leurs Juridiction et autorité usurpées, ce que nous ne pouvons faire sans désobéissance aux lois et injure, ou plutôt trahison envers la couronne. Que notre Colloque obtienne donc du magistrat suprême une commission par laquelle il soit autorisé à exercer une Juridiction eccl. sur notre Église et à succéder à l'autorité accordée sur notre Église à l'Évêque de ce lieu, alors nous obéirons activement ou passivement. S'ils n'obtiennent pas semblable Commission, nous ne pouvons obéir sans violer à la fois le droit divin et le droit humain, et nous ne sommes ni rebelles ni contumaces (quoique ainsi nommés par nos adversaires) en refusant obéissance à notre Colloque, car rébellion se rapporte à une autorité légitime et s'oppose à une juridiction légale. Mais actuellement en notre Colloque il n'y a aucune sorte d'autorité ou de juridiction ; il n'y a qu'un pouvoir usurpé, contre la parole, contre notre discipline, contre nos chartes et contre la loi de ce Royaume.

« 5° Nous déclarons que dans tous nos actes pour le maintien de ces quatre points principaux de notre droit, nous nous en tenons à la décision et sentence de la haute Cour du Parlement, afin d'y être mis en jugement, étant très disposés à y répondre quand il sera requis. »

A la convocation du Synode, les Anciens et les Diacres après avoir délibéré « de ne s'y point soumettre absolument », répondent le 4 Novembre en demandant « lumière et quelque espèce de satisfaction sur six questions ». L'énoncé de la première suffira pour en indiquer l'esprit général : « Cette Compagnie, comme elle est maintenant constituée, prétend-elle avoir quelque autorité et juridiction sur l'Église Wallonne de Norwich ? »

De son côté le Synode faisait rédiger par de Laune cette pétition

A l'honorable Chambre des Communes assemblées en Parlement.

« L'Humble Pétition des Églises flamandes et françaises en Angleterre dernièrement réunies dans leur Synode à Londres, expose humblement :

« Attendu que, en vertu de diverses Patentes et ordres gracieusement octroyés aux étrangers par les très nobles et royaux princes qui ont régné ici en Angleterre depuis le commencement de la religion réformée, vos pétitionnaires et leurs prédécesseurs ont de temps à autre été autorisés à venir dans ce pays, à y séjourner et y exercer cette discipline ecclésiastique qui est en usage dans toutes les Églises Réformées au-delà des mers, par laquelle leurs différentes congrégations ici, avec la protection et l'aide des pouvoirs supérieurs (selon que les circonstances le requéraient) ont continué à être tenues en bon ordre et due obéissance à l'autorité, au point d'acquérir la bonne opinion des plus religieux jusqu'à être, dans les temps précédents, une lumière et un exemple de bon gouvernement ecclésiastique.

« Mais, attendu que dans ces dernières années quelques esprits turbulents récemment passés ici, se cherchant eux-mêmes et profitant de ces temps agités, ont beaucoup troublé plusieurs de nos congrégations et ne peuvent encore être amenés à une voie d'obéissante soumission à la susdite discipline, faute de quelque puissance supérieure pour les maintenir dans le respect : car ils ont corrompu les congrégations et occasionné des schismes par leurs procédés arbitraires et personnels, sous couleur d'ancienne discipline, ne se soumettant ni aux Classes, ni aux Colloques, ni aux Synodes, ni même aux magistrats civils ou à des Comités du Parlement qu'en tant que s'accordant avec leurs propres intentions et projets, d'où il est résulté que par intrusion violente et popularité, ils ont expulsé des pasteurs anciens et approuvés et se sont établis eux-mêmes, ont placé et déplacé irrégulièrement des anciens et des diacres selon leur bon plaisir, prêché factieusement, administré les sacrements et les censures ecclésiastiques bien qu'interdits, causé des émeutes publiques et des aigreurs, au péril manifeste de la ruine absolue des susdites congrégations et au mauvais exemple pour d'autres, si par l'autorité favorable de vos honneurs il n'y est mis un prompt empêchement, ainsi qu'autrefois (avec la bénédiction de Dieu) semblables esprits turbulents ont été heureusement supprimés par les ordres de feu les Royales Majestés et de leurs honorables Conseils.

« Or, attendu que pour la réformation projetée, la condition actuelle de vos pétitionnaires est considérée (sauf correction) comme un des principaux précédents en gouvernement ecclésiastique, et que les pamphlets hebdomadaires commencent déjà à reproduire les passages des ordres de votre honorable Comité dans ce cas de nos Églises, et que les opposants à vos pétitionnaires unissent tous leurs efforts pour opposer et invalider l'autorité des Synodes, et introduire dans les Églises étrangères cette Indépendance que le dernier Synode national de Charenton a expressément déracinée de France, comme absolument incompatible avec leur état et leur discipline ecclésiastique, Et que toutes nos Églises sœurs au-delà des mers ont l'œil ouvert à ce qu'il en adviendra finalement de ces troubles et divisions de nos congrégations.

« Plaise donc à cette honorable maison du Parlement, les deux Chambres s'étant plu à établir des limites dans le Royaume par diverses récentes ordonnances, prendre ces prémisses en leur sérieuse et pieuse considération, et donner vie et force à l'ancienne et accoutumée discipline des humbles pétitionnaires, ainsi qu'elle est habituellement exercée dans toutes les Églises Réformées au delà des mers, afin que les Actes et décrets réguliers de leurs réunions ecclésiastiques en Classes, Colloques et Synodes puissent être appuyés et rendus effectifs, par l'aide des magistrats civils ou des Comités, dans les lieux où leurs Congrégations sont plantées : ou, par tout autre voie que votre sagesse trouvera plus convenable.

« Et vos pétitionnaires continueront à prier que le Dieu de vérité et de paix couronne par une félicité temporelle et éternelle vos infatigables soins et labeurs pour le bien public [1]. »

Le Synode avait formellement condamné d'Assigny et ses adhérents. Le Consistoire en délibéra en ces termes dans sa séance du 2 décembre 1647 :

« Attendu que le Comité du Parlement, par leur ordre du 24 juillet 1647, et par leur ordre précédent du 12 novembre 1646 a laissé notre Église à ses propres procédures et discipline; La Compagnie des Anciens et diacres ce jourd'hui assemblée en consistoire, ayant confronté l'interdiction de M. d'Assigny avec la discipline de notre Église l'a trouvée directement contraire à icelle discipline, par laquelle nos Colloques n'ont qu'avis et conseil et nulle autorité sur nos Églises sinon qu'on se soumette : or lad. interdiction a été faite en l'absence de M. d'Assigny sans être vu ni ouy, et contre sa protestation et celle de notre Église, et encore par cinq hommes sous prétexte de Colloque, là où, selon notre discipline, le Colloque doit être composé des députés de toutes les Églises de langue française qui seront en ce royaume d'Angleterre, et y ayant huit telles Églises, les députés de trois Églises assemblées comme en ce prétendu Colloque ne sont point Colloque.

« D'avantage par notre discipline nul ministre ne doit être déposé, sinon sur crimes grandement scandaleux à l'Église. Or ladite interdiction n'est fondée sur aucun crime ni fausse doctrine, et ce peu qui y est allégué comme fondement est aussi totalement faux; led. M. d'A. ne s'étant point comporté autrement au regard des Colloques que selon nos ordres et discipline, et n'ayant fait aucune division ni en l'Église ni en la Cité,

---

[1] En anglais. — Au dos : Minute d'une pétition à la Chambre des Communes du Parlement, pour les Églises étrangères ; du Dr de Laune 1647. *Archives de l'Église hollandaise de Londres.*

comme il lui est mis à sus ; de plus, par la même discipline, nul ministre ne peut être déposé sans le consentement de l'Église et c'est le consistoire de l'Église qui en doit être juges et autres par eux appelés, et rien de cela n'a été pratiqué en lad. interdiction, partant nous la déclarons et prononçons invalide, la cassons et annulons comme dérogation à tout droit divin et humain, et enjoignons à tous les membres de notre Église, au nom et comme officiers de l'Église, de tenir lad. interdiction pour injuste et illégitime [1]. »

Le 11 mars 1648 le Cœtus était informé par l'alderman Athens que d'Assigny venait de pétitionner au Parlement pour que « cette compagnie de l'Église qui s'est adjointe avec ledit sieur ne soit plus sujette à la classe des Églises françaises de ce Royaume ». On en prévint de Laune qui se rendit aussitôt à Norwich, mais le consistoire décida qu'il ne prêcherait pas avant d'avoir répondu à ce qui lui serait objecté. Invité à comparaître, De Laune envoyait Jean Castol et Jean Le Fèvre « dire qu'il ne pouvoit venir et qu'il demandoit à la Compagnie s'il seroit souffert dimanche prochain de prêcher paisiblement? » La Compagnie fait retirer les députés, délibère, les rappelle et leur demande : « S'il reconnaissoit cette Assemblée, selon qu'elle est maintenant pour le Consistoire de l'Église. Tous deux ont répondu à la première demande que, quand M. Delaune préside adonc il reconnaissoit l'Assemblée pour consistoire, autrement non ; à la seconde demande, ils ont tous deux répondu que se reconnaissoit membre de l'Église pendant que M. Delaune est reconnu de tous le pasteur de l'Église, autrement il ne se reconnaissoit point membre de l'Église. La Compagnie, ayant considéré cette réponse, leur a répondu qu'on n'a rien à leur dire, sinon qu'il reconnaissoit l'Assemblée comme elle est maintenant composée pour le consistoire. Sur quoi ils ont protesté au nom de M. Delaune et du Colloque contre toutes les procédures de cette Assemblée. Sur quoi la Comp^e a arrêté que M. Delaune ne prêchera point Dimanche prochain, ni Mercredi, vu la signification faite en son nom. . Il sera averti de se trouver Jeudi au consistoire et lui sera signifié que c'est le jour des censures.

« 30 mars. Vu les deux refus de M. Delaune de venir au consistoire après avertissements, et vu la protestation qu'il a envoyé faire en son nom contre le consistoire et procédures d'icelui, led. M. Delaune ne prê-

[1] *Actes du Consistoire de Norwich.*

chera point en l'Église jusqu'à ce qu'il reconnaisse l'Assemblée des anciens et diacres pour consistoire, qui que ce soit qui préside [1]. »

Puis le silence se fait sur le débat jusqu'à la reprise de possession du pasteur de Laune le 13 juin 1650. La délibération qui reconnaît ses droits ajoute qu'en présidant au consistoire avant la tenue du Colloque prochain, il ne l'a fait qu'à la requête du consistoire en l'urgente nécessité de l'Église pour l'élection des nouveaux officiers d'icelle. D'Assigny était donc parti.

Ses partisans ne l'avaient pas tous renié. Le 12 avril 1653 « Jacques de la Telle, Pierre Boutelou et Jean Cambié disent qu'ils ne veulent point être membres de l'Église aussi longtemps que M. de Laune y sera. Isaac Décelé désire d'y aviser » : en Juin il se présente pour voter; on le déclare impropre, puisqu'il ne veut plus être membre de cette Église, qu'il a refusé de venir à la Sainte-Cène et de contribuer à l'entretien du ministère. Le 5 juillet on en cite à comparaître huit qui refusent de même, et, « vu le mépris fait de l'autorité du consistoire par plusieurs », on publie l'avertissement que « dorénavant ceux qui refuseront de comparaître au consistoire seront censurés selon que porte la Discipline, laquelle s'ils refusent d'obéir seront déférés au magistrat ».

Ce n'est qu'en 1654 que Jacques Dubois reconnaît de Laune « comme pasteur de cette Église ».

Son long ministère touchait à sa fin. Le 14 novembre 1655 il écrivait au Cœtus qu'il acceptait le jeune proposant qu'on lui nommait « étant âgé de 83 ans quasi accomplis et son Église sans prêche.. nos gens, pour épargner leur bouche, dépouillent un ministre pour vêtir l'autre. Je suis entré en mon ministère à Norwich en octobre 1599 et n'en suis sorti qu'avec leur congé ». Le 3 aout 1656 pour la délégation au XXXe Colloque il ne réunit que trois voix; Clément eut huit et se rendit à Londres avec l'ancien Tavernier [2].

---

[1] *Ibidem.*

[2] Moens place la nomination de Clément en 1650, dans la date de sa signature de la discipline le 6 ressemblant à un 0 : mais les procès-verbaux de son examen par le Cœtus sont décisifs; il était né en 1632 à Middelbourg et étudiait encore en 1653 à Utrecht.

N° XLV.

ÉGLISE DE CANTERBURY.

A.

Poujade.

(1640—1649.)

L'élection de Poujade, faite au milieu même des épreuves de l'Église, par les anciens et les diacres unis aux chefs de famille, avait soulevé les résistances des deux autres ministres : Delmé et Bulteel réclamant un Synode, vinrent porter plainte au Cœtus en mars 1640, et ne se résignèrent que difficilement à l'intervention de ce corps. Il commença par députer à Canterbury, le 3 mars, quatre de ses membres avec la lettre suivante :

« Le bruict des troubles survenus entre vous estant cognu et espandu, non seulement entre nous qui sommes d'une mesme nation et vivons soubs une mesme discipline, mais aussi parmi ceux de la nation en laquelle nous vivons, nous estans assemblez au Cœtus avons creu estre obligez par affection et charité fraternelle de vous donner advis de ce que nous croyons estre le plus prompt, facile et asseuré remède contre ce mal. Et pour cest effect nous avons député vers vous nos très chers et honorés frères les sieurs Nath. Marie et César Calandrin, pasteurs avec les sieurs Hoste et Hedlin, anciens de nos deux Églises, gens de piété, probité et capacité cognue de nous, et, comme nous estimons, de vous aussi, vous prians de les ouïr favorablement et d'adjouster foy à tout ce qu'ils vous diront, en prenant en bonne part ceste liberté dont nous usons envers vous sans en estre requis; et croyans comme la vérité est telle devant Dieu qui cognoit nos pensées, qu'elle ne procède d'aultre sinon que de nostre charité envers vous, et n'a d'aultre fin que la gloire de Dieu, vostre paix et concorde, et nostre subsistence commune avec vous par les mesmes règlements qui ont esté jusques ici les nerfs et tendons de soustènement de nostre corps, les membres duquel sont espandus en divers endroicts de ce royaume, mais bien adjustez et serrez ensemble en nostre chef J. C. Espérans au Seigneur que vous donnerez cette véritable interprétation à nos bonnes intentions, nous ne ferons la présente plus longue que pour prier Dieu, qui est le Dieu de paix, par J. C. qui est le prince de paix, de nous donner à tous de garder l'unité de l'Esprit par le lien de la paix, et vous asseurer que nous sommes en sincérité, Messieurs, vos très humbles et affectionnez serviteurs, les Pasteurs et Anciens des Églises estrangères de la ville de Londres. »

Les « Conducteurs et députés de l'Église Wallonne de Canterbury », les remercient le 9 mars : « leurs pasteurs les ont quittés sans raison. . Poujade a été recherché par la prière de l'Église sous la conduite et consentement de Delmé.. ils sont prêts à les recevoir à bras ouverts et à accepter un arbitrage de quatre délégués choisis de chaque côté et se réunissant à Canterbury. »

Obtenant à grand'peine des deux pasteurs l'acquiescement à cet arbitrage, après les avoir exhortés « à oublier toutes les omissions qui pourroient estre en la vocation de Poujade et de céder leurs intérêts à la gloire de Dieu et à la paix et subsistance de leur Église et pour l'amour de leurs frères du Cœtus », celui-ci annonçait le 15 mars au consistoire que, vu la mort de Regemorterus, la goutte de Marmet et l'âge avancé de Primerose qui n'était sorti de la ville ni à pied ni en voiture depuis douze ans, ils ne pouvoient se rendre à Canterbury, mais « les prioit et supplioit » de leur abandonner le choix des arbitres ou de députer à Londres avec Poujade « des gens approuvés et féables en tel nombre que bon leur semblera ». Le 22 et le 30 mars le consistoire persiste à réclamer le choix des arbitres et la tenue de la réunion à Canterbury. « Nous ne sentons que trop la plaie, laquelle est venue par l'abandon que nos Pasteurs ont fait de nous qui estions leur troupeau. S'ils ne viennent à reprendre leur charge par le moien de la susdite médiation, nous serons obligés par voie de nécessité de penser pour un aide à M. Poujade, parce qu'il est subjet à la visite des malades de ceste Église, laquelle est un destourbier à ses études. »

« En sincère charité », écrit le Cœtus un mois plus tard, « devant Dieu qui voit les cœurs, nous apréhendons la confusion et ruine de vostre Église comme la nostre propre. C'est la force invincible de cette charité qui nous fait surmonter toutes difficultés et trouver moyen, plutost que de laisser cette bonne œuvre imparfaite, de condescendre aussi à la circonstance du lieu ; » et le 14 mai, aucune réponse ne venant, ils récrivent qu'ils « espéroient mieux de leur sincérité et les prient de ne vouloir plus longtemps les tenir en suspens.. Que le bon Dieu conduise leur résolution au bien de son Église ».

Le 20 mai les arbitres sont choisis ; mais Delmé et Bulteel se rendant à Canterbury, essaient d'abord d'amener par eux-mêmes une réconciliation : leur lettre du 29 au Cœtus est un aveu de leur impuissance :

« Messieurs et très honorés Frères,

« Nous avons trouvé bon vous advertir de ce qui s'est passé depuis nostre retour. N'ayans été visités des conducteurs, nous mandasmes hier au matin deux anciens et leur dîmes qu'estions de retour pour faire nos charges, et qu'à cela l'un de nous commenceroit la sepmaine selon l'ordre Dimanche prochain. Que pour le passé, ayant esgard à la préservation des Églises, et principalement de celle-ci, ne voulions entrer en dispute, mais passer le tout pour la paix. Ce que les priasmes de rapporter aux autres. L'ayant fait, quatre anciens et un diacre vinrent dire de la part des anciens, diacres, politiques et députés du peuple, qu'ils demandoient de nous : 1º Qu'approuvions l'introduction de M. Poujade ; 2º Sa doctrine ; 3º Que nous nous réconcilions avec l'Église.

« Ayans parlé ensemble à part nous leur répondismes que ne pouvions en conscience approuver son introduction, ni sa doctrine en tous points. Que pour Réconciliation avec l'Église n'entendions bien ce qu'ils vouloient, vu qu'il n'y avoit haine et inimitié, ni aucune offense que nous sachions baillée de nostre part. Après qu'ils eurent fait rapport ils revinrent nous dire qu'ils nous défendoient de prescher jusqu'à ce qu'ils auroient contentement sur ces trois points. Les priasmes de rapporter à la Compagnie de bien adviser à ce qu'ils nous faisoient et que ne concevions qu'ils avoient puissance à fayre telle défence, mais nous autorité et liberté de fayre notre charge. Depuis n'avons rien ouï de leur part.

« Vous remercians très humblement de vos bons advis, nous vous prions nous en continuer sur ces occurences qui nous remplissent de perplexité, sur le danger duquel ils nous ont parlé de scandale, confusion et tumulte, en cas que montions en chaire. Dieu de sa grâce nous adresse au mieux et vous préserve et les troupeaux commis à vos charges, rétablissant bon ordre et paix au nostre. Et sur ce, saluons bien humblement vos bonnes grâces, nous demeurons, Messieurs et très honorés Frères, vos très humbles et serviables Frères au Seigneur.

P. Delmé. J. Bulteel. »

Décidé, si possible, à en finir, le Cœtus députe le 31 mai 1640 Marie, Calandrin et quatre anciens. « Nous avions espéré que la présence de vos pasteurs échaufferoit vos cœurs à vous embrasser mutuellement d'une affection cordiale, et mettre fin à toutes vos discussions. » Les négociateurs réussissent et le 3 Juin on signe l'acte d'accord :

« Nous cédons volontiers à la requeste de Messieurs les Députés du Cœtus, lesquels sont venus ici pour la médiation du différend que nous avons avec notre Église et pour la paix et édification d'icelle, de mettre soubs le pied tout ce qui s'est passé, et dorénavant ne plus parler de l'introduction de M. Poujade à laquelle nous consentons, mais vivre en amitié fraternelle avec luy, moyennant qu'il se tienne à la confession et Discipline de nos Églises, comme nous y sommes tous obligés, et que tous actes et écrits lesquels sont au préjudice d'une part ou aultre soient annulez, et que Messieurs du consistoire empeschent de tout leur pouvoir qu'à l'avenir on ne nous fasse des reproches de ce qui s'est passé.

« A Canterbury ce 3 de Juin 1640. — Jean Bulteel, pasteur de l'Église Wallonne de Canterbury, Philippe Delmé, pasteur de lad. Église.

« Je promets de ma part d'observer le contenu dessus mentionné. Joseph Poujade, pasteur de l'Église françoise de Canterbury.

« Nous promettons de la part et au nom de l'Église d'observer le contenu des choses ci-dessus couchées — » signé des diacres, des anciens, des politiques, des députés de la commune.

« Tout ce que dessus l'autre côté a esté fait par l'avis des Députés du Cœtus des deux Églises estrangères de Londres, lesquels approuvent ces Actes et sont témoings de la signature d'iceux. » Signatures des deux pasteurs et quatre anciens.

Deux lettres de remercîments vinrent récompenser le Cœtus de sa persévérante médiation. « Messieurs vos députés s'y sont portez avec une telle dextérité et prudence », écrivent les trois ministres, « que cette réconciliation a esté faite entre nous au grand contentement d'un chacun ». Poujade se laisse aller à une exubérante effusion : « Ce que j'ay demandé si souvent et avec tant de larmes à la bonté de Dieu (la paix avec mes très honorés Collègues), je l'ai enfin obtenu de sa grâce. Ma joie ne s'en peut exprimer. Auparavant je n'estois qu'un disciple commun de Christ, mais maintenant je me trouve le bien aimé, ayant part non seulement à sa table, mais en son sein... Au reste tant de mauvais rapports qu'on vous a faits de moi, me causeroient un regret immortel n'estoit que le sentiment de mon innocence et l'espreuve de vostre charité me flattent de l'espérance, ou que vous en perdrez la mémoire, ou que l'esprit de discrétion suspendra vostre jugement, pour ne croire pas légèrement les rapports que la malveillance a produits et que l'appétit de vengeance a fomentés. Je confesse que j'ai eu des défauts et que j'en ai encor; mais sachans que mesmes le soleil n'est pas sans tasche, votre charité me promet que vous serez esmeus envers moi de compassion plustost que de haine. Au moins vous puis-je promettre que si je cloche, c'est dans le droit chemin, et que c'est avec Jacob allant en Béthel. Et ces entorses que l'infirmité humaine m'a données n'empescheront point que vous me donniez vostre bénédiction. Car autant que je suis éloigné de la perfection, autant j'y aspire et m'y pousse... »

Nous avons vu (tome II) que Bulteel ne tarda pas à quitter Canterbury et Delmé à se trouver en lutte ouverte avec Poujade. Les dissentiments furent portés devant le XXVIIe Colloque.

Extrait des Actes :

« Vendredi 19e Juin. — Art. 21 : Sont présentez par les Anciens de Cantorbéry quelques Actes, par lesquels il apert que M. Poujade soutient le livret d'une femme, auquel sont contenus sept points, prétendus avoir été prêchez par l'autre pasteur de C. et lesquels led. sieur P. dit être doctrines fausses, hereticques et diaboliques. Dont le 1er est : Qu'il n'y a point 3 natures en Christ, ains deux seulement. Le 2^d Que la charité commence par soy-même. Le 3e Que Dieu est un voleur. Le 4e Que Dieu le Père a été courroucé contre son Fils. Le 5e Qu'il faut confesser toute vérité, fût-ce son propre déshonneur sous peine de damnation éternelle. Le 6e Qu'il faut suporter le méchant atendant que Dieu luy donne repentance. Le 7e Que nos péchez provoquent bien l'ire de Dieu, mais ne mettent le Roy en danger. Et au regard des 3 premiers points est présenté un écrit d'acord entre Messieurs Delmé et Poujade de l'onzième de Juillet 1644.

Art. 22. — Ces Articles ayans été longtems débatus entre MM. les Frères, tant en cette séance qu'en celle du Lundi suivant, Et chois étant fait de M. de la Marche pour modérer l'action, en la place de M. Delmé pour ce qu'il étoit intéressé en l'affaire, on a procédé à l'examen et décision d'iceus.

21 Juin. — 24. Sur le 1ᵉʳ Article : Cette doctrine touchant trois natures en Christ est jugée par la Compagnie n'avoir point de fondement en la parole de Dieu, ni en la Confession de Foy, ni au Catéchisme de nos Églises, Et n'être conforme aus écrits de nos Théologiens, et pourtant ne devoir être prêchée en l'Église de Dieu.

25. — Sur le 2ᵈ Article : La Compagnie déclare que le premier objet de la Charité est Dieu. Le 2ᵈ nous-mêmes en tant que l'image de Dieu reluit en nous. Le 3ᵉ le Prochain en tant qu'elle y paroît aussi ; Et que jusques là l'amour de nous-mesmes va devant l'amour que nous devons à autruy, et en est la règle en cet égard, Mais non à l'égard de l'afection naturelle corrompue.

26. — Sur le 3ᵉ Art. Ouïe l'objection et les réponses du Frère à icelle, Il apert que cette parole n'a pas été proférée détachée, mais conjointement avec d'autres qui obligent à luy donner une bénigne interprétation, comme faisant allusion à quelque passage de la Sainte Écriture et particulièrement Prov. 22. 23. Auquel combien que l'acte de voler soit atribué à Dieu, toutefois l'atribut même de voleur dénotant l'habitude corrompue ne luy pourroit être imputée.

27. — Sur le 4ᵉ Art. La Compagnie déclare que Dieu n'a pas été courroucé contre son Fils entant que Fils, comme étant celuy auquel il prend son bon plaisir, Mais bien entant que notre Plege et répondant, Pour ce qu'en cet égard ayant porté nos péchez sur le bois, il a été sous malédiction, et sujet à la justice de Dieu encore deuë à nos péchez pour lesquels il soufroit ; Ce qui a été l'intention et l'exposition du Frère.

28. — Sur le 5ᵉ Article. Soit que cet Article ait été proféré ou non, la Compagnie croit n'en devoir prendre conoissance, Veu le tems de deux ans qui se seroit écoulé depuis qu'il auroit été prêché, veu aussi le défaut des procédures qui doivent être tenues en tel cas avant que l'afaire soit portée au Colloque ; Et que ce n'est de son honneur de satisfaire à l'humeur d'une femme qui se mêle d'écrire des Libelles tendans à difame et non à édification, Et ce par voye de récrimination, pource qu'on auroit par censure procédé contre son Frère.

29. — Sur le 6ᵉ Art. Combien que cette Compagnie ne puisse aprouver un tel propos nuëment et simplement considéré en soy mesme, veu qu'il seroit contraire à toutes procédures tant Civiles qu'Eclésiastiques à

l'encontre des Délinquents et Scandaleus, toutefois ayant été teu long-tems, et seulement relevé par une femme, Elle juge que c'étoit manque de prudence et de charité que de tenir la main à une telle personne en une telle ocasion.

30. — Sur le 7ᵉ Art. La Compagnie estime que la Doctrine qui a été prêchée sur le 12ᵉ du 1ᵉʳ Livre de Samuel v. 25, est vraye et conforme au texte, Et que prière n'a deu être faite à l'oposite : Mais d'autant qu'il ne conste pas des termes esquels elle auroit été conçuë, Elle exhorte les Frères à acord mutuel pour la gloire de Dieu, le bien de l'Église et leur propre contentement, A quoy ils ont acquiescé.

Examen des Objections du Consistoire de Cantorbéry contre la doctrine de Monsr. Poujade, Monsr. Delmé ayant repris sa place de Modérateur, Le diferent étant entre le dit Poujade et les Anciens.

31. — Première Objection. Qu'avant la reformation les Papistes étoyent sauvez en leur religion. — La 2ᵈᵉ qu'un papiste pouvoit être sauvé nonobstant son Idolâtrie. Au regard de ces deux objections, la Compagnie n'entreprenant pas de juger des personnes particulières, ce qui apartient à Dieu, Et ne voulant aussi diminuer de l'eficace des opérations secrettes d'Iceluy ; Estime que la Prédication d'une telle Doctrine pourroit entretenir les uns en leur erreur, et décourager les autres qui sont nouvellement sortis du papisme, comme il y en a plusieurs en l'Église de Cantorbéry, Et partant que le Pasteur eût deu s'en être abstenu.

32. — Troisième Objection, Que Christ n'est la cause de notre élection et qu'en icelle il n'a été ni veu ni conu. Rép. La Doctrine raportant l'Élection au seul bon plaisir de Dieu est reconuë orthodoxe, Mais l'adition non convenable à la dignité d'un si haut mystère.

33. — Quatrième Objection, Que Christ a repoussé la Cananéenne avec injure et outrage. Rép. Combien que les termes soyent rudes, si est-ce qu'ils sont admis par l'usage ordinaire ; et pourtant le Frère est prié d'éviter les ofenses qu'un peuple prend aisément, Et les autres Frères de n'excepter légèrement contre leur Pasteur.

34. — Cinquième Objection, Que le prophète Elizée s'étoit racourci par miracle, lorsqu'il ressuscita l'enfant de la Sçunanite. Rép. La Compagnie après avoir ouï le frère là-dessus, desavouë l'expression.

35. — Sizième Objection, Que le sieur Poujade a apelé Ames pro-phanes ceux qui font scruple d'avouer ce qui se déclare en chaire sans

témoignage de l'Écriture. Rép. Le tout est concédé par le Frère, et aprouvé par la Compagnie.

36. — Sétième Objection, Que Christ s'est trouvé au comble de désespoir ; Et que si l'Ange (le nommant Gabriel) ne fût survenu il y eût succombé ; Et que le dit Ange lui disoit : Ne te trompe point, Tu crains d'aler en enfer et tu y descendras ; Quand Pierre te vouloit détourner d'aler en Jérusalem, Tu le tanças avec injures, Et maintenant tu t'en veus exempter. Rép. Le Frère nie avoir dit que Christ a été au comble de désespoir, mais sur le bord ; nie aussi avoir dit que sans l'assistance de l'Ange il fût succombé. Au regard des enfers il l'expose conformément à notre Catéchisme et la Compagnie se contente.

37. — Huitième Objection, Que nous ne sommes conjoints avec Jésus-Christ en tant qu'Homme. Réponse à cette objection est faite négativement par le Frère, étant mieus instruit en Théologie que d'enseigner telle Doctrine.

38. — Neuvième Objection, Qu'il est libre au Pasteur de reprendre non seulement en général, mais aussi en particulier, en dénotant la personne par telles circonstances qu'elle en aye honte et le peuple horreur ; Comme il auroit fait à l'endroit d'un Frère nommé Étienne Du Thoict, selon la plainte qui en a été portée à la Compagnie. Rép. Au regard de la Thèse, la Compagnie juge que le Pasteur doit se donner de garde qu'en personalisant en ses reprehensions il ne fasse une censure publique, et ainsi n'ôte au Consistoire le droit qu'il a d'en conoître : Mais lorsque les fautes sont énormes et publiques, et qu'elles crient si haut qu'il n'est besoin de plus grande enquête, il peut user de sa liberté, mais toujours avec grande discrétion, en sorte que le tout soit non à destruction mais à édification. Et quant à la plainte du sieur Du Thoict elle a été reconue juste, et les procédures à l'encontre illégitimes.

2ᵐᵉ Juillet. — 42. — Ayant été raporté que le sieur Poujade auroit invectivé en prédication, même un jour de Cène, contre une jeune femme fille d'un Ancien, pour avoir assisté en qualité de Marreine au Baptême de l'enfant d'un nommé Halluin, homme suspendu publiquement pour sa mauvaise vie, La Compagnie louë la piété de la Mère d'avoir désiré la présence d'une femme de bien au batême de son enfant, et la charité de cette femme cy en ne l'ayant refusé, nonobstant les vices du Père qui ne rejaillissent ny sur la Mère ni sur la Marreine de l'enfant ; Et pourtant blâme la continuation de la méthode du sieur Poujade, à personnaliser en chaire sans aucun juste sujet.

43. — En cette séance a été remarqué que le sieur Poujade a dit qu'il maintiendra trois natures en Christ, dont il fut repris et censuré.

3me Juillet. — 46. — A été objecté contre Monsr Poujade, Premièrement qu'il auroit dit en Consistoire que la Discipline est établie par les hommes. Secondement qu'il auroit prêché que tous vilains cas sont reniables. En 3me lieu que prêchant sur les grumeaux de sang de Christ au jardin, il auroit dit que ce sang là a été plus dous que celuy de la crois ayant été du tout volontaire, Ce qu'il auroit illustré par des comparaisons de Baume naturel et artificiel, d'huyle vierge et d'huyle étreinte. Au regard du premier le sieur Poujade a dit avoir parlé du Consistoire et non de la Discipline ; Qu'il a entendu les Pasteurs être de Dieu immédiatement, et les Anciens être à la vérité aussi de Dieu mais médiatement par les Apôtres : surquoy la Compagnie n'aprouvant pas l'expression dudit sieur, comme ravalant trop l'authorité du Consistoire, reconoit néantmoins son exposition orthodoxe. Quant au 2e la Compagnie condamne cette fasson de parler vulgaire, principalement étant prononcée en chaire, dautant que tacitement elle insinue une liberté tendante à renverser les justes procédures soit devant le Magistrat soit en Consistoire. Quant au 3me le dit Sieur ayant déclaré qu'il n'entendoit pas atribuer plus de vertu méritoire au sang de Christ au jardin qu'au sang d'Iceluy en la croix, le nonobstant la Compagnie estime que la distinction par laquelle plus de douceur est attribuée à l'un qu'à l'autre eût été mieus teuë que publiée, Et la condamne en ce qu'elle fait une sorte de soufrance de Christ plus volontaire qu'une autre ; Combien que la vérité soit que Christ en toutes ses soufrances se soit soumis à la volonté de son Père, à raison de quoy toutes ses soufrances ont été volontaires sans distinction de plus et de moins : Déclarant en outre que les comparaisons de baume et d'huyle en un si haut mystère sont trop afectées et ne peuvent tendre à édification.

47. — Etant objecté contre le sieur Poujade qu'il auroit prêché un point de Doctrine qui auroit été débatu au Consistoire, lequel en demande raison au Colloque, La Compagnie sans rebatre le point de Doctrine qui cy devant a été examiné et décidé, Juge que si le Consistoire résiste à la vérité contre le Ministre, c'est le devoir du Ministre de la maintenir dans

ses prédications. Mais non toutefois contre le nom du Consistoire car s'il ne faut personnaliser des particuliers, beaucoup moins un Consistoire...

6 Juillet. — 50. — La Compagnie étant, après un long et sérieus examen de ce qui concerne le sieur Poujade, sur le point de prononcer sentence a trouvé bon etc. » (Voir plus haut Tome II, page 131.)

N'ayant pas tenu sa promesse de quitter l'Église, et ne s'étant pas rendu à la citation du XXVIIIe Colloque, Poujade fut déféré au Synode.

Extrait des Actes du cinquième Synode :

« La Sentence du Synode des Églises étrangères, assemblées à Londres, le 24e de Décembre 1647, à l'Ocasion de l'Apel que le sieur Joseph Poujade a interjetté de la sentence de la Classe tenue à Canterbury le 1er de mars 164 $^6/_7$.

1º Que la sentence de la Classe demeurera en sa pleine vigueur contre le sieur Poujade, par l'espace de six mois, pour épreuve de sa conversation chaste et bien réglée, devant qu'il soit admis à prêcher.

2º Que devant qu'il soit ré-admis à prêcher, il faudra qu'il ôte le scandale de sa séparation d'avec sa femme, en faisant tous devoirs possibles ou de se réconcilier avec sa femme et vivre avec elle, ou d'obtenir un plein divorce ; à tant qu'il fasse paraître par suffisans témoignages que la faute n'est pas en luy.

3º Qu'il témoignera sa repentance tant en ce Synode qu'en l'Église Walonne de Canterbury, personnellement, devant la chaire, selon ces degrez. Premièrement, Qu'il revoquera les expressions erronées de trois natures en Christ et promettra de se tenir doresnavant à la Confession et au Catéchisme des Églises réformées. Secondement qu'il confessera ses excès scandaleus ; En partie quant aux manifestes infractions de l'ordre et de la Discipline de nos Églises, comme sont (1) Pour avoir donné cause de division en l'Église ; (2), Pour avoir désordonnément établi des nouveaus Anciens et Diacres ; (3), Pour avoir fait des Assemblées du peuple en oposition au Consistoire, (4) Pour avoir désobéi et injuré le Colloque ; Et en partie quant à sa conversation deshonnête. Pour avoir donné ocasion au monde de le soupçonner d'impudicité et d'Adultère, Et qu'en ce faisant il a aporté grand deshonneur à Dieu et scandale à son Ministère et à donné beaucoup d'offense à l'Église de Dieu ; Et qu'il promettra doresnavant, tant qu'il pourra, d'éviter toute conversation deshonnête ou soupçonneuse, de vivre chastement et paisiblement, d'observer l'Ordre et la Discipline comme elle est établie en nos Églises, De procurer la pais et union de cette Église par soy même et tous autres, et la soumission et obéissance aux Consistoires et Colloques.

4º Que le Consistoire de Cantorbéri aura inspection sur sa vie et Doctrine et sur l'acomplissement de ce que dessus en l'article 2ᵈ ; Et en cas de transgression, écrira au Cœtus de Londres, qui en jugera en l'authorité de ce Synode.

5º Que les Anciens et Diacres que le sieur Poujade a irrégulièrement établis désisteront.

6º Que le sieur Poujade reconoitra s'être grandement oublié en plusieurs paroles et actions mal séantes contre le sieur Delmé et le Consistoire, tendantes au mépris de leurs personnes et administrations, Et que tous procès meus à l'ocasion de ces diférens de part et d'autres cesseront, et seront annullez.

7º Que les sieurs Delmé et Poujade seront réconciliez en ce Synode, et sera fait un Acte d'Oblivion de tout ce qui s'est passé ; Que la dite réconciliation et Acte d'Oblivion seront confirmez à Cantorbéri, tant par le Consistoire que par les membres de l'Église.

8º Qu'en cas que le sieur Poujade acomplisse toutes les conditions susdites, la sentence de la Classe sera levée, ou autrement demeurera en sa plene force et vigueur jusqu'à tant qu'il les accomplisse.

De surplus pour avancer l'accomplissement de cette sentence, La Réconciliation comme dessus étant faite, Le Synode a résolu que deus Ministres accompagnez de deus Anciens députez de ce Synode, se transporteront à Canterbury pour prêcher et exhorter, en public et en particulier à pais et réconciliation, etc. »

Dans le cours du récit (T. II, p. 134 et suivantes), nous avons rendu compte en détail de la lutte entre Delmé et Poujade, entre la sécession grandissante et l'Église régulière jusqu'à la condamnation définitive de Poujade par le Comité du Parlement et son départ d'Angleterre. Nous ne reproduisons ici que trois des nombreux documents recueillis à ce sujet dans les Archives de l'Église hollandaise de Londres.

Premièrement la curieuse lettre adressée au Cœtus le 21 mai 1648 par le consistoire de l'Église régulière au moment de la reprise des prédications de Poujade, qui avait reçu l'hospitalité à Sᵗ Dunstan.

« Messieurs et très honorez Freres,

« Ayans entendu, par le sieur Dornion, que nous avions député vers vous, le bon accueil que lui avez fait, et l'ottroy favorable de nostre requeste, à députer quelques-uns d'entre vous, pour nous ayder au restablissement de l'ordre de nos Églises entre nous, en avons esté grandement consolez, et vous en remercions bien humblement. Esperions, que ce qu'attendions tous les jours vos Députez, retiendroit le sieur Poujade, et les siens d'innover aucune chose. Mais tout au rebours de nostre espérance ils se sont retirez Dimanche dernier schismatiquement d'entre nous, et ayans trouvé moyen d'avoir un Temple aux fauxbourgs, lieu de la Jurisdiction de la ville il y a presché deux fois, et baptizé des enfans, avec advertissement qu'il en fera de mesme Jeudy prochain, et Dimanche, et exhortation que le peuple s'y trouve comme ils avoient commencé, nombre d'iceux délayssans nostre Assemblée ordinaire qui cependant n'a esté destituée de ses principaux membres réguliers. Quoy qu'attendions à toute heure vos Députez, toutes fois avons trouvé nécessaire de vous advertir de ce rengagement de nos troubles (qui commencoient de s'accoiser) afin que voyiez l'Infraction entière de la sentence du synode, comme la copie d'un Acte adjoincte monstre plus particulièrement et que si vos deputez ne sont encores partis, ils puissent, comme vous en supplions et eux, venir au plustot qu'il sera possible. Ayans eu le bruict de ceste bresche qui se tramoit, nous fismes samedy dernier tout devoir possible à la prévenir. Mons. le Maire nous promit quils n'auroient aucun Temple de la ville. Monsr le Recorder n'en voulut fayre autant pour ceux aux environs, quoy que Justicier, mais il avait desja baillé un warrant, que la paix seroit gardée pendant que le dict Sr Poujade prescheroit en un Temple dit de Dunstans es fauxbourgs. Et quoy que nous luy remonstrasmes, ne nous voulut rien ottroyer, pour empescher la bresche, mais dit que si ainsi estoit comme nous disions, que selon la sentence mesme du Synode, il n'avoit à prescher, qu'il ne faysoit qu'aggraver sa faute, et que nous en plagnissions à nos Églises, ou plus haut. Que quant à lui il donneroit warrant à quiconque lui en demanderoit pour garder la paix, et que tel warrant n'autorisoit à prescher, mais garantissoit seulement la paix. Avions envoyé aux champs l'un de nous pour solliciter l'ayde de quelques uns du Comité du pays, mais n'estans ensemble ne firent rien ; seulement un Honorable Membre du

Parlement qui se trouvoit, escrivit au Recorder selon la copie adjoincte, mais il nous a dict hyer au soir, Que ne receut la lettre que Dimanche au matin lorsqu'il estoit trop tard. Monsr Ladd le Justicier, nous ayant entendu despecha samedy au soir lettre aux Churchwardens, dont avez aussi ici la Copie [1], mais les Churchwardens, quoy que les ayons sollicité, ne firent et ne font encores rien, ayans disaient ils, comme encores passé leur parole, et les povres de leur paroisse estans pour en recevoir benefice par partie de la collecte promise. Ne scavons ce que le Magistrat de la ville qui a promis de prendre la chose en considération, fera sur ceste bresche qui ne peut qu'estre préjudiciable à la ville, comme ruineuse à l'Église. Nous recommandons le tout à la providence de Dieu, et nous recommandons et ce povre tant deschiré troupeau à vostre charité, nous prions Dieu qu'il vous conserve et les Troupeaux qu'il vous a commis et sommes

   Messs et treshonorez Frères
     Vos bien humbles et affectionnez Frères et Serviteurs au Seigneur les Pasteur, Anciens et Diacres de ceste Église et pour tous

       PHILIPPE DELMÉ, pasteur.
       NICOLAS DE FARVAQUES.
       ANTHOINE LE GRAND.
       JAQUE LIZIE.
       SIMON OUDART.
       PIERRE DE GUISELIN, ancien.
       PIERRE LE NOBLE.
       JEAN DE LESPINE.
       ISAAC DU CASTEL,
       JONAS LE QUERICHE.
       VINCENT FENNEL. »

De Cantorbery au 21 de Mars 1647/8.

  Au dos : A Messieurs et tres-honorez Freres,

Messieurs les Pasteurs et Anciens des Églises françoise et flamende de Londres assemblez en Cœtus, Londres.

---

[1] La lettre du député Oxinden au Recorder et celle du Justicier Lade aux marguilliers de St Dunstan leur défendant de laisser prêcher Poujade sont annexées.

2° Les délibérations parlementaires :

« Die Veneris 31. Martij 1648.

« Il est ordonné par les Communes assemblez en Parlement, Que la requeste du Consistoire de l'Église Françoise ou Wallonne en la Cité de Canterbury soit référée au Committé des Ministres scandaleux, Qui appelleront et feront venir devant eux les Parties, Tesmoings, Papiers et memoires, et examineront toute la matière du fait. Et ce mesme Committé est par cestes aucthorisé et requis d'ouir, déterminer et finir ladite affaire. Et est en outre ordonné que le Mayeur et Justiciers de paix de Canterbury et les Justiciers de paix de la province de Kent et autres Officiers et Ministres là, respectivement, prennent garde que la paix de ladite Église soit préservée et non interrompue ; Et que ladite Église jouisse ce pendant des privilèges à elle accordez, et du paisible usage du Gouvernement ci devant establi.

H. Elsynge, Cler. Parl. Dom. Com. »

« Au Committé des Ministres Scandaleux le
« 17 D'Avril L'an du Seigneur, 1648.

« La cause entre le Consistoire de l'Église Françoise ou Wallonne en la Cité de Canterbury, et le Sr Joseph Poujade naguères Ministre de ladite Église, ayant esté ouie en suite de L'ordre de la Maison des Communes du 31 de Mars 1648, (Parties et Conseil de part et d'autre estans présens), Il appert que ledit Sr Poujade est par l'assemblée des trois Églises composée du Consistoire de ladite Église de Canterbury, et des Députez Pasteurs et Anciens des Églises Françoises de Londres, et Dover, selon leur Discipline, Interdict, jugé et déclaré par eux le 1er de Mars 1646, pour divers crimes indigne de plus exercer l'office du Ministère, l'exercice duquel lui est défendu non seulement en ladite Église de Canterbury, mais aussi ès autres qui lors estoyent et pouroyent estre membres du Colloque de ladite langue en ce Royaume, et est suspendu de la Sainte Cène. Et ledit Sr. Poujade, appelant de ladite sentence de ladite Assemblée ou Classe au Synode de toutes les Églises françoises et flamendes assemblé à Londres, Il fut par eux le 24 de Décembre dernier (entre autres choses) ordonné que ladite sentence de ladite Classe auroit sa pleine force, contre ledit Sr Poujade l'espace de six mois pour espreuve de sa chaste et régulière conversation, devant qu'il lui fut permis de prescher et qu'il osteroit le scandale de sa séparation d'avec sa femme et feroit tout debvoir possible de se réconcilier avec elle, ou d'obtenir un plein divorce et feroit paroistre que la faute n'est point en lui, et qu'il tesmoigneroit personnellement sa repentance tant audit Synode qu'en ladite Église de Canterbury devant la Chayre et accompliroit divers autres Articles, ou Poincts, déclarez en ladite sentence, L'un desquels est Que les Anciens et Diacres irrégulièrement faits par ledit Sr Poujade désisteront. Et en cas que ledit Sr Poujade accomplit toutes les conditions de ladite sentence, que la sentence de ladite Classe seroit ostée, ou autrement demeureroit en sa pleine force et vigueur jusques à ce qu'il l'accomplit. A laquelle sentence dudit Synode ledit Sr Poujade s'estoit franchement et volontairement submis devant ledit Synode, toutesfois à son retour audit Canterbury il refuse submission, ou obeissance audit Synode, desadvouant leur puissance, et destre rangé ou governé par eux, entreprenant de prescher et de faire autres functions du Ministère en un Temple Anglois à une partie de ladite Congregation, et par son comportement turbulent, et contemptueux, a causé une grosse mutinerie et tumulte en ladite Congregation, et Cité, au hazard et danger de la paix d'icelle, et à la violation manifeste et ouverte de la Discipline privilégiée, et exercée des Églises françoises. Il est ordonné sur tout l'affaire que ledit Sr Poujade ne presche, et ne face aucune function du Ministère en ladite Église, ny à aucuns membres d'icelle, et ne face aucun Acte, ou chose quelconque par soy-mesme, ou par autres, contre la sentence de ladite Classe, ou Synode, qui puissent en aucune sorte tendre à division aucune de ladite Congrégation, ou destourbier de, ou dans icelle Église, ou cité, ou à la paix d'icelle. Et est en outre ordonné que les Anciens et Diacres faits par ledit Sr Poujade irrégulièrement, et contre la Discipline des Églises françoises, désisteront et n'agiront à la division, ou destourbier de ladite Congregation. Et est en outre ordonné, que le Mayeur, et Justiciers de paix dans ladite Cité et Comté de Canterbury, et les Justiciers de paix en la Province de Kent prennent, et par ceste sont désirez de prendre, de temps en temps, telle voye effectuelle, qui sera expédient pour prévenir, et supprimer toute sorte de destourbiers, divisions, et oppositions qui seront attentez, ou faits contre la paix de ladite Congregation, et l'usage paisible du gouvernement, et Discipline establis et exercez entre eux.

Gilbert Millington[1]. »

[1] Placard imprimé. (*Archives de l'Église hollandaise de Londres.*)

3° La lettre adressée par les autorités de Canterbury, près d'un an et demi plus tard, au Comité du Parlement pour lui signaler la persistance de l'opposition.

« Honorables,

« Considérant qu'à l'honorable Comité pour les Ministres dépouillés le 24 Août dernier ordre fut donné pour l'empêchement et la suppression de troubles, divisions et oppositions qui étaient ou seraient tentées ou faites contre la paix de la Congrégation de Wallons dans la Cité de Canterbury, le soin particulier de laquelle nous fut spécialement attribué. En obéissance audit ordre nous citâmes en conséquence devant nous les Anciens et les Diacres du parti mal affectionné de cette Congrégation et leur lûmes led. ordre, et selon icelui leur conseillâmes de renoncer à la conduite irrégulière suivie et continuée par eux à l'encontre de la paix de lad. Congrégation et de lad. Cité ; ce nonobstant quelques-uns d'entre eux, au mépris dud. ordre, et de l'avis amical que nous leur avons donné, ont persisté dans la voie accoutumée, contrairement aud. ordre et à l'usage de leur discipline.

« Et considérant que Samuel Gillion mentionné dans led. ordre s'abstint d'agir comme ci-devant, led. parti mal affectionné, par désobéissance volontaire aud. ordre, amena un certain Philippe Le Pere à faire de même. Plaintes nous étant faites de la conduite volontaire et turbulente de ces hommes, nous les fîmes appeler pour la seconde fois, et nous en arrêtâmes quelques-uns, dans la pensée d'amener ainsi les autres à soumission, mais eux continuant dans leur voie obstinée nous en avons renvoyé plusieurs rendre compte de leur offense devant cet honorable Comité le 25 Septembre prochain, y attendre jusqu'à ce qu'il ait le loisir d'ouïr l'affaire et subir la sentence et ordre de cet honorable Comité. Nous trouvons que cette division a été commencée par M. Poujade et sa faction, et se poursuit maintenant sur ses calomnies et diffamations, par ces personnes désordonnées et scandaleuses, non par délicatesse de conscience, mais par pure obstination et désobéissance, étant pour la plupart tels que nous nous en avons témoigné précédemment à cet hon. Comité.

« Représentant ainsi à cet hon. Comité que nous avons employé tous nos efforts, par tous moyens possibles, pour amener le parti irrégulier du peuple wallon dans cette Cité à la dûe obéissance à votre ordre, et pourtant croyons qu'il est imposible de triompher de cette obstination, à moins que ne soit promulgué un ordre exprès pour qu'il n'y ait qu'une seule Congrégation française dans la cité de Canterbury et aux alentours d'icelle, c'est-à-dire cette Congrégation qui fut autrefois autorisée par la Reine Élisabeth et établie par les articles d'accord avec lad. Cité, par quoi nous estimons humblement que toutes divisions et séparations seraient évitées, et que par leur union ils seraient rendus capables de maintenir leurs propres indigents, pourvus autrefois libéralement, mais qui, depuis cette division, sont en grand besoin et nécessité. Nous laissons le tout humblement à la sérieuse considération de cet hon. Comité et demeurons vos humbles serviteurs.

« J. Robte, J. Lade, W. Bridges, J. Lee.

« Canterbury, 18 sept. 1649 [1]. »

En marge : « Les parties ayant ordre de comparaître sont Pierre Le Père, Martin Le Rou, David De La Morlière, James Touley. »

B.

THÉODORE CRESPIN.

Ordination du sieur Th. Crespin par Jean d'Espagne.

(5 mai 1650.)

Fragments du Sermon sur II Cor. 3, 6.

« ... Mais pourquoy tant de perfections (*sont-elles nécessaires*) ? Il s'agit de ce qui importe plus à l'homme ; il s'agit du salut. Si l'homme sçavoit combien il est difficile d'estre sauvé, toute sa vie il trembleroit de frayeur. Car mesmes le juste n'est sauvé qu'à grand peine, 1 *Pier.* 4. 18. Dieu qui ne veut pas nous jetter dans le désespoir, ne monstre pas à l'homme toute la profondeur des précipices par dessus lesquels il nous faut passer avant qu'arriver au port du salut. Si ne faut-il pas s'imaginer qu'il soit si facile que l'on pense.

[1] En anglais. *Archives de l'Église hollandaise de Londres.*

Or parce qu'il est plus difficile aux uns qu'aux autres, plus au riche qu'au povre, et plus en certaines conditions de personnes ; nous pouvons faire cette question : A quelle sorte d'hommes est-il plus difficile d'estre sauvé ? Pour ne vous tenir pas en suspens, j'estime, ce que d'abbord vous jugerez estre tout au contraire, j'estime, dis-je, qu'il n'y a homme auquel il soit si difficile d'estre sauvé, qu'à un Ministre de l'Évangile. Je prononce ceci en tremblant. Mais ne semble-t-il pas que le contraire est véritable ? Car à qui doit-il estre plus aisé d'entrer au royaume des cieux, qu'à celuy qui en a receu les clefs ? Qui mieux en sçaura le chemin, que celuy qui est ordonné pour y guider les autres ? Si est-ce que cette grande lumière, l'apostre St. Paul, au regard duquel nous ne sommes que lumignons fumants, prenoit beaucoup de peine, et s'affligeoit, de peur, disoit-il, qu'ayant presché aux autres, je ne devienne moymesme rejectable. 1 *Cor.* 9. 27.

D'où viendroit donc que le salut seroit plus difficile à un Ministre de l'Évangile, qu'aux autres hommes ? Pource qu'il luy sera plus redemandé qu'à un autre homme, comme ayant receu d'avantage. Pource qu'il a plus d'obstacles et d'adversaires que toute autre vocation, et ainsi il est en plus grand danger de broncher en la sienne. Pource que toute faute qu'il commet, est reputée double, selon le poids du Sanctuaire, duquel il est Officier. Et encore, pource qu'il est responsable non seulement de sa propre âme, comme tout autre, mais aussi de toutes les âmes qui luy sont commises. Si par sa faute il s'en perd une, en quel péril se trouvera la sienne propre ? que donnera-t-il à Christ en récompense d'une telle perte ?...

« Ce Ministère duquel il s'agit maintenant entre vous, est mis en dispute, sons des vains prétextes. Nous espérons pour-tant qu'il florira, qu'il produira des fruits. Ce buisson ardent qui est demeuré incombustible au milieu de flammes subsistera non-obstant toutes ces contradictions. Puisse-t-il tousjours demeurer entre vous! Tousjours le Chandelier luise dans ce Sanctuaire. Tousjours les Pains de Proposition soyent sur cette table. Tousjours le feu soit allumé sur cest Autel. Tousjours la voix de Dieu soit ouye de dessous ce Propitiatoire. Et toujours l'encens de vos Oraisons puisse fumer en sa présence. Ainsi Soit-il.

Cette Action fut suivie de la Prière ordinaire qui se fait à la fin du Sermon. Après laquelle, le sieur Théodore Crespin *estant debout devant la Chaire, fut faite l'exhortation suivante :*

Vous, mon Frère, qui comparoissez ici pour estre promeu au Ministère de l'Évangile, escoutez ce que vous dit aujourdhuy celuy qui chemine entre les chandeliers d'or, et qui tient les estoiles en sa main droite. Cestui-là dit ces choses que nous vous prononçons de sa part.

Appren, dit-il, comment il faut converser en la maison de Dieu, qui est l'Église du Dieu vivant, l'appuy et la colonne de la vérité. Retien la foy et la bonne conscience, laquelle plusieurs ayants rejettés ont fait naufrage quant à la foy. Conserve le déposit, et retien le patron des saines paroles. Ne néglige point le don qui est en toy ; multiplie le talent qui t'a esté commis. Presche la parole en temps et hors temps ; et ne fein point d'annoncer tout le conseil de Dieu. Au reste, fay que nul ne mesprise ta jeunesse. Fuy les désirs d'icelle, et comme vray homme de Dieu, poursuy justice, charité et paix avec ceux qui d'un cœur pur invoquent le Seigneur. Combats le bon combat de la foy. Appréhende la vie éternelle à laquelle tu es appelé. En ce faisant, tu te sauveras toy-mesme, et sauveras ceux qui t'escouteront. Souviens-toy qu'un jour il te sera dit du ciel, Rend compte de ton administration. O parole effroyable à celuy qui aura fait l'œuvre du Seigneur négligemment ! Elie dit à Elisée, luy ayant jetté sa robbe sur les espaules. Que penses-tu que je t'aye fait? Penses-tu que ce Ministère soit peu de chose?

Toy donc, mon fils, pren garde à ce que nostre Maistre vient de nous dire; et sois robuste en la foy. J'ose te sommer devant Dieu, qui jugera les vivants et les morts, en son apparition; et devant le Seigneur Jésus Christ, et devant les Anges esleus; que tu gardes ce commandement sans tache, que tu rendes honorable ton Ministère, afin qu'un jour tu oyes cette parole de la bouche du Maistre, Vien, serviteur loyal, entre en la joye de ton Seigneur.

Après cette exhortation, estant descendu de la chaire, je m'adressay à Dieu par cette Prière.

Éternel, qu'est-ce de l'homme mortel, que tu mettes en luy la parole de vie? Qu'un si précieux thrésor soit renfermé en des vaisseaux de terre? Ouy, Seigneur, c'est afin que l'excellence d'iceluy soit de toy, et non point des hommes. Car ta sagesse relève son éclat par nos défauts, et ta puissance se monstre dans nos foiblesses.

Que donc tes Urim et tes Thummin soyent tousjours à ceux que tu constitues en cest Ordre. Ils enseigneront tes jugements à Jacob, et ta

Loy à Israël. Ils mettront le parfum en tes narines, et l'holocauste sur ton autel. O Eternel, béni leur force, et accepte l'œuvre de leurs mains.

Lève toy, Seigneur, pour venir ici en ton repos, toy et l'Arche de ta Force. Retourne aux milliers d'Israël. Que tes serviteurs soyent revestus de justice, et que ceux qui demeurent en tes parois, soyent couronnez de splendeur.

Pousse encore des nouveaux ouvriers en ta moisson. Verse ta bénédiction sur l'Action présente. Pren ce tien serviteur par la main, afin qu'il prenne sa part de ce Ministère. Sanctifie le par ta vérité, ta parole est vérité. Donne luy une portion de l'Esprit d'Élie. Donne luy quelque flamme de ces langues de feu que tu envoyas sur les premiers Disciples de ton Fils. Donne luy une voix qui aplanisse les roches devant toy, qui comble les vallées, et qui face droits les sentiers par où tu veux passer. Que ta grâce abonde en luy, avec foy et charité. Fay qu'il soit la bonne odeur de Christ à toy. Fay qu'il soit un olivier verdoyant, un cèdre sur le Liban, une colonne en ta maison, un Chérubin en ton temple, une lampe ardente dans ton Tabernacle, une estoile dans ta main droite. O Seigneur, ratifie dans le ciel ceste vocation que nous luy donnons en la terre de ta part.

Cette Prière estant finie, je prononçay ce qui s'ensuit, levant les mains au ciel, puis les imposant au Sieur Crespin, qui estoit à genoux.

Au Nom de Dieu tout-puissant; Et en l'Authorité du Seigneur Jésus, qui est le Chef de l'Église et l'auteur de cette Vocation; Et en suitte de l'approbation qui t'a esté donnée par divers Pasteurs, lesquels t'ont examiné, et ont jugé de ta capacité; Et à la réquisition de l'Église ici présente; Et en vertu de la Commission qu'elle m'en a donnée; Je t'impose les mains; et déclare que tu es maintenant consacré et Ordiné au S. Ministère de l'Évangile; et que tu peux désormais en exercer toutes les fonctions. L'esprit de grâce et de science veuille reposer sur toy, et veuille espandre des cieux sa bénédiction sur ton Ministère, à la louange immortelle de ce grand Dieu, à la joye de son peuple, et au salut éternel de ton âme. Ainsi soit-il, par Jésus-Christ nostre Seigneur, duquel le nom est béni ès siècles des siècles.

Toute cette Action fut finie par la célébration de la S. Cène.

(*Les œuvres de Jean Despagne, ministre du Saint-Évangile en l'Église Françoise de Londres au quartier de Westminster. La Haye 1674. Sermon quatrième*).

INTERVENTION DU CŒTUS.

1653.

Le 4 mai 1653 dans le Cœtus le membre flamand Hoste proposait « maintenant que M. Delmé est mort, d'écrire au nom du C. à l'Église de Canterbury pour la persuader à toutes voies de réunion chrestienne avec les membres séparés... » On décida d'écrire deux lettres de même substance, l'une à l'Eglise réglée et l'autre à ceux de la séparation. Cisner rédigea les missives : elles amenèrent les réponses suivantes.

« Messieurs et tres-honorés freres

« puis que vostre désir pour la paix des Eglises semble se rapporter au nostre, il y auroit quelque espoir de parvenir à un tel bonheur si on pouvoit oster tout moyen ou occasion de subterfuges à ceux qui (surtout depuis un an en ça) ont trompé si malheureusement les espérances des gens de bien ; ou s'ils vouloient seulement se rendre capables de quelque raison. Leurs délais et honteuses fuites paroissent en ce qu'ils ont rejecté absolument le Cœtus, *qu'ils ont empesché la tenue du colloque* et finalement mesprisé les deputés de l'Eglise françoise que nous avions acceptés par une lettre du 7 Apvril dernier. Nous ne ferions ici mention d'aucune de ces circonstances, si Monsieur Cisner y avoit eu tant soit peu d'esgard en celle qu'il nous a escripte et signée seul, au nom de toute vostre compagnie : Ses exhortations sont doctes et pressantes, mais il sçait bien qu'il en a veu de nostre part en d'aussi forts termes, et si on vous les eust communiquées, sans doubte que vous luy auriés donné charge de nous parler d'une autre façon ; *n'estimés* donc *pas*, Messieurs et tres-honorés freres, *que nous ayons besoin d'estre ainsi reveillés* en une occasion où nous avons été les premiers debout, et où desormais personne ne pourra rien entreprendre qu'après les exemples et commencements que nous en avons donnés et proposés il y a long temps, et que nous pressons sans cesse, nonobstant les longueurs ennuieuses qui s'y rencontrent d'ailleurs. Quoy qu'on fasse, nostre diligence et nos devoirs ne seront jamais oubliés, et nous ne sommes pas si simples que nous ne les fassions bien remarquer aux plus aveugles, toutes les fois qu'il en sera besoin. *Que les autres* donc *soyent exhortés, qu'ils marchent d'un mesme pas avec nous*, qu'ils nous envoyent leurs articles ou demendes (puis qu'ils n'approuvent point les nostres) ou bien que vous preniés la peine de dresser un escript commun pour les deux partis, contenant les conditions que vous jugerés les plus raisonnables pour nostre union (sans vous troubler davantage) et vous verrés ceux qui seront les plus tardifs à donner la main à leurs freres, vous verrés ceux qui seront les plus prompts à embrasser vos advis en la crainte de Dieu.

C'est luy qui descouvrira finalement les causes d'un si grand mal, et qui en donnera des remèdes efficacieux, nous vous recommendons à la grace de son Esprit et sommes

Messieurs et tres-honorés freres,

Vos tres-humbles et tres-obeissants serviteurs au Seigneur les pasteur, Anciens et Diacres de l'Eglise françoise de Cantorbery et pour tous

Theodore Crespin, Ministre du sainct Evangile en la dicte Eglise.

Jaques du Bois, Corneille Sedt, anciens.
Anthoine Denis Junior, Isaac Demon, diacres.

Nous vous supplions tres-humblement de considerer si le tiltre de tres chers freres (dont vous nous honorés en la suscription ou addresse de vostre lettre) s'accorde bien avec le reste, et s'il ne seroit pas facile d'y apporter au moins quelque moderation honneste, aussi avant que la parole de Dieu et la practique ancienne de l'Eglise vous le permettent, et que vos consciences mesmes vous y obligent. Ce que vous pourrés faire d'autant mieux, que ce n'est point vostre compagnie qui a ainsi disposé et ordonné cette addresse.

A Cantorbery ce 19 May 1653. »

« Messieurs et tres-honorés Freres.

« Messieurs nous avons bien reçu la vostre en son temps en date du 12 du courant, par lequel nous exhortes et remontres par diverses raisons les malleurs et inconveniens qui peuvent deriver par la desunion des membres dissentant d'opinion les uns d'avec les autres, qui tourne au grand scandale de la Nation, au millieu desquels nous vivons, chose qui nous contriste grandement, et a fort ennuié nostre defunt pasteur d'heureuse mémoire qui a de temps en temps tant pris de penne de remettre ces desvoiés dans le droit chemin, comme aussy un de nos Mayres depuis quelque temps, qui aimoit nos églises et leur gouvernement sy est aussi fort employé à réunir ces membres séparés d'avec nous ; à cest effet il a appellé le Sr Crepain et aussi Monsr Delmé lesquels comparurent fois sur fois devant Monsr Le Maire, Monsr Delmé avec ses Anciens, et St Crepin avec ses associés, et pour tout devoir fait par Mr Delmé pour ramener ces séparés par diverse raison allegée à Crépain pour une réunion, il n'en reçut que grand mespris et propos outrageux des associés de Crépain, qui furent repris et scansurés du Mayre, qui leur dit (entendant leur mauvais propos) que leur comportement n'estoit point pour une réunion mais pour demeurer en désunion ; ils ont souvent parlé qu'ils ayment la paix, et cherchent la paix, mais que nous n'y voullons point entendre, mais en ce matière n'y avons apercheu jusques à présent en toutes leurs procédures de réunion, rien autre chose que pour se servir de justification de leur zelle et affection qu'ils ont à la paix, monstrant par effect que n'ont rien au cœur de semblable par leurs actions ; Ils se trouvèrent une fois à 8 ou 9 de leur bande en nostre Consistoire, nous faisant entendre qu'ils estoient venus envers nous pour paix et ne desieroient rien que la paix et réunion ensemble, desirans de nous que leur faisiames la lecture de la discipline, par ce (disoient ils) qu'ils estoient informés que nous avions changes et renverses la discipline selon qu'ils estoient informés par Poujade ; ils furent entretenus par nous en toute douceur, et leur fimes responce, qu'estions prest à leur faire lecture de la discipline, pour veu qu'ils voullussent se submettre, et remettre leur grevances au prochain Colloque et s'y submettre, à quoy ils nous fierent responce qu'ils voulloient estre libres de faire choix de leur pasteur come ils voulloient, aiant dit cela se retirèrent de nous. Vous scaues Mess^r, vous qui esties icy descendu pour la suspention de Poujade comment ce peuple se ramassit sur la cimentiere du Temple, lequel à vostre sortie du dit lieu, commencèrent leur emotion tumultueuse, vous conduisant jusques à vostre logis, criaillant après vous, metant mesme les mains sur aucuns des vostres ; vous eustes aussi avant votre partement les principaux de ces desréglés devant vous, quy ne voullurent acquiesser à nulle de vos admonissions et remonstrances, pour tous les bons des voirs qu'aviez faits envers eux, et tels que vous les laissièrent alors tels ils sont à present ; du depuis ils ont Crepin pour pasteur qu'il a souvent parlé de paix, et ne désiere rien plus que paix, en telle parolle dorée pour couverture de la rebellion qu'il entretient, platrant et se justifiant luy et les siens par ses escrits dedans et dehors le pays et mesme aux pasteurs Anglois de ce lieu, ajant mesme envoies divers de ses escris au Maire de cest ville d'à present ; est-ce là Messi[rs] et tres honnorés frères les procédures d'un pasteur régullier ; nous ne le cuidons pas, et selon ce qu'on nous a dit et fait entendre lorsque nos separés l'ont reçu ça esté sous promesse de ne jamais s'acorder avec nous sans l'entier consentement de ce corps, qui est garny de tous les Réfractaires de nostre église, plusieurs estant sur sançure, auquns suspendus en Consistoire, d'autres publiquement, et pour quoy est ce qu'ils portoient tant de hainne et rage à Monsr Delmé, parche qu'il les reprenoist de leur vice et mauvais comportement et pour ceste cause luy ont portés hainne mortelle, le persécutant le cours de sa vie, le chargant faussement de noire callomnie et inventions perversses, selon qu'ils avoient apris de leur Maistre Poujad qui estoit bien versé en tels faict, come en scaves quelque chose, ces gens deréglés fletrissoient le Ministère du serviteur de dieu, de tout leur forche et pouvoir, le qualifiant prescheur dérisie, et ainsi ont conduit ce fidelle pasteur par détraction et medisance jusques à son tombeau, et osent prononcher sentence sur luy après sa mort de condamnation, disant qu'il est danné ; est ce là un peuple reformés, non, mais grandement difformés, indigne d'estre au millieu des églises réformés, ce peuple est un peuple de col roide, et de dure cerveau, ne pouvant porter autre gouvernement et discipline que celle qui procède de leur teste, nonobstant nous avons tousiours estés et seront prést à les embrasser, lors qu'il seront prest à se ranger sous le gouvernement et discipline de nos églises ; vous remerciant de vos bonnes exhortations que nous faites, les recevons de fort bonne parte et ne manquerons en rien à nos devoirs, lors que les voierons disposés à cela, et pour plus grande information de cest affaire vous renvoions à ce qu'avons escrit par cy devant fort au large, et aussi par nos présédentes à nos tres honorés frères de l'eglise françoise de Londre, demeurans

    Messieurs et très Honorés Frères

        Vos tres humbles et affectiones Frères au Seigneur les Anciens et Diacres de l'eglise wallonne de Canterbury, au nom de tous

            Pierre le Noble, Pierre de la Piérre, Nicolas de Santpuis, Jean Despaigne, Guilliame Le Quien, Estiene du Thoit, anciens.

            Jean Bonté, Jaques Le Keux, Jaques Sedt, Jean Six, Diacres.

De Canterb. ce 31. Jour de May 1653. »

Le 5 Juin le Cœtus décide d'écrire aux deux partis pour les inviter à accepter son intervention «vu la difficulté de terminer leurs differens par la voie ordinaire du Colloque ou de la Classe ». Le 3 Juillet Crespin envoie son acceptation et on le remercie « de sa bonne volonté ». Mais la réponse de l'Église régulière est toute de plaintes :

    « Messieurs et tres-honorés frères

« Nous avons reçu en son temps celle que vous nous avez faite escrire en date du 9^{esme} du mois passé par la main de Mr Stouppe sur le subject de la paix et réunion de cest Église, de qu'oy nous vous remercions très-humblement, et avons néanmoins de la peine à croire que vous ayes voulu approuver une telle lettre, de laquelle, quoy que l'inscription nous soit addressée, la façon néanmoins et les termes dont elle est conceue semble plus tot convenir à des personnes qui ayans secoué tout joug et discipline courent à travers champs, qu'à une compagnie régulière d'Anciens qui ont blanchis sous le faix de la conduite de ceste église et de la manutention du bon ordre et police qui nous est commune avec toutes les églises de nostre langue et profession en cest estat, et de fait quand M. Lescrivain nous attribue au désir de nous reconciler avec nos frères, de travailler à nostre réunion, et à nous mettre bien ensemble avec eux une aigreur qui nous empesche de nous assembler avec eux, des discordes qui nous travaillent et qui offencent dieu et finalement quand il nous escrit une lettre tout semblable à celle qui est envoiée aux séparés, ne suppose-il pas manifestement que nous sommes plus ou pour le moins autant coulpables que ces schismatiques ? certes comme nous avons maintenu une bonne cause, l'observation de l'ordre et l'union de nos églises sans avoir offencé les séparés, selon que le sinode des deux langues, le Colloque, et la classe nous ont justifiés et que dieu mesme en rend tesmoignage à nos consciences, aussi ne doit il point nous eschoir d'estre mis en mesmes rang de tels turbateurs du gouvernement de nos églises et de tels violateurs de tout ordre divine et humaine, puis que par ce moyen on fait une liayson de l'innocent avec le coulpable contre la parole de dieu. Le désir donques que nous avons est de reconciler ces dereglés avec dieu qu'ils ont offencé, avec cette église qu'ils ont miserablement deschiré et par ce moien avec toutes les autres églises de la communion desquelles ils se sont malheureusement séparés, et ce désir de les voir reunis à l'église est réel et l'avons monstré par effect de temps en temps, aux occasions et rencontres avecques eux, come nous avons fait paroistre par nos précédentes, tesmoin l'offre que nous leur avons faict de permettre la chaire de cette église au Sr Crespin pour veu qu'il voulust s'abstenir d'administrer les sacremens jusques à ce que le Colloque l'eust confirmé, ce que néamoins lui et ses associés ont refusés avec dedain, et depuis que Mr Cisner est parmy nous nous avons fait tout devoir de les réunir avec nous, leurs offrans de plus belles conditions du monde, leur promestant d'oublier et mettre sous les pieds tous les torts injures et affronts qu'ils nous ont faits, de recevoir tout leur peuple à nostre comunion sans aucune satisfaction pour veu qu'ils se voulussent renger sous le gouvernement des églises, et quand à leur pretendus anciens et diacres nous leur avons declaré que ne desirant pas de flestrir aucun diceux, nous jetterons mesmes les yeux sur iceux pour les appeller en charge en temps et aux occasions convenables après leur reunion, et ce qui conserne la difficulté qui se trouve au Ministère pretendu du Sr Crespin en cette église, la decision dicelle surpassant nostre pouvoir et authorité, que nous la remettrons au Jugement de nostre Colloque, leur promettans de nous y submettre absolument sans aucune condition, soit qu'il fust pour nous ou contre nous, et pour leur donner d'autant plus d'asseurance de nostre constance et bonne volonté envers eux de rediger la dite promesse de submission par escrit signé de nos propres mains sous fourfaitures de telle somme d'argent accordée pour les pauvres à qui contreviendra à la sentence ; nous pensions par ce moyen de les attirer à la submission du Colloque, les y exhortant très instament pour la paix des pauvres consciences, l'édification de cest église et pour la gloire de dieu, mais en vain ; car au lieu daccepter ces beaux advantages, come ils feroient, s'ils nestoient aveuglés par des prejugés d'une volonté résolue de contrarier tousiours à la nostre, ils nous amusent des responces douteusses ambigues et contradictoires, ou pleines de conditions et restrictions par lesquelles ils se voudroient constituer juges du Colloque, en la fin se voians si vivement pressés par nous ils ont résolus entre eux de ne donner point de responce absolue et peremtoire jusques à ce qu'ils eussent advis du Cœtus, qu'alors ils adviseront quelle response ils nous pourroient bailler ; nous vous supplions Messieurs de leur respondre au plustot sy vous plaist, à fin sil est possible, de les acheminer à la submission au Colloque et par ce moyen terminer ces differens et discordes qui à vostre dire, nous travaillent, mais à nostre grand regret, qui vous sont très sensibles mais à nous très doleureuses, qui affligent tous les gens de bien, mais nous principalement et en premier lieu, en fin qui offencent dieu, mais sans nostre faute graces au Seigneur qui nous justifie en ce point ; nous fleschissons les genouix de nos espris devant ce grand juge du monde qui sans avoir esgard à l'apparence des personnes juge selon l'œuvre d'un chacun, afin qu'il luy plaise de pardonner à ces pauvres esgarés, leur donner des pensées et sentiments de paix, comme il a fait à nous, afin qu'ils suivent avec nous les moiens convenables de la paix, dans la submission à la classe et au Colloque ; ainssy finissant prions dieu de vous prendre en sa sainte garde et le troupeau qu'il vous a commis, come estant apres vous avoir humblement salués,

Messieurs et tres honorés frères,

Vos très humbles et très affectionnés frères au Seigneur, les Anciens et diacres de l'eglise wallonne de Canterb. et au nom de tous,

PIERRE LE NOBLE, PIERRE DE LA PIERRE, GUILLIAME LE QUIEN, ESTIEN DU THOIT, JEAN DESPAIGNE.

JEAN LE KEUX, JEAN SIX, JEAN BONTÉ, ELIE MESSEMAN, JAQUES SEDT.

De Canterb. ce 12^{esme} de Juillet 1653. »

Le Cœtus leur répond que sa lettre, avant d'être envoyée, avait été approuvée unanimement : elle a été écrite pareille aux deux partis, « parce que nous devons nous comporter impartialement entre tous deux et ne justifier ni ne condamner aucun prématurément. » Selon leur désir, Calandrin prie Crespin et ses associés de se soumettre à un Colloque.

Cette fois la réplique des séparatistes est bien autre :

« Messieurs et tres-honorés freres

tout ce qui se faict soubs le soleil est vanité, l'homme est inconstant en toutes ses voyes, et toute sa peine s'en va à néant par sa propre faute. Qui eust dict que tant d'assemblées et de consultations, tant d'instances et de promesses, tant descripts animés (ce sembloit) de beaucoup de zele et de prudence de part et d'autre, devoient cependant tomber à terre et se resoudre en fumée ? Il y a un an que nos frères, mesprisans l'entremise et l'assistance du Cœtus, l'un de nous escrivit en ces termes au Consistoire de Londres : vous n'avés point tenu de Colloque depuis cinq ans, cette année mesme on a refusé de l'assembler, peut estre que l'année suivante on en aura encore moins d'occasion ou de volonté, si donc le Colloque a seul authorité de nous ouvrir la porte du Ciel en nous recevant en l'Eglise, combien de damnés par faute de convoquer bien tost cette compagnie etc.

Ces raisons et autres semblables ne produisans auquun effaict, vous vous estes assemblés résolus absolument (comme nous le croyions) de venir à bout de vostre dessein : pour cela vous nous avés escript d'un stile extraordinairement pathétique, après, vous ouvrans davantage en une seconde lettre vous parlés de cette sorte : Il est à présent difficile et presque impossible d'avoir un Colloque qui peust vous accorder ; d'ailleurs ne jugeans pas qu'une classe soit un moyen assés puissant pour cela, nous vous offrons nostre assistance et entremise pour travailler à vostre reunion, vous asseurans que si vous l'acceptés, nous nous y employerons avec beaucoup de zele et d'affection sans auquune préoccupation de part ou d'autre, et si nous sommes si heureux de reüssir en vostre réconciliation, nous espérons que ceux à qui appartient l'authorité de vous juger, puis qu'ils ne peuvent pas l'exercer, au lieu de nous blasmer nous loüeront d'avoir accompli une si bonne œuvre etc. Puis, dans la troisiesme lettre, après nous avoir loués de nostre soumission, vous dictes ainsi : si vos frères ont en nous la mesme confiance que vous, nous croyons de réüssir à vous mettre d'accord, puisque nous ne pouvons avoir auquun Colloque, s'ils desirent la paix, peut estre ne refuseront ils pas nostre entremise pour travailler à cette bonne œuvre etc.

Maintenant en vostre dernière du 25 Jeuillet vous vous efforcés avec grande contention de nous persuader tout le contraire.

Il y a (dictes vous) au jugement des autres, des difficultés trop hautes pour estre terminées par auquune compagnie que celle du Colloque qui est le juge propre et compétant entre nos Eglises, l'impossibilité de l'assembler estoit seulement prétendue, et l'on a trouvé des remèdes contre les principaux empeschements etc.

Seroit-il bien vray qu'au bout de six ans quelquun se fust enfin advisé de ces remèdes ausquels on ne pensoit point auparavant? certes s'il ne tient plus qu'à nostre concurrence vous nous trouverés de tous bons accords, selon vostre demande. Nous nous imaginerons que toutes vos procedures du passé, vos offres, vos promesses, vos exhortations véhémentes, nos submissions et les refus des autres n'ont esté qu'un jeu, et qu'à cette heure, et non pas plustost, le temps est venu qu'il faut s'accorder tout de bon. Nous croyons (puis que vous le voulés) que trois ou quatre Ministres avec autant d'Anciens, pour veu qu'ils soient assemblés en Colloque, sont des Juges plus suffisans pour terminer des hautes difficultés que toute la compagnie du Cœtus. Nous tiendrons pour des fausses imaginations tout ce que nous estimions jusques ici avoir bien remarqué en ces Messieurs du Consistoire de Cantorbery, puisque vous protestés qu'ils se monstrent fort désireux à embrasser auquun moyen de remède pour cette triste rupture, et bien résolus de céder tout ce qui se peut de la rigueur de la Discipline etc. Sans doubte mesme qu'ils sont prets de nous pardonner nos plus grandes fautes et de subir quant à eux l'extrémité des censures ecclesiastiques, si auquun qui qu'il soit leur peut prouver qu'ils ayent manqué en la moindre chose. Par ce moyen et selon toutes les apparences du monde nos Arbitres ou nos Juges n'auront que fort peu de peine à nous reconcilier. Ainsi, prenans congé de vous, nous vous remercions de vos soins et de la facilité avec laquelle, résignans à d'autres (comme Juges plus compétans) l'authorité absolue que vous aviés sur nous, vous nous remettés en nostre première liberté.

Nous sommes, Messieurs et très honorés frères, vos très humbles et très obéissans frères et serviteurs les pasteur, Anciens et Diacres de l'Eglise françoise de Cantorbery et pour tous

     T. Crespin, pasteur.
     Jacques du Bois, Samuel Sedt, anciens.
     Isaac Demon, Anthoine Denis junior, diacres.

A Cantorbéry, le 31 juillet 1653. »

« Ils parlent en termes dédaigneux du Colloque, montrant qu'ils n'ont aucune intention de s'y soumettre, bien qu'ils ne le rejettent pas ouvertement, » inscrit le Cœtus sur ses Registres à la date du 7 août, estimant que « cette lettre ne mérite aucune réponse ». Toutefois quinze jours après, sur un nouveau message de la congrégation régulière, le Cœtus se résoud à tenter un dernier effort, et d'écrire « au sieur Crespin et à ses associés par toutes sortes d'arguments pregnants afin qu'ils se soumettent au Colloque ». Le 18 septembre, absolument découragé, il décide « de ne plus écrire aux gens séparés de Canterbury, y ayant peu ou point d'espoir de faire aucun bien par cela, spécialement comme ils sont en train de choisir un second ministre. On essaiera plus tard s'il y a quelque probabilité de Colloque ». Et on écrira lettre affectueuse à l'Église régulière « pour les féliciter d'avoir appelé M. Le Keux ». — Le XXIX⁰ Colloque l'année suivante rétablissait la paix.

N° XLVI.

ÉGLISE DE LONDRES. — CISNER, DELMÉ.

1656-1659.

L'affaire Cisner contre Élie Delmé est la contre-partie, ou mieux, la revanche de celle de Jean de La Marche contre Cisner. C'est aux Actes du Cœtus qu'il en faut demander les détails.

La question posée le 17 février 1656 par Stouppe, au nom du consistoire français : « Le Cœtus est-il ou non un juge naturel au-dessus des consistoires des Églises étrangères de Londres en toutes controverses et appels, en sorte que sur l'appel d'une partie au Cœtus, l'autre partie est tenue de s'y soumettre », — est étudiée, avec convocation de tous les pasteurs et anciens, en trois séances, Calandrin et Cisner apportant les extraits des Actes du Cœtus et des Colloques à ce sujet. « Il appert », est-il dit le 23 mars, « que de tout temps on a appelé au Cœtus, qui selon son authorité a prononcé jugement »; le 10 avril la majorité décide que le Cœtus est un juge compétent pour les Églises étrangères de Londres, et que, dans le cas d'appel d'une partie, l'autre est forcée de s'y tenir, sans préjudice du pouvoir du Colloque à qui la partie lésée a le droit d'en appeler. Et si elle n'en appelle d'aucune façon, le consistoire a le droit de l'amener à comparaître dans le Cœtus ou dans le Colloque comme ledit consistoire le jugera pour le mieux.

Le consistoire, ayant obtenu ce premier point, saisit alors le Cœtus de l'affaire Delmé.

Le 20 avril, « le Cœtus ayant esté assemblé par les Frères François, e Sr Stouppe lut un recueil de tout ce qui s'est passé entre le consistoire et le Sr Delmé depuis 18 mois en ça, ensemble le dernier offre qu'ils lui avoient présenté pour assoupir leurs différends et qu'il n'a pas voulu accepter, désirans que le Cœ. en juge et promettans de s'y soumettre moiennant que le Sr D. fît de mesme. Sur quoi le Sr D. fit lecture de ses prétensions et ensemble de son offre pour la réconciliation. . Il en a appelé au Colloque et se tient aud. appel, et partant ne se peut soumettre au Cœtus comme juge, mais ne le refuse pas comme tesmoings et médiateurs ». On demande à M. M. du consistoire de « considérer sérieusement si la différence est de telle importance pour tenir l'Eglise plus longtemps en ceste dangereuse rupture ». Le 27 avril ils apportent leurs Actes, ne trouvant aucune espèce de satisfaction dans les offres de Delmé ; ce dernier fait trois fois défaut. Le 18 mai les Flamands, sur l'invitation des Français, proposent une nouvelle rédaction des Actes d'accord ; les derniers, après avoir demandé d'abord certains changements de mots, consentent, sur les instances des Flamands et des Italiens, à en agréer les termes. Les ministres Obdebieh et Bresmal se sont rendus auprès de Delmé ; après réflexion il se présente devant le consistoire flamand le 25 mai et déclare ne pas consentir aux Actes, mais s'en tenir à l'appel au Colloque.

Les Français demandent alors, le 2 juin, l'insertion dans le livre du Cœtus de leurs plaintes contre Delmé. On s'y refuse comme étant inopportun, mais on insère les diverses propositions de réconciliation.

« *Propositions du Consistoire français.*

« Art. 1. Que les pasteurs promettront de tenir secrètes les affaires du Consistoire que le C. jugera devoir estre tenues secrètes et dont la divulgation cause de la division et désordre entre les membres de l'Eglise. — Art. 2. Que les pasteurs ne prescheront point les uns contre les autres, en telle sorte qu'il paroisse qu'ils se contredisent et se réfutent. Ce qui n'empesche pas que chacun d'eux ne presche librement son sentiment en des matières indifférentes, pourveu qu'ils ne combatent pas le fondement de la religion, et ne contiennent rien de contraire à la confession de foy de nos Eglises et à l'Escriture sainte. Ce qui sera jugé par le Consistoire. — Art. 3. Plusieurs injures et offenses ayant esté donnés par M. Delmé au Consistoire par ses discours particuliers et par ses sermons, et ayant causé du trouble à l'Eglise par la divulgation des secrets du Consistoire et par ses presches, le Consistoire désire qu'il recognoisse sa faute et en demande pardon. »

« *Propositions du sieur Delmé.*

« M. Calandrin et quelques autres m'ayans exhorté de céder de mon droit et de faire tout ce que je pourrois pour la paix, j'ay trouvé à propos de faire la déclaration suivante :

« 1. Je promets de tenir les secrets du Consistoire, selon la parole de Dieu et la discipline. — 2. Item de m'abstenir, autant qu'il me sera possible, par la grâce de Dieu, de donner juste sujet d'offense personnelle à qui que ce soit en mes sermons : pourveu que cela ne me restreigne pas en ma juste liberté de prescher contre toutes sortes d'erreurs et de vices sans avoir esgard à l'apparence des personnes. — 3. En maintenant une bonne cause, je veux bien advouer qu'il m'est pu arriver de manquer quelquefois en disant trop, et quelquefois en disant trop peu, dont je suis marry, et en demande bien humblement pardon, pourveu que cela se face sans préjudice de la bonne cause que j'estime d'avoir maintenu touchant les festes. »

« *Propositions du Cœtus.*

« 1. Que les pasteurs promettront tenir secrètes les affaires du Consistoire, lesquelles le C. jugera devoir estre tenues secrètes selon la parole de Dieu et la discipline. — 2. Que les pasteurs s'abstiendront de prescher les uns contre les autres et donner juste subject d'offense personnelle à qui que ce soit en leurs sermons : sauf à chascun la liberté de prescher son sentiment ès choses indifférentes, c'est à dire qui ne contrarient point à l'escriture sainte ni à la confession de nos Eglises. Dont le Consistoire sera juge, sans préjudice aucun de l'appel au Colloque. — 3. Que les pasteurs pardonneront mutuellement les uns aux autres tout ce qui leur pourra estre eschappé par fragilité humaine durant ceste controverse. Et que le Sⁱ Delmé promettra d'ores en avant de se soubsmettre aux actes du Consistoire, estant marry d'avoir donné aucune occasion au contraire. »

Malgré l'insuccès de l'intervention, les Français en remercièrent le Cœtus. Delmé et ses amis, assistés du ministre anabaptiste Kiffin, avaient présenté au Protecteur une pétition « avec diverses calomnies contre le consistoire; » celui-ci jugeait urgent de lui envoyer des députés l'informer de la vérité, lui demander copie de la pétition et solliciter un sursis pour être entendus en leur défense. Des préoccupations d'un autre ordre s'imposaient également aux Eglises étrangères : le Lord-Maire venait de les citer à comparaître devant la cour des Aldermen et à montrer leurs privilèges et les noms des artisans membres de leurs congrégations. Le Cœtus mène de front ses deux procès. Apprenant le 6 juillet que Delmé a obtenu du Lord Protecteur la liberté d'un Colloque, il s'apprête à « donner un temoignage de sa constitution et de son autorité, et un compte-rendu de toute la controverse entre le consistoire et le pasteur. » Recevant le 9 décembre l'ordre du Comité du Parlement de se trouver à Westminster pour justifier de « leur subsistance et de l'exercice de leur vocation », il députe Calandrin, Cisner et deux anciens, et leur confie la Patente d'Édouard VI, et les Lettres de grâce des rois et du Protecteur : d'autre part il se concilie un des Aldermen, et va sur son conseil visiter les maîtres tisserands qui ont pétitionné contre eux au Parlement. Tout décembre et janvier s'écoulent en consultations d'avocats, en rédaction de pétitions (« vaut-il mieux pétitionner *by way of law or by way of grace?* ne vaudrait-il pas mieux pétitionner le Lord Protecteur que le Parlement? Faut-il faire une pétition pour chaque? » 28 janvier 1657).

Cependant les mois s'écoulent et le 20 septembre les Français du Cœtus prient les Flamands de ne pas accorder d'audience dans leur consistoire aux partisans de Delmé; on leur promet de s'en abstenir dorénavant. Pendant cette séance même, Houblon et quelques-uns d'entre eux se présentent devant l'Assemblée et l'interrogent sur la validité et la procédure des appels au Cœtus. « Le Cœtus répond que la Discipline exige qu'ils posent la question d'abord à leur propre consistoire et par lui, s'il le juge bon, au Cœtus ». — Ils s'emportent et refusent d'écouter Cisner dont c'est le tour de présidence.

La dernière mention à ce sujet est du 28 février 1658 : les Français proposent de répondre aux allégations du livre des partisans de Delmé contre l'autorité du Cœtus et du Synode. « On juge qu'il n'est pas à propos d'imprimer aucun écrit de la part du Cœtus, de peur d'enflammer les discordes au lieu de les apaiser. L'Église italienne a présidé »[1]. On dressera l'écrit sans le publier. Six mois après, le XXXIe Colloque rétablissait la paix au sein de l'Église de Threadneedle Street.

N° XLVII.

ACTES DU XXXIe COLLOQUE.

1658.

(Une partie assez considérable des procès-verbaux de ce dernier Colloque des Églises du Refuge de langue française en Angleterre s'étant retrouvée dans les Archives de la hollandaise, nous croyons d'autant plus utile de la reproduire intégralement, qu'elle contient la conclusion de l'affaire Delmé, et qu'elle n'a pas été insérée dans le recueil des Actes des Colloques et Synodes récemment publié par la Huguenot Society de Londres.)

Continuation des actes du Colloque tenue à Londres depuis le 2e de Juin jusques au 30 de Juillet de l'an 1658.

Juillet 6, séance du matin.

Cette proposition estant Représentée à l'assemblée du Colloque sçavoir si quelques membres ou adioints du Colloque ne se treuvants à l'heure assignée, et si plus grand nombre des personnes qui constituent le Colloque estant présents, l'on doit commencer la séance et avancer dans les affaires, l'assemblée du Colloque la trouué a propos et respondit

[1] *Livre du Cœtus. Archives de l'Église hollandaise de Londres.*)

affirmativement à cette proposition. La Compagnie du Colloque a aussy arresté que nulle personne dans le Colloque ne parleroit qu'en langue françoise.

Juillet 6, séance d'après mydy.

Le S^r d'elmé et ses amys estants priés d'entrer de la part du Colloque, le Sr Stouppe de la part du Consistoire de Londres leur a demendé la Raison pour laquelle Ils ne se sont pas sousmis à la sentence donnée contre eux.

Le S^r d'elmé respondant en son nom et au nom de ses amys à la demande du Sr Stouppe a donné ces raisons : la première que le dernier Colloque a approuvé les injustes procédures du consistoire, la seconde que le Colloque n'estoit point Colloque, la troisiesme que le Consistoire ne pouvoit pour aucune raison suspendre son pasteur.

Après auoir considéré les plaintes du Sr Stouppe au nom du Consistoire, et après auoir aussy ouy de la part de Monsr d'elmé et de ses amys les raisons pour lesquelles Ils n'ont pas acquiescé à cette sentence, le Colloque a arresté qu'on procède à examiner dès le commencement tous leurs differents, toutes leurs plaintes et deffenses mutuelles et que là dessus le Colloque travaillera à la Decision de leurs differends.

Juillet 7, séance d'après mydy.

L'église de douure ayant envoyé en la place de M^r dehas le S^r paul pour estre le député assistant au Sr Payen pasteur de la mesme Eglise, la lettre de députation a esté leüe et approuué. —

Les séances du 8e Jour ont esté employées à ouir les plaintes, Responses, Répliques et dupliques des députez du consistoire et de M^r d'elmé. —

Le 9 les amys du S^r d'elmé furent ouys en la cause du S^r d'elmé et les répliques de part et d'autre.

Juillet 12, séance du matin.

Le Colloque a Arresté qu'on gardera à l'aduenir le silence touchant ce qui se passe en la Compagnie. Le 13 le Sr Legay et autres furent ouys en leurs charges contre le Consistoire, et le Sr Stouppe y Respondit. —

Depuis le 13 jusqu'au 20 le temps a esté employé à debattre et considérer meurement les raisons alleguées de part et d'autre. Au 20 la sentence suyvante a esté leüe : La Compagnie ayant ouy avec grande patience le Consistoire de l'église françoise de Londre en ses députez d'une part et le Sʳ d'elmé l'un des pasteurs de la dite Eglise d'autre part, en la représentation de leurs différents touchant la suspension de Mʳ d'elmé de l'exercice de son ministere en la dite Eglise, et ayant le tout meurement consideré en la crainte de dieu et affin d'establir vne solide paix à l'edification de l'église, trouve qu'il y a eu des Irrégularitez commises par deffault d'amour mutuel, par prejugez et Jalousies, animositez et reproches, contre la charité et debonnaireté chrestienne, qui ont causé des factions et ruptures qui menacent l'eglise de ruine : partant pour réparer ces déplorables brèches de la dite eglise et prévenir tous semblables desordres à l'advenir, le colloque Juge nécessaire que de toutes ces choses ils en soient humiliez deuant dieu, et luy en demendent très humblement pardon, et se pardonneront aussy mutuellement et de cœur ces offenses en s'entredonnant les mains en la présence de cette assemblée, et promettront mutuelement de s'abstenir pour l'advenir des murmures, questions et occasions de querelles, et quiconque renouuellera la mémoire des choses passées par voye de reproche sera coulpable d'auoir violé la paix de l'église, et que tous liures Imprimez, papiers et mémoires qui en font aucune mention soient abolis et supprimez, et pour plénière satisfaction la compagnie ordonne que Mʳˢ les pasteurs de la dite eglise, s'embrasseront les vns les autres, et confesseront d'estre marris d'avoir donné et pris occasion d'offense ès parolles et comportements les vns des Autres et promettront de travailler vnaninement aux moyens d'entretenir la paix et prévenir tous desordres en l'eglise, et que Mʳ d'elmé confessera qu'il est marry d'avoir en ses parolles et comportements donné occasion au consistoire d'estre mescontent de luy et de juger qu'il estoit trop attaché a ses sentiments. —

Cette sentence ayant esté leüe aux deux partis le Sʳ Stouppe et les deux compagnies des Anciens et Diacres se sont sousmis absolument à la sentence du Colloque. —

Ensuite le Sieur d'elmé s'est aussy sousmis absolument à la sentence du Colloque.

Juillet 20, séance d'après mydy.

La compagnie ayant arresté d'entendre les Sʳˢ houbelon, Legay de Lillers, duquesne, d'ambrin, desmarets dans leurs raisons, et plaintes, contre le consistoire, le Sʳ houbelon s'est retiré ne se sousmettant point au present colloque pour ne le croire point estre constitué selon la discipline.

Juillet 21, séance d'après mydy.

Les Srs Isaac Legay, de Lillers, d'ambrin et desmarets ont estez ouys en leur cause particulière et les répliques de Mrs du Consistoire.

Juillet 22, séance du matin.

La sentence sur le different entre les Mrs du Consistoire et les Srs Isaac Legay, Jean de Lillers, pierre du quesne, Jacques d'ambrin et daniel desmarets. — Se sont presentez devant cette assemblée les Srs Jean de Lillers, pierre du quesne, Isaac Legay, Jacques d'ambrin et daniel Desmarets, se pleignant d'avoir estez suspendus de la sainte cene par le consistoire à raison d'une requeste presentée à son altesse. Le Colloque ayant ouy les plaintes et les raisons de part et d'autre et ayant examiné le tout meurement, trouue qu'il y a en outre les mesentendus, des procédures irregulières contre la charité chretienne et la discipline de nos églises, sur quoy le colloque juge et ordonne que les membres suspendus confesseront, qu'ils sont marrys d'avoir donné offense soit par leur parolles soit par leurs actions au Consistoire en le mesprisant, et luy faisant injure en leur requeste, et en demenderont pardon, promettants de se comporter à l'advenir paisiblement selon leur debvoir, sur quoy le consistoire réciproquement declarera qu'il est reconcilié à eux et qu'il les reçoit volontiers à la Communion de la sainte Cene, espérents par la grâce de dieu qu'a l'advenir toutes occasions de mesentendus pourront estre prévenus parmy eux, et pour asseurance de ce, ils donneront Les mains les vns aux autres, en la presence de cette compagnie, se promettants mutuellement d'oublier le passé : faict au Colloque le 22 Juillet de l'An 1658.

Cette sentence leüe et copie donnée aux partis, Messrs les deputez du consistoire sy sont absolument soumis et ont promis aussy la soummission des deux compagnies du Consistoire, les susdits Legay etc. ont reffusé.

Juillet 23, séance du matin.

Les deux compagnies du consistoire sy sont soumis absolument — fut ouy la cause et la sentence donnée sur les differents entre les Srs Jacques Le neuf, pierre Jorion, barthelemy Collier, pierre hochart d'une part, le Consistoire de Londre de l'autre. La compagnie ayant ouy et examiné en la crainte de dieu, les plaintes et allegations des freres Jacques Le neuf, pierre Jorion, barthelemy Collier, pierre hochart Diacres, et les responses de Mrs du Consistoire de Londre, Juge que Mrs du Consistoire ne debvoient pas forclorre les dits Diacres des autres déliberations touchant toutes les autres affaires concernantes M^r d'elmé, hormis celle dont ils avoient appellé, et que ce nonobstant les dits Diacres, nont pas bien faict davoir délaissé leur charges de Diacres, et partant conclut que M^rs du consistoire et les susdits diacres soient reconciliez ensemble : faict au colloque le 23 Juillet 1658.

A cette sentence les 2 partis se sont sousmis absolument.

Juillet 23, jusqu'a vingt et huict.

Les Srs Jorion et farvacques se sont presentez au consistoire pour l'affaire de Norwich, touchant Mr Cisner sur laquelle affaire après les raisons ouys de part et d'autre la sentence a esté telle : Les Srs Jorion et faruacques ayant faict leur appel au colloque touchant vne controverse entre eux et Mr Cisner, ils ont estez ouys en leurs allégations de part et d'autre; après quoy la Compagnie ayant ouy et examiné le tout meurement et en la Crainte de dieu, la compagnie a jugé, que le consistoire a bien faict de justifier le Sr Cisner. Mais aussy que Mrs Jorion et faruacques ne peuuent pas estre tenus pour inventeurs de l'accusation puis qu'ils ont nommé leur autheur.

La Compagnie a aussy jugé le Sr Jorion a fort mal faict d'auoir imprimé son livre, et d'autant qu'ils ont thesmoigné des animositez par des parolles offensiues, le colloque ordonne vne réconciliation mutuelle entre les Srs Jorion, farvacques et Mr Cisner ; faict au Colloque ce 28 Juillet 1658.

Les Srs Cisner, Jorion et farvacques se sont sousmis à la sentence du Colloque.

Juillet 29, séance du matin.

Les S^rs Le neuf et Lemaire ayant eu audience au Colloque ont proposé diverses doctrines preschées par le Sr Cisner desquelles ils demendoient esclaircissement : le colloque n'a voulu les examiner toutes, pour ne luy estre devolües en bon ordre par appel.

La sentence fut : Diverses propositions ayant esté faictes touchant les Doctrines du Sr Cisner, d'autant que les autres propositions n'estoient point dévolues par appel à ce Colloque selon l'ordre, la compagnie a voulu examiner en 1er lieu ces 3 suyuantes du Sr Cisner touchant lesquelles, premièrement, la compagnie a arresté que cette phrase : « Il y a des hypocrisies en la loy », est incommode et qu'on s'en doit abstenir; secondement La Compagnie a arresté que cette expression « la pentecoste est trois foix sainte » n'est pas à usiter en des presches; — troisiesment, La compagnie n'approuve point cette façon de parler en presches, à sçauoir que « les bonnes œuvres précèdent la justification », come estant fruict de mauuaise interprétation : faict au Colloque ce 29 Juillet de l'an 1658.

On a déclaré aux partis que le Colloque a trouvé que le Sr Cisner est orthodoxe au fond de ses doctrines sus alleguez.

Cesar Calandrin, Modérateur.
Jean de Berthinel, Scribe.

Au dos : Les Actes Authentiques du Colloque des Eglises françoises 1658 touchant la controverse entre le Consistoire de Londres d'une part et le Sr Elie d'elmé et ses amys d'autre part. Mis en depost entre les mains du Consistoire flamend de Londre à la disposition des Eglises Françoises du Colloque.

(Archives de l'Egl. hollandaise de Londres.)

N° XLVIII.

ÉGLISE DE LONDRES. — ÉLECTION DE FELLES.

1660.

Le 6 avril le Cœtus donnait à l'étudiant en théologie Felles, choisi par le Consistoire de l'Église française, pour texte de sa proposition latine, Ezéchiel XXXIII, 11. Fortifié du ministre écossais Dury qui venait de lui rendre compte « de ses négociations pour la réconciliation entre toutes les Églises Protestantes d'au delà des mers », et du vaudois Escoffier qui collectait pour les vallées du Piémont, il examinait cette proposition, « louoit ses dons, sa présence d'esprit et sa facilité à s'exprimer », mais lui représentait « qu'il ne devoit pas s'emporter contre nos théologiens qui ont une opinion contraire à la sienne, qu'il eût mieux fait d'expliquer et d'appliquer son texte que de mouvoir beaucoup de difficultés qu'il n'a point résolues et qui ne faisoyent rien à son sujet ». A son examen du 23 mai on reconnaît en lui une suffisante capacité pour être reçu au Saint Ministère, mais « voyant qu'il a des opinions nouvelles et dangereuses qui pourroyent causer de la division dans notre Église, on a jugé à propos de convoquer le Cœtus vendredi pour en adviser ».

« Le Cœtus estant assemblé les Pasteurs ont fait rapport » sur ses dons et sur le danger de ses opinions nouvelles, concluant à la nécessité de lui faire signer la promesse suivante :

« Je promets de ne rien enseigner, ni en public ni en particulier, de contraire à la Confession de foy des réformés de France et aux articles du Synode de Dordrecht, et de ne point réfuter en mes sermons l'opinion commune de nos Docteurs touchant le décret particulier de l'élection de quelques-uns d'entre les Hommes et de la réprobation des autres : touchant la mort de J. C. pour les seuls esleus. Je promets encor de m'abstenir de toutes expressions qui semblent faire Dieu autheur de péché, comme de dire qu'il a décrété et procuré efficacement la cheute d'Adam : et en cas que l'on trouve quelque chose à aucune doctrine que je pourrois avoir enseignée ou en public ou en particulier, je promets de me soubsmettre au jugement du Colloque des Églises Réformées de ce Royaume, s'il se doit tenir, ou au jugement du Cœtus lorsque j'y seroy appelé.

JACQUES FELLES[1]. »

Le 7 juin « les François veulent bien lui donner l'imposition des mains. Rousseau jadis ancien, Trippier, Leroy et Martel anciens, ont protesté en consistoire contre cette confirmation si soudaine, le dernier Synode de Normandie tenu à Dieppe ayant ordonné son rappel... » Le consistoire n'ayant reçu aucune lettre du Synode ou de Dieppe se juge libre : les opposants en appellent au Cœtus qui conseille de différer et d'écrire à Dieppe. Mais le 9 Stouppe annonce que, vu le mécontentement du peuple, le Consistoire s'est engagé par acte formel à rendre Felles si on le réclame, et en attendant demande à passer outre.

Les opposants répliquent : « Après la réception icy il ne seroit plus capable d'estre rien à Dieppe, pour ce que le Roy de France a déclaré au dernier Syn. Nat. qu'il ne sera permis de n'avoir en France aucun ministre qui ait servi hors du Royaume... » Le Cœtus déclare que toute prudence requiert qu'ils attendent une réponse. Le 23 juillet, avouant que la réponse n'est pas venue, Stouppe insiste néanmoins pour recevoir

---

[1] *Livre du Cœtus.*

Felles, « alléguant la certaine ruine de l'Église s'il ne l'est ». On leur demande « s'ils se soubsmettent au jugement du Cœtus ? » MM. du consistoire, en ayant consulté entre eux, le Sr. Stouppe répondit « qu'ils n'estoient pas venus pour disputer le cas, mais pour prier quelques-uns de leur corps pour assister au nom du Cœtus à donner l'imposition des mains à leurs deux Proposants » (Felles et Primerose), « que le Cœtus avoit prins la peine d'examiner et avoit trouvé suffisans. Le Cœtus, trouvant étrange ce refus de leur submission, finit la séance en leur disant : Messieurs et très honorés Frères, nous avons creu que vous veniez en la mesme qualité comme ès deux autres Actes... puisque vous ne trouvez à propos de vous soubsmettre, nous aussi nous ne jugeons pas expédient de vous communiquer nostre résolution. »

La résolution préparée, et non déclarée, proposait, « d'autant qu'on prétend le danger de la ruine de l'Église », de recevoir immédiatement Primerose, et de laisser prêcher Felles en qualité de Proposant « jusqu'à tant qu'on obtienne sa décharge ou qu'il soit rendu à l'Église de Dieppe à laquelle de droit il appartient. Pour corollaire, en cas que vous ne preniez à gré cette résolution, le Cœtus désire qu'il vous plaise de vous adresser à un Colloque des Églises Françoises ».

N° XLIX.

PÉTITION AU ROI CHARLES II DE L'ÉGLISE FRANÇAISE DE LONDRES.

1661.

« To the Kings Most Excellent Majesty.

The humble Petition of ye Ministers, Elders and Deacons of ye french Congregation in London.
Sheweth
That yor Petit^{rs} vpon yor Maties motion made to them at ye time of their Late Congratulatory Adress for yor Maties happy Restoration, have with all cherfullnesse recalled Mr Herault their former minister (who is dayly expected) notwithstanding they had entertained three ministers before.
That though in former times their was never permitted but one french congregation in and about London, yet since ye commencem^t of ye late

troubles in this Kingdome one M^r DEspagne, vpon pretence at first to preach in ye house of the Lady Annundale, did after erect a new Church without any Authority or Licence from his Matie of blessed memory, and thereby much disturbed ye peace of this Congregation and, by drawing away their members and so there assistance and Contributions, much impoverished ye same. That ye said DEspagne, by meanes of ye late Usurper Cromwell, did obtaine ye Chappell of Sommerset house for ye meeting of their new Assembly and that since his death, Mr Kerwell and Mr Jerome have been entertained ministers there to continue and vphold ye former division and separacon, though ye latter of them did receave a large Summe from this Church to returne into france but few dayes before he joined wth them.

That yor Petit^rs vnderstand that by order ye said Assembly is forbidden ye vse of the Chappell at Sommerset house, and that thereupon they are endeavouring to procure from yor Matie some other place of Assembling and Authority for ye same, the wch if obtained (Besides that it would give encouragem^t to division) would tend to ye ruine of this Congregation, both in ye annihilating the efficacy of their discipline, by their receiving and supporting all censurable persons, and by taking away our members and so our assistance and contributions, make it impossible for this Church to subsist, to maintaine four Ministers and ye whole charge of ye poore strangers both here inhabiting and dayly passing wch lyes vpon them, and thereby not onely this antient Church wch hath continued from ye time of King Eduard 6 and receaved allowance and protection from Queen Elizabeth, yor Royal grandfather King James and yor most renowned father King Charles of Blessed memory will be destroyed, but also your Maties intention of favour to Mr Herault in recalling him to ye ministry in this Church will be frustrate and proove prejudiciall to him. The premises considerd and that for ye satisfaction of such of ye English Nobility and gentry as desire to heare ye word in our Language, and accommodation of such french Protestants as live in those parts, yor Petit^rs are willing to maintaine a Lecture in french on ye Sabbath day if yor Matie shall find it convenient, at such time and place as yo Maties shall appoint, yor Petitioners humbly pray,

That it may please yor Majesty to continue yor Princely favour and protection to this Congregation in ye Confirmation of ye priviledges enjoyed by them in the times of yor Maj^ties Royal progenitors, and that no other french Church be permitted in and about London to divide and ruine ye same.

And yor Petit^rs, as in duty bound, shall ever pray etc.

This Petition was presented to his Matie by ye Master of Requests Sr Richard Fanshaw the 28th September and by his Matie, as Sr Richard hath told us, referred to his Grace of Canterbury. »

(*State Papers Domestic Charles II*, vol. XVI, n° 82.)

N° L.

PÉTITION AU ROI CHARLES II DE L'ÉGLISE FRANÇAISE DE SOMERSET HOUSE.

1661.

« To the Kings most Excellent Majesty

The humble Petition of the ffrench Church lately meeting in Sommerset house Chappell

Sheweth

That about 20 years since the said Church hath been established in this Citty of Westminster, and for diverse years bypast, the Divine Providence so ordering it, had their Assemblys in the Chappell aforesaid, wch hath been the occasion of the preservation thereof.

But yor Petit^rs well knowing that the said Chappell doth belong to the Queen, yor Sacred Majesty's Mother, out of their respect and duty to her Majesty, they are resolved freely and readily to svrrender the same, as they have already expressed to her Majesty's Commissioners here.

Now the want of a place for their publick meetings, bringing with it the entire dissipation of their Congregation, wch is and hath ever bene very much affectionate to yor Majesty's person and interest,

Yo^r Petit^rs doe most humbly beseech yor Majesty graciously to be pleased (according to yor Majesty's bountiful assurance given to yor Petit^rs of their conservation and of yor Majesty's Royal protection, when they had the hono^r to kisse yor hands) to bestow vpon them a competent and a convenient portion of the Hospitall of the Savoy, where they might publickly meet hereafter, or such other place as yor Majesty in yor Royall wisedome and Piety shall think meet.

And yor Petit^{rs}, as in duty bound, will therein continue their fervent prayers to God for yor Majesty's long and prosperous Reigne etc.

J. Hierosme, Pastor.
Jean De Kerhuel, Pastor.

J. Colladon	de Debillon Lamere	
Theodore de Vaux	Charle Rowe	Elders.
Pierre Dauian	G. Dury	
Obe Davids	I. de Garencières	

(*State Papers Domestic Charles II*, vol. XVI, n° 83.)

N° LI.

LETTRE DE L'ÉGLISE DE WESTMINSTER A LA VÉNÉRABLE COMPAGNIE.

« *A Messieurs les Pasteurs et Anciens de l'Église de Genève.*

Messieurs

Aiant plû au Roy d'adresser, Dimanche dernier, une Lettre à nôtre Église Francoise de Westminster proche de Londres, dont la copie est ci jointe, et dont vous verrez la teneur sans qu'il soit besoin que nous vous en disions aucune chose en particulier, les Avis de la compagnie, tant des Pasteurs et Anciens que des Pères de famille, se trouvèrent fort partagez, les uns étant d'avis de se soûmettre absolument à l'offre du Roy, en acceptant la Liturgie et la Discipline Angloise, sur ce fondement qu'il étoit plus à propos de ce faire, que de laisser entièrement dissiper une si florissante Église; les autres et nous entre eus, étans d'opinion contraire, sur ce principe que sans juger de ladite Liturgie et Discipline des Églises d'Angleterre, la nôtre étant reconnue par toutes les Églises Réformées de l'Europe pour une des plus pures, étant exactement celle des Églises de France, confirmée par 29 Synodes Nationaus, nous qui sommes tous François nez ne devions pas être les premiers qui fissions la planche aus autres, en donnant légèrement nôtre consentement à un tel changement; vû mêmes que divers d'entre nous se sont autrefois engagez expressément sous leur sein, ou autrement, à s'y conformer toujo^{rs} ponctuellement. Et quelques uns, par voie d'accommodement, aians proposé de demander l'avis des plus considérables Églises de

France et de Holande, et en particulier de la vòtre, sur un sujet si important, nous y avons volontiers donné les mains, et vous supplions très instamment et humblement de nous vouloir donner vos meilleurs avis là-dessus, qui serviront beaucoup à la gloire de Dieu, et à mettre nos consciences en repos, qui se trouvent maintenant extrêmement agitées par une rencontre si inopinée ; ne voulans rien faire po^r aucune considération mondaine qui puisse être à scandale, et d'ailleurs aians de la peine à nous résoudre de causer mal à propos de la division dans une Église, qui a jusqu'ici cheminé avec tant d'union et de concorde. Et comme en cela nous jugeons que vous ferez un signalé service à Dieu et à son Église, aussi nous vous prions de croire que vous nous obligerez très particulièrement à être toujours

Messieurs

Vos très humbles et très affectionnés serviteurs
Les susdits requérans vos bons avis, et po^r tous

Louis Mareschal.	G. Dury ancien et
S. Gerard. p. Girault.	Paulin ancien.
J. Aymé. pierre le Roux.	Pierre Maugray Godfroy Schogue ancien.

De Londres le 31/21º mars 1661/2. »

(*Bibl. de Genève*, man. fr. 97^{aa}, portef. 11.)

N° LII.

RAISONS DU MINISTRE JANNON DE CANTERBURY CONTRE LE MINISTRE
LE KEUX.

1661.

« *Reasons Shewing why the Petition of M^r Le Queux and his followers to have a congregation by themselves at Canterbury under an other Discipline and with another manner of worship then that wch is by law established, ought not to be granted unto them.*

1. Because it is not so much the desire of them in whose names it is presented, as of the s^r le Queux, who is a professed ennemy to the church of England and of all good order in what church soever, having

heretofore separated himselfe with his congregation for the space of above 3 yeares, from those very Churches whose Discipline he sheweth now a desire to maintaine, and having declared for Independencie. This may be seen registred in their publiq Records.

2. Because if the said le Queux had not made a false report of the Governement and publiq worship of God by law established in the Church of England, calling the liturgie a *book of fables and superstitions*, and that publiquely in the pulpitt, and telling to his followers when the Book of common prayer was to be read alone in the french congregation of Canterbury, that it was the last time the Gospel should be preached to them in its purity, they had willingly joyned with them, who of their owne accord submitted to the Church of England.

3. Because the s^r le Queux having ever shewed himselfe a bitter ennemy to the King's Majesty, in so much that when Sir George Booth was proclaimed traitor, he said that Sir George was but a petty traitor and that the King whom he scornfully called Charles Stuard was Le grand Traitre ; and this also publiquely in the pulpitt ; and the said le Queux having bin no lesse ennemy to the church, it is wth good reason to be supposed that his acting now is more out of fashion than conscience.

4. Because there is no reason why the said le Queux and his followers should any longer be under an other Discipline and use an other liturgie than that wch is by law established, there being now a church where divine service is celebrated in the french language, and where the same Reformed Doctrine which they professe is constantly preached in a tongue knowne unto them, for surely when they were permitted to use an other Discipline and liturgie, at their first settling in England, it was not because they disliked and rejected that of the Church, for doubtlesse they had not been suffered upon that accompt. But it was only because there was then no congregation of their own language, with whom they might joyne, as now there is. So that unlesse they declare against the Church of England, they cannot wth any colour of reason pretend to make a congregation by themselves in an other way and under an other Discipline.

5. Because if their Petition be granted, the Waloons of Canterbury will be yet more divided than they were before his Majesties most happy Restoration, and the labour wch was taken to reunite them, by his Majesties owne appointement, will be lost, for whereas before the division

was only in this that they assembled in two several places, they will be divided also in Discipline and manner of God's worship, which division what trouble it is like to bring, in a little towne, may easily be foreseen. So that those who have already submitted to the Church of England, and who are neare 200 families, must either goe backe to their former Discipline, which would be a thing of very ill example, especially at this time; or M^r le Queux (who is an English man borne) and his followers, must joyne with them to serve God in the same congregation according to the way of the Church of England. »

(*State Papers. Domestic Charles* II vol. XL. n° 4)

N° LIII.

LETTRE DU MAIRE DE CANTERBURY.

« Right Honorable.

Understanding that his Matie hath bin graciously pleased to take that par of o^r Wallons, who with their Minister deserting the presbyterian, and complying with the Episcopal way, have embraced the Liturgy of the English Church, into his especiall favo^r, I cannot but be easily persuaded to take patterne by his Matie and contribute and cast in the mite of my assistance and benevolence towards that party. As an evidence whereof, understanding the many machinations and counter workings of the opposite party, I thought it proper for me to give yor Hono^r timely information of what in that kinde, by the testimony of many grave and sober persons backed by the loud and shrill report of Common fame, that disaffected party stand accused of before me. — As (first) that they are much and generally given to vilify and in a high measure to disparage both the person and parts of Mr Jannon, the conforming parties well deserving Minister. Secondly, that they charge the whole Congregation, as (by their conforming to the English Church) guilty of yealding to the bringing in of superstition into their Church. Thirdly, that they threaten and vauntingly give out, that in dispight of all opposition, they and their Minister, M^r Le Keux, shall enjoy their discipline, and he continue his preaching in Canterbury. Towards the effecting whereof, they have of their owne authority and without any leave or licence so much as craved from me, as not worthy of their owning in my place, made many attempts for obtaining one or other of our Citty parish Churches to assemble in. And to shew their malice against such of their Nation as will not partake wth them against Mr Jannon, they wreke it upon all the poor Journey-men of his party, whom they therefore cashier out of their employement. These (Right Hono^ble) and the like are the practices whereof that non-conforming party stands accused. And my selfe having bin long conversant with their persons, am not ignorant of their fierce and refractary tempers in this particular: wch inducing me to a beleife of their guilt, I cannot thinke my duty either to his Ma^ty as his Lieutenant, or to the Church of England as her sonne, discharged, unlesse I appeare in the behalfe of that well affected party unto both, against these who labour to foment in that Nation, what (by sad experience) hath almost been the bane and ruine of this, schisme and faction. I list not to be invective but now that I have don my duty to his Ma^ty and this Church in detecting these whose disaffection to the latter make me apt to suspect their fidelity to the former, I submitt all to yor Hono^rs knowne prudence and wth my prayers for his Ma^tyes prosperity, crave yor Hono^rs favourable construction of this boldnesse from

(Right Hono^ble)
Yo^r very humble servant
George Milles Maior.

Cant. 21 Octob. 1661. »

(*State papers Domestic Charles II.* Vol. XLII, n° 92).

N° LIV.

ADVIS POUR L'ESTABLISSEMENT D'UN BON GOUVERNEMENT DANS LES ÉGLISES ESTRANGÈRES DE CE ROYAUME.

(Sans date.)

« Pour ce que l'exemple des pasteurs a une merveilleuse influence sur les troupeaux pour leur donner de bonnes ou mauvaises dispositions, soit pour l'Estat, soit pour l'Église, selon qu'ils sont bien ou mal disposés ou pour l'un ou pour l'aultre, il est grandement important que les Églises soient pourveues de bons pasteurs, bien recognus et approuvez pour gens qui aiment la paix et qui la pourchassent et qui sont ennemis de toutes factions et partialitez et de toutes maximes dangereuses et pernicieuses, qui seroient capables de la troubler et altérer, soit en l'un, soit en l'aultre.

Si cette précaution est requise dans les Églises Angloises, elle ne doibt pas estre négligée pour les estrangères qui sont en ce Royaume et lesquelles par une grâce speciale de S. M. sont exemptes de l'observation de l'acte d'Uniformité, et par le mesme Acte maintenues et affermies en leurs ordres. Et d'autant moins y doibt-elle estre négligée, qu'elles ont esté par le passé travaillées de quantités de troubles, de désordres et de confusions, par le mauvais gouvernement de quelques uns de leurs pasteurs, particulièrement d'un Jehan de la Marche qui estoit un vray boutefeu, prescheur de sédition, de révolte, de rébellion, et de parricide contre le feu Roy dans la françoise de Londres.

Pour cela il seroit fort nécessaire que le choix de leurs pasteurs ne fust pas laissé absolument, comme par ci devant, au caprice des peuples et des Consistoires, qui volontiers s'assemblent des Docteurs selon leurs désirs plustost que selon leur profit. D'où sont arrivés divers désordres au milieu d'elles ; des prédications séditieuses pour gagner la faveur du peuple ; des élections de pasteurs faites tumultuairement, par menées, et partialités, et aultres mauvais moyens : et divers aultres semblables malheurs, qu'il n'est pas besoin de spécifier.

Mais il seroit bien à propos que doresnavant quelque personage de probité bien recognue, zélé pour le service de Dieu et du Roy, et bien intentionné pour l'Église d'Angleterre, et qui eust d'ailleurs bonne cognoissance de l'estat des Églises estrangères de ce royaume, pris et choisi pour cet effect d'entre leurs Ministres, fust préposé sur elles par S. M. pour en avoir l'inspection, et la surintendance : tellement que, sans sa cognoissance, son consentement et son authorité, aulcun n'y puisse estre establi pour pasteur : ni aussi, après y avoir esté establi en estre dépossédé, ou s'en retirer : et qu'il fust obligé et authorisé de tenir la main à ce que le bon ordre y soit bien entretenu et que le désordre et la confusion en soient bannis, et ne s'y puissent fourrer.

Et afin de pouvoir prendre d'autant plus de confiance des dicts pasteurs, ce surintendant (car ainsi le pourroit-on qualifier, ou bien mesmes Évesque, selon qu'il seroit jugé plus à propos) auparavant que de les ordiner, s'ils ne sont point encore admis au ministère : ou, s'ils y sont desja receus, auparavant que de les establir dans les dictes Églises, les présentera premièrement au Roy suivant l'ordonnance du Roy Édouard VI dans l'acte qu'il fit pour l'establissement des dictes Églises, renouvellé pour l'Église françoise par le Roy à présent régnant. Et estans agréés et acceptés par S. M. il leur fera faire ce serment : « Je N. jure et proteste ici devant Dieu et devant ses saincts Anges, que je maintiendrai tellement en l'Église que je sers, ou que je doibs servir, l'ordre que j'y trouve receu et establi, soit pour la liturgie, soit pour le gouvernement, soit pour la discipline, selon qu'il y est confirmé par l'exception adjoustée dans l'acte d'Uniformité, que ce sera pourtant sans condamner en façon quelconque, ni directement, ni indirectement, l'Église Anglicane, non seulement pour sa doctrine, que je recognois entièrement pure et orthodoxe, mais aussi pour sa liturgie, pour son gouvernement, et pour sa discipline : où je ne recognois rien non plus qui répugne à la parole de Dieu, et qui me puisse empescher d'avoir et d'entretenir communion avec elle, et de participer à ses services en bonne conscience. Je jure pareillement de garder loyauté et fidélité au Roy, et de lui rendre, et à ses officiers soubs lui toute obéissance, sans que chose aulcune soit capable de me dispenser, ne recognoissant en la terre aulcune puissance et authorité que celle de Dieu par dessus la sienne contre laquelle puissance et authorité Royale il n'est jamais permis de s'eslever et à laquelle il n'est jamais permis, pour aulcune cause quelle qu'elle soit, de résister par armes, ou voye de faict, ni en quelqu'aultre manière que ce soit. Et comme j'en fais maintenant cette déclaration, je promets aussi en toute sincérité de mettre peine par toutes sortes de voyes convenables et en public, et en particulier, de faire passer ce sentiment, autant qu'il me sera possible, dans l'esprit de ceulx qui seront commis à mon soin, et à ma conduicte. »

Les raisons pour lesquelles il est expédient et nécessaire de requérir un tel serment de ceulx qui seront establis ci après au ministère de ces Églises estrangères, obligent aussi à le requérir de ceulx qui y sont desja establis.

L'Establissement d'un tel surintendant n'est pas une chose nouvelle. Il a esté faict par le Roy Édouard pour les Églises estrangères de Londres dès le temps de leur establissement. Et s'il ne fut point faict pour les aultres, c'est d'autant qu'alors il n'y en avoit point encores d'aultres dans le royaume que celles de Londres. Mais comme il s'en est establi d'aultres depuis, il est aussi à propos, pour les mesmes raisons pour lesquelles ce règlement fut faict premièrement pour celles de Londres, de le faire passer, et de l'estendre aussi aux aultres.

D'autant plus que sans cela, quelque profession qu'elles facent, de rejetter l'Indépendance, elles sont en effect Indépendantes, du moins pour l'ordinaire et pour la plus grande partie du temps : pource que les Colloques et les Synodes dont elles dépendent ne s'assemblanz que très rarement et avec grande difficulté, seulement pour les causes urgentes, importantes et extraordinaires, pendant cet intervalle les Consistoires sont Souverains et Indépendans, disposans de toutes choses à leur plaisir sans rendre compte de leur gouvernement.

Et de là naissent plusieurs désordres de très dangereuse conséquence, comme l'expérience et du passé et du présent ne le fait que trop conoistre. Pour lesquels prévenir et empescher, il n'y a point de meilleur moyen que cet establissement d'une puissance et authorité, qui soit tousjours subsistente en la personne d'un Évesque ou Surintendant pour réprimer les entreprises de ceulx qui vouldroient sortir hors des bornes de leur debvoir et pour les y faire rentrer, et les y contenir.

Et cela semble maintenant d'autant plus nécessaire, que l'Église francoise de Londres, qui est la plus considérable et la plus importante sur laquelle les aultres regardent, et qui leur donne le bransle, ayant besoin d'un troisième pasteur, il fault donner ordre qu'il ny s'y en establisse aulcun, qui ne soit bien disposé et intentionné.

Et dautant qu'une telle charge apporteroit audict Surintendant de grandes distractions, et ne luy permettroit point de vacquer à la prédication avec pareille assiduité que pourroit faire un aultre qui n'auroit pas tant d'occupations, il fauldroit qu'il fust dispensé de prescher si frequemment que les aultres en l'Église à laquelle son ministère seroit plus particulièrement affecté.

Et mesme dautant que la subsistence des pasteurs dans les Églises estrangères n'est fondée que sur les contributions volontaires des particuliers, a fin qu'un tel Surintendant ne fust point subject à dependre des caprices d'un peuple et de sa bonne et mauvaise volonté pour ce regard et qu'il peust faire sa charge haultement, et l'exercer avec toute liberté, il seroit à souhaiter que S. M. lui voulust pourvoir elle mesme, par les moyens tels que sa prudence jugeroit convenable, d'une subsistence honorable, pour pouvoir supporter les frais de cette charge et pour en pouvoir soustenir la dignité avec honneur.

Oultre tout ce que dessus, il seroit bon que S. M. prist une cognoissance plus particulière de leur discipline et la fist examiner et que dans la promesse solennelle que les Anciens et Diacres font publiquement en leur réception, il y eust quelque chose de plus exprès et de plus formel pour le regard de l'obéissance et de la fidélité qui est deue particulièrement au Roy.

Si l'estat de la constitution des Églises estrangères semble requérir cet establissement d'un Surintendant, c'est ce que requiert encore particulièrement l'estat présent de l'Église Anglicane, où il s'est eslevé des Indépendans et des presbytériens, tout a faict différens de ceux de delà la mer, qui en troublent le repos et la tranquillité par les oppositions qu'ils font contre l'ordre et le gouvernement receu, qui a esté establi par les loix du Royaume, et qui est appuié de l'authorité et puissance royale, qui est la seule légitime. Qui fait qu'il est entièrement de l'intérest du Roy et de sa prudence, par l'establissement de cette surintendance dans les dictes Églises, d'oster de devant les yeulx de ces brouillons un exemple de dangereuse conséquence, qui leur est continuellement comme une enseigne et une bannière levée, pour les animer et encourager à maintenir opiniastrement le desordre dans lequel ils ont vescu jusques à présent et cette malheureuse anarchie si fatale et si funeste à l'estat et à l'Église tout ensemble.

D'une telle institution il arriveroit encore ce bien et cet avantage. C'est que ce seroit un bon moyen pour faire voir aux Presbytériens d'Angleterre que c'est sans fondement qu'ils pensent se prévaloir de l'exemple des Églises estrangères de France, et aultres lieux, comme si elles improuvoient le gouvernement et la discipline de l'Église Anglicane, et de montrer que, quoy que leur gouvernement et leur discipline soit différente, c'est pourtant sans qu'elles ayent aulcune aversion contre le gouvernement Épiscopal et les cérémonies de l'Église Anglicane, puis qu'oultre qu'elles ont une Liturgie, quoy que plus simple que celle de l'Église Anglicane, au lieu que les Presbytériens de deça n'en veulent point du tout, elles ne feroient point aussi difficulté de s'assubjettir à un Surintendant, qui auroit sur elles une authorité Épiscopale.

Réglemens touchant le pouvoir du Surintendant qui pourroit estre establi sur les Églises estrangères d'Angleterre.

1. Que d'autant que les dictes Églises ne tiennent point de Colloque, ni de Synode que très-rarement, et pour des causes très-urgentes, l'authorité du Colloque, ou du Synode réside en la personne du Surintendant pour régler et ordonner les affaires, pour lesquelles l'authorité du Colloque ou du Synode seroit requise et nécessaire.

2. Que lors qu'on assemblera un Colloque ou un Synode, il en soit naturellement le Modérateur : et qu'en son absence ce soit tel aultre Ministre du Colloque, ou du Synode, qu'il lui plaira subdéléguer en sa place.

3. Qu'aulcun, soit Proposant encore, soit Ministre desja receu, ne soit establi en aulcune Église du Colloque, qui ne lui soit premièrement présenté avec ses tesmoignages pour avoir son approbation.

4. Qu'aulcun n'y soit establi qu'après avoir presté entre ses mains, ou entre les mains de tel aultre qu'il lui plaira subdéléguer, le serment qui a esté proposé.

5. Que le droict d'ordination lui soit particulier.

6. Qu'il soit obligé de présenter au Roy, ou à son Conseil, les noms de tous ceulx qu'il establira au ministère de quelque Église, auparavant qu'ils en soient recognus pour Ministres ordinaires, et qu'ils en puissent faire les fonctions en cette qualité.

7. Qu'aulcun Ministre de dehors ne puisse présider en aulcune Église de sa dependance contre son gré.

8. Que là où il arriveroit quelque trouble ou dissension, soit entre l'Église et le Consistoire, soit entre les membres du Consistoire, il en prene promptement cognoissance, pour remédier au mal dès sa naissance et pour en arrester le cours de bonne heure, auparavant qu'il soit invéteré, et qu'il soit devenu plus difficile à guérir.

9. Qu'à moins qu'il y eust un Colloque convoqué, pour tenir dans un mois, les appellations des jugemens des Consistoires ressortissent par devant lui.

10. Qu'aulcun Consistoire ne puisse prononcer sentence d'excommunication qu'après lui avoir donné cognoissance du faict, et que par son authorité.

11. Qu'oultre les jours du service ordinaire en l'Église, il ait pouvoir d'ordonner qu'on s'assemble le premier jour de l'année, comme aussi ès

jours de Noël, de la Passion, de Pasque, de l'Ascension, et de la Pentecoste, et qu'on y face mémoire des principaulx mystères de nostre salut, que ces jours là nous ramentoivent. Et pareillement qu'on observe soigneusement les jours, soit d'action de grâces pour quelque bon succès et quelque notable délivrance, obtenue pour l'Estat, ou pour l'Église ; soit de Jeusne et humiliation pour les grandes calamités, dont il a pleu à Dieu visiter l'un et l'aultre.

12. Qu'il ait pouvoir et authorité, en un mot, de donner les règlemens requis et nécessaires à ce que tout se face par bon ordre en l'Église, et que tant les pasteurs que les Consistoires se tiennent dans leur justes bornes, sans rien entreprendre au delà de ce qui est de leur pouvoir : et de réprimer par censures et corrections, plus ou moins grièfves, selon l'exigence du cas, les refractaires à l'ordre. Et que dans les Consistoires il ait la voix négative.

13. Que de ses jugemens et ordonnances le pouveoy en soit par appel, ou par plainte, selon la nature du subject, pardevers le Roy et Nos Seigneurs de son Conseil.

14. Et pour celuy particulièrement que S. M. pourra establir le premier si elle le trouve à propos, en cette charge de Surintendant, que si tost qu'il aura esté consacré, il face prester le serment susdict, ou pardevant lui-mesme, ou pardevant tel aultre qu'il vouldra déléguer pour cela, à tous les Ministres de toutes les Églises, qui seront en sa dépendance. »

Au dos : « Monsr Heraults adves for ye Establishmt of ye foreigne Churches. »

(*State Papers. Domestic Charles II.* Vol. LXVI no 45.)

No LV.

CONSIDÉRATIONS

En faveur des Etrangers qui sont en Angleterre; et des ANGLOIS, QUI SONT HORS DE LEUR PROPRE PAÏS.

Pour apaiser l'Orage, qui s'élève souvent dans les esprits du menu peuple ; et pour adoucir l'amertume d'une humeur colérique, contre les Étrangers, il est bon de Considérer,

1ʳᵉᵐᵉⁿᵗ. Que la sage Nature ne produit aucun animal, quêque chetif qu'il soit aus yeus des autres, qui ne désire de conserver son être, et qui, par conséquent, n'en cherche les moyens.

2. Que c'est pour cela, que par un Instinct naturel, les Bêtes changent fort-souvent, et de pâture et de quartier : que les Oiseaus volent de païs en païs et que les Poissons nagent de Mer en Mer, et même entrent dans les Rivières.

3. Que c'est aussi pour cette fin, que les Hommes sortent souvent du lieu de leur Naissance : parce qu'il est, ou trop Peuplé, et qu'ainsi, l'un empêche l'autre de vivre ; ou trop pauvre, et qu'ainsi il ne suffit pas à tous ; ou parce que l'Air est contraire à leur tempérament ; ou qu'ils y ont de puissans ennemis ; ou que les taxes y sont si excessives, qu'ils ne les sauroint supporter ; ou, enfin, que les lois les menacent de Prison ou de Mort pour quêque crime, ou ne leur permettent pas l'exercice de leur Religion.

4. Que Dieu ayant *fait d'un seul sang tout le genre humain, pour habiter sur toute l'étendue de la terre ;* c'est une marque de Piété, et un devoir d'Humanité, de chérir ce sang-là.

5. Qu'en suite de cela, les personnes Sages et Religieuses, n'estimant pas celui-là Étranger, qui a la forme d'homme, et la Connoissance de Dieu, ont toûjours approuvé le Commerce et la Conversation entre tous ceus de leur espèce : et ainsi on voyageoit librement de lieu en autre, chacun professant sa Science, enseignant son Art, et travaillant à son Metier, afin d'entretenir la Communion, qui doit être entre tous les hommes, en se communiquant volontiers l'industrie de leurs esprits, l'adresse de leurs mains, et les biens de leurs païs.

6. Que combien que la Terre ait été divisée en plusieurs païs, pour la demeure et pour l'heritage de quêques Patriarches ; et chaque païs, subdivisé en plusieurs parties ou cantons, pour leurs branches et rejetons : si est-ce que tous ces païs-là (à la réserve de la Chine) ont toûjours été ouverts aus particuliers des autres Nations, qui (puis que *Dieu a donné la Terre aus enfans des hommes*) se plaindront à bon droit, s'ils n'avoint point la liberté de demeurer où bon leur semble, en se comportant sagement, vivant selon les lois du païs, et ne présumant pas de faire les Critiques dans les affaires de l'État, Civil ou Ecclesiastique ; non pas même dans les humeurs ni dans les meurs des habitans du lieu.

7. Que si cela n'eût été ci-devant, et n'etoit encore en ce tems, le

proverbe d'un Sage de l'antiquité n'auroit eu aucun fondement, et ne se pourroit vérifier aujourd'hui : Le Sage se treuve par tout en son païs : c'est à dire qu'il peut vivre par tout, aussi bien qu'en son païs natal ; comme portant avec soi sa Science, pour ensegner; son Entregent, pour se faire aimer; ou ses Mains, pour y travailler.

8. Que cette Liberté d'ensegner et de travailler par tout, est aussi claire que le jour, dans l'histoire sainte et dans les profânes : et il est évident qu'elle servit au grand Apôtre des Gentils, pour se Maintenir en divers païs, *de son propre travail*, sans charger les Églises, *Act.* 18. 3. et 20. 34. 1 *Cor.* 4. 12. 1 *Thes.* 2. 9. 2 *Thes.* 3. 8.

9. Que dieu ayant commandé aux Juifs (nation avare et inhumaine) d'être Civils aus Étrangers : c'est être plus cruel qu'un Juif, de les vouloir chasser d'un païs, où ils tâchent de vivre de leur propre travail.

10. Que les nations qui refusent d'entretenir les Étrangers, ou qui n'ont rien en leur contrée pour les y attirer, sont ordinairement les moins Civilisées, ont fort peu de Prudence humaine, et de Connoissance Divine.

11. Qu'entre toutes les Nations de l'*Europe*, l'*Anglois et le François* se devroint mieus aimer l'un l'autre, tant pour leur voisinage, que pour le grand Commerce qui est entre eus, en tems de paix, et pour leur Consanguinité, y ayant en ce païs des milliers de familles qui sont descendues des François ; et autant ou plus en *France*, dont les Ayeuls étoint Anglois.

12. Qu'il y a entre la plupart des François, qui sont en ce païs, et des Anglois, un autre lien, plus fort que la chair et le sang, et plus considérable que le Voisinage et que le Commerce ; je veus dire, la Communion des Saints : Car puis qu'ils reconnoissent et adorent un même Dieu, et qu'ils le servent d'une même façon, tâchant d'ajuster leurs pensées, leurs affections, leurs paroles et leurs actions, à la regle qu'il leur a donnée, ils se doivent aimer fort tendrement, comme Compagnons de service, comme Membres d'un même Corps, Enfans d'un même Père, et ainsi Héritiers d'une même Félicité.

13. Que les Anglois se méprennent fort dans leur calcul ou denombrement des François qui sont en ce païs, estimant tels tous ceux qui parlent leur langage : tellement que les Allemans, les Suisses de la langue Françoise, les Danois, Suedois, Hollandois, Genevois et Vallons, passent pour bons François dans l'opinion du Vulgaire ; quoi qu'en effet il n'y ait

pas ici deus François naturels entre dix qui sont pris pour tels, ou qui, pour leur avantage, veulent qu'on les estime tels.

14. Que si les François et autres Étrangers ont quêque chalandise et commerce avecque les Anglois, c'est parce que ceus-ci, comme une Nation libre, se veulent servir d'eus, prennent plaisir à leur adresse, et admirent leurs inventions, confessant que c'est d'eus que les Natifs tiennent plusieurs Manufactures, et qu'ils en ont appris beaucoup de belles choses.

15. Qu'à moins que de prouver, ou que les Étrangers forcent les Natifs de ce païs de prendre leurs commodités, ou de se servir d'eus : ou que les Natifs-mêmes n'ont pas la liberté de faire l'un ni l'autre, il n'y a homme bien sensé, qui puisse condanner les Natifs ni les Étrangers.

16. Qu'on ne sauroit dire sans témérité que les Anglois, pour suivre leur caprice, emploient les Étrangers, puis que plusieurs le font, ou à cause de quêque Connoissance ou familiarité, qu'ils ont eue ci-devant avec ces Étrangers, ou par compassion de leur pauvreté, ou en considération de leur Religion, ou parce que les Marchandises et le travail de ces Étrangers leur agréent davantage, ou qu'ils en ont besoin, et que peut être ils les ont à meilleur marché.

17. Que si les Étrangers n'ont pas la *liberté* de trafiquer et d'exercer leurs métiers en ce païs, plusieurs d'entre eus n'y sauroint subsister, et n'oseroint retourner en Flandres, où la plupart sont nés, non plus que quêques autres, en *France*, ni en *Italie*, à cause de leur Religion : et ainsi ils seront réduits à la mendicité, ou exposés à de plus grans malheurs ; là où des fruits de leur travail ils entretiennent plusieurs centaines de pauvres, et environ sêze Ministres du Saint Évangile, en douze ou trêze Églises qu'ils ont dans ce Royaume.

18. Que s'ils sont privés de cette *Liberté*, leurs Églises, qui ont été établies en ce païs, cesseront infailliblement, et seront dissipées, sous le pieus gouvernement de nostre Religieus Monarque, au grand regret de toutes les Églises Reformées, mais au gré de leurs adversaires, qui s'en réjouiront beaucoup. Et certes, cet Auguste Prince et son grand Parlement ne veulent pas que ces pauvres Églises soint annéanties ; puis qu'en leur faveur ils ont depuis peu inséré un article dans l'Acte d'Uniformité : et c'est une chose surprenante, de voir que ceus qui reconnoissent que le Roi d'*Angleterre* est aussi Roi de *France*, et Défenseur de la Foy, osent bien se bander contre ceux qui, sur ce fondement, sont ses sujets,

et murmurer contre leurs frères, les pauvres Protestans ; puis que les uns et les autres viennent en ce païs, pour y vivre paisiblement et Religieusement, sous la Protection qu'il leur doit, comme Roi, à ses bons Sujets ; et comme Défenseur de la Foi, aux âmes Religieuses, aux fidèles Chrétiens, et aux saints Membres du Fils de Dieu.

19. Que si leurs Églises (ce qui n'avienne) se dissipent, plusieurs pourront dire avecque *Jérémie*, en un sens spirituel : *Les petits enfans demandent du pain, et il n'y a personne qui leur en donne* : car n'entendant peu ou point d'Anglois, il n'y aura ici personne, pour leur donner le pain de vie, et pour les mettre dans les voyes du salut éternel, en leur prêchant l'Évangile de Christ, en François, en Flamand, et en Italien : et ainsi ce Royaume cessera d'être un lieu de Refuge et de Consolation aus pauvres Protestans, qu'on persécute en leurs propres païs.

20. Que plusieurs des Anglois, que se laissent emporter à la passion et à l'intérêt contre les Étrangers, ont été en état, tant eus que leurs ayeuls, d'implorer l'assistance de leurs Voisins : leurs grans pères, sous la Reine Marie ; et eus-mêmes durant les derniers troubles de cet Etat. Ils peuvent lire dans l'Historie et dans les œuvres de l'Evêque *Jewel*, qui en parle par expérience, le bon accueil qu'on fit en plusieurs païs à leurs Religieus Peres ; et ils savent eus-mêmes, comment ils ont été traités ailleurs, durant ces horribles desordres. Si *bien*, comme la plupart l'ont eté ; et même par ceus-là, qui ont d'autres sentimens dans la Religion ; la Reconnoissance et la Generosité les obligent de rendre la pareille, en témoignant aus Etrangers autant de Charité et de Civilité, qu'on leur en a fait au besoin. Si *mal*, comme il faut confesser, qu'un trop grand nombre l'a été, et même par ceus-là, qui leur devoint plus de Civilités ; ils savent bien que la vengeance leur est défendue, et que Dieu leur commande de rendre le bien pour le mal. Et de plus, ils savent encore, que ce ne sont pas ces pauvres âmes qui vivent ici parmi eus, qui dans leur pressante nécessité leur ont refusé les effets que l'Humanité requéroit alors, sans parler de ce qu'on devoit à la Grandeur, au Sang et au Mérite de quêques-uns ; mais que c'étoint des Tigres, en forme d'Hommes, des cœurs barbares et des esprits farouches, qu'ils ne se doivent pas proposer pour modèles de leurs actions.

Comme l'homme est un animal raisonnable, et qu'ainsi il est obligé d'agir en toutes choses, selon les Justes règles, que la Raison prescrit, et que la Justice requiert ; je ne saurois douter, que ces Considerations ne nous emeuvent puissamment à nous regarder les uns les autres d'un œil tres favorable, à nous entr'aimer tendrement, et à chercher les occasions de servir volontiers les autres, comme nous desirons d'être secourus au besoin.

Si mon petit travail produit ces doux, ces plaisans fruits, ma Récompense est grande, et ma Joye sera excessive.

De la Chartreuse de Londres.

G. Herbert.

Ex Æd. Sab. 18 *Jun.* 1662
Imprimatur
    G. Stradling S. Th. D. Reverendo in Christo Patri Domino Gibb. Ep^{po} Londiniensi à sacr. Domest.

                     Finis.

(Imp. *Archives de l'Église hollandaise de Londres.*)

(Nous ne saurions encore préciser quel est l'auteur de cette curieuse plaquette, où sont réunis non sans talent tous les arguments en faveur des Réfugiés, jusqu'à celui du titre même du roi de France porté comme un droit par les souverains d'Angleterre, et tout droit n'implique-t-il pas un devoir? Les mots *Ex Ædibus Sabaudiæ,* et les allusions aux traverses des monarchistes anglais après la mort de Charles 1er, rattachent cet écrit à la congrégation conformiste de la Savoye : il semble que pour atteindre son but il doit avoir été traduit et répandu surtout en anglais.)

N° LVI.

PÉRORAISON D'UN SERMON DU D^r DE BREVAL.

« Ah! qu'il est doux mes Frères de se voir plus maitre de soy-mesme que des autres, de commander plus absolument à ses passions qu'à se^s peuples! Qu'il est doux de posséder les grandeurs et de n'en être pas possédé! Qu'il est doux enfin de se conserver fidèle parmi des occasions où tant d'autres se sont perdus, et d'attendre une couronne dans le Ciel, quand ils seront obligez d'en laisser une sur la terre!

Ce que je dis pour un Prince, tout le monde en sa manière se le peut appliquer; puisqu'il n'est personne à qui un long usage de la vertu ne donne du plaisir, et qui ne trouve plus de joie à demeurer fidèle jusqu'à la mort qu'il n'en trouveroit dans la licence de tous les crimes.

La condition que Jésus-Christ nous a donc demandée pour obtenir l'effet de sa promesse, n'est pas (comme vous le voyez) une condition fort difficile ; et quand même ce qu'il demande seroit aussi fâcheux qu'il est doux, aussi difficile qu'il est aisé ; Ah ! vous avez, sans doute, trop de cœur, mes frères, pour ne pas franchir toutes les peines qu'il faudrait endurer dans la conqueste d'une couronne et d'une couronne si glorieuse. Il ne tiendra qu'à vous de l'emporter. N'appréhendez pas vos faiblesses, n'appréhendez pas de ne pouvoir être fidèles jusqu'à la mort. Celui qui vous demande cette condition ne vous la demanderoit pas s'il n'avoit lui-même envie de vous en rendre capables, et saint Paul nous assure que l'on peut tout en Christ qui nous fortifie.

Ah ! c'en est trop Seigneur ! nous ne doutons plus ni de ta Promesse ni de son effet ! Commence aujourd'hui à nous rendre fidèles, et soutiens jusqu'au bout notre fidélité ! Dans la confiance de ton secours, nous allons tout oser, nous allons tout entreprendre, nous allons tout souffrir, afin d'être toujours fidèles et de recevoir de tes mains la Couronne que tu nous offres. Je parle à Christ, mes frères, et pour vous et pour moy. Faisons ce qu'il ordonne et il fera ce qu'il nous a promis, quand il a dit: Sois fidèle jusqu'à la mort et je te donnerai la couronne de vie. A celui qui nous a fait cette grande promesse et qui nous en donne de si fermes espérances, *Honneur, Empire* et *Bénédiction*, Eternellement. Amen.»

(*La Couronne de vie promise au Fidèle.* — Londres 1670).

N° LVII.

PRIÈRE DE J. DE LA MOTTE, AVANT LE SERMON, A LA SAVOYE, LE SOIR APRÈS SON ABJURATION.

«Seigneur Dieu d'immense bonté et d'infinie miséricorde, qui par la conduite admirable de ta divine providence, m'as fait sortir comme Abraham d'Ur des Chaldéens; comme Lot, de l'embrasement de Sodome et de Gomorrhe; comme Israël, de l'esclavage et de la tyrannie d'Egypte ; comme Joseph, du fond de la prison; comme Daniel, de la fosse aux lyons; et comme l'aveugle de l'Évangile des ténèbres qui depuis mon enfance m'empêchaient de voir la lumière : qui m'as tiré de tous ces liens et délivré de tous ces périls, avec main forte et bras étendu. Me voici avec un esprit convaincu, un cœur contrit et humilié, une âme abatuë au pied du trône de ta grandeur, qui parois au milieu de la génération eleüe, de ton peuple acquis, de tes fidelles ; non pour te présenter leurs prières, car je ne suis pas digne d'un si grand ministère, ma langue ne scait point encor crier si haut que leurs soupirs, et mes lèvres sont trop impures : mais pour te prier, toy qui scais ce qui se passe dans le cœur de l'homme, d'écouter les vœux qu'ils te font en leur âme, pour l'advancement de ta gloire, pour la perfection et sainteté de ton Église, particulièrement de celle qui t'adore en esprit et en vérité, dans les trois Royaumes d'Angleterre, d'Écosse et d'Irlande : pour la prospérité du Roy qui la gouverne, de la Reine son épouse . . . .

Mais particulièrement nous te prions pour tous ceux qui sont engagez dans l'erreur : veuille, Seigneur, les retirer de l'abyme dont tu m'as tiré, malgré eux ouvre leur les yeux, afin qu'ils soyent contraints de se laisser éclairer aux rayons de ta vérité, ouvre leurs cœurs par l'efficace de ton Esprit, afin que ta parole y soit receuë comme dans une bonne terre et fertile pour y fructifier au centuple. Veüille, Seigneur, qu'à cette occasion je joigne mes veus avec les leurs, moy qui scay par mon expérience, qu'il n'y a que toy seul qui puisse convaincre un esprit instruit en l'école du mensonge, et convaincre un cœur nourry dès son enfance d'un aliment contraire à celuy de ta parole. En cette veuë, je te supplie, ou plutost pour dire comme il faut, nous te supplions tous ensemble d'ouvrir les yeus à tant d'aveugles que je laisse après moy dans la région des ténèbres, et toucher du doigt de ta main victorieuse tant de cœurs de pierre que tu connois si opposez à tes desseins. Seigneur, tu m'as fait cette faveur, et c'est de quoy je te rends aujourd'huy mille actions de grâce ; te suppliant, pour suppléer au défaut de mon indignité, d'accepter celles que te rendent à mon sujet tous les fidelles qui sont assemblez en ce lieu.

Mais, ô bon Dieu, en même tems que nous te rendons tous ensemble nos actions de grâce, je me trouve obligé de te demander une nouvelle grâce, la grâce de pouvoir faire connoître à cette célèbre Assemblée, les grâces que tu m'as faites, pour me disposer à la grâce de ma conversion. On le veut, mon Dieu, et il est raisonnable ; on veut que je donne aujourdhuy gloire à ton saint Nom, et il est juste que je le face. Ouy, mon Dieu, il est juste que je face paroître ta grâce, où l'iniquité a paru avec tant d'impudence, et que j'employe pour faire connoître ce qu'elle a opéré en moy les instrumens qui ont servi à luy faire la guerre ; ces lèvres, cette langue, cette vois, qui contre tes lumières et ses secrets mouvemens ont proféré tant de mensonges, publié tant de faux oracles, prêché tant d'abus, autorisé tant de blasphèmes, fait et fait faire tant de péchez. Pardon, mon Dieu, pardon d'avoir si long tems retenu ta vérité dans l'injustice, contre ma conscience et tes saintes inspirations [1]. Permets que j'en face aujourd'huy comme il faut l'amende honorable ; que je rende le même témoignage à la vérité que j'ay rendu à son contraire, pour faire un fruit qui soit convenable à ma repentance. Pour cet effet, ô bon Dieu, purifie ces lèvres impures, touche les d'un charbon pris de dessus ton autel : nettoye cette langue venimeuse, qui a tant de fois porté la contagion dans les cœurs ; anime-la de quelqu'une de ces langues de feu qui parurent sur tes Apostres, et qui de muets qu'ils estoyent les rendirent éloquens : change le ton de cette vois qui a tonné et éclaté dans les Chaires de l'Église Romaine ; fais qu'elle n'éclatte plus à l'avantage de l'erreur, et qu'on ne l'entende plus crier qu'au ton de ta parole. Ce sont là les grâces, ô bon Dieu, que je te demande, sur tout aujourd'huy : te suppliant aussi de vouloir tellement disposer les oreilles de mes Auditeurs, qu'ils profitent de ce que je vais dire, pour se confirmer, de plus en plus, en la

---

[1] François de la Motte, dans l'exorde comme dans la péroraison de son sermon, insiste sur le temps qu'il lui a fallu pour se décider. « Mon changement n'est point un effet de l'inconstance de mon esprit ; je n'ay rien fait à la légère ; il y a sept ans que je raisonne, que je combats, que je résiste, que je suis convaincu en moy-même, sans avoir pu me déterminer. Ce n'est point non plus un effet de la misère du tems, ny la suite de quelque disgrâce qui me soit arrivée ; je n'ay jamais manqué de pain, j'ay toujours eu trop de quoy vivre, et j'ay toujours plus eu de bonheur en mes entreprises que je ne m'en étois proposé... C'est donc Dieu, qui par sa bonté et miséricorde infinie m'a porté à faire ce coup contre toutes les veuës naturelles que je pouvois avoir ; à quitter l'assurance des choses nécessaires à la vie, pour m'abandonner aus soins de sa divine providence ; à faire de mes meilleurs amis mes plus grands ennemis, de mes parens, peut-être, mes persécuteurs ; et à renoncer pour jamais à un païs où j'étois aussi bien que l'on peut être, pour venir vivre et mourir dans un païs où je n'ay d'espérance, ny comme on dit, de fortune à faire que celle qui dépend uniquement de vos charitez. Dieu sçait l'effort que ces raisons ont fait sur mon esprit, et les combats qu'il m'a falu soûtenir en moy même, avant que de pouvoir me résoudre. Mais enfin la grâce a vaincu ; Dieu l'a emporté sur le monde, et les raisons de mon salut sur toutes les raisons humaines ; et c'est, mes frères, pour vous le dire, que l'on m'a permis de monter en cette chaire... »

foy qu'ils ont embrassée, et dans la pratique de ses œuvres. Nous te demandons toutes ces grâces, ô notre grand Dieu, par les mérites de nôtre seul Médiateur Jésus Christ, au Nom duquel nous te faisons la prière qu'il nous a enseignée, *Notre Père*, etc.

(*Les motifs de la conversion à la Religion Réformée du sieur François de la Motte, cy-devant prédicateur de l'ordre des Carmes.* Londres 1675. in-4º).

Nº LVIII.
LETTRE DU CONSISTOIRE DE LA SAVOYE A L'ÉVÊQUE DE LONDRES
(1679).

« Il a pleu à sa Majesté establir L'Église françoise assemblée à la Savoye à condition qu'elle se conformeroit à la discipline de L'Église d'Angleterre, et Sa Majesté luy accorda le pouvoir de choisir ses pasteurs moyennant qu'ils fussent présentés à Vostre Grandeur, et ensuitte à luymesme. Selon cette permission du Roy, le Consistoire avec l'approbation des pères de familles a choisy divers pasteurs depuis l'establissement de laditte Église. Lesquels cependant qu'ils n'ont eu que nostre troupeau à paistre, nostre Église a fleury, et a esté en capacité de faire de grandes Charités selon sa petitesse : mais depuis qu'ils ont eu d'autres Églises à servir, la nostre est extrèmement d'escheue tant à l'esgard de la subsistance des pasteurs qu'à l'esgard du fond des pauvres : Mr Breval et Mr De l'Angle qui sont de ce nombre en ont donné depuis peu un grand tesmoignage : le premier s'estant retiré sans en avoir donné advis au Consistoire : s'estant contanté de le déclarer publiquement dans un Sermon qui a mal édifié les anciens, y mentionnant plusieurs choses qui n'estoient point à dire en Chaire : l'autre, à sçavoir Monsr De L'Angle[1] s'estant retiré dans son bénéfice sans avoir pourveu pour sa place : ainsy

---

[1] Jean Maximilien de l'Angle avait résigné en 1671 la cure de Walmer et reçu vers le 1er mai 1674 le vicariat de Riselip à 15 milles de Londres, conféré par le doyen et le chapitre de Windsor (Newcourt's *Repertorium*). Il y renonçait le 9 déc. 1682 et occupait de 1683 à 1686 le vicariat de Shebberstwell, de 1686-92 le rectorat de St George à Canterbury, en 1692 celui de Kingston, de 1692-95 celui de St Michel Royal à Londres, qu'il résignait le 15 août 1695 pour terminer ses jours comme recteur de Chartham 28 juin 1695-11 nov. 1724. (Wagner. *Pedigrees of the Du Moulin and De L'Angle families.* Londres 1883.)

de trois Ministres il nous reste que Monsʳ Dumaresq : et nous sommes en danger d'estre bien souvent dans le mesme estat : ces Messieurs estant obligés de résider une bonne partye de l'année dans leurs Bénéfices. Ce qui nous oblige, Monseigneur, à prier Vostre Grandeur de vouloir favoriser la permission qu'il a pleu à Sa Majesté nous accorder par sa lettre d'Establissement de pouvoir choisir un pasteur qui réside actuellement au milieu de nous pour faire luymesme ses fonctions, consoler les malades : nos Églises françoises d'outre mer n'estant point accoustumées d'estre servies par procureurs ou Vicaires ; la Constitution ne le permettant point ainsy que Vostre Grandeur en est persuadé, et nous octroyant ce que dessus, nous serons obligés de prier pour la prosperité et... de Vostre Grandeur laquelle nous supplions de vouloir considérer ce que dessus et l'estat présent de nostre pauvre Église : Soubmettant le tout à la haute prudence et Justice extraordinaire de Vostre Grandeur, faict par ordre de tout le Consistoire, Le 18 Novembre 1679.

Claude Denise Secrétaire du consistoire. »

Au dos :

« Complaint of yᵉ French Church at yᵉ Savoy. »

(*Rawlinson Mss.*, C. 984, Bodleian Library, Oxford.)

N° LIX.

HARANGUE AU ROY D'ANGLETERRE.

1681.

Exorde.

« Sire, ce n'est pas moy quy parle, quoy que ce soit moy quy porte la parole, ce n'est pas mesme Vostre Eglise françoise de la Savoye, quoy que ce soit elle quy demande très humblement Vostre royalle audiance, c'est, Sire, une sainte Colonie de protestans de France que la tempeste jette tous les jours dans vos ports, ce sont des Israëlites quy traversent la mer pour se retirer en Canaan, ce sont des marchands de l'evangille quy vendent tout ce qu'ils ont pour la perle de grand prix, et quy cherchent dans vos royaumes le Royaume des cieux, ce sont eux, Sire, c'est mesme en quelque façon tout le monde réformé quy s'explique aujourd'huy par ma bouche, et ma bouche n'est, pour ainsy dire, que l'écho de leur voix.

Les voicy, Sire, en nostre personne qui viennent, vostre déclaration à la main, se présenter devant le trône auguste d'où elle est émanée, et comme Vostre Majesté a prononcé en termes exprès qu'elle se fait un point d'honneur et de conscience de leur faire du bien, ils se font aussy un point de conscience et d'honneur de venir baiser ses mains sacrées quy les essuyent de leur naufrage et quy leur sont une source continuelle de bénédictions et de grâces.

Ils regardent, Sire, cette mistérieuse déclaration donnée en leur faveur comme un chef-d'œuvre de la providence, et, pour me servir de ce terme, comme un phénomène admirable aux yeux de l'église et du monde mesme. L'église édifiée l'admire comme le fait d'une piété extraordinaire, et le monde étonné la considère comme la production d'une prudence consommée. On écoute en tous lieux cest oracle de V. M. On la dit en Gath, on la publie en Ascalon et les sept montagnes retentissent du bruit quy s'en fait par tout : les Illes en frappent des mains et le continent repond aux Illes, le monde en parle, hors ceux à quy une déclaration sy plaine de zèle pour le nom protestant oste à jamais tout prétexte de parler et qu'elle condamne à un silence éternel.

J'entens mesme desja par avance les voix et les applaudissemens de l'équitable postérité, et sans doute que ce grand ouvrage et de la politique et de la bonne conscience sera également célèbre, et dans les annales du siècle et dans les annales de l'églize. Cest oracle de V. M. sera deux fois dans l'histoire témoin de sa sagesse et témoin de sa piété. On y verra paroistre avec éclat et la vertu humaine et la vertu divine et l'on sera en peine de juger quy y brille davantage, ou le monarque ou le défenseur de la foy.

Mais Sire, cette charitable déclaration a desjà trouvé une autre sorte de panegyristes dont Dieu luy-mesme, le roy qui fait les rois, prend plaisir à écouter les bénédictions et les louanges. Ce sont nos enfans, Sire, les petis Moyses qui flottent sur les eaux avant que d'avoir presque touché à la terre, ces pauvres orphelins, ces petis domestiques de la foy dont le grand défenseur de la foy se déclare le père ; ce sont ses anges de la terre quy, de concert avec les anges du ciel, bénissent Dieu de ce qu'il a fait par son oinct. Il me semble que je les vois dans le sein de leurs mères, attentifs à leur voix quand elles leur raconteront ce que Dieu a fait pour eux en nos jours par vostre ministère. Il me semble que je les vois quy commencent à bégayer le langage de vos peuples pour apprandre à vous bénir en plus d'une langue, et quy, pour leur première leçon, apprennent d'abord à lire cette tendre, cette paternelle déclaration de V. M. Il me semble que je les entens quy vous crient Sire, en vous voyant paroitre, Vive le Roy, Vive qui nous fait vivre et quy, avec la vie du corps, nous conserve celle de l'âme.

Il me semble encore que j'entens tant d'autres confesseurs de Christ de tous les estats, de tous les arts, de tous les ordres, que le monde vouloit prendre par famine, mais dont la foy, secourue par vostre charité a la victoire du monde. Je les entens, dis-je, quy parlent sans cesse entreux de V. M. et quy célebrent à l'envi sa royalle bénéfisance. Ah Sire quel doux concert..... »

(*Harangue au Roy d'Angleterre par un Ministre de l'Eglise françoise de la Savoye le 19 octobre 1681. Imprimé par exprès commandement de S. M. britannique à Londres.* Nous avons reproduit ce fragment qui forme à peu près la moitié du discours et qui est très supérieur au reste, d'après une des copies manuscrites du temps introduites en France et signalées par Elie Benoit. Elle appartient à M. Alex. Westphal, de Montauban.)

N° LX.

COLLECTE DANS LES DIOCÈSES.

Account of money paid into the Chamber of London, Upon the Brief for relief of the distressed french Protestants, Since the 245 L. from the Diocess of Chester, viz:

1682.   L. sh. d.

15. November. Received Of M*r* Tho : Gilbert collected in the County of Bedford Diocess of Lincolne . . . . 114 — 6

» Of the Lord Bishop of Ely collected in his Lordship's Diocess by the hands of M*r* William Binkes. 64 5 3

24. » Of the Lord Bishop of Winchester his Gift . . . . 100 — —

» Of the Lord Bishop of Durham collected in his Diocess . . . . 67 — 3

1682.   L. sh. d.
25. November. Of My Lord of London collected in his
              Lordship's Diocess. 95 9 10
27.   »   Of the Lord Bishop of Winchester col-
              lected in his Diocess . . . . . . 282 6 —
29.   »   Of the Lord Bishop of St. David's collec-
              ted in his Diocess per the hands of
              Mr William Thomas . . . . . . 50 19 —
1st December. Of the Lord Bishop of Hereford per the
              hands of Captain Hinde. . . . . . 120 — —
6.   »   Of the Lord ArchBishop of York per the
              hands of Mr Thwaits collected in the
              Arch-Deaconry of Nottingham . . . 105 — —
11.   »   Of Brook Bridges Esqr his Gift . . . . 20 — —
14.   »   Of the Lord Bishop of Lincolne collected
              in his Diocess by the hands of Mr Tho-
              mas Gilbert . . . . 232 — —$^{1}/_{4}$ [1]
        »   Of the Lord Bishop of Llandaff per Mr Tho-
              mas Cary. 63 18 3
        »   Of the Lord Bishop of Peterborough per
              Mr Nat(haniel) Sillesby 23 11 2
16.   »   Of Doctor Bell collected in St. Peters &
              St. Pauls Woolden in the Arch-Dea-
              conry of St. Albans. 8 16 10
    168 $^{2}/_{3}$.
10. January. Of the Lord Bishop of Lichfield & Coven-
              try per the hands of Mr Henry Palmer . 42 7 3
15.   »   Of the Lord Bishop of Rochester, per D^r
              Thomas Plume, Collected in the Arch-
              Deaconry of Rochester. . . . . . 60 — —
19.   »   Of the Lord Bishop of Norwich collected
              in his Lordship's Diocess . . . . 50 — —

[1] Contribution de l'Archdeaconry de Leicester; avant celle du 15 nov. de Bedford, le même diocèse avait déjà envoyé en juin 1682 de Stow 31L.—16—6, de Buckingham 304—7—4, et en octobre de Huntingdon 42—7—7, ce qui porte le total pour l'évêché de Lincoln du 21 juin au 14 déc. 1682 à 720 L.—15 s.—7 d. *Rawlinson Mss. Ibid.* fol. 47.

			L.	sh.	d.
168 ²/₃					
24.	»	Of the Lord Bishop of Durham per Mʳ Edward Arden	77	15	6
27.	»	Of Mʳ Thomas Burges Collected in Chipping-Sadbury in the Diocess of Glocester	—	7	6
10. February.		Of the Lord Bishop of Chester per the hands of Dʳ Dove, Collected in the Parish of Camberwell in the Arch-Deaconry of Surrey »	11	7	5

Au dos :

« *Account of the first Brief for the French Protestants with Receits.* »
(*Rawlinson mss.* C. 984, fol. 41. Oxford.)

Nº LXI.

LETTRE CIRCULAIRE DE L'ARCHEVÊQUE DE CANTERBURY SANCROFT AUX ÉVÊQUES DE SA PROVINCE.

« Right Reverend Father in God, and my very good Lord. The inclosed Petition, directed to me, and all the Bishops of this Province, was, not long since, presented to me by some of the Ministers of the Reformed Church of France, now here, in behalf of themselves and their Brethren. The Case of those poor Exiles in general is so sad that it needs no Aggravation; and indeed is scarce capable of any : But that of their Ministers is much more calamitous ; they being deprived, not only (as the Rest) of their Native Country, and all the Comforts and Supports which usually it brings with it; but even of the Exercise of that holy Calling to which they had dedicated themselves, and the Advantages which ought to attend it. Their Request (Your Lordship sees) is modest and general ; that we would assist them in this their great Necessity, in such a way as we should think most suitable to their and our Condition. But when I put them in mind that their want of Language rendered them incapable of Employment in our Church (if our own over-great Numbers of English Clergymen left any Room for them) and therfore prest them to be more particular in their Proposal, they desired that every Bishop in the Province might be moved to provide an annual Subsistence for one of them (which he should chuse out of the whole Number) by a Contribution to be made by the Dignified and more wealthy Clergy of each Diocese, in such proportions as they could by their own Examples and Persuasions procure Subscriptions for. To this Proposal I told them they could not expect I should give Answer, till I had consulted all my Brethren, who are concerned in it, and received their Opinions and Resolutions thereupon. Tis for this reason that I send Your Lordship this circular Letter, to be by You communicated (with the Copy of the Petition) to all the Bishops in the Province; together with my Desire that I may receive in writing their speedy Answer to the same. In Expectation whereof, and firm Hope that it will be such as becomes Us, in Respect to their distressed and our more prosperous Condition; I heartily bid Your Lordship Farewell; and remain,

Lambeth H. Sept. 28, 1683.

Your Lordship's affectionate Brother
W. Cant. »

(*Rawlinson mss.* C. 984, fol. 45. Oxford.)

N° LXII.

IPSWICH.

Monseigneur

Obéissant au Commandement de vostre grandeur, je vous Envoye avec la presente l'Etat des toilles d'Ipswich, la manière dont on a fait les lots pour en disposer : quand vous l'aurés aprouvé, vous remarquerés à quoy revient l'Elle de chacune sorte, & à Combien ceux que les ont evaluées estiment chaque sorte. Il est vray qu'à la vente, elles pourront monter de quelque chose mais jusqu'où cella pourra aller c'est ce que je ne puis juger. Cella dependant de l'encouragement ou du découragement que les achepteurs y trouveront après les avoir examinées de prés. Je vous renvoye aussi, Monseigneur, la Letre de ces gens d'Ipswich la quelle Monseigneur Le Preux rendit hier à la bourse à un de mes fils, lors que vostre Grandeur se sera donné la peine de reconnoistre de pres l'état des toilles, elle trouuera asseurement qu'on a eu raison de dire de bouche et par Lettre ès Sieur Coupé et Dubois qui conduisent cette manufacture à Ipswich qu'il est de la derniere nécessité de réduire les ouvriers sur un pied que la manefacture puisse subsister. Estant tout clair qu'à moins de quelque ressource improveuë, elle ne peut pas estre soutenüe, y aiant tout aparence que le capetal se consommera bien plus vite qu'on n'avoit preveu. J'atendray les ordres de vostre Grandeur pour m'y conformer entierement, Cependant je suis dans un profond respect,

Monseigneur, votre très humble et très obéissant Serviteur
Carbonnel.

Londre Le 19 avril 1685. »

Au dos : « A Monseigneur Monseigneur L'Évesque de Londre, En Sa maison à Fulham. »

(*Rawlinson mss.* C. 984, fol. 57.)

N° LXIII.

ADRESSE DES PESCHEURS FRANÇOIS A L'EVEQUE DE LONDRES.

A La Rye le 7me Juin 1686.

« Monseigneur

Comme c'est par les soings, et par la Charité de vôtre Grandeur que sommes à prezant munis d'un veritable Ministre de Christ (au moings suivant tout apparance) ce dont avions grand bezoing, Nous avons creu estre de nostre debvoir de Vous en randre très humble grace ce que faizons par la présante, En continuant de prier Dieu qu'il Luy plaise vous combler de ses plus précieuses bénédictions pendant tout le cours de vôtre vie pour en fin parvenir à la Gloire de son Royaume Céleste : ce sont les vœux et les prières de ceux qui sont en tout respecq et révérance, de

Vôtre Grandeur

Les très humbles, très-obeissants et très-soubsmis Serviteurs, les maitres Pescheurs françois Etablis en ce lieu et pour Tous Jean Vignaud, Jacque Renaud, Eloy Chier, Jean Bodin, Jean Bouchet, Daniel Savarit Et pour Maistre de barque Anri Garion. »

Au dos : « Au Révérant Pere en Dieu Henry Seigneur et Evesque de Londres, à Londres. »

(*Rawlinson Mss.* C. 984 fol. 72.)

N° LXIV.

(Communication de M. N. Weiss.)

PERMISSIONS ACCORDÉES PAR S. M. LOUIS XIV A DES MINISTRES OU PROFESSEURS DE LA R. P. R. DE SE RENDRE EN ANGLETERRE.

(Janvier 1682 au 2 octobre 1685.)

Les *minutes* de ces permissions se trouvent dans les registres des *Affaires intérieures* aux Archives du Ministère des Affaires étrangères, à Paris. Parfois elles ont été enlevées de ces registres et ne figurent plus qu'à la Table dont quelques-uns d'entre eux sont pourvus. Nous avons dépouillé les registres à partir de l'année 1680. Il ne s'y trouve aucune permission pour les années 1680 et 1681. A une époque antérieure à la première de ces deux dates, on voit par un dossier de la série T. T. aux Archives nationales (138 I), que le pasteur *Jean Jacques Gaches*, fils de Ramond Gaches et d'Izabeau Vignaux, était «chapelain ordinaire juré du Roy d'Angleterre». Il revint à Castres en 1681 pour y régler quelques affaires et fut aussitôt enfermé au fort de Brescou, d'où, par ordre du roi, du 9 juillet de la même année, il fut tiré et mis en liberté, à la charge de retourner dans un mois en Angleterre «comme se trouvant y avoir engagement», ce qu'il fit dans ce délai. Ses biens n'en furent pas moins mis en régie, et il demanda à en être mis en possession en 1688. Il avait un frère Henry.

Voici maintenant, en suivant l'ordre chronologique, les permissions que nous avons pu retrouver pour les années 1682 à 1685 (2 octobre). Le roi ne paraît pas en avoir accordées après cette dernière date. Les noms mis entre parenthèses ne se trouvent pas dans les minutes ici résumées, mais ont été suppléés grâce aux manuscrits de feu M. le pasteur Auzière conservés à la Bibliothèque de la Société de l'Histoire du Protestantisme français. On ne peut affirmer que le nombre des permissions n'a pas été plus considérable, ni garantir l'orthographe souvent fort négligée dans les minutes des secrétaires d'État, mais qu'on a rectifiée toutes les fois que cela a été possible.

Année 1682 [1].

1) Avant le 13 janvier, Permission au sr. (André) LORTIE (*La Rochelle*), de demeurer en Angleterre.

---

[1] Arch. des Aff. étr. *France*, 901, table, au mot *Permissions*, et f°s. 128 et 176.

2) Avant le 16 mars, P. au sr. (Paul) TESTARD (*Dangeau?*), de passer en A.
3) 16-19 juin, P. au sr. (Élie) BREVET (*Bourgneuf?*) id.
4) 26-30 juillet, P. au sr. (Charles) PIOZET (*Le Mans*), de demeurer en A.
5) 11 août, P. au sr. (Samuel Baux de) LANGLE, *Paris*, de s'aller habituer en A.
6) 30 nov., P. au sr. (César) DE BEAULIEU, *Quintin* (Bretagne), de s'établir avec fam. en A.
7) 8 déc., P. au sr. VIGNON, *Bouzun* (*Bougoin?*) en Poitou, de se retirer av. fam. en Angleterre.[1]

Année 1683 [2].

8) 21 janvier, P. à Pierre ASIMONT, *Montory* (Béarn), de chercher de l'emploi en A. ou Hollande.
9) — — à Samuel ASIMONT, *Malevirade*, de chercher de l'emploi en A. ou Holl.
10) 22 février, P. à Ph.? LE ROY, *Poirouse* (*le Poiré?*) en Poitou, d'aller en A. ou Holl.
11) 4 mai, P. au sr. (David) PRIMEROSE, *Rouen*, de continuer pour toujours sa demeure en A.

Année 1684 [3].

12) 28 février, P. à Jacob SATUR, M. à *Montauban*, de se retirer avec fam. en A.
13) 8 mars, P. à Moyse VIRIDET (*Grosmesnil*) en Normandie habitué en A. d'y continuer sa demeure avec sa femme en jouissant de son bien en France.
14) 9 — P. à (Jean) BOMPAR, *Châtillon-sur-Loire*, de se retirer av. fam. en A.
15) 30 — P. à (Jean) DE SARTRE, *Montpellier*, de se retirer en Angleterre.
16) 13 sept., P. à (Jacques) QUARTIER, *Vendôme*, de se retirer av. sa fam. en A.

---

[1] M. Cés. Pascal, (*Bull. du Prot. XL*) cite pour la même année DÉSAGULIERS, ministre d'*Aytré*. (Aff. étr. Angleterre, T. 145, 268).
[2] Arch. des Aff. étr. France *964*, table et fol. 45; et *966*, fol. 20.
[3] Ibid. *969*, fos. 73, 80, 91, 121, 273 et 323.

17) 24 nov., P. à Pierre ISARN, *Montauban*, de se retirer avec sa fam. en A.

Année 1685 [1].

18) 4 janvier, P. à (Jacques) MISSON, *Niort*, et fam. de se retirer en A.
19) — — (Charles) LE CÈNE, *Honfleur*, fam. et 1 servante de se retirer en A.
20) — — (Jean) DES ORMEAUX, *Herli*, et famille de se retirer en A.
21) — — (Paul) GEORGES, *Guise*, et fam., id.
— — (Pierre) ISARN, *Montauban*, et fam. de se retirer en A. [2]
22) 22 février, P. à (Jean) MODEUX, *Marsillargue*, id.
23) — — (Jacques) CAPEL, prof. d'hébreu à *Saumur*, id.
25 — P. au sr. (Samuel Baux) DE LANGLE, *Charenton (Paris)*, id. [3]
24) 6 mars, P. à (Jacques) DE PREZ, *Saumur* et fam., id. [4].
25) — — à DE GILBERT (de Salières), m. *au Pradel* seul, de se ret. en A.
26) 27 mars, P. à Jean TIREL, m. à *Gavray* en Normandie et fam., id. [5]

---

[1] *Ibid. 973*, fos. 20, 50, 55, 65, 82, 95, 150 et 166 ; *et 975*, fos. 10, 23, 52, 96, 123, 138, 151.

[2] Sans doute la permission accordée au même Pierre Isarn le 24 nov. 1684, n'avait pu être utilisée, peut-être à cause de la mauvaise saison, ou à cause du procès dans lequel ce pasteur avait été enveloppé (Voy. *France prot.* VI, 21, 22) et dut être renouvelée. Ce fait dont on trouvera plus loin encore deux exemples (*Daubus* et *Gousset*), semble indiquer que ces permissions n'étaient valables que pour un temps très court et strictement limité.

[3] Après avoir fait usage de la permission obtenue déjà le 11 août 1682, « de s'aller habituer en Angleterre », de Langle est revenu en France et a eu besoin d'une seconde autorisation.

[4] L'université d'Oxford, sur la recommandation du marquis de Ruvigny, conférait le doctorat le 9 septembre à J. de Prez, « professeur de théologie à Saumur et provincial du collège, forcé par le roi de France de quitter sa patrie. »

[5] C'est sans doute lorsqu'il voulut faire usage de cette permission, que ce pasteur fut emprisonné à la requête des directeurs de l'hôpital de Coutances (19 mai 1685), voy. *France prot.* IX, 388. — Voici, d'ailleurs, à titre d'échan-

27) 27 mars, P. à Jean JEMBLIN, *St-Pierre-sur-Dives*, id.
28) — — Jean RENAUDOT, m. et prof. à *Saumur*, id.
29) — — SARATEAU, prof. à *Saumur*, id.
30) — — Isaac COTTIÈRE, m. à *Angoulême*, id.
31) 14 avril, P. à (Pierre) HAUPAIS, m. à *Pontorson*, et fam. de se retirer en Angleterre.
32) 28 mai, P. à (Charles) DAUBUS (puîné) m. à *Pujols*, id.
33) 13 juin, — Jacques FRONQUES DE BOIS D'ABERT, régent à *Saumur*, et femme, de se ret. en A.
34) — — Marc GUITON, m. au château de *Montaigu*, femme, 4 enf., 1 nourrice, id.
35) — — César PÉGORIER, m. à *Senitot*, femme et 1 enf. de se ret. en A.
36) — — Jacques DE BRISSAC, m. à *Nantes*, femme et 5 enf., id.
37) 2 juillet, P. au sr. (Pierre) FONTAINE (fils), m. à *Salles*, femme et 2 enf.
38) — — (Philippe de) LAMBERMONT, *Chaltray*, femme et enf., id.
— — Charles DAUBUS, *Pujols*, de se ret. en Angleterre[1].
39) — — Isaye DAUBUS, *Nérac*, femme et 4 enf., id. [2].
40) — — (Jean) FARCY, *Mouchamps*, femme et 1 enf., de se ret. aux îles de Jersey et Guernesey.

tillon, le texte même de la minute le concernant (Arch. Aff. étr. 973, 82): « *Permission de sortir du Royaume pour le sr. Jean Tirel, cy devant ministre de la R. P. R. à Gauray en Normandie.*

Du 27 mars 1685 à Versailles.

Aujourdhuy 27 mars 1685, le Roy estant à Versailles, ayant esgard à la très humble suplication que luy a fait faire le sr JEAN TIREL cy-devant ministre de la R. P. R. à *Gauray* en Normandie, de se retirer en Angleterre avec sa femme et sa famille, comme aussy de vendre le bien qu'il a en France; Sa Ma^{té} leur a accordé la permission qui leur est nécessaire, les relevant pour cet effet de la rigueur de ses ordonnances en vertu du présent brevet qu'elle a voulu signer de sa main et estre contresigné par Moy son Con^{er} Sec^{re} d'Estat et de ses Commandements et Finances. Idem pour le sr Jean Jembelin, etc. »

[1] Voy. plus haut note 2.

[2] Il mourut en route entre Paris et Calais, mais la veuve conduisit les trois enfants en Angleterre ; ils y fondèrent une famille qui se continue.

41) 2 juillet, — (Charles) DE LA NOÉ, *Aillières*, de se ret. en Angleterre.
42) — — (Louis) FLEURY, *St.-Lô*, femme et 2 enf., *id.*
43) 15 juillet, P. à Jacob MARCHAND, *Vielevigne*, femme, 2 enf. et 1 nourrice, *id.*
44) — — (Daniel) MONCEAU, *Châtellerault*, et femme, *id.*
45) 13 août, P. à Daniel BRUMOIS, *Groucy*, (Grouchy) et femme, de se ret. à Jersey.
46) — — Jacques GOUSSET, *Poitiers, id.*
47) 30 août, P. à Daniel DU TEMS, *Sorges*, femme et 3 enf., de se ret. en Angleterre.
48) 16 sept., P. au sr. Élie MARIOTHEAU, *Cognac*, femme et 6 enf., *id.*
49) — — François RESPEY, *Montauban*, femme et 4 enf., *id.*
50) — — Isaac BRASSARD, *Montauban*, femme et 6 enf., *id.*
— — Jacques GOUSSET, *Poitiers*, femme et 3 enf. *id.* [1].
51) — — Isaac D'HUISSEAU, *Mirebeau*, femme et 6 enf., *id.*
52) — — Jean-Pierre ST FAUST, *Montauban*, de se retirer en A.
53) — — Jean FAUCHER, *Monflanquin, id.*
54) 26 sept., — (Jean) LOMBARD, *Sorges*, femme, 3 enf., 1 nourrice, *id.*
55) — — (Jean) RIVASSON, *Sigoulès*, seul, *id.*
56) — — Pierre BOSSATRAN, *Niort*, femme et 2 enf, *id.* [2].
57) 2 oct., — Jacques MORIN, *Moëse*, femme et 2 enf., *id.*
58) — — CARÉ, *la Rochechalais*, seul, *id.*

[1] Même remarque que pour Ch. Daubus.
[2] La *France prot.* l'appelle *Baussatran*. Il y aurait, on le comprend, bien d'autres remarques à faire, soit sur les noms de certains de ces pasteurs, totalement inconnus, comme *Galliot de Cavilois sr. de Soustenelle*, etc., soit sur ceux de certains lieux où il y avait des Églises réformées, mais on ne peut entrer ici dans ces détails. Ajoutons, toutefois, que certains de ces pasteurs finirent par se fixer dans d'autres pays que l'Angleterre, tandis que d'autres qui avaient obtenu la permission de se rendre, par exemple, en Hollande, terminèrent leur existence en Angleterre.

59) — P. à Galliot de Cavilois sr. de Soustenelle, m. en la maison du sr. *du Portail*, femme et 4 enf., de se retirer en A.
60) 2 oct., — Benjamin de Daillon, *la Rochefoucauld*, femme et 6 enf., *id.*
61) — — Olivier Loquet, *Marennes*, et 5 enf., *id.*
62) — — Alexandre Desqueyrac, *St-Justin*, femme et 5 enf., *id.*
63) — — (Pierre) Silvius, *Montreal*, femme et 1 enf., *id.*
64) — — (Guillaume) Belveze, *Meauzac*, femme et 5 enf., *id.*
65) — — Jean Barbot, *Réalville*, femme et 3 enf., *id.*
66) — — Jacques Morin, *Saintes*, femme et 2 enf., *id.* [1]

[1] Généralement ces permissions furent accordées à des pasteurs violemment dépouillés de leurs Églises, et comprenaient pour eux l'autorisation de vendre préalablement leurs biens. — On trouve aussi un certain nombre de permissions délivrées à des laïques, comme, par exemple, le 9 juillet 1682, au sr. de Louvigny, de la R. P. R., d'aller servir le roi d'Angleterre (Aff. étr. *Fr. 961*, 113); le 27 octobre 1682, aux épouses du ministre Gommarc et du marchand parisien Gervaise fils, de se rendre en A. (Cés. Pascal, article cité plus haut); ou le 5 avril 1684, au sr. Isaac de la Croix, joaillier, de la R. P. R., de se retirer en Anglet. (Aff. étr. *Fr. 964*, fo. 126). Mais, ce qui est plus frappant, ce sont les permissions accordées, par ex., le 3 sept. 1685, au sr Temple, *anglois*, de contracter mariage avec la dam[elle] *Marie de* Rambouillet, de la R. P. R.; — ou encore, le 31 mai de la même année, à *Thomas* Cholwic, *anglois*, de la R. P. R. à *Rouen*, de passer 6 mois en Angleterre, avec un valet, « à la charge de donner caution de son retour ». (*Ibid. 975*, f°. 110, et *976*, f°. 282.)

ILES DE LA MANCHE.

N° LXV.

POLICE ET DISCIPLINE ECCLÉSIASTIQUE DE 1576.

Table des matières contenues en la presente Police.

La Preface,
Du Magistrat et de son office,
Des charges ecclesiastiques,
Des Ministres et de leur election,
Le moyen d'instaler les Ministres en leur charge,
L'office des Ministres,
De la deposition des Ministres,
Des docteurs et lecteurs en Theologie,
Des maistres d'eschole et leur office,
Des anciens et de leur election,
Des Diacres,
La maniere de les instaler en leur charge,
De l'assemblée generalle de l'Eglise,
Du consistoire,
Du Colloque,
Du Synode,
Des estudians et proposans,
Du Mariage,
Des degrez de consanguinité,
La maniere de faire les fiançailles,
Du baptesme,
De la Cene,
Des censures Ecclésiastiques,
La forme de publier l'excommunication,
La forme de recepvoir en la paix de l'Eglise,
De la visitation des malades et des Testamens,
De la Sepulture,
Advertissement pour le particulier.

Police et discipline Ecclésiastique des Eglises Réformées ès Isles de Gerzé, Guernezé, Serk et Origni, arrestée et conclue d'un commun accord par Messieurs les Gouverneurs des dittes Isles, et les Ministres et Anciens assemblés au Synode tenu à Guernezé au nom de toutes lesdittes Eglises le 28 jour du mois de Juin l'an 1576.

Si la Police et discipline Ecclésiastique est à bon droit comparée au Gouvernail d'un Navire pour servir de conduicte et addresse à l'Eglise de Dieu, à ce qu'elle ne soit abysmée des troubles et tempestes dont souvent elle est agitée : Si elle est bonne et seure gardienne de la foy : si elle est comme les nerfs sont en un corps pour unir et tenir les membres en leur lieu : bref si elle est maîtresse de vertu, bienséance et bon ordre en la maison de Dieu lequel est auteur de tout bon ordre, de là sensuit qu'elle est non seulement prouffitable, mais aussi nécessaire à tous fidèles et enfans de Dieu pour les retenir en debvoir. Cependant il convient que ceste Police soit enserrée et retenue en ses bornes de peur qu'en extravagant et usurpant ce qui n'est pas sien, elle ne mette tout en confusion et désordre. Car quoy que le Royaulme spirituel de Christ n'abatte point, ains establisse et conferme les Royaulmes terriens, quoy que l'Evangile ne renverse point les loix civiles, si est-ce que ceste Police Ecclésiastique qui vrayment est spirituelle, est diverse et distincte de la Police et jurisdiction civile. Et ne fault pas que ces deux glaives soient mis comme en une gaine, l'une et l'autre estant ensemble confuses : et moins encor' est-il convenable que par ceste discipline la tyrannie qui par cy devant à esté exercée sur les ames et conscience des fidelles soit remise sur. Non toutesfois qu'elle soit contraire, tirant tout au rebours de l'aultre et la destruisant ; plutost elle luy tend la main et lui sert d'ayde à faire obéir les Magistrats et supérieurs, alaigrement et pour la conscience. Mais comme en la République les loix mortes de soy vivent par les Magistrats qui les font exécuter ; ainsi fault il qu'il y ait quelque reiglement en l'Eglise pour conserver en leur entier, tant la sainne doctrine, l'administration légitime des sacremens, et l'invocation pure du nom de Dieu que pour inciter par ceux qui ont charge en l'Eglise, le peuple à mettre et suivre en pratique ce que Dieu nous commande par sa Parole. Car selon la diversité qui est ès hommes il convient instruire les uns, admonester et corriger les aultres, donner conseil aux uns et consoler les aultres : et le tout par la Parole de Dieu. Non que ce soit une aultre Parole que celle qui est preschée en publicq et en commun à tous, mais d'autant que quand on parle en publicq, chacun pense que ce qui est dit généralement s'adresse plutost à son compaignon qu'à soy : c'est pourquoi il est besoing que les admonitions, consolations, repréhensions et censures soyent particulièrement appliquez et addressées aux paresseux, affligez et delinquans. Pour dire le tout en un mot, le Magistrat frappe du glaive matériel et punit par bannissement, prison, fouets, gibbets et supplices corporels. Mais les Ministres et anciens usent du glaive spirituel de la Parole de Dieu, des censures, et enfin de l'excommunication : et taschent par la bride de la discipline de retenir un chascun au debvoir de sa vocation[1].

En quels estats l'Eglise est divisée.

Toute l'Eglise, qui est la Compagnie des Fidèles, peut estre divisée en trois ordres et estats ; assavoir ès Magistrats, en ceux qui ont charge en l'Eglise et au reste du peuple.

Sous les magistrats sont comprins Messieurs les Gouverneurs Supérieurs et autres Officiers de Justice qui sont establis par les Rois, Potentats, ou Républiques et Communautez.

Du Magistrat et de son office.

Le Magistrat fidèle, qui est le premier et principal membre de l'Eglise et ordonné par dessus tous sans exception, a le glaive en main pour faire garder les commandements de Dieu tant de la première que seconde table de la Loy, de l'observation de laquelle résulte le bien, la paix et repos publicq. Quant à la première table donc, il procurera à son pouvoir que l'honneur et pur service de Dieu soit maintenu, toutes Idolatries et superstitions abbatues, les blasphèmes réprimez, le Ministère de la Parole de Dieu révéré, que le peuple assiste à la prédication ès jours ordonnez, faisant à ceste occasion cesser toutes trafiques, jeux dissolus et scandaleux, comme cartes et dez, danses et aultres desbordemens, fermer les boutiques et tavernes, et chastier tous contempteurs de Dieu et perturbateurs de l'ordre et réformation ecclésiastique, suyvant l'exemple des bons Roys, comme David, Ezéchias, Josias, Josaphat, et des Empereurs Chrestiens, comme Constantin et Théodose. Quant à la seconde table, il pourvoira à la Police et Justice civile, et à l'entretien des bonnes mœurs

[1] Tout ce préambule a disparu dans la seconde Discipline.

selon les loix, uz et constumes du pays, empeschant la longueur des procès, les fraudes et circonventions, punissant les mauvaix et délinquants, et maintenant le droict des bons et simples comme Dieu le commande par sa Parole.

De ceux qui ont charge en l'Eglise.

Quant aux officiers ecclésiastiques, les uns ont la charge d'enseigner comme les Ministres de la Parole de Dieu et les docteurs en théologie ; les autres ont l'œil sur les mœurs du troupeau de Christ, et les troisiesmes ont la dispensation et maniement des biens ecclésiastiques et ausmosnes des poures.

Des Ministres ou Pasteurs de l'Eglise et premièrement de leur élection.

Ceux sont Ministres ou Pasteurs qui annoncent et preschent la Parole de Dieu, appliquans et accommodans l'Escripture aux usages de l'Eglise et aux temps, administrent les sacremens et font les prières publiques et gouvernent l'Église avec les Anciens et Diacres, selon la Police Ecclesiastique, d'aultant que nul se doit ingérer en la charge de Ministre et Pasteur de l'Evangile sans légitime vocation, tant intérieure qui est un certain mouvement du St-Esprit en la conscience, qu'extérieure qui se fait par les hommes. C'est ordre sera tenu en l'élection et promotion des Ministres qui seront nommez et présentez par Mess les Gouverneurs ausquels ce droict appartient : Premièrement on n'admettra personne en la proposition ordinaire pour proposer la Parole de Dieu, qui ne soit bien cognu estre de bonne vie et conversation paisible et honneste, qui n'ayt bon comencement en la doctrine du Catéchisme, qui ne soit douë de sens commun et de quelque jugement et dextérité et n'ayt gousté les bonnes lettres s'il est possible.

Or celuy des proposans qui debvra estre esleu estant demandé de quelque troupeau qui aura besoing d'estre fourny de pasteur, après avoir esté assez de temps exercé à traitter l'escriture en la proposition ordinaire, sa vie premièrement sera diligemment, et sans hayne néantmoins, faveur, ou autre passion, examinée par les Ministres et Anciens qui seront assemblez au Colloque. Puis luy sera baillé texte de l'Escripture que la Compaignie trouvera bon, lequel il proposera au Colloque ensuyvant ou en assemblée extraordinaire si l'on estoit pressé, et sa doctrine examinée, derechef on luy baillera encore ung aultre texte pour proposer, afin de mieux cognoistre, ayant ouy deux ou trois foys sa dexterité à traicter l'Escripture. Et lors s'il est trouvé suffisant, ayant tesmoignage certain de bonne vie et saine doctrine, selon le patron que l'Apostre en baille, en tant que la fragilité humaine le peust porter, il sera receu par la Compaignie des fidèles Ministres. Et après sera nommé au peuple et à l'Eglise à laquelle il debvra servir, qui aura huict ou quinze jours pour donner son advis et consentement quand à la vie, lequel entendu, il ira prescher trois ou quatre fois comme il sera trouvé bon en la dite paroisse. En après que le peuple aura ouy sa doctrine il approuvera ou refusera son élection. S'il y avoit cause de quoy, Messieurs les Gouverneurs avec le Colloque jugeront les parties ouyes. Que si le peuple donne son consentement et approuve l'élection faicte, l'un des Ministres qui sera choisi par l'assemblée, ira l'instaler en la charge de pasteur, avec l'imposition des mains, prières et jeusne précédent, s'il est besoing, et le tout sans ceresmonies ou superstition à la façon qu'il sera dit cy après.

Quand à ceux qui auroient esté Curés exerçeans le Ministère ils ne seront point reçeus qu'avec examen et bonne preuve tant de leur vie que de leur doctrine, lesquelles cognues la main d'assotiation leur sera baillée avec promesse telle que sera mise cy après.

Quand aux Ministres qui auroient exercé le ministère en d'aultres Eglises et seroient envoyés ou refugiés en ces Isles, il suffira pour estre reçeus à prescher et estre employez au service de quelq. Eglise qu'ilz ayent approbation et bons tesmoignages des Eglises dont ils seroient partis et soyent bien cognus. Bref la main d'assotiation ne sera baillée à aucun sans preuve suffisante de bonne vie et doctrine, Et tiendra on le mesme ordre en tous ceux qui seroient presentés et admis par Messieurs les Gouverneurs afin de n'introduire au gouvernement de l'Eglise gens incognus, ignorants et qui n'auront les choses requises à vrais Pasteurs, et de couper chemin aux coureurs.

Le moyen d'instaler les Ministres en leur charge.

Premièrement sera mandé à celuy qui aura este désigné au Ministère, s'il se sent appellé en ceste charge si saincte, puis on luy fera faire la promesse qui en suit, soit au Colloque, soit au Synode.

Vous N. promettés devant Dieu et ceste assemblée que vous luy servirez fidèlement et diligemment au ministère auquel vous estes appellé parlant et annonçant fidèlement sa Parole pour édifier l'Eglise, et que n'abuserés point de sa doctrine pour servir à vos affections charnelles n'y pour complaire aux hommes, mais que vous en userez en sainne conscience pour servir à sa gloire et advancement de son Règne et au profist et salut de son peuple auquel vous estes debteur. Item que vous mettres peine de converser en vostre Ministère tant qui vous sera possible sainctement, justement et religieusement sans repréhension et scandale, tant en la vie qu'en la doctrine. Item que garderez et ferez garder aux aultres, entant qu'en vous sera, les ordonnances Ecclésiastiques et la discipline reçeue d'un commun accord et consentement en ces Isles, vous assujettissant vous mesme aux corrections et censures paternelles de l'Eglise comme les aultres frères suyvant la Parole de Dieu. Et d'aultant que par icelle charge vous est donnée d'admonester et reprendre ceux qui auroyent failli, vous promettés aussi de vous en acquicter loyaument sans donner lieu à quelque bruict léger, n'y à hayne, faveur, vengeance ou aultre affection désordonnée. Et en général de faire ce qui appartient à un bon et fidèle Pasteur. Item de garder et maintenir en ce qui vous sera possible, l'honneur et le bien du Royaulme d'Angleterre en général et de l'Isle en particulier, mettant peine que le peuple vive en bonne paix et union sous le gouvernement de Sa Majesté, Monsieur le Gouverneur, son Lieutenant, Baillif, et officiers de la justice, sans donner aucun consentement à chose qui y contrevint, mesmes d'estre subject aux statuts, uz, et police civile du pays et du Royaulme, de monstrer bon exemple à tous, vous rendant pour vostre regard particulier subject et obéissant aux loix, à Monsieur le Gouverneur et Magistrats en tant que portera vostre office, c'est-à-dire, sans préjudicier à la liberté que devez avoir d'enseigner, admonester, ou reprendre, selon que Dieu vous le commande, servant tellement aux supérieurs que ne soyés empéché de rendre à Dieu le service que lui debvez en vostre vocation, *en laquelle vous promettes de persister servant à Dieu et à son Eglise tant en prospérité* qu'en adversité, tant en paix, qu'en guerre, peste ou aultre affeiction [1].

Response : ouy.

Ceste promesse faicte on adjoustera ceste remonstrance.

---

[1] Cette promesse de persister quoi qu'il arrive, fait défaut dans la deuxième Discipline.

Par ainsi, frère, prenez garde à vous mesme, et qu'en ceste vocation de Dieu vous conversiés dignement ainsi qu'il appartient à un loyal serviteur du Seigneur, paissés le troupeau de Christ qui vous est commis ; ayes en soing, non point par contraincte ains voluntairement et de bon cœur et de bon courage, non point pour gain deshonneste, ains ayant seulement esgard à la gloire de Dieu, et au salut du peuple ; non point comme Seigneuriant sur l'Eglise, ains en humilité et crainte suyvant la Parole de Dieu, en sorte que soyes en exemple au troupeau. Cependant ne vous découragés point pour les afflictions qui vous surviendront en exécutant vostre charge; plutost soustenez constamment et en toute patience les mespris, opprobres, et reproches des hommes addonnez au monde. Et au contraire ne vous eslevez point si vos affaires prospèrent et quelque chose vous vient à gré. Ne souhaittes point les richesses et honneurs de ce monde, de peur qu'en estant enyvré vous ne vous endormies et apparaississies, et que vous dormant, l'homme ennemy ne vienne et sème son yvroie au champ du Seigneur. Consolés aussi les affligés comme veufves, orphelins, et notamment pour l'Evangile ; visités les malades, subvenez aux pauvres de vostre pouvoir, heberges les estrangez selon les moyens que vous aurés. Souvienne vous en somme qu'il vous faudra rendre conte des talens qui vous sont commis et regardez d'en bien trafiquer, afin que finalement vous oyez ceste voix tant amiable: c'est bien fait bon serviteur, entre en la joye de ton Seigneur. Et qu'ayant surmonté tous labeurs, afflictions, et empeschemens, vous remportiez enfin la couronne de gloire incorruptible, quand ce souverain et éternel prince de tous pasteurs, et universel Evesque de nos âmes apparoistra en nostre rédemption.

Ceste remonstrance faitte au Colloque et le temps expiré que le peuple debvra donner son consentement à l'élection faicte, le Ministre qui fera le sermon et imposera les mains au Pasteur, fera ceste remonstrance en la présence de toute l'Eglise en laquelle le dit pasteur debvra estre posé, pour monstrer l'institution du Ministère, si d'adventure il n'en vouloit traicter de propos délibéré au Sermon.

L'escripture nous tesmoigne souvent, et la raison et nécessité nous monstrent, que le Ministre de l'Evangile est institué et ordonné de Dieu en son Eglise pour l'assemblage et édification d'icelle, et de fait le moyen ordinaire dont Dieu se sert pour créer, faire croistre et confermer la foy en nous et nous amener à salut est la Prédication de la Parole de Dieu, *Math. 10, 18, 28 Marc 16 Jean 20 Corinth. 12 Ephésiens 4*

1 Actes 12-14 l'administration des sacremens et que nous soyons gouvernez soubs la la Police que nostre Seigneur Jésus-Christ a establie en son Eglise qui est sa maison, ce qui ne se peust faire qu'il n'y ait des Pasteurs ordonnez à cela. Non toutesfois que Dieu soit astrainct et attaché à ces aydes et moyens inférieurs et comme subalternes : Mais d'autant qu'il luy plaist s'en servir comme estants plus propres et convenables à nostre naturel. Car si Dieu parloit du Ciel nous ne pourions porter sa voix sans estre accablez de fraieur comme il se voit ès Pères en la publication de la Loy. Cognoissant donc la rudesse et vanité de nos entendemens, et que ce n'est pas assez pour nous amener et nous entretenir en sa cognoissance que nous lisions sa Parole en nostre privé, il nous ordonne des hommes semblables à nous qui sont légitimement appellez suyvant la reigle contenue en sa parole comme cestuy nostre frère, lesquels il authorise et fournit des dons propres pour nous enseigner de vive voix par leur bouche, voulant mesme par ce moyen esprouver et humilité et obéissance de nostre foy, ascavoir si nous recevrons sa Parole comme venant de luy sans avoir esgard à la petitesse de ceux par lesquels il *1 Corinth. 1* nous l'addresse. Et si nous ne mespriserons point ses thrésors célestes pour nous estre présentez et offerts en vaisseaux de terre comme dit l'Apostre. Et ce St Ministère est de telle vertu et efficace et en telle estime devant Dieu, qu'il ratifie au ciel ce qui est fait icy bas en terre légitimement par les Ministres, en l'authorité de sa Parole de laquelle ils sont Ambassadeurs.

1 Jean 20 Car à tous ceux auxquels ils remettent les péchez en terre *legitimement* ils leurs seront remis au ciel et à tous ceux auxquels ils les retiendront ils leur seront retenus. Et à ceste fin Christ leur a baillé les clefs de son Royaulme, c'est à dire le gouvernement et administration de son Eglise en sa Parole par le Ministère de laquelle ils ouvrent et introduisent les croyans au Royaulme des cieux, leur monstrant Christ qui en est la porte et la fermant aux incrédules qui ne veulent recevoir les promesses *Act. 26, 18* de l'Evangile, pour laquelle cause il est dit que le Seigneur Jésus a en-
1 Corinth. 4 voyé St Paul pour ouvrir les yeux du peuple, et recepvoir remission
11 Corinth. 5 et part entre ceux qui sont sanctifiés. Et ce d'autant que Dieu conjoint la vertu de son Esprit au Ministère des hommes et le bénit comme autheur d'iceluy. Et pourtant on ne peut rejetter ne mespriser les vrays Ministres et Pasteurs sans le mespris de celuy qui les envoye comme ses ambas-

sadeurs et dispensateurs de ses secrets. Car c'est la parole de Jésus-Christ, Qui vous oit, il m'oit, et qui vous rejette il me rejette [1].

Ceste remonstrance faicte on faict faire ceste promesse a celuy qui est receu au Ministère :   *Luc. 10*

Vous donc N. cognoissant quelle est l'excellence et importance du Ministère comme vous avez entendu, voulés vous accepter une telle charge, vous y sentant appellé de Dieu comme vous y estes esleu de son Eglise pour vous en acquicter fidelement à la gloire d'icelle et au bien et salut de ses enfans, et particulièrement de ceste Eglise à laquelle vous estes destiné?

Response: Ouy.

Vous promettes donc devant Dieu et son Eglise que vous lui servirez fidèlement au Ministère de sa Parole auquel vous estes appellé, portant fidèlement sa parole pour l'advancement de sa gloire et l'édification de son Eglise sans abuser de sa doctrine pour servir à vos affections desordonnées, ne pour plaire aux hommes, ains admonestant et reprenant les delinquans, consolant les affligés et malades par la parole de Dieu, gardant et faisant garder la Police tant Ecclésiastique que civile, procurant le bien et honneur du Royaulme d'Angleterre et de l'Isle, donnant à tous bon exemple de vie et exécutant rondement et diligemment toutes autres choses qui sont de vostre charge, ainsi qu'est le debvoir d'un vray et fidèle pasteur de l'Eglise.

Response: Ouy.

Prière.

Le S^r nostre Dieu qui vous a appellé à ceste saincte charge vous vueille fortifier et tellement conduire par son St Esprit que puissiés vous y porter bien et heureusement pour avancer le Règne de son fils bien aimé, nostre Sr Amen.

Escoutez les vertus et qualitez requises en tous Ministres de la Parole de Dieu selon que St Paul les récite en la première à Timoth. Chap. 3. Il fault, dit-il, que l'Evesque soit irrépréhensible, mari d'une seule femme, veillant, sobre, modeste, recueillant volontiers les estrangers, propre à enseigner, non point addonné au vin, ny bateur, ny convoiteux de gain deshonneytte, mais bening, non querelleux, non avaricieux, conduisant honnestement son mesnage, ayant ses enfans sujets en toute

---

[1] Cette installation du ministre ne figure pas dans la deuxième Discipline.

révérence. Car si quelqu'un ne sait conduire son ménage, comment aura il soing de l'Eglise de Dieu ? non point nouvel apprentif de peur qu'estant enflé d'orgueil, il ne tombe en la condamnation du calomniateur. Il faut aussi qu'il ait bon tesmoignage mesmement de ceux de dehors, afin qu'il ne tombe en la reproche, étant piège du diable. Il en dit presques autant au premier chap. de l'Epistre à Tite parlant des Ministres sous le nom d'Anciens comme il fait icy sous le nom d'Evesque.

Exhortation.

Par ainsi, tres cher frère, prenez garde à vous mesme et cheminez en vostre vocation soigneusement ainsi qu'il convient à un bon et loyal serviteur du Seigneur, vous asseurant qu'estant envoyé de Christ, comme il a esté envoyé de son Père, vous serez par luy maintenu contre tous assauts et afflictions de Satan et du Monde, et ne perdrez point vostre temps, ains la couronne de justice vous est apprestée laquelle il vous rendra comme juste juge au dernier jour.

Remonstrance au peuple.

Et quant à vous, frères et sœurs, sachez que le debvoir de l'Eglise envers ses pasteurs gist en deux points ; premièrement de leur obéir comme aux Messagiers et Ambassadeurs du Seigneur, voire tout ainsi qu'au Seigneur mesme parlant par eux. Parquoy recevez volontiers et en toute révérence les admonitions et repréhensions de cestuy vostre Pasteur tant publiques que privées, vous donnants garde de murmurer contre luy contre son Ministère en quelque sorte que ce soit. Car le Seigneur ne laisse point le mespris de ses serviteurs Ministres impuni et moins encor les murmures et rebellions témerairement faictes à l'encontre de leurs personnes, comme tesmoignent les exemples horribles qu'on voit en l'Escripture : faittes aussi prières à Dieu pour luy afin que parole luy soit donnée à bouche ouverte en toute hardiesse, afin de notifier le secret de l'Evangile, et parler franchement comme il luy faut parler.

Exode 16
2 Chr. 16
Jérém. 26 et 29

Secondement il vous convient scavoir que l'office de l'Eglise envers ses Ministres est de les entretenir honnestement selon la puissance et faculté. Car c'est bien raison puisqu'ils sèment les choses spirituelles qu'ils moissonnent les corporelles et que le bœuf qui foule le grain n'ait faute de pasture comme St Paul l'enseigne. Pourtant aussi vous avez cestuy nostre frère pour recomandé quant à son entretien. Mais d'autant que ces choses surpassent les forces de nous tous sans l'ayde et don special du Seigneur, nous le prirons tous d'un cœur bien humblement, comme il s'ensuit.

Zach. 7
1 Corinth. 9
Gal. 6

Prière.

Seigneur Dieu, Jésus Christ fils de Dieu vivant, qui estant monté au ciel en gloire ne cesses de nous eslargir de tes dons et biens, et nous donnes par ta libéralité gratuite des Pasteurs et docteurs pour l'assemblage des Saincts, pour l'œuvre du Ministère et pour l'édification de ton corps Mystique, nous te prions et humblement requerrons, puis qu'il te plaist appeler cestuy ci nostre frère au Ministère de ta Saincte Parole, que tu le vueilles façonner, dresser et approprier à une charge si haute, de laquelle mesme les Anges ne sont trop suffisants, et à peine capables : le remplissant des dons et grâces de ton St Esprit en toute abondance, ainsi que tes fidèles serviteurs les prophètes et apostres, à ce qu'il puisse publier et annoncer ta Parole en toute pureté et simplicité avec liberté et hardiesse vrayment spirituelle, s'employant fidèlement, et d'un zèle ardent en tout ce qui est de sa charge. Et comme ton Esprit est l'esprit d'intelligence, sagesse et force, vueille luy révéler les secrets admirables de ta Saincte Parole, le douant de science suffisante pour enseigner ton peuple, de prudence pour le bien gouverner, et de force pour résister aux assauts de Satan, afin que rien n'empesche son œuvre. Qu'il te plaise aussi le préserver de tout scandale et confusion, des alèchements de ce monde, et des aguets et embusches de Satan, luy donnant patience et constance en sa charge. Et que s'acquietant fidèlement de son debvoir autant que la fragilité humaine le peut porter, tu bénisses ses labeurs à ce que ton peuple, estant instruit par son Ministère en ta vraye cognoissance, te puisse louer et rendre graces et estre de plus en plus avancé en l'obéissance de ta saincte volonté et saincteté et justice, à la gloire immortelle de ton Règne et de ton Père celeste, lequel aussi nous prions humblement en ton nom à ceste fin, comme par toy nous sommes apprins : Nostre Père qui es ès cieux, Ton règne, etc.

La prière faitte le Ministre qui présente au peuple celluy qui a esté esleu, impose les mains sur la teste d'iceluy, priant Dieu que comme il l'a consacré à son service il le comble des graces de son St Esprit, en telle mesure qu'il cognoistra estre expédient et benisse son St Ministere et ses labeurs à sa gloire, et à l'édification de son Eglise et au salut de celuy qui a esté reçeu et admis en ceste charge.

De l'office des Ministres.

L'office des Ministres et debvoir (comme l'Apostre le descript et le pratique luy mesme) est de proposer et exposer la Parole de Dieu contenue ès livres canoniques du vieil et nouveau testament, fidèlement, purement, et facilement, tant en publicq qu'en privé selon la capacité et portée des auditeurs qui leur sont commis, l'appliquans comme bons et sages médecins des âmes selon les maladies spirituelles qu'ils y cognoistront, d'administrer aussi les sacrements en temps et lieu et faire les prières publiques, cerchant seulement la gloire de Dieu, l'édification de l'Eglise et salut du peuple. Item d'observer la discipline de l'Eglise, visiter les malades, et surtout quand ils en seront requis, d'inciter aussi le peuple qui leur sera donné en charge, tant par admonitions publiques et privées que par bonne vie et saincte conversation à craindre Dieu, porter révérence à sa Parole, obéyr à Messrs leur Gouverneur, lieutenant et Magistrats et à ceux qui ont charge en l'Eglise. Davantage de procurer le bien du Royaulme d'Angleterre et de l'Isle, d'entretenir la paix publique selon le Seigneur, et faire à son pouvoir que chacun vive en bonne amitié, paix et union tant en la maison qu'avec ses prochains.

Les Ministres en la paroisse desquels il y aura Eschole dressée et establie prendront garde sur les Maistres d'Eschole, à ce que la jeunesse soit bien instruitte et ne perde le temps et, s'il est expédient, prendront un Ministre voisin ou tel qu'ils verront propre pour y avoir l'œil avec eux dequoy ils rendront raison au Colloque. Et après avoir particulièrement admonesté les Maistres d'Eschole ès censures privées au consistoire s'ils ne faisoyent leur debvoir, ils le rapporteront à la compagnie des Ministres et Anciens assemblez au Colloque pour en advertir M^r le Gouverneur et y donner ordre.

De la Déposition des Ministres.

Que si les Pasteurs, après avoir esté constituez sur les Eglises ne poursuyvoyent en leur premier train de bonne vie et saine doctrine, ils seront déposez après certaine cognoissance de cause. Cependant il conviendra distinguer prudemment entre vice et crime. Car quant aux vices et imperfections ils en seront advertis tant par admonitions particulières que par les censures ordinaires du Consistoire. Que si nonobstant ils continuoyent en leurs vices et imperfections sans aucun amandement, ils mériteront, par succession de temps, déposition après avoir esté supportés, comme curiositez et doctrines esloignées, allégories ineptes et trop fréquentes, vain babil, façon estrange et non receue de traicter l'Escripture qui ne réussit point à edification, vaines questions et de nul fruict, nonchalance tant en l'estude qu'à veiller sur le troupeau du Seigneur et principalement conniver et dissimuler les vices du peuple qui leur est commis, resentant flaterie, scurilité, paroles dissolues, injurieuses et oyseuses, avarice, cholère desordonnée, témerité, usure, dissolution en habits et choses semblables. Quant aux crimes s'ils en estoyent attaints et convaincus, ils seront privés de leur charge, et principalement des crimes punissables par les lois, comme hommicide, paillardise, larrecin, batterie digne de punition, faux tesmoignages, falsité, et autres crimes qui emportent note d'infamie, rebellion contre le Magistrat, et contre la discipline de l'Eglise, hérésie, scisme, simonie, corruption de dons, brigues pour avoir les charges ecclesiastiques et occuper et se fourrer en la place d'un aultre, yvrognerie, danses, jeux scandaleux et défendus et aultres desbordemens qui en un aultre personnage mériteroient séparation de l'Eglise. Car les Pasteurs doyvent estre le sel de la terre et la lumière du monde et de ceste déposition justement faitte par Messieurs les Gouverneurs et Ministres assemblés au Colloque, l'Eglise sera advertie s'il est expédient.

Des Docteurs et lecteurs en Théologie.

Ce degré de docteurs et lecteurs en théologie est le plus prochain du Ministère et adjoint au Gouvernement de l'Eglise. Leur office est d'exposer l'escripture en leçons d'une façon propre pour instruire, interpréter, maintenir la pureté de la doctrine qu'elle ne soit corrompue par erreur, ignorance et fausses opinions, assister aux disputes de théologie avec les Ministres, sans toutesfois administrer les sacremens, sinon qu'ils fussent aussi Ministres. Car ces deux charges sont compatibles. On usera en leur élection et promotion de la mesme forme qu'en celle des Ministres, sinon qu'ils ne seront pas admis à prescher ni administrer les sacremens. Ce qu'il faut entendre si ja ils n'estoyent Ministres de la Parole de Dieu.

Des Maistres d'Eschole et de ceux qu'on y doit eslire.

Quant aux maistres d'eschole ils seront présentez par Mess. les Gouverneurs, et seront examinez et approuvez par la compagnie des Ministres : ascavoir personnages qui soyent de bonne vie et doctrine, non dissolus, ains graves et modestes, afin qu'ils soyent patrons et exemplaires de bonne vie et modestie à leurs escholiers, et que par mauvaise doctrine et instruction nulle secte ne soit introduitte en l'Eglise. Avec ce il faut qu'ils soyent scavans et propres à enseigner la jeunesse.

Ils seront par après présentez au peuple de leurs paroisses, devant lequel ils promettront de s'employer fidèlement et diligemment en l'instruction de la jeunesse, suyvant leur charge et vocation.

De l'office des Maistres d'Eschole.

Ils instruiront premièrement leurs escholiers en la crainte de Dieu, pure invocation de son Nom et vraye religion, en modestie, honnesteté, civilité, et puis ès bonnes lettres pour de l'Eschole, comme d'une pépinière, tirer personnaiges propres et idoines au gouvernement et conduite tant de l'Eglise que de la chose publique. Après l'A. b. c. et la lecture, on enseignera mesme Grammaire, Rhétorique, Dialectique et les autheurs qui sont appellés classiques, exposant dextrement ce qui touche la doctrine et bonnes mœurs, afin que les enfans ne tirent des opinions et sales escripts des autheurs aucun venin.

Les Maistres d'Eschole s'accomoderont à la capacité de leurs Escholiers et auditeurs, sans vouloir édifier sans fondement et les faire voler sans aisles. Et selon la diversité des mœurs, ils retiendront les uns en bride par gravité, admonitions et modérées corrections, et les aultres par douceur et humanité, evitans d'un costé la trop grande rigueur, et d'autre part l'indulgence et mignardise : ceste-là reculant et chassant les enfans de l'Estude des bonnes lettres : et ceste-cy estant mère de toute corruption et mœurs vicieuses [1].

Quand ils cognoistront aucuns enfans de bonne espérance ils advertiront leurs parens, alliez et amis de les entretenir et pousser plus avant dans la cognoissance des bonnes lettres : ou pourchasser envers Monsieur le Gouverneur et Magistrats qu'ils y soyent entretenus du public.

Ils ne souffriront point qu'en leur Eschole les enfans ayent livres de mauvaises doctrines, d'amours, ou d'erreurs, dont la jeunesse peut estre infectée et corrompue [2]. Ils amèneront ou feront venir leurs Escholiers aux sermons et catéchismes pour en respondre quand ils seront interro-

---

[1] Ce paragraphe a été supprimé dans la deuxième Discipline.
[2] Supprimé dans la deuxième forme.

guez par les Ministres. Pourquoy faire il y aura une place devant et près la chaire, pour estre en la veue de leurs Ministres et de leurs Maistres et Pædagogues, afin qu'ils se portent modestement et honnestement en l'Eglise de Dieu.

Ils se trouveront aux censures du Consistoire de leurs paroisses avant les Cènes pour y estre admonestés de leur debvoir.

Des Anciens et de leur élection.

Jusques icy il a esté traitté de ceux qui ont la charge d'enseigner. Il faut traitter de ceux qui ont la charge des mœurs, ascavoir des Anciens qui sont Ministres, officiers et serviteurs de l'Eglise, pour prendre garde et s'enquérir des mœurs et vie du troupeau, reprendre les fautes plus légères par la Parole de Dieu et rapporter les plus grièfves au Consistoire afin d'empescher les scandales de l'Eglise.

Es Eglises èsquelles il n'y a point encor de Consistoire dressé, il sera bon en l'élection des Anciens, que le Ministre prenne quelque nombre de Messrs de la Justice qui mesmes ayent charge en l'Eglise, et qu'eux avec tout le corps de l'Eglise nomment ceux qui leur sembleront les plus propres, personnages craignant Dieu, graves, prudens et propres à exhorter et consoler le plus qu'il sera possible. Car par ce moyen les dits Magistrats serviront non seulement de guide au peuple rude et mal exercé, mais aussi de bride pour par leur présence et authorité réprimer les tumultes et factions populaires ; Et par mesme moyen le peuple ne sera point privé de sa liberté. Là où il y a Consistoire establi, les Anciens seront désignez et choisis par les Ministres, Anciens et Diacres, ausquels a esté commis le régime et conduitte de l'Eglise, ayans appellé avec soy deux ou trois de Messieurs de la Justice comme dessus, et ce sans aucunement priver le peuple de sa liberté de consentir ou s'opposer à l'élection des charges et estats Ecclésiastiques s'il y a cause. Estans choisis en l'une ou l'aultre sorte, faut observer les poingts qui ensuyvent avant que les installer et admettre pleinement en leur charge.

Premièrement il leur sera remonstré à part par le Ministre, ou en présence du Consistoire s'il y en a, quel est le debvoir des Anciens et surveillans, par le menu. Qui est de fréquenter les assemblées pour ouyr la Parole de Dieu, et y attirer et exhorter tant par exemple que par remonstrances, induire le peuple à vivre en bonne conscience tant devant Dieu que devant les hommes, empeschant de tout leur pouvoir touttes choses contraires. Item faire que toute l'Eglise soit conduitte par bon ordre, et que les articles de la Police qu'ils signeront soint soigneusement gardez d'un chascun. Item procureront que l'honneur et l'obéyssance deue à la M^{té} de la Royne, à M^r le Gouverneur et son lieutenant, à Mrs de la Justice et autres supérieurs leur soit rendue. Seront aussi soigneux que le Ministère soit tenu en révérence et que l'Eglise ne soit despourveue de Pasteurs. Ils auront l'œil et veilleront sur tout le troupeau avec les Ministres et spécialement chacun en son quartier et canton : lesquels quartiers seront distribuez et assignez selon les vingtaines, ou par aultre propre moyen, admonestant avec douceur ceux qui cognoistront de vie desordonnée, et là ou il sera besoing rapportans les delinquans au Consistoire pour estre par l'advis et conseil de tous reprins et admonestés, selon l'exigence du cas, à ce que l'Eglise soit repurgée de tout scandale. Que s'il arrive quelque discord entre aucuns de leurs quartiers, ils tacheront de les accorder par bons et fraternels advertissements, et s'ils ne veulent obéyr seront admonestés et semonds par leurs Anciens de venir en Consistoire pour y mettre convenable remède.

Ils visiteront principalement à chascune cène les familles de leurs quartiers pour scavoir tant des voisins que des domestiques en quelle crainte de Dieu on y vit, si on fréquente les prédications, si on fait en la maison les prières particulières soir et matin, devant et après le repas. Si on vit en bonne paix et union avec ses prochains sans scandales, desquels s'il s'en trouve aucun ils advertiront pour estre vuidés sur le champ, avant qu'estre receus à la Sainte-Cène, sans les laisser croupir.

Ils visiteront les malades de leurs quartiers et quand il en sera besoing appelleront les Ministres pour les consoler. Ils s'enquerront de la nécessité des poures de leurs quartiers et en advertiront le Consistoire afin qu'on leur subvienne s'il y a moyen. Ils accompagneront les corps au sépulchre un chacun en son quartier. Ils pourront aussi fiancer en l'absence du Ministre et par sa permission. Ils s'assembleront tous s'il n'y a empeschement légitime avec le Ministre au Consistoire le Dimanche après le Catéchisme pour traicter des affaires Ecclésiastiques : et un ou deux d'iceux, lesquels seront choisis par les autres, se trouveront au Colloque et Synode avec le Ministre, quand il en sera besoing, et se donneront garde de révéler ce qui aura esté traicté au dit consistoire, Colloque ou Synode, aux parties ny à aultres personnes, sinon qu'il leur faillit communiquer, sur peine d'estre tenus pour parjures et rejettés de la compaignie. Ils se submettront aussi aux censures : et s'il y a des vices en eux, on suivra la reigle que l'on garde envers les aultres, voire plus estroite, d'autant que leur charge les doit tenir plus estroictement en debvoir. Ils ne quitteront, n'abandonneront leurs charges pour mescontentement ou ennuy ou autre cause que ce soit, sinon par le consentement du Consistoire, comme au contraire, ils permettront et ne trouveront mauvais d'estre deschargés par la compaignie quand on en trouvera de plus propres à ceste charge, attendu qu'elle n'est perpetuelle : ou mesme déposez s'il y avoit cause légitime.

Les Ministres les ayants ainsi informez du debvoir d'Ancien, scauront d'eux s'ils se sentent appellés de Dieu à une telle charge, et s'ils la veulent accepter et promettre de s'en acquicter fidèlement devant Dieu, au cas qu'ils soint approuvés par Monsr le Gouverneur et qu'il n'y ait point d'opposition légitime d'ailleurs. Que s'ils l'acceptent, on advertira Monsr le Gouverneur de leur élection, par lequel estant approuvez, on leur fera faire au Consistoire promesse de se bien et deuement acquicter de leur charge, comme elle est cy après ; on leur fera aussi signer tant la confession de foy receue et advouée par le Synode des Isles tenu dernièrement en la ville de Sainct Pierre Port, et signée par Messieurs les Gouverneurs de Guernezé, Gerzé et aultres assistans audit Synode, que la Police Ecclésiastique : conséquemment ils seront nommez en assemblée publique après la prédication, et une en avant au peuple pour donner son consentement et approbation ou bien s'opposer s'il y a cause. Pourquoi faire il y aura huict ou quinze jours de terme ; lesquels expirés s'il n'y a point d'empeschement, ils seront receus en charge en présence de toute l'Eglise avec remonstrance et prière convenable, et leur faisant faire solennellement la promesse de se bien acquicter de leur charge. Ceux qui auront esté ainsi nommez et acceptés, estant appellés se tiendront debout devant la chaire, et le Ministre qui les présente au peuple dira ce qui ensuit :

Mes frères, c'est une chose merveilleusement utile et du tout nécessaire qu'en l'Eglise il y ait des Anciens et surveillans qui soient adjoints et comme assesseurs aux Ministres de la Parole de Dieu pour le gouvernement et conduite d'icelle. Et de fait avec ce que les Ministres ne pouroient tous seuls suffire à bien enseigner le peuple en général et à veiller sur iceluy en particulier, pour l'exhorter, reprendre, consoler, visiter les malades, et faire les aultres choses nécessaires au salut du

Nombre 11,
16.
Actes 14.
Tite 1.

peuple; il n'est pas bon qu'un homme seul face tout en l'Eglise de son authorité; c'est pourquoi nous lisons qu'en l'Église ancienne sous la loy il y a eu des Anciens, et que les Apostres de nostre Seigneur Jésus Christ en ont ordonné par toutes les Eglises qu'ils ont plantées et dressées. Et cest ordre a duré jusqu'à tant que l'Antechrist ait entièrement renversé le gouvernement legitime de l'Eglise, comme aussi il a falsifié la doctrine. Pour laquelle chose aussi St Paul met ceste charge d'Ancien entre les dons de Dieu. Suyvant quoy nous avons commencé à eslire entre nous, comme nostre debvoir le porte, personnages qui nous sembloient les plus propres (s'il y en a desja on adjoustera avec ceux qui y sont, ou, au lieu de ceux qui auroyent estés ostés), à c'est estat, ascavoir N. et N. icy présens, que nous avons fait scavoir à Monsieur le Gouverneur, lequel les a approuvez, puis les vous avons nommez publiquement, afin d'entendre de vous s'il y avait empeschement pour lequel ils ne peussent estre receus à cest office. N'ayans donc trouvé aucune opposition suffisante, il nous faut poursuivre maintenant à leur réception [1]. Et pourtant N. et N. je vous demande: voulés vous accepter la charge d'Ancien à laquelle estes appellez de Dieu et de l'Eglise pour vous en acquicter fidèlement et diligemment à la gloire de Dieu, et à l'édification de l'Eglise? Response: Ouy.

Vous promettés donc à Dieu et à son Eglise, de luy servir fidèlement et diligemment en l'office d'Ancien ou surveillant, auquel il vous appelle et qu'aurez l'œil sur tous ceux qui sont de ceste Eglise, et spécialement sur ceux qui vous seront commis et baillés en charge, et procurerez soigneusement tant par exemple de bonne vie, que par admonitions fraternelles, que chascun du troupeau du Seigneur porte révérence à la Parole de Dieu, fréquente la prédication et rende son debvoir à Dieu et à son prochain, que vous empescherés les scandales à vostre pouvoir, procurerez la paix et union de toute l'Eglise en général et d'un chacun en particulier. Que vous garderez et maintiendrez, entant qu'en vous sera, l'honneur et obéissance qui est deuë à la Majesté de la Royne, à Monsr le Gouverneur, à Messieurs son lieutenant, Bailly, Jurez et autres officiers, procurant, en ce qu'il vous sera possible la paix, union et proufist du pays et de tout le Royaulme, ne consentant aucunement à ce qui pouroit contrevenir.

[1] Cette adresse au troupeau et l'exhortation aux anciens manquent dans la seconde forme. Il en est de même pour l'installation des Diacres.

Item que vous garderez les ordonnances Ecclésiastiques et la discipline receue en l'Eglise, et approuvée par le Synode des Isles, Monsr le Gouverneur et Messieurs de la Justice. Et en ce que par icelle discipline vous est donné charge d'admonester ceux qui auroyent failli et révéler au Consistoire ce qui sera besoing : vous promettés aussi de vous en acquicter loyaument sans donner lieu à hayne, faveur, vengeance, affection désordonnée et convoitise charnelle : mais d'y cheminer en bonne et pure conscience pour servir à la gloire de Dieu et à l'édification de son Eglise : bref de faire sans acception de personnes, ce qu'est tenu de faire un bon et fidelle surveillant pour la Parole de Dieu. Et d'autant que ce n'est rien de bien commancer qui ne persévère, vous promettés finalement que vous persisterez en vostre vocation autant qu'il plaira à 'Eglise se servir de vous. Et que vous ne vous en retirerez par aucun mescontentement ou fascherie, et que vous donnerez volontiers lieu à d'aultres, s'il s'en trouve de plus propres que vous, attendu que ceste charge n'est perpétuelle et que la pouvez quicter, et en estre deschargé par ceux qui vous y ont appellé? Response : Ouy.

Le Seigneur qui vous a donné ceste affection et vouloir et vous a appellé à ce Saint estat vous doint aussi le parfaire selon son bon plaisir et y vaquer comme il appartient. Ainsi soit-il.

Escoutés les vertus et qualitez qui sont requises en un Ancien selon qu'elles nous sont monstrées par St Paul au 1 chap. de l'Epistre à Tite, où il parle généralement tant des Ministres de la Parole de Dieu que des autres Anciens ou surveillants.:

«La cause pourquoy je t'ay laissé en Crete c'est afin que tu poursuives *Tite 1.* de corriger les choses qui restent, et que tu constitues des Anciens par les villes, comme je l'ay ordonné, ascavoir s'il y en a quelqu'un irrépréhensible, mari d'une seule femme, ayant enfans fidèles, non accusés de dissolution ou qui ne se puissent ranger, car il faut que l'Evesque (ou surveillant) soit irrépréhensible comme conducteur de la maison de Dieu, qui ne soit point addonné à son sens, ni colère, ny subject au vin, ny convoiteux de gain deshonneste, mais faisant volontiers recueil aux estrangers, amateur des bons, sage, juste, attrempé, embrassant la parole fidèle, qui est selon instruction, afin qu'il puisse admonester par saine doctrine et convaincre ceux qui contredisent.» Ceci vous doit servir, frère, pour vous inciter à mener une vie saincte et irrépréhensible devant Dieu et les hommes, et à vous acquicter deüement d'une charge tant honorable devant Dieu, et ce suivant ce que dit l'Apostre : Celuy qui préside, le face soigneusement, et comme il advertit ailleurs les anciens d'Éphèse, Prenez garde à vous et à tout le troupeau auquel le St Esprit vous a commis Evesques pour paistre l'Eglise de Dieu laquelle il a acquise par son propre sang. Et quant à vous, frères et sœurs, donnez vous garde de les mespriser pour la cognoissance et privauté qu'avez avec eux, ains les ayés en honneur et estime comme vos conducteurs, estant appellés à cest estat tant honorable pour vostre bien et salut. L'Ancien qui préside bien (dit St Paul) est digne de double honneur, et l'Apostre aux Hébrieux nous exhorte en ces termes : Obeissés à vos conducteurs, et vous y submettez, car ils veillent pour vos âmes comme ceux qui en doibvent rendre compte : afin que ce qu'ils font ils le facent joyeusement et non point à regret : car cela ne vous viendroit à proufist. Et d'autant que ces choses ne sont point en la puissance des hommes, nous prierons Dieu d'un cœur bien humblement.

Rom. 12.
Act. 20.

Héb. 15.
1 Timoth. 5.

Jac. 1.   O, Seigneur Dieu, Père des lumières, duquel vient toute bonne donation et tout don parfait : qui non seulement te sépares un peuple duquel tu sois servi, ascavoir de ton Eglise : mais aussi donnes des Pasteurs pour l'instruire et des conducteurs pour en avoir soing : nous te supplions, puisqu'il t'a pleu appeler ceux-ci à l'office d'Anciens et surveillans, que leur vueilles donner ton Esprit afin qu'estans remplis de ta cognoissance et crainte, de toute sapience et intelligence, ils s'employent fidèlement et d'un zèle ardent à leur administration et charge, pour en rendre bon compte quand ils comparoistront devant ce grand Pasteur, et universel Evesque de nos âmes, ton fils notre Sr Jésus-Christ. Fay aussi la grace à chascun de nous de les recognoistre comme posés et ordonnés de ta main en ceste tant Saincte vocation, afin de nous laisser conduire paisiblement par eux sans contrevenir à l'ordre que tu as establi en ton Eglise. Et que demeurans en ton obéissance, tu sois loué et glorifié en nous : que ton Eglise prenne vives racines et continuel accroissement, au bien et salut de tes enfans et serviteurs. Exauce nous, ô Dieu et père, par ton très cher fils Jésus-Christ nostre S^r qui, en l'Unité du St Esprit vit et règne avec toy, Dieu éternellement, au nom duquel nous te prions selon la forme et la reigle que luy mesme nous a baillé de te prier. Nostre Père qui es ès cieux, Ton nom soit sanctifié, etc.

A la fin de la prière le Ministre descendant de la chaire baillera la main à chacun d'iceux, l'un après l'aultre en signe d'association en l'œuvre du

Seigneur, le priant que, comme il les a consacrez à son service, il les remplisse aussi des grâces de son Saint-Esprit et bénisse leurs labeurs à sa gloire et édification de son Eglise et salut de ceux qui sont ainsi esleus. Ainsi soit-il.

Des Diacres.

Combien que le mot de Diaconat s'estende à toutes les charges Ecclésiastiques lesquelles emportent Ministère et service, proprement toutesfois nous appellons Diacres les Ministres et officiers de l'Eglise qui sont ordonnés pour distribuer par l'advis du Consistoire la libéralité et ausmones de l'Eglise selon la nécessité des povres.

Les Diacres donc seront choisis, esleus, deuëment informés de leur charge et devoir, enquis s'ils se sentent appellés à cest estat et le veulent accepter, présentés à Monsieur le Gouverneur, nommés et proposés au peuple, ayant signé la confession de foy et la discipline Ecclésiastique en la mesme façon que les Anciens. Or nous est-il montré I. Timoth. 3 desquelles vertus ils doivent estre douez, et notamment au 6 des Actes S. Luc récite comment cest office fust establi en l'Eglise.

Leur debvoir, duquel ils seront informez est tel : ils seront assidus aux sermons, entretiendront l'union de l'Eglise, la discipline Ecclésiastique et la paix publique : procurans à leur pouvoir que l'honneur et obéissance deuë à Sa Majesté, à M. le Gouverneur, à son lieutenant, à Messieurs de la Justice et autres supérieurs leur soint rendus : Ils recevront, disposeront et conserveront fidèlement et sans tromperie les biens qui seront aumosnés aux povres; ils recueilleront les aumosnes données par le peuple à l'yssue du temple aux sermons, et principalement au jour du Dimanche. Que si la nécessité le requiert, à cause de quelque indigence extraordinaire, ils pourront aller par les maisons de ceux qui sont plus aisés pour recueillir quelque peu de blé ou autres aumosnes selon la volonté et à la discrétion des gens de bien. Et, pour éviter tout mauvais soupçon, les aumosnes reçues se compteront sur le champ, et seront mises par escrit en la présence des Ministres, et d'ung ou deux des Anciens. Et à ceste fin auront un livre pour rédiger par escript tant les receptes que les mises. Ils pourront s'assembler au Consistoire avec les Ministres et Anciens, tant pour traitter des affaires Ecclésiastiques et en donner leur advis en commun avec eux, que principalement pour proposer là les nécessités des povres, pour y adviser et subvenir d'un commun accord. Ils ne pourront rien aumosner sans en communiquer aux Ministres et Anciens, et en avoir leur advis, sinon qu'il y eust quelque nécessité urgente, qui ne peust attendre l'advis du Consistoire. Car en tel cas il suffira d'en communiquer au Ministre ou à un ou deux Anciens, pour puis après le rapporter et faire avouer au Consistoire. Les aumosnes se distribueront premièrement aux domestiques de la foy, et s'il y avoit abondance en l'Eglise, ou en pourra faire découler sur les estrangiers de l'Eglise, pourveu que les saincts et fidèles n'en ayent disette. Et pour monstrer en quelle fidélité le bien des povres aura esté manié, les comptes de la recepte et de la mise seront rendus le jour de la cène, ou pour le moins ès cènes de Septembre et de Pasques, et ce après le second presche auquel jour il n'y a point ordinairement de Consistoire, ou bien le Dimanche suyvant selon la commodité de l'Eglise. Et ce en la présence des Ministres et Anciens, et de ceux du peuple qui y voudront assister, dont ils seront advertis afin que nul ne prétende cause d'ignorance. Ils tascheront aussi que les povres de leurs Paroisses soient nourris et entretenus des aumosnes, sans qu'ils vaguent et tracassent par les aultres paroisses. Et pouvoiront à ceux qui seront propres à estre mis et employés à quelque mestier, dequoy ils advertiront les connestables ou Messieurs de la Justice, afin qu'ils ne les laissent quaymander. Pour à quoy parvenir sera défendu par l'autorité du Magistrat aux povres de courir et aller aux aultres paroisses, ny de maison en maison, pour éviter ces inconvéniens. Ils auront aussi soing des malades, les visiteront et feront penser, et les consoleront, advertissant aussi le Ministre, ou le faisant advertir par les amis du malade, de les visiter et les consoler selon qu'ils verront estre nécessaire. Ils seront sujets aux censures comme les Ministres et les Anciens. Et tiendront les affaires du Consistoire secrettes sur peine d'estre rejettés de la compaignie, et tenus pour perjures. Enfin ils ne quitteront n'y n'abbandonneront leurs charges pour ennuy ou mescontentement ou aultre occasion que ce soit, sinon avec le bon gré et congé du Consistoire, comme au contraire ils ne trouveront mauvais d'estre deschargés par la compaignie, quand on en trouvera de plus propres, attendu que leur office n'est perpétuel. Ils seront receus en charge en présence de toute l'Eglise, avec remonstrance et promesse solennelle et prière comme il ensuit ci après.

La manière d'instaler les Diacres en leur charge.

Après que les Diacres auront esté choisis, informés de leur charge, qu'ils auront fait promesse au Consistoire, auront receu les advertissemens à eux faicts, qu'ils auront signé tant la confession de foy que la discipline Ecclésiastique, bref après qu'ils auront esté nommés et proposés au Magistrat et au peuple, et par eux esté acceptés et approuvez en la mesme manière que les Anciens, ils se présenteront devant la chaire à la fin du presche, et lors le Ministre qui les instalera en charge usera des propos et remonstrances qui ensuyvent ou semblable à sa discretion.

Tout ainsi que nous sommes advertis qu'il y aura tousjours des povres avec nous, aussi nous est commandé d'en avoir compassion, de pourvoir à leur indigence, bref de subvenir à tous affligés et nécessiteux qui sont laissés entre nous pour estre les exercices de nostre charité, et comme les coffres de nostre libéralité et miséricorde. Mais d'aultant que les particuliers, à cause de leurs affaires domestiques, ny les Ministres à raison de leur estude, prédication de la Parole, prières publiques et aultres empeschemens ne se pourroient suffisamment acquiter du debvoir et soing qu'il convient employer envers les povres, comme les Apostres le tesmoignent Act. 6, il est bien requis, si on ne veult que les souffreteux et indigens soint abandonnés et demeurent sans réconfort et ayde au grand mespris de Christ et de ses membres, qu'il a tant soigneusement recommandés, et au deshonneur mesmes de l'Église : il est donc bien nécessaire pour ces raisons qu'il en ait qui soint particuliairement ordonnez à cest affaire pour y vaquer au nom de toute l'Église, sans néantmoins empescher la subvention et visitation particulaire qu'aucuns du troupeau leur voudront faire outre la générale. Ainsi a il esté fait et pratiqué en la primitive Eglise en Jérusalem du temps et par le conseil des Apostres, c'est qu'on choisit hommes propres auxquels cest affaire fust commis qui furent nommez Diacres. Cest ordre aussi fut suivy aux aultres Eglises. Et comme il est sainct et profitable et mis entre les dons de l'Esprit de Dieu pour le reiglement de l'Église, aussi a il tousjours esté observé en l'Eglise tandis qu'elle a esté en sa pureté : Et pour autant il ne peut ny ne doit estre négligé de nous et moins encor mesprisé, si nous voulons nous conformer au gouvernement de l'Eglise Apostolique : à ceste cause nous avons selon nostre debvoir choisi entre nous personnages que nous avons estimez les plus propres pour fidèlement exercer ceste charge, c'est ascavoir N. et N. ici présens, lesquels, après avoir esté

Math. 26.
Deut. 15.

Act. 6.

approuvez par Monsieur le Gouverneur et aultres supérieurs, nous vous avons denoncés pour entendre de vous s'il y auroit opposition à leur élection, ou vice en eux qui les rendist incapables et indignes d'une telle charge. N'ayans donc rien entendu jusques à maintenant qui les empesche d'estre admis il nous faut procéder à leur réception.

Pourtant N. et N. voulés vous accepter la charge de Diacre à laquelle estes appellez de Dieu et de l'Eglise pour vous en acquicter fidèlement et diligemment à la gloire de son nom et à l'édification de l'Eglise?

Response : Ouy.

Vous promettez à Dieu et à son Eglise de luy servir loyaument en l'office de Diacre à laquelle estes appellés de Dieu, avoir soing des povres et des malades, leur subvenir selon vostre vocation et leur administrer en toute rondeur et sans fraude ou acception de personnes ce qui vous aura esté mis entre mains pour eux, et les recommander soigneusement à l'Eglise, bref vous porter fidèlement tant en la recepte qu'en la mise et dispensation des deniers et aumosnes qui auront esté donnés pour iceux estant prests d'en rendre compte toutes et quantes fois qu'il en sera besoing. Item promettés garder et maintenir entant qu'en vous sera, l'honneur et obéissance qu'on doibt à la Majesté de la Royne, à M. le Gouverneur, Messieurs de la justice, procurant en ce qu'il vous sera possible la pais, union et proufist de ce païs et de tout le Royaulme, ne consentant aucunement à ce qui pourroit contrevenir. Item que vous garderez les ordonnances Ecclésiastiques et la discipline reçeue en l'Eglise et ce qui sera sur icelle trouvé bon et expédient par les Synodes des Isles. Et quant à vostre office que vous rapporterez le tout au Consistoire sans rien faire à vostre fantaisie, par faveur ou hayne, ne donnans lieu à vos appetis et mauvaises affections, ains distribuans sans acception de personnes, où la nécessité le requerra et vous portans en toutes choses comme bons et loyaux serviteurs de Dieu : finalement que vous persisterez en vostre vocation autant qu'il plaira à l'Eglise se servir de vous, et que vous ne vous en retirerez pour aucun mescontentement ou fascherie, sinon avec congé et bon gré du Consistoire, donnans aussi lieu volontiers à d'aultres s'il s'en trouve de plus propres que vous. Response : Ouy.

Le Seigneur qui vous appelle à ceste Saincte vocation vous doint son Saint-Esprit afin de vous en acquicter fidèlement, par son fils Jésus Christ. Ainsi soit-il. Escoutés quel doit estre le Diacre, selon qu'il nous est enseigné par Saint-Paul I Timoth. 3. Il fault (dit-il) que les Diacres soint graves, non point doubles en paroles ny adonnez à beaucoup de vin, ne convoiteux de gaing deshonneste, retenans le secret de la foy en pure conscience. Et qu'ils soint premièrement esprouvez, puis qu'ils servent, estans trouvez irreprehensibles. Semblablement il fault que leurs femmes soint honnestes, non mesdisantes, sobres, loyales en toutes choses. Que les Diacres soint maris d'une seule femme, conduisans honestemens leurs enfans et leurs familles, car ceux qui auront bien servi acquièrent un bon degré pour eux et grande liberté en la foy, laquelle est en Jésus-Christ. Par ainsi regardez de vous acquicter fidelement d'une charge si Saincte. Que celuy qui distribue le face en simplicité : Que celuy qui fait miséricorde le face joyeusement. *Rom. 12.*

Quant au reste (très chers frères), les Diacres ne serviront de rien sinon qu'on leur mist des aumosnes entre les mains pour distribuer. Or nous sommes tenus de subvenir les uns aux aultres comme estans membres d'un mesme corps. C'est pourquoy Jésus-Christ en la parabole du Samaritain qui assista à celuy qui estoit tombé ès mains des brigans enseigne que tous les hommes sont nos prochains, et Isaye dit qu'ils sont nostre chair; c'est aussi ce que nous disons ès articles de nostre foy : Je croy la communion des saincts. Et de fait les biens ne sont pas donnez aux Riches pour leur usage seulement, mais afin qu'ils dispensent et facent découler de leur abondance à ceux qui en ont besoing. Et en ce faisant combien qu'ils [ne baillent rien du leur et à quoy ils ne soint tenus et obligés, si ne perdent-ils point ny leur bien ny leur peine: Car comme dit Salomon, Qui donne au povre il preste à usure au Seigneur. Et nostre Seigneur Jesus-Christ dit que si on donne aux povres jusqu'à un verre d'eau froide, il l'allouera en ses comptes, comme si on luy donnoit à luy mesme. Ce qu'il remonstre encor plus amplement en la recognoissance qu'il fera au dernier jour du jugement à ses esleus des biens qu'ils auront distribués et du soulagement qu'ils auront fait aux povres pour l'amour de luy. Et en la reproche qu'il fera aux réprouvez de ne luy avoir assisté en ses membres. Pourtant, suyvant l'exhortation de Saint Paul, tandis que nous avons le temps faisons bien à tous mais principalement aux domestiques de la foy. Et qu'on ne dit point, comme font aucuns, qu'on veut donner soy mesme son aumosne à qui on verra bon. Ceste excuse n'est de mise, car il faut donner en privé et en public aussi, mettans nos aumosnes entre les mains des Diacres qui peuvent

Luc. 10.
Isa. 58, 7.

Prov. 19.

1 Cor. 16. mieux cognoistre à qui il fault distribuer que nous. Et cela est autant envers Dieu comme si vous mesmes l'aviez donné aux povres. Vous scavez l'advertissement que Saint Paul fait aux Corinth. de mettre à part en toute la sepmaine quelque chose pour le bailler au jour du Dimanche afin d'en subvenir aux indigens : faisons en donc ainsi : et j'espère, moyennant l'aide de Dieu, qu'on traictera si fidèlement et en si bonne conscience cest argent là, et qu'on vous en rendra si bon compte, que Dieu en sera glorifié et que vous aurez occasion de contentement. Or afin que le tout se face deuëment et comme il appartient à la gloire de Dieu et au bien de l'Eglise, et principalement des povres, nous prirons Dieu bien humblement ainsi qu'il s'ensuit.

Seigneur Dieu et père plein de miséricorde et bonté, qui selon ta sagesse incompréhensible et jugement impossible à trouver, non-seulement as voulu qu'il y ait tousjours des povres, des malades et indigens au milieu de nous; mais aussi leur as pourveu de remède convenable, establissant en ton Eglise des Diacres qui ayent le soing d'iceux : nous te prions qu'il te plaise bénir ceux-y que tu appelles maintenant à un tel

Act. 6. office, les remplissant de foy et du Saint Esprit, ainsi que St Estienne et ses compaignons qui premièrement ont exercé ceste charge : afin qu'en toute fidélité et solicitude ils s'acquittent fidèlement de leur debvoir. Touche aussi nos cœurs de miséricorde et compassion, à ce qu'en suyvant ta bonté nous distribuions volontairement et libéralement de nos biens pour subvenir à la nécessité des affligés, comme membres d'un mesme corps : Et qu'entretenans par ce moyen la communion qui doit estre entre les fidelles, nous monstrions par effect que nous sommes ton Eglise. Et que finalement nous soyons faicts participans des dons et graces que tu deployes sur icelle, et notamment de la rémission des péchés et de la vie éternelle, quand tu apparoistras en jugement en la personne de ton fils Jésus-Christ nostre Seigneur au nom duquel nous te prions, selon la forme et reigle qu'il nous a donnée de te prier, disans : Notre père etc.

A la fin de la prière le Ministre descendant de la chaire baillera la main à chacun d'iceux l'un après l'aultre, en signe d'association en l'œuvre du Seigneur, le priant que comme il les consacre à son service, aussi il les remplisse des graces de son Saint-Esprit, et bénisse leurs labeurs par son fils Jésus-Christ. Amen.

Des assemblées Ecclésiastiques.

Il y a quatre sortes d'assemblées, ascavoir l'assemblée générale de toute l'Eglise pour ouir la prédication de la Parole de Dieu, le Consistoire, le Colloque et le Synode.

De l'assemblée générale.

L'Eglise s'assemblera le Dimanche et mercredi, par toutes les Paroisses, et en oultre le vendredy à la ville, pour ouir la Parole de Dieu et ce ès heures les plus commodes pour les lieux selon qu'il sera avisé par le Consistoire; il y aura presche deux fois le jour du Dimanche, ascavoir le matin de quelque Evangile ou aultre livre du nouveau testament, et l'après disnée du catéchisme, auquel les enfants respondront, et auront leur place devant la chaire pour cest effect : lesquels aussi répéteront le petit catechisme, afin que le peuple l'apprenne. Avant le presche on lira un chapitre de l'escripture, des livres canoniques seulement, tout d'une suitte, le peuple estant assemblé, puis on commencera le sermon.

Chacun se tiendra en l'Eglise modestement, et en bon ordre, les femmes rangées à part, sans estre meslées parmy les hommes, et les enfans et escholiers en leur lieu.

Quand on fera les prières, tous auront la teste descouverte et les genoux en terre, chacun aussi sera descouvert quand on fera la confession des péchés, quand on chantera les pseaumes, quand texte de l'Escripture sera lu par le Ministre pour estre exposé, et quand on célébrera les sacremens. Tous feront silence et donneront paisible audience à ce qui sera dit, sans extravaguer, sans bruict et insolence, scachant que Jésus-Christ préside au milieu des siens en la présence des anges esleus. Que s'il y a des petits enfans qui crient, on les retirera à part, afin que personne ne soit empesché de se rendre attentif à ouyr la lecture et prédication de la Parole de Dieu, au chant des Psaumes, prières publiques, administration des sacremens, et autres choses qui se disent et font en l'Eglise.

Du Consistoire.

Le Consistoire est la compaignie et conseil des bons preudhommes, graves, prudens et de bonne vie, qui ont la superintendance des mœurs et l'authorité de corriger les vices et gouverner l'Eglise.

Or les Ministres de la Parole de Dieu, et les Anciens font ce Con^{re} auquel les dits Ministres doyvent présider et recueillir les voix. On y pourra aussi appeler les Diacres, s'il est trouvé bon et expédient. Et mesmes les proposans qui aspirent au Ministère qui seront estimés propres, afin de se façonner à la discipline et gouvernement de l'Eglise, sans toutesfois y avoir voix délibérative, ayant promis de ne révéler ce qui sera fait en Consistoire.

Le Consistoire s'assemblera le Dimanche après le Catéchisme et y commencera l'on et finira le tout par l'invocation du nom de Dieu; chacun parlera par ordre, et sans entreprendre aucune chose par dessus son compaignon. Chacun Ancien aura charge en son quartier de faire venir au Consistoire ceux qui y seront appellez, ou bien le cousteur : Et cependant nul ne fera venir aucun de son authorité sans qu'il ait esté avisé par le Consistoire, ou que les parties le demandassent. Nul aussi ne sera appellé sans raison et occasion suffisante et après avoir usé de l'admonition particulière si le vice est secret, selon qu'en parle Nostre Seigneur.

Math. 18.

Les Consistoires cognoistront en première instance des scandales commis en leurs Eglises et aultres matières Ecclésiastiques, pour en décider et définir selon la Parole de Dieu, sans entreprendre sur la juridiction civile. Et seront les Anciens advertis de ne rapporter ces fautes au Consistoire sans grande raison et bonne preuve, et de ne nommer les personnes au Consistoire sans l'advis d'yceluy, et si la chose ne le mérite ; le tout cependant y sera tellement modéré qu'il n'y ayt aucune rigueur dont personne soit grevé, en sorte mesmes que les plus aspres corrections ne soyent que médecines pour ramener les pécheurs au chemin dont ils s'estoyent desvoyés.

Quant aux causes et différents qui ne se pourront vuider et définir aux dits Consistoires ou desquels y auroit appel interjetté, seront remis a l'assemblée et jugement du Colloque, lequel en pourra déterminer autant que la puissance de la jurisdiction Ecclesiastique se peut estendre. Et afin que nul n'ayt occasion de se plaindre, il est loisible à un chacun d'appeler du Colloque au Synode. Que s'il est nécessaire d'user d'excommunication contre les incorrigibles et contumax, il sera bon, devant que venir à ce remède dernier, que les dits Ministres des aultres Eglises soint convoquez avec un, ou deux des Anciens de leurs Consistoires, si la matière est d'importance, par l'advis et conseil desquels bien informez du fait et scandale pourra estre procédé par suspension de la Cène ou par l'excommunication contre les scandaleux et obstinés, suivant la Parole de Dieu et police Ecclesiastique ; dont on advertira Monsieur le Gouverneur.

Les choses mémorables qui se passeront aux susdits Consistoires y seront enregistrés en la présence de tous par le scribe député à cela, ou par le Ministre, pourquoy faire on aura un livre exprès. La censure des mœurs de tous ceux qui y assistent, ascavoir des Ministres, Anciens et Diacres, voire et des Maistres d'Eschole, y sera faitte aimablement devant chacune (cène) le jour qui sera avisé entr'eux et notamment au dernier consistoire précédent la cène, s'il n'y avoit trop grand empeschement. Pareillement les articles de la discipline Ecclesiastique seront leus ausdits Consistoires pour le moins au temps qu'on célèbre la cène de Nostre Seigneur.

Du Colloque.

Les ministres des paroisses s'assembleront tous les mois une fois à jour propre, tant pour proposer, conférer et exposer les uns après les aultres la Parole de Dieu devant le peuple, que pour le reiglement et conduitte de toutes les Eglises. Et se tiendra le Colloque 4 fois l'an seulement, pour traictter les affaires Eccl. et ce les vendredis 10ᵉ jour devant la cène.

Là aussi se trouveront un ou plusieurs des Anciens de chacune Eglise qui voudront ou y pourront assister, et néantmoins un seul aura voix délibérative, pour et au nom de ses dits compaignons, afin d'empescher que par la pluralité des voix on ne l'emportast au préjudice de quelque Eglise particuliere. Tant celuy qui fera la prophétie que ceux qui adjousteront a ce qui aura esté dit par le Ministre proposant et prophétisant, auront la teste descouverte comme l'Apostre le monstre : Et après que les affaires qui se pourront présenter au Colloque seront vuidées, on procèdera à la censure de la doctrine qui aura esté mise en avant. Et mesmes les Ministres feront entre eux une censure amiable des mœurs quand il sera trouvé bon et expédient. *1 Cor. 10.*

Tout ce qui sera traicté au Colloque qui emportera conséquence sera rédigé par escript par le scribe du Colloque, qui sera choisi par la compaignie.

Du Synode.

Le Synode se tiendra tous les ans en l'une des Isles tour à tour au mois de Juin au jour termé, pour là pourvoir aux affaires et réglement général des Eglises, auquel Synode se trouveront les Ministres et Anciens délégués des Eglises. Et là sera esleu le Ministre d'une chacune Isle qui debvra aller à son tour aux Synodes généraux de la France afin de nourrir le consentement et union tant en doctrine qu'en police. Et cela selon le bon advis et plaisir de Messieurs les Gouverneurs, ce qui sera fait à frais communs.

De l'assemblée des estudians et proposans.

Ceux qui estudieront en théologie ès lieux où il y aura leçons y assisteront et orront attentivement. Quant à la proposition, elle se fera au jour et à l'heure qui sera trouvée la plus propre, et taschera on le plus qu'on pourra qu'il y en ayt une tousjours dressée.

Ceux qui seront admis à la proposition, seront de bonnes mœurs, de bonne doctrine, et de lettres le plus qu'il sera possible. En icelle ceux qui espèrent se dédier au ministère de la Parole de Dieu et au service de l'Eglise, proposeront quelque Epistre de St Paul, ou aultre texte de la Saincte escripture qui sera trouvé propre pour l'exercice des estudians. Après que le proposant aura proposé, il sortira pour recepvoir amiable censure de sa doctrine et façon de traicter l'escripture, par le Ministre qui présidera à la proposition, lequel y sera esleu par la compaignie des Ministres. Et au reste les proposans traicteront l'escripture plus en forme d'homélie que de leçon, comme s'ils estoyent devant le peuple, puisque ceste exercice se fait pour les façonner et approprier à prescher et annoncer la Parole de Dieu en public si Dieu les y appelle. Et finalement signeront la confession de foy et la police Ecclesiastique.

Du Mariage.

Les promesses de mariage ou fiançailles se peuvent faire en la maison ou autre lieu pourveu que ce soit en la présence des parens, amis et voisins des parties et mesmes en la présence des Ministres ou d'un Ancien ou Diacre, qui recoyve les promesses pures et simples et comme l'on dit par paroles de present, et avec l'invocation du nom de Dieu; lesquelles promesses bien et deuement faittes les parties ne se pourront départir.

Les jeunes gens qui sont en bas aage ne peuvent contracter mariage sans le consentement et conseil de leur Père et mère, ou autre en la puissance desquels ils sont. Néantmoins quand ils auront leur Père et mère tant déraisonnables que pour cause de la religion ou autre, ils ne se voudroint accorder à une chose saincte et nécessaire, le Con^{re} donnera tel advis aux parties qu'il advisera estre convenable. Et quant à ceux qui sont en aage, encores qu'ils ayent esté mariés, feront toutesfois cest honneur à leurs pères et mères de ne contracter mariage sans leur en communiquer premièrement, et à faute de ne faire seront réprinsés et censurez au consistoire. Nul donc ne sera receu à se marier qui n'ait aage compétant, limité par les loix. Et en oultre on gardera les degrez de consanguinité et affinité suyvant les us et coustumes de ce Royaulme ainsi qu'il ensuit :

L'Homme ne se peust marier à sa
1. Grand mère.
2. La femme de son grand père.
3. Sa mère.
4. Sa belle mère.
5. La sœur de son père.
6. La sœur de sa Mère.
7. La femme du frère de son Père.
8. La femme du frère de sa Mère.
9. Sa sœur entière.
10. Sa demie sœur.
11. Sa sœur engendrée en fornication.
12. Sa fille.
13. La femme de son fils.
14. La fille de son fils.
15. La fille de sa fille.
16. La femme de son frère.
17. La fille de son frère.
18. La fille de sa sœur.
19. La Mère de sa femme.
20. La sœur de sa femme.
21. La fille du frère de sa femme.
22. La fille de la sœur de sa femme.
23. La fille de sa femme.
24. La fille du fils de sa femme.
25. La fille de la fille de sa femme.

La femme ne se peust marier à
1. Son grand père.
2. Le mari de sa grand mère.
3. Son Père.
4. Son beau Père.
5. Le frère de son Père.
6. Le frère de sa Mère.
7. Le mari de la sœur de son Père.
8. Le mari de la sœur de sa Mère.
9. Son frère entier.
10. Son demi frère.
11. Son frère engendré en fornication.
12. Son fils.
13. Le mari de sa fille.
14. Le fils de son fils.
15. Le fils de sa fille.
16. Le mari de sa sœur.
17. Le fils de son frère.
18. Le fils de sa sœur.
19. Le père de son mari.
20. Le frère de son mari.
21. Le fils de la sœur de son mari.
22. Le fils du frère de son mari.
23. Le fils de son mari.
24. Le fils du fils de son mari.
25. Le fils de la fille de son mari.

Les annonces et bans se feront premier qu'on puisse espouser les parties en l'Eglise, et ce ès lieux où elles sont résidentes et cognues. Que si les partyes vouloyent solenniser leur mariage ailleurs qu'où les annonces auroyent esté faittes, elles prendront attestation suffisante de la publication de trois annonces.

Les annonces se feront par trois Dimanches consécutifs; après lequel temps se pourront faire les espousailles en l'Eglise et mesmes au troisiesme dimanche s'il n'y a point d'empeschement, et comme l'on ne les pourra plus tost avancer, aussi ne sera il loisible de les retarder plus de deux mois, ou de six, si les parties estoyent en voyage lointain. Ainsi les parties seront priées et exhortées par celuy qui recepvra les promesses d'accomplir leur mariage au dit temps, pour éviter tous inconvéniens. Le mariage se célébrera devant le sermon tous les jours qu'il y en aura, excepté le jour de la Cène, et du jeusne; d'autant qu'il est bien raisonnable que nous soyons du tout occupez en iceux [1].

Nuls ne seront receus à se marier qu'ils ne scachent les articles de la foy, les commandemens de Dieu et l'oraison du Seigneur, eu esgard à la portée et capacité des personnes. Et pourtant se présenteront de bonne heure au Ministre pour en rendre raison, de quoy ils seront pareillement advertis par le Ministre ou Ancien aux fiancailles [2].

Ceux qui auront habité ensemble devant qu'estre légitimement et solennellement mariés, demandans l'estre, feront recognoissance publique ou devant le Consistoire selon la discrétion d'iceluy. Et sera procédé au mariage telles solennitez observées que le Consistoire advisera. Les mariages seront enregistrés et soigneusement gardez en l'Eglise.

La manière de faire les fiançailles [3].

Le Seigneur nostre Dieu nous vueille conduire par son St Esprit afin que tout ce que nous penserons, dirons, ou ferons, soit à son honneur et gloire et à l'édification de son Eglise par son fils nostre Seigneur. Ainsi soit-il.

---

[1] La seconde forme a modifié et mis les mariages en semaine : « Pour éviter les abus et profanations du Jour du Repos, et le mespris manifeste qu'on fait de la Parole de dieu ès jours qu'on célèbre le Mariage, est trouvé expédient qu'on ne le célèbre plus au Jour du Dimanche, ains ès jours de presche qui se feront sur semaine seulement. »

[2] Supprimé dans la seconde forme.

[3] Tout ce formulaire des fiançailles ne se retrouve pas dans le seconde forme.

Le mariage est honorable entre tous, et la couche sans macule dit *Héb. 13.*
l'Apostre aux Hébrieux. Et non seulement il est honorable mais aussi très utile et nécessaire à la vie humaine, encore que l'homme n'eust point péché : tant pour avoir ayde et assistance que lignée légitime. Tellement que Dieu n'a point prononcé sans cause qu'il n'est pas bon que l'homme soit seul. Depuis le péché la nécessité a redoublé à cause de l'incontinence qui est survenue, à laquelle la corruption héréditaire de nature nous a tous assujettis sinon que nous en soyons préservez par une grace singulière de Dieu, laquelle d'autant qu'elle est donnée à peu, et non pas pour tousjours, nous doit faire priser et embrasser le mariage comme un remède convenable ordonné de Dieu : sinon qu'à nostre escient nous voulions faire la guerre à Dieu, et combattre contre nature et par ce moyen attirer sur nous le rigoureux jugement de Dieu, lequel jugera les paillards et adultères, les excluant de son Royaulme céleste.

Or d'autant que ceste saincte institution de Dieu est plus excellente, d'autant nous faut-il de plus près prendre garde qu'elle ne soit corrompue et polluée par nostre perverse ingratitude. Et pourtant que ceux qui dèsirent vivre en ce sainct estat de mariage, cerchent en iceluy, non point dequoy nourrir leur ambition ou avarice, ou autres affections charnelles, mais qu'ils s'y rengent principalement pour les trois fins pour lesquelles il a esté ordonné de Dieu, comme nous les avons touchées brèvement. En après que les fiançailles et nopces soint faittes et celebrées en la crainte de Dieu, et honnesteté chrestienne sans excez et gourmandise, sans pompe ou vanité, danses et jeux dissolus, ou aultres restes de la corruption qui a esté du temps de l'ignorance, finalement que les mariez taschent surtout à glorifier Dieu, et à édifier leurs prochains en leur conjonction et alliance, et instruire ou faire instruire leurs enfans et familles, évitans toute dissolution et intempérance, s'estudians à vivre en la crainte et service de Dieu, et en bonne paix et concorde l'un avec l'autre, regardans un chascun à ce à quoy il est appelé de Dieu : Que le mari aime sa femme et la supporte comme un vaisseau plus fragile, *Colloss.* et la femme révère son mari et luy obéisse comme à son chef suyvant la *Eph. 5.* parole de Dieu. *1 Pier. 3.*

Vous donc N. et N., ayant la cognoissance que Dieu l'a ainsi ordonné, voulez-vous vivre en ce sainct estat de mariage institué de Dieu pour nostre bien et salut.

Response : Ouy.

Devant que passer plus oultre, je vous demande N. (en parlant à l'homme) que vous ayés à me dire devant Dieu et ceste compaignie, si vous avez point de promesse avec aucune femme ou fille qui vous empesche de promettre mariage avec N. ici présente. Response : Non.

Et vous N. (parlant à la femme) dites moy devant Dieu et ceste saincte assemblée, si vous avez point de promesse avec aucun autre qui vous empesche de promettre mariage audit N. ici présent. Response : Non.

Puis qu'ainsi est, vous N. promettés ici devant Dieu et ceste bonne compaignie que vous prenez pour vostre femme et légitime espouse N. ici présente, et que mettrés peine que vostre mariage soit célébré en l'Eglise, aussitost que Dieu vous en donnera le moyen. Response : Ouy.

Vous aussi N. promettés ici devant Dieu et ceste compaignie que vous prenés pour vostre légitime mari et espoux N. icy présent et que pourvoirez, autant qu'en vous sera, que vostre mariage soit célébré en l'Eglise, aussitost que Dieu en donnera le moyen. Response : Ouy.

Nostre Dieu, qui vous appelle à ceste saincte vocation, conferme vostre sainct propos qu'il vous a donné, et vostre commencement soit au nom de Dieu qui a fait le ciel et la terre. Ainsi soit-il.

Aprés ces choses on advertist l'espoux que s'il a quelque chose à donner à son espouse pour confirmation de la promesse qu'il luy donne, ou s'il y a quelque autre manière de faire usitée au païs pour tesmoignage de la dite promesse, qu'il en face son debvoir.

Du Baptesme.

Il ne se fera aucun baptesme sinon ès assemblées Ecclésiastiques publiques, et ce par le Ministre et après les presches ordinaires des jours susdits, à quoy le peuple assistera avec révérence et silence pour entendre et réduire en mémoire l'institution, vertu et signification d'iceluy, afin de la practiquer de plus en plus. Pourquoy faire on suivra le formulaire observé ès Eglises réformées où ces choses sont amplement déclarées.

Les pères des enfans qui debvront estre baptisés assisteront aussi, avec les parains, pour ensemble présenter à Dieu par prières les enfans, et promettre de les instruire en la cognoissance de Dieu.

Il sera bon que ceux qui présenteront les enfans au Baptesme soint d'aage suffisante, comme de 14 ans, et ayent fait la Cène : ou s'ils sont avancés en aage, et n'ayent fait la Cène, protestent de la faire, et soint deuëment catéchisez, pour le moins qu'il scachent l'oraison du Seigneur, le symbole des Apostres, et les commandemens de Dieu. Pour laquelle chose mieux observer celuy qui voudra présenter son enfant au bapteme, viendra de bonne heure advertir le Ministre, et luy déclarer quel compère il prend pour respondre de son enfant.

Touchant les noms qui sont imposés aux enfants, les Ministres rejetteront les noms du paganisme, les noms d'idoles, et les noms attribués à Dieu en l'escripture : et pareillement les noms d'office, comme Apostre, Baptiste, Ange, mais admonesteront les pères et parains de prendre les noms approuvez en l'Escripture, autant qu'il sera possible.

Les Baptesmes seront enregistrez et gardés soigneusement en l'Eglise avec les noms des Pères, parains et enfans baptisez.

De la Cène.

La saincte Cène de nostre Seigneur et seul Sauveur Jésus-Christ se célébrera quatre fois l'an, à Pasques, le dimanche après la Saint-Jean, au premier dimanche d'octobre, et le dimanche suyvant la nativité de nostre Seigneur, et ce après le presche, lequel sera fait exprès de ceste matière, ou pour le moins à la fin duquel on en aura touché quelque chose pour exposer et déclarer au peuple ce que nostre Seigneur veult signifier par ce mystère et quel en est l'usage.

On suivra ceste forme : c'est que la table sera disposée en lieu commode le plus près de la chaire que faire se pourra, là où l'on viendra par ordre et sans confusion. Et la prendra on estant assis, ce qui est le plus conforme à la première institution d'icelle, ou bien debout, les hommes venans les premiers et les femmes puis après.

Durant cest acte tant sacré, chascun sera attentif, et d'une contenance grave, honneste et bien séante, comme devant la face de Christ sans estre distraits et divertis çà et là. Et afin de retenir le peuple en révérence et attention, l'on chantera les commandemens de Dieu ou quelques Psalmes de louanges ou actions de graces, ou de matière propre, ou l'on lira quelque chose de l'Escripture, convenable à ce qui est signifié par le sacrement.

Avec ce personne ne se départira de l'assemblée sinon après l'action de graces et bénédiction du peuple, s'il n'y avoit nécessité urgente.

Quand aux personnes qui doyvent estre receues à la communion de la Cène, nul ne s'y présentera, qu'il n'ayt esté examiné quant à la doctrine, c'est à dire qu'il n'ayt esté catéchizé par le Ministre et qu'il ne scache l'oraison du Seigneur, les articles de la foy, les commandemens de Dieu, ou pour le moins la substance d'iceux, selon la capacité d'un chacun avec promesse de les apprendre. Item qui ne renonce à toutes superstitions, idolâtries, au Pape et à la messe, et ne promette de s'assubjettir à la Police ecclésiastique. Et quant à l'examen de la vie nul ne sera admis à la Cène qui ne soit de bonne vie, sans scandale, hayne, rancune, débat ou noise contre son prochain : ou sans s'estre reconcilié à luy, s'il avoit quelque inimitié contre luy. Item qui ne soit d'aage de discretion, comme de 12 ans pour le moins, et qui ne soit de sens rassis. Et pour ce faire la Cène sera denoncée 8 ou 15 jours devant la célébration, afin que chacun s'y prépare de bonne heure.

Outre ce premier examen de la doctrine pour obvier à l'oubliance et pour cognoistre comment un chacun aura profité, il sera bon que chacun soit derechef catéchizé une fois l'an, ascavoir devant la Cène soit de Pasques ou d'aultre temps, et ce par les quartiers des paroisses ou aultre temps en la façon qui sera la plus propre. Les Ministres ne recepvront aucun des aultres Eglises qu'il n'ait suffisant tesmoignage de son Pasteur ou pour le moins d'un ou deux anciens par escript autant que faire se pourra.

Ceux lesquels ayant esté longtemps en l'Eglise ne veulent communiquer à la Cène soit par mespris, ou de peur d'estre obligés de renoncer aux superstitions et idolâtries, ou de se ranger à la Discipline de l'Eglise, après admonitions suffisantes et cognoissance de cause, seront retranchés du corps de l'Eglise. Que si c'est par infirmité ils seront supportez autant qu'il sera expédient et qu'ils auront eu assez de temps pour se conferrer, et que l'Eglise se pourroit scandaliser de les voir si longtemps estre séparés du corps de Christ.

Des censures ecclésiastiques.

La correction ou censure de l'Eglise a deux degrez. Le premier est l'admonition limitée selon la grandeur de la faute et l'édification de celuy qui aura failly, pour l'amener à repentance : l'admonition est double, car l'une est privée et secrette, laquelle est faite en secret et en privé, la faute étant privée et secrète, ou bien légière. Et ceste cy peut estre faite par un chascun suivant l'advertissement de Nostre Seigneur Jésus-Christ. L'autre est publique, quand la faute est publique et apporte scandale, et se fait au Consistoire par le Ministre sans flaterie, ni trop grande rigueur, la sévérité étant assaisonnée de doulceur, comme il sera expédient pour toucher vivement le délinquant s'il estoit endormy en son vice, ou le consoler et le relever s'il estoit par trop abattu du sentiment de son péché, en sorte que ce soit une bonne médecine et non pas un poison.

Le second degré de censure est l'excommunication qui est aussi double : la 1re est la suspension de la Cène, quand le délinquant est suspendu de la Cène pour un temps, tant pour éviter le scandale que pour donner crainte aux aultres. Cette suspension se fait au consistoire et en l'Eglise, selon qu'il est utile. La seconde est le plein et entier retranchement tant de la Cène que du Corps de l'Eglise, laquelle ne se doit faire qu'à l'extrémité en la façon qui ensuit. Si quelqu'un ne vouloit recevoir les advertissemens et repréhensions qui lui seront faittes par la parole de Dieu, ains demeureroit incorrigible et du tout enduroy, si on n'apperçoit aucun moyen de le réduire au bon chemin et amendement de vie, après plusieurs et diverses admonitions et longue attente, bref si on ne le peut gaigner, alors il le conviendra retrancher comme un membre pourry du corps de l'Eglise.

Mais avant que venir à ceste rigueur extrême, la chose sera par trois divers Dimanches consécutifs proposée devant toute l'Eglise, avec exhortation que chascun prie pour celuy qui aura commis le péché, sans toutes fois nommer ny le personnage ny le delict afin encor de l'espargner.

Le deuxième Dimanche ce délict sera mis en avant, et non le personnage, et l'Eglise priera encore pour luy afin d'essayer de l'induire à repentance. Le troisième, s'il ne veut recognoistre son péché, lors le pécheur sera manifesté à toute l'Eglise et les causes de son excommunication (laquelle durera tout le temps qu'il demeurera obstiné et rebelle) seront déduites et déclarées en la manière qui ensuit :

Messieurs et frères, vous debvez estre advertis que de tout temps l'excommunication a eu lieu en l'Eglise de Dieu, comme une médecine tres necessaire quoy qu'aspre. Et est une censure de l'Eglise par laquelle quelqu'un, estant convaincu de crime et grièfve faute, est forclos et banni de la communion des fidelles sans temps prefix et limité, sinon qu'il vienne à entendement, afin qu'il se repente de son péché et que son esprit soit sainct au jour du Seigneur. Or ceste façon de chastier les delinquans est découlée de la coustume des Juifs, à laquelle Jésus-Christ a regardé et fait allusion quand il dit en St Math. : Si ton frère a péché envers toy, va et le repren entre toy et luy seul ; s'il t'escoute tu as gaigné ton frère : mais s'il ne t'escoute, prens en avec toy encor un ou deux, afin qu'en la bouche de deux ou de trois tesmoings toute parole soit ferme. Que s'il ne daigne les escouter di le à l'Eglise : et s'il ne daigne escouter l'Eglise qu'il te soit comme payen et péager : et le mesme Seigneur recueillit l'aveugle né, lequel les Juifs avoyent rejetté hors la synagogue. Et il prédit à ses apostres qu'ilz les chasseront des synagogues (c'est à dire) qu'ils les tiendront pour excommuniés. Il y en a mesmes qui disent que l'excommunication a prins son origine d'Adam, duquel il est dit qu'il fust déchassé hors du Jardin d'Eden et empesché de la voye de l'arbre par le glaive flamboyant de l'Ange, à ce qu'il ne goustast de cest arbre qui lui estoit un sacrement de vie, laquelle il avoit receu de Dieu. Ils veulent aussi que le mesme ait esté fait en la personne de Cain : et représente ces lépreux qui estoient rejettés des villes. Mais sans répéter la chose de plus loin elle est beaucoup plus ouvertement et à plein signifiée en ce que Dieu prononce : Qui aura esté contempteur de la circoncision qui estoit le signe de l'alliance, soit rejetté et tenu pour profane, et du temps de Moyse il est fait souvent mention de retranchement. Or que ce retranchement n'ait esté tel sous la loi que l'excommunication dont nous usons à présent, il appert par les façons de parler qui en sont tirées, comme tenir quelqu'un pour payen et péager, estre rejetté ou chassé de la synagogue, desquelles Jésus-Christ use et l'Apostre 1 Cor. 5-2 : Celuy qui a fait cest acte soit osté d'entre vous. Et ostés le mechant mesmes d'entre vous. Et souvent il est fait mention en la Loy d'estre forclos, exclus, rejetté, ou banny d'Israel ou de son peuple. Jésus Christ mesmes fait allusion à ce retranchement quand il dit : Si ta main ou ton pied te fait chopper, coupe et le jette arrière de toi. Et St Pierre ès Actes : Toute personne qui n'aura escouté ce prophète, périra entre le peuple. Et l'Apostre aux Galat. : A la mienne volonté que ceux qui troublent vostre repos fussent retranchés. Et aux Thess. il leur dénonce de se séparer de tout frère cheminant désordonnement et de ne converser avec luy, mesmes il la prattique envers le Corinthien en la façon que

Moyse l'ordonne en l'Exode, auquel passage l'Apostre fait allusion. Et c'est enfin ce qu'il appelle livrer à Satan. De là il appert que l'excommunication a esté en usage tant entre les Juifs que mesmes entre les Apostres, et d'eux elle est venue jusques à nous auxquels elle n'est pas moins nécessaire veu la malice du monde. Or la fin de l'excommunication est à ce que les sacremens ne soint prophanés par la vie desordonnée des mal vivans, que l'Eglise ne soit une retraicte des gens meschans, que comme les brebis roigneuses infectent tout le troupeau, il n'advienne que les mauvaix ne corrompent les bons par la contagion de leur vie perverse, bref, à ce que ceux qui sont desbauchés, estant confus de honte, se repentent et amendent, et que les aultres ayans esté advertis par la verge de l'Eglise cheminent en crainte et tremblement devant Dieu et les hommes [1]. Suivant ceste ancienne discipline, mes frères nous avons esté contrainctz mal-gré nous et à regret d'excommunier N. qui estoit autrefois entre nous.

La forme de publier l'excommunication en l'Eglise.

Comme ainsi soit donc que N. s'estant rengé quelque temps à l'ordre de l'Eglise, se soit depuis tellement oublié qu'il a commis tel cas et tel, et ayant mesprisé toutes les remonstrances qui luy ont esté faictes, et en privé et en public, est demeuré obstiné et endurci sans qu'aucune espérance d'amendement nous apparust. A ces causes il a esté et est déclaré excommunié et retranché du corps de l'Eglise comme un membre pourri. Partant au nom et en l'authorité de nostre Seigneur Jésus Christ, et en vertu de sa parole, qu'il nous a commise contenant que tout ce que nous lierons en terre sera lié au ciel, et que quiconque ne daignera escouter l'Eglise nous soit comme un payen et péagier, et en icelle ayant la vengeance appareillée contre toute désobéissance, comme dit l'Apostre, j'excommunie N. et retranche de la communion et société des Saincts, le déclarant estre livré à Sathan puis qu'il se sépare et desjoint de l'Eglise, qui est le corps de Christ et hors laquelle Sathan a son Règne, et n'y a point de salut, non pas que ce soit pour le perdre, mais plustost afin qu'ayant honte il s'amende et soit sauvé. Pourtant, frères et sœurs, suivant l'advertissement de St Paul, je vous dénonce que nul n'ait à se mesler ny converser n'y manger avec luy, sinon pour tascher de le ramener au droict chemin,

Math. 18.

2 Cor. 10-6.

---

[1] Ce préambule manque dans la seconde forme.

et mesmes de ne le saluer, car en ce faisant vous communiqueriez à ses œuvres mauvaises. Toutesfois ne le tenez pas comme ennemy mais admonestez le comme frère.

Jeh. 10. 5.
Thess. 3.

Que si apres la suspension et excommunication celuy qui aura failli se repentoit de ses fautes, et demonstroit sa conversion par fruictz et tesmoignages extérieurs, sans feintise ou simulation, et satisfaisoit au scandale qu'il auroit donné, il sera receu derechef au giron ou en la paix de l'Eglise, non pas légèrement ains après une telle preuve et examen d'amendement qu'il sera convenable pour l'édification de l'Eglise, laquelle ayme beaucoup mieux recepvoir ses enfans en son sein que non pas les chasser et rejetter de soy pour tousjours, comme les pères quelquefois rejettent durement leurs enfans, pour les joindre de plus près à soy. Et de fait ny l'une ni l'aultre correction n'est point pour perdre le pécheur, ains pour en l'humiliant le sauver, et n'est point pour le ruiner, ains pour l'édifier et pour en frappant, corriger.

La façon de recepvoir en la paix de l'Eglise les délinquans et de l'absolution.

Messieurs et frères, comme quelque fois les pères rejettent et tancent durement leurs enfants, à cause de leurs mauvaix comportemens, estans tous prests de les recepvoir et traicter benignement quand ils cognoistront leur amendement de vie : aussi l'Eglise bannit et rudoye quelque fois asprement ses enfans, et quand elle les void amendez et devenus sages elle leur tend les bras et les reçoit tendrement en son sein et giron. Et de fait les corrections, voire les plus sévères, d'une Mère si benigne ne tendent pas à perdre les povres pécheurs ses enfans : ains en les humiliant, les sauver ; elles ne tendent point à les ruiner et abbastre du tout ; mais en les frappant et abbatant d'une main, à les corriger, relever et édifier de l'aultre. Et c'est suivant la bonté et clémence du Père Céleste,

Ezech. 18,23. lequel dit par son prophète Ezech. : Appelé-je la mort du meschant et non plutost qu'il retourne de ses voyes et qu'il vive ? De ceste clémence paternelle nous avons de beaux miroirs et exemples en Adam, David, St Pierre, au larron qui fust pendu en croix, en St Paul et autres, par lesquels nous sommes asseurez que Dieu sera propice à tous pécheurs, qui se repentiront de bon cœur et gémiront sous le fardeau de leurs iniquitez, et en demanderont pardon par nostre Seigneur Jesus-Christ. Et tant s'en fault qu'il tourne à deshonneur au pécheur de se repentir et confesser sa faute, que plustost c'est chose digne de louange de voir celuy qui s'estoit desvoyé du droict chemin y retourner, et celuy qui pour un temps avoit croupi en son ordure et péché, le haïr et détester, pour s'adonner à saincteté et justice. Qui plus est Dieu est glorifié en la grâce et miséricorde qu'il fait au povre pécheur, le tirant du bourbier et de la fange en laquelle il s'estoit vautré, pour enfin se plonger au gouffre et abyme d'enfer.

Ainsi Dieu a esté glorifié en la recognoissance publique que David a faicte de son péché, et n'a point eu honte de le confesser afin que Dieu en fust loué. St Paul mesmes n'a point eu de honte de laisser par escrit en tesmoignage à la posterité la faute par luy commise : tant afin que Dieu en fust glorifié que pour donner courage à tous povres pécheurs d'avoir leur recours et se retirer hardiment à la miséricorde de Dieu, comme à un port paisible et asseuré. On lit aussi que l'empereur Théodose recogneut publiquement la cruauté qu'il avoit commise envers les povres de Thessalonique, et tant s'en faut que ceste confession ait flestri et terni son nom, qu'elle luy a esté fort glorieuse et en parle on plus que de chose qu'il ait faitte. Et de fait c'est chose humaine de pécher, mais c'est chose diabolique que s'y endurcir et persister à sa condempnation et jugement. Or est il, frères comme vous avez autresfois entendu, que N. fut il y a quelque temps excommunié de l'Eglise, mais depuis Dieu l'a touché et fait grace de recognoistre sa faute, et mesmes monstrer sa conversion par les fruicts et tesmoignages d'une bonne vie, de sorte qu'il nous a tesmoigné qu'il estoit repentant de sa faute passée et prie Dieu la luy pardonner et l'Eglise l'oublier et en lever le scandale qu'elle en avoit prins à bon droict [1]. Laquelle chose, afin qu'elle soit notoire et que Dieu en soit loué par plusieurs bouches, je vous prie au nom de Dieu frere N. que vous nous tesmoigniez devant Dieu et son Eglise ici assemblée, si vous n'estes pas vrayement repentant de la faute qu'aviez commise contre Dieu et vostre prochain au scandale de l'Eglise, désirant doresenavant cheminer en plus grande crainte de Dieu que n'avez fait, et d'estre à l'advenir en meilleur exemple que n'avez autresfois esté, ne donnant occasion à aucun d'achopement par vostre mauvaise conversation. Response : Ouy.

---

[1] Préambule supprimé dans la seconde forme.

2 Cor. 5, 20.   Pourtant frère, je vous denonce et asseure au nom de nostre Seigneur
Act. 26, 17. Jésus-Christ, comme son Ambassadeur portant le message de réconciliation et rémission gratuite des péchés en Christ, puisque vous repentez
de vostre iniquité, qu'elle vous est pardonnée et mise en oubli selon le
dire du prophète : comme vous avez ouï, vous declarant que vous estes
dès maintenant reçeu au giron, en la paix et communion de l'Eglise pour
estre participant des biens et graces que Dieu luy confère de jour en
jour, desquelles vous vous estes pour un temps privé par vostre péché.
Ne doutés point de la promesse qui vous est à present addressée, car
Dieu est fidèle et ses promesses sont ouy et amen en Christ, par lequel
nous le prions tous ensemble d'un mesme cœur qu'il lui plaise par ceste
grande miséricorde laquelle il a desployée envers tous povres pécheurs
en Christ, vous pardonner et à nous, toutes nos offenses et vous con-
férmer de plus en plus, afin qu'estant conferme et redressé vous con-
fermiez vos frères qui sont encore debout et releviez par vostre bon
exemple ceux qui seroint tombés, vous donnant garde de tomber par cy
après, n'y d'estre plus en scandale : comme la cheute a esté à St Pierre
en occasion de se mieux tenir sur ses gardes, et a esté admonesté de confermer ses frères. Et au reste frères et sœurs, comme nous avions en
matière de tristesse en sa cheute et excommunication, aussi avons nous
maintenant occasion de joye en sa conversion et repentance. Car si les
anges s'en esjouissent comme dit nostre Seigneur, ce seroit une trop
grande perversité de ne leur tenir compaignie en ceste sainte esjouis-
sance. Et pourtant resjouissons nous en tous ensemble, remercians et
louans Dieu de son inénarrable bonté et clémence envers nous povres
pécheurs, le supplians tous d'un mesme cœur qu'estans advertis par la
fragilité de nos frères, combien nous sommes foibles et enclins à tomber,
s'il ne nous tenoit par la main, il ne permette point que nous tresbu-
chions, ou bien si nous tombons qu'il lui plaise nous relever à ce que
nostre chéute ne soit point à mort, et que nous ayons à jamais matière
de bénir et magnifier son sainct nom, et ce par son fils unique nostre
Seigneur, auquel, avec luy et le St Esprit, soit gloire, honneur et puissance à jamais. Ainsi soit-il.

De la visitation des malades et des testamens.

D'autant que plusieurs sont nonchalans à cercher consolation en la
parole de Dieu, ayans plus de soin de pourvoir à leurs corps, ou à leurs

biens terriens, qu'au soin de leurs âmes, ne regardans point à la source de leurs maladies qui est le péché, pour avoir le remède en Christ, et souvent meurent sans consolation, ou confirmation de foy, et sans admonition qui leur est lors plus nécessaire que jamais : chascun sera adverty dès le commencement de sa maladie de cercher consolation avant que d'estre du tout abattu du mal, et qu'il n'ait plus de discrétion. Et là où le patient seroit négligent, ses domestiques ou amis en feront leur debvoir ; c'est qu'on fera scavoir de bonne heure sa disposition au diacre ou surveillant, et selon que l'un ou l'autre cognoistront la nécessité, ils advertiront ou feront advertir par les amis ou domestiques du malade le Ministre à heure opportune pour l'aller visiter. Ils advertiront aussi de la disette que pourront avoir les malades, afin qu'il y soit pourveu comme il a esté dit icy dessus. Cependant combien que ce soit le devoir principalement des Pasteur, Ancien et Diacre de visiter les malades, tous fidèles neantmoins seront admonestés de les visiter, consoler et leur assister selon leur faculté. Les malades seront aussi admonestés de faire de bonne heure leurs testamens et cependant qu'ils seront de sens rassis. Et ce en la présence de leurs Ministres lesquels recepvront et signeront lesdits testamens, en présence de deux surveillans ou aultres gens de bien et dignes de foy, ou en défaut du Ministre les Anciens les pourront recepvoir, ou aultres officiers et personnes qui se trouveront là présents afin d'empescher tous desbats qui pourroyent sourdre des choses testamentaires.

De la sépulture.

Désormais on n'enterrera, ny mesmes n'apportera on les morts dans les temples, ains on les conduira droit au cimetière, estans accompagnez par le Ministre ou un Diacre, ou l'Ancien du quartier d'où il sera, avec ceux du voisinage, à la discrétion des parens, alliez et amis du trépassé. Et seront mis en terre honnestement et simplement sans son de cloches ne autres pompes, sans presches ni prières pour éviter toute superstition, et sans se trop haster, ne trop tarder d'enterrer le mort, de peur d'inconvénient ou de contagion, ne le mettant plus tost en terre que 12 heures ou 15 heures après qu'il aura rendu l'esprit, ny plus tard que 24.

Les Ministres et Anciens auront le soing de consoler ceux qui par le trespas de quelqu'un seront affligés comme veufves, orphelins et aultres, ce que feront aussi tous fidelles selon la mesure des graces que Dieu leur aura départies.

On enregistrera aussi soigneusement les morts en l'Eglise.

Advertissemens pour les particuliers.

Le peuple sera admonesté autant que besoing sera d'assister et faire assister ceux qui sont en sa charge et puissance, comme enfans, serviteurs et servantes à la prédication et prières publiques le Dimanche, de matin et de soir, aux heures ordonnées, et que le Mercredi il y en aura un de chascune maison pour le moins, suyvant l'ordre de Messieurs de la Justice et commandement de Messieurs les Gouverneurs.

Les blasphèmes et juremens, les chansons impudiques et paroles sâles et deshonnestes, les danses, momeries, et basteleries : Item tous jeux défendus par les bonnes loix seront réprouvez, et les personnes reprinses et admonestées au consistoire, et censurées selon les circonstances comme il est dit au chapitre des censures. Tous prendront en bonne part les admonitions et repréhensions, tant publiques que particulières, qui leur seront faittes par les Ministres et Anciens.

Ces articles qui sont ici contenus touchant la discipline ne sont tellement arrestez entre nous que si l'utilité de l'Eglise le requerroit ils ne puissent estre échangés, mais il ne sera en la puissance des Ministres, Consistoires ou Colloques y adjouster, changer ou diminuer sans l'advis ou consentement du Synode.

Ce présent règlement et discipline Ecclésiastique a esté leu et examiné diligemment selon la parole de Dieu par tous les Ministres et Anciens, députez des Eglises des dites Isles au Synode tenu à Saint-Pierre-Port le 28e jour de Juin l'an 1576, en la présence et du consentement de sire Aimé Poulet chevalier de l'ordre, Gouverneur de Gerzé, Et de sire Thomas Leighton, Gouverneur de Guernesey et Isles adjacentes. Et a esté approuvé en tous ces chefs et articles par les dits sieurs Gouverneurs et par les dits députez, lesquels au nom des dites Eglises ont protesté et promis les garder et observer pour l'édification de l'Eglise, conservation de l'ordre et union d'icelle à l'honneur et gloire de Dieu. En tesmoignage de quoy ils ont apposé leurs seings.

Ceste présente Police a esté collationnée à l'original par moy soubsigné commis pour scribe au Synode tenu à Guernezé le 28, 29 et 30e jour de

Juin, auquel synode elle a esté reçeue et signée au dernier feuillet des seings de Messieurs les Gouverneurs.

Gouverneurs Aimé Poulet, Thomas Leighton; Hélier de Carteret, Philippes de Carteret.

Jurez : G. Beauvoir, H. Beauvoir, N. Saumares, N. Martin, N. Trochardy, N. Careye, Jean Delacourt.

Ministres : Persival Wiborn, Art. Wake, Pierre Henrye. N. Berny greffier, N. Baudouyn, Jean Quesnel, Edouard Hérault, Maturin Loumeau, Simon Alix, N. Le Duc, Jacques Godard, Marin Chrestien, Machon, Olivier Menier, Guillome Bonhomme, Th. Blondel, B. Harel, Cosme Brevin et plusieurs autres tant Ministres qu'Anciens des Iles de Gernezé, Gerzé et Serk, lequel original est demouré entre les mains de M. le Gouverneur de Guernezé, laquelle copie pour servir comme de raison, estant collationnée fidèlement par moy, comme dit est, ès présences de M. Simon, Mr. du Gravier et Mr Trefoy, j'ay signée de mon seing cy mis le 6e jour de Juillet 1576 et délivrée à M.Nicolas Baudouyn.

N. Berny.

Ce qui ensuit est en Anglois devant la table des mariages qui est icy insérée.

Une admonition pour la nécessité du présent temps jusqu'à plus oultre consultation à tous ceux et celles qui ont intention doresnavant à entrer au Sainct estat de mariage accordant et selon la Loy de Dieu :

Premièrement qu'ils ne contractent point avec telles personnes (comme sont cy après expressées et déclarées) contre la loy de Dieu et les loix de ce Royaulme.

Secondement qu'ils ne facent nuls secrets contracts sans consentement et conseil de leurs parens ou Anciens, soubs l'auctorité desquels ils sont, contraire à la Loy de Dieu et ordonnances des hommes.

Tiercement qu'ils ne contractent point de nouveau derechef avec aucun aultre sur divorce et séparation fait par le Juge pour un temps, les loix encor estans au contraire.

Mariage est entre tous hommes et femmes honorable, et la couche sans macule : Dieu jugera les paillards et les adultères. Pour éviter paillardise chacun homme ait sa femme et chacune femme ait son mari. *Héb. 13.*
1 Cor. 7.

Ceux qui ne se contiennent qu'ils se marient. Car mieux vault se marier que brusler. Et aux mariez, je leur commande (non point moy) mais le Seigneur, Que la femme ne se départe point de son mari, et si elle s'en départ, qu'elle demeure sans estre mariée, ou qu'elle se reconcilie à son mari. Ainsi que le mari ne délaisse point sa femme.

Ce qui ensuit est après la table des mariages.

Il est ici à noter, que par les loix (affinité) laissant et dissolvant mariage est contracté aussi bien par inlégitime copulation d'homme et femme comme par légitime mariage.

Les bans de mariage doivent estre ouvertement dénoncez en l'Eglise par le Ministre trois généraulx dimanches ou jours de feste, pour l'intention que quiconque voudra et scaura alléguer aucun empeschement, puisse estre ouy et que arrest puisse estre faict jusques à plus oultre vérification, s'y aucune exception soit faicte à l'encontre d'iceux.

Quiconque fera malicieusement un frivoleux object, ou empeschement à l'encontre d'un légitime mariage pour destourber iceluy, il est subject aux peines de la Loy.

Quiconque présumera à contracter mariage dedans les degrez prohibez (nonobstant qui le face ignorentement) oultre ce que fruict de telle copulation peut estre jugé illégitime, est aussi punissable à la discrétion de l'ordinaire.

Si aucun Ministre conjoint aucuns tels, ou soit présent à tels contracts faisans, doit estre suspens de son ministère pour 3 ans et par conséquent estre puni accordant aux loix.

Oultre plus nous voulons que nul curé ou vicaire presche, enseigne ou expose de sa propre voluntaire invention, aucune matière de controverse des Escriptures, s'il est soubs le degré de Maistre ès Arts, excepté s'il est licencié par son ordinaire en cela, mais seulement pour l'instruction du peuple lira les homélies à présent mises en avant, et telle autre forme de doctrine qui sera cy-après, par auctorité publiés, et n'inventera ou eslèvera aucune chose en l'Eglise, et ne usera aucune cérémonie qu'elle ne soit mise en avant par publique auctorité [1].

(*Bibliothèque de l'Arsenal* à Paris. Mss. 3847, n° 16).

---

[1] Cette intercalation anglaise et épiscopale, qui est peut-être la reproduction d'une injonction antérieure ne se retrouve ni dans la copie du *British Museum*, ni dans la seconde forme.

N° LXVI.

L'EXERCICE DE PROPHÉTIE.

L'ordre et la façon simple de bien exposer l'Escripture saincte ès Assemblées, ès quelles un chascun des Ministres en son rang peut dire ce qui luy a esté donné de Dieu, selon que par un commun advis des Ministres de l'Eglise de Guernezey il a esté proposé, et approuvé par l'Assemblée du Colloque de Décembre 1585.

« 1. Afin que les Ministres se puissent exercer et façonner à bien et fidèlement traicter la parole de Dieu en leurs Eglises, et que le peuple soit édifié voyant les richesses de la parole de Dieu, et les grâces diverses qu'il élargit à ses serviteurs : les Ministres seront assemblez le plus souvent qu'il sera possible, pour traicter et exposer ensemble l'Escripture : scavoir est aux jours des Colloques et tous les premiers Vendredis de chascun mois : et ce tant par ceux qui ont charge ès Eglises de ce pays, que par les autres qui y seront réfugiez, lesquels estants requis par la Compagnie s'y voudront adjoindre, pour adjouster et proposer selon le rang et ordre couché au commencement de ce livre des Colloques. Et led. jour ne sera chanté de Pseaume en l'Assemblée devant ne après led. exercice à cause de brièveté.

2. Celuy qui aura à faire la Proposition, aprez la Confession des péchez au nom de l'Eglise, et l'invocation pour l'assistance du St Esprit, prendra du texte qu'on a choisi d'un commun accord suffisamment et plus qu'on ne fait ordinairement en presche. Et se tenant debout, la teste descouverte, il l'exposera avec termes propres et modération de voix et d'action convenable au subject : le tout par bon ordre, sans rien omettre (s'il est possible) de ce qui peut servir à bien esclaircir et confermer son texte, et sans extravaguer hors de l'intention de l'autheur. Pour cest effect faudra qu'il remarque diligemment quel est le but du passage qu'il expose, la liaison des parties (d'où il pourra tirer sa division s'il est besoin d'en user), la force des raisons et arguments pour les bien rapporter à leur but. Puis qu'il déclare la neüfve signification des mots obscurs et des façons de parler moins usitées, et qu'il les esclarcisse et conferme par passages semblables ou plus clairs, afin que l'Escripture prenne tousjours lumière de soy-mesme. De toutes lesquelles choses il pourra aisément réfuter la doctrine contraire : exhorter, con-

soler et reprendre. Et néantmoins le tout avec brièveté qui donne temps de parler aux autres sans ennuyer les auditeurs, pour le plus il ne passera une heure. Partant il n'usera de longues amplifications pour esmouvoir les affections : se contentant de toucher en peu de paroles les exhortations, repréhensions, consolations et lieux communs : sans faire aucunes digressions, comme on peut faire aux presches. Sinon que l'édification de l'Eglise le requiert en quelque poinct d'importance, ce qui doit se faire rarement. D'autre part ne recerchera toutes choses par le menu et curieusement à la façon des Docteurs qui enseignent en l'Eschole : fuyra tout souspçon d'ostentation, ne donnant lieu à aucunes questions subtiles, et non nécessaires; n'amènera diversité d'interprétation, ains se contentera de prendre celle qui convient mieux à l'intention de l'autheur : ne mettra en avant les noms ni l'authorité des Docteurs, soit anciens ou modernes, encores moins des autheurs prophanes, attendu que la parole de Dieu nous doit suffire: Allèguera des passages de l'Ecripture bien à propos pour esclarcir son subject, et ce en langue vulgaire sans en entasser trop grand nombre.

3. Aprez que le Proposant a achevé, les frères assistantz peuvent adjouster chascun en leur rang ce qui aura esté omis, ou non suffisamment traicté par celuy ou ceux qui auront parlé auparavant, pourveu que ce qu'ils adjoustent ait un notoire fondement sur le texte, et qu'il serve à la confirmation et esclarcissement d'iceluy. Mesme ceux qui adjoustent, si le texte n'a esté traicté par ordre convenable peuvent en déclarer le sommaire avec un artifice plus exquis. Et telles additions se feront succinctement sur un point, deux ou trois pour le plus, sans répéter ce qui a esté dit, sinon qu'il soit nécessaire pour la liaison du propos. Quand aussi plusieurs ont parlé, il seroit expédient que le reste se teust. Sinon qu'on eust chose de grand poids à dire. Faut aussi se donner garde de mordre ni reprendre ceux qui auront parlé auparavant, ni de leur contrarier apertement en esmouvant des disputes : sinon que quelque chose eust esté mise en avant contre la pure doctrine, ou les bonnes mœurs, ou l'analogie de la foy, et qui peust estre mal prins par les auditeurs. Encore se doit cela faire modestement, et prudemment et avec grande dextérité de peur que l'Eglise n'en soit mal édifiée. Bref, celuy qui adjouste gardera les reigles qui ont esté mises cy-dessus pour l'esgard du Proposant.

4. L'action finira par prières publiques pour tous estats, lesquelles

celuy qui a proposé fera au nom et en la présence de l'assemblée : Quoy faict et le peuple départi, tous les Ministres qui se seront rengez à cest exercice, retirez à part, adviseront en commun à la censure tant du Proposant que de ceux qui auront adjousté selon l'ordre qu'ils auront parlé. A laquelle censure celuy qui aura fait la précédente Proposition doit présider. Ainsi faisant sortir l'un et puis l'autre sera regardé par la compagnie ce qui luy doit estre remonstré, ascavoir, Si quelque chose a esté destournée du naïf sens de l'Escripture ; Si quelque texte a esté allégué mal à propos : Si on a esté obscur ou confus : Si on a esté trop prolixe : Si on a usé de termes barbares, moins usitez, ou affectez : S'il y a eu quelque chose en l'action messéant, et autre que la gravité des Ministres et la majesté de la parole de Dieu ne requiert : brief, si on a commis quelque chose contre les reigles qui doivent estre observées tant par le Proposant que ceux qui adjoustent. Et le tout sera remonstré par celuy qui préside au nom de la Compagnie, et ce avec gravité accompagnée de douceur et de modestie. Et sera subject celuy qui préside à la censure comme les autres.

5. Les censures achevées, si d'adventure quelques difficultez se sont esmeus en espluchant les advis des frères, tant sur l'interprétation du Proposant que sur les additions des autres, ou s'il est survenu quelque doubte par la variété des leçons ou des diverses opinions des interprètes, Alors il est loisible à chascun des Ministres, selon la mesure des dons que le St Esprit luy a départis, de mettre en avant ce qu'il a receu pour l'édification commune. Et pour vuider telles difficultez on ne doibt s'astreindre au jugement ou advis d'aucun docteur, ancien ou nouveau, ni mesme des Livres Apocryphes, mais prendre la seule parole de Dieu contenue aux livres des Prophètes et Apostres pour guide et pour reigle à laquelle il faut examiner toutes autres doctrines, et tirer d'icelle la décision de toutes difficultez. Que si quelqu'un ne s'accorde en tout et par tout à l'advis de ses frères, ains a quelque autre sentiment ou pour le regard de la méthode ou de l'exposition du texte, ou de quelque passage difficile, il luy sera permis (pourveu que son opinion ne répugne à l'analogie de la foy, et qu'il conserve la paix et tranquillité de l'Eglise), de jouyr de son jugement et demeurer en son opinion jusques à tant que le Seigneur donne quelque chose de meilleur et se révèle par aprez plus pleinement. Si d'autre part les Pasteurs ont quelque afaire d'importance pour la conduite de leurs troupeaux qui ne puysse estre différé jusqu'au

Colloque, ils pourront en demander conseil à leurs frères sur l'heure mesme : et s'il y avoit trop d'afaires se rassembler derechef aprez disner pour en conférer. Pour fin, comme on a commencé par l'invocation du nom de Dieu, aussi on finira par action de grâces. »
(*Papier ou Livre des Colloques des Eglises de Guernezey.*)

Il n'est pas sans intérêt de rapprocher de cette forme celle rédigée par les pasteurs réfugiés à Londres après la St Barthélemy.

Prophetiæ forma Londini observata, à Gallis verbi Ministris, qui ex persecutionis causa, seque sub auspiciis et præsidio Reginæ Elisabethæ... (1573.)

« Post invocationem Divini Nominis, descriptis in tabella coordine quo cuique sors obtigit, Ministrorum, qui aderant, nominibus selecta fuit D. Pauli Epist. ad Rom. quæ duobus cujuslibet hebdomadæ diebus Lunæ et Sabatthi hora octava matutina publicè tractaretur.

2. Ut autem prophetia ducit initium ab invocatione nominis Dei : sic gratiarum actione, brevibusque pro universa Ecclesia prosperoque Regni Angl. Statu conceptis precibus clauditur.

3. Qui ex præscripto in tabella ordine contextum assumit explicandum, non nisi ad 3 horæ quadrantes, aut plurimum ad horam integram contextus explicationem producit. Ut aliis qui adsunt Pastoribus, aliquid quod expositioni prophetantis lucem aut confirmationem adferat, adjiciendi locus et spatium relinquatur, ne sermo longior auditoribus tædium pariat.

4. Ita tamen cuivis è Ministris solis prophetantibus addendi copia fit, ut quicquid dicitur, ad ædificationem referatur.

5. Ac certè tum in ipsa primum prophetantis tractatione, tum reliquorum prophetantium additione cautum est, ne quis extra subjectam materiam excurrat, neve prophetanti palam contradicat nisi quid contra puram doctrinam, fidei analogiam, aut bonos mores dictum esset, quod scrupulum mentibus auditorum posset injicere. Si tamen contradicat id dextrè modestèque fiat, tantum abest ut coram populo disputationes agitari debeant.

6. Hic nullius hominis quantumvis excellentis opinio, vel authoritas adfertur in medium ut puta August. Cypriani, Tertul. simil.

Sed Prophetarum, Christi, et Apostolorum duntaxat, qui spiritus afflatum loquuti sunt.

7. Qui Propheta simplici, aperto et apposito sermone, ut ibi non doctoris nec concionatoris partes obiit, sed mediam inter utrumque viam tenet, id est, nec longius admonitiones, exhortationes, objurgationes aut consolationes, vagatur quas satis est velut digito commonstrasse: nec minus convisus est, aut pressus, nec accuratè, nec minutatim omnia persequetur Ecclesiastici doctoris more et exemplo.

8. Spinosas item et minimè necessarias questiones tanquam scopulos fugit, nec varias interpretus recensendis opinionibus immoratur, sed quem menti Apostoli sensum quem novit sequitur et in medium profert.

9. Qui prophetant erecto corpore et aperto capite prophetant.

10. Finita prophetia, dimissisque auditoribus, Pastores soli cum Ecclesiæ senioribus qui volunt adesse, sese in locum abditiorem abducunt et conferunt, ut de proposita ultro citroque doctrina, unà dijudicent, quid à quocumque dictum fuerit expendant, et ex communi suffragio censuræ fiant, tum de ejus qui prophetaverit interprætatione, tum de reliquorum additione.

11. Censurarum quæ cuique fiunt absenti, finis est, ut si quid a gemino scripturæ sensu detortum, si quis locus vel è scriptura, vel memoriæ vitio, vel non satis appositè citatus, si que sermonis obscuritas, si que mentis conturbatio prophetantes, aut quid addentem invenerit, si quis barbaris, minus usitatis, et affectatis verbis usus in dicendo fuerit, si quid denique totius corporis gestu, que decet Ecclesiam erratus fuerit, benignè, amici et fraternè quivis admoneatur.

12. Ac ut omnis tollatur confusio, singuli Ministri suo ordine prophetant, et ex his ille semper in censuris et sententiis colligendis vicissim moderator est, qui ultimus prophetavit.

13. Peractis demùm censuris, si quæ fortè difficultates in discutiendis fratrum sententiis obortæ fuerint, tum ex prophetantis interprætatione, tum ex reliquorum additionibus, si quid dubium ex lectionum varietate, aut ex variis interpretes opinionibus oblatus fuerit, unicuique è Ministris liberum est pro donis spiritus sibi concessis in medium afferre quod accepit ad communem omnium ædificationem.

14. In his autem nodis dissoluendis hæc adhibetur cautio, ut piis doctoribus et vetustioribus recentioribus sic fides adhibeatur, ut nemo pertinaciter in alicujus hominis quantumvis excellentis verba jurasse videatur, sed omnes scripturas ducem habeant in qua Deus ipse per Apostolos et Prophetas nobiscum loquitur, at eam una animi consensu recurrant,

adeam velut ad lydium lapidem quæ suis doctrinas examinent, ab eademque quæstionum omnium dissolutionem petant.

13. Si quis tamen diversum à reliquis in dicenda sententia sentiat, vel in methodi ratione vel in subobscuri cujuspiam loci expositione, vel in ipsa versione, modo ne à fidei analogia discrepet, ei placidè conceditur ut in sua sententia maneat, retento quidem solidæ, verè que doctrinæ fundamento, et Ecclesiæ tranquillitate servata quovisque dominus aliquid melius obtulerit, aut planius in reliquum tempus aperuerit.

(*Bibl. de l'Arsenal*, à Paris, ms. 3847).

N° LXVII.

DU MAGISTRAT ET DU MINISTÈRE ECCLÉSIASTIQUE.

Gen. 1, 1.   Dieu a créé le monde par sa parole, le conserve par sa vertu et le gouverne par sa providence.

Dieu a establi deux gouvernemens au monde, l'ung spirituel, l'aultre civil et politique, car comme les hommes sont composés d'une âme et d'un corps, ou comme dit St Paul 2 Cor. 4. 16, Qu'en l'homme il y a deux hommes, assavoir l'extérieur et l'intérieur, aussi ont-ils besoin de deux régimes et de deux espèces de gouvernemens, l'ung pour enseigner la piété, l'aultre pour administrer le droit et la justice qui sont les deux piliers qui soutiennent les Républiques. Non que pour cela Dieu se démette de son droit et authorité, car comme il a créé le monde aussi en est-il le seul Seigneur et vrai proprietayre et de tout ce qui est en iceluy, son empire n'ayant aucunes bornes ne limites de temps et de lieux. Mais les gouvernemens du monde sont limités, car ceux qui sont en authorité gouvernent soubs luy, et par luy, et autant de temps que bon luy semble,
1 Rois 8, 55. et pourtant Dieu appelle toujours les subjets des roys son peuple et les
Ps. 14, 4. troupeaux des pasteurs ses brebis et ses aigneaux.
1 Pierre 2, 9.
Jeh. 10. 26.

Ce qui est commun aux deux gouvernemens.

Les deux gouvernemens ont esté ordonnés de Dieu voyre dès le commencement du monde et Dieu luy-mesme a exercé l'ung et l'autre en
Gen. 3. la sentence qu'il a prononcée contre Adam et contre Ève sa femme : comme pasteur il leur a dénoncé la mort de leurs âmes et puys les a retirés des enfers par la semence de la femme qu'il leur a promise, et ce faisant leur a presché la loy et l'évangile. Et puys comme juge et magis-

trat souverain les a condamnés à la mort du corps et au travail et labeur et à mille sortes de calamités tandis qu'ils demeureront en ce monde.

Ces deux gouvernemens sont ordonnés pour le bien et utilité des hommes, c'est pourquoi l'escriture appelle ceux qui les administrent du nom de pères. Les premiers qui ont régné entre les Phylistins se nommoyent Abimelech, qui vaut autant comme si on disoit mon père le roy ou bien le roy mon père. Entre les romains ceux qui avoyent heureusement gouverné la chose publique estoyent aussi appellez les pères du pais.

Gen. 20.
Gen. 26.

Les pasteurs sont aussi appellez du mesme nom tesmoin St Paul qui dit qu'il est le père des corinthiens qui les a engendrés par la prédication de l'Ev. en N. S. J. C., ce que Moyse a bien entendu comprenant soubs le nom de père et le magistrat et le pasteur au 5e Com. de la loy — Honore ton père et ta mère — où il est monstré en ung mot le devoir des inférieurs envers leurs supérieurs et d'autre part le devoir des supérieurs envers ceux qui leur sont donnés en charge, assavoir de les aymer de pareille affection que les pères ayment leurs enfans.

En quoy diffèrent le gouvernement civil et le gouvernement ecclésiastique et ce qui est proprement du devoir de l'ung et de l'aultre.

1 Tim. 2.
Héb. 13, 17.

1º Le magistrat veille sur le corps et sur les biens pour maintenir son estat en paix et en tranquillité. Le pasteur veille sur les âmes et consciences.

Luc. 22.
Phil. 2, 5.
2 Cor. 5.

2º Le magistrat a autorité et puissance sur ses subjects.

Le pasteur est serviteur de l'Eglise sous le chef d'icelle N. S. J. C. et comme son ambassadeur supplie les hommes de se réconcilier avec Dieu.

Rom. 13.
Matth. 20.

3º Le magistrat gouverne avec le glayve matériel. Le pasteur avec le glayve de l'esprit qui est la parole.

Marc. 16.
Jeh. 21.
Eph. 6.

4º Le magistrat conserve son troupeau, en caressant les bons et les avançant en biens et honneurs, et punissant les meschans en leurs corps et en leurs biens ou en leurs honneurs selon l'exigence de leurs fautes.

Marc 16.
Matth. 20.
Matth. 16.
Matth. 18.

Le pasteur console son troupeau par les promesses de Dieu et les conferme par les sacremens avec les exhortations convenables, les deslians par ce moyen des liens de leurs péchés. Et ceux qui sont rebelles et qui ne se veulent aucunement amender, il les lie et les forclost du royaume des cieux.

Cette différence n'engendre point de contrariété entre les deux gouvernemens mais plutost y apporte une harmonie plaisante quand chacun chemine saintement en sa vocation. De sorte que l'ung ne peut longuement se maintenir sans l'aide de l'aultre, la police civile donne grace au ministère et le ministère donne authorité au magistrat et le conferme. Le magistrat maintient et conserve le ministre et le ministre range les volunstés et affections des hommes à l'obéissance du magistrat, dont il s'ensuit que ces deux puissances se soustiennent l'une l'aultre. Si l'une panche, l'aultre la redresse. Si l'une tombe, l'autre la relève. Si l'une s'esgare de son devoir, l'aultre la ramène au bon chemin.

Cependant ces deux polices et gouvernemens doyvent demeurer ès bornes de leurs vocations, sans rien entreprendre l'une sur l'aultre. Car *Luc 12.* comme le pasteur ne se doit point entremesler de partager les biens, ny departir les héritages, ny ordonner punitions, ny imposer amendes sur ceux de son troupeau, aussi le magistrat ne se doit point ingérer de prescher l'Evangile, encores moins d'administrer les sacremens. Comme *2 Chron. 27.* l'exemple d'Ozias roy de Juda le monstre suffisamment, lequel fut frappé de lèpre pour avoir entrepris d'offrir encensement devant l'autel, ce qui estoit une partie de la sacrificature.

Néantmoins nous ne voulons pas tellement borner ces deux gouvernemens que le pasteur ne se soucie que de l'âme et le magistrat que du corps seulement. Que si quelcun donne scandale à l'Eglise en vivant désordonnement, ne sera-t-il point permis au pasteur de le reprendre? Davantage si quelcun des subjects du magistrat mesprise Dieu et ne tient conte de sa parole le magistrat doit-il avoir la bouche close? ou fera-il semblant de n'en rien voir? Nous respondons que le pasteur doit tellement veiller sur les âmes qu'il doit aussi avoir l'œil sur les corps *Matth. 28,* et actions des hommes, pour tancer et reprendre par la parole de Dieu *2 Tim. 4.* celui qui aura failli, afin de lui fayre sentir et recognoistre sa faute, et au cas qu'il refuse ou denie de le fayre, le ministre lors peut et doit convaincre le délinquant par toute voye et preuves légitimes (excepté la torture), il peut faire enqueste et ouir tesmoins et les adjurer au nom de *1 Tim. 5, 9.* Dieu de dire vérité. Et le magistrat doit tellement veiller sur les corps et sur les biens, qu'il doit aussi prendre garde que chacun obéisse à Dieu et chemine en sa vocation, car il est gardien de la première table aussi bien que de la seconde, et s'il punist le meurtre et le larrecin pour quoy ne punira il aussi bien le blasphème, le parjure et l'idolâtrie qui sont contre la première table? Mais les punitions de l'une et de l'aultre police sont différentes comme nous avons desjà dit, aussi elles s'exercent diversement et néantmoins elles se peuvent rencontrer en ung mesme subject, pour exemple quand le magistrat a puni quelcun pour ses fautes soit en son corps soit en ses biens, il sera après aussi appelé au consistoyre non pour le foeter encores une foys ou luy fayre payer une amende, mais affin de luy fayre sentir sa faute pour en demander pardon à Dieu qui l'a justement chastié afin de se mieux gouverner à l'advenir, pour ne donner jamais scandale à l'Eglise; et pourtant tous sont subjects à l'une et l'aultre jurisdiction, voyre le magistrat quelque souverain qu'il soit, est subject au ministre et le ministre est subject au magistrat et lui doit obéissance, et pour mieux considérer cela fault considérer deux choses en ces functions, assavoir la personne et l'office, car aultre chose est la personne du ministre, aultre chose est le ministère. Il en faut dire autant du magistrat, car aultre chose est la personne du magistrat, aultre chose est la magistrature. Le magistrat estant considéré en sa personne, il est certain qu'il est subject à la jurisdiction ecclesiastique et entant qu'il est magistrat, il est aussi subject à la parole de Dieu. Il faut qu'il prenne d'icelle la règle de bien gouverner ses subjects. Samuel a repris Paul qui n'avoit obéi au commandement de Dieu, Nathan et Gad ont repris David et luy ont vivement remonstré sa faute. Achija Silonite a repris Salomon de son idolâtrie. Hélie a repris Acab. St Ambroise a repris Théodose pour avoir usé de trop grande sévérité contre ceux de Tessalonique et l'a privé de la communion. Nous disons autant du ministre auquel il faut aussi considérer la personne et l'office. Quant à la personne, veu qu'il est homme et Chrestien, il est aussi subject à la jurisdiction civile et ne doit point estre exempté de la puissance du magistrat, et en tant qu'il est ministre, il est aussi subject au magistrat pour estre puni s'il avoit transgressé les lois, et s'il preschoit fausse doctrine ou corrompoit l'usage des sacremens. Le magistrat le peut et le doit réprimer et chastier, voyre déposer de sa charge si la faute le requiert, moyennant que le tout se face par bon ordre et sans animosité ni apetit de vengeance. Salomon chassa Abiathar grand Sacrificateur et mesmes le déposa de sa charge pour avoir conspiré avec Adonias taschant de le fayre roy et par ce moyen frustrer Salomon de la couronne royale.

Jch. 1, 10.
2 Cor. 10, 5.

Josué 1, 8.
1 Sam. 15.
2 Sam. 12.
2 Sam. 24.
1 Rois 11.
1 Rois 18.
Histoire ecclésiastique

(*Livre des Colloques de Guernesey.*)

N° LXVIII.

SERMONS DE MERLIN SUR LE LIVRE D'ESTHER.

Revenu en France après l'avènement de Henri IV, Merlin lui adressait le recueil de ses Sermons. « Sire », lui disait-il, « après la tragique issuë des derniers Estats tenus à Blois, considérant les œuvres très-admirables de Dieu, je me mis durant mon exil à exposer en l'Eglise l'Histoire d'Ester, pour la grande ressemblance des affaires de nostre temps, avec ceux que le Saint Esprit nous a fait rédiger par escrit de ce temps là... sans penser de mettre ces sermons autrement en lumière, et moins encore que ma petitesse peust faire en cela quelque chose qui fust digne d'estre présenté à Vostre Majesté, laquelle Dieu a depuis accreüe d'un plus noble sceptre, et ornée du nom et du tiltre de Roy très chrestien, dont la vérité reluisoit jà longtemps auparavant par une grace de Dieu singulière en la saincteté de vostre premier sceptre... Mais plusieurs hommes doctes, pleins de piété, tres-humbles et tres-affectionnez serviteurs de Vostre Majesté m'ont encouragé de vous consacrer ce mien petit labeur, comme celle à laquelle convient mieux tout le sujet de ceste histoire. Car vous avez esté comme un autre Mardochée, celuy contre la vie, honneur et dignité duquel s'est principalement dressée ceste dernière conspiration de ceste tant furieuse Ligue, et en haine duquel on s'est efforcé de destruire en la France la pure Eglise et le peuple de Dieu. »

C'est donc en 1589, entre l'assassinat du duc de Guise et celui de Henri III, que ces sermons furent prononcés. Tout en suivant scrupuleusement le récit historique du livre d'Esther, l'orateur est pénétré des ressemblances qu'il y constate avec les circonstances contemporaines : il en verrait volontiers une prédiction et accentue les leçons qu'il veut tirer du texte sacré en les appliquant à ce que ses auditeurs ont pour ainsi dire sous les yeux.

Après avoir reproduit les accusations d'Haman contre les Juifs (chap. III, 7 à 11), leur reprochant « ce qui estoit leur gloire et leur honneur devant Dieu, lequel les avoit triez et mis à part comme son propre acquest, pour estre sa gent sainte, son peuple acquis et la part de son héritage », il ajoute : « Or qui est-ce qui ne recognoist que les ennemis de l'Eglise d'aujourd'hui parlent un mesme langage qu'Haman, et sont menez d'un mesme esprit ? Car si les fidèles se veulent tenir à la seule voix du Fils de Dieu qui est l'Evangile, ne sont-ils pas accusez d'estre partiaux, obstinez, adonnez à leur sens, mesprisans les loix et constitutions de toute l'ancienneté, les conciles des pères, et surtout du siège Romain qu'on a eslevé par dessus celui du Fils de Dieu, qu'ils sont rebelles aux Roys, et à leurs édits. Mais pourquoi? sinon d'autant qu'ils ne veulent adorer l'Antechrist, servir à ses idoles et préférer, comme ils font, ses ordonnances à celles de J. C. Ainsi void-on comme la malice et perversité d'Haman, et le même esprit de meurtre, continue au cœur et en la bouche des ennemis jurez de l'Evangile. Mais loué soit Dieu qui a fait voir par son juste jugement, qu'il n'y a gens tant rebelles au Roy. que ceux qui si longtemps ont à tort chargé la vraie Eglise de rebellion, Car qui fait que la Ligue se rebelle ores ainsi fièrement contre son Roy, que la fausse doctrine du Pape? Ne monstrent-ils pas bien qu'ils ne se sont par ci-devant servis du nom du Roy, que pour nous grever à tort? et qu'ils n'ont jamais fait cas de son autorité et de ses édits, qu'en tant qu'ils en ont peu abuser pour nous opprimer?... »

Au massacre des Juifs ordonné par Assuérus Merlin compare ceux à Cabrières et Mérindol, et celui de la St-Barthélemy. « Et qui est-ce qui esmeut encores aujourd'hui si furieusement ce corps monstrueux de la Ligue, privé de son chef, sinon les boute-feux du Pape qui allument ès cœurs de tous ceux qui les veulent ouir, une haine extrême de l'Evangile, sous le nom d'hérésie dont ils le blasment, et un désir de perdre et détruire tous ceux qui en font profession et en abolir du tout la mémoire. Partant l'esprit cruel d'Haman n'est point mort... »

Les fidèles ont-ils été aussi émus et frappés de la ressemblance que le prédicateur? On serait tenté d'en douter. Une première fois il a eu soin de leur dire, comme pour mieux arrêter leur attention, que « la Ligue a esté faite, jurée et publiée de nouveau pour opprimer et détruire le reste de l'Eglise, non seulement en France mais *aussi en Angleterre, et partout ailleurs où J. C. est purement invoqué* ». Plus loin il les avertit « que c'est inhumanité à nous, digne de grand reproche, si voians la calamité du peuple de Dieu, nous n'en sommes esmeus, mais prenons nos plaisirs, et faisons bonne chère comme si tout alloit bien : car nous sommes advertis de pleurer avec ceux qui pleurent, et de sentir la froissure de Joseph, d'avoir compassion de ceux qui sont ès liens comme si nous estions liez avec eux... Parquoy c'est une grande stupidité à la pluspart de n'estre autrement esmeus des calamitez communes, qui sont ores ès Eglises de la France et de Flandres, et y a grand danger que ceux qui sont ainsi à leur aise, sans se soucier du mal de leurs frères, n'ayent leur tour, et que la croix leur soit d'autant plus pesante, que moins ils auront eu pitié des autres... » Et encore, lorsque Mardochée demande à Esther d'intercéder pour son peuple : « Malheur à ceux qui pour crainte de perdre une seule heure de leurs plaisirs et commodités, n'osent ouvrir la bouche pour deffendre les membres du Fils de Dieu qu'ils voient meurtris de toutes parts, malheur à nostre lascheté si voians et oians l'héritage du Seigneur pillé, saccagé et meurtri par tant de brigands, nous ne joignons au moins nos prières et requestes à celles de ceux que crient pour l'oppression il y a tant d'années. David monstre de quelle affection il a jeusné et pleuré pour ses amis lorsqu'ils estoient en peine, et que devons-nous faire voiant la povre Eglise de Dieu opprimée en tant de sortes? Nos prières ne seront point vaines envers ce père de miséricorde, nous en avons veu beaucoup de grandes expériences, ne nous lassons donc point de demander et attendre que ce juste juge vienne revanger et délivrer les siens, car il se lèvera pour les petits qui crient, et viendra en temps opportun pour les délivrer, afin qu'il y ait matière de louange et d'action de graces au milieu de son Eglise par J. C., auquel soit gloire à jamais. Amen. »

C'est ainsi que tout en développant minutieusement son texte verset après verset, le ministre passe sans transition, chaque fois qu'une allusion est possible, de la Perse à la France, de la cour d'Assuérus à celle des Valois. Haman, hier encore tout puissant, est abandonné et condamné par son maître :

« L'arrest n'est point si tost prononcé qu'il est exécuté par les Courtisans auxquels ceste charge est commise, car les Roys n'ont point d'autres exécuteurs de telles justices et vengeances que les Courtisans. Voici un merveilleux changement, ceux qui n'agueres adoroient Haman le vont pendre, celui qui avoit consenti avec lui la mort des Juifs le fait mourir. Telle est la condition des mignons ou favoris de court, que ceux qui les ont chéris, enrichis et eslevez, les font mourir comme bestes engraissées pour la tuerie. Telle est la justice de Dieu, qui met inimitié entre ceux qui ont ensemble conspiré au mal, et ont combattu contre le droict et la vérité, tellement que l'un destruit l'autre. Voire il ne se trouvera gueres de gens qui aient comploté ensemble pour mal faire, qui enfin ne soient desunis, et armez les uns contre les autres, selon qu'il est dit que le feu sort de l'espine et dévore les cèdres du Liban. Ainsi Assuérus qui avoit consenti avec Haman la mort des Juifs et destruction de l'Eglise, maintenant le fait mourir honteusement, que pouvoit-il advenir de plus estrange et moins espéré? Celui qui a fait mourir l'Haman de nostre temps, avoit avec lui consenti le massacre des Eglises Françoises, et a fait la guerre pour les détruire. Qui n'admirera ici la profonde sagesse des secrets de Dieu? qui ne recognoistra sa justice? qui ne magnifiera ses œuvres? qui ne s'escriera avec David : O Eternel que tes œuvres sont magnifiques, tes pensées sont merveilleusement profondes... Ta justice est comme hautes montagnes, tes jugemens sont un grand abisme... »

Au moment où Henri III se rapprochait des Protestants, ses victimes d'autrefois, il fallait être sur terre de Refuge pour oser présenter un parallèle aussi frappant. Et enfin, quand il arrive dans le vingt-sixième et dernier sermon au verset : « Mardochée le Juif fut second après le Roy », Merlin ne manque pas de conclure :

« Ainsi Dieu fait bien aux païs et Royaumes esquels son Eglise est logée avec quelque seureté et repos, mesme il esleve quelquefois d'entre les membres de son Eglise aucuns pour dominer, afin que la paix de son Eglise puisse estre tant mieux confermée et establie : Et n'est possible que les hommes empeschent le conseil de Dieu, qu'il n'avance ceux que bon lui semble. Ainsi fut le règne de David establi maugré toutes les menées de Saul, et tous les efforts des peuples voisins, qui s'esmeurent pour empescher l'establissement. Pareillement Dieu a commencé de faire voir en ce temps l'avancement de celui que l'Antechrist avoit excommunié, et qu'on avoit essaié par tous artifices d'eslonguer à jamais, et de la faveur du Roy, et de toute l'attente du droict qui lui est acquis par les loix du Royaume, aiant fait voir son innocence, trouver grace et faveur envers son Roy, et benit jusques ici ses exploits et entreprises. C'est à nous de prier Dieu qu'il le face instrument de sa miséricorde, tant pour reünir ce pauvre Estat ainsi misérablement divisé, que pour establir la paix, et remettre sus la piété et la justice desfigurées en toutes sortes, et presque du tout renversées, et qu'il le remplisse des vertus qui sont ici loüées en Mardochée... »

(*XXVI Sermons sur le Livre d'Ester, par Pierre Merlin, ministre de la parole de Dieu en l'Église de Laval*. La Rochelle 1591, 386 p.)

N° LXIX.

LES MINISTRES DE LA FOREST ET L'HOUMEAU.

Documents biographiques.

L'extrême obligeance de M. de Chauffepié, d'Amsterdam, descendant direct de Michel de La Forest, qui a bien voulu nous communiquer plusieurs de ses papiers de famille, nous met à même d'ajouter quelques détails sur l'aumônier de Montgommery. Il a évidemment accompagné le comte aux Iles Normandes et a exercé le ministère pendant au moins deux années dans l'Église française de Southampton. Ainsi que le constate la *Généalogie de la Famille de La Forest*, par Samuel de Chauffepié, Michel appartenait à la noblesse des Flandres. Son aïeul, Pierre, escuyer sieur de la Croix la Besard, « qui prenoit la qualité de valet et gentilhomme ordinaire de la chambre de Charles duc d'Orléans, fut tué au siège de Landrecies 1543. » Son père, Adrien de la Forest, eut de Catherine de Castellan, de Tournay, quatre enfants : « Pierre escuyer sieur de la Croix, Jean capitaine dans les troupes de Parme au service d'Espagne, Anne fille d'honneur de Christine de Lallin princesse d'Epinoy et Michel. »

Ce dernier « qui étudioit pour être d'Eglise, embrassa à Paris la Réformation et fut reçu ministre de Ducé, ville sur les frontières de Normandie et de Bretagne appartenant à M. le comte de Mongommeri. Sa Profession lui attira la haine de sa Parenté de Flandres et l'obligea, après le massacre de Paris de 1572, de se retirer en Angleterre avec le comte de Mongommeri et avec M. le vidame de Chartres, et aussitôt il fut employé au Ministère de l'Église de Hamptone, et comme plusieurs personnes de Normandie s'y étoient retirées pour fuir la fureur des troubles, il y épousa D^{lle} Claude Auber, fille de M. de la Haie Auber, conseiller au Parlement de Rouen qui s'y étoit refugiée avec des personnes de qualité qui avoient embrassé comme elle la Religion Réformée, et l'on passa à Londres, de l'avis de ses proches, un contrat de mariage en 1575 . . »

Copie de ce contrat a été conservée dans les pièces produites par son petit-fils sous Louis XIV pour justifier de sa noblesse : nous en reproduisons les parties essentielles :

« Au nom de Dieu, Amen. Sachent tous présens et à venir, que l'an de grace mil cinq cens septante cinq, le mardy vingt neuvième du mois de juilhet, selon le calendrier d'Angleterre, et du règne de nostre souveraine dame Elizabeth, par la grace de Dieu royne d'Angleterre, France et Irlande, défenderesse de la foy, etc., l'an dix septieme, par devant moy, Denis Le Blanq, notaire et tabellion public, demourant a Londres, soubs le scel de nostre dicte royne admis et juré, et, en la présence des tesmoings cy dessoubs nommez, furent présens de leurs personnes Michel de La Forest, escuyer, ministre de la parole de Dieu, ci-devant en l'église de Duce Renelle, en la maison de M. le conte de Mongommerye, et de présent servant l'église françoise de la ville de Hamptone, natif de l'Isle en Flandres, fils de Adrien de La Forest, escuier, sieur de La Croix Labessart, et de damoiselle Anne de Castellan, ses père et mère, bien que majeur et de ses droits, néantmoings assisté de Marc Antoine de La Faye, escuier, sieur de La Maisonville, et d'Edouard Krington, docteur en médecine, amis siens, d'une part, et damoiselle Claude Auber, native de Rouan en Normandie, fille de M. Mre Guillaume Auber, sieur de La Haye et de Montigny, conseiller au Parlement de Rouan, et de damoiselle Jeanne Surreau, ses père et mère, maistresse d'elle et usant de ses droits, et néantmoings traitant par l'avis et consentement de Joseph de Lieurray, escuier, sieur du Bailleul, son cousin, à cause de damoiselle Marie Miffaut, son espouse, de ladite damoiselle Marie Miffaut, sa cousine germaine, et de ses siens parans et amis soussignés, à ce appellés, de présent en Angleterre refugiés à cause des troubles qui sont en France pour la religion d'autre part; lesdis de leurs bons grés et franches voulontés ont fait et font ensemble les accords et convenances de mariage qui s'ensuivent;

« Promettent de se rendre en foy et loy de mariage, en la face de l'église chrestienne, le plustost que faire ce pourra, et ce avec tous et chascuns leurs droicts, noms, raisons et actions qu'ils peuvent ou pourront avoir cy après; lesquels droicts appartenans à ladite damoiselle Claude Auber sont et consistent en meubles, ustensiles, deniers, seddules, obligations, rentes qui reviennent à la somme de trois mille sept cens soixante et trois livres, ainsi qu'il s'est trouvé par l'appréciation desdits meubles et calcul desdits deniers, seddules, obligations et rentes qu'en ont ensemblement fait lesd. Michel de La Forest et lad. Claude Auber, en présence desd. parans et amis cy dessus nommés et appellés; plus à ladite future espouse une rente de deux cent livres, paiable annuellement sur la terre de Faredaux, maison proche de Gouy en France, entre Paris et Rouan, laquelle dite rente de deux cent livres ne doibt subsister que durant et autant que sera ladite Claude Auber vivante, sans que ses hoirs ou autres en faveur desquels elle voudroit disposer y puissent rien prétendre, après son décès, comme appert par le don qui luy en a esté fait par Thomas Surreau, escuier, sieur de Faredaux, Montigny et Boisheront, Brumard La Harche et Hautot, oncle de lad. damoiselle, selon et conformement à la voulonté de damoiselle Claude de Marsillac, son espouse, pour l'amour qu'elle portoit à ladite damoiselle Claude Auber, sa niepce et filleule; et de ladite somme ci-dessus mentionnée de trois mille sept cens soixante trois livres en entrera en la communauté conjugale desd. futurs conjoints la somme de sept cens soixante trois . . . »

Suivent de longues stipulations du régime dotal.

« . . Fait et passé aud. Londres, après midy, en la maison de Catherine de Beauvor, dame de Saül, parente de ladite future espouse, du dudit sieur de Bailleul Lieurray et autres susnommés, et présens tous les sousignés en la minutte des présentes. Ainsi signé : Michel de La Forest, Claude Auber, J. de Lieurray, Marc Anthoine de La Fare, Marie Miffaut, C. de Beauvoir de Saul, E. Krington, J. Bollius, Cecile Miffaut, J. de La Place, A. Robersonnet, Edouard Carleton, A. Banker, S. de La Croix, Susanne de la Place, Jeanne La Vieille, et du notaire et tabellion soubsigné. D. Le Blancq, notaire royal et tabellion . . . »

Au bas de cette copie le pasteur a inscrit lui-même les notices suivantes :

« Le 6 may 1577 est né Michel de La Forest, mon fils, présenté au baptesme par M^r de La Faye et Mlle de Beauvoir et baptisé par moy, le 9 dudit mois, à Hamptone. Michel de La Forest.

« Le 1 d'octobre 1582, est né Samuel de La Forest, mon fils, présenté au baptesme par Mr de Saravia, pasteur, et Mlle de Villiers, et baptisé par moy, le 4 dudit mois, à Tournay. Michel de La Forest.

« Le 30 de janvier 1578, après la paix de l'édit de 77, nous revinsmes en France, à Ducé. En 1580, je fus appelé par les églises des Païs Bas, ma patrie. Ceste année là, mon fils Michel mourut à Ducé. Je servis quelque mois Nivelle, qui fut prise par Mansfeld. Sous le duc de Parme, qui succéda à Dom Juan d'Autriche, devant qu'elle fut assiégée, j'estois venu à Tournay, où nasquist mon second fils. Tournay s'estant rendu au duc de Parme, je me retiray à Audenarde, sur la fin de novembre. En may 1582, le siège fut mis devant Audenarde, qui fut prise, deux mois après, à la veue du duc d'Alençon, et l'on racheta le pillage 30000 florins. En aoust, j'allay à Malines. Là je receus l'offre de Mr de Henonville, frère de ma femme, du 26 novembre 1582. J'en sortis, parce que je fus appellé pour servir l'église d'Anvers, où je fus depuis près de deux ans. Dieu vueille estre pour nous. Ce 27 aoust 1584 elle est assiégée par une puissante armée. Michel de La Forest. »

Ce cri d'alarme n'était que trop justifié.

« Malines subjuguée » écrit le généalogiste, « il vint à Anvers où il exercea son ministère près de deux ans avec Mrs. de Saravia et de Villiers et ce fut durant le siège d'Anvers que Mr de Ste Aldegonde, gouverneur, ayant fait une sortie et Michel de La Forest y étant, il fut tué par les Espagnols se défendant généreusement.

« Sa veuve, après la composition de la ville en sortit et, avec son fils agé de deux ans et huit mois, elle se retira encore en Angleterre, où elle trouva quantité de ses proches chassés de France par l'Édit de Juillet 1585, entr'autres Mad. de Longueil, sa tante, veuve de M. de Longueil, conseiller au Parlement, M. de Bailleul Lieurray, M. de Busanval qui avait été ambassadeur pour le Roi en Hollande, ses cousins. Ayant demeuré environ quatre ans en Angleterre, tant à la Rie qu'à Londres, elle épousa en secondes noces M. de *Loumeau du Gravier*, ministre de l'église de Guernezé, Père de M. de Lommeau, ministre de la Rochelle, qui donna occasion à Samuel de la Forest de venir en France, où il fut reçu ministre de St Jean d'Angle qu'il servit sept ans, d'où ensuite il vint exercer son ministère à Mauzé pendant quarante-quatre ans. »

Par une déclaration de Henri IV du 20 fév. 1600, entérinée en la Chambre des comptes en Normandie, « Sa Majesté veut que Samuel de la Forest soit censé régnicole et jouisse de tous les droits, immunités, priviléges. etc., des régnicoles. »

De sa première femme Sara Argié il eut Dlle Claude de la Forest épouse de Second de Chaufepié, fils de Jean, Esc. Ministre de Chandenier, dont est issu à la seconde génération le célèbre auteur du Dictionnaire historique.

No LXX.

PROCÉDURE A JERSEY CONTRE L'HÉRÉTIQUE BELIN.

« Comme ainsy soit que Messieurs de Justice désiroyent procéder plus formellement au faict de Genest Belin accusé et convaincu ja ci-devant d'hérésie par les Ministres en présence desd. sieurs de Justice, et pour ce faire l'auroyent cejourd'huy représenté par leur officier ordinaire par devant la compagnie du Colloque pour estre interrogué, réfuté et convaincu derechef par la parole de Dieu et ainsy amené à repentance si faire se pouvoit :

Ledit Belin interrogué touchant son nom, aage, pays, parentage et estat, a respondu qu'il s'appelle Genest Belin, qu'il est de l'aage de trente et trois ans environ, natif de Tiers au pays d'Auvergne, né de père et mère laboureurs aud. pays, sesd. père et mère de religion papistique et iceux aujourd'huy deffuncts, et qu'il a exercé l'estat de maistre d'echole instruisant la jeunesse à lire et escrire.

Interrogué s'il avoit esté baptizé, A respondu qu'il croit avoir esté baptizé du baptesme de l'Eglise romaine.

Interrogué où il auroit esté nourry et eslevé, A respondu que ça esté en son propre pays jusques à l'aage de 19 ans.

Où il auroit voyagé depuis le susd. aage? A respondu n'avoir voyagé qu'en France et en Angleterre, où il a exercé l'estat de maistre d'eschole en la maison d'un gentilhomme estranger du pays de Lorraine, et n'avoir jamais porté avec soy aucune attestation.

Combien de temps il auroit continué en la religion papistique? A respondu qu'il y a quelque douze ans qu'il s'est retiré de l'Eglise romaine et embrassé la religion refformée, faict la Cène à Angers et en l'Eglise françoise à Londres, et a continué ceste profession l'espace de cinq ans.

Interrogué touchant l'authorité de l'escriture sainte, A respondu qu'il croit que Dieu est autheur des Saintes escritures du Vieil Testament : mais qu'il y a des passages du susdit Vieil Testament mal expliquez au Nouveau, comme est le psaume 16 que St Pierre expose de Jésus-Christ aux Actes, 2e chap. vers. 25, etc. Item le passage d'Isaye qui luy a esté allégué au 7e chap., vers. 14, que St Mathieu, chap. 2, vers. 22 et 23 expose de Jésus-Christ. Item que le passage du 9e chap. d'Isaye, vers. 5, par lequel il se voyoit pressé est aussy mal expliqué estant exposé de

Jésus-Christ. Et bref que tous les passages du Vieil Testament que nous exposons de Jésus-Christ, dont plusieurs luy ont esté alléguez sont mal expliquez. Et quant au Nouveau Testament il croit qu'il y a des passages contraires à la gloire de Dieu, en tant qu'ils attribuent divinité à l'homme, et que les hommes y ont adjousté, d'autant (dit-il) que les choses se contrarient et qu'il y a des propos qui sont attribuez à Jésus-Christ lesquels il n'a point dits, assavoir ceux qui concernent sa divinité et que la doctrine contenue au N. T. qui enseigne que nous avons salut en J. C. est suffisante pour mener les hommes en enfer : et que J. C. n'a esté et n'est plus puissant que Moyse ou un autre prophète, et que J. C. a eu besoin de la miséricorde de Dieu pour estre sauvé, estant naturellement enfant d'ire et fait fils de Dieu par grâce, ayant besoin de la grâce de Dieu comme nous.

Interrogué s'il croit qu'il y ayt un Dieu? A respondu qu'ouy, mais nié la trinnité.

Interrogué si J. C. n'est pas vray Dieu? A nié tant la divinité de J. C. que ses offices de roy et de sacrificateur, mais bien le recognoist-il pour Prophète.

Interrogué s'il croit qu'il y ayt un enfer? A respondu qu'ouy.

Interrogué touchant le dernier jugement? A nié tant le jugement dernier que la résurrection des morts.

Interrogué touchant le Messias? A nié qu'il y ayt un Messias ny venu ny à venir, fils de Dieu, d'essence divine.

Interrogué touchant le sacrifice de J. C., a nié que nous ayons besoin d'aucun sacrifice pour estre sauvez et ainsi rejette le sacrifice de J. C. et ne recognoist autre sacrifice que celuy d'action de grâces.

Desquelles néances ayant led. Belin esté convaincu et refuté par textes formels de l'Escriture tant du vieil que du nouveau testament, et néantmoins s'estant impudemment opposé aux susd. tesmoignages de l'escriture, comme faux et supposez, a protesté vouloir persévérer jusqu'à la fin en ses susd. opinions erronées, quelques raisons, remonstrances, menaces et jugemens qui luy ayent esté proposés pour l'en destourner. Pour laquelle obstination, comme aussy de ce que de temps en temps ayant esté admonesté en prison et ailleurs par les ministres, et autres, de ses erreurs espace environ de deux ans, il se seroit de plus en plus endurcy en ses susd. hérésies, La Compagnie, suyvant l'enseignement de l'apostre a déclaré et déclare, led. Belin présent, ses susd. opinions estre impieuses, blasphématoires et exécrables. Et quant à sa personne le tenir et le tient pour hérétique damnable et digne d'estre rejetté de l'Eglise chrestienne. »

(*Actes du Colloque de Jersey*. 9 juin 1606.)

N° LXXI.

PROCÉDURES DU COLLOQUE DE GUERNESEY CONTRE PAINSEC.

Le ministre Painsec, qui avait été entretenu dans ses études aux frais de St Pierre Port, devait, en plus de ses fonctions à St André et au Castel, venir tous les quartiers à l'Église de la ville « suyvant l'obligation qu'elle a sur luy et comme il l'avait cy-devant promis, pour ayder à M. Baudouin, tant à catéchiser qu'à administrer la cène ». Au Colloque du 4 octobre 1605 il s'y refuse « n'ayant esté payé de ce qu'on luy avoit promis », et il persiste dans son refus, malgré l'offre d'un premier versement de ce qui a été collecté à cet effet.

« Sur quoy plusieurs remonstrances luy furent faites, tant par Mgr. le gouverneur que par le conducteur de l'action du Colloque et par tous ceux de la Compagnie, mais ce fut en vain parce qu'il demeura toujours adonné à son sens et aheurté en son opinion, tellement qu'on fut contraint de le menacer de le suspendre de son ministère, comme un homme par trop adonné à son sens et désobéissant à la police. De quoy ne tenant conte, respondit ces motz : Vous ferez ce qu'il vous plaira, mais je n'en feray autre chose.

« Là dessus la Compagnie l'ayant faict sortir et descendre en bas, fut d'avis qu'il fust suspendu de son ministère jusqu'à ce qu'il eut recogneu et confessé sa faute devant elle. Cependant considérant meurement le faict, et voyant le temps et le grand deffaut et nécessité de ministres, n'estans plus que trois ministres en toute l'isle, fut d'opinion de laisser aud. frère Painsec temps et respict de XXIIII heures pour penser à soy et aux remonstrances qui luy avoient esté faictes, luy déclarant que au cas que dedans le jour prochain suyvant il ne recognoisse et vienne confesser sa faute présente devant le consistoire de la ville et face promesse d'obéir et faire son devoir, suyvant l'avis et conseil de ceste Compagnie, promettant en oultre de venir recognoistre et confesser sa faute au prochain Colloque, il est suspendu de son ministère. »

Painsec a dû céder à cette injonction, mais lorsqu'il se présente au Colloque du 27 dec. 1605, il y a des restrictions dans son aveu. Il répond
« qu'il est prest à recognoistre sa faute comme il l'a recognue au Consistoire de la ville, assavoir qu'il recognoissoit bien qu'il avoit failly quant aux incidens, mais non quant au fonds et au principal, d'autant que ceux de la ville luy estoyent aussi bien obligez comme il leur estoit obligé, et que puisqu'ilz ne l'avoyent point payé ce qui luy avoit esté accordé, il ne pensoit pas estre tenu de leur assister : comme il avoit veu en une police des églises de France, Que quand une église ne payeroit à son ministre les gages qui luy seroient accordez, le ministre se pourroit retirer.

« A quoy lui fust respondu qu'il s'abusoit, quelque police qu'il scauroit alléguer, et que outre ce que nous ne sommes pas subjects à la police des églises de France, aussi l'article qu'il allègue ne fait rien pour luy, d'autant qu'il ne peut pas dire que l'église de cette ville luy ait jamais refusé son payement... »

Painsec réplique : « qu'il estoit obligé si l'église le méritoit et faisoit son devoir envers ses Ministres, ce qu'on n'avoit pas faict envers luy. Mais qu'il scait bien que Jésus Christ défend de donner la chose sainte aux chiens et de semer les perles devant les pourceaux, et que quant à luy il avoit esté adverty, mesmes par ceux qui devoient recueillir la taxe, qu'il y avoit plusieurs mesmes des principaux qui refusoyent de payer, et pourtant il ne pensoit pas leur estre plus obligé.

« A quoy M. Baudouin respondit qu'il parloit trop indiscrètement, et appliquoit mal la parole de Dieu. Et Jean Baudin, ancien pour lad. église de la ville, se levant, protesta d'injure, disant que led. Painsec faisoit tort de les appeler chiens et pourceaux, et désiroit qu'il leur en feist réparation.

« Sur quoy diverses remonstrances luy furent faictes, taschant luy faire recognoistre et son ingratitude et son injustice envers lad. église par laquelle il avoit esté eslevé, ne se contentant point de priver du fruict de son labeur toute lad. église au besoin, mais aussi d'user de mots piquants envers tout le corps d'icelle à l'occasion de quelques ingratz et mal advisés. Finalement la Compagnie, voyant led. Painsec fort mal dispos à estre mené à son devoir, l'ayant faict descendre pour adviser sur son faict, Thomas Lihon, ancien de St André et Jean de Gerzé, ancien du Castel, se levèrent et remonstrèrent à la Cie comme il y a quelques jours que led. Painsec laissa les deux paroisses sans y prescher le jour du Dimanche ny en l'une ny en l'autre. L'estans allés voir l'après-disner du Dimanche, luy demandans s'il estoit malade et de quoy il se trouvoit mal, fut quelque temps sans leur respondre, et le voyant sain selon qu'il apparoissoit par dehors, le sollicitèrent d'aller prescher ou leur dire s'il estoit malade. Lors respondit qu'il n'estoit point malade de corps, mais qu'il l'estoit d'esprit et qu'ilz le laissoient mourir de faim et qu'il ne s'attendoit pas de plus prescher que premièrement il n'eust faict ses plaintes au Colloque. »

La Compagnie décide qu'il sera suspendu du ministère « jusqu'à ce qu'il donne tesmoignages suffisans de repentance en recognoissant et confessant sa faute. »

Painsec laisse passer le Colloque extraordinaire du 7 mars 1606, mais il se présente au Colloque ordinaire du 11 Avril, « priant le vouloir recevoir à recognoistre ses fautes, lesquelles il proteste condamner, et désire faire telle satisfaction à toute l'église que la Compagnie trouvera bonne.

« A quoy il a esté ouy et receu, et plusieurs remonstrances luy ayant esté faictes, texte de l'escriture luy a esté accordé pour, iceluy exposant dimanche prochain au matin en l'église de St Pierre Port, donner bien à entendre au peuple le grand regret et desplaisir qu'il monstroit et disoit avoir de ses fautes passées, et le grand désir et envie qu'il protestoit avoir de servir pour l'advenir de bon exemple à l'église. Luy donnans charge de faire le semblable à l'après-disnée ès paroisses du Castel et de St André, et ce faisant la Compagnie du Colloque leva la susdite suspension, exhortant led. Painsec de se donner garde de rechoir à l'advenir en telles et semblables fautes sur peine d'estre, non-seullement suspendu comme cy-devant, mais aussi du tout déposé de son ministère. »

Quatre ans après, le pasteur Painsec, s'étant brouillé avec sa femme, est de nouveau suspendu du ministère. Au Colloque de Mai 1610 on lui ordonne « de recognoistre sa faute du haut de la chaire comme ministre et comme mari, prenant un ou deux passages de l'Ecriture Sainte proposés pour cet effet, comme 1 Ep. à Timothée I. 1, 2, 3 [1]. Il auroit la teste descouverte et parleroit au nombre singulier, déclareroit que la

---

[1] Il doit y avoir eu erreur du scribe. c'est du chap. 3 que le texte aura été pris. L'obligation d'avoir cette fois la tête découverte prouve que d'ordinaire les prédicateurs gardaient leurs chapeaux.

censure à luy imposée par le Colloque estoit juste, que le Colloque avoit faict son devoir par toutes voyes de l'amener à repentance, et que ce qu'il n'a esté plus tost receu la faute en estoit totalement en luy et non au Colloque, promettant qu'il se déporteroit de vivre scandaleusement à l'advenir comme il avoit faict par le passé ; qu'en cas qu'il tomberoit jamais en telles ou semblables fautes, il se jugeoit soy-mesme digne de déposition de son ministère, priera Dieu luy pardonner sa faute, l'église luy remettre le scandale par luy commis, et tous chrestiens de prier Dieu pour luy et se donner garde d'ensuyvre son mauvais exemple. »

Painsec avait rédigé lui-même un projet de confession que le Colloque estima « n'estre point vallable, d'autant qu'il avoit esté fort maigre et manque ». Il accepta de faire celle qu'on lui indiquait. Le modérateur l'avertit alors « touchant certains autres scandales : il les déclara faux, et que s'il étoit en charge il seroit prest d'en faire autant que jamais ». Renvoyé « se purger » devant le Magistrat, il reconnut la faute de sa résistance, et le Colloque consentit à adoucir les termes de la confession publique.

(Actes des Colloques de Guernesey.)

LXXII.

LETTRE DU CONSEIL PRIVÉ AU GOUVERNEUR LORD CAREW.

« 2 Nov. 1613 : Lord Archbishop of Canterbury. Lord Chancellor. Lord Privy Seale, etc.

« A Letter to Lord Carew, Governor of Garnsey.

« The King's Majesty having out of his Christian and Princely care settled the Churches within his dominions in a uniformity of government, as hath particularly appeared in reducing Scotland to the ancient and approved custom used in the Church sime the time of the Apostles. And finding only that the Churches within those Isles of Garnesey and Jersey are not yet established as were convenient for the avoiding of such distractions as often times happen between the ministers and the people to the disturbance and trouble of both parties, his purpose was to order some course for the redress of those things which are loose and unsettled there, and to reduce them to some conformity as might answer the uniformity of government in other parts of his Dominions.

« Which while his Majesty had in consideration, there hath been offered an occasion of late to make an overture therein, and that is by a petition presented to us by his Council, in the name of Elias Messervie, a native of that Isle of Jersey, who, being a Student in the University of Oxford and admitted into Holy orders, after the manner of the Church of England, was presented by the governor unto a benefice in that Isle, but cannot obtain the liking and approbation of the ministers of the Colloque to be admitted thereunto, unless he take upon him a calling after the Rite received amongst them, and so relinquish that he hath attained by his ordination in England. And for as much as this and the like occasions may in time prove inconvenient and of ill consequence, His Majesty is graciously pleased to look into the state of the government Ecclesiastical of both those Isles, and to understand the establishment thereof in the some, that if anything be defective it may upon just and mature deliberation be supplied.

« And therefore hath commanded us (as we have already addressed the like Letters to the Governor of Jersey) with order to acqaint your Lordship therewithal, in like manner hereby to require you, that with all convenient expedition you give order that the ministers of that Isle and such other persons to whom it may appertain be called together, and to let then know His Majesty's pleasure is, that they make choice of some able and sufficient persons, as well of those that embrace the present Ecclesiastical government as of such as dislike it, and to send them over hither, furnished as well with such reasons as they have for the strenghtening of their part, as also with such Letters and publick Instruments as they have had from hence, either in the times of King Edward or Queen Elizabeth of famous memory, or since His Majesty's coming to the Crown, to settle a Conformity according to the government of the Church of England, or otherwise to dispense therewithal, and to tolerate an other form, if any such to be found, that so upon knowledge of that which is past, there may be some course ordered for the future as shall be expedient. And so, etc. . . . . . »

(Reproduit dans la nouvelle édition des *Actes des États* d'après le *Registre du Conseil privé*).

N° LXXIII.

RECONNAISSANCES ET ABJURATIONS DANS LES ILES APRÈS LA RÉVOCATION.

A. *GUERNESEY.*

Nous reproduisons d'après Agnew la Liste des *Reconnaissances dans l'Église de Saint-Pierre-Port.*

«Les susdittes Personnes (M. Anne du Vivier, Ad. Viel et Jean Pichon) firent leur reconnoissance publique dans l'Eglise de la Ville le Dimanche XI Avril immédiatement avant le sermon de la relevée, conformément à ce que dessus.

20 Août 1686. Demoiselles Jeanne de Gennes, Charlotte de Moucheron, Elisabeth du Bordieu, Susanne le Moyne et Elisabeth du Mont. Item, Benjamin et Pierre Gaillardin.

29 Septembre 1686, Demoiselles Charlotte et Judith Moisan, de Bretagne.

30 Septembre 1686. Moyse Bossis, de Royan.

28 octobre 1686. Messire Jacques Mauclerc, chevalier, Seigneur de St Philibert-Muzanchère; Messire Jean-Louis Mauclerc, Chev^r Sr de la Clartière; Messire Benjamin Mauclerc, chev. Sr de la Forestrie; D^{lles} Marie et Susanne Mauclerc et D^{lle} Françoise-Marie Pyniot, de la province de Poitou, diocèse de Lusson; et Messire André le Geay, Chv^r Sr de la Grelière et D^{me} Françoise de la Chenaye, sa femme, et D^{lle} Marianne le Geay, leur fille, de l'évêché de Nantes.

25 Novembre. Sieur André Goyon de St Just en Xaintonge en France; Marie Horry, sa femme; Louyse et Jeanne Horry, ses belles-sœurs; Jean l'Amoureux, père et fils; Marie Langlade et Ester Massé, leurs femmes, aussi de St Just; et Daniel le Marchez et Isaac Fournier de Mornac en Xaintonge.

12 Avril 1687. Maitre Jacques Ruffiat de Royan.

4 Février 1687-88. Sieurs Gabriel Adrien, Pierre Guivé, Raymond Poittevin, Isaac Adrien, Samuel Adrien, Estienne Gendron, Jean Aubel, Pierre Aubin, Daniel Caillau, Jean Baudry, Jean Hercontaud, Jacques Adrien, Jean Hartus et Elisabeth Roy, Marie, Marguerite et Elizabeth, Adrien et Jeanne Hercontaud de Saint Sarcinien de la Province de Xaintonge.

19 Février 1687-88. Isaac Eliard du Pays d'Auge en Normandie.

4 Mars 1687-88. Monsr Pierre Courtaud ; D^{lle} Anne du Chemin, Anne Brodeau et Philis Germen de Quintin en Bretagne.

2 Janvier 1688-89. Messire Isaac Gouyquet, Seigneur de St Eloy de l'Evêché de St Brieux en Bretagne.

27 Juin 1689. Caterine de Jarnac, native de Bordeaux.

7 Juillet 1689. Pierre Seigle et Anne le Cornu, sa femme, et Anne l'Orfelin, tous trois de la ville de Caen; comme aussi Marie Charpentier, native d'Alençon; Renée Menel, veuve de Marc Colet, Louyse de Grenier, fille, native de Domfront, Marie Colet, fille; Jacob le Cointe ; Paul Desnoës Granger, fils d'Israel Granger, Sieur Desnoës, natif d'Alençon, André Touchar d'Alençon.

22 Juin 1689. D^{lle} Jeanne Jousselin, de la Rochelle; David Pinceau de Mouchant et René Hersand.

8 Février 1689. D^{lle} Caterine Rochelle, de la Paroisse de Ploerney, Evêché de St Brieuc.

18 Avril 1700. François Bertonneau, du Bourg de Boulogne en Poitou; Paul Pinceau de Rochetrejoux en Bourbon; Jeanne Seigle de la ville de Caen.

13 Aoust 1718. Nicolas Priou, de la paroisse de St Louvier proche de Caen en Normandie, issu d'un père Protestant nommé Herbelin Priou, a fait sa reconnaissance publique, etc.

30 Octobre 1718. Jean le Marchand, natif de la paroisse de Rondfougeré proche de Falaize en Normandie, protestant d'origine, nouvellement sorty de France, ayant esté quelquefois à la Messe, a fait reconnoissance, etc.

28 Décembre 1719. Pierre Burreau de Royan en France, [cy-devant de l'Eglise de Rome, a renoncé aux Erreurs, etc., etc., dans l'Eglize de la paroisse de St Pierre-Port le 16 du dit mois et Lydie Emerelle sa femme, native de Mechée, protestante de naissance, a en même temps fait sa reconnoissance, etc., etc., et ensuite ils ont esté receus à la Paix de l'Eglize, et ont receu le Sacrement de la Ste Cène dans la ditte Eglize de St Pierre Port le 27 du dit mois et an.

28 Décembre 1719. D^{me} Jeanne de Barisont, de Bourg de Marene en France, veuve du Sr Pierre Chapelier, née Protestante et de Parens Protestans, a fait sa reconnoissance, etc.

21 Avril 1720. Jacques Gain, Philippe Siché et Léon Siché tous trois

de Jonsac en Saintonge, néz de Pères en fils de Parents Protestants (comme ils ont dit) ont esté receus come tels dans l'Eglise de la Paroisse de St Pierre Port en cette Isle, le XX de ce present mois et an, sans faire reconnoissance, parce qu'ils ont protesté n'avoir jamais fait ny promis de faire aucun acte de la religion Romaine.

Les trois actes suivans ont esté obmis à leur datte.

29 Décembre 1718. Monsr Salomon Lauga, de Clerac Agenois, Protestant de Naissance et de Parens Protestans, a fait sa reconnoissance, etc., etc., et a receu le Sacrem^t, etc.

11 Aoust 1719. Mr. André Condomine et Jeanne Adgierre, sa femme, tous deux de Nismes, néz Protestants et de Parents Protestants, et Pierre Condomine et Jeanne Condomine leurs fils et fille, ont les quatre fait leur reconnoissance, etc.

12 Octobre 1719. D^{me} Jeanne Chaudrec, de Clerac, Agenois, feme de Mr Salomon Lauga, née Protestante, etc., etc.

26 Avril 1720. Renée du Gat, née Protestante, native de la paroisse d'Espargne en Saintonge, a fait reconnoissance, etc.

23 May 1720. Mr Jacques Anges Arnaud, de Blois, et D^{lle} Marie Anne des Marets, de Paris, sa femme, tous deux nez Protestans et de Parents Protestants, à ce qu'ils ont dit, ont fait leur recognoissance dans l'Eglize de St Pierre Port en cette Isle le jour sus dit pour avoir esté à la Messe, et particulièrement le jour de leur mariage, et ayant promis solemnellement de persévérer constamment dans la profession de nostre Sainte religion jusques à la mort, ils ont esté receus à la Paix de l'Eglize.

10 Octobre 1720. Mr Pierre Gaultier et D^{me} Anne Ribault, sa femme estans de la Province du Berry, et de la Ville de St Savan, à Loudun en Poitou, tous deux nez Protestans et de parens protestans, ont fait leur recognoissance, etc.

22 Novembre 1720. Dame Marie de Blanchet, native de Croix, veuve de Noble Homme Paul Martin, a fait sa recognoissance, etc.

22 Decembre 1720. Jacques Brouard et Jacques Tendrouneau, tous deux de Poitou, de la ville de Peuzeau, nez Protestans, etc.

(*Actes de l'Eglise de St. Pierre Port*, Guernesey).

B. *JERSEY.*

La *Société jersiaise* a publié dans ses *Bulletins* des listes tirées de deux sources. M. Marett Godfray a donné une *Liste alphabétique des Abjurations de la Religion catholique romaine enregistrées au greffe de la Cour ecclésiastique de Jersey 1685-1715*, et M. le docteur Barreau a emprunté au Registre ecclésiastique de St Hélier le sommaire des abjurations faites dans cette paroisse de 1717 à 1815.

Ces relevés sont précieux, bien qu'on ait à regretter que les Reconnaissances n'y soient pas distinguées des Abjurations. Il est incontestable que la grande majorité de ces Actes se rapportent à d'anciens protestants; plusieurs du reste le constatent expressément [1]. Quelquefois néanmoins, et surtout dans les secondes listes, il doit s'agir de véritables sorties du catholicisme, car on y trouve quelques prêtres.

La liste du greffe contient quatre cent quatre-vingt-huit « Abjurations » — c'est le terme général —, y compris celle de deux prêtres romains, Eudes de Tourville et Fortuny de Tarragone.

Des comparants 166 proviennent de Normandie, 125 du Poitou, 55 de Saintonge, 55 de Bretagne, 6 du Béarn, 2 du Languedoc, 2 du Maine, 2 de Paris (D^{lle} Marie Bougan, veuve de Pierre de la Douette sieur des Establières, et Jeanne Garina, femme de Pierre Laurens), 1 du Berri, 1 de Dijon. Les deux immigrations principales sont celles de 1687-1688

---

[1] « *La plupart* de ces Actes sont conçus », dit M. Marett Godfray, « dans les termes suivants » :

« L'an 1685 le 13e jour du mois de mars par devant M. le doyen de cette Isle de Jersey, assisté de Mr. François le Couteur, Mr. Jean Falle, MM. Jean François Guillet et Mr. Richard de Carteret, ministres.

« Paul Alexandre de Goulaine, Esc., sieur de Boisrenaut de l'Evesché de Nantes, en la province de Bretagne, Jeanne de l'Espine veve de defunct Jacques Jandre sieur de la Guitonnière de la ville de Vitrey en la mesme province, Anne Joubart de la ville de Renes native de Poison en la mesme province, et Loüise de Toury de Sion en Bretagne de l'Eveché de Nantes, Chacun d'iceux ont recognu cejourd'hui que p. la faiblesse humaine et les rigueurs de la persécution ils s'estoient laissez aller à souscrire aux erreurs de l'Eglise Romaine, duquel péché ils ont demandé pardon à Dieu et requis la Cour de les recevoir à la paix de l'Église. Ce qui leur a été accordé, après qu'ils auront fait reconnoissance publique du dit péché dans l'Eglise paroissiale de St Hélier. »

et de 1699. En effet, on en relève en 1685 une seule, 1686 quarante, 1687 cent quatre-vingt-quatre, 1688 quatre-vingt-dix-huit, 1690 cinq, 1691 trois, 1693 une, 1696 deux, 1697 quatre, 1698 dix-sept, 1699 quatre-vingt-quatre, 1700 neuf, 1701 dix, 1702 deux, de 1706 à 1709 une chaque année, 1710 cinq, 1711 quatre, 1712 douze, 1713 trois.

Nous nous bornons à reproduire les noms de famille, renvoyant pour les détails au *Bull. XVI* de la *Société Jersiaise*.

D'Agobert, sieur de la Bretonnière, Alote, Anquetil, Anselin, Aubri, Augier, d'Auteville ou d'Hauteville, Auvrey, d'Avois;

Badentrop, Bailly, Baligou sr. de la Proutière, Barachin, Barbier, Baritaud, Barrau sr. de la Noüe, Basic, Basset, Baudouin, Beauchesne, de Beaudenis sr. de Morteterre, Bedé, Belhomme, Beliovait, Béranger, Bernard, Bernardin, Bertin, Bertram (enfants du sr. de St Fulgent), Bilbaux, Billebuvin, Bobineau (fille du pasteur de Pouzauges), Boisgars, Bonneau, de Bordeau, Bosquet, Boucher, Boules, Bournac, Bournet, Braudet, Bretin sr. des Noyers, Briard, Brisset, Brochebourde, de Broise, Broquier, Brunet, Brurdeau, Bucaile;

Cabaret, Cahor, Caignard, Caillet, Carrouge, Cartault, Catillon, Cauvin, Chaillolavid, Chappeau, Chastel, Chemin, Chrestien, Collinot, Collot d'Ecurie, de Courcy, Coursier, Constantin, Couturier, Crochon;

Dallain, De Chantelou, Denis, Des Fosses, Des Hayes, Des Mazes, Devallée, Devau, Dieu, Dieulefit, Dousseau, Dragant, Du Bois, Du Bosquet écuyer, Du Moustier sr. des Claudis, Du Rousseau, Du Sumiès;

Erau, Escroignard sr. de l'Abbaye, Eudes (prieur).

De Faguet, écuyer, Fanton, Fauchon, Feron, Figeron, Fillozard, Flandrois, Fossart, Fouquet, Fradin, Frémandeu, de Fréval sr. du Rozel, Fromentin.

Garnauld, Garnier, de Gast, Gaubrun de Maisonneuve, Gauliès écuyer, Gauly, Gautier, de Gennes, George, Germain, Germon, Giberne sr. du Beau Chesne, Gimat, Giraud, Gire, Girou sr. de la Sablière, Gorriault, Gosset, de Goulaine sr. de Boisrenaut, Goyer, Gramusse, Grignon, Gruzart, de Guelles de Baudebec, Guérard, Guérin, Guillemin;

Halbout, Hardy sr. de la Valesquerie, Haut, Hémery, Hiver, Hubert, Hurel s. de la Rivière;

Jambelin, Jandre de la Guitonnière, Jannes, Jaudon, Jean, Jeanet, Jeanneau, Jortin, Joubart, Jouffroy, Juliot;

De La Davre, de La Douette, de La Fontenelle sr. du Père, de La Fosse-Chastrie, de La Houlerie, Lair, Laisné, Lalouill, de La Mason, De La Picotiere, de La Roche, de La Roche-Patras, Laurens, Le Bœuf, Le Breton, Le Capelain, Le Cerf, Le Cesne, Le Clerc, Le Cras, Le Curet, Le Danois, de L'Ecluse, Le Fort, Le Gros, Le Hardy sr. de la Crière, Le Huttemin, Le Lyais, Le Marchand, Le Mignot, Le Monnier, Le Nepveu, Le Nourricier, Le Page, Le Pelletier, Le Père, Le Picard sr. de Fosses, Le Pigau, Le Rebours, Le Roy, Le Saulx sr du Sauce, Le Sueur de Petiville, Le Suir, Le Tassey, Le Tellier et Le Tellier sr. de l'Isle, Le Tortu sr. de Montboterel, Le Touré, Le Tousey, Le Trésor sr. du Mesnil-Lambert, L'Evesque, Liger, Lizon, Lorier, de Loustau, Lucas, Lucas de la Noblerie ;

Mainson, Malgrange, Malherbe, de Manesco, Marchegai, Marchegué, Mareschaux, Marguery, Marin de la Chasse-Landière, Marquis, Marsault, Martin, Masson, Mattié de Mouline, de Maubert sr. du Mesnil, de Maubert sr. du Plessis, Maudit, Mauger, Maurice, Maurin, Maury, Menard, Meslin de Glatigny, Michaut, Milot, Minier, Moindron, Moisson, Moirat, Morel, Morin, Mottet, Mourriau ;

Neil, Nicolle, Nieu ;

Olier, Olivier, Onfrey, Ordonneaux ;

Panetier, Perigois, Perochon, Pigault, Pineau, Plantat, Poingdextre, Poulain ;

Rabaut, Rabi, Ragneau sr. des Brosses, Reinfrey, Remon, Renouf, Richard, Rivaut, Rivière, Roger, Rondel, Rousseau, Royrand sr. du Clouseaux ;

Saint, St Gille, Sealle, Seigneuret, Servant, Sire, Sorlut, Surget de Caumont, Suzenet ;

Tanqueray, Tanquerel, Tarot, Tavant, Terron, Tessié, Tessonière, Tiffenau, Tillon, de Toury ;

Ullier ;

Vallet, Vareil, Vautier, de Ver, Vertu, Villenée, Vincent sr. de la Crette, Voisin, Voyer.

Dans son XIIe Bulletin la *Société Jersiaise* avait précédemment publié, sous le titre général de *Registre des Personnes qui ont fait abjuration à Saint-Hélier* 1717-1815, trois listes.

a. Le *Registre des Personnes qui ont fait abjuration de la Religion Romaine et qui ont fait Proffession de la Religion Réformée en l'Eglise Paroissialle de St Hélier entre les mains de Monsr. François le Couteur fils François. Rect. de lad. psse* (inséré dans le Registre des Baptêmes), contient soixante-et-une abjurations. Jusqu'à preuve du contraire nous pensons qu'il s'agit exclusivement de conversions et non de reconnaissances pour lesquelles il y a une liste spéciale. Nous ne citerons que :

1721 : Denis du Bourblanc, doct. en médecine de la Faculté de Montpellier ;

1727 : Rod. Hue de St Malo (devenu d'abord vicaire à St Hélier, puis recteur de St Brelade 1743-1772) ;

1730 : Péron de Châteauneuf, de Paris, officier de marine ;

1729 : Olivier Collet, paroisse de Tinténiac, cordelier, prêtre, bachelier en Sorbonne ;

1730 : Jacques d'Erigny, prêtre augustin de la place des Victoires à Paris (en 1735 recteur de Ste Marie, en 1751 à Guernesey) ;

1733 : Julien Godefroy, carme, prêtre, de Josselin ;

1743 : Estienne Rapillot, d'Auxerre, bénédictin.

b. Le titre de la seconde liste est explicite ; il ne s'agit que d'anciens protestants fugitifs et repentants : *Mémoire ou Registre des Personnes qui ay(ant cedé) A la Force de la persécution en France, et ayant adhéré aux Erreurs, Superstitions et Idolatries de l'Églisse romaine, ont par La Grace de Dieu Reconnu Leur Péché en l'Eglise Paroissialle de St-Hélier à Jersey entre les mains de M. Fr. Le Couteur Fs. Recteur de lad. Paroisse, et ont été Receües à la paix de l'Eglise* (dans le même volume que la précédente).

Il y en a cinquante-deux, dont dix-sept du Poitou, seize de Normandie, quatre de Bretagne, trois d'Anjou, trois de La Rochelle, un de Lorraine, une de Grenoble et sept sans indication de provenance. Les noms de familles sont les suivants :

Bailleau, Bernardin, Biard, Boisnel, Borillon, Bouchar, Boudier, Coiteusse, de Crux, Descairac gent. officier, Dieu Belle-Fontaine, Du Bois, Du Four, Dupont, du Rocher Gaullard, Faurijaux, Faussillon, Guinandeau, Halbour, Haquin, de la Blandinière, de la Galaire, L'Ambert, La Rosse, Le Canu, Le Fort, Le Texié, Le Touzey, Martau, Nemo,

Ogier, Paillet, Pirevaux, Poignant, Rihouet, Rougier, Roujar, Rousset, Rouxeau de la Bouvetière, Ruffin, Tanquerell, Tisseau, de Valsené.

Les trois dernières reconnaissances (juin 1752, mars 1754) ont lieu devant « l'Assemblée publique faite par Revd. Monsr. André Migault desservant de cette Paroisse. »

 c. Le *Registre des Personnes qui ont fait abjuration de la Religion Romaine et qui ont fait profession des depuis de la Religion Réformée entre les mains du Rev. Mons. Jean du Pré* (Livre des Mariages) en enregistre quatorze de 1767 à 1818, toutes sans doute catholiques.

TABLE GÉNÉRALE ALPHABÉTIQUE.

TABLE GÉNÉRALE ALPHABÉTIQUE.

A.

Abbot, archevêque, I 391, 412, 414; II 477; 7, 17.
Abjurations, II 281-286; III 384.
Absolas, I 296.
« **Academiæ Nemausensis responsio** » 1. 366.
Aconce, I 117-121.
Acte de la Réunion de l'Eglise de Canterbury, II 183.
Acte de Suprématie, I 82.
Acte du Test, II 278, 279, 517.
Acte d'Uniformité, I 81; II 238, 244-251, 256, 511, 512, 514, 519.
Actes protecteurs, I 28, 140, 309, 279, 282, 327, 363, 255, 373, 421, 394, 422; II 6, 38, 56, 64, 68, 84, 85, 98, 99, 102, 135, 159, 160, 161, 166, 177, 178, 182, 218, 230, 241, 242, 243, 251, 259, 275, 305, 341, 351. — *Iles Normandes*, II 371, 376, 443, 459.
Addée (Isaac), II 331, 332, 338.
Adgierre (Jeanne), III 383.
« **Admonition** » de Cartwright, I 207.
Adrien (Gabriel, Isaac, Jacques, Samuel, Marie, Marguerite et Elizabeth), III 381.
« **Advertissemens pour les particuliers** » (*I. N.*), III 354.
« **Advis pour l'establissement d'un bon gouvernement** », II 265; III 282.
After (John), doyen (*I. N.*), II 371, 372, 374, 378, 379, 380.
Agar (d', Abraham, Isaac, Jacob, Théodore), II 312.
Agneaux (d'), voir Ste Marie.
Agnew, « **Protestant Exiles** », I xvi.
Agobert (d'), sr. de La Bretonnière, III 385.

Agoureau (d', Marie), II 339.
Aillières (Anjou), III 309.
Ailly (d', François), vidame de Chartres, I 132, 135.
Aimé, II 356.
Aiton, II 155, 186.
Aitré ou *Aytré* (*Saintonge*), II 332, 520.
Alain, II 455.
A Lasco (Jean), I 10, 11, 22, 26-55, 68, 69, 84; III 5, 15, 18-38.
Albert (Valentin), III 57.
Alençon (Normandie), II 16, 79, 89; III 201-204; II 339, 524; III 382.
Alençon (duc d'), I 194.
Alexandre (Pierre), I 8, 13, 25, 27, 72, 92, 93, 95-102, 128, 131-133; III 16, 65, 173.
Alexandre, past. italien, I 389.
Alix (Simon), II 389, 423, 427, 428; III 355.
Allemagne (Jacques d'), II 331, 315.
Allez (François), II 427.
Alote, III 385.
Ambrosius, seu Regemorterus, II 26.
Ambresy (Joannes d'), III 53.
Ambrine (Jacques d') II 194.
Amiens, I 100, 199, 298, 266, 267, 395; II 106.
Amy (Isaac), II 275, — (Jacques) II 376.
Amonnet, II 316, 320.
Amory (Jean), II 98.
Amyraut (Moïse), 143, 157, 176.
Anabaptistes, I 117, 118, 157, 317, 332; II 113, 501, 502, 503.
Anciens. I 40, 41, 42, 65, 99, 106-108, 114, 124; III 103, 106, 107, 108, 109; I 167, 188, 289, 310; III 152 et sq.; I 332, 336, 339,

340, 346, 347, 355, 399, 400, 403, 416, 419, 420; III 172, 178; II 71, 72, 73, 74, 75, 106; III 212, 215, 218, 224, 227, 249, 250, 259, 270, 274; II 266, 268; III 286; II 317, 342. — *Iles Normandes*, II 371, 400, 401, 402; III 325-330 (leur installation dans leur charge), II 407, 446, 457, 458.
Andrews, évêque d'Ely, I 379, 382.
Andro (Jean), II 427.
Angell, II 9.
Angelus (Guillelmus), III 58.
Angers, III 60.
Anglesey (comte d'), II 279.
Anglicane (L'Église) et les Réfugiés, I 31, 34, 54, 85, 142, 181, 211, 214; III 139-140, 149-151; I 290, 411, 412, 417, 419, 420, 427; II 17-45, 50-55; I IX; II 218, 235-240, 243, 247, 248-250, 268, 290; III 300; II 323 et sq., III 303; II 353, 412.
Anglicanisme dans les Iles Normandes, II 366, 367, 369-375, 378, 391-394; *Jersey* 412, 466-483; III 379; II 509-510; *Guernesey*, III 379; II 485-493, 510-518; *Aurigny* 519; *Sercq* 519-520.
Anglus (Guarinus), III 56.
Angoulême, III 308.
Anjorrant-Soully, I 371.
Anjou, II 372, 390; I 395; II 313; III 387.
Annweiler (Palatinat), II, 258.
Anquetil, III 385.
Anselin, III 385.
Antoine de Navarre, I 131.
Antoine Rodolphe, voir Le Chevalier.
Anvers, I 144, 146, 168; III 73, 78, 373; I 179, 233, 247, 248, 284, 313.
Anvillier (Antonius d'), III 57.
« **Apology for the Protestants of France** », II 309.
Arande (Elie d'), I 423; II 43—(Paul d') II 241, 242.
Archambault, III 109.
Archange, (Père), de Hasteville, II 90.
Arderon (P. Ant.), I 5.
Argerius (Honoré et Jean), I 366.
Arias (Antoine), II 352.
Armada, (L'Invincible), I 251.
Armentières (Flandres), III 56, 61; I 183, 200, 284, 313.
Arminiens I, 409.

Arnaud (Jacques), III 383.
Arras, I 124, III 55, 56, 57, 61; II 106.
Arras (Carolus d'), III 57.
Arrault (Perette), I 72.
Arte (Michel), III 61.
Arthenay (Orléanais), II 323.
Articles contre Corranus, III 85.
Articles de Lambeth, I 238.
Articles, (Les Six), I 3.
Artois, III 5; III 55, 59, 62; I 313, 395; II 9.
Arundel (comte et comtesse), I 210; II 80, 86, 110.
Ashtown (barons), I 223.
Asimont (Pierre et Samuel), III 306.
Asselin (Jacob), II 334.
Assemblées ecclésiastiques (*I. N.*), III 337, 360.
Assigny (Pierre d'), II 506, 507, 120-129, 135, 153; III 222-234, II 509, 510. — (Marius), II 153.
Assonleville (d'), I 145, 311.
Astelyn (Gérard), I 5.
Asur (Galeotus), III 52.
Auber (Claude), I 330; III 370-373. — (Gilles), I 200.
Aubert (Jean), I 149, 199.
Aubigny (Normandie), II 385.
Aubin (Pierre), III 381.
Aubri, III 385.
Auger, I 276; III 149.
Augier, III 385.
Aulnay (Normandie), II 385.
Aurele ou Aurelius (Abraham), I 396, 402, 403, 404, 412; II 14; III 174. — (Jean-Baptiste), I 179, 199, 201; III 102.
Aurigny (Ile d'), II 379, 380, 407, 449, 455-457, 464, 465, 491, 518, 519, 525, 526, 527.
Austin Friars, voir *Eglise flamande de Londres*.
Auteux (Les, Normandie), I 198.
Auteville (d'), III 385.
Auvergne, I 296; II 462; III 374.
Auvrey, III 385.
Avallon (Bourgogne), I 200.
Avantigny (d'), II 425.
Aventuriers (Les), II 318.
Avernes (Ile de France), I 198.
Avois (d'), III 385.
Axholme (Ile d'), II 42, 47, 64, voir *Sandhoft*.
Aylmer, évêque, I 248, 277.
Aymé (Isaac), II 314.

B.

Bacquer (Jacques), I 5.
Bacqueville (Normandie), I 295; II 241, 253.
Badentrop, III 385.
Bahère (Robertus), III 57.
Bailleau, III 387.
Baillehache, II 256.
Bailly, III 385.
Balandry, surnom de Lescaillet.
Baleine, II 458.
Baligou, sr. de La Proutière, III 385.
Ballot (Cléophas), I 200.
Balmier (Firmin et Catherine), II 526.
Baltazar, III 76.
Banc (Arnaud), I 90.
Bancroft, archevêque, I 277, 239, 371, 377, 387, 414; II 17.
Bandinel (David), II 451, 469, 477, 479, 481, 482, 483. 506, 507. — (Jacques), II 483, 507. — (Jean), II 483.
Banet (Noé), I 149.
Banks, I 364.
Banos (de), I 123.
Banquemère (de), I 298.
Baolin (Georges), III 58.
Baptême, I 34, 42, 43, 112, 284, 290, 319, 352; III 172; II 34, 35; III 208, 242. — *Iles N.*, II 403; III 344; II 414, 457, 503, 515.
Baptiste (Pierre), II 366, 389.
Baquesne (Jean), I 403; II 7, 16, 47.
Barache, I 217.
Barachin, III 385.
Barbat (François), II 332, 334.
Barbe, I 310. — (Georges), II 434. — (Jean), III 60.
Barbier, III 385.
Barbot (Jean), III 310.
Bardin (Jean), I 366.
Barger (Gillain), III 60.
Baritaud, III 385.
Barisont (de, Jeanne, veuve Chapelier), III 382.
Barizar (Pierre), III 61.
Barlatier (Antoine), I 376.
Barnes (Guillaume), III 62.
Baron (Normandie), I 199.
Baron (Pierre), I 200, 220, 235-239, 261; III 100. — Dame Baron, III 144.
Barrau, sr. de La Noue, III 385.

Barre (Gilles), III 54. — (Guillaume), I 5, 6. — (Pierre), III 215.
Barrell (Jean), II 98.
Barret (Michel), III 62.
Barrière, II 169.
Barrillon, ambass., II 355-359.
Barthélemy (David), II 338.
Bartier (Pierre), I 296.
Basic, III 385.
Basin ou Bazin (Jean), II 197, 266.
Basnage (Benjamin), I 245, 406, 407. — (Daniel), I 322. — (Nicolas), I 199, 245, 320-323; III 152-157. — (Timothée), I 322.
Bassens, voir Le Bas.
Basset, III 385.
Bastard (Etienne), I 200.
Bastien, I 305.
Batteur (Jean), I 290.
Baudart, II 426, 434.
Baudichonus (Halinus) ou Baudisson (Alain), III 53; I 5. 6.
Baudier (Dominique), I 263.
Baudin, III 377.
Baudoin, I 301.
Baudouin (Etienne), I 366. — (Jean), II 426; I 366. — (Nicolas), II 368, 370, 371, 376, 389, 419, 423, 424, 451, 453, 485; III 355, 377. — (Pierre), I 366. — (Richard), sr. des Coursières, II 525. — De Baudouin, III 385.
Baudry (Jean), III 381. — (Pierre), II 266.
Bauhin (Jean), I 5.
Baupin (François de), II 528.
Bautan (Jean), I 149.
Baxter, II 209, 320.
Bayard ou Bayart, I 304, 307. — (Françoise), II 106.
Bayeux (Normandie), I 437; II 365, 385, 390, 524.
Bayeux (Ursin), II 385; I 149, 199.
Bayone (Johannes de), III 57.
Béarn, II 258; III 306, 384.
Beaton, I 403.
Beauchesne, III 385.
Beaudenis (de), sr. de Morteterre, III 385.
Beaugrand, I 304, 307.
Beaugy (Th. de), II 376, 379.

Beaulieu (Augustin de), I 327. — (César), II 331; III 306. — (Jean), I 327, 328. — (Luc), II 313. — Voir Liévin dit de Beaulieu.
Beaumont, III 341.
Beaumont-sur-Oise (Ile de France), I 134; III 55.
Beauvais, I 151.
Beauvais (Charles de), II 16, 26, 47, 250, 251. — (Raulinus), III 58.
Beauverlet (Jean), III 213.
Beauvoir (Guillaume), II 367-369; III 355. — (Pierre), II 505.
Beauvoir-La Nocle, I 263; III 145, 148. — Catherine de Beauvoir de Saul, dame de Lieurray, III 372.
Bechet (Richard), III 50.
Becke (Antoine) ou Dolin, I 146.
Bedard (Etienne), II 227.
Bédé, II 425; III 385.
Bedford (comte de), I 92, 166.
Beguin (Thomas), III 52.
Beharel, II 255.
Belhomme, III 385. — (Antoine), III 57.
Belin (Genest), II 462; III 374-376.
Beliovait, III 385.
Belleau (Jacques de), III 216.
Bellefold (Jean) (Bellefeuille), III 62.
Bellegent (Paul de), I 391.
Bellemain (Jean), I 57.
Bellemare (Raulin), I 6; III 52.
Bellême (Normandie), I 300.
Bellenger (Pierre), II 539.
Belleville (de), sr. de Languillier, I 192, 196 et sq.
Belliart (Jacques), I 296.
Bellon ou Belon, II 87, 110, 119, 233; III 215.
Belvèze (Guillaume), III 310.
Bély (Pierre), II 528.
Bence (Pierre), II 285; I 149, 199.
Bendish, II 320.
Bennet (Pierre), III 62.
Benoist (François), II 338. — (Moïse), II 258, 520, 527.
Bentela, I 389.
Ber, I 197.
Bérail (Gilles), I 124.
Béranger, III 385.
Bérault (Pierre), II 282, 283.
Berchet (Pierre), II 87, 96, 97, 99, 178.
Bergnon, II 332.
Beringhen (Marie de), II 354.
Berio (Franciscus et Robertus), III 53.

Bernard, III 385. — (Guillaume), I 329. — (Jacques, dit de La Fontaine), II 427, 455, 456.
Bernardin, III 385, 387.
Bernardyère, I 197.
Bernay (Carolus de), III 55.
Bernel (J. C.), II 519.
Bernières (de), voir Maignart.
Berny (Nicolas), II 380, 389, 391, 422; III 355.
Berri, III 383, 384.
Berthelot (Germain), II 390.
Berthinel (de), III 273.
Bertin, III 385.
Bertonneau (François), III 382.
Bertram (Thomas), II 367, 389, 423.
Bertram de St Fulgent, III 385.
Bertrand (Jean), II 330. — (Paul), II 331, 335, 340.
Béthune (Flandres), III 55, 61, 62.
Bétren (Hugo), III 52.
Beunet (Joannes), III 56.
Bever (Jean de), II 25.
Bey (de), de Batilly (Anne, lady Douglas) II 274.
Bèze (Théodore de), I 16, 24, 138, 157-164, 172, 176, 207, 208, 229, 236, 241, 251 (Sur l'**Armada**), 270, 276, 356, 370; III 139, 140, 146, 149, 150.
Bezemer (Marcus), III 52.
Bezon (Pierre), III 62.
Bia (Jacques de), II 332.
Biard, III 387.
Bibauld (Henri), II 356.
Bibliothèque bodléienne, *Oxford*, I XXVI. — **Bib. de la ville à Genève**, I XXVI. — **Bib. du British Museum**, I XXVIII, du **French Protestant Hospital** I XXVI, de **Guildhall**, I XXIV et de **Lambeth** à *Londres*, I XXVI, XXVIII.
Bignon (Pierre), I 220. — De B. (François), I 58.
Bigot (Egidius), III 52. — (Guilhelmus), III 55. — J., I 127.
Bihan (Jean de), II 426, 444.
Bilbaux, III 385.
Bill pour l'encouragement des Protestants étrangers, II 288 et sq.
Bill pour le soulagement des pauvres Protestants étrangers, II 294.
Bill pour encourager les Protestants étrangers à venir, II 296 et sq.

Billebuvin, III 385.
Billon-Lamare, (de), II 227 ; III 278 ; II 338.
Binard (Michel), III 62.
Binet (Nicolaus), III 50.
Biscop, I 230.
Bisson, II 387.
Bissoy, I 189.
Blacal, II 229.
Blain (Bretagne). II 426.
Blanc (Jean), (White), I 5. — (Nicolas), III 61.
Blancart, II 179, 201.
Blangy (Normandie), I 199.
Blanchard, I 406 ; III 166.
Blanchart, II 87 ; III 216.
Blanchet (de), II 522 ; III 383.
Blantiland, II 179.
Blier (Timothée), I 423.
Blind (Phinées), II 197.
Blois, I 134 ; III 55 ; I 395 ; II 275.
Blondeau, II 274, 275.
Blondel (Aaron), I 392 — (Henri), II 526. — (Isaac), II 144, 195, 233, 266. — (Jean), II 427. — (Thomas), III 355.
Blosshome (Jean), I 5.
Boaste (Bernard de), I 199.
Bobineau, III 385.
Bochart (René), sr. du Mesnillet, I 246. — (Samuel), I 424 ; II 89, 145, 223, 274.
Bocton ou *Boughton Malherb*, II 343.
Bod (Charles), I 124.
Bodeler, I 230.
Bodin, III 304.
Bogarde, I 302.
Bois (Samuel), II 332.
Boisgars, III 385.
Boisnel, III 387.
Boisrozé, I 269.
Boissel (Johannes), III 54.
Boisseuil (Jean), I 200.
Boissise, I 269.
Bolbec (Normandie), I 246.
Bompar (Jean), III 306.
Bonami ou Bonamy (Elie), II 391. — (Pierre), II 511, 256.
Bonardeau (Jean), I 276.
Bonaventura, voir Leney.
Bondun (Jean), I 200.
Bonespoir, voir Marin Chrestien.
Bonfort (Jean), II, 425.
Bonhomme (Guillaume), II 385, 423 ; III 355. — (Josué), II 264, 389, 423, 448, 452, 483, 264, 266.

Bonhomme. man. à *Ipswich*, II 313, 318.
Bonneau, III 385.
Bonnefoy (Bastien), III 62.
Bonnerin (Gabriel), I 366.
Bonnet, II 349.
Bonneval (Petrus), III 54.
Bonneval (Gui de), II 331.
Bonnige (Denis de), III 62.
Bonté (Jean), III 259, 261. — (Pierre), II 106.
Bontemps (Jacob), III 53. — (Pierre), 49, 50-52, 64.
Bonvoisin, I 5 (Goodnaybor).
Bordeau (de), III 385.
Bordeaux (de), ambass., II 158, 169, 170 174.
Bordeaux, I 5, 142, 150, 168, 199, 407, 424 ; II 221, 275 ; III 382.
Bordier (Guillaume), I 72. — (Jacques et Pierre), II 8
Borillon, III 387.
Bornal (Antoine), III 62.
Bosquet, III 385.
Bossatran (Pierre), III 309.
Bossis (Moyse), III 381.
Bostier (Richard). III 54.
Botteler (Adrianus), III 51.
Bouchard, I 188.
Boucher, III 385.
Boucheret, II 233.
Boucherie (Arnaud), II 242, 275, 354.
Bouchet, III 304.
Bouconnier, I 330.
Boudet (Jacques), I 281.
Boudier, III 387.
Bougan (Marie), III 384.
Bouillon, II 425. — Voir Leroy.
Bouillon (duc de), I 263, 404, 405.
Boulanger (Daniel), II 106.
Boullen (Jacques), II 529.
Boulemont (Catherine de), II 339.
Boules, III 385.
Boulogne, I 149, 199, 395 ; II 183, 198.
Boulogne (Arnauldus de), III 55, 85, 86.
Boulon (Jean), II 505.
Bouquet, II 115, 201 ; III 213, 218, 219 ; II 233.
Bourbon (Nicolas), I 5.
Bourbon (Pierre de), III 209.
Bourbonnais, III 382.
Bourchar (Thomas), III 57.
Bourdieu (du), voir Du Bourdieu.
Bourdin, I 298. — (Julien), sr. de

Fontenay, I 376 — (Pierre-Antoine), sr. de St-Anthoine 1 376.
Bourduville (Stephanus), III 53.
Bourgeois (Françoise), II 526.
Bourgneuf (Saintonge), III 306; II 331, 529.
Bourgogne, III 51, 59, 60, 62; I 200.
Bourgogne (Fr. de), voir Falais.
Bourguignon (Laurent), I 149, 173; III 84.
Bournac, III 385.
Bournet, III 385.
Boury, fils de Du Bec Crespin, I 188, 197.
Bout (J.), II 243.
Boutelou (Pierre), III 234.
Bouville, I 188.
Bowes (Math.), III 62.
Boy (de), 1 197.
Boyer (Henri), II 331.
Bra (de), III 54.
Brabant, III 55, 56; I 313.
Bradley (Thomas), II 466.
Brasier (Jean), II 335.
Brassard (Isaac), III 309.
Braudet, III 285.
Bray (de) ou de Brès (Guy), I 25.
Brecey (Normandie), 1 199.
Brchauld (Colas), II 427.
Bremant, II 522.
Brent (sir Nath.), II 24, 30-32, 39.
Brère (Richard), I 5.
Bresmal (Philippe de), II 154, 203; III 265; II 514.
Bretagne, 1 5, 115, 197, 198, 199, 395; II 522, 523, 526; III 381, 382, 384, 387.
Breton (Martin), II 282.
Breuil (de), I 406.
Breval (Franc. Durant de), II 281, 282, 352; III 293.
Brevet (Elie), II 331, 529; III 306.
Brevin (Cosme), II 381, 389, 457, 465; III 355. — (Daniel), II 462, 482, 483, 205, 224. — (Elie), II 491, 497, 519.
Brezolles (Orléanais), I 199.
Brie, III 56.
Brienne (Champagne), I 395.
Briet, I 163.
Brieux (de), II 145.
Bréfaut (Judith), II 522.
Briot, II 8, 94, 95, 274. — Esther B. lady Falconer II 95.
Briquemaut, 1 139.

Briqueville (Normandie), II 426.
Briqueville (de), bar. de Colombières, II 367, 384, 385, 387.
Brisbane. ambass., II 295.
Brissac (Jacques de), sr. des Loges, II 529; III 308.
Brisset (Louis), II 524; III 385.
Broc (Jean), dit Seyennerie, II 425.
Broca (Pierre), de Hondespleus II 333.
Brochebourde, III 385.
Brodeau, III 382.
Broise (de), III 385.
Bromeau, II 522.
Broquier, III 385.
Brossay (Anjou), I 200.
Brossier (Jean), « **Panegyric..** », I 391.
Brouard, III 383.
Browne (Henry), II 149, 227.
Brownistes, 1 409.
Brucamps (Normandie), 1 199, 244, 245.
Bruges, III 53.
Bruiner (Toussaints), II 385.
Brullet (Moïse), II 106.
Brumois, II 521; III 309.
Brun (Daniel de), II 106.
Brune, 1 304. — (Charles), I 163.
Bruneau (Guillelmus), I 55. — (B.), diacre, III 167.
Brunet, III 385.
Brunier, II 255.
Bruno (Giordano), œuvres de, III 142.
Brurdeau, III 385.
Bruxelles, 1 144.
Bucaille, III 385.
Bucer, I 12, 13, 14, 16, 17, 18, 25, 72.
Buchanan (Georges), 1 363, 365.
Buckingham, II 5.
Buckhurst (Lord), I 255.
Bugnet, II 152, 154.
Buhot (Nicolas), I 91, 101; III 46, 51.
Buhy (Ile de France), 1 499.
Buisson (Marie), II 412. — Du Buisson, voir Viau.
Buisson-en-Auge (Normandie), 1 199.
Buissy (Vincent de), I 199, 244, 245, 279.
Bullinger, I 80, 84.
Bulteel (Gilles), I 223, 230. — (Jean), I 405, 419, 423; II 22-26, 31, 38, 154, 155; III 235, 237, 239. — (Pierre), II 70, 76, 80, 88.

Bunmarey (Nicolas), III 60.
Buque (Jean), I 376.
Bureau (François et Thomas), II 356.
Burgar, I 415.
Burges (Isaac de), III 53.
Burghley (Lord), I 190-192, 210, 242, 248, 253-255, 259.
Burlamachi (Philippe), I 388, 395, 396, 409; II 9, 192.

Burn, « **The history of the French... Refugees** », I xiv.
Burnet, évêque « **Letter of the Clergy of France examined** », II 309.
Burreau, III 382.
Burton, II 496, 498.
Bushell (Abraham), I 395.
Bustein (de Boaste), I 149.
Buzenval (de), III 373; I 263.

C.

Cabaret, III 385.
Cabrol (Jean), II, 332.
Caen, II 367; I 136-138, 149; II 390, 426; I 200, 220; II 453; I 338, 425; II 202, 313, 331, 510, 522, 524, 526; III 382.
Caes (Paul), II 349.
Cahor, III 385.
Caignard, III 385.
Cailhaud (Marguerite et Suzanne de), II 524.
Caillau (Daniel), III 381.
Caillet, III 385.
Caillou (Petrus), III 54.
Cailloué (Denis), II 146.
Calais, III 124, 126; I 292, 308, 395; II 99, 183.
Calandrini (César), I 387, 389, xxiv; II 69, 70, 76, 89, 96, 134, 155; III 210, 216-220, 221, 235, 238, 265, 267, 273; II 155, 166, 197.
— (Marie), II 192.
« **Calendars of State Papers** », I xviii.
Calliade (Denis), II 9.
Calvin, I 11, 15, 16, 19, 20, 21, 22, 33, 34, 57; III 368; I 81, 86, 91, 92, 102, 129, 137; III 46, 47, 73.
Cambié (Jean), III 234.
Cambrai (Flandres), I 223, 313, 395.
Cambridge, I 14, 72, 149, 236, 238, 239, 246, 322, 384; II 226.
Caméron, I 408, 412.
Camilly (Normandie), II 389.
Camon (Pierre de), II 527.
Campront (Charles de), dit Saint-Hilaire, II 425.
Canau (J.), II 106.
Cancel (Joannes), III 51.
Canterbury (Église de), I xix, 9,
25, 56, 155, 180, 279, 280-291, 335, 337, 415, 423; II 23-38, 65-68, 100, 101, 104, 130-138; III 235-251; II 150-153, 155; III 249-264; II 183, 189, 191, 198, 234-244; III 279-282; II 258, 316, 347, 354.
Canty, I 420.
« **Capita quæ ecclesia gallicana contra Corranum...** », III 77,
Cappel (Aaron), I 275, 276; III 151; I 284, 323, 340, 372, 389, 403, 405. — (Antoine), I 91, 99, 179; III 46, 57, 58, 85. — (Jacques), III 307. — (Léa), I 284. — (Louis), I 424.
Cappelain, II 447.
Cappon (Joannes), III 51.
Carbonnel II 266, 318; III 304.
Carcoult (Th.), II 519.
Carce (Riollus), III 51.
Carcy, I 310.
Caré, III 309.
Carentan (Normandie), II 385; I 322, 331.
Careye, II 383, 424, 468, 485; III 355.
Caris (Abraham), II 266.
Carmichael, I 361.
Caron (Noël de), I 255, 373, 394, 396.
Carowne (Jean), I 5.
Carpentier (Joannes), III 52.
Carron (de), II 313.
Carrouge, III 385.
Cartault, III 385.
Cartaut (Mathieu), dit du Val, I 199, 296-300. — (Moïse), I 391, 392.
Carteret (de), *I. N.* (Amyas, Amice), II 484, 486. — (Edouard), II 380,

422. — (Georges), II 507, 509.— (Guillaume), II 367. — (Hélier), II 375, 381; III 355. — (Julien), II 458. — (Lady de C.), II 506, 507, 509. — (Philippe), II 484; III 355; II 506, 507. — (Richard), III 378.
Cartwright (Thomas), I 207, 244; II 448, 449.
Carue (David), I 301.
Casaubon (Isaac), I 376-382, 403, 404; III 159. — (Méric), I 382; II 8, 25, 235, 274.
Casier, I 313.
Cassiodore di Reina, I 121-123, 168, 232-235; III 78, 79.
Castalion, I 13.
Casteau (Pierre), III 227.
Castel (J.), II 25, 78, 88; III 217. — (Jeanne), II 102. — (Martin), III 56.
Castel (le) ou lé Câtel, voir Sainte-Marie du Câtel.
Casteljaloux (Guienne), II 333.
Castelnau de Mirande (Guienne), II 333.
Castol (Jean), pasteur, I 241; III 102, 109; I 258, 271, 274-277, 340, 361; III 138-154. — C. ancien, III 133.
Castres (Languedoc), III 305.
« Catalogus municipum gallorum qui nomen dederunt Ecclesiæ gallicæ », III 50.
Catéchisme, I 37, 43, 63, 113, 240, 241, 274; III 128; I 350; III 178; II 41, 66, 106. — I. N., II 403, 404, 405, 413, 479.
Catherine de Médicis, I 153, 194, 217 et chap. IV et V passim.
Catillon, III 385.
Catteau (Elie), II 138.
Cauchte (Martine), I 294.
Caulier (Barth.), III 213. — (Johannes), III 55.
Caumont (Armand de), marquis de Montpouillan, II 169, 174, 219, 274. — (Jacques), I 329. — (Pierre), marquis de Cugnac; II 168, 169, 218, 274.
Caune, I 296.
Caus (de), ou de Caux (Isaac), II 94, 95. — (Salomon), I 390.
Caussey, II 367.
Cauvin, III 385.
Cavaignes (de), I 152, 153.

Cavalier (Isaac), II 106.
Cecil (William), I 11, 25, 35, 51, 145, 146, 292, 324, 173, 176, 239, 253; voir Lord Burghley. — (Robert), comte de Salisbury, I 253, 373; III 123.
Cène (la Sainte), I 45, 53; III 23; I 113, 116, 125, 137, 183, 189; III 104-106, 130-137; I 285, 286, 329, 330, 335, 337, 338, 349, 353, 354, 405, 415, 416, 419, 420; II 7, 32, 50; III 248; II 194, 317. — I. N., II 371, 372, 379, 404, 405; III 345, 346; II 413-417, 419, 420, 461, 482, 514, 517.
Censures (Les), I 50, 105, 116, 302, 334, 342, 348, 355, 417; III 178, 179; II 65, 66, 108; III 233; II 181, 185, 195. — I. N., II 408; III 346, 347, 354, 359; II 458.
Ceres (Gilles), III 61.
Cévennes, II 275.
Chabrit, II 222.
Chaille, II 315.
Chaillolavid, III 385.
Chaligny, I 268.
Chaltray (Champagne), III 308.
Chamberlaine, I 223.
Chamberlan, Chambellan ou Chambrelin, I 240, 328; II 274.
Chambernon (amiral), I 191.
Chambrisé, II 430, 434.
Champoyse (Thomas de), III 61.
Chanteau, I 72.
Chantelou (de), III 385.
Chantrel, I 395.
Chapelain (Robertus), III 52.
Chapelier, III 382.
Chapelle, I 301.
Chappeau, III 385.
Charas (Moïse), II 313.
Chardin, II 313, 329.
Chardonnel, de, II 257.
Charles Ier, I VI, VII. — Chapitres X, XI; I, 4, 10, 27, 28, 36. — I. N., 491, 499.
Charles II, chapitres XIV et XV; II 508, 509, 147, 204, 206-209; I. N., 510, 511, 512, 516, 517.
Charles IX, I 187, 191, 192; II 387; I 203.
Charol (de), II 352.
Charpentier (Marie), III 382.
Charretier (Claude), I 199; II 426, 434.
Charrier (Claude), dit de La Touche, I 199, 303; II 434.

Chartres, III 51.
Chartres (vidame de), voir Ferrières.
Chassegay (Normandie), II 420.
Chastebray (Gyllain), III 59.
Chastel (Charlotte), II 524 ; III 385.
Chastelain (Pierre), (Castellanus), I 91, 99 ; III 46, 55, 85 ; I 148.
Chastelin (Pierre), I 276.
Chastelet de Luzancy, II 283, 284, 275, 330, 334.
Chastelet (Hay de), I 385.
Chastellerault (Poitou), III 309 ; II 339.
Châtillon (les), II 386, 387. — Amiral Gaspard, I 128. — Cardinal Odet, I 150-153, 155, sa veuve, II 387.
Châtillon-sur-Indre (Berri), III 333.
Châtillon-sur-Loire (Orléanais), III 306.
Chastrefon des Fouilleries, II 524.
Château (Eglises du), *I. N.* ; *Castle-Cornet, Ile de Guernesey*, II 381, 390, 447, 466, 493 ; *Montorgueil, Ile de Jersey*, II 381, 390, 447, 454.
Châteaubriand (Christophe de), I 330.
Chateauneuf (de), voir Péron.
Chatterton, II 469, 470.
Chaudrec (Jeanne), III 383.
Chaudron (Michel), I 148.
Chaume (de), II 257.
Chaumont (Pierre de), II 385 389, 425, 426.
Chauvet, I 159 ; II 368, 369.
Chauvin, I 302. — (Pierre), II 258, 322.
Chefresne (Normandie), II 426.
Chelos (Joannes), III 51.
Chemin, III 385.
Cherbourg (Normandie), I 395 ; II 526.
Chère (Michel) III 61.
Cherouvrier (Denis), III 51. — (Mathurin), III 56. — (Thomas), III 61.
Cherpont (Jean de), II 427, 428, 438.
Chevalier (Simon), III 60. — (Antoine-Rodolphe et Samuel), voir Le Chevalier.
Chier (Eloy), III 304.
Chizé (Poitou), II 332.
Choqueux (Antoine), II 274.
Chrestien, III 385. — Marin Chrestien, II 389 ; III 355 ; II 423, 427, 446.
Christ, II 9.
Ciré (Saintonge), II 332.

Cisner, II 83, 88, 104, 110, 113, 115-119, 133, 155, 186, 187 et sq., 197, 198, 201, 203 ; III 210 et sq., 255, 264-268, 272.
Cloirac (Guyenne), III 383.
« **Clamor sanguinis regis** », II 146.
Clancarty (earl of), (La Tranche), I 223.
Claris (Jacques), III 60.
Claude (Jean), II 324-329. **Relation sommaire**, II 288. — (Isaac), II 316, 326.
Claye (Picardie), I 423.
Clément, I 255. — (Isaac), II 182, 190 ; III 234.
Clergé (Gerardus), III 50.
Clericus (Remy), III 56.
Cloux (David de), II 332.
Cochoy (Pierre), II 106.
Coet, III 217.
Cœtus, I 50, 55, 87, 105, 118, 121, 137, 331-332, 165, 179, 188, 257, 258, 389 ; II 25, 69, 70, 83, 88, 90 ; III 202-204, 209, 210 ; II 108, 110, 111, 113, 118 ; III 210-222 ; II 134, 135, 136, 137, 138 ; III 233, 235-240, 245-247 ; II 154, 155, 160 ; III 255-264 ; II 166, 178, 179, 182, 189, 191, 193, 194 ; III 264-268 ; II 203 ; III 273-275 ; II 216, 217, 256, 260, 279, 288, 291, 316, 319.
Cognac (Saintonge), III 209.
Coignard, I 298.
Coitcusse, III 385.
Coke ou Cooke, secr. royal, II 27, 31.
Colchester, I 279 ; II 44, 350.
Colet (Marie), III 382. — (Renée), née Menel, id.
Colier ou Collier (Barth.), II 133 ; III 271, 272.
Colin, Victor, I 59.
Colinacus, Claudius, I 9, 25.
Colladon, II 202, 221, 226, 274 ; III 278.
Collectes pour les Réfugiés, I 150, 182, 189, 283, 307, 327, 364, 391 ; II 306, 310 ; III 300 ; II 316, 350.
Collelas (Jacques), II 166.
Collet (Abraham), II 339. — (Olivier), III 387.
Colleville (Normandie), II 385.
Colloques, I XXIII, 241, 331-339. — **Premier Coll.** *Londres* 1581, I 333.
— 2e **C.** *Londres* 1582, I 334. —
3e **C.** *Norwich* 1583, I 334. —

4ᵉ **C.** *Canterbury* 1584, I 335. —
5ᵉ **C.** *Southampton* 1586, I 336. —
6ᵉ **C.** *Rye* 1587, I 336, 338. — 7ᵉ **C.**
Londres 1588, I 337. — 8ᵉ **C.**
Londres 1589, I 337, III 106-108.
— 9ᵉ **C.** *Canterbury* 1590, I 337.
— 10ᵉ **C.** et 11ᵉ **C.** *Norwich* 1593,
1594, I 337, 321, 322, 338; III 152-
157. — 12ᵉ **C.** *Canterbury* 1595, I
338. — 13ᵉ **C.** *Londres* 1596 et
14ᵉ **C.** *Southampton* 1598, I 338. —
15ᵉ **C.** *Londres*, I 339, 323, 355,
414. — 16ᵉ **C.** *Londres* 1603, 17ᵉ **C.**
Londres 1604, 18ᵉ **C.** *Norwich*
1606, 19ᵉ **C.** *Londres* 1610, 20ᵉ **C.**
Londres 1615, I 415, 416. — 21ᵉ **C.**
Norwich 1619, 415, 416-420. —
22ᵉ **C.** *Londres* (comme tous les
suivants) 1621, 415, 420. — 23ᵉ **C.**
1623. 415. — **Coll.** flamand 1624,
I 427. — 24ᵉ **C.** 1625, II 4. —
25ᵉ **C.** II 69, 71. 74, 75, 76, 130. —
26ᵉ **C.** 1644, II 75, 89, 96, 101, 121-
124, 130. — 27ᵉ **C.** 1646, II 96-99,
103. 108, 115 118, 124-126, 130-
132; III 224, 239-244. — 28ᵉ **C.**
1647, II 96, 119, 128; III 226, 230.
— II 110, 134, 154, 155; III 260,
261. — 29ᵉ **C.** 1654, III 264; II 180,
181, 183-189. — 30ᵉ **C.** 1656, II
190, 196. — 31ᵉ **C.** 1658, II 197,
198; III 268-273, 274. — II 251,
258; III 285, 287.
Coll. des *Iles Normandes*, 380, 381,
399, 405, 409-412; III 338, 339;
II 413, 417-421, 423, 424, 427 et
sq.; 431 et sq.; 438, 441-443, 447,
449, 454, 457, 462, 470, 475, 479,
480, 488-490, 498, 499, 509, 513.
Collot d'Ecurie, III 385.
Colombier, II 384.
Colombières (de), II 525, et voir
Briqueville.
Colomby-sur-Thaon (*Normandie*),
II 385; I 149, 199.
Colonces (baron de), II 385.
Colt (Jean et Max), II 9.
**Comité ecclésiastique français de
Londres**, II 527.
«**Compendium doctrinae**», I 53.
Compiègne (Picardie), II 179, 202.
«**Complainte de l'Egl. françoise sur
l'assèchement des eaux de Siloë**»,
II 83, 114.
«**Complainte des faux prophètes**»,
II 498, 499, 114.

Compton, évêque, II 268, 285, 291,
294, 318, 319, 324, 327, 340, 342,
349, 350; III 304.
Comte, II 522.
Condé à *Guernesey*, II 425.
Condé sur Noireau (*Normandie*),
I 406.
Condomine, III 383.
Confession de foi, I 20, 37, 66, 67,
118, 181, 344, 346, 362; II 73;
III 228, 274.
Conflits intérieurs, I VII-IX, 55, 92-
102, 131-133, 167 et sq.; III 103;
I 321-323, 418 et sq.; II 18, 86-90,
92-96, 108-138; III 202, 210-251;
II 150-153, 181, 183-186; III 251-
264; II 188-198; III 264-273; II
234-241, 257, 264-269.
Conflit entre *Jersey* et *Guernesey*,
II 423, 427-436, 447 451.
«**Considérations en faveur des
étrangers**», III 293.
Consistoire, *I. N.*, II 409; III 337;
II 416, 419, 437, 442, 443, 478,
482, 518.
«**Consolateur (Le)**», I 73; III 40.
Consolateur des malades, I 403;
II 7, 46, 87, 258, 320.
Constans (Jean), I 5.
Cooper (Durrant), **Lists of Foreign
Protestants**, I XIV.
Coppin (Joannes), III 53; I 134, 328.
Coq (Renaud). III 62.
Coquart, II 274.
Coqueau, II 233.
Corbin, II 418.
Cordier (Jacobus), III 51.
Cordin, II 316.
Cornard (Giulius), III 55.
Cornelissen, II 106.
Corranus ou de Corro, dit de Belle-
rive, I 167-178, III 73-86, 138;
I 220.
Corsellys, II 53.
Corte (de), I 415.
Coseret (Johannes), III 50.
Cossé (Philippe de), évêque de Cou-
tances, II 374, 378.
Cotta (Lyevinus a), III 56.
Cottière (Isaac), III 308.
Couet (Jacques), I 200.
Couldray (Hubert), III 56. — (Pe-
trus), III 51.
Coulosse (baron de), II 387 (peut-
être Colonces).
Coupé, II 304.

Couraud (Jean), II 256, 257.
Courbières, II 258.
Courcelles (Samuel de), II 349.
Courcy (de), III 385.
Courdil (Jean), II 333.
Courseulles-sur-Mer (*Normandie*), II 385; I 149, 199.
Coursier, III 385.
Courtaud (Pierre), III 382.
Courtois (Franciscus), III 58.
Cousin (Colas), II 427. — (Egide), I 281. — (Jean), I 136-138, 142, 148, 149, 161, 167, 171-173, 180, 181, 200-214; III 69, 73, 85, 173. — (Sa veuve), I 215. (Michel), I 281.
Coustantin, III 385.
Cousteil, II 275.
Coutances (*Normandie*), III 54; II 364, 365, 367, 369, 374, 385, 425, 427, 428.
Couturier, III 385.
Couvrelles, I 393; II 80.
Couye (Robert), II 385.
Cowtrie (Jean), III 60.
Coyaut (Jacques), dit Deschamps, II 527.
Cozes (*Saintonge*), II 331, 340.
Cranmer, archev., I 5, 7, 10, 11, 12, 13, 19, 20, 58, 68; III 38.

Cray (de), II 434.
Crespin (Élie), II 529. — (Théodore), II 151, 152, 155, 183-186, 198; III 251-264.
Crochon, III 385.
Crocy (*Normandie*), II 334, 426.
Croisic (*le*) (*Bretagne*), II 424, 444.
Cromwell (Olivier), II 157, 158, 159, 160. — Chapitre XIII *passim;* 163, 166, 167, 174, 176, 189, 213, 214, 232, 236, 238, 244, 305, 315, 319. — *I. N.*, II 509. — (Richard), II 199, 200.
Croppet, III 141.
Crossat (Marc Ant. de), sr. de la Bastide, II 158.
Crosse (Pierre), III 61.
Crux (de), III 387.
Culte, I 44-47; III 18-25; I 63, 111, 124, 342, 350; II 163. — **Culte conformiste**, 218-224, 235-240, 319, 340, 341, 343. — *I. N.*, II 403; III 337; II 414, 417, 454, 482. Voir Liturgies.
Cursol (Etienne de), II 54, 57, 58; III 191-196; II 64, 65, 78, 79, 83, 179.
Cuttier (Philippe), III 61.

D.

Dacy (Martin), I 5,
Daigremont (Thomas), I 5.
Daillé, II 208, 223.
Daillon (Benjamin de), III 310.
Dalgres ou Dalgresse (Alexandre), II 312, 333.
Dalis (Jean), II 339.
Dallain ou d'Allain, III 385.
Dambrin ou d'Ambrin, II 197, 198; III 270, 271.
Dambrine, II 194, 197; III 213.
Dampmartin (Catherine), I 8.
Danby, II 491.
« **Dangers occasionnés par les Eglises étrangères** », rapport de Laud, II 21.
Dangeau (*Orléanais*), I 200; II 427, 332.
Dangy seu Henry (Pierre), II 380, 389.

Daniels (Jacq.), II 106.
Danois (Guillelmus), III 54.
Danoquis (Petrus), III 54.
Danvillers (Hubertus), III 54; I 134.
Dardelle, I 395.
Dare (Gaultier), I 115, 134; III 54, 57.
Darvil (Charles), I 124.
Dathenus, I 178.
Daubus (Charles et Isaye), III 308.
Daunois (Ezéchiel), II 179, 180, 251, 252.
Dauvin, III 223.
Daveizar, II 274.
Davian, III 385.
David (Jacques), II 10, 12. — (Jean), I 192. — (Michel), II 333.
Davids III 278.
Débats parlementaires sur les étrangers, I 75, 76, 252-254; III

117-124; 11 83-86. 275, 276, 277, 279, 280, 284, 285, 288-294, 353.
Debaut (Jean), II 276.
Debdaire (G), 1 296.
Debra (Jacob), III 54.
Décelé, II 121, 124; III 223, 225, 227.
Dechantelou, III 385.
Déclaration de Tolérance, II 277.
Dehague (John), III 227.
Dehors (Johannes de), III 51, 54.
Delacourt (J.), III 355; II 427.
Delacroix (Joh. a Cruce), III 56.
Delaenus, ou de Laene (Gautier), I 29, 69. — (Pierre), I 69, 71, 84; III 46.
Delamare (Jean et Pierre), III 60.
Delamore (Louis), III 61.
Delaporte, II 349.
Delaune, voir de Laune.
Delavais (Marguerite), III 60.
Delebecque (Salomon), II 333, 252.
Delestre, I 200.
Delmé (Elie), II 118, 154, 155, 187, 189, 190, 191, 194-198, 203; III 264-270. — (Philippe), I 423; II 25, 70, 76, 88, 96, 104, 124, 130, 134, 136, 137, 139, 155; III 235-238, 239, 247, 257; II 183. — (Thomas), II 266.
Delœstre (Ludovicus), III 57.
Delon (Vital), II 242, 243, 267.
Delseu (Samuel), III 227.
Demon (Isaac), III 256, 264.
Demoubre (Pierre), III 62.
Deneu (Jacques), II 197.
Denis, III 256, 264, 379, 385
Denis (Abdias), sr. de Montdenis, I 300, 301, 391, 406.
Denise (Claude), II 307; III 298.
Denoz (Philippe), III 53.
Derby (comtesse de, née La Trémoille), II 224, 228, 274.
Derosne (Pierre), III 59.
De Sacro Vinculo, voir Saint-Lien.
Désaguliers (Jean), II 332, 520; III 306. — (Théophile), II 520.
Des Aigles (Désaigues?), I 246.
Desanye (Robert), I 5.
Des Bonets ou Desbonnets, I 304; II 121; III 222.
Des Bordes (Jacques), I 199, 202.
Des Bouveries, I 305, 308.
Descairac, III 388.
Descamps (Joannes), III 54.
Des Champs, I 304, 197.

Des Claudis, III 385.
Des Ecotais (Louis), II 282, 286, 330, 334.
Des Forges (Pierre), II 331, 332.
Des Fosses, III 385.
Des Granges, II 387.
Des Hayes, III 385. — (Elie), II 528.
Desideratus (Jacobus), III 58.
Des Lairmeaux, voir Regnet.
Deslandes (Georges a Landis), III 58. — (Isaac), II 339.
Des Maistres, I 331.
Desmares (Jacques), III 227.
Desmarets ou d'Esmarets (Daniel), II 194, 197, 198; III 271. — (Jean), I 420.
Des Marets (Marie-Anne), III 383.
Des Mazes, III 385.
Des Merceries, II 434.
Des Moulins, II 389.
Des Noës, III 385.
Des Ormeaux, I 420; III 307.
Despaigne (Jean), III 259, 261.
Despard, I 223.
Despoir, voir Dordes.
Desportes (Pierre), I 281.
Des Prez, I 415.
Desqueyrac (Alexandre), III 310, voir Descairac.
Desquiens, III 167.
Desroches, voir Touillet.
Dessden (Abraham), II 197.
Des Serfs, II 389.
Dessus (Petrus de), III, 54.
Dessus La Mare (Jean et Pierre de), I 115.
Des Travaux (des Franaux?), II 389.
Desville (David), I 392.
Detrymont (Olivier), III 61.
Deux-Villes (Nicolas des), I 255.
Devallée, III 385.
Devau, III 385.
Devaux, II 105.
Devicke, III 60.
Devigne (Jean), III 55.
«**Devoir de Persévérance**», I 204-207; III 96.
Diacres, I 40, 42, 65, 99, 101, 110, 124, 188, 289; III 154; I 340, 342, 346, 348, 349, 355, 419, 426; III 167, 172; II 71, 73, 78, 105; III 224, 227, 249, 250, 259; II 488, 198; III 270, 271, 272; II 256, 266; III 286; II 317. — *I. N.*, II 371, 401, 402; III 331-336, 446.

Dieppe (Normandie), I 5, 96; II 389; I 142; II 62; I 240, 246, 291-301, 364, 390, 391, 392, 395, 406; II 166, 183, 203; III 274, 275; II 215, 275, 317, 334, 338.
Dieu, III 385. — Dieu Bellefontaine III 387.
Dieu-le-fit, III 385.
Dijon (Bourgogne), I 395; III 384.
Dimanche (Observation du), II 46. — *I. N.*, II 414, 415, 418, 419, 480, 490.
Diodati (Théodore), I 395. — (Thomas), II 197.
Discipline ecclésiastique. — « Forme et manière » ou « Police » de la Discipline, 1re de Londres (a Lasco), 1550, I 37, 51. — 2e de Londres (Des Gallars), 1560, I 103-115. — 3e De Londres (de La Fontaine), 1588-1589, I 230; III 107; I 340-356. — 4e de Londres (xxve Coll.), 1641; II 72-76, 81, 85. — *I. N.*, II 381, **1re forme** 1576; III 311-356; II 1re et 2e 1597; II 394, 421. **Maintien et Exercice de la Discipline**, I 126, 162, 285, 287, 306, 316, 335, 336, 337, 338, 409, 412, 420, 422; III 171; II 22, 45, 58, 65, 69, 109, 117; III 214; II 123, 125, 127, 128, 135; III 222-224, 228, 232, 239 et sq., 257; II 179, 181, 184, 185, 189, 192, 193, 195, 196, 197, 198, 220; III 278; II 241; III 279-281; II 254, 258, 260. — *I. N.*, II 372, 375, 383, 395-421, 430, 431, 434, 436, 437-439, 442, 443, 444, 449, 466, 472, 477, 480, 490 493, 502, 504, 511, 516, 518.
Dobi, III 167.
Dobic, II 266.
Dobrée, II 425.
Dobri ou Doby (Paul), II 80; III 215.
Dobrie, I 223.
Dochain, I 145.
Docok, sr. de Courcelles, I 407.
Docteurs, I 41, 105, 345; III 323.
Dolbel (Daniel), II 452, 457. — (Julien), II 389, 432, 458.
Dolin, seu Becke, I 146.
Dombrain, I 223.
Domfront (Normandie), III 382.
Dominis (Antoine de), I 387-389.
Domus Dei, Southampton, I 323.

Dordaine, I 296.
Dordes, dit Despoir, I 199, 246; III 104-106, 107.
Dorenge (Petrus), III 50.
Dorset (comte de), I 373.
Douai (Flandres), I 395.
Doucet (Michel), I 139; III 85, 86.
Douet (de), II 153.
Douglas (lady, née de Batilly), II 274.
Douin (Pierre), III 227.
Doulcet (Paulus), III 55. — (Petrus), III 57.
Douneau (Jean), III 224.
Douset (Louis), III 61.
Dousseau, III 385.
Douvres (Eglise de), I xv, 279, 307, 392; II 99-106; III 208, 210; II 183; III 269; II 252.
Doyens. — *Iles Normandes*, II 371, 374, 378, 379, 380, 468, 477, 478, 481, 482, 497, 507, 508, 510, 512, 513-518; III 384.
Dragant, III 385.
Drelincourt (Charles), II 208, 223. — (Pierre), II 209, 267, 314.
Dreux (Ile de France) I 198.
Drouet (Noël), I 199.
Dryander, I 13.
Du Bartas, voir Saluste.
Du Beffroi (Thiébaut), I 330.
Du Beslay, II 339.
Dublin, II 322.
Dubois, I 223 (Wood), 246; III 109, 304; II 201. — (Guillaume), I 115. — (Jacques), III 234, 256; II 243, 266. — (Jean), III 60; II 192, 317, 318; III 385, 387. — (Judith) II 317.
Du Bordieu (Elisabeth), III 381.
Du Bosc, I 281. — (Pierre Humphrey), II 317.
Du Bosquet, III 385.
Du Bostaguet, I 189.
Du Bouchet, I 366, 375.
Du Bourblanc (Denis), III 387.
Du Bourdieu (Isaac), II 313, 322, 327, 335, 336, 338. — (Jean), II 326, 328, 333, 336, 338.
Du Bourg, III 167.
Du Bout (Ant.), I 151.
Du Boys, I 182.
Dubuisson (Nicolas), I 381.
Ducasse (Benjamin et Jean), II 197.
Du Castel (Isaac), III 247.
Du Cenet, I 329.
Duccy (Normandie), I 199; III 370.

Ducey (de), II 522.
Du Charteau, voir de Monanges.
Du Chavol (J. Chrys.), II 334.
Du Chemin (Anne), III 382.
Du Chesne (Ant.), II 339. — (Pasquetus), III 52.
Du Clou, II 266.
Du Conget, II 274.
Du Cros (André), I 200.
Du Dies, II 260.
Du Doeil, I 153.
Du Four, III 385.
Du Gat, III 383.
Du Gravier, voir L'Houmeau.
Du Heurieur, II 106.
Du Huesne, II 9.
Du Humain, II 106.
Duiron (Jacques), III 61.
Du Jon (François), I 425.
Du Laurie, II 9.
Du Maresq (Jean), II 333. — (Richard), II 497, 230, 285, 286, 288, 307, 338.
Dumas (Jean), I 96, 97, 99; III 46.
Dumesnil (Jacques Poullain). II 331. — Du Mesnil Jambelin, II 528.
Du Mesnillet, voir Bochart.
Dumince, I 310.
Du Molin ou du Moullien (Cornille), III 224, 227.
Du Mont (Hector), II 25, 26. — (Elisabeth, III 381.
Du Moulin (Claude), I 199. — (Cyrus). II 79. — (Jean), I 383. — (Joachim), I 364. — (Johannes), III 57. — (Louis), I 386; II 166, 226. — (Pierre), I 245, 382-385, 409; III 177, 182. — (Pierre fils), I 386; « A Letter of a French Protestant », II 61; « Clamor sanguinis regis », II 146; 209, 235.
Du Moustier, sr. des Claudis, III 385.
Dunkerque, I 395.
Dupart (Louis), II 528.
Du Pérédé, II 266.
Du Perrier, II 107, 180, 203 215, 255.
Du Perron (Julien Davy), II 389. — Cardinal, I 376, 379.
Dupin, I 155, 217. — (Guillaume), I 327.
Du Plessis, lieutenant, II 315. — A. poëte, I 67. — (François), recteur, II 529.
Du Plessis sur Dolay, II 434.
Du Ponchel, I 90, 91, 124, 148; III 46, 53, 85.

Du Pont, III 387.
Du Pré (Jean), III 388.
Du Prey, II 417.
Du Prye (Daniel), II 197.
Du Puench de Pardaillan, I 153.
Du Puits (Remie), II 526.
Du Puy (Laurence), II 275.
Du Quercy (Joseph), II 528.
Duquesne, I 223, 255, 284; II 179, III 270, 271. — (Pierre), II 194, 197, 198.
Du Quesnel, II 427.
Durand (Carolus), III 50. — (F. G.) Durand, II 528.
Durant, I 188.
Durant de Breval, II 281, 282, 230, 307; III 293, 297; II 352.
Du Refuge, I 197.
Durel, I 188. — (Jean), II 497, 500, 205, 510, 218, 219, 222, 224, 225, 226, 229, 243, 260, 274.
Durell (Christophe), II 113.
Durfort (Louis de), de Duras, comte de Feversham, II 275, 293, 352.
Durham House (Eglise de), II 109, 149, 156. Voir *Eglise de Westminster*.
Durland (Denis), III 61.
Du Rocher-Gaullard, III 387.
Durœus ou Dury, II 171, 203; III 273.
Du Rou, II 266.
Du Rousseau, III 385.
Durrant-Cooper « **Lists of Foreign Protestants** .. », I xiv.
Dury II 220; III 278, 279.
Du Saussé, voir Le Saux.
Du Signe, voir Moslèvres.
Du Soul, II 521.
Du Sumiès, III 385.
Du Tems (David), III 309.
Du Tertre, III 53.
Du Thais, II 266.
Du Thoict (Etienne), II 136; III 242, 259, 261.
Du Tuy, III 50.
Du Val (Jean), II 426. — (Pierre), I 58, 72-75; III 39-41. — (Robert), III 58. — (Simon), I 409-412. — (Vincent), II 390.
Du Val, surnom de Matth. Cartault, I 199.
Du Vaze, II 105.
Du Veil, II 330, 335.
Du Verdier (Antoine), I 181.
Du Vivier (Anne), II 524; III 381.

E.

Ebrard, I 89-91, 94, 95, 98, 100, 124; III 173.
« Ecclesiae Londino-Batavae Archivum, I xxv.
Écoles et Instituteurs, I 106, 124, 182, 203, 281, 282, 283, 346, 356, 365; III 163, 167, 171. — *I. N.*, II 399, 400; III 322-324; II 437, 438.
Écoles françaises : *à Londres.* I 127, 358; III 167. — *A Édimbourg*, I 365. — *Aux Iles N.*, II 400.
Écosse, III 87; I 248; III 140; I 361-366, 391; II 59-61, 275.
Edelyn ou Édlin (Jean), II 80; III 218.
Édimbourg, I 363-366; II 276, 339, 340.
Edouard VI (chapitres I et II), I 7, 16-19, 28, 67; Lettres patentes, III 3.
Effard ou Effart, III 423, 427, 428, 451, 477, 483.
Egar, II 179, 255.
Egit (Petrus), III 52.
Élections ecclésiastiques, I 41, 64, 65, 87, 88, 98, 99, 101, 103, 104, 106, 167; III 72, 343, 346 ; II 72, 73, 83, 88, 104, 178, 184, 185, 234, 263, 265, 266; III 283; II 322. — *I. N.*, II 371, 398; III 314, 315; II 400, 401 ; III 325.
Eliard (Isaac), III 381.
Elisabeth, reine (chapitres III-VII), I IV, V, 80, 81, 85, 146, 151, 152, 153, 154, 186, 187, 190, 196; II 387; I 218, 230-231, 258, 263, 319; III 169.
Emden (*Ost-Frise*), I 10, 28, 72, 319, 323.
Emerelle (Lydie), III 382.
Emeris, I 223.
Emery (Jean et Pierre), II 183.
Emprunts sur les étrangers, I 256, 394-396.
Engelram, I 163.

Epicelière (*L'*, *Maine*), II 427, 455.
Erail, I 124; III 173.
Erau, III 385.
Ercé (*Bretagne*), II 427.
Erigny (Jacques d'), II 528; III 387.
Eschard (Guillaume), II 423.
Eschevin (Balduinus), III 56.
Escoffier, II 203 ; III 273.
Escroignard, sr. de l'Abbaye, III 385.
Esmarets (Daniel d'), II 194.
Espagne (d'), I 284, 290. — (Jean), II 77 ; III 208; II 65, 78, 80, 83-88, 95, 108, 109, 116-118, 139-141, 148, 150-152 ; III 251-254; II 156, 159, 186, 187, 200, 201, 202.
Espagne (Gédéon d'), II 243. — (Henri d'), II 243. — (Samuel d'), II 266.
Espoir (d'), voir Dordes.
Essex (comte d'), I 259, 268.
Estienne (François et Robert), III 209.
Estournelles (d'), (Jacques, Judith, Marguerite, Pierre), II 338.
Estrille (de l'), voir de La Clède.
Étaples (*Picardie*), II 198.
Étudiants français, voir *Cambridge*, *Oxford*, *St-Andrews*.
Étuples (*Champagne*), I 392.
Eudes, III 384, 385.
Evelyn (John), II 295.
Everard, « The great pressures and grievances... », II 300.
Évreux (*Normandie*), I 199, 320, 395.
Excommunication, I 52, 53; III 32-38 ; I 66, 109, 126 ; III 71 ; I 288, 347, 352, 427 ; II 22, 53, 70, 73, 112, 193, 243. — *I. N.*, II 393, 408, 409; III 347-350 (**La forme de l'Excommunication et de l'Absolution**), II 416, 417, 418, 424, 469, 486-490, 517.
Eymé (Salomon), II 356.

F.

Fabre (Jean). I 395.
Fagius, I 13, 14, 25, 72.
Faguet (de), III 385.
Falais (François de), I 56.
Falaise (Normandie), 1 199; III 382.
Falasseau (de), II 312.
Falconer (sir John), ép. Esther Briot, II 95.
Falke (Garret), III 61.
Falle (Jean), III 384.
Falloys (Michel de), I 294.
Fanton, III 385.
Farcy (Jean), II 521; III 308.
Farel, I 15.
Farran (Laurence), III 61.
Farvacques (de), I 415; II 191, 194, 197; III 247, 272.
Faucher (Jean), III 309.
Fauchon, III 385.
Faucon (Abraham), II 322, 323, 335. 338, 352, 533.
Faujan (Moïse de), II 106.
Faurijaux, III 387.
Faussillon, III 387.
Fautrart (Daniel), II 485, 491, 496, 500, 503. — (Guillaume), II 382, — (Hélier ou Hilaire), II 425, 428, 436, 451, 454, 455, 483. — (Jean), II 485. — (Pierre), II 483.
Favre, I 5.
Faye (Antoine de), III 84.
Fécamp (Normandie), 1 301, 406 ; II 320, 333.
Felles (Jacques), II 203, 215 ; III 273, 274; II 231, 233, 235, 241, 261.
Fennel (Vincent), III 267.
Fermant, I 364.
Féron, III 385.
Ferrant de St Martin, I 394.
Ferrières (Jean de), vidame de Chartres, II 367 ; I 153, 154, 155, 189, 190, 195, 197, 217, 223.
Ferry (Paul), II 16.
Fervacques et des Fervacques, II 137, 232, 243.
Fêtes (Jours de), II 107, 112, 188, 189, 195; III 266; II 217 ; III 287. — *I. N.*, 11 439, 459, 497.

Feugeray (Guillaume de), I 173, 175; III 84; II 187, 189, 190, 198, 220, 245 ; III 104, 107.
Feuquières (de), II 315.
Fiançailles, *I. N.*, 11 401, 406; III 342 (**La manière de faire les f.**)
Ficherus (Guillelmus), III 55.
Fichet (Jacques), I 91 ; III 46, 51 ; I 168 ; III 85.
Field, **Admonition**, I 207.
Figeron, III 385.
Filiastre (Petrus), III 58.
Fillozard, III 385.
Fiot, II 425.
Firmin, II 318.
Flahaut, II 179.
Flamands, I 83, 144, 145, 148, 332; II 106, 105. Voir *Eglise flamande de Londres*.
Flamen (Alanus et Vincent), III 51.
Flandres (les), I 134 ; III 55, 56, 57, 58, 61, 62 ; I 198, 223, 313, 395.
Flandrois, III 385.
Fletcher, évêque, I 277.
Fleury (Louis), III 309.
Florio (Michel-Ange), I 36, 55.
Focault (Petrus), III 51.
Folkestone (viscount), I 308.
Fontaine (Martin), III 60. — (Pierre), III 308. — (Thomas), III 55.
Fontenay-le-Comte (Poitou), I 199; II 527.
Forant (Jacques), II 13.
Ford (Martin), III 62 ; II 279.
Forest (Michel), voir La Forest. — (Petrus), III 54.
Forestarius (Forestier), III 54.
Forêt (Eglise de la, Guernesey), II 376, 380, 446, 485, 491, 529, 530.
Formoyse (Nicolas), III 61.
Forneret (André), II 330.
Fors (de), I 293.
Forseville (Thomas), III 61
Forterie, I 396 ; III 213, 218.
Forterie (Jean de la), I 281.
Fortin (Richardus), III 52.
Fortuny, III 384.
Fos (Daniel et David de), I 393.
Fossart, III 385.
Fouace (Etienne), II 334.

Foubert, II 295.
Fouguerolles, I 263.
Fouquet, III 385.
Fournier (Isaac), III 381.
Fradin, III 385.
Franaux (Jacques de), II 385.
France (Louis de), II 276. — (P.), II 427. — (Thomas), II 427.
Francfort (Allemagne), I 72, 123.
François (Isaac), III 209.
Frémandeu, III 385.
Frémault, I 415,
Fremin (Robertus de), III 56.
Frenchman (Jean), seu Gachet, I 5.
Fresne (Elie de), II 527, 529.

Fresnes (Normandie), II 528.
Fréval (de), sr. du Rozel, III 385.
Friguen (Jacobus), III 51.
Frogier, II 203.
Froiderue, II 390.
Fromentin, III 385.
Fronques de Bois d'Abert, III 308.
Fumée, I 330.
Funérailles et sépultures, I 49, 64, 113, 211, 290, 338, 354; II 72, 74. — *I. N.*, II 371, 407, 408; III 353; II 464
« **Funérailles (Les) de Sodome** » 1273.
Funimarius (Jacob), III 56.
Furiner, I 296.

G.

Gabay, II 274.
Gabon, I 301.
Gaches, II 208, 209, 223, 259. — (Jean Jacques), III 305. — (Raymond), II 209, 334, 335.
Gachet (Jean), I 5.
Gagnepain, II 514.
Gaillard (Marie), II 317.
Gaillardin (Benjamin et Pierre), III 381.
Gain, III 382.
Gallars (Nicolas des), sr. de Saules, I 56, 57, 90-103, 115, 116, 125-136, 142, 143, 172; III 49, 58, 62-66, 173.
Galliot de Cavilois de Soustenelle, III 310.
Galtier (Thomas), II 366.
Galtres? II 55, 56.
Gamaches (de), I 294.
Gandouet (de), II 339.
Ganeray (Normandie), II 385, 390, 426.
Ganeur (Osias), I 124.
Gantelier (Marie), II 339.
Gantois (Antoine ou Julien), I 183.
Gapen (de), I 298.
Garcelon (Pierre), II 529, 530.
Gardin, I 364.
Gardioque (Jean), III 61.
Garencières (Th. de), II 202 ; III 278.
Garina (Jeanne), III 384.
Garion (Henri), III 304.
Garnauld (Joachim), II 339 ; III 385.
Garnier, II 9. — (Judith), II 526. — III 385.

Garrant (Paul), I 296.
Garretion (Elisabeth), II 102.
Gartain (Thomas), III 61.
Gartié (Joh.), III 55.
Gascogne, I 5 ; III 60.
Gast (de), III 385.
Gasteman (Lambert), III 58.
Gaubrun de Maisonneuve, III 385.
Gaudé, II 356.
Gauliès, III 385.
Gaultier (Pierre), III 383.
Gauly, III 385.
Gausseville, I 197.
Gautier, III 385. — (Charles), II 339. — (Germain), II 528. — (Gilles), sr. de La Benserie, I 425, 426, 200, 220. — (Henri), III 385. — (Pierre), II 526.
Gauvain, II 525, 526.
Gavray (Normandie), III 307, 308 ; II 524.
Gendron (Etienne), III 381.
Geneau (John), III 227.
Genemart, I 305.
Genete (Joh. de), III 58.
Genève, I 72 ; II 368 ; I 90, 91, 94, 102, 121, 159, 162-164 ; III 69 ; I 207, 209, 241, 242, 243 ; III 102, 144, 146, 147, 157 ; II 428 ; I 331, 356, 357, 361, 370, 371, 395, 402 ; II 460, 58, 59, 61 ; III 191-197 ; II 79, 91-93, 144, 201, 214, 215, 220, 221 ; III 278 ; II 275.
Gennes (Catherine de), II 390. — (Jeanne), III 381, 385.

Gentillet (Innocent), «**Apologia pro Gallis**», version anglaise, I 227.
George, III 385.
Georges (Paul), III 307; II 354. — (Marie), III 380.
Gérard Grosse, I 288.
Gérardsen, II 106.
Gérin (Guerin), II 390.
Germain (Eustache), 1 255. — (Jean), II 519; III 385.
Germen (Philippe), III 332.
Germon, III 385.
Gervaise, III 310.
Ghardewys (Nicolas), I 5.
Giberne, sr. de Beauchesne, III 385.
Gibert (Etienne), II 531.
Gibon ou Gibbon (Jean), II 49, 55
Giboult (Toussaint), I 294, 296; «**Examen theologicum**», I 241.
Gilbert (de), de Salières, III 307.
Gillion (Samuel), III 250.
Gimat, III 385.
Girard (Jacques et Jean), II 390, 427. — (Martin), II 416.
Girardet (Nicolaus), III 53.
Giraud, III 385.
Girault, II 259; III 279.
Gire, III 385.
Girou, sr. de la Sablière, III 385.
Glastonbury (*Eglise de*), 159-67, 72.
Gobart (Noé), III 57.
Godard (Jacques), III 355.
Goddard, I 310.
Goddin (Simon), I 5.
Godefroi ou Godefroy (Julien), III 387. — (Marie), ép. Roussier, II 417.
Godet (Gillius), III 54.
Gommarc ou Gommart (Isaac), II 352, 529. — (Jean), II 333. — (dame G.), III 310.
Goodnaybor (Bonvoisin), I 5.
Gorriault, III 385.
Gosse (Jacobus), III 56.
Gosselin (Hélier), II 489, 490. — (Jacob), II 195. — (Nicolas), III 54, 56.
Gosset, III 385. — (Nicolaus), III 56.
Gougenod (N.), III 166.
Goulaine (de), sr. de Boisrenaut, III 385.
Gounon (Fréd.), dit Pradon, II 530.
Gourdon (de), I 272.
Gourjault (Charles de), marquis de Venours, II 343, 344.
Gouyquet (de), sr. de St Eloy, III 382.

Goyer, III 385.
Goyon, II 322. — (André), III 381.
Gramusse, III 385.
Grancell (Jean), I 296.
Grandin (Hugues), II 528.
Granger (Paul Desnoës), III 382.
Granjon (Magd.)., II 523.
Grasse (Etienne de), I 149.
Grave (de), browniste, I 409. — Ancien, I 232, 266.
Gravelle (Jean), I 198.
Gravisset, II 323.
Great Yarmouth, I 279.
Grecs, (*Temple des*), II 337, 338.
Greenwich, II 527.
Grenier, II 230.
Grenier (Louise de), III 382. — Grenier de Barmont, II 530.
Grenoble (Dauphiné), III 387.
Gresham (sir Thomas), I 150.
Grex (Nicolaus), III 54.
Gric (Dominique de), I 198.
Grignon, III 385.
Grindal, archevêque, I 72, 85, 86, 91-99; III 47; I 117-122, 125-128, 132, 136-142, 145, 148, 158-175; III 73, 74, 80, 84, 85, 177, 221, 230, 231, 242, 243.
Groneville (de), II 387.
Groslot, I 363.
Grosmesnil (Normandie), II 268; III 306.
Grosse (Gérard), I 288.
Groteste de la Mothe, «**Correspondance fraternelle**», II 249, 324.
Grotier, I 296.
Grouchy (Normandie), III 309.
Grouste ou Growte (Jean), I 5
Grouville (Eglise de), Ile de Jersey, II 380, 405, 417, 423, 426, 451, 506.
Gruchet (Roland), III 60.
Gruchy (Daniel), II 483. — (Olivier), II 451, 454, 479, 506.
Gruet (Nic.), III 56.
Gruzard, III 385.
Gua (Pierre de), II 334.
Guarinus (Guérin) (Michel), III 52.
Guelles de Baudebec, III 385.
Guénard (Constant), II 528.
Guérande (Bretagne), I 200.
Guérard, III 385.
Guérin, I 301; II 366; III 385.
Guernesey (Ile de), II 365, 367, 368, 383, 388; I 149; II 391, 407, 424, 425, 427, 434; III 357, 362, 366;

II 438 et sq., 461, 463, 464, 484-505, 511-518, 524, 528 ; III 381-383. — Voir *Iles Normandes*.
Guibert (René), II 331.
Guide (Philippe), II 313.
Guie (Louis de), III 62.
Guienne, I 197.
Guienne ou Guinée (David), I 402.
Guilgré (Jeanne), III 208.
Guillaume (Jean), II 257. — (Pierre), II 437, 444.
Guillaumot (Aaron), II 256.
Guille (Jacques), II 267. — (Thomas), II 485.
Guillemin, III 385.
Guillet, (J. François), II 528; III 384.
Guillodi, I 406.
Guillon (Elizabeth et François), II 523.
Guillot (Joh.), III 53.
Guinandeau, III 387.
Guisard, II 496.
Guise (*Picardie*), III 307.
Guiselin (Pierre de), III 247.
Guiton, II 12. — (Marc), III 308.
Guivé (Pierre), III 381.
Guschon (de), II 312.
Guyneau (Jacques), II 412, 426, 427, 434, 438, 446.
Guyot (Jean), II 385.
Gymar (François), I 151.
Gyot (Jean), II 426.

H.

Hadeleu (Noé), III 227.
Hadevier (Roger), I 286.
Haguet (Thomas), III 52; I 134.
Hainaut, I 134; III 54, 55, 56, 57, 59, 60; I 182, 223, 313, 395.
Halbour, III 387.
Halbout, III 385.
Haleville (de), II 390.
Halifax (Lord), II 296, 298, 358.
Hall, évêque, II 16.
Hallencourt (Nic.), III 52.
Halliard (Jaspre), III 60.
Halluin, III 242.
Halourès (de), II 427.
Halstead, I 146, 279.
Hambstede ou Haembstede, I 83, 117-119 ; III 46.
Hamon, I 295. — (Edouard), II 422. — (Hector), I 281, 285. — (Thomas), II 458.
Hammond, I 301.
Hangobard (Jac.), III 55.
Hanoque (Jean), III 55.
Haquin, III 387.
Harbe, I 307.
Harbert (G.), I 5.
Hardica, II 179.
Hardy, sr. de la Valesquerie, III 385.
Harel, III 355.
Harfleur (*Normandie*), I 5, 199.
Harlay (de), I 263.
Harley, II 179.
Hartus (Jean), III 381.
Harvye (Rob.), I 5.
Hasteville (David de), II 90, 91.
Hatfield-Chase, II 48, 49, 56; voir *Sandhoft*.
Hatton (Lord), II 515.
Haupe (Henri), I 364.
Hausy (de), II 266.
Haut, III 385.
Hautefort (Isabelle de), I 150, 151.
Hautpaïs (Pierre de), III 308; II 528.
Hâvre (*Le, Normandie*), I 199; II 426.
Hay (Aigues), II 426.
Haze (de), II 104, 106; III 269.
Hebert (Michael), III 51.
Heblen (Nicolas), III 61.
Hedlin, III 235.
Hèdreville (de), I 188.
Helmichius (Jean), I 311, 319.
Hemery, III 385.
Hemman (Gabriel), III 61.
Henri IV, I 257, 258, 262, 270, 272; III 124, 127, 144, 147, 366.
Henri VIII, I 3-7.
Henry (Pierre), II 380, 385, 390, 423, 426, 430; III 355.
Hérault (Edouard), II 390, 423; III 355. — (Louis), II 79, 83, 86-90 ; III 197-207; II 145, 215, 226, 232, 233, 241, 261, 262, 264, 265, 266, 269; III 282 et sq. — (Robert), III 54.
Héraut (Jean), II 417.
Herbert (G.), II 273; III 293.

Hercontaud (Jean), III 381.
Hérivel (Matthieu), II 514, 518.
Herly (Picardie), III 307.
Herne (Simon), II 466, 468, 485, 488.
Hersand (René), III 382.
Hersen (Guillaume), I 330. — (Roger), III 57.
Herwell (Gilles), I 5.
Hespérien, II 229.
Hette ou Hotte (Jean), I 91, 99; III 46.
Hettier (Toussanetus), III 57.
Heunenagle, Honneghele, I 304.
Heurieur (Jean du), II 106.
Hibberd (Franc.), I 5.
Hickes (Rev.), II 310.
Hiérosme ou Jérôme (Jean), II 220, 221, 229; III 278
Hiver, III 385.
Hochart (P.), I 197; II 271, 272.
Hofman, II 102.
Hofstadt (Joh. v. der), I 230.
Hofter, II 76.
Hoienagle, I 304.
Hollande (François), II 501.
Hollis (Lady), II 267, 284.
Holyband, voir Saint-Lien.
Hombreteuil, III 55.
Homfre (Robertus), III 58.
Hommes Politiques, I 312, 314, 315, 366, 322, 289, 356, 421, 422; II 36, 108, 121, 132, 135; III 222; II 153.

Hondespleux (Broca de), II 333.
Honfleur (Normandie), III 307.
Honneghele ou Hovenugle, I 304, 307.
Hôpital *à Londres*, II 231.
Horne, évêque, I 72, 325, 327; II 376, 378, 380, 381, 391-394.
Horry (Jeanne, Louise, Marie), III 381.
Horwell (Giles), I 5.
Hostage (L'), I 228, 317.
Hoste, II 70, 137; III 235.
Hotman de Villiers, I 244, 245, 366.
Houblon, I 223; II 115, 189, 194, 196, 197, 198, 320; III 213, 268.
Hougue, II 464.
Housteville (de), II 426, 434, 437.
Howell (Robert), III 61.
Hozolrich (chev.), II 79.
Huar (Jac.), III 52.
Hubert, II 425; III 380.
Huchon (Ludovicus), III 52.
Hudelon (Noé), II 124.
Hue, II 458. — (Jean), III 61. — (Rodolphe), II 528; III 387.
Huguenot Society of London, I xx, xxi.
Hugues (Guillaume), II 332.
Huisse (de), II 10.
Huisseau (Isaac d'), III 309.
Hulbert (Guillelmus), III 51.
Hurault de Maisse, I 268.
Hurel, sr. de La Rivière, II.
Huster (Louis), I 296.

I.

Iles de la Manche ou Iles Normandes, I xi, xii, xxvi, xxvii; chapitres xvii-xx; II 360; III 311.
Imbize, I 166.
Incendie de Threadneedle street, II 260.
Indépendants, II 144, 146, 149, 204; III 286.
Industries et Métiers, I 76, 134; III 50-62; I 446; III 86; I 227, 252, 255; III 117-124; I 281, 282, 283, 304, 307, 308-310, 313, 315, 317, 318, 324, 325, 326, 364, 373, 394, 396, 397; III 161-163; I 401; II 18, 34, 35, 47, 68, 100, 160, 161, 164, 165, 179, 242, 243, 272, 276, 288-294, 297, 298, 305, 310, 313, 318; III 303.
Ingelhram (Joh.), III 46.
Injonctions d'Elisabeth, I 82; II 379.
Injonctions de Laud, II 23-45, 65-70.
«**Instruction du devoir de Persévérance**, I 204.
Ipswich, I 279; II 318; III 303.
Irlande, II 229, 281, 332.
Isaac (François), III 208.
Isard (Matthieu), I 5.
Isarn (Pierre), III 307.
Isarz, II 274.

J.

Jacquemin (Dan.), II 106.
Jacques (Abraham), II 339.
Jacques Premier (chapitres VIII et IX), I 361, 363, 366-372, 374-379, 382-385, 391, 394-400; II 459, 476, 481, 482, 485, 486, 489.
Jacques Second (chapitre XVI), II 347, 348, 355-358, 359.
Jambelin du Mesnil, II 527 ; III 385.
Jandre de la Guitonnière, III 385.
Janeton, I 219.
Jannes, III 385.
Jannon (Pierre), II 198, 234-241 ; III 279; II 514, 529.
Janvier, I 89, 90, 92; III 173.
Jarnac (Catherine de), III 382.
Jaspre (Tahim), II 380.
Jaudon, III 385.
Javelin (Robert), I 281.
Jean, III 385.
Jeanet, III 385.
Jeanne d'Albret, I 153.
Jeanneau, III 385.
Jemblin (Jean), III 308.
Jérôme, voir Hiérosme.
Jersey (Ile de). II 365, 367, 368, 384, 388; I 190; II 423, 425, 428, 434, 437, 459-463; III 370; II 506, 510, 525, 528; III 384-388, voir *Iles Normandes*.
Jersey (Pierre de), II 511, 513, 514.
Jesus-Temple, I 28, 32 ; II 200, voir *Eglise flamande de Londres*.

Jeûnes, I 41, 94, 257, 285, 328, 329, 332, 350, 420; III 179; II 69, 88, 174; III 287. — *I. N.*, II 405, 459, 481.
Jewell, évêque, I 72, 147; III 66-69.
Jewin (Jouin), I 301.
Joachim, ambass., II 6, 7, 30.
Jobara (Anne), II 522.
Johanne (Th.), II 365, 390.
Jon (Charles), I 296.
Jonces (Jean), II 106.
Jonzac (Saintonge), I 406; III 383.
Jordano Nolanus, III 142.
Jordayn (Richard), I 5.
Jorion (Jean), II 197; III 271, 272.
Joris Sylvanus, I 175.
Jortin, III 385.
Josias, I 128.
Joubart (Anne), III 384, 385.
Joubère (Pierre), II 528.
Jouffroy, III 385.
Jousselin (Jeanne), III 382.
Jubilé du Refuge, II 147.
Juliot, III 385.
Jumelles (de), I 153.
Jumet, II 522.
Jurin (Is.), II 197.
Jurion, I 266.
Justel (Christophe), I 404. — (Henri), II 313, 314, 356.
Justinian, I 232.
Juvenis (Joh.), III 55.
Juxon, archevêque, II 17, 47, 216.

K.

Kello (Esther), née Langlois, I 365.
Kent (Eglises de), voir *Canterbury, Maidstone, Sandwich*.
Kerhuel (Jean de), II 179, 203, 228; III 278.

Killigrew, I 183, 363, 218.
King, évêque, I 405.
Kinge (Nicolas), III 60.
Knox (John), I 73, 362; II 368.
Kynge (Jean), I 5.

L.

Labadie (Jean), II 201.
La Balle, I 406.
La Barre (de), I 182, 395 ; II 316; III 302.
La Bastide de Crossat, II 158, 216.

Labbé (Deodatus), III 56.
La Becque (Salomon de), II 252.
La Benserye, voir Gautier, Gilles.
La Blandinière (de), III 387.
Labour (Jacques), III 61.

La Branche (de), II 387.
La Cavée (S), II 526.
La Cessaye, II 106.
La Chaboissière, voir Sèvre.
La Chenaye (Françoise de), III 381.
La Clède (de), II 320, 342, 350.
La Cloche (Etienne), II 483, 505, 507.
La Cœuillerie 1 284.
La Cour (Terré de), III 61.
La Courte (Renula de), III 59.
La Coulture (Gilles), I 288, 289.
La Couture (de), I 143.
La Croix (David et Jean de), II 183.
— (Isaac de), III 310. — (S. de), III 372.
La Davre (de), III 386.
La Douette (de), des Establières, III 384, 386.
La Faye (Antoine de), sr. de la Maisonneuve, I 173; III 84, 103, 104, 107, 371, 372; 1 245, 246; III 110-116. — Matthieu, dit de la Vigne, II 385; I 200; II 423, 425, 431, 444; III 104.
La Ferté (Ile de France), I 115.
La Fleur (Jean), I 5.
La Fontaine (Le Maçon de), voir Le Maçon.
La Fontaine (de), II 9. — (Mathurin), III 52. — (Robert), I 116, 124. — La Fontaine dit Wicart, II 274.
La Fontenelle (de), sr. du Père, III 386.
La Force, II 356.
La Forest (Jacques de), I 91, 99 ; III 46, 60. — (Michel de), I 199, 330; III 370, 373.
La Fosse, I 197, 330. — De L. F., II 9. — De La Fosse-Chastrie, III 386.
La Forterye (Jean de), I 281.
La Fresnaye, II 223.
La Fresne, II 426, 434, 436.
La Gaillarderie, II 263.
La Galaire (de), III 387.
La Ganiaye (de), II 434.
Lager (Joh.), III 54.
L'Agneau (Marie), III 208.
Lagny (Madame de), II 316.
La Gravelle (Anjou), II 427.
La Guache (Petrus), III 52.
La Haie (de), I 135, 223, 305 ; II 179, 417. — De la Haie Auber, III 370.

La Hay (Terré de), III 59.
La Houlerie, III 386.
Lainé, II 425.
Lainé (Pierre de), II 311.
Lair (Etienne), II 385 ; III 386.
Lairmeaux, surnom de Regnet, I 199.
Laisné, III 386.
La Lande du Lac (de), II 10.
Lalolt (Pierre), II 106.
La Londe (de), II 434.
Lalouill, III 386.
« **La Main Chrestienne aux tombés** », I 246; III 110.
La Marche (de) (Charles), II 502, 505, 514. — (Hélier), II 485. — (Henry), II 505. — (Jean), II 485, 489, 491, 493-499, 83, 86-90, 92-96; 504, 505, 110-115; III 210-222; II 119, 134, 139, 144, 153, 160.
La Mare, surnom de Dordes, I 199.
La Mare (de)(Guill.), III 55. —(Martin), 53. — (Nicolas), I 329.
La Mason (de), III 386.
Lambermont (Philippe de), III 308.
Lambert, III 62, 387; I 307. — (Pierre), III 51. — (Samuel), II 253.
Lambeth-Palace, I 10, 21, 25, 232, 238; II 26, 323.
Lambrison, II 320, 321.
La Meaulce, I 197.
La Milleraye (Chrétien de), I 183.
L'Ami (Jacques), II 25, 31.
La Milletière, II 167, 171.
La Mollaire (de), I 200.
La Montagne (de), I 182.
La Montaine (Raymond), II 385.
La Morlière (de), III 251.
La Mothe, I 255.
La Mothe (de), I 406 ; II 525. — (Joseph), II 255.
La Mothe Fénélon (de), ambas., I 150 et *passim* chap. IV et V.
La Mothe Thibergeau (de), II 369.
La Motte (de), I 182, 223. — (François), II 275, 282, 283, 330, 334 ; III 294. — (Philippe), I 331, 415, 423.
L'Amoureux, III 381.
La Moussaye (Bretagne), II 480.
La Moyssonnière (de), I 197.
La Mulonnière, voir Perruquet.
« **La Muse chrestienne** », I 425, 426 ; III 166-182.
La Musse (de), II 434.

La Myer (Jean de), III 60.
Lance (David), III 123. — (Nicolas), III 53.
Lancre (Nicolas), III 51.
Landrecies (*Flandres*), III 55.
Landry, II 9.
Langlade (Marie), III 381.
Langlois (Esther), I 365. — (Guérin), III 51. — (Jean), III 51. — (Martin), II 365, 366. — (Nicolas), I 182, 365.
Languedoc, I 197, 376; II 106, 169, 530; III 384.
Languillier (de Belleville), I 192, 197.
Lannoie (Jean de), I 410.
La Noé (Charles de), III 309.
Lanois, III 167.
Lanoy (de), II 179.
La Picotière (de), III 386.
Lapierre (Robert), I 5.
La Pierre (Pierre de), III 259, 261.
La Pionnière, surnom de Raguesne, I 199.
La Place (de) (David), II 452. — (Elie), II 452, 483, 506. — (J.), III 372. — (Jean), II 139, 256, 490, 502, 505. — (Josué), II 452. (Pierre), II 423, 452. — (Pierre fils), II 447, 452. — (Philippe), II 528. — (Samuel) II 451, 452, 455, 477, 483, 490, 491, 493, 497, 499, 500, 93, 110, 113, 130. — (Suzanne), III 372.
La Plante (de), I 245; III 103, 104.
La Porte (de) (Charles), II 342, 349. — (Jacques), II 254. — (Jean Louveau), I 200, 329.
La Prix (François de), II 135, 136. — (Samuel de), II 203.
La Pryme (de), I 223; II 255.
La Ravoire (Paul) I 386, 387.
L'Archer (Olivier), II 426.
Lardenois (Artus), III 53. — (Nicolas), III 60; I 101.
Lardye (Lancelot), III 60.
Larenus, II 25.
La Ripaudière (de), voir Morise.
La Rivière, I 190.
La Roche, III 173.
La Roche (Pierre de), III 214.
La Roche-Bernard (*Bretagne*), I 200.
La Roche-Chalais (*Saintonge*), III 309.
La Roche-Chandieu (de), I 97; III 143, 148.

La Roche-Giffard (de), II 523.
La Roche-Patras (de), III 386.
La Rochefoucauld (*Saintonge*), III 310.
La Rocheleau (de), II 434.
La Rochelle, I 152, 188, 197, 217, 268, 366, 393, 395; II 10-12, 106; III 305; II 331, 355, 356; III 382, 387.
La Roque (de), I 217, 301. — (Edmond), II 376, 379; II 263.
La Rosse, III 387.
La Rye, voir *Rye*.
La Sale (Joannes de), III 56.
La Salle (de), II 322, 332.
La Suze (*Anjou*), I 199.
Latau (de), II 106.
Latelais, III 107.
La Telle (Jacques de), III 234.
Latimer, évêque, I 27, 68.
La Touche, voir Charrier.
La Touche (Ysabeau de), veuve de Montgommery, I 330.
La Touche Maulvaut (de), II 434.
La Tour-Gouvernet (Elis. de), lady Eland, II 358.
La Tousche (de), I 393.
La Tranche (de) (Trench), I 223.
La Trémoïlle (Charlotte de), princesse de Condé, II 425. — (Charlotte), comtesse de Derby, II 274.
Laud, archevêque, II 16-41, 43-45, 52, 54, 57-63; III 189-197; II 494, 497.
Lauderdale (Earl), II 231.
Lauga (Salomon), III 383.
Launce (Jean), III 60.
Launay (de), I 97, 143. — (Noël), II 266.
Laune (de), I 240. — (Gédéon), I 240; II 9. — (Guillaume), I 297, 238-240. — (**Institutionis chr. Epitome**), III 173. — (Marion), III 61. — (Nathanaël), I 240; II 124. — (Pierre), I 240, 297, 323, 415, 418, 419; II 41, 42, 69, 70, 120-129; III 222-234; II 153, 181, 182.
Laurens (Marc), II 194; III 386.
Laval (*Anjou*), I 200; II 427, 428, 452.
Laval (dame de), veuve de d'Andelot, II 387, 446.
La Val (Joh. de), III 55.
La Valier, I 285.
La Vallée (de), II 446, 454.

La Vieille (Jeanne), III 372.
La Vigne (de), I 161; II 423, 426. — (Jean), I 101; II 431.
La Ville du Bois (de), II 521.
La Villesblanc (de), II 434.
La Villette (de), II 426, 434.
Laynell (Jean), I 390.
Leau (Jacques de), I 328.
Le Barbier (Denis), II 113.
Le Bas, II 314, 390. — (Vincent), sr. du Val, I 149, 200; II 314.
Le Blanq (Denis), tabellion, III 371.
Le Bœuf, III 386.
Lebon (Charles), I 405.
Lebourg (Martin), III 51.
Le Bouvier (Toussaints), II 385, 390, 425, 458.
Le Bras (Ant.), III 55, 60.
Le Breton, III 386.
Le Broc (François), II 423.
Le Candele, II 101, 102, 103, 106.
Le Canu, III 387.
Le Capelain, III 386
Le Castel ou le Câtel, voir Ste Marie du C.
Le Cène (Charles), III 307.
Le Cercler (Silo), II 426.
Le Cerf, III 386.
Le Cesne (Robert), I 199, 426, 434; III 386.
Le Chaleux (Rob.), III 58.
Le Chenevix, II 313.
Le Chevalier (Ant. Rodolphe), I 13, 58, 148, 149, 173, 176; III 84, — (Samuel), III 151; I 275, 277, 284, 291, 340, 423.
Le Churel, II 390.
Le Clerc, I 328; III 386. — (Jean), II 336, 337. — (Robert), III 59.
Le Clerck (Johannes), III 53.
Le Cocq (Jeanne), II 526.
Lecomte (Jacob), III 382.
Le Colley, II 376.
Le Comte, II 522.— (David), II 99, 180.
Le Conte (Michel), II 425.
Le Coq (Henri), III 55. — (François), II 334.
Le Cordier (Arnoult), II 385.
Le Cornu, III 382.
Le Cou (Jacques et Jean), II 64.
Lecourbe (Alain), I 5.
Le Court, I 406.
Le Cousteur, II 458.
Le Cout (Collin), I 58.
Le Couteur (François), III 387. — (Philippe), II 205, 224, 510.

Le Cras, III 386.
Lect, III 143, 145.
Le Curet, III 386.
Le Danois, III 386.
Le Duc (Nicolas), II 376, 380, 390, 423, 427; III 355.
Ledun (Joh.), III 54.
L'Ecluse (de), III 386.
Le Fanu du Bourg (Marie), II 526.
Lefèvre, II 411, 425, 356. — (Jean), I 255; II 121; III 233. — (Nicolas), II 274, 356. — (Richard), I 7. — (Robert), II 106. — (Sébastien), II 313.
Lefèvre-Aubinière, II 434.
Lefeyvre (Edm.), II 427.
Le Forsey (Jacques), III 62.
Le Fort, III 386, 387.
Le Franc (Jacques), II 182, 215, 257.
Lefroy, I 223.
Legard (Charles), II 334, 335.
Le Gay (Isaac), III 202; II 194, 197, 198; III 270, 271.
Le Geay (André), sr. de la Grelière, III 381. — (Marianne), III 381.
Legendre, II 418, 263.
Léger, II 175.
Legrain (Jacques), III 222.
Legrand (Antoine), III 247.
Legrant, II 332.
Legras, I 188, 195, 285. — (Stephanus), III 51.
Legris (Auguste), II 106.
Le Gros, III 386.
Le Hardy, sr. de La Crière, III 386.
Le Hongre (Guill.), III 57.
Le Houc (Pierre), II 132.
Le Houcq (Jean), II 64, 102, 130, 243.
Le Huttemin, III 386.
Leicester (Earl of), I 151, 191, 210, 242, 177.
Leighton (sir Thomas), gouverneur de Guern., II 388, 392, 427, 431, 434, 440, 442; III 355; II 469.
Leinen (Jean), I 296.
Le Jay (Pierre), I 330.
Le Keux ou Le Queux (Jacques), III 259, 261. — (Philippe), II 103; 104, 106; III 210, 264; II 96, 133, 155, 183, 191, 203, 215, 234-241. (Pierre), II 183.
Le Lacheur (Pierre), II 376.
Le Laoust, II 9.
Le Lavandier (Gilles), II 385.
Leleu, II 255.

Le Long (Joannes), III 51.
Le Loup (Joachim), I 115.
Le Lyais, III 386.
Le Maçon, sr. de La Fontaine (Robert), I 97, 189, 198, 215, 216, 225, 226, 229, 230, 232, 235-240, 336; III 102, 124-138, 250, 259-262, 264-274; I 338, 357, 340; III 157; I 368, 369, 371, 372, 374, 375, 413, 402, 403; La F. le fils I 268.
Lemaire (And.), II 197.
Le Marchand, II 427, 500, 502, 505, 511, 514-516; III 382, 386.
Le Marchez (Daniel), III 381.
Le Marq, II 9.
Le Marquis, II 9
Le Martin (Jean), III 227.
Le Masters (Robert), III 60.
Le Mesureur, I 327.
Le Mignot, III 386.
Le Moine (Etienne), II 324. — (Guy), II 274.
Le Moigne (Marc), II 425.
Le Monnier, III 386.
Le Moyne, II 223, 324. — (Suzanne), III 381.
Lempereur (Jan), III 227.
Le Myre (Henri), I 374.
Le Nepveu, III 386.
Leneuf, III 271, 272.
Leney (Bonaventure), III 50.
Le Noble, I 188. — (Pierre), II 25; III 247, 259, 261.
Le Noir (Jean), I 296.
Le Nourricier, III 386.
Léonard (Nic.), III 53, 85.
Le Page, II 263; III 386. — (Thomas), II 487-490.
Le Peley (Colas), II 427.
Le Pelletier, III 386.
Le Pelu (Jean), I 281.
Lepère (Ph.), II 243; III 250, 251, 380.
Le Picard, sr. de Fosses, III 386.
Le Pigaut, III 386.
Lepine, II 243. — L'Epine, voir Pierre Morin.
L'Epine (Jean de), **Traité de l'Apostasie**, III 116.
Le Pipre (Paul), I 283.
Le Plat, II 105.
Le Pré (Jacqueline), II 526.
Le Preux, III 304.
Le Prevost (Etienne), I 61.
Le Prez (Jacques), II 335.
Lepus (Ant.) (Lièvre), III 57.

Le Queriche (Jonas), III 247.
Le Queux, voir Le Keux.
Le Quien, III 259, 261; II 317.
Le Rebours, III 386.
Le Riche (Jeanne), II 339.
L'Ermite ou l'Hermite (Denis), I 310, 420.
Lermonet, I 305.
Le Rou (Martin), III 251.
Le Rousse (Jean), I 4, 6.
Le Roux, III 279.
Le Roy, III 386; II 201, 208, 233. — (Israël), II 522. — (Jean), II 106. — (Nicolas), III 46; I 91, 101; III 85. — (Philippe), II 333; III 306. — (Pierre), II 425, 514. — (Pierre), dit Bouillon, I 199, 220, 389; II 423, 424, 446, 447.
Le Sage, I 406; III 214, 217. — (Nicolas), III 53.
Le Saulx, sr. du Sauce, III 386.
Le Saux (Marin), dit du Saussé, 189, 199, 203, 223, 226. — « **Sonnets de la Théanthropogamie** », II 223; III 99, 100.
L'Escaille (Michel), I 323.
Lescaillet (Antoine), I 285, 307, 308, 250, 289, 333, 338, 291; III 107.
L'Escalier (Arthur), dit Balandry, I 199; II 426, 434.
Lescuyer (Joh.), III 56.
Lesieur (Jean), I 5.
Lespierre (de), II 179.
Lespine (de), I 284; III 247. — (Godefredus), III 52. — (Jeanne), III 384.
Lestenc (Noël), I 281.
Lestre (de), I 200, 201.
Le Sueur, pasteur et consolateur, II 315, 320. — Sculpteur, II 89.
Le Sueur de Petiville, III 386.
Le Suir, III 386.
Le Tassey, III 386.
Le Tellier, I 295, 296, 297, 301.
Le Tellier, sr. de l'Isle, III 386.
Le Texié, III 387.
Le Thieullier, I 182, 223.
Le Thulier (Jean), II 106
Le Tortu, sr. de Montboterel, III 386.
Le Touré, III 386.
Le Tousey, Le Touzey, III 386.
Le Trésor, sr. du Mesnil-Lambert, III 386.
Lettre du Conseil privé aux gouverneurs des Iles, III 379.

Lettres patentes d'Édouard VI, I 28; III 3.
Le Turc, I 310.
Le Vair (Denis), II 365, 367.
Le Valle (Eglise de, Guernesey), II 376, 380, 427, 428, 438, 446, 491, 502, 505, 511, 514, 528.
Le Valles, I 296.
Le Vanely, II 255.
Le Vasseur, I 328. — (Louis), II 313.
L'Evesque, III 386.
Lever (Samson), III 62.
Le Villayne (Marin), I 5.
Levrier (Pierre), II 527.
Lez de Vantelet (de), II 9.
L'Houmeau (Mathurin), II 380, 390, 412, 426, 428, 429, 435, 445, 452; III 355, 370, 373. — (Samuel), II 446; III 373.
Lichère (Nicolas), II 322.
Lichière, II 259.
Licques (Antoine de), I 149, 198, 298, 299, 300.
Liebaert, II 70, 76.
Liège, I 313.
Lieurray (Normandie), I 199.
Lieurray (Joseph de), sr. du Bailleul, III 371, 372, 373.
Lieutenant criminel de Rouen, I 329.
Liévin (Jean), I 198; III 56.
Liger, III 386.
Lillars ou Lillers (Jacques et Jean de), III 213; II 232; III 270, 271. — Lillers ou Lilliers (de), II 9; 194, 197, 198.
Lille (Flandres), III 55, 56; I 59, 137, 182, 248, 278, 284, 328, 395.
Lillebonne (Normandie), I 296.
Limous, I 217.
Lin (Jean de), I 58.
Linguens, I 188.
Lintot (Normandie), I 406.
Lion (Fernand), I 115.
Lione (Martinus de), III 58.
Lisieux (Normandie), III 61.
Lisle (Thomas de), III 51.
Liste des membres de l'Eglise française de Londres, III 50.
Liturgie, I 39, 44, 55; III 18-33; I 57, 59, 62-66, 81; II 18, 19, 23, 24, 26, 30, 33, 41, 42, 45, 53, 54, 57, 59, 62, 63; III 192, 193; II 218, 220, 221, 223; III 278; II 225; (Liturgie anglicane, versions françaises); II 245; III 280, 281, 286; II 353. — *Iles Normandes*, II 366;

376, 378; III 315; II 477, 482, 489, 493, 510, 512, 513, 517, 518, 519.
Lizié (Jacques), III 247.
Lizon, III 386.
Lizy (de), I 153.
Lobel (de) (Gérard), I 148. — (Marie), ép. Le Myre, I 374. — (Matthieu), I 248. — (Paul), I 374.
Locye (Richard), III 59.
«**Lois et statuts de Genève**», II 81.
Loiseau de Tourval (Jean), I 376.
Loiseleur de Villiers (Pierre), II 385; I 173, 187, 189, 190, 198, 201, 203, 207, 215, 217, 220, 225, 229, 230; III 84, 173. — Sa fille, ép. Quesnel, I 229.
Lombard (Andr.), II 229, 230, 259, 281, 307; III 298. (Jean), III 309.
Loménie (de), I 263.
Londres, Eglise espagnole, I 121-124, 168, 171, 389.
Londres, Eglise flamande-hollandaise, I XXIII, XXIV, XXV, 26, 28, 36, 68, 85, 88; III 46; I 117, 118, 123, 148, 161-165; III 69; I 178, 211, 214; III 102, 249, 255, 332, 389, 390, 406; II 25, 46, 65, 83, 85, 96, 115; III 210-222; II 147, 197, 203; III 265, 267; II 260, 307.
Londres, Eglise française-wallonne, I XIX, XX, XXIII; 25-28, 35, 36; III 40, 41; I 85, 88-103; III 44, 48; I 115, 116, 122, 124-127, 131-138; III 49-66; I 142, 143, 146, 148, 156, 167-174; III 73-86; I 178-183, 295, 188-190, 198-203, 207-213, 215-218, 227, 229, 230, 232-240, 245, 246, 333, 334, 337; III 103-110; I 272-277; III 151; I 339, 340, 342, 391, 396, 399, 402-415, 425, 426; III 166 et sq.; II 7, 9, 14, 16, 27, 44, 45-47, 65, 69, 71, 78-81, 82-90; III 202, 203; II 98, 110-119; III 210-222; II 147, 148, 153-155, 160, 186-198; III 264-273; II 200-203; III 273-275; II 213-219, 226, 231-233, 251, 252, 256, 258, 259, 260-269; III 282-288, 307, 316, 317, 319-323, 347, 348, 353, 354. — Sceau de l'Eglise, III IV.
Londres, Eglise italienne, I 36, 120, 121, 148, 167, 179, 199, 242; III 109; I 332, 402, 387-389; II 88; III 211 et sq.; II 154, 203; III 265, 268; II 214.

TABLE GÉNÉRALE ALPHABÉTIQUE.

Londres, voir aussi *Durham-House, La Savoye, Somerset-House et Westminster.*
Long (Robert), II 55.
Longar, II 79.
Longastre, I 145.
Longueil (dame de), III 373.
Longueville (Normandie), I 198, 199.
Longueville (Jean de) III 209.
Loquet (Olivier), III 310.
Lordell (Jacques), II 197.
L'Orfelin (Anne), III 382.
Lorges (Jacques de), II 386. — (Louis de), II 387.
Lorié (Pierre de), III 216.
Lorier, III 386.
L'Orme (de), II 313.
Lorraine, I 313; III 387.
Lortie (André), II 313, 319, 327, 331; III 305.
Losse (Dominique de), I 200; II 335, 336.
Loubeaux (Joh.), III 50.
Louhet (David), I 387.
Louis XIV, II 314, 315, 358, 359.

Loumeau du Pont (François), II 339, 313. — (Philippe), II 339.
Lourdel, III 467.
Loustau (de), III 380.
Louveau de la Porte, I 200.
Louvigny (de), III 310.
Lovet (Michel), I 5, 6; III 52.
Lucas, 386. — (Jacobus), III 51.
Lucas de la Noblerie, III 386.
Lucé, II 26, 31.
Luna (Pierre de), past. espagnol, I 389.
Luneray (Normandie), I 198, 244, 302, 406.
Lurier (Guill.), III 50.
Lusignan (Poitou), I 366.
Luzancy (de), voir Chastelet.
Lyenne (de), I 6.
Lygy (de), I 150.
Lymall (Antoine de), I 255.
Lynn, I 279.
Lyon (Nicolas), III 60.
Lyon, I 89, 142, 395, 424; II 268.
Lyon-sur-Mer (Normandie), I 199, 320.

M.

Mable (Maurice), III 61.
Mabyll (Etienne), I 5.
Macheville (Jacques), I 149.
Machon, III 355. — Laurent, voir Masson.
Maçon (Clément), II 473.
Macquary, I 294.
Maëstricht, I 329; II 97.
Magister (Robertus), III 54.
Magistrat et Ministère ecclésiastique, *Iles Normandes*, III 312, 313; II 421, 442; III 362-365, 470, 473, 474, 484, 518; voir aussi **Recours au pouvoir civil.**
Magues (Jacques), II 262.
Maheur (Jean), III 60.
Mahot (Clément), II 426.
Maidstone, I 279, 213; II 23, 25, 69, 113.
Maignart de Bernières, II 214.
Maillard (Petrus), III 58.
Maillart, I 328.
Maillet, I 241.
Mailliet, «**Ode à la louange du Roy**», I 391.

Maimbourg (Théod), II 314.
«**Main (La) Chrestienne aux Tombez**», I 246; III 110.
Maindestre (Estienne), II 339.
Maine, III 384.
Mainet (Michel), I 255; III 219.
Mainmorey (Romain), III 62.
Mainson, III 386.
Maire de Canterbury, III 281.
Maisonfleur (de), I 194, 195.
Maisonneuve (de), II 350.
Maistres (Jacques de), III 218.
Majon, II 313.
Majou (Jérémie), II 332, 340.
Malet (Alexandre), I 54.
Malevirade (Guienne), III 306.
Malgrange, III 336.
Malherbe, III 386.
Malonne (Hen.), III 56.
Manaque, II 243.
Manesco (de), III 386.
Manger (Christ), II 425 (Mauger?).
Mans (Le), I 134; III 55; II 203; III 306.
Mansfeld (de), I 405.

Mantes (Ile de France), III 61; I 395; II 313.
Marabaut (Jacques), I 91, 99, 126; III 46, 53.
Marcelline, « **Trophées du roi Jacques** », I 376.
Marcescall, II 86.
Marchand (Jacob), III 309. — (Jean), I 200; II 427, 428, 445, 446, 452, 514.
Marchant (Guill.), III, 50.
Marché (Jean), II 106.
Marchegai et Marchegué, III 386.
Marcillac (Poitou), II 256.
Marennes (Saintonge), III 310, 382.
Mares (Julien), I 5.
Mareschal (Louis), III 279.
Mareschaux, III 386.
Maret, II 458. — (Nicolas), II 366, 390. — (Philippe), II 405.
Margot (Jac.), III 51.
Marguery, 386.
Maria, II 349.
Mariages, I 112, 284, 328, 338, 339, 353; III 172; II 67, 69, 70; III 209, 223; II 243, 338. — *I. N.*, II 406; III 340, 341, 355, 356; II 414, 442, 454, 509.
Marie (reine), I 68-76.
Marie (Jean), I 199, 319, 320; II 107. — (Nathanaël), I 240, 250, 277, 372, 402, 403, 404; II 16, 71, 78, 79; III 174, 235, 238. — (Nathanaël) de *Guernesey*, II 483. — (Philippe), II 447.
Marigny (de), II 214.
Marin Chrestien, II 427, 446.
Marin de La Chasse-Landière, III 386.
Marins.— Défense aux gens de mer d'émigrer, II 314.
Mariotheau, (Elie), II 309.
Marlorat, « **Propheticæ et apostolicæ..** », I 220, 221.
Marmet (Etienne), voir Mermier. — (Ezéchiel), II 9, 10, 14-16, 26, 77, 78; « **Sermons sur Job** », III 185-189.
Marnix de Ste Aldegonde, I 178.
Marny (Jean), I 339.
Marquino (Franc.), III 46; I 332.
Marquis, III 386.
Marreau, I 304, 339.
Marrinell (Th.), II 379.
Marsault, III 386.
Marsillargues (Languedoc), III 307.

Marsilliers (Pierre de), I 366.
Martau, III 387.
Martel, II 233; III 274. — (Gabriel), III 54.
Martele (Guillaume), III 218.
Martière, III 223.
Martimont (de), II 434.
Martin, II 390. — (François), III 386. — (N.), III 355. — (Paul, veuve), III 383.
Martineau (René), II 529.
Martinez (de), I 218.
Martinis (Jean de), I 329.
Martyr (Pierre), I 8, 9, 13, 17, 25.
Marvey, ou Marvet, ou Mermier (Etienne), I 143, 149; III 173.
Mascher (Charles), I 285.
Masères, I 182.
Maslinge, I 296.
Mason (Jean), I 5.
Massé (Esther), III 381.
Massingarbe, II 179.
Masson (Baudouin), I 124. — (Daniel), III 386. — (Laurent), II 390, 412, 423, 430, 449, 451. — (Simon), II 465, 518.
Massonet (Pierre), II 274.
Massy, II 367.
Master (Denis de), III 60.
Matthæus (Adrianus), III 55.
Mattié de Mouline, III 386.
Maubert (Guill.), I 101; III 53, 85. — (Isaac), III 215.
Maubert (de), sr. du Mesnil, III 386. — De M., sr. du Plessis, id.
Mauclerc (Benj.), chev., sr. de La Forestrie, III 381. — (Jacques), sr. de St Philibert et Muzanchère, III 381. — (Jean-Louis), sr. de la Clartière, III 381. — (Marie et Suzanne), III 381.
Maudit, III 386.
Mauger (Pierre), III 386. — (Thomas), II 485.
Maugray (Pierre), III 279.
Maupin (Ludovic), I 319.
Maurice, III 386.
Maurin, III 386.
Maurisse (Salomon), II 103.
Maury, III 386.
Mauverc, I 307.
Mayard, I 363.
Mayerne (Turquet de), I 376, 385, 409, 412; II 8, 159, 169.
Mayot (François), II 275.

Mazarin, cardinal, II 141, 142, 158, 167, 171-174, 176.
Mazauric, I 406.
Mazier (Thomas), I 366.
Meaux (Ile de France), II 526.
Meauzac (Languedoc), III 310.
Meffre, II 519.
Meheren de la Conseillère (Louis), II 524.
Melanchthon, I 21, 27; III 15.
Melley (de), I 223.
Mellican (Ægidius), III 58.
Melville (André), I 361, 363, 372, 405.
Ménard, III 386.
Menel ou Menell (Pierre), I 5. — (Renée), III 382.
Menier ou Mesnier (Olivier), II 390, 436.
Mequignon (Mesquignon), III 58, 52.
Meray (Jean de), III 62.
Mercers, I 301.
Merceries (des), II 434.
Mercier (Paul), II 255. — (Pierre), 25
Méreaux, I 286; III 106; II 79, 106, 118; III 208, 217; II 134.
Merlin (François), I 376. — (Jacques), I 244; II 422. — (Pierre), II 426, 427, 429; III 366; III 445, 448. — (Pierre), III 369.
Mermier (Etienne), I 143, 149, 150; III 85, 86, 173.
Méru (de), I 217, 218.
Merveilleux (Henry de), II 519.
Meschers (Saintonge), III 382.
Meslin de Glatigny, III 386.
Mesnard (Jean), II 251, 252.
Messe, I 11, 68, 81.
Messeman, III 264.
Messervy, III 533. — (Ed.), II 528. — (Elie), II 475-477, 479, 483; III 380.
Messien, II 349.
Mestrezat, III 192, 193; II 171.
Métivier (Jean), II 529.
Metz, I 395.
Mézières (Champagne), III 61.
Mialet (Cévennes), II 519.
Micault, I 182.
Michaut, III 386.
Michel, I 296, 301. — (Geoffroi), I 5. — (Robert), II 166. — (Roland), III 61.
Michely (David), II 252. — (Marc), II 263.
Micronius, I 27, 29, 31-33, 68.
Miez (Philippe de), I 281.

Miffaut, I 301. — (Cecile), III, 372. — (Marie), III 371.
Migault (André), dit Préneuf, II 530, 531; III 388.
Migeau, I 188.
Mignocq (Gérard), II 525.
Mignot (Cardin), I 189, 198, 302, 303, 338.
Milet, II 423, 427, 451, 454, 464, 468, 469, 487, 491. — (M. fils), 468, 485, 491, 500, 502, 505.
Millan (Joh. de), III 56.
Millen, II 9.
Milles, maire de Canterbury, II 281.
Millom (Jean), III 59.
Millon (Jean de), I 393.
Milner (Jean), III 61.
Milot, III 386.
Milton (John), II 146, 175.
Minier, III 386.
Ministère pastoral, I 29, 40, 64, 104; III 152-157; I 336, 337, 339, 342, 343, 344, 345, 348, 405, 416, 419; III 171; II 44, 70, 72, 73, 74, 75, 101, 104, 130 et sq.; III 223, 232, 233, 235-251, 251-254, 258; II 178, 179, 180, 184-186, 189, 193; III 265, 268, 270; II 215, 232, 243, 265-268; III 287; II 342. — *I. N.*, II 371, 383, 391, 397, 398, 399, 416; III 314-323; 362-365; II 441, 442, 451, 465, 469.
Mirar, I 96.
Mirebeau (Anjou). III 309.
Misoën (Dauphiné), II 77.
Missions, don Mouche, II 258.
Misson (Jacques), III 307.
Modet (Hermann), I 163, 318.
Modeux (Jean), III 307.
Moëse (Saintonge), III 309.
Moindron, III 386.
Moirat, III 386.
Moisan (Charlotte et Judith), III 381.
Moisson, III 386.
Moket (Nicolas), I 5.
Molan (Olivier de), I 199.
Molere (Joël de), I 331.
Molestations des étrangers, I 35, 71, 75, 76, 97, 134, 139, 140, 183, 211, 212; III 86, 213, 227, 228, 229, 252, 312, 314, 373, 381, 394, 401; II 7, 17-45, 47, 48, 71, 97, 98, 99, 160, 165, 166, 177, 178, 181, 182, 191; III 267; II 243, 273, 289, 350, 444.
Molinos ou Moulinos, II 366, 390.

Mollet (Jean), II 474, 483, 507.
Mollier (Rob.), III 52.
Molton (Ammon), III 60.
Momé (David), II 106.
Mompouillan (de), I 377.
Monanges (Jean de), dit du Charteau, I 199; II 390.
Monceau (Daniel), III 309.
Mondurant, I, 217.
Monflanquin (Guienne), III 309.
Monroys (Esther), I 284.
Mons (Hainaut), I 182, 313, 395.
Montaigu (Poitou), III 308; II 528.
Montargis (Orléanais), III 73.
Montauban (Languedoc), I 393, 412; II 223, 267, 275, 332, 333; III 306, 307, 309.
Montbrun, II 172. — (Gabriel), II 528.
Montdenis, voir Denis.
Montdidier (Picardie), III 50.
Monte (de), I 296.
Monteage, II 119.
Montescot (Michel de), dit de La Tour; I 199, 246; III 103-110; I 337.
Montfossey (de), II 387.
Montgommery (Comte de), II 386-388; I 156, 189, 190, 196, 216, 330.
Montpellier (Languedoc), I 242; II 79, 130, 166, 313; III 306; II 333, 338; III 387.
Montréal (Guienne), III 310.
Montrésor, voir de Montescot.
Montrose (Ecole de, Ecosse), I 336.
Morayne, II 370.
More (chevalier), II 231.
Morel, II 223; II 505. — (Bastien), I 116. — (Louis), I 199, 298, 300; III 107. — (Jeanneau Morel), III 386.
Moreli (Jean), « **De ecclesia ab Antichristo.. liberanda** », I 247.
Morell (André), III 60.
Morille (Petrus), III 56.
Morillion, II 255.
Morimont (de), I 313.

Morin, II 262. — (Jacques), III 309, 310. — (Luc), II 166. — (Madeleine), III 386. — (Pierre) dit l'Epine, II 530.
Morise (Guillaume), sr. de La Ripaudière, II 372, 390, 412, 423.
Morlaix (Bretagne), I 198, 200, 395; II 523.
Morley, évêque, II 274.
Mornac (Saintonge), III 381.
Mornay (du Plessis), I 189, 295, 224-227 (« **Traité de l'Eglise** »), 319, 258, 259-263, 272, 375. — Madame de Mornay, I 224, 227.
Mort (Jacques), I 6; III 55. — (Charles), III 54.
Morton, évêque, I 382, 387.
Morus (Alexandre), II 79, 146, 228, 229.
Moslèvres (Matthieu), dit du Signe, I 199.
Mottet, III 386.
Mouchamps (Poitou), III 308.
Mouche de Colombiers, II 258.
Moucheron (Charlotte de), III 381.
Moulins, II 263.
Mountaine, évêque, I 410, 411; II 43.
Mourin (Jean), II 377.
Mourriau, III 386.
Mouy (de), I 153. — Dame de Mouy, II 385.
Moydeville (de), II 387.
Moye (Ant.), II 332.
Müé (dame de), II 522.
Municipandorum numerus in Ecc. Gallica..., III 55.
Musculus (Wolfgang), « **Le Temporiseur** », I 21.
Mussard (Pierre), II 263, 266, 267, 320. — (Philippe), 275.
Musy, II 197.
Myer (Jean de la), III 60.
Myonius (Eutichius), voir Musculus.
Mylcam (Giles de), III 60.

N.

Nabes (Antoine), II 332.
Nahoe (Noé? Guillaume), I 5.
Namur, I 313.
Nantes (Bretagne), II 426; I 395; III 308; II 452; III 381, 384.
Naturalisations, I 5, 34, 71, 75, 76, 134, 136, 182, 256, 376, 377; II 8, 177, 248, 273, 274. **1er projet de loi** 275. — **Acte de N. en** *Ecosse* 275, 276. — **2e projet de loi** 277. — **3e projet de loi** 279-281, 294, 295. — **4e projet de loi** 298-299. — 305;

Le Warrant et le Grant 311-313; 351. — **5ᵉ projet de loi** 352, 354.
Nérac (Guienne), II 9, 106; III 308.
Neil, III 386.
Neile, archevêque, II 49-55.
Nemo, III 387.
Neu (Nathanaël et Samuel de), II 132.
Neves, I 301.
Neveu (David), II 103.
New-Amsterdam (New-York), I 401.
Nicolai (Jacob), I 4; III 46.
Nicolas (Henri et Pierre), III 209.
Nicolle (Jean), III 61. — (Matthieu), III 386.
Nieremius, II 26.
Nieu, III 386.
Nîmes (Languedoc), II 176, 229, 275, 322; III 383. — **Société des Enfans de Nîmes**, II 322.
Niort (Poitou), III 307, 309; II 342, 356.
Nivelle (de), I 223.
Noblet (Louise), II 523.
Noé, I 285. — (Guillaume), I 5. — (Martin), III 57. — (Nicolas), II 528.

Noël, II 458. — (Denis), III 51. — (Jean), III 51; I 244; II 458.
Noischer (Jean), III 61.
Non-conformistes, I 83; II 245 et sq., 278.
Norfolk (duc de), I 309, 311, 314, 181.
Normand (Jean), II 339.
Normandie, I 4, 5, 6; III 52, 53, 54, 55, 56, 57, 58, 60, 61; I 197, 198, 199, 200, 219; II 385, 425; I 391, 395, 403; II 89, 525, 526, 527, 529, 530, 531; III 381, 382, 383, 384, 387.
Norwich (Eglise de), I XXVI, 141, 308-323, 229; III 152-157; I 337, 338, 417-423, 427; II 25, 29, 30, 38-43, 71, 120-129; III 222-234; II 153, 181, 182, 190, 191, 257, 258, 347.
Nouel (Nic.), II 502, 505.
Nourry (Guill.), III 50.
Noyers (Bourgogne), II 385.
Nyelles (Daniel de), II 474, 480.
Nyon (Vincent), II 419.

O.

Ochino (Bernardino), I 8, 22, 36, 72, 117; III 15.
Oden ou Odent (Pierre), II 106.
Ogier, III 388.
Olier, III 386.
Olivarius (Jean), I 366.
Olivier ou Ollivier (Daniel), II 342. — (Philippe), III 386. — (Pierre), I 137. — (Thomas), II 437, 448, 449, 451, 477, 481, 483, 506.
Olter (Nicolas), III 62.
Oltramare, III 220.
Onfrey, III 386.
Orange (Guillaume d'), prince, I 165, 166, 178.
Ordination, Réordination, I IX, 387, 388; II 182, 222, 239, 243, 248-251, 267, 268; III 287; II 323-334, 336. — *I. N.*, II 475, 476, 482, 483, 513, 519, 520.
Ordonnés (Français) à Londres avant la Révocation, II 330.
Ordonneaux, III 386.
Ordre royal de Charles II en Conseil, II 305.

Organisation ecclésiastique, I 26, 36 et sq., 64-66, 87, 103-115, 178-179; II 218; III 282-288. — *I. N.*, II 372, 376. Voir **Liturgie, Culte, Ministère pastoral, Anciens, Diacres, Discipline**, etc.
Orléans, I 198, 200, 215, 270, 363, 365.
Ormegrigny (l') (Pierre du Moulin fils), I 385.
Osanne (Joh.), III 58.
Osborne (sir Peter), II 491, 500.
Ossory (comtesse d'), II 224, 274.
Oudart (Simon), III 247.
Outremer (d'), II 88, voir Oltramare.
Overt ou Ouvert (Simon), III 50; I 5, 6.
Overald, évêque, I 419, 420.
Oxford (université), I 14, 177, 220, 236, 244, 382, 424, 425; II 223, 224, 262, 329; III 307; II 335, 497.
Oyseau (François), II 426, 434.

P.

Pabou, II 526.
Pacquet (Nic.), II 370, 376, 377.
Page (J.), II 526.
Paillet, III 388.
Pain (Jacques), II 418.
Painsec (Pierre), II 465, 485, 490, 491, 496, 498; III 376-379.
Pallot (Josué), II 508.
Pamiers (Languedoc), II 203.
Panetier, III 386.
Papillon, I 182, 395. — (David), I 277; II 192. — (Thomas), II 192, 194, 201, 215, 275, 276, 291, 317, 318.
Papin (Denis), II 313.
Paradis (Abraham), I 58.
Parchement (Thomas), III 60.
Pardaillan (de), I 153, 192, 194.
Parent (Claude), II 390, 423, 425, 426, 430, 437, 444, 448, 451, 453, 454. — (Jean), II 437.
Paris, I 5; III 50, 53, 57, 61, 62; I 97, 116; III 75, 76, 80; I 200, 245, 296, 328, 358, 364, 395; II 8, 92, 106, 192, 201, 202, 221, 258, 259, 312, 313, 316, 317, 331; III 306, 307; II 332, 338, 339, 526; III 383, 384, 387.
Pâris (Baudouin), I 187, 200-298. — (Petrus), III 54. — (Pierre), II 483.
Parker, archevêque, I 21, 303, 149, 156, 282, 173-177, 189, 219, 220, 221.
Parkhurst, évêque, I 310, 311, 208.
Parlement, voir **Débats parlementaires**.
Pasquet (Nic.), III 56.
Pasquier (Jacobus), III 57. — (Ludovicus), III 54.
Pasteurs, voir **Ministère pastoral**.
Pasteurs français réfugiés à Londres 1568, I 148.
Pasteurs réfugiés à Londres 1572-1573, I 198.
Pasteurs de Normandie réfugiés à Jersey 1568, II 385.
Pasteurs réfugiés aux Iles Normandes avant 1576, II 389.
Pasteurs et Professeurs autorisés par Louis XIV à se rendre en Angleterre, III 305.

Pasteurs du Désert, réfugiés aux Iles Normandes, II 526, 527, 529, 530, 531.
Pasy (Simon), I 99.
Paton, II 243.
Pau (Béarn), I 395.
Paulet, II 530.
Paulin, II 220; III 279.
Paumier, I 338.
Pavenel (Petrus), III 54.
Pawlet ou Paulet, le doyen, II 378. — Sir Amyas, I 225; II 372; III 355. — Sir Hugh, I 51; II 366, 369, 370, 385.
Payen (Etienne), II 183, 186; III 269; II 252.
Payenne, II 198.
Payn (Th.), II 483.
Payne (Laurent), II 519.
Pays-Bas, I 83, 145, 146, 165, 329; II 95, 97.
Peachi (Jean), II 313.
Pègorier (César), III 308.
Pelat, II 275.
Pelletier (Guil.), I 5.
Pellissary (Marguerite), II 352.
Peltrisse (Jean), II 104.
Pembroke (comte de), II 86, 109, 110, 141, 149, 150.
Peminet, I 304.
Pennington, amiral, II 5.
Pennoive (Jean), III 60.
Perchard, III 465, 466, 485, 491, 496, 502, 505, 514, 517.
Perez (Marcos), I 146.
Périer (Nic.), III 57.
Périgois, III 386.
Pérochon, III 386.
Péron de Châteauneuf, III 387.
Péronne (Picardie), III 55, 56.
Perots, I 115.
Perrot (Charles), I 356. — (Isaac), II 275. — (Samuel), II 258.
Perruquet de la Mulonnière (Noël), I 200; II 426, 428, 429, 432, 435, 438, 439, 445.
Perry (Guillaume de), I 296.
Persy (Simon), III 53.
Perucel, III 173.
Pérussel, I 9, 25, 29, 55, 56, 69, 72; III 173.

Peschard, II 425.
Pescheur (de), I 296.
Pescheurs françois à Rye, III 304.
Peste, I 319; II 46.
Pet, I 301.
Petiot (Johannes), III 54.
Petit, II 253. — (Pierre), II 274. — (Thomas), I 4
Pétitions des étrangers, I 84, 97, 98, 134; III 49; I 145, 325, 281, 228, 229, 373, 421, 400, 401; II 26; III 189; II 34, 39, 43, 53, 56, 64, 65, 68, 78, 81-84, 94, 98, 99, 102, 127, 129; III 230, 233; II 160, 161, 165, 166, 177, 178, 181; III 267; II 216, 217, 233, 235, 238, 240, 243, 254, 255, 257, 273, 274, 275, 276, 288, 351.
Petitot (Jean), II 8, 316.
Petiville (de), II 145.
Pétroz (Hervé), III 53.
Peyton (sir John), gouv. de *Guernesey*, II 462, 469-473. — (Sir Thomas), II 240.
Pharmacopola (Claudius), III 57.
Philippe II; I 71, 250. — (Germain), II 385. — (Robert), I 149.
Picardie, I 5, 132, 395.
Pichon (Adrien), III 381. — (Jean), III 524.
Picot, II 113. — (Élie), II 511, 518, 519, 525. — (Nicolas), III 52. — (Thomas), II 485, 500, 502, 505.
Pie V, I 147.
Piélat (Barthélemy), II 262, 263.
Pienne (de), de Moigneville (Simon), II 425.
Pierius, I 168, 171; III 74.
Pigault, III 386.
Pinceau (David et Paul), III 382.
Pinçon, II 390.
Pineau, III 386.
Pinel (Jean), III 61; II 447, 451, 455, 483.
Pinson (Samuel), II 132.
Piozet (Charles), II 320, 321; III 306; II 352.
Piren, II 9.
Pirevaux, III 388.
Pithou (Pierre), I 244.
Plaintes et Pétitions contre les étrangers, I 76, 227, 394, 397, 399; III 160-163; II 47, 99, 160, 161, 164, 165, 166, 242, 271, 272, 273, 293, 308, 319. — *I. N.*, II 373, 500.

Planta (de), I 389.
Plantat, III 386.
Platæus (Daniel), I 366.
Plessis-Marly (*Le, Ile de France*), II 331, 344.
Pleugneur (*Bretagne*), II 426.
Plezy, dit Robertus, III 84.
Ploërmel (*Bretagne*), II 426.
Plouër (*Bretagne*), II 417.
Plymouth, I 392.
Poignant, III 388.
Poingdextre, II 458. — (Daniel), III 386. — (Thomas), II 483, 497.
Poirée (Franc), III 58.
Poissy («**A brief rehearsal..**») I 128.
Poitiers, I 391; III 309.
Poitou, I 129, 200, 223; II 106, 322; III 306; II 338, 343, 527, 530; III 381, 383, 384, 387.
Poittevin (Raymond), III 381.
Police et Discipline, voir **Discipline**
Polley (Armand), III 61.
Polyander (Jacques), I 323.
Pommeray (Jacques), II 526.
Ponchel, voir du Ponchel.
Pont (*Bretagne*), I 199, 395.
Pontardant, II 349.
Pont-Audemer (*Normandie*), I 198, 295.
Ponthuc, II 434.
Pontier, I 406.
Pontorson (*Normandie*), III 308; II 528.
Porrée, II 145, 146.
Portier (Nic.), III 50.
Portsmouth, I 393.
Poses (*Normandie*), I 295.
Possel, III 66.
Potain (Anne de), II 9.
Potier, II 349.
Poucelle (de), I 313.
Pouchy, I 332.
Poujade (Joseph), II 38, 101, 102, 130-137; III 203, 235-249.
Poukes (Jean), III 61.
Poulain, III 386. — (Gillain), III 61. — (Jacob), III 56.
Poulcet (Pierre), III 57.
Poulet, voir Pawlet.
Poullain (Valerand), I 21, 26, 59-67, 72; III 7-12.
Poullain-Dumesnil, II 331.
Poultier (de), I 313.
Poupo, I 277.
Poutre (Abraham), II 80.
Poutrin, voir Dupin.

Pouvoir civil (Recours au), I 418; II 122, 126; III 223, 224, 225, 234; II 134-136; III 246, 251, 257, 258; II 181, 190-193, 195, 235 et sq., 257. — *I. N.*, II 379, 383, 394, 396, 397; III 313; II 405, 412, 413, 414, 415, 416, 417, 421, 438 439, 442, 463, 470 et sq., 473, 478, 517.
Pouzauges (Poitou), II 322; III 383, 385.
Pradel (Le, Vivarais), III 307.
Praste (Jean), I 182.
Prat (Samuel), II 332.
Prat (Roger de), I 5.
Prédestination, I 238.
Prédication, I 44, 203. — **Règles pour la Prédication**, III 88.
Préliaut (Matthieu), III 60.
Presbytérianisme, II 376, 443, 459.
Preston, ambass., II 315, 316, 344.
Prevost (Pierre), II 338.
Prey (Nicolas de ou du), II 417, 418.
Prez (de), III 307.
Prime, II 496.
Primerose (Gilbert), I 372, 407, 408; II 3, 4, 16, 25, 26, 46, 69, 79, 80; III 163, 166, 176; II 86, 87, 249.
— (David), II 203; III 275; II 215, 231, 233, 241, 261, 264, 266, 307, 319, 320; III 307.
Primont (Vincent), I 281, 296.

Pringé (Anjou), I 245.
Priou (Nicolas), III 382.
Privat (Vital), II 526, 527.
Proost, II 25, 96.
Prophétie (La), I 47, 48, 111, 112, 124, 201, 202; III 360; I 230, 231, 351, 416; II 73. — *I. N.*, II 410; III 357; II 439.
Proposition et Proposants, I 352, 423; II 73; III 108; II 154, 184; III 273, 275; II 268. — *I. N.*, II 397; III 314, 340; II 437, 447, 451, 459, 465, 468, 479, 485.
Prosélytes, II 258, 265, 281-286, 331, 339, 528, 530; III 384, 387.
Protectorat (Le), Chapitre XIII, II 160-209.
Prouville (Ile de France), II 268, 332, 333.
Provence, I 197; II 106, 258.
Puiechgut, II 349.
Pujols (Guienne), III 308.
Puritains, I 82, 83, 158-160, 207-211, 259; III 143; I 367, 371, 372, 375; II 19, 58; III 192; II 81, 448, 496.
Pusey, I 308.
Putron (Daniel), II 332.
Puylaurens (Languedoc), II 332, 333.
Pyniot (Marie), III 381.
Pythois (Joseph), II 528.

Q.

Quarré (Jean), I 146.
Quartier (Jacques), III 306.
Quenachon (Thomas), III 55.
Querec (de), I 304.
Quérin (Jacques), I 281.
Quesle (Jean et Marie), II 526.
Quesne (Jean de), III 213.
Quesnel, ou du Quesnel (Jehan), II 385, 422, 427, 428, 438, 439, 444, 445; I 229; III 355.
Quetteville (de), II 514.
Queyne, I 305.
Quick, II 503, 521.
Quintin (Bretagne), III 306; II 331; III 382.

R.

Rabaut, III 386.
Rabey (Jean), II 427.
Raby, III 386.
Race (Stering), III 60.
Radnor (comtes de), I 308.
Ragneau, sr. des Brosses, III 386.
Raguesne, dit la Pionnière, I 199.

« **Raisons contre le changement de la Discipline** », *Guernesey*, II 491.
Raleigh (sir Walter), I 252; III 122; II 454.
Ralins (Jean), II 256.
Rambouillet (Marie de), lady Temple, III 310.

Rambour, II 315.
Rançon, II 338.
Raoul, II 275. — (Thomas), II 457.
Rapillot (Et.), III 387.
Rapin (Thoyras), II 246.
Raullin (Ant.), III 60.
Raulnius de Beauvais, III 58.
Ravenel (de), II 520, 522.
Ravis, évêque, I 387.
Réalville (Languedoc), III 310.
Réaux (de), I 265, 268.
Reconnaissances, I 51; III 25-32; I 109, 115, 116, 189, 288, 330, 336, 347; II 118, 133; III 223, 244, 245; II 152, 198, 338, 339. — *I. N.*, II 392, 403, 406, 407; III 347; II 416, 417, 473, 503, 524, 525; III 381-388
Record office, I xviii-xxiii.
Referees, II 190, 191.
Refuge catholique aux Iles Normandes, II 531.
Regemorterus, II 25, 26.
Registrar General's Office, Somerset House, *Londres*, I xix, xx.
Registres et Actes des Eglises du Refuge, I xviii, xxvi, xxvii.
Regnault (François), II 376.
Regnet (Noël), dit des Lairmeaux, I 199.
Regny (Madame de), II 325, 327.
Reinfrey III 386.
« **Relation (A brief)**.. », II 288.
« **Relation (A summary)**.. », II 65.
« **Religion (La)**, du S^{me} Roy d'Angleterre** », II 205.
Remon, III 386.
« **Remonstrances of the Ministers.** », II 65.
Remy (Jacques et Nicolas), III 59.
Renaud (Jacques), III 304.
Renaudat (Jean), III 308.
Reneu, II 275.
Renison (Mathurin), III 59.
Rennes (Bretagne), II 426; I 395; II 452, 455, 521, 522; III 384.
Renouf, III 386.
Renti, I.
Resfineau (Petrus a), III 55.
Respey (François), III 309.
« **Réveil-Matin des François** », I 204.
Rey (Gilles), II 64.
Reynolds, évêque, II 257.
Rhé (île de), II 43.
Riaille (Christophe), III 61.
Ribault (Anne), III 383.

Ribaut, I 293.
Richard, III 386.
Riche (G.), II 390.
Richier (Jean), dit la Huetière, II 425.
— Paul II, 54, 56, 59; III 194.
Ridley, évêque, I 31; III 42.
Ridouet de Sancy, II 8, 13.
Rihouet, III 388.
Rivasson (Jean), III 309.
Rivaut, III 386.
Rivet (André), I 424
Rivière, III 386. — (François), voir Pérussel.
Rivius, I, 163
Robard (Jean), I 5.
Robardys (Jacques), I 5.
Robert (Antoine), dit Plezy, I 173; III 84.
Roberts, II 9.
Robineau, I 188.
Robonne (Jean), I 296.
Robte (J.), III 251.
Roc (Joannes), III 52.
Rochefort, II 94.
Rochefort (Saintonge), II 339.
Rochelle (Catherine), III 382.
Rocque (Jean), II 528.
Rocquier (Pierre de), II 369.
Rocquigny (Adrian de), I v, 425-427; III 166. — (Jacques de), II 9.
Rodgers (D^r), I 365.
Roger (Le petit), I 4. — (Pierre), III 386.
Rogerus (Aug.), III 55.
Rohan, I 153, 393; II 12.
Roland (Olivier), I 149, 200. — (Olympe), II 516.
Rolas, II 315.
Rondeau (Jacques), II 331, 343, 344.
Rondel (Madelaine), II 526. — (Samuel), III 386.
Rondelet, II 222.
Rosemond (J.-Bapt. de), II 332, 333, 335, 338, 356.
Rosigniel (Pic de), I 230.
Rossillon (Nic.), veuve, III 52.
Rotterdam (Pays-Bas), II 118.
Rouen (Normandie), II 368; I 115, 127, 134; III 51, 52, 56, 58, 59, 60, 61, 62; I 182, 198; III 370; I 219, 245; III 103; I 246, 294, 296, 328, 329, 376, 395, 405, 406, 407; II 9, 105, 106, 146, 147, 203; III 310, 317, 318.
Rougier, III 388.
Roujar, III 388.

Roullées (Jacques), II 403, 427, 428, 445, 446.
Rousseau, II 94; III 274. — (Daniel et Gabriel), III 386. — (Pierre) III 214.
Rousset, III 388.
Roussier (Gilles), II 417.
Rouxeau de la Bouvetière, III 388.
Rowe (Charles), III 278.
Roy (Elisabeth), III 381. — (Jean), I 101.
Roy (de) dit Le Manoir, II 425.
Royan (Saintonge), III 381, 382.

Royrand, sr. du Clouzeaux, III 386.
Rue (Normandie), I 295.
Ruffe (Johannes), III 56.
Ruffiat (Jacques), III 381.
Ruffin, III 388.
Rufus (Pasquier-Le Roux?), III 58.
Ruvigny (de), II 172, 216, 286, 287.
— (Rachel), Comtesse de Southampton, II 8, 216.
Ruytinck (Siméon), I xxiv.
Rye (Église de), I 291-302; III 373, 103; I 336; II 340; III 304.

S.

Sabouroux, II 54, 59; III 191-193.
Saint, III 386.
St-Amand (Judith et Marie), II 317.
Saint-André (Eglise de, Guernesey), II 376, 380, 386, 427, 428; III 376; II 485, 490, 491, 496, 514, 519, 530, 531.
St-Aubin (Normandie), II 390; I 199.
St-Brelade (Eglise de, Jersey), II 380, 426, 528.
St-Clément (Eglise de, Jersey), II 367, 380, 423, 479, 483, 528.
St-Denis (Flandres), I 395.
St-Denis le-Gast (Maine), II 425; I 395.
St-Faust (Jacques), III 309.
St-Fulgent (Poitou), I 200.
St-Germain, jésuite, II 284.
St-Gilles (Languedoc), I 406.
St-Gilles (de), III 386; II 523.
St-Hélier (Eglise de, Jersey), II 372, 376, 380, 390, 423, 444, 506, 508, 528, 530; III 384-388.
St-Jean (Eglise de, Jersey), II 366, 528.
St-Jean-d'Angely (Saintonge), I 406.
St-Jean de Gardonnenque (Cévennes), II 342.
St-Just (Saintonge), III 381.
St-Justin (Guienne), III 310.
St-Laurent (Eglise de, Jersey), II 380, 423, 483, 528.
St-Léger (de), III 107, 108.
Saint-Liens (Claude de), I 358.
Saint-Lô (Normandie), II 385, I 200; III 309.

St-Maixent (Poitou), II 339.
St-Malo (Bretagne), I 395; II 434, 524; III 387.
St-Martin, I 392.
St-Martin (Eglise de, Guernesey), II 375, 380, 427, 491, 497, 502, 505, 513, 514.
St-Martin (Eglise de, Jersey), II 380, 426, 436, 483, 490, 509, 510.
St-Martin-le-Grand (Eglise de, à Londres), I xxii, xxiii, xxvii.
St-Omer (Artois), I 5; III 55.
St-Ouen (Eglise de, Jersey), II 380, 423, 454, 483, 506, 507, 528.
St-Paul (François de), I 142, 292, 293, 294, 295; II 370.
St-Paul's Cross à Londres, III 42.
Saint-Phalle (de), I 153.
St-Pierre (Eglise de, Jersey), II 380, 423, 426, 428, 468, 475, 476, 479, 483, 506, 510, 528.
St-Pierre-du-Bois (Eglise de, Guernesey), II 374, 376, 380, 427, 446, 491, 519, 527, 529.
St-Pierre-Port, (Eglise de, Guernesey), II 371, 376, 380, 427, 445, 453, 464, 465; III 376; II 468, 469, 485, 491, 496, 503, 513, 514, 524, 529; III 381.
St-Pierre-sur-Dives (Normandie), III 308; II 528.
Saint-Ravy (Guillaume de), II 27, 31
St-Sampson ou St-Samson (Eglise de, Guernesey), II 376, 379, 380, 409, 427, 428, 438, 491, 502, 511, 514, 529.
St-Sarcinien (Saintonge), III 381.

St-Sauveur (Eglise de, Guernesey), II 380, 427, 428, 446, 464, 491, 529, 530.
St-Sauveur (Eglise de, Jersey), II 366, 380, 423, 426, 428, 429, 528.
Saint-Simon (de), I 153.
St-Vaast (Normandie), I 406.
St-Valery (Picardie), I 395.
Saint-Voist (de), II 387.
Sainte-Foy (de), II 258.
Ste-Hermine (Poitou), I 246.
Ste-Marie, II 385.
Ste-Marie (Eglise de, Jersey), II 380, 423, 424, 483, 528.
Sainte-Marie d'Aigneaux (de), I 293; II 367, 384, 387.
Ste-Marie du Câtel ou du Castel (Eglise de, Guernesey), II 376, 380, 427, 428; III 376; II 485, 491, 498, 505, 529, 530.
Ste-Marie du Mont (Normandie), II 385.
Ste-Mère Eglise (Normandie), I 322, 406.
Saintes (Saintonge), III 310.
Saintonge, I 366; II 339; III 381, 382, 383, 384.
Salis (de), I 389.
Salles (Saintonge), III 308.
Salomon (Anne), II 276.
Saluste du Bartas, I 366, 367.
Sancerre (Orléanais), I 395.
Sancey (Jacques de), II 425.
Sancroft, archevêque, II 323, 335, 343; III 302.
Sancy (de), I 263, 265; II 8.
Sandhoft (Église de), II 47-55, 77, 97-99, 107, 177-179, 202, 203, 241, 253-255.
Sandwich (Eglises de), I xxvi, 141, 180, 303-308, 285; II 23, 25, 26, 36, 65, 69.
Sandys, archevêque, I 72, 176, 177, 189, 212, 224.
Santema (Guill.), III 55.
Santpuis (de), III 259.
Sarateau, III 308.
Saravia (Adrien), II 372, 377; I 136, 198; III 146, 150; II 438; I 270. 275, 277; II 466, 467.
Sarmois (Jacques), III 61.
Sarriette (Cécile), I 328.
Sartre (Jacques), II 313, 315, 333; III 306.
Sasserie (Alexandre), II 342, 349, 351, 352, 354.

Satur (Jacob), III 306. — (Thomas), II 333; 335, 338, 356.
Saules (de), voir des Gallars.
Saumaise (Claude), II 146, 147. (**La Défense royale**).
Saumarais (de), ou de Saumarez, (Bertramme), II 514. — Doyen, II 512-516. — (Jean), II 427; III 355.
Saumur (Anjou), II 485; II 313, III 307, 308; II 355.
Sauvage (Daniel), II 43, 71, 89, 96, 97, 180; III 203, 208.
Savarit ou Savaritz (Daniel), II 339; III 304.
Savary, II 275.
Savile (Henry), ambass., II 295-304, 306, 313, 358.
Savoie, III, 57.
Savoye (Eglise de la, Londres), I xix, xxvi; II 218, 224, 226, 227, 229, 230, 259, 261, 262, 265, 281, 282, 289, 290, 291, 307; III 297-300, 320, 335-338.
Sawhere (Jean), I 5.
Sayon (Simon), II 331.
Scarron (Matthieu), III 151; I 275.
Scharf (Jean), III 62.
Schogue, II 220; III 279.
Scotta (Gerardus), III 56.
Scalle, III 386.
Sechelles (de), I 135.
Sedan (Champagne), I 395; II 9, 43, 105, 106, 198, 267, 332, 338.
Sedt (Corneille), III 256. — (Jacques), III 259, 261. — (Samuel), III 264.
Seigle (Jeanne et Pierre), III 382.
Seigneur (Louis), III 61.
Seigneuret, III 386.
Séjourné (Guill.) III 52.
Selme (Johannes) III 56.
Seneschal (Honoré), III 54.
Sénitot (Normandie), III 308.
Senne (Guill. de) II 317.
Sens (Berry), III 41.
Sèqueville (Normandie), II 385, 426; I 149, 200.
Sèqueville (de), II 525.
Scran (Jehan de), I 358.
Sercq, Serk ou Sark (Eglise de), II 364, 380, 381, 457, 458, 465, 468, 491, 519, 520, 526, 527.
Serment d'Allégeance, I 374; II 312.
Serment ex officio, I 243; III 143.
Sermons (fragments de), III 68, 137, 163, 189, 197, 204, 251; II 262; III 293, 294, 306.

Scroz (Jean et Pierre), III 55.
Serrurier (Ph.), III 166.
Servant, III 386.
Séverin (Jean), II 268, 321, 332, 341, 342, 349, 351, 352, 354.
Sèvre (Isaac de), dit La Chaboissière, II 342.
Sexby (colonel), II 169.
Sézanne (Champagne), II 331.
Sheldon (évêque), II 216, 235, 248.
Sibirel (Thomas), II 447, 451.
Sicard (Dominique), II 446, 449, 456, 465, 468.
Siché (Léon et Philippe), III 382.
Sidney (sir Philip), I 225, 226, 245.
Signard (J.), III 166.
Signon (Johannes), III 54.
Sigoulès (Guienne), III 309.
Silvanus, I 201.
Silvius (Pierre), III 310, voir Sylvius.
Silvyers, I 301.
Simon (J.), I 296; II 338. — (Laurent), II 465. — Pasteur, II 253, 241, 263.
Sion (Bretagne), II 426, 434, 452; III 384.
Sion (Alexandre), II 331, 332.
Sionneau (Jean), II 349. — (Marthe), II 342.
Sire, III 386.
Six (Barthélemy), II 197. — (Jacques), II 243. — (Jean), II 243; III 259, 261.
Skinert (Elisabeth), II 104.
Slowley, II 495.
Smiles, « The Huguenots.. », I xv.
Smith (sir Thomas), I 228.
Snape, II 447, 448, 449, 451, 454.
Sochon, II 201.
Sohier (Gervais), I 6. — (Matthieu), I 330.
Soler, II 367.
Solier (Pierre), II 519, 527.
Soliman (Th.), I 5.
Somerset (Protecteur), I 7, 10, 16, 17, 59, 60, 61; II 366; III 6.
Somerset-House (Eglise de, à Londres), II 156, 159, 165, 200, 216, voir *Eglise de Westminster*.
Soneau (René), I 313.
Sorciers (*Iles Normandes*), II 419, 420.
Sores (Jean), I 294.
Sorges, III 309.
Sorlut, III 386.

Sorsoleil (Jean-Baptiste), II 528.
Sotlatt (Jean de), III 61.
Soubise (duc de), I 293; II 5, 6, 9, 11, 12, 27, 31, 77-80.
Souclivius, III 149.
Soule (Normandie), II 385.
Soulies (Alexandre de), II 267, 331, 529.
Sources, I XIII-XXVII.
Souslemot (Jeanne), II 417.
Southampton (Eglise de), I xx, 323-331, III 370; I 155, 180, 200, 279, 336, 415, 423; II 43-44, 69, 71, 97, 180, 191, 255, 257.
Souverain (Jacques), II 327, 333, 336.
Soyer (Gervais), III 54.
Spender (sir John), Lord-maire, II 254.
Spring-Gardens (Temple de, Londres, II 337.
Spinola (Ascanio), I 387, 388.
Stamford, I 279.
Statistique, I xix, xx; 68, 134, 137, 141, 148, 182, 188, 212, 227, 228, 254, 284, 294, 296, 299, 300, 306, 312, 313, 315, 316, 319, 330, 392, 395, 396; III 161-163; I 423; II 9, 27, 44, 47, 100, 130, 183, 242, 255, 257, 258, 312, 526; III 384, 387.
Stillingfleet, évêque, II 324.
Stockart, II 234.
Stockmans (Jacques), II 257.
Stone (Rob.) (Lapierre), I 5.
Stouppe (Jean-Baptiste), II 153, 154, 166, 170-174, 188, 192, 194, 195, 196, 201, 203, 213-215, 231-235; III 259, 274, 275.
Strange (Thomas), III 61.
Strasbourg, I II, 8, 12, 59, 72, 93, 97; II 258.
Stuart (David), II 197.
« **Style (Le)**, et manière de traiter la parole de Dieu », I 203.
Suau, II 339.
Suffrage universel, I 87, 167.
Suire (Jean), II 339.
Sully, I 370, 404.
Sultzer (Simon), III 5.
Superintendant, I 29, 30, 40, 42, 60, 61, 62, 65, 66, 85, 86, 118, 119, 142; III 70, 85, 142; I 344, 346; II 74, 75, 216, 217, 265; III 283-288.
Superstitions (*Iles Normandes*), II 408, 419.
Sureau (Hugues) (« **Confession** »), I 204.

Surget de Caumont, III 386.
Sutcliffe, I 270, 271; III 149, 150.
Suzenet, III 386.
Sy (Abraham), III 197.
Sylvanus (alias Wybo), I 165, 175.
Sylvius (Pierre), II 519.
Synodes, I xxiii, 20, 178, 179-181.
Premier Synode, I 413, 414. —
Deuxième Syn., II 25 et sq., 32. —
Troisième Syn., 69, 70. — **Quatrième Syn.**, 71, 96, 107. — Cinquième Syn., 96, 108, 109, 119, 128, 129, 132—134; III 230—232, 244, 245, 248, 249. — *Iles Normandes*, II 372, 379, 380, 381, 383, 392, 394, 410, 411; III 339, 354; II 422, 423, 430, 431, 451, 454, 459, 462, 469, 475, 480, 513.
Synodes Wallons de Hollande, I 323, 334, 338, 424; II 77; III 207; II 119, 136, 138, 151, 152, 186, 198, 199.

T.

Tabey (Jacques), III 62.
Tabourin, I 330.
Taffin, II 65, 179. — (Jacques), I, 182 — (Nicolas), I 166.
Tafinder, II 255.
Tahim (Jaspre), II 380.
Tahon (Gaspard), I 199.
Tancarville (Normandie), III 60.
Tanqueray, III 386.
Tanquerel, III 386.
Tanquerell, III 388.
Tappin de Barhays (Jacques), II 526. — (Pierre), II 527.
Tardif, I 295, 198.
Tarente (prince de), II 172, 173.
Tarot, III, 386.
Tassat (Galliot), I 58.
Tasson (Gaillard), III 62.
Tatnell (Catherine), II 252.
Tavant, III 386.
Tavernier (Jean), II, 197. — (Sébastien), II 190, 232; III 234.
Taylor (Le Tellier), I 301.
Teinturier (Florentin), II 78, 80.
Téligny (de), I 135.
Tellier (Petrus), III 58.
Tempé (Jaspre), III 215.
Temple, voir Rambouillet.
Temples, I 28, 35; II 55, 105, 253, 260, 261, 337, 338, 349.
«**Temporiseur (Le)**», I 21-23; III 7-18.
Tendrouneau (Jacques), III 383.
Terré de La Haye, III 59.
Terron, III 386.
Tessereau (Abraham), II 326.
Tessié, III 386.
Tessonière, III 386.
Testard (Paul), II 275; III 306.
Testelette (Paul), III 54.
Teulin (Gilles), I 328.
Texier (Lodoicus), III 54.
Textor, I 216.
Théophile, I 389, 390.
Thetford, I 279.
Thévelin (Walerand), I 328, 330.
Thierry (Guillaume), III 58.— (Louis), I 166. — (Robert), Thierry des Planques, I 373.
Thomas (Laurent) II 434. — (Théodore), III 50.
Thorius (Raphaël), I 382.
Thorney-Abbey (Eglise de), I 20; II 79, 179, 180, 251, 252, 347.
Thorpe-le-Soken (Eglise de), I xx, xxvi; II 341, 342, 348-352.
Thouars (Poitou), II 339.
Threadneedle street (Temple de, Londres), I xx, 36, 85; III 170; II 260, voir *Eglise française de Londres*.
Throckmorton, ambass., I 127, 128, 152.
Thuillier (Jacques), I 182. — (Jean), II 25.
Thymer (Pierre), III 57.
Thyry (Ludovicus), III 46.
Tierry (Ludovicus), III 52; I 134.
Tiffenau, III 386.
Tillon, III 386.
Timier (Petrus), III 54.
Tipper (William) (**L'Hostage**), I 288, 317.
Tirel (Jean), III 307; II 521. — (Pierre), II 521.
Tison, II 65.
Tisseau, III 388.

Tolosan, II 56, 59; III 191-194.
Tonpère (Jac.), III 58.
Torell, II 9.
Torteval (Eglise de, Guernesey), II 376, 380, 427, 446, 485, 491, 529, 530.
Touchar (André), III 382.
Touillet (dit Des Roches), I 149, 150; III 85, 86; I 179, 183, 200, 229.
Touraine, II 106, 339.
Touren (Richardus), III 52.
Tourgis, II 418.
Touri (Louise), II 522.
Tournais, I 301.
Tournay (Hainaut), III 51, 55, 56, 58, 59, 60; I 182, 223, 331, 395.
Tournemine (Julien, sieur de Montmorial et Pierre, baron de Campsillon), II 386.
Tournon (Guienne), I 395.
Tours, I 199, 246, 395.
Tourseel, I 304.
Tourval (de), voir Loiseau.
Toury (Louise de), III 384, 386.
Toussaint, I 295, 302.
Toussaint du Chasteau, I 302.
« **Toute la forme et manière du ministère ecclésiastique** », I 37.
Toveneau (Johannes), III 52.
Traductions d'écrits français, I 11, 75, 203, 209, 226, 227, 240; III 116; I 248, 367, 383, 394, 425; II 81, 300.
« **Traicté des Danses** », I 358.

Travers, I 209; III 100; II 249.
Treffoy ou Treffroy, II 390; III 355.
Trembronne (de), I 392.
Tremellius, I 13, 72.
Trench, I 223.
Trener (Guillaume), I 296.
Tresol (Adrien), I 124.
Tressel (Adrien), I 182; III 58.
Tricotel, II 252.
Trie (Pierre), I 415.
Trinité (Eglise de la, Jersey), II 380, 483, 508, 528.
« **Triomphe de Vérité** », III 39.
Tripier, II 201; III 274.
« **Triplex Cuneus** », I 374.
Trochardy, III 355.
Tronguer (Lodovicus), III 57.
« **Trophées du roi Jacques** », I 376.
Troubles civils dans les Iles Normandes, *Guernesey*, II 499, 504.
— *Jersey*, II 506, 509.
Trouillart, II 339.
Troyes (Champagne), III 50.
Troyspierres (des), I 219.
« **True Notion of Persecution** », II 310.
Tuffin, III 382.
Tullier (Robertus), III 51.
Turquain (Benjamin), II 349.
Turquet, voir de Mayerne.
Turretin, II 221.
Tutill (Paul), II 62.
Typery (Antonius), III 55.
Tyssen, II 255.

U.

Ubelé, II 519.
Ullier, III 386.
Ulmis (Jean ab), I 11, 59.
Uniformité, I vi; II 476, 238, 239, 511, 512; III 379. Voir **Acte d'Uniformité**.

Usher, archevêque, II 249.
Utenhove, I 8, 9, 19, 21, 22, 25, 33, 34, 61, 69, 84, 86, 99, 117, 145; III 46; I 309; III 10.
Uzès (Languedoc), II 526.

V.

Vaillant, III 52.
Vaillier, III 381.
Vaiser, II 80.
Val de Sers (Normandie), II 385.
Valence (Dauphiné), I 244.
Valenciennes (Hainaut), III 54, 55,

56, 58, 61, 62; I 145, 182, 278, 294, 313, 328, 395.
Valensis (Pierre), I 6.
Vallat (Isaac), II 519.
Vallée, II 263.
Vallet, III 386.

Vallier (J.), I 296.
Valpy (Jérémie), II 452, 457, 465, 466.
Valsené (de), III 386.
Van Achre, I 305.
Vancour (Jacques), II 80.
Vanne (Isaac de), II 194, 195; III 215.
Vannier (Philippe), I 286.
Vaquerie (Jean), I 124.
Vareil, III 386.
Vase (Michel), I 5.
Vassaques (Jean), I 304.
Vatable (Antoine et Pierre), I 300. — (Samuel), I 244.
Vaucelles (de) II 385.
Vaudin, II 458, 465, 526.
Vaudois, II 173, 175, 215.
Vaughan, évêque, I 371.
Vaule (Waolls), I 310.
Vauquelin, II 223.
Vautier, III 386.
Vautrollier (Thomas), III 60; I 246, 358, 365, 366; III 110.
Vauville (Richard), I 26, 29, 55, 56, 61; III 173; I 69.
Vaux (de), II 94, 95; III 278.
Vées (Les, Normandie), II 426.
Veille (Denis). III 62.
Vele (de), I 292, 293.
Vendôme, III 57, 306.
Vendômois, I 200; II 339.
Ver (de), III 386.
Verdun (Lorraine), III 56.
Vergerio, I 44.
Vergnon, II 322.
Verhague, II 106.
Vérigny (de), II 275.
« Vérité à l'église françoise.. », III 40.
Vermigli (Pierre Martyr), I 8, 72, 81.
Vermuyden, II 48.
Vernat (Phil.), I 424.
Vernatti (sir Philibert), II 48, 51.
Verneuil (Jean), I 424.
Véron (Jean), I 13, 79; III 41, 44.
Verrières (Normandie), II 426.
Vertu, III 386.
Véry (Johannes), III 51.
Vêtements ecclésiastiques, I 15, 17, 54, 80, 157, 158, 160, 161; II 482, 518.
Viau (François), dit du Buisson, I 199. — (Jean), I 200; II 427, 428, 446.
Vibert II, 458. — (Jean), II 519.
Vicq (Jean de), II 468. — (Louis de), II 424.
Vidame de Chartres, voir d'Ailly et de Ferrières.
Vieillevigne (Bretagne), III 309; II 258, 322.
Viel (Adrien), II 524; III 381. — (Hector), I 220.
Vieurne, I 188.
Vignaud (Jean), III 304.
Vigné (Pierre), III 215.
Vignier (Nicolas), I 424. — (Pierre), II 195; III 215.
Vignolles (Jacques de), II 176.
Vignon, III 306. — (Geneviève), I 328. — (Jacob), III 57.
Vigorous, II 275.
Villaudin, II 522.
Villenée, III 386.
Villiers (Loiseleur de), I 187, 189, 201. — Charlemagne, voir Du Bouchet.
Vincent (Samuel), III 218. — (Th.), II 10, 12, 145. — (Vincent), sr. de la Crette, III 386.
Vinea (Joh. a), III 55 (de la Vigne).
Viot (Toussaint) III 62.
Virginie, II 13, 14.
Vire (Normandie), II 528.
Viret, I 91, 142.
Viridet, II 268; III 306.
Visitation des Malades, I 48, 64, 113, 403; III 173; II 7, 46, 47, 70; III 236. — *Iles N.*, II 401, 402, 407; III 352.
Vitre (Bretagne), II 389, 390, 425, 426; I 200, 395, 434, 437, 445, 446, 106, 524; III 384.
Vleteren (Van), II 25.
Voisin, III 386; I 153.
Vouche (Jean), I 149.
Voyer, III 386.
Vynes (Jacques de), I 5.

W.

Wake (Arthur), II 390; III 355; II 412, 430, 447.
Wallons, I 38, 148, 315.
Walsingham, I 73, 189; II 388, 424; I 289, 241, 242, 248, 249, 251, 252, 300.
Wanchel (Nic.), III 51.
Wandrevale, III 58.
Wanley (Valentin), II 194.
Wattelié (Jean), I 323.
Weiss, « **Histoire des Réfugiés** », I XIII.
Welsh, I 372, 406.
Wesel, I 72.
West, II 466.
Westminster Assembly, II 81, 83, 499, 502, 91, 93, 94, 111, 113, 124, 127, 134, 135, 248.
Westminster (Eglise de), II 78, 80, 109, 116-117, 139, 144, 148, 149, 156-157, 159-160, 165, 186, 187, 200-202, 203, 216; III 275-279; II 217-227, voir *Eglise de la Savoye*.

Wheeler (sir George), II 287, 288.
Whitaker, I 238.
White (Jean), I 5.
Whitgift, archevêque, I 209, 243, 244, 277, 160.
Whittlesey (Eglise de), II 107, 108.
Wicart, II 201, 233, 266, 268, 274.
Wier (Giles), III 62.
Willan (Jan), II 197.
Williams, évêque, II 51-54, 64, 65.
Wilpin ou Woilpin (Nicolas), I 101, 126.
Winchelsea (Eglise de), I 282, 297, 300, 302, 303.
Winchester, I 327; II 392, 424, 440, 487, 274, 256, 520.
Windsor, II 261, 225.
Wingius, I 181; III 102.
Wood (Bois, Pierre), III 61; I 290.
Wren (évêque), II 38, 39, 42, 43, 179.
Wyar (Jacobus), III 55.
Wybo, I 165, 181.
Wyborne, II 390; III 355; II 447.

Y.

Yarmouth, I 146, 279; II 25, 69.
Yollone (Guil.), III 59.
York (duc d'), II 279.

York, I 5; II 52, 65.
Ypres (Flandres), 182, 223, 376, 395; II 255.

Z.

Zurich, I 158.

ERRATA DU TOME TROISIÈME.

Page 52, ligne 14, au lieu de Lovel, lire *Lovet*.
» 294, ligne 24, au lieu de J. de, lire *François de*.

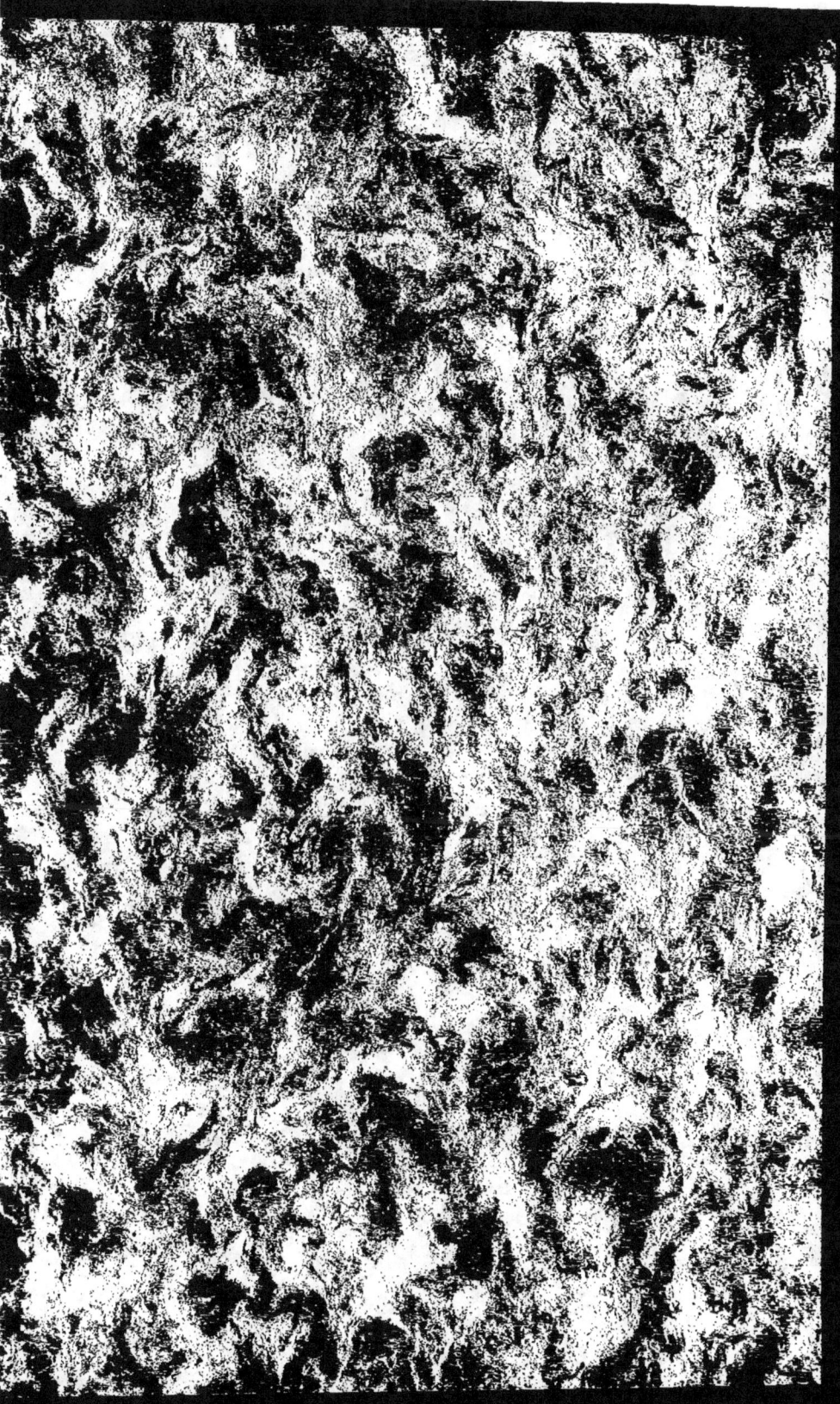

www.ingramcontent.com/pod-product-compliance
Lightning Source LLC
Chambersburg PA
CBHW070529230426
43665CB00014B/1623